Rupert Martin, Birgit Jänchen-van der Hoofd, Georg Schäfer (Hg.)
Angriffe auf den Denkraum

Das Anliegen der Buchreihe Bibliothek der Psychoanalyse besteht darin, ein Forum der Auseinandersetzung zu schaffen, das der Psychoanalyse als Grundlagenwissenschaft, als Human- und Kulturwissenschaft sowie als klinische Theorie und Praxis neue Impulse verleiht. Die verschiedenen Strömungen innerhalb der Psychoanalyse sollen zu Wort kommen, und der kritische Dialog mit den Nachbarwissenschaften soll intensiviert werden. Bislang haben sich folgende Themenschwerpunkte herauskristallisiert: Die Wiederentdeckung lange vergriffener Klassiker der Psychoanalyse – beispielsweise der Werke von Otto Fenichel, Karl Abraham, Siegfried Bernfeld, W. R. D. Fairbairn, Sándor Ferenczi und Otto Rank – soll die gemeinsamen Wurzeln der von Zersplitterung bedrohten psychoanalytischen Bewegung stärken. Einen weiteren Baustein psychoanalytischer Identität bildet die Beschäftigung mit dem Werk und der Person Sigmund Freuds und den Diskussionen und Konflikten in der Frühgeschichte der psychoanalytischen Bewegung.

Im Zuge ihrer Etablierung als medizinisch-psychologisches Heilverfahren hat die Psychoanalyse ihre geisteswissenschaftlichen, kulturanalytischen und politischen Bezüge vernachlässigt. Indem der Dialog mit den Nachbarwissenschaften wieder aufgenommen wird, soll das kultur- und gesellschaftskritische Erbe der Psychoanalyse wiederbelebt und weiterentwickelt werden.

Die Psychoanalyse steht in Konkurrenz zu benachbarten Psychotherapieverfahren und der biologisch-naturwissenschaftlichen Psychiatrie. Als das ambitionierteste unter den psychotherapeutischen Verfahren sollte sich die Psychoanalyse der Überprüfung ihrer Verfahrensweisen und ihrer Therapieerfolge durch die empirischen Wissenschaften stellen, aber auch eigene Kriterien und Verfahren zur Erfolgskontrolle entwickeln. In diesen Zusammenhang gehört auch die Wiederaufnahme der Diskussion über den besonderen wissenschaftstheoretischen Status der Psychoanalyse.

Hundert Jahre nach ihrer Schöpfung durch Sigmund Freud sieht sich die Psychoanalyse vor neue Herausforderungen gestellt, die sie nur bewältigen kann, wenn sie sich auf ihr kritisches Potenzial besinnt.

Bibliothek der Psychoanalyse
Herausgegeben von Hans-Jürgen Wirth

Rupert Martin, Birgit Jänchen-van der Hoofd,
Georg Schäfer (Hg.)

Angriffe auf den Denkraum

Konsequenzen für die klinische Praxis, Kultur und Gesellschaft

Mit Beiträgen von Nicola Abel-Hirsch, Dominic Angeloch, Ulrich Bahrke, Christoph Bialluch, Dirk Blothner, Lorenz Böllinger, Karin A. Dittrich, Stephan Doering, Klemens Färber, Martina Feurer, Christian Foth, Nasim Ghaffari, Lutz Goetzmann, Gisela Grünewald-Zemsch, Delaram Habibi-Kohlen, Bernd Heimerl, Vera Kattermann, Roman Lesmeister, Christiane Ludwig-Körner, Kamyar Nowidi, Kerstin Sischka, Jürgen Thorwart, Sieglinde Eva Tömmel und Susen Werner

Psychosozial-Verlag

Bibliografische Information der Deutschen Nationalbibliothek
Die Deutsche Nationalbibliothek verzeichnet diese Publikation in der Deutschen Nationalbibliografie; detaillierte bibliografische Daten sind im Internet über http://dnb.d-nb.de abrufbar.

Originalausgabe

E-Mail: info@psychosozial-verlag.de
www.psychosozial-verlag.de

Umschlagabbildung: Addictive Stock/photocase.de
Umschlaggestaltung & Innenlayout nach Entwürfen von Hanspeter Ludwig, Wetzlar
Satz: metiTec-Software, www.me-ti.de
ISBN 978-3-8379-3367-3 (Print)
ISBN 978-3-8379-6261-1 (E-Book-PDF)

Inhalt

Beschränkung von Denkräumen in Individuum und Gesellschaft

Gefährdete Denkräume in Psychotherapie und Psychoanalyse

Metapsychologische Annäherungen

Zwischen Hoffnung und Desillusionierung

Einleitung

Mit *thinking under fire* beschrieb Wilfred R. Bion 1975 Anforderungen an Psychoanalytikerinnen und Psychoanalytiker in besonders schwierigen Behandlungssituationen. Es handelt sich dabei um Situationen, in denen weder ein theoretisches Verständnis des Geschehens noch ein methodisches Vorgehen möglich erscheinen. In solchen Situationen prallt jede auch noch so gut begründete Intervention an Patientinnen und Patienten ab und es geht scheinbar nichts mehr. Dabei ist nicht nur das Denken der Psychoanalytikerin bzw. des Psychoanalytikers angegriffen, sondern das Denkvermögen an sich. Denkverbote und Denkgebote können zu einer Zersetzung des Denkens selbst führen. In diesem Zusammenhang ist es von nicht zu unterschätzender Bedeutung, dass das Denken im Sinne Bions keinen rein kognitiven Vorgang darstellt, sondern unauflöslich mit den Gefühlen verbunden ist.

Die Angriffe auf den Denkraum und das Denken können sowohl psychologischer, als auch konkret physischer Natur sein. Letzteres zeigt sich gegenwärtig insbesondere in Ländern wie der Ukraine, Israel, dem Iran und Afghanistan, in denen Kriegsbedingungen herrschen. Angriffe auf den *emotionalen Denkraum* sind also nicht allein auf die klinische Situation beschränkt. So sind es auch die Erfahrungen Bions als Soldat und Panzerfahrer im Ersten Weltkrieg gewesen, die Pate standen bei seiner Beschreibung des *thinking under fire* und seines darauf bezogenen Beziehungs- und Behandlungskonzepts *container/contained*, welches die psychoanalytische Theoriebildung entscheidend beeinflusste.

Auch im gesellschaftlichen Raum erfolgen zunehmend Angriffe auf den Denkraum und auf das Denken selbst – Stichwort: Fake News –, vor allem in Form von Attacken auf die Wahrnehmung. Dabei wird jedweder Konsens darüber, was man gemeinsam als *für wahr* annimmt, aufgekündigt. Es wird keiner noch so seriösen Berichterstattung mehr zuerkannt, korrekt zu berichten, und keine Autorität mehr respektiert; selbst die Aussagen der Wissenschaft finden keinen Glauben mehr. Dies stellt die Basis für Verschwörungstheorien aller Art dar. Solcherlei Angriffe auf das Denken, die aus der Gesellschaft selbst entspringen, werden oftmals verstärkt durch Angriffe von außen, wie z. B. die hybride Kriegsführung totalitärer Staaten gegen die westliche Welt, durch Kampagnen, die auf Spaltung und Desinformation abzielen sowie auf die Förderung von Korruption in Demokratien und die wirtschaftliche Abhängigkeit der Demokratien von totalitären Staaten.

Mit den Angriffen auf Denkräume und das Denken selbst werden zugleich die Voraussetzungen des Miteinanders in unserer Kultur untergraben. Hier geht es vor allem um Angriffe auf Vieles, was den emotionalen Denkraum absichert: die Akzeptanz grundlegender *facts of life* (Roger Money-Kyrle), wie z. B. das So-Sein des eigenen Körpers oder die Zugehörigkeit zu einem bestimmten Kulturkreis. Wir erleben auch Angriffe auf die Akzeptanz von Prinzipien, die für das Gemeinwesen konstitutiv sind, wie z. B. die Begrenzung der Freiheit des Einzelnen dort, wo die Freiheit eines anderen beginnt. Außerdem erleben wir Angriffe auf die Akzeptanz von Führung und Konfliktlösung im demokratisch legitimierten Sinne. Von Extremistinnen und Extremisten angegriffen sind heutzutage auch die Ächtung von Antisemitismus, Rassismus und Diskriminierung sowie Verfolgung wegen religiöser Überzeugungen oder sexueller Präferenzen. So geht es der rechtsextremen AfD in diesem Kontext erkennbar auch darum, die Bekämpfung nationalsozialistischer Bestrebungen als konstitutiven Bestandteil deutscher Identität zu delegitimieren.

Bion sprach im Zusammenhang mit den Angriffen auf den Denkraum und auf das Denken auch von einem *Angriff auf Verbindungen*: Eine Patientin oder ein Patient lässt es nicht zu, dass die Analytikerin bzw. der Analytiker Verbindungen zwischen verschiedenen in Rede stehenden Aspekten des Behandlungsgeschehens zieht; die Gesellschaft kann übel reagieren, wenn eine Verbindung zwischen ihrem vorherrschenden Lebensstil und ökologischen Problemen gezogen wird usw. Wer hier den Finger in die Wunde legt, kann sich hasserfüllter Attacken etwa in den sozialen Medien fast sicher sein. Die möglicherweise schärfste Attacke auf Verbindungen liegt jedoch vermutlich in ihrer *Verleugnung* bzw. in emotionaler Indifferenz, wie z. B. hinsichtlich der Klimakatastrophe zu beobachten ist.

Die Herstellung von *Verbindungen* war das Anliegen der 74. Jahrestagung der Deutschen Gesellschaft für Psychoanalyse, Psychotherapie, Psychosomatik und Tiefenpsychologie (DGPT) im schönen Weimar, das einen wichtigen Platz in der psychoanalytischen Geschichte innehat: Hier fand im Jahr 1911 im damaligen Hotel Erbprinz der 3. Kongress der Internationalen Psychoanalytischen Vereinigung (IPV) statt. Bei ihrer Weimarer Jahrestagung ging es der DGPT in vielerlei Hinsicht um die Schaffung von Verbindungen: um den Austausch und Diskurs der Kongressteilnehmerinnen und Kongressteilnehmer, um das Hineinwirken in ein fachliches, berufspolitisches und gesellschaftliches Umfeld, um emotionale und reflexive Verbindungen, um eigene Denkgebote und -verbote, um befruchtende Diskussionen und konzeptionelle Neuerungen –, um so zum Erhalt und Ausbau emotionaler Denkräume beizutragen, auch als eine Antwort auf die bestehenden Bedrohungen für Kultur und Gesellschaft.

Der hier vorliegende Band fächert die verschiedenen Beiträge zum Thema »Angriffe auf den Denkraum« in fünf Teilbereiche auf. Der erste Teil trägt den Titel »Angriffe auf das Denken in Kultur und Gesellschaft«. Es beginnt mit dem Beitrag »Messungen im Nebel der Angst. Wie Wilfred Bion die Erfahrung des Ersten Weltkriegs in seinen autobiografischen Schriften erzählt« von *Dominic Angeloch*. Der Autor stellt dabei auf eindrucksvolle Weise dar, wie Bion sein gesamtes Leben lang versuchte, seine traumatischen Erfahrungen in ein Narrativ zu überführen und so zu verarbeiten. Unter dem Titel »Die iranische Diktatur und die feministische Revolte« folgt ein Beitrag von *Nasim Ghaffari*. Als Betroffene macht sie auf beeindruckende Art und Weise deutlich, wie sich die iranische Zivilgesellschaft, vor allem ihr weiblicher Teil, gegen das Feuer der iranischen Diktatur zur Wehr setzt. *Kerstin Sischka und Christoph Bialluch* führen die Thematik fort, indem sie unter Berücksichtigung von empirischen Studien eine Psychodynamik des islamistischen Extremismus unter Heranwachsenden entwickeln und die Frage zu beantworten suchen, was so attraktiv daran ist, zu glauben statt zu denken. *Roman Lesmeister* nimmt im Beitrag »Wissen und Glauben in der Psychoanalyse. Überlegungen zum Wahrheitsproblem im psychoanalytischen Diskurs« den Stab der Glaubensfrage auf. In seinem lesenswerten Text geht Lesmeister der Frage nach, ob das Konzept der Wahrheit noch einen Platz im psychoanalytischen Diskurs hat – angesichts von Intersubjektivität, der Einsicht in die Relativität des Gewussten und in die Notwendigkeit des Aushalten-Könnens von Nicht-Wissen, das das Gewusste stets übersteigt. Der erste Teil wird abgeschlossen durch einen Ausflug in »identitäre Sackgassen des Denkens«, aufgezeigt in *Klemens Färbers* originellem Beitrag. Er konzeptualisiert hier Angriffe auf den Denkraum als identitäre Sackgassen. Identitäres wird dabei zum Ausdruck eines Defizits an Identität bzw. eines Mangels an Struktur.

Der zweite Teil des vorliegenden Bandes trägt den Titel »Beschränkung von Denkräumen in Individuum und Gesellschaft«. Es beginnt mit dem Beitrag »Der Kampf um Identität in Gesellschaft und Psychotherapie« von *Karin A. Dittrich*. In einer klugen Auseinandersetzung erklärt sie das Gut-Böse-Denken als regressives Phänomen einer vom *Linking* überforderten Gesellschaft und zeigt, wie hier gesellschaftliche und individuelle Psyche zusammenwirken. Der kreative

Text »Angriff auf das Denken oder Anregung für den Denkraum? Gedanken zum Film *The Banshees of Inisherin*« von *Dirk Blothner* stellt die verengten Denkräume der Filmprotagonisten dar, die den regressiv verengten Denkräume unserer heutigen Kultur entsprechen – vom Film im Sinne einer leichteren Rezeption in das Jahr 1923 zurückverlegt. Der zweite Buchteil wird abgerundet durch *Sieglinde Eva Tömmels* Beitrag »*Thinking under fire* als Alltag. Erfahrungen mit der Therapie afghanischer Patientinnen«. Hierbei handelt es sich um eine sehr interessante Darstellung der Behandlung einer afghanischen Geflüchteten. Dabei entfaltet sich das Spannungsfeld sowohl zwischen der Geflüchteten und ihrer Herkunftskultur als auch der deutschen Kultur, in die sie Aufnahme gefunden hat.

Die Beiträge des dritten Teils des vorliegenden Bandes drehen sich um »Gefährdete Denkräume in Psychotherapie und Psychoanalyse«; er wird eröffnet durch *Nicola Abel-Hirsch*, die sich die Frage stellt: »Wie bringen wir unser Denken in Gang?« Als womöglich renommierteste Bion-Kennerin gibt sie dabei gleichzeitig einen profunden Einblick in Bions klinische und behandlungstechnische Gedankenwelt. Vor dem Hintergrund des Titels »Grenzverletzungen in der Psychoanalyse. Angriffe auf den Container Psychoanalyse und deren Verleugnung« beschäftigt sich *Jürgen Thorwart* mit der schwierigen Dynamik zwischen »Diskreditierten«, die Grenzverletzungen begangen haben, welche ruchbar wurden, und den »Diskreditierbaren«, die fürchten, selbst auch unwillkürlich in die Position eines oder einer »Diskreditierten« geraten zu können. *Gisela Grünewald-Zemsch* macht in ihrem Beitrag darauf aufmerksam, dass Angriffe auf den Denkraum in der Supervisionsbeziehung ebenso vorkommen können wie in der therapeutischen Beziehung. Sie stellt eine Studie zur Supervisionsbeziehung vor und leitet daraus Maßnahmen zum Schutz des Denkraumes in der Supervision ab. Wie auch bei schweren Pathologien der psychotherapeutische Denkraum geschützt werden kann, schildert *Stephan Doering* am Beispiel der Übertragungsfokussierten Borderline-Psychotherapie in seinem Beitrag »*Fire protection*. Der Rahmen als Schutz des Denkraums in der Übertragungsfokussierten Psychotherapie (TFP)«. Der Reigen des dritten Teils wird abgeschlossen durch *Christiane Ludwig-Körner* und ihren Text »Eltern-Säugling-Kleinkind-Psychotherapie: Sich im dichten Nebel orientieren«. Sie beschreibt eine entsprechende Psychotherapie, aus der sich eine Beeinträchtigung des Denkens in der psychotherapeutischen Arbeit mit der Mutter ergibt, und diskutiert die Rolle der Eltern-Säugling-Kleinkind-Psychotherapie auch für den Ausbildungskontext.

Der vierte Teil des vorliegenden Bandes ist metapsychologischen Annäherungen an die Angriffe auf den Denkraum gewidmet. Es beginnt mit einem Beitrag von *Bernd Heimerl* und psychoanalytischen Überlegungen zum Feuer. Heimerl beschäftigt sich dabei u. a. mit dem Feuer der Liebesübertragung, der affektiv stärksten Form der Übertragung, die sowohl zur Vernichtung einer Psychoanalyse führen, als auch zu deren stärkstem Hilfsmittel werden kann. *Christian Foth* untersucht Angriffe auf den Denkraum durch gesellschaftliche Gewalt. Dabei bezieht er sich vor allem auf die Problematik narzisstischer Regulationen, d. h. auf die Angst vor dem Verlust der Anerkennung. *Martina Feurer* ergänzt die Denktheorie Bions mit denen von Donald W. Winnicott und Piera Aulagnier in ihrem Beitrag »Von der Vernichtung des Denkens bis zu seiner Überbesetzung. Angriffe auf das Denken bei Piera Aulagnier und Donald W. Winnicott«. Dass die Autorin dieses »seltsame« Paar zusammenbringt, beschert dabei so manche wichtige metapsychologische Erkenntnis. In seinem Beitrag »Über das Reale als analytisches Ereignis« beleuchtet *Lutz Goetzmann* aus Lacanianischer Perspektive die Folgen eines Einbruchs von Traumatischem in den Denkraum und in die psychische Organisation. Schließlich entwirft *Lorenz Böllinger* in »Makrosoziopathie« ein Verstehensmodell der Soziopathie, das versucht, einerseits die individuelle Persönlichkeitsstörung und andererseits Großgruppen und Kollektive zu umgreifen.

Der fünfte und letzte Teil des hier vorliegenden Bandes trägt die Überschrift »Zwischen Hoffnung und Desillusionierung«. Den Anfang macht *Delaram Habibi-Kohlen* mit ihrem Text »Ökozid als inneres Objekt. Wie gehen wir klinisch damit um?« In Bezug auf das katastrophische innere Objekt – so die Autorin – geht es Patientinnen und Therapeuten ähnlich. Anhand einer Fallvignette erörtert sie Möglichkeiten eines adäquaten Umgangs mit diesem Phänomen. *Vera Kattermanns* Text »Zukunft als Katastrophe? Palliativ-Gesellschaft zwischen (Klima-)Angst und Abwehr« lädt ausgehend von Byung-Chul Hans Begriff der Palliativgesellschaft zu einem Spaziergang durch kollektive Todesängste ein und thematisiert die psychische Funktion der menschlichen Apokalypse-Faszination. Eine ebenso wortgewaltige wie brillante psychoanalytische Interpretation von Wagners *Ring des Nibelungen* zwischen Götterdämmerung und Weltvernichtung liefert *Kamyar Nowidi* über einige analytisch-therapeutische Zugangswege zu Wagners Gesamtkunstwerk. *Susen Werner* unternimmt den Versuch, die Desillusionierung in nicht-illusionärer Weise mit Hoffnung anzureichern. Dazu geht die Autorin der Frage nach, warum die heraufdämmernde Katastrophe oft keine entsprechenden Handlungsimpulse auslöst, und argumentiert, dass ebendies die eigentliche Katastrophe darstelle. Daher komme es darauf an, ganz in der Logik des gleichnamigen Märchens, das Fürchten zu lernen. *Ulrich Bahrke* schließt den fünften Teil und damit den vorliegenden Band mit seinem Beitrag »Im Rauch der Vergangenheit und Feuer der Gegenwart. Überlegungen zur Aufrechterhaltung freiheitlichen Zusammenlebens« und versucht dabei nicht weniger, als sich der heute drängenden Frage nach den Bedingungen für das Überleben der freiheitlich-demokratischen Gesellschaftsform zu nähern.

Wir wünschen Ihnen eine anregende und spannende Lektüre der hier präsentierten, vielfältigen Beiträge zu *Angriffen auf den Denkraum* – einer Thematik, deren Relevanz durch den breiten Publikumszuspruch bei der 74. Jahrestagung der DGPT unterstrichen wurde.

Rupert Martin, Birgit Jänchen-van der Hoofd & Georg Schäfer

Angriffe auf das Denken in Kultur und Gesellschaft

Messungen im Nebel der Angst

Wie Wilfred Bion die Erfahrung des Ersten Weltkriegs in seinen autobiografischen Schriften erzählt

Dominic Angeloch

Wilfred Bion kämpfte, kaum 18 Jahre alt, als Offizier der britischen Armee im Ersten Weltkrieg: Als Kommandant bei einer Panzereinheit, einer damals völlig neuen Waffengattung, auf der die Hoffnungen der Alliierten ruhten, war er an Einsätzen an den wichtigsten Kriegsschauplätzen des Ersten Weltkriegs wie Ypres und Amiens beteiligt. Während der Kriegshandlungen tat sich Bion durch außerordentlichen Mut hervor und verließ die Armee am Ende des Krieges 1918 mit Auszeichnungen als hochdekorierter Kriegsheld. Seine Freude am Leben und die Konsistenz seiner Psyche aber waren auf den Schlachtfeldern zurückgeblieben. Ein Leben lang versuchte Bion, eine narrative Form für die traumatischen Erfahrungen zu erarbeiten, die er während seiner Zeit als Panzerkommandant gemacht hatte. Bions Autobiografie-Fragmente schreiben so etwas wie die Urgeschichte der psychischen Katastrophe, der zu entrinnen Bion bis zu seinem Tod nicht gelingen sollte – damit aber zugleich auch eine Urgeschichte der historischen Katastrophe, unter deren Bann die Welt bis heute steht.

Der folgende Beitrag stellt zunächst die autobiografischen und literarischen Schriften Bions kurz im Zusammenhang vor. Eine Analyse der verschiedenen schriftlichen Fassungen jenes Ereignisses des Krieges, das sich wahrscheinlich am traumatischsten auf Bion auswirkte, zeigt, wie groß die psychischen, aber auch sprachlich-narrativen, literarischen Probleme sind, mit denen sich Bion ein Leben lang konfrontiert sah, und eröffnet ein Panorama auf Bions innere Landschaft – die psychische Landschaft der erfahrenen Zerstörung und die literarische Landschaft der Erzählung, mittels derer diese Zerstörung narrativ rekonstruiert wird.

Biografie und Autobiografie

Wilfred Ruprecht Bion wurde 1897 in Mathura in der Provinz Punjab geboren,[1] einer landwirtschaftlich wie kulturell sehr fruchtbaren Region im Nordwesten Indiens, die während der – in dieser Zeit bereits im Ausklingen begriffenen – imperialistischen Phase des britischen Kolonialismus dem British Empire eingegliedert worden war.[2] Bions Vater war Bewässerungsingenieur, eine im Zuge der weiteren landwirtschaftlichen Erschließung des Landes sehr wichtige, gut bezahlte Tätigkeit; außerdem arbeitete er als Teilzeitsekretär im Indischen Kongress (Lyth, 1980, S. 269). Seiner Mutter oblag der Haushalt. Bion und seine kleine Schwester Edna wuchsen aber wesentlich unter der Obhut einer »Ayah« auf, einer indischen Kinderfrau, zu der sie offenbar eine sehr enge Verbindung empfanden, enger noch als die zu den Eltern, die in Bions Schilderungen als relativ unberechenbar und übelnehmerisch, kompliziert und kühl erscheinen.

Zu seinem großen Kummer schickten ihn seine Eltern im Alter von acht Jahren nach England, um die typische Schulausbildung der Angehörigen der höheren Klassen in England zu durchlaufen: Nach dem Besuch einer Vorschule *(preparatory school)* ging er auf ein angeschlossenes Internat, das Bishop's Stortford College. Bion beschreibt seine Schulzeit als eine endlose Folge innerer und äußerer Kämpfe, angefüllt mit psychischen und physischen Gemeinheiten und Grausamkeiten, die allenfalls von kurzen Atempausen oder Latenzphasen unterbrochen waren.[3] Vermutlich nicht nur, sicher aber auch deswegen erschien ihm diese Zeit im Rückblick als ein einziges Vorspiel zum Krieg (als *prelude to war*; Bion, 2005 [1985], S. 93).

1914, bei Ausbruch des Ersten Weltkriegs, war Bion 17 Jahre alt. Eigentlich hätte er gerne Geschichte in Oxford oder Cambridge studiert, da dies aber sehr teuer war und seine Eltern nicht über genügend finanzielle Mittel dafür verfüg-

1 Die Informationen, die über Bions Leben vorliegen, beschränken sich bislang weitgehend auf seine eigenen Schriften, Materialien und Aussagen sowie die seiner Frau Francesca Bion. Die Darstellungen von Kollegen, Schülern und Nachfolgern, die seither entstanden sind, bewegen sich fast durchweg in dem von Bion so selbst vorgezeichneten Rahmen. Eine Biografie Bions, die, unter Hinzuziehung von Archivmaterial, ein selbstständiges, historisch-kritisches – also auch quellenkritisches – Porträt zeichnete, ist ein uneingelöstes Desiderat.

2 »Man kann den Kolonialismus grob in zwei Phasen unterteilen: eine imperialistische Phase zwischen 1858 und 1905 und eine Reformphase von 1905 bis 1937. In Indien erlebte Wilfred Bion die letzten Jahre der imperialistischen Phase (die in etwa dem Niedergang des viktorianischen Zeitalters entspricht)« (Bléandonu, 2008, S. 22).

3 »Misery at school had a dynamic quality« (Bion, 2005 [1985], S. 89).

ten, war er auf ein Stipendium angewiesen. Die Prüfungen dafür durchlief er, bestand sie aber nicht (Bion, 2005 [1985], S. 92).

So meldete er sich freiwillig als Soldat, nachdem er kurz vor seinem 18. Geburtstag die Schule verlassen hatte. Zunächst wurde er abgelehnt; erst nach einer Intervention eines Freundes seines Vaters wurde er Anfang 1916 als Offiziersanwärter in das »Inns of Court Officer Training Corps« aufgenommen.[4] Als Oberstleutnant trat er in ein Panzerregiment ein (das »5th Tank Battalion«, später bekannt als »5th Royal Tank Regiment«) und wurde an der belgischen und französischen Front eingesetzt.

Während der Kriegshandlungen tat Bion sich durch außerordentlichen Mut hervor und verließ die Armee 1918 mit den Auszeichnungen DSO (Distinguished Service Order)[5] und dem Croix de Chevalier der Légion d'honneur als hochdekorierter Kriegsheld. In seinen autobiografischen Schriften aber stellt er sich selbst durchweg als unrettbaren Feigling, Drückeberger, Hochstapler und unverbesserlichen Stümper dar, der den Krieg und überhaupt die Wirren des Lebens nur übersteht, weil er mehr Glück hat als Verstand. Es sind Eigenschaften, die sich Bion nicht erst mit dem Krieg, sondern seit seiner Kindheit zuschreibt, als charakterlich prädestinierte, feststehende Merkmale, die tief in seiner Persönlichkeit gründen.[6] Warum Bion zu einem so unerbittlichen Urteil über sich selbst kommt, darüber er-

---

4 Seine Ausbildung beschreibt er so: »[S]choolboys of all ages playing soldiers rehearsing for the real thing, but never learning that war and yet more terrible war is normal, not an aberrant disaster« (ebd., S. 92).

5 »British army decoration, confined since 1916 to combat gallantry«, definiert Bion im Anhang (»A Key«) zu seiner Romantrilogie *A Memoir of the Future* (Bion, 1991a, S. 606). Die Begründung seiner Empfehlung für den DSO gibt einen Eindruck seines militärischen Wirkens: »Awarded the Distinguished Service Order. [...] T./2nd Lt, Wilfred Ruprecht Bion, Tank Corps. For conspicuous gallantry, and devotion to duty. When in command of his tank in an attack he engaged a large number of enemy machine guns in strong positions, thus assisting the infantry to advance. When his tank was put out of action by a direct hit he occupied a section of trench with his men and machine guns and opened fire on the enemy. He moved about in the open, giving directions to other tanks when they arrived, and at one period fired a Lewis gun with great effect from the top of his tank. He also got a captured machine gun into action against the enemy, and when reinforcements arrived he took command of a company of infantry whose commander was killed. He showed magnificent courage and initiative in a most difficult situation« (*The London Gazette*, 1918, S. 8439).

6 Siehe z. B. Bion (2005 [1985], S. 111f.). Und im August 1978, kurz vor seinem Tod, schreibt Bion (1992, S. 367): »I was never able to be a soldier – only an artificial representation of a brave man.«

hält der Leser in Bions autobiografischen Schriften mehr und genaueren Aufschluss, als ihm lieb sein kann – oder wie es der Historiker Sir Arthur Bryant über Bions *The Long Week-End 1897–1919* ausdrückte: »Der Teil über den Krieg gehört zum Besten und Erschreckendsten, was ich über den Krieg 1914–1918 gelesen habe. Es ist ein großartiges Stück Literatur« (zit. n. Britton, 2016, S. 30; Übersetzung D. A.).

Zur Struktur der autobiografischen und literarischen Schriften

Bions zentrales Autobiografie-Fragment trägt den Haupttitel »The Long Week-End 1897–1919«; im Untertitel ist es mit »Part of a Life« betitelt (Bion, 2005 [1985]; siehe dazu auch Neubaur, 2018). Der Zeitraum, den es schildert, reicht von Bions Geburt bis zum Ende des Ersten Weltkriegs. *The Long Week-End* wurde vermutlich zwischen 1968 und 1970, nach Bions Umzug nach Kalifornien, geschrieben und ist in drei Abschnitte unterteilt, die »India«, »England« und »War« heißen. Lediglich das erste Drittel von *The Long Week-End* ist Kindheit (siehe dazu Angeloch, 2017b) und Jugend (siehe dazu Angeloch, 2020) gewidmet, die Schilderungen über die Kriegszeit hingegen nehmen zwei Drittel des Buches ein, flankiert von der noch ausführlicheren Darstellung derselben Zeit in Bions Buch *War Memoirs 1917–1919* (Bion, 2015; siehe dazu Angeloch, 2017a; Roper, 2012) – ein äußerer Ausdruck seiner offensichtlich schweren Traumatisierung durch den Krieg, die ihn sein ganzes Leben nicht verlassen und sich in unterschiedlichster Weise in seiner klinischen Arbeit, der Entwicklung seiner Theorie und seinen Schriften niederschlagen sollte.

Bei seiner Rückkehr nach England nahm Bion zuerst ein Studium der Geschichte am Queen's College, Oxford, auf und studierte dann Medizin am University College London. In dieser Zeit setzt *All My Sins Remembered. Another Part of a Life* ein, der zweite Teil von Bions unvollendeter Autobiografie (Bion, 1991b). Nach seiner ärztlichen Approbation verbrachte Bion sieben Jahre an der Tavistock Clinic London, wo er als Psychiater und psychoanalytischer Psychotherapeut ausgebildet wurde. 1937 begann er eine Lehranalyse bei John Rickman, die durch den Ausbruch des Zweiten Weltkriegs unterbrochen wurde, währenddessen er als Armeepsychiater mit traumatisierten Soldaten und als Mitglied des Army Selection Board arbeitete. 1945 setzte Bion seine Lehranalyse bei Melanie Klein fort und wurde 1953 als Mitglied in die British Psychoanalytical Society aufgenommen.

Während des Krieges hatte er Betty Jardine, eine Schauspielerin, kennengelernt und geheiratet; kurz vor Kriegsende gebar sie seine erste Tochter, Parthenope (die später ebenfalls Analytikerin werden sollte). Drei Tage nach der Geburt starb Jardine jedoch an einer Lungenembolie; Bion war zu dieser Zeit in Nordafrika, um an einem Armeeprojekt zu arbeiten. *All My Sins Remembered* bricht nach dem Ende der Analyse bei Melanie Klein ab.

1951 heiratete Bion seine zweite Frau Francesca, mit der er zwei weitere Kinder hatte. Zur Korrektur des »falschen« Bildes, das Bion in seinem »traurigen, in sich gekehrten Selbstzeugnis« von sich zeichne (Bion, 1991b, S. 6; Übersetzung D. A.), hat Francesca Bion unter dem Titel »The Other Side of Genius« Bions Briefe an sie und seine drei Kinder beigefügt, die dem Leser ein anderes Bild vermitteln und ihn als liebenden Ehemann und Vater zeigen sollen – ihre Befürchtung war, dass das einzige, was Bions Autobiografie sonst in ihren Lesern zurücklasse, »einen nachhaltigen Eindruck unerlöster Schwermut und tiefster Abneigung gegen sich selbst« sei (ebd.).[7] Ob das gelungen ist, ist eine andere Frage.

Zwischen 1956 und 1962 war Bion Direktor der London Clinic of Psychoanalysis, von 1962 bis 1965 Präsident der British Psychoanalytical Society und von 1966 bis 1968 Mitglied ihres Training Committees – Positionen, die er nicht suchte, sondern die ihm angetragen wurden und die er stets nur widerwillig, als unausweichliche Verpflichtungen annahm.[8] 1968 übersiedelte er mit seiner Familie nach Los Angeles, von wo aus er zahlreiche Reisen nach Südamerika und Europa unternahm, um Seminare und Supervisionen zu geben. 1979 zog Bion mit seiner Familie wieder nach England; kurz nach der Ansiedlung in Oxford starb er im Alter von 82 Jahren an Leukämie.

---

7 Mit dieser Auffassung ist Francesca Bion nicht allein: »The autobiography and fiction«, schreibt etwa Kay M. Souter, »are in some ways as dismaying as the psychoanalytic theory. Taken individually, Bion's accounts of his life are quite upsetting to read: caritasless, members of his family faintly, resentfully and apparently unreliably sketched in. No success – educational, military, interpersonal – seems to be allowed to mean anything, and his own achievements and powers of endurance are treated with the most withering contempt. For many readers on first – and often subsequent – readings, Bion's autobiographies are unlikable works. Readers complain of finding them confusing, dissociated, attacking of their own associative responses, and so on. In a literary-critical sense, it might be said that they create a powerful and instructive countertransference in the reader, plunging her into the disagreeable experience of being submerged in an unloving, projection-rejecting environment« (Souter, 2009, S. 797).

8 »He never sought positions of responsibility – they were thrust upon him [...]. In spite of his deep dislike of evening meetings – two or three a week at the end of an already very long day's work – he accepted these positions as his contribution as a senior member of the Society« (F. Bion, 2014 [1994], S. 97).

Während der letzten Jahre seines Lebens verfasste Bion *A Memoir of the Future* (1991a), ein Ensemble aus drei Romanen: *The Dream* (1975), *The Past Presented* (1977) und *The Dawn of Oblivion* (1979). Zusammen bilden die drei Romane eine Science-Fiction-Romantrilogie, die Bion als »fiktiven Bericht über eine Psychoanalyse im Rahmen eines künstlich konstruierten Traums« bezeichnet hat (Bion, 1991a, S. 4; Übersetzung D. A.). Der, der diesen Traum träumt und zugleich analysiert, ist Bion selbst – es ist ein Traum seines eigenen Lebens via zahlreiche Figuren, die allesamt Schattierungen seiner Persönlichkeit oder Alter Egos repräsentieren, wenn sie nicht geradewegs so heißen wie er selbst (»Bion«, »Myself« oder auch »P. A.«). Für Francesca Bion ist *A Memoir of the Future* denn auch im Wesentlichen »eine psychoanalytisch orientierte autobiographische Fantasie« (Bion, 1991b, S. 8; Übersetzung D. A.).

Verhandlungen von Autobiografischem kommen hier tatsächlich immer wieder und sehr prominent vor, sind aber in einer solchen Weise angeschnitten und in den fiktiven Rahmen eingewebt, dass sich nichts von den autobiografischen Kommentaren und Anspielungen so nehmen lässt, wie es dort steht (Angeloch, 2023a). Auch als theoretisches Werk lässt sich Bions Trilogie nicht bezeichnen, zu einzigartig und beispiellos ist die Weise, wie Bion hier (Meta-)Psychologie und Erkenntnistheorie im Modus einer fiktiven Dialogerzählung verhandelt. Sie lässt vermuten, dass die »Handlung« in einem England spielt, das einen Krieg verloren hat und nun vom Feind besetzt ist.

Alle Figuren in diesem »künstlichen Traum« sind – wie in Träumen generell – als Alter Egos, als Repräsentationen von Anteilen der Persönlichkeit Bions zu verstehen. Sie kennen, diskutieren, re-präsentieren und erhellen zentrale Konzepte aus Bions früheren Schriften, wie sie auch deren oft ätzend ironischen Kritik liefern. In die Figurenrede eingestreut und eingewebt finden sich zahlreiche Berichte und Reflexionen über Bions Leben – und hier vor allem in Bezug auf den Krieg –, die teilweise wörtlich aus Bions autobiografischen Schriften übernommen sind; in dem Kontext, in dem sie hier stehen, werden sie jedoch als fiktiv herausgestellt oder verfremdet präsentiert.

A Memoir of the Future ist mithin die konsequente Fortsetzung von Bions *Gesamt*werk mit anderen Mitteln (Bion Talamo, 2015). Sie vollzieht den Überstieg in eine andere, neue Dimension von Selbstreflexion als Wissenschaft und Wissenschaft als Selbstreflexion, wie sie bereits das Gründungsdokument der Psychoanalyse, Freuds *Traumdeutung*, zu unternehmen begonnen hatte (Ffytche, 2013). Am ehesten scheint mir *A Memoir of the Future* als eine Art Autobiografie von Bions *Unbewusstem* zu beschreiben zu sein, die den Gesetzen der Traumlogik folgt. Sie ist Traum und zugleich Deutung dieses Traumes – eine »Konstruktion« einer fiktiven Psychoanalyse, in der diese Träume und Tagträume erzählt und gedeutet sowie praktisch und theoretisch durchgearbeitet werden. *A Memoir of the Future* ist damit ein Teil von Bions Autobiografie, aber *of the Future*, im Modus eines Science-Fiction-Romans, in dem Nachdenken über Leben, Werk und Psychoanalyse als sich selbst reflektierende hypothetische Sinnkonstruktion geschieht (Angeloch, 2023a, 2023b).

Das Unsagbare (be-)schreiben: Die Erfahrung des Ersten Weltkriegs in Bions autobiografischen Schriften

Erzählen ist in der Definition, die Walter Benjamin in seiner Theorie des Erzählers und des Erzählens gegeben hat, »das Vermögen, Erfahrungen auszutauschen« (Benjamin, 1991 [1936], S. 439). Erzählkunst ist für Benjamin Handwerkskunst. Mit dem allgemeingesellschaftlichen Fortschritt der Produktivkräfte (die Gesamtheit aller Technik in ihrem Zusammenwirken mit menschlicher Arbeitskraft und dem spezialisierten Wissen über deren Organisation) werden die Produktionsverhältnisse immer abstrakter; die gesellschaftlichen Mechanismen und Ordnungen werden so unverständlich und komplex, dass individuelle Erfahrungen nicht mehr an sie heranreichen und sie also zunehmend auch nicht mehr mit erzählerischen Mitteln dargestellt werden können. In der geschichtsphilosophischen Perspektive, die Benjamin entwirft, verschwindet die Erzählkunst, wie die Handwerkskunst verschwand.[9]

Dieser Vorgang, eine allgemeingesellschaftliche Tendenz, ist für Benjamin im Ersten Weltkrieg augenfällig geworden: Der Erste Weltkrieg markiert die Schwelle, jenseits derer die Kunst des Erzählens nicht mehr an das heranreiche, was ihr Wesen ausmache: die Darstellung und Weitergabe von Erfahrung. 1936 konstatiert Benjamin:

> »Mit dem Weltkrieg begann ein Vorgang offenkundig zu werden, der seither nicht zum Stillstand gekommen ist. Hatte man nicht bei Kriegsende bemerkt, daß die Leute verstummt aus dem Felde kamen? nicht reicher – ärmer an mitteilbarer Er-

9 Mit zunehmender Ausbreitung der industriellen Organisation der Produktionsverhältnisse geht die Bedeutung des Handwerks zurück. In diesem Maße, so Benjamins zentrale These, gehe es auch mit der Kunst des Erzählens – dem »Vermögen, Erfahrungen auszutauschen« – zu Ende (denn Erzählkunst ist Handwerkskunst).

> fahrung. Was sich dann zehn Jahre später in die Flut der Kriegsbücher ergossen hatte, war alles andere als Erfahrung gewesen, die von Mund zu Mund geht. Und das war nicht merkwürdig. Denn nie sind Erfahrungen gründlicher Lügen gestraft worden als die strategischen durch den Stellungskrieg, die wirtschaftlichen durch die Inflation, die körperlichen durch die Materialschlacht, die sittlichen durch die Machthaber. Eine Generation, die noch mit der Pferdebahn zur Schule gefahren war, stand unter freiem Himmel in einer Landschaft, in der nichts unverändert geblieben war als die Wolken und unter ihnen, in einem Kraftfeld zerstörender Ströme und Explosionen, der winzige, gebrechliche Menschenkörper« (ebd.).

Im Folgenden will ich ein wenig davon zeigen, dass und auf welchem Weg es Bion gelang, das, was ihm als Soldat im Ersten Weltkrieg widerfuhr, in einer ungeheuren, unendlich schmerzvollen und lebenslang andauernden Anstrengung schreibend in Erfahrungen umzusetzen. Bion »transformiert« (Bion, 1984 [1965)] also in »mitteilbare Erfahrung« (Benjamin, 1991 [1936], S. 439), meine ich, was sich Benjamins Analyse zufolge durch seine Dimension und seine Ungeheuerlichkeit, kurz: seine gesamte Beschaffenheit, aus historischen Gründen nicht mehr in dieser Weise transformieren ließ. Meine Hypothese ist, dass Bion sich in seinen theoretischen Hauptwerken die erkenntnistheoretische Basis erarbeitet, die ihm dann, gegen Ende seines Lebens, ermöglicht, das Unsagbare seines eigenen Lebens zu (be-)schreiben.

Wie das im Einzelnen vonstatten geht, möchte ich im Folgenden anhand der verschiedenen Versionen der Schilderung desjenigen Ereignisses zu zeigen versuchen, das sich für Bion als das folgenreichste des gesamten Krieges erweisen sollte.

Amiens: Der 8. August 1918

Bions letzter Einsatzort war die Front bei Amiens, einer der bedeutungsvollsten Schauplätze des Ersten Weltkriegs. Im August 1918 wurde von den alliierten Streitkräften unter Führung der I. französischen Armee unter dem Befehl des Generals Débeney und der IV. englischen Armee unter dem Kommando von Sir Henry Rawlinson eine Generaloffensive eingeleitet. 29 französische, kanadische, australische und englische Divisionen rückten auf einer Front von mehr als 20 Meilen, von Braches-sur-Avre bis in die Umgebung von Morlancourt, gegen die deutschen Stellungen vor, die von nur zehn Divisionen sowie fünf Ersatzdivisionen verteidigt wurden. So konnte von den Alliierten am 8. August 1918 ein entscheidender Durchbruch im jahrelangen Stellungskrieg erzielt werden. Es war der entscheidende Wendepunkt des Ersten Weltkrieges. In seinen Kriegserinnerungen sollte der deutsche General Erich Ludendorff (1919, S. 547) diesen Tag später als den »schwarze[n] Tag des deutschen Heeres in der Geschichte dieses Krieges« bezeichnen. Die Deutschen verloren an diesem einen Tag etwa 30.000 Mann, die Hälfte davon geriet in Kriegsgefangenschaft. Die Oberste Heeresleitung bat General Ludendorff um die Erlaubnis zum Rückzug. Dieser beharrte zunächst auf einer Verteidigung um jeden Preis, stimmte der Forderung seiner Stabsoffiziere schließlich aber doch zu – zu groß waren die Verluste, zu erschöpft, demoralisiert und kriegsmüde die deutschen Soldaten, und zu unwahrscheinlich die Aussicht, angesichts der massiven Übermacht der Alliierten – darunter zehn Bataillone mit 360 schweren britischen Tanks vom Typ Mark IV und zwei Bataillone mit 96 Kavalleriepanzern vom Typ Mark A – die Front halten zu können. Als direkte Folge dieser Ereignisse wurden kurz darauf, am 14. August 1918, die Verhandlungen zwischen den Alliierten und den Deutschen aufgenommen, die zunächst zu einem Waffenstillstand und schließlich zum Ende des Ersten Weltkriegs führen sollten.

Aus der »großen« Perspektive der offiziellen Version des Geschehens gesehen ist der 8. August 1918 entsprechend als Tag des Triumphes in die Geschichte eingegangen. In Bions Schilderung des Geschehens ist nicht nur nichts von diesem Triumph zu verspüren – im Gegenteil ist der 8. August für Bion der Tag, an dem er im Wahnsinn des Ersten Weltkrieges seine psychische Gesundheit für immer verlor und »starb«: »Ich? Oh ja, ich bin gestorben – am 8. August 1918« (Bion, 2005 [1985], S. 265; Übersetzung D. A.). In *A Memoir of the Future* heißt es: »Ich wollte nicht in die Nähe der Amiens-Roye-Straße gehen, weil ich Angst hatte, meinem Geist zu begegnen – dort bin ich gestorben« (Bion, 1991a, S. 257; Übersetzung D. A.).

Das wahrscheinlich grässlichste Ereignis des gesamten Krieges war für Bion der Tod des blutjungen Meldegängers Sweeting, der am 8. August 1918 an Bions Seite und unter Bions Kommando von einer Granate getroffen auf grauenhafte Weise stirbt. Sweetings Tod ist der Kulminationspunkt aller Erfahrungen des Irrsinns des Krieges, die Bion bis dahin gemacht hatte; mit ihm bricht endgültig etwas zusammen, und Bions Selbst desintegriert in einer nicht mehr reparablen Weise. Für Bion ist Sweetings Tod gleichbedeutend mit seinem psychischen Tod.

Auf dieses tieftraumatische Erlebnis, das ihn sein Leben lang nicht mehr loslassen sollte, ist Bion vielfach zurückgekommen: Schilderungen desselben Geschehnisses finden sich in den *War Memoirs* von 1919, in dem unabgeschlossenen Amiens-Bericht von 1958 und in *The Long Week-End* aus den 1970er Jahren;

Kommentare und erratische Anspielungen in *A Memoir of the Future* kommen hinzu. Bion beschrieb dieses katastrophische Ereignis also als junger Mann unmittelbar nach der Rückkehr aus dem Krieg, nach einer Fahrt durch Frankreich 40 Jahre später sowie am Ende seines Lebens in Kalifornien.

Die Texte sind die Ergebnisse eines lebenslangen Versuchs, etwas Unbegreifliches zu verstehen, etwas Unsägliches auszudrücken, etwas Zerstörtes wiederherzustellen. An der Entwicklung der Textstellen kann man das allmähliche Gelingen der Beschreibung des Geschehens ablesen. Besonders signifikant sind aber die Weisen, in der die ersten beiden Beschreibungsversuche gegenüber der letzten Beschreibung in *The Long Week-End* *miss*lingen: Sie werfen ein Licht darauf, wie groß die zugrundeliegenden psychischen und sprachlich-narrativen, literarischen Probleme sind. Die genaue Analyse der Passagen, in denen Sweetings Tod und Bions psychischer Tod verhandelt werden, vermag so ein Panorama auf Bions innere Landschaft zu eröffnen – die psychische Landschaft der erfahrenen Zerstörung und die literarische Landschaft der Erzählung, mittels derer diese Zerstörung narrativ rekonstruiert wird. Was sich hier zeigt, ließe sich also, mit einem Begriff Melanie Kleins, als »Wiederherstellung« *(restauration)* bzw. »Wiedergutmachung« (*restitution*, *reparation*) bezeichnen:[10] ein Prozess der Trauerarbeit, in dem Schuldgefühle und Verzweiflung überwunden und in Mitleid umgewandelt, das Getötete in der Erinnerung wiederbelebt und das Verlorene im Sprachkörper der gelingenden Erzählung wiederhergestellt werden können.

Im Vergleich der drei Textpassagen treten zahlreiche Unterschiede hervor. Sie sind inhaltlicher, vor allem aber stilistischer Art.

Inhaltlich fallen vor allem Abweichungen, Differenzen und Diskrepanzen in der Darstellung des Ablaufs der Geschehnisse, insbesondere ihrer kausalen Verknüpfung auf. Dies scheint mir weniger dem zeitlichen Abstand und einem etwaigen damit einhergehenden allmählichen Nachlassen der Erinnerung geschuldet zu sein (obwohl zwischen den Versuchen tatsächlich sehr große, jahrzehntelange Abstände liegen). Eher wirkt es – genau umgekehrt – so, als hätte die Intensität der Erinnerung mit voranschreitendem Alter Bions und dem zuneh-

---

10 Eine Zusammenfassung der wesentlichen Charakteristika dieses Prozesses findet sich bei Segal (2018 [1973], S. 92). Das Ergebnis der Wiedergutmachung ist eine Assimilation und Reintegration verlorener »guter Objekte«, was sowohl die Stärkung des Ichs als auch die stärkere Abgrenzung von innerer und äußerer Welt und eine erhöhte Realitätsprüfung bewirkt (ebd., S. 93). Für eine Ausformulierung des Konzepts der Wiedergutmachung im Kontext künstlerischer Arbeit siehe beispielsweise Segal (2018).

menden Abstand zu den Ereignissen zugenommen. Mit jeder Textfassung steigen Genauigkeit und Bandbreite der Wiedergabe der Details sowohl des äußeren als auch des emotionalen, inneren Geschehens; zugleich zeigt sich eine wesentliche Erweiterung des sprachlichen Instrumentariums und narrativen Repertoires. Dies lässt auf eine zunehmende Durcharbeitung derjenigen psychischen Konflikte schließen, die in den dargestellten Ereignissen einerseits ausgelöst wurden, die andererseits aber auch bearbeitet worden sein müssen, um sie beschreiben zu können.

Das Grauen des Ereignisses wird in den ersten beiden Fassungen des Geschehens zunächst mehr behauptet, bleibt mehr erahnbar, als dass es dem Leser durch die Schilderung vor Augen stehen und auch emotional nachvollziehbar würde. Zwischen der psychischen Bedeutung des Ereignisses und seinem sprachlichen Ausdruck liegt ein Abgrund, der unüberbrückbar scheint. In der zweiten Textfassung ist von dem Grauen und dem Entsetzen, die in der ersten Textfassung nur behauptet werden, schon mehr spürbar; die Schilderung bleibt aber ungenügend, wirkt hilflos-repetitiv, ungewichtet, schief. Die volle emotionale und narrative Durchschlagskraft erreicht es erst in der letzten Fassung in *The Long Week-End*.

Zusammengenommen zeigen die Passagen eindrucksvoll die schmerzhafte Arbeit der allmählichen Auflösung oder zumindest des Begreiflich-Werdens der psychischen Katastrophe eines lähmenden Traumas, dessen Ursachen weit über das Individuell-Private hinausreichen. Deutlich wird so auch, dass am Grund der Problematik, das Geschehen um Sweetings Tod zu beschreiben, ein Circulus vitiosus liegt: Sweetings Tod und die Umstände, unter denen er geschah, führten zum Absterben vitaler psychischer Funktionen bei Bion; genau diese vitalen Funktionen aber sind es auch, die für eine lebendige emotionale und sprachlich-narrative Erfassung des Geschehenen eigentlich benötigt werden und von Bion in lebenslanger qualvoller Arbeit entwickelt werden mussten.

Sweetings Tod

Aus der Zusammenschau der Schilderungen in ihren drei Versionen ergibt sich in etwa folgender Ablauf der Ereignisse.

Nach der Durchquerung des Luce-Flußbettes rücken die Panzer auf die deutsche Frontlinie vor. Die Deutschen haben das Vorrücken der Panzer trotz des Nebels bemerkt und versuchen, den Vorstoß der alliierten Einheiten aufzuhalten, indem sie ein Sperrfeuer aus Granaten- und Haubitzenbeschuss eröffnen.

Bion befindet sich in Begleitung des jungen Meldegängers Sweeting und dessen Bruder hinter den Panzern auf dem Weg zu den Einsatzzielen. Sie sind von den schlechten Sichtverhältnissen im dichten Nebel und dem infernalischen Lärm der Granaten, die überall um sie herum explodieren, völlig desorientiert. Sweetings Bruder ist plötzlich nirgends mehr zu sehen, wie vom Erdboden verschluckt, wahrscheinlich tödlich getroffen.

Bion geht in einem Granattrichter in Deckung, um sich und Sweeting aus der Schusslinie zu bringen. Voller Angst klammert Sweeting sich an Bion, während dieser in der relativen Sicherheit des Kraters versucht, die Orientierung zurückzugewinnen und auszumachen, in welche Richtung sie sich bewegen müssen, um dem Sperrfeuer zu entgehen und den strategischen Zielen näherzukommen. Zur Verwirrung trägt bei, dass sich die Reihe von Pappeln, die die Amiens-Roye-Straße markiert, an einer anderen Stelle zu befinden scheint: Sind Bions Kompassmessungen doch falsch? Fahren die Panzer gar nicht auf die deutsche Frontlinie zu, sondern an ihr entlang?

Da bemerkt Bion, dass Sweeting etwas zu sagen versucht – und sieht voller Entsetzen, dass Sweeting tödlich getroffen ist. Die Wucht der Explosion einer Granate hat ihm die linke Seite weggeschossen, seine Eingeweide liegen offen da.[11] Sweeting ruft immer wieder nach seiner Mutter. Verzweifelt versucht Bion den sterbenden Sweeting zu beruhigen und zum Schweigen zu bringen. Sweeting nimmt Bion das Versprechen ab, seiner Mutter zu schreiben und sie vom Tod ihres Sohnes zu benachrichtigen.

Als der Beschuss endlich nachlässt und sich der Nebel lichtet, erweist sich, dass Bions Messungen doch richtig waren: Das, was er für die Pappelreihe an der Amiens-Roye-Straße gehalten hatte, sind in Wirklichkeit hohe Gräser, die in der Nähe des Granattrichters stehen. Bion versucht, eine Rettungstrage für Sweeting zu besorgen, da jedoch alle besetzt sind, muss Sweeting auf eigenen Beinen zum Verwundetenlager gehen.

Die erste Textfassung aus dem Kriegstagebuch von 1919

Der erste Bericht aus dem Kriegstagebuch von 1919 gibt eine kurze, eher nüchtern gehaltene Darstellung des Ereignisses. »Dieser Vorfall hat Hauser und mich sehr erschüttert, und uns wurde sehr schlecht«, kommentiert Bion, und: »Ich erwähne diesen grässlichen Vorfall so ausführlich, weil er eine große Wirkung

11 »His thoracic wall blown out, exposing his heart« (Bion, 1991a, S. 256).

auf mich hatte« (Bion, 2015, S. 123f.; Übersetzung D. A.) – nur dass sich diese Wirkung aus dem Text nicht mitteilt. Es fehlt an inhaltlichen und vor allem *emotionalen* Details.

Dabei muss man in Betracht ziehen, dass der Bericht des 21-Jährigen für die Eltern bestimmt ist, und davon ausgehen, dass gewisse adressatenbezogene Rücksichten genommen, bewusst Auslassungen gemacht und Bemerkungen hinzugefügt wurden. Ohne diese Adressatenbezogenheit wäre die Gestalt des Textes sicherlich eine ganz andere gewesen.

Vor allem aber scheint es Bion schlicht an der Fähigkeit zu mangeln, das, was ihn so betroffen machte, sprachlich zu vermitteln. Das bringt Bion auch gleich zu Beginn seines »Kommentars« von 1972 zu den *War Memoirs* zum Ausdruck, wenn er als »Myself« an seinem 21-jährigen Selbst »Bion« kritisiert, dass er »a ›very‹ bad attack of the ›verys‹, verily very virulently« gehabt habe, die das Kriegstagebuch schwer zu lesen machten (Bion, 2015, S. 194). Sein 21-jähriges Selbst gibt zu: »Beim erneuten Lesen stelle ich erstaunt fest, dass ich wie ein Analphabet geschrieben habe, obwohl ich zu diesem Zeitpunkt bereits an der Queen's University angenommen worden war« (ebd.; Übersetzung D. A.).

Im Gegensatz zu Bions eigener, gewohnt unerbittlicher Selbsteinschätzung scheint mir das Defizit im Ausdruck allerdings in der überwältigenden Intensität des Geschehens zu liegen: Es übersteigt jede Fähigkeit, es zu verarbeiten und auch nur ansatzweise zu verstehen – geschweige denn, es zu einem validen erzählerischen Ausdruck zu bringen.

Die zweite Textfassung im »Amiens«-Bericht von 1958

Die näheren Umstände, wie es zu Sweetings Tod kam, beginnt Bion erst 1958 in seinem Amiens-Bericht zu reflektieren. In dieser Version spielt die emotionale Dimension des Geschehens eine ungleich höhere Rolle als in der ersten Schilderung des Geschehens von 1919 (Bion, 2015, S. 244–246).

Am auffälligsten ist hier, dass Bion einen langen Abschnitt in die Schilderung des Geschehens um Sweeting einbaut, in dem er den Verlauf seiner Gedanken nachzubilden versucht, wie er sie im Zeitraum nach der Entscheidung, in dem Granattrichter Zuflucht vor dem gegnerischen Sperrfeuer zu suchen, und unmittelbar vor dem Moment, in dem es zu Sweetings tödlicher Verletzung kam, dachte. Die Gedankenreihe hat vor allem eine Auseinandersetzung mit der Frage zum Inhalt, ob die Entscheidung, in dem Krater Deckung zu suchen, vielleicht einen unverzeihlichen Fehler darstellt, der sich als tödlich erweisen könnte, weil die feindlichen Schützen ihr Feuer auf markante Punkte in der Landschaft zu konzentrieren pflegen. Hier gerät erstmals eine Ahnung davon in den Blick, dass ein Teil der Unerträglichkeit von Sweetings Tod für ihn darin liegen könnte, dass Bion sich eine Mitverantwortung, wenn nicht sogar die Schuld an ihm gibt.

Diese zweite Darstellung der Geschehnisse ist auch deswegen wesentlich lebendiger als die erste, weil Bion hier grundlegende Ambivalenzen zum Ausdruck bringt. Sie schließt mit den Worten: »*Noch nie* habe ich ein solches Bombardement erlebt, *nie, nie – Mutter, Mutter, Mutter – nie* habe ich ein solches Bombardement erlebt, dachte er. Ich wünschte, er würde die Klappe halten. Ich wünschte, er würde sterben« (Bion, 2015, S. 246; Übersetzung und Kursivierung D. A.).[12] Die Wiederholung von »Never [...] never, never« und »Mother, Mother, Mother« bildet dabei den Rhythmus der Einschläge der Granaten nahe Bions Körper nach und setzt sie parallel mit Sweetings schrecklichen Todesrufen, die auf Bion wie Projektile gewirkt und seine psychische Integrität unter Beschuss genommen zu haben scheinen.

Ansonsten aber macht nicht nur diese Passage, sondern überhaupt Bions gesamter Versuch von 1958, die Geschehnisse in Amiens darzustellen, einen bemühten, ungeschickten Eindruck. Der Amiens-Bericht bricht mitten im Satz ab, wahrscheinlich, weil Bion spürte, dass die Mängel in der Darstellung und die Defizite in der emotionalen Aufarbeitung des Geschehens verhinderten, dass die inneren und äußeren Ereignisse in einer validen narrativen Form zusammenkommen konnten.

Die dritte Textfassung in *The Long Week-End*

In der dritten und letzten Version der Schilderung des Geschehens, wie er sie in *The Long Week-End*, wiederum fast 20 Jahre später, gibt, widmet Bion dem Geschehen um Sweetings Tod ein ganzes Kapitel. Nahtlos eingebettet in die dichte, punktgenaue Erzählung des Buches, entsteht hier ein vollkommen klares und äußerst lebendiges Bild des äußeren und inneren Kontextes.

Bion eröffnet das Kapitel mit der Wiedergabe einer Überlegung, die ihn mit jedem weiteren Einsatz mehr verfolgte und nun, am Morgen des 8. August 1918, unmittelbar vor seinem Einsatz in der Generaloffensive, als eine an

12 Im Original heißt es an dieser Stelle: »*Never* have I known a bombardment like this, *never, never – Mother, Mother, Mother – never* have I known a bombardment like this, he thought. I wish he would shut up. I wish he would die.«

Gewissheit grenzende Wahrscheinlichkeit aufdrängte: Mit jeder tödlichen Situation, der Bion entgangen war, hatte sich das statistische Quotum, dass er den Krieg überleben würde, weiter aufgebraucht; eher früher als später würden auch seine Eltern jenes Telegramm erhalten, in dem sie vom Tod ihres Sohnes benachrichtigt werden würden[13] – eine »Vorahnung«, die sich in gewisser Weise bewahrheiten sollte, wenn auch – abermals – ganz anders, als Bion sich das vorstellte.

Im Nebel warten die Einheiten auf die Stunde Null; die Panzer stehen mit laufenden Motoren bereit. Dann ist es soweit: Die alliierten Einheiten eröffnen das Sperrfeuer, in dessen Deckung sie in Richtung der feindlichen Linien vorrücken. Im nächsten Moment sind die Panzer verschwunden; Bion und die zwei Meldegänger, die ihm als Offizier zugeteilt sind, finden sich allein im Nebel zurück. Sie beeilen sich, aufzuschließen: »Es war wie ein Lauf, als ob wir irgendwohin gehen würden. Aber das taten wir nicht; wir entfernten uns nur, so weit und so schnell wir konnten, von dem Boden, auf dem wir standen« (Bion, 2005 [1985], S. 247; Übersetzung D. A.).

Mit einiger Verzögerung eröffnen die Deutschen das gegnerische Sperrfeuer. Sweeting und Bion versuchen, ihm zu entkommen, doch da es zu dicht ist, suchen sie Deckung in einem Granattrichter, der gerade groß genug ist, um sie beide zu fassen. Bion geht davon aus, dass dieser Ort so gut wie jeder andere ist – eine Annahme, die sich fatalerweise als falsch erweisen wird.

Als das Sperrfeuer etwas nachlässt und der Nebel sich für einige Momente lichtet, vertieft sich die von Nebel und Dunkelheit verursachte Desorientierung noch: Die Reihe der Pappeln, die die Amiens-Roye-Straße säumen, befindet sich an einem ganz anderen Ort, als sie Bions Kompassmessungen zufolge hätte sein müssen (ebd., S. 248). Die Wahrnehmung lässt Bion darauf schließen, dass sie in die falsche Richtung gegangen sind, nicht auf die feindlichen Linien zu, sondern parallel zu ihnen. Am Ende dieser Gedankenreihe steht die fürchterliche Vermutung, dass Bions falsche Messungen das gesamte britische Panzerbataillon in eine falsche Richtung geschickt haben. Diese Wahrnehmung wird sich erst später als visuelle Täuschung erweisen; dann wird deutlich, dass Bion und Sweeting nicht die Pappeln in der Ferne, sondern eine Reihe hochgewachsener Gräser sahen, die im Nebel lediglich so *aussahen* wie die die Amiens-Roye-Straße säumenden Bäume (ebd., S. 249).

---

13 »Sooner or later my parents would be bound to have the telegram announcing my death; the war had only to go on long enough. Already I had exhausted my quota of chances of survival« (Bion, 2005 [1985], S. 247).

Plötzlich wird die Illusion einer vergleichsweise sicheren Zuflucht in dem Granattrichter auf furchtbare Weise zerstört:

> »›Sir! Sir, warum kann ich nicht husten?‹
>
> Was für eine Frage! Was für ein Moment ... Ich sah auf seine Brust. Seine Uniform war zerrissen. Nein, es war nicht seine Uniform; die linke Seite seiner Brust fehlte. Er versuchte, hinzuschauen. Ich hinderte ihn daran. Ich fand seinen Feldverband und tat so, als würde ich ihn über der Lücke befestigen. Und dann sah er es, unter seinem linken Arm. ... Er sank zurück, als ob er erleichtert wäre, dann begann er einen neuen Anlauf.
>
> ›Mutter, Mutter, Mutter ...‹ Ja, Gott sei Dank für seine verdammte Mutter. Jetzt hatte ich wenigstens etwas Ruhe und konnte dem Granatfeuer meine Aufmerksamkeit schenken. Ich drückte mich so tief in den Krater, wie ich konnte« (ebd.; Übersetzung D. A.).

Diese Darstellung von Bions Reaktion auf Sweetings tödliche Verwundung entspricht genau dem, was Bion 1962 in *Learning from Experience* als einen der wichtigsten Mechanismen der psychotischen Psyche dargestellt hatte: Die Emotionen, die die Psyche überschwemmen und das Selbst mit sich zu reißen drohen, werden »so sehr gefürchtet, dass Schritte unternommen werden, um die Wahrnehmung aller Gefühle zu zerstören, obwohl dies ununterscheidbar von der Abtötung des Lebens selbst ist« (Bion, 2005 [1962], S. 10; Übersetzung D. A.). Die Gefühllosigkeit, mit der Bion gegenüber dem Ereignis zunächst reagiert, das zu groß und zu schrecklich ist, um es zu verarbeiten, sichert ihm das psychische und physische Überleben – um den Preis, dass die Aufmerksamkeit gegenüber den eigenen Emotionen, die als Signale und »Botenstoffe« zwischen Realität, Wahrnehmung und Denken fungieren, zerstört wird. Damit aber wird die Fähigkeit zur Unterscheidung – zwischen Bewusstsein und Unbewusstem, Leben und Tod, Subjekt und Objekt – überhaupt vernichtet. Die psychische Leblosigkeit, die daraus resultiert, erfuhr Bion als seinen psychischen Tod.[14]

Die Rufe und Bitten Sweetings sind verzweifelte Bitten eines »Containments« seiner Todesangst. Bions Psyche ist von der Masse der Ereignisse auf dem

14 »We might speculate that the explosive terror provoked by Sweeting's wound annihilated the contact barrier which separates conscious and unconscious thoughts, thus dissolving the separation between life and death, between him and me, between aliveness and deadness. This left Bion to die ›unphenomenally ... wordlessly, without leaving any trace and thus without dying‹« (Tarantelli, 2016, S. 53, zit. n. Blanchot, 1986, S. 32).

Schlachtfeld und in seiner unmittelbaren Nähe, die allesamt nicht annähernd zu begreifen sind, überwältigt, und droht unter dem Ansturm der flehentlichen Appelle und Bitten Sweetings zu zerbrechen:

> »Sweeting versuchte, sich aufzurichten. ›Um Himmels willen … sei kein Idiot, Mann! Leg dich hin, verdammt noch mal!‹ Meine Wut musste ihn beeindruckt haben, auch wenn er nichts hören konnte. Ich konnte auch nichts hören, aber ich konnte sehen, wie sich seine Lippen bewegten.
>
> ›Mutter … Mutter … Mutter …‹ Dann sah er mich an.
>
> ›Warum kann ich nicht husten, Sir?‹
>
> Ich konnte es nicht ertragen. […] Ich begann ihn anzuflehen.
>
> ›Sweeting, *bitte* Sweeting … bitte, bitte *halt die Klappe.*‹ Er hielt die Klappe.
>
> Ich wusste, dass er wieder anfangen würde. Ich erhaschte einen Blick auf die Pappeln, die sich hin- und herbogen. Es musste ein starker Wind gehen. Warum hatte er den Nebel nicht weggeblasen?« (Bion, 2005 [1985], S. 249; Übersetzung D. A.)

Was psychisch nicht aufgenommen werden kann, muss ausgestoßen werden; zu beidem aber ist Bions gelähmte Psyche unfähig. Die ausbleibende psychische Reaktion übernimmt schließlich Bions Körper: Mittels Erbrechen versucht sein Körper, das Unverdauliche aus ihm zu evakuieren. Der Versuch misslingt, weil das, was ausgestoßen werden muss, zwar psychisch lebensbedrohlich, aber nicht materiell ist.[15]

Bion harrt neben dem sterbenden Sweeting im andauernden Beschuss aus. Die Zeit, die dabei vergeht, ist zeitlos, weil sie durch keine Anhaltspunkte bestimmt werden kann; der visuelle Sinn ist durch Dunkelheit und Nebel, der auditive durch die unablässigen Explosionen, der innere Sinn – die Beziehungen zwischen Wahrnehmung, Denken und Emotionen – durch das überwältigende Geschehen außer Kraft gesetzt. Als der Beschuss nachlässt, Sweetings Rufe aufhören – »ein solches Bombardement hatte ich noch nie erlebt«, schreibt Bion in der Textfassung aus dem Amiens-Bericht von 1958 (Bion, 2015, S. 246; Übersetzung D. A.) – und die Sicht aufklart, gelingt Bion ein Versuch, Sweeting zu trösten. Der Versuch ist zu schwach, erreicht Sweeting aber doch so weit, dass genügend Leben in ihn zurückkehrt, um Bion darum bitten zu können, seine Mutter von seinem Tod zu unterrichten:

15 »›Why can't I cough sir?‹ Why can't you cough it away? Why can't … I began to vomit but I had nothing to vomit« (Bion, 2005 [1985], S. 249).

»›Mutter … Mutter … Mutter‹, murmelte er. Wie konnte ich ihn dann hören? Ich schaute auf. Der Beschuss hatte aufgehört. Die Sonne schien. Der Nebel, die Nacht waren verschwunden.

Die Amiens-Roye-Straße lag wieder an ihrem Platz zu unserer Linken. Wir befanden uns in einem Granattrichter am Rande eines Feldweges, der auf der anderen Seite von hohen Gräsern gesäumt war, nicht von den Pappeln der Amiens-Roye-Straße.

Ich war nicht erleichtert. ›Gottverdammt nochmal, Gott! Das war nicht lustig.‹

Völlig erschöpft sagte ich: ›Sweeting, es tut mir sehr leid. Gleich kommen Träger, die Sie zur Unfallstation bringen. Sie haben einen *blighty* [Heimatschuss; D. A.].‹

Er war schon zu hinüber, um mich einen Lügner zu nennen. Seine Augen waren glasig. Bei meinen Worten flackerte genug Leben in ihnen auf, dass er sagen konnte: ›Sie werden meiner Mutter schreiben? Sie werden ihr doch schreiben, nicht wahr?‹ Er war jetzt lebhaft und eindringlich. ›Sir! Sie werden meiner Mutter schreiben? Nicht wahr?‹

›Ja, natürlich.‹

›Ihre Adresse ist …‹

›Nein, nicht. Ich habe sie. Wir haben sie in unserem Büro‹« (Bion, 2005 [1985], S. 249; Übersetzung D. A.).

Das kann man durchaus doppeldeutig verstehen: Im Gegensatz zu der Version des Geschehens von 1958, in der die Sweeting gewidmete Erzählsequenz mit einer Bemerkung endet, die die Grausamkeit der Verletzung, die Sweeting erlitt, zu verarbeiten versucht, indem sie sie ihm noch einmal antut,[16] weiß Bion nicht nur, an welche Adresse er den Brief mit der Nachricht von Sweetings Tod richten muss, sondern auch, in welche Richtung seine Beschreibung des Geschehens gehen soll:

»Und dann ist er, glaube ich, gestorben. Oder vielleicht war es auch nur ich. Ich übergab ihn an ein paar Infanteristen. […] Zwei Männer, einer auf jeder Seite, legten seine Arme über ihre Schultern und stolperten mit ihm zur Unfallstation. Sweeting. Kanonier. Panzerkorps. Seinen Wunden erlegen. Das war sein Ende« (ebd., S. 249f.; Übersetzung D. A.).

16 »I wish he would shut up. I wish he would die. Why can't he die? Surely he can't go on living with a great hole torn in his side like that« (Bion, 2015, S. 246).

Schluss

Dafür, dass ein Soldat überlebt, während ein anderer sterben muss, gibt es keinen Grund. Angesichts der furchtbaren Realität des Krieges werden nicht nur die Erzählungen von Geschick und Heldentum zu grausamen Märchen, sondern auch das Leben als Ganzes. Überleben ist das Ergebnis eines so unwahrscheinlichen wie unverständlichen Zufalls, dass das Weiterleben zur Lüge wird, die der eigene Körper einem erzählt und die man an die, denen man in diesem »Nachleben« begegnet, wider das eigene Wissen und Empfinden weiterträgt. Die traumatische Erfahrung, dass das Überleben in Sperrfeuer und Granathagel eine statistische Unwahrscheinlichkeit ist, ist realer als das reale Überleben. Im Gedenken an die, die dieser Wirklichkeit, die wirklicher ist als die Realität, zum Opfer fielen, den gefallenen Kameraden, wird es auch zur moralischen Pflicht: Jeder überlebende Soldat wird zum wandelnden Grab der gefallenen Kameraden.

»Sie haben eine Art, die Menschen so lebendig aussehen zu lassen, aber in Wirklichkeit sind wir tot«, schreibt Bion gegen Ende von *The Long Week-End*. »›Ich? Oh ja, ich bin gestorben – am 8. August 1918« (2005 [1985], S. 265; Übersetzung D. A.). Und in *A Memoir of the Future* heißt es: »Ich wollte nicht in die Nähe der Amiens-Roye-Straße gehen, weil ich Angst hatte, meinem Geist zu begegnen – dort bin ich gestorben. Denn wenn auch die Seele stirbt, so lebt doch der Leib für immer« (1991a, S. 257; Übersetzung D. A.). Bions Autobiografie-Fragmente, in den letzten Jahren vor seinem Tod geschrieben und größtenteils posthum veröffentlicht, sind also eigentlich der Bericht eines Untoten über die Zeit bis zu seinem (seelischen) Tod.

Bion mochte den Ersten Weltkrieg als hochdekorierter Kriegsheld überstanden haben, doch seine Freude am Leben und die Konsistenz seiner Psyche waren auf den Schlachtfeldern von Amiens zurückgeblieben: »Niemand hatte mir verraten, dass der Kriegsdienst meine Fähigkeit, mich des Lebens zu erfreuen, völlig verändern würde«, heißt es in *A Memoir of the Future* (ebd., S. 508; Übersetzung D. A.) Und: »Er sagt, seine Psyche sei von da an zersplittert gewesen« (ebd., S. 55; Übersetzung D. A.). Bion beschreibt sich als dazu verdammt, »den Rest meines Lebens damit zu verbringen, die Rechnung zu bezahlen für all die Granaten und Panzer und Kugeln und jenen Geisteszustand, in den man sich bringt, um sich damit zu panzern« (ebd., S. 396; Übersetzung D. A.).

In einem Eintrag von 1959 aus *Cogitations* – seinem nicht zur Veröffentlichung bestimmten Arbeitsnotizbuch – beschreibt Bion die Psyche des Psychotikers als ein Konglomerat von untereinander unverbundenen Fragmenten; die zerstörte Persönlichkeit des Psychotikers könne nur noch als »Hinweis auf eine Katastrophe« verstanden werden:

> »Die Erörterung eines solchen Falles ist schwierig, denn wir haben es nicht mit den gewöhnlichen Strukturen der menschlichen Persönlichkeit zu tun, sondern mit den zertrümmerten Fragmenten, die nun wieder zusammengeklebt, aber nicht wieder zusammengefügt worden sind« (Bion, 1992, S. 74f.; Übersetzung D. A.).

Auch die Erzählfragmente, die Bion entwickelte, waren über 60 Jahre seines Lebens nicht in einem durchgearbeiteten Text zusammenzubringen. Sie mussten untereinander unverbunden bleiben, weil sie von Bion zwar stets in der Erinnerung aufgerufen, aber nicht in ihrer Bedeutung in Bezug auf sein emotionales Erleben bezogen werden konnten. Die Arbeit einer nachträglichen *Reartikulation* der Katastrophen, die sich als Traumata in die tiefsten Schichten von Bions Psyche eingebrannt hatten, war die zentrale Voraussetzung einer *Artikulation* im Rahmen einer autobiografischen Erzählung.

In *The Long Week-End* ist es Bion schließlich gelungen, eine Sprache zu entwickeln, die das Geschehen in größtmöglicher Deutlichkeit vermittelt und auch das Unsagbare, die katastrophische emotionale Dimension, die es auslöst, einzufassen imstande ist. Die Bedingung, dass ihm das gelingen konnte, war die Lösung aus der traumatischen Todesstarre und die Durcharbeitung der qualvollen Erlebnisse, die am Grund seines katastrophischen Traumas lagen. Bion musste eine Trauer um Sweeting entwickeln, sein Epitaph schreiben – und mit ihm das aller gefallenen Kameraden seiner Generation, einschließlich jenes jungen Bion, der seine psychische Gesundheit auf den Schlachtfeldern von Amiens verlor. »Trauerarbeit« ist der Begriff, den Freud für diesen schwierigen und hochkomplexen, aber auch hochproduktiven Prozess geprägt hat. Nach einem Wort des französischen Psychoanalytikers Daniel Lagache besteht er darin, sozusagen »den Tod zu töten« (Lagache, 1938, S. 695; Übersetzung D. A.) – und so einen Namen für das Eingedenken zu finden, das sich dann in Erinnerung und lebendigen Emotionen aussprechen kann. Das Ziel dieses Prozesses hat Robert Laurence Binyon stellvertretend für eine ganze verlorene Generation in einem Gedicht benannt, das 1914 veröffentlicht wurde und auf das Bion zeitlebens immer wieder zurückgekommen ist. Das Gedicht, in der *Times* vom 21. September 1914 zuerst veröffentlicht, trägt den Titel »For the Fallen«; dessen vierte Strophe, die noch heute jährlich zum Andenken an die im Ersten Weltkrieg gefallenen britischen Soldaten rezitiert wird, lautet

> »They shall grow not old, as we that are left grow old:
> Age shall not weary them, nor the years condemn.
> At the going down of the sun and in the morning
> We will remember them.«

Einen Ort des Eingedenkens für Sweetings realen und seinen eigenen psychischen Tod hatte Bion erst mit dem Grabmal gefunden, das Bion Sweeting in *The Long Week-End* errichtete: »Sweeting. Gunner. Tank Corps. Died of Wounds« (Bion, 2005 [1985], S. 247–250). Der Geist, von dessen Heimsuchungen Bion in *A Memoir of the Future* geschrieben hatte, war nun zwar nicht verschwunden, aber doch zur Ruhe gekommen.

Aus erratisch in Bions Leben und Schreiben hineinragenden Ereignissen, die die Integrität seiner Psyche zerstörten und die psychische Gesundheit in seinem ganzen folgenden Leben beeinträchtigten und bedrohten, sind mitteilbare Erfahrungen geworden. Mit Bion hört, sieht, fühlt, kurz: *erfährt* der Leser, was, wo und wie es vor sich geht und welche Konsequenzen das äußere und das innere Geschehen nach sich ziehen. Bions Autobiografie ist Ergebnis und Zeugnis des langen Wegs einer unendlich schmerzhaften, schließlich aber erfolgreichen Durcharbeitung der Erfahrungen eines ganzen Lebens. Das ist es auch, was *The Long Week-End* zu einem literarischen *chef-d'œuvre*, ja: zu einem Jahrhundertwerk macht.

Literatur

Angeloch, D. (2017a). »Sub-Thalamic Fear«. Über Wilfred Bions »War Memoirs 1917–1919«. *Psyche – Z Psychoanal, 71*(7), 586–616. https://doi.org/10.21706/ps-71-7-586

Angeloch, D. (2017b). »Psychological Impossibilities«. Über Wilfred R. Bions »The Long Week-End« und George Orwells »Such, Such Were the Joys«. In ders., O. Gutjahr, T. Jesch, H. Kremp-Ottenheym, J. Küchenhoff, A. Lange-Kirchheim, W. Mauser, J. Pfeiffer, C. Pietzcker & P. Strasser (Hrsg.), *Freiburger literaturpsychologische Gespräche. Jahrbuch für Literatur und Psychoanalyse. Band 36* (S. 107–131). Königshausen & Neumann.

Angeloch, D. (2020). »A Sense of Disaster, Past and Impending«. Wilfred Bions Jugend und Schulzeit 1905–1915. In J. Baumann, K. Grabska & G. Wolber (Hrsg.), *Wenn Zeit nicht alle Wunden heilt. Trauma und Transformation* (S. 233–252). Klett-Cotta.

Angeloch, D. (2023a). Eine Erinnerung an die Zukunft der Traumdeutung. Über Wilfred Bions »Spätwerk«. *Psyche – Z Psychoanal, 77*(6), 496–528. https://doi.org/10.21706/ps-77-6-496

Angeloch, D. (2023b). Thinking the Dream. Dream and Dream Thinking in Sigmund Freud, Hanna Segal, and Wilfred Bion. *The American Journal of Psychoanalysis, 83*(2), 178–209. https://doi.org/10.1057/s11231-023-09396-9

Benjamin, W. (1991 [1936]). Der Erzähler. Betrachtungen zum Werk Nikolai Lesskows. In ders., *Gesammelte Schriften. Band II.2* (S. 438–465). Suhrkamp.

Binyon, R. L. (1914, 21. September). For the Fallen. *The Times.*

Bion, W. R. (1984 [1965]). *Transformations. Change from Learning to Growth*. Karnac.

Bion, W. R. (1991a). *A Memoir of the Future*. Karnac.

Bion, W. R. (1991b). *All My Sins Remembered: Another Part of a Life and The Other Side of Genius. Family Letters.* Karnac.

Bion, W. R. (1992). *Cogitations*. Karnac.

Bion, W. R. (2005 [1962]). *Learning from Experience*. Karnac.

Bion, W. R. (2005 [1985]). *The Long Week-End 1897–1919: Part of a Life*. Karnac.

Bion, F. (2014 [1994]). The Days of our Years. In W. R. Bion, *The Complete Works of Wilfred Bion*. Herausgegeben von C. Mawson in Zusammenarbeit mit F. Bion (Band 15, Appendix A, S. 91–111). Karnac.

Bion, W. R. (2015). *War Memoirs 1917–1919* (2. Aufl.). Karnac.

Bion Talamo, P. (2015). Some Notes on the Theories of Structure and Mental Functioning underlying »A Memoir of the Future« by W. R. Bion (1993): Festschrift for Francesco Corrao. In dies., *Maps for Psychoanalytic Exploration* (S. 103–116). Karnac.

Blanchot, M. (1986). *The Writing of the Disaster. L'écriture du desastre.* University of Nebraska Press.

Bléandonu, G. (2008). *Wilfred R. Bion. Leben und Werk.* Edition diskord.

Britton, R. (2016). Non-analytic influences on the psychoanalytic theorizing of Wilfred Bion. In H. B. Levine & G. Civitarese (Hrsg.), *The W. R. Bion Tradition. Lines of Development – Evolution of Theory and Practice over the Decades* (S. 29–38). Karnac.

Ffytche, M. (2013). Investigating Bion's aesthetic turn. »A Memoir of the Future« and the 1970's. In N. Torres & R. D. Hinshelwood (Hrsg.), *Bion's Sources. The Shaping of his Paradigms* (S. 168–178). Karnac.

Lagache, D. (1938). Le travail du Deuil: Ethnologie et psychanalyse. *Revue Française de Psychanalyse, X,* 693–708.

Ludendorff, E. (1919). *Meine Kriegserinnerungen 1914–1918.* Ernst Siegfried Mittler & Sohn.

Lyth, O. (1980). Wilfred Ruprecht Bion (1897–1979). *International Journal of Psychoanalysis, 61,* 269–273.

Neubaur, C. (2018). The Long Weekend. Der radikale Anti-Teleologe Wilfred R. Bion als Autobiograph. In dies., *Der Psychoanalyse auf der Spur III. Essays und Radiovorträge* (S. 232–241). Vorwerk 8.

Roper, M. (2012). Beyond Containing: World War I and the Psychoanalytic Theories of Wilfred Bion. In S. Alexander & B. Taylor (Hrsg.), *History and Psyche. Culture, Psychoanalysis, and the Past* (S. 129–147). Palgrave Macmillan.

Segal, H. (2018 [1973]). *Introduction to the Work of Melanie Klein*. Karnac.

Segal, H. (2018). A psychoanalytic approach to aesthetics. In L. Stonebridge & J. Phillips (Hrsg.), *Reading Melanie Klein* (S. 199–218). Karnac.

Souter, K. M. (2009). The War Memoirs: Some origins of the thought of W. R. Bion. *International Journal of Psychoanalysis, 90,* 795–808.

Tarantelli, C. B. (2016). »I shall be blown to bits«: toward Bion's theory of catastrophic trauma. In H. B. Levine & G. Civitarese (Hrsg.), *The W. R. Bion Tradition. Lines of Development – Evolution of Theory and Practice over the Decades* (S. 47–63). Karnac.

The London Gazette (1918, 16. Juli). »No. 30801«. Supplement, 8439. https://www.thegazette.co.uk/London/issue/30801/supplement/8439

Der Autor

Dominic Angeloch, Priv.-Doz., Dr. phil., ist Chefredakteur der *Psyche – Zeitschrift für Psychoanalyse und ihre Anwendungen* und Privatdozent für Allgemeine und Vergleichende Literaturwissenschaft an der Goethe-Universität Frankfurt am Main. Zudem vertritt er derzeit eine Professur für Internationale Literaturen an der Universität Tübingen. 2024 erscheint ein Buch zu Wilfred Bions autobiografischen und literarischen Werken und der Erfahrung des Ersten Weltkriegs bei Karnac Books (London).

Kontakt: PD Dr. Dominic Angeloch, c/o Redaktion »Psyche«, Zeil 22, 60313 Frankfurt am Main; E-Mail: d.angeloch@psyche.de

Die iranische Diktatur und die feministische Revolte

Nasim Ghaffari

Die vorliegende Arbeit stellt ein Narrativ dar, das sich im Herbst 2023 in einem historischen Moment entfaltet, in dem die Brutalität der totalitären iranischen Diktatur eskaliert, während letztere versucht, ihre Macht gegen die aufstrebende Revolutionsbewegung zu festigen. Diese Arbeit ist das Ergebnis umfassender Dekonstruktions- und Rekonstruktionsprozesse individueller und gesellschaftlicher Realitäten. Sie erforderte eine eingehende Verarbeitung kultureller, sozialer und psychodynamischer Zusammenhänge vor dem Hintergrund brandaktueller Ereignisse.

Inmitten der Aktualität und Intensität dieser bedeutenden sozialen Ereignisse erfüllt es mich mit tiefer Dankbarkeit, dass mir die Psychoanalyse die Sprache für dieses Narrativ eröffnet hat. Während ich diese Zeilen schreibe, erinnere ich mich an die Studie von Gertraud Schlesinger-Kipp (2010), in der sie deutsche Psychoanalytiker:innen zu ihrer Kindheit während des Nationalsozialismus und des Krieges interviewte. Eine Interviewpartnerin sagte: »Ich möchte eigentlich nicht darüber sprechen, aber wahrscheinlich säße ich heute nicht hier, ohne die Analyse« (ebd., S. 158). In gleicher Weise erfüllt mich eine große Wertschätzung, dass die Psychoanalyse mir die Möglichkeit gegeben hat, das Narrativ in diesem Beitrag zu diesem Zeitpunkt zu entwickeln und mitzuteilen.

Wie bereits über gute und schlechte Medienberichte zu erfahren war, setzte die aktuelle Revolutionsbewegung am 16. September 2022 mit der staatlichen Tötung einer 22-jährigen Kurdin ein, die in Teheran zu Besuch war. Jina Mahsa Amini starb aufgrund ihrer Kopfverletzung in Gewahrsam der Sittenpolizei, die sie wegen ihres locker sitzenden Kopftuchs verhaftet hatte. Ihr Tod markiert einen bedeutenden Wendepunkt im Kampf für Freiheit im Iran, seit der Errichtung der Islamischen Republik im Jahr 1979. Diese sichtbare Spitze des seit der konstitutionellen Revolution von 1905 anhaltenden Widerstands gegen die Autokratie im Iran ist von großer historischer Bedeutung für die gesamte Nahost-Region. Die Geschichte Irans ist untrennbar mit der Historie des Nahen und Mittleren

Ostens sowie der Weltgeschichte verwoben. Versuche, diese Geschichte isoliert zu betrachten, gleichen dem vergeblichen Unterfangen, einen Menschen ohne seinen sozialen Kontext verstehen zu wollen.

Im begrenzten Rahmen des vorliegenden Beitrags werde ich mich auf die aktuellen Ereignisse beschränken. Die gegenwärtige Realität im Iran umfasst sowohl das Schreckensszenario einer gewaltsamen Unterdrückung durch ein diktatorisches und totalitäres Regime als auch die anhaltende Revolutionsbewegung, die von Hoffnung getragen ist. Die gegenwärtige Revolutionsbewegung zeigt sich als ein unaufhaltsamer Entfaltungsprozess, der seine Form verändert, aber den lebendigen Widerstandsgeist, der an die bewusste Oberfläche gekommen ist, bewahrt. Zur Beschreibung von Diktatur und Revolte werde ich zunächst den politischen Rahmen der sozialen Realität umreißen. Ich werde mit einem Rückblick auf die Entstehung des Staates beginnen, bevor ich auf die aktuellen Geschehnisse eingehe.

Khomeini gründete den Staat auf der Grundlage einer schiitisch-islamischen Ideologie, begünstigt durch Interventionen westlicher Mächte. Mit Lügen und Manipulation beanspruchte er die Revolution von 1979 für sich und ließ die Opposition großflächig erschießen und ermorden, um jeden Widerstand zu ersticken und seine eigene Macht zu festigen.

Er trug den höchsten schiitischen Ehrentitel Ayatollah und verkündete aus dieser Machtposition heraus, dass die Sicherung des Fortbestehens der Theokratie »die wichtigste religiöse Pflicht« (حفظ نظام از اوجب واجبات است) aller Gläubigen sei. Diese Erklärung wurde zur zentralen Staatsdoktrin, die über die Prinzipien der Rechtsstaatlichkeit hinausging und internationale völkerrechtliche Verträge missachtet.

Der gegenwärtige Führer, Khamenei, gilt in der Islamischen Republik wie sein Vorgänger Khomeini als »verbunden mit der göttlichen Allmacht«.[1] Seine höchste Priorität legt er situationsbedingt auf das, was er zu einer gegebenen Zeit als »Staatsinteresse« (in arabisiertem[2] Persisch: مصلحت نظام) bezeichnet.

1 Der Staat Islamische Republik Iran basiert auf einer Theorie, die von Khomeini im Rahmen des schiitischen Islam entwickelt wurde und als »Statthalterschaft des Rechtsgelehrten« (ولایت فقیه) bekannt ist. Diese Theorie postuliert, dass während der Zeit der Verborgenheit des zwölften schiitischen Imams eine Vertretung für die Regierungsgeschäfte notwendig ist. Diese Theorie jedoch ist innerhalb der Islamwissenschaft umstritten, da sie die menschliche Fehlbarkeit vernachlässigt – im Gegensatz dazu steht die göttliche Unfehlbarkeit.

2 Seit ihrer Entstehung verfolgt die Politik der Islamischen Republik das Ziel, die iranische Kultur zu verfremden. Dies schließt u. a. die Arabisierung der Sprache ein, was eine übermäßige Verwendung und zunehmende Integration von arabischen Begriffen in die persische Sprache bedeutet.

Dies führt dazu, dass die Islamische Republik ein Willkürstaat ist, in dem moralische und ethische Grenzen, insbesondere für den Führer und seine treuen Anhänger:innen, außer Kraft gesetzt sind. Der Führer lebt seine Allmachtsfantasie in der Realität derart aus, dass jede strafrechtliche Handlung, die Verbreitung von Desinformation, kriminelle Zielsetzungen, die Konfiszierung von Privatbesitz, die Belästigung der Mitbürger:innen und sogar Tötungen, als göttlicher Dienst umgedeutet werden, sofern dieser dem Erhalt des Staates dient. Er fühlt sich weiterhin auch nicht zur Transparenz gegenüber dem Volk verpflichtet. Die Auswahl der Staatsmänner basiert weder auf Qualifikationen noch auf wissenschaftlichem oder gar islamischem Fachwissen, sondern ausschließlich auf der Loyalität zu einem destruktiven autokratischen System, das rücksichtslos natürliche und menschliche Ressourcen ausbeutet und nicht einmal seine eigenen Gesetze respektiert.

Der Staatsgründer Khomeini vertrat die Ansicht, dass die Religion nicht mit der Nationalität und der iranischen Kultur vereinbar sei. Diese Position, inmitten der aufgeladenen Atmosphäre jener Zeit, getrieben von linkspolitischen Aktivist:innen und der Missionierung von Klerikern, führte zu einem gewaltvollen Streben zur Islamisierung des Iran und der Verfremdung der ursprünglichen Kultur(en). Er erließ Maßnahmen, die Tänze, Musik und andere kulturelle Elemente entweder verboten und aus der Öffentlichkeit verbannten oder nur unter strengen Auflagen und oft willkürlich tolerierten. Seitdem werden das Tanzen, der Solo-Gesang von Sängerinnen sowie Musik mit Texten, die Bezüge zur vorislamischen Zeit aufweisen, vom Regime als »moralisch korrupt« deklariert. Die vielfältigen Einschränkungen kultureller Aktivitäten greifen tief in das Privatleben der Bürger:innen ein und unterliegen strenger Überwachung durch das totalitäre Regime. Beispiele dafür sind das Verbot der Namensgebung aus der vorislamischen Zeit und das Verbot, das Gesicht einer Frau ohne Kopftuch auf dem Grabstein abzubilden. Bei mangelnder Unterwerfung können sowohl menschliche als auch monetäre Verluste drohen, darunter Terror gegen alle Familienmitglieder sowie die unangekündigte Schließung von Bankkonten. Aufgrund dieser totalitären Realität werden heute kultur- und nationalitätsbezogene Handlungen (wie eben jenes Tanzen und das Solo-Singen von Frauen) als Akte des Widerstands und als Auflehnung gegen die staatliche Unterdrückung verstanden und praktiziert.

Der Iran ist ein Land mit 5.000 Jahren Zivilisationsgeschichte,[3] das von einer Vielzahl an Ethnien, Religionen und Traditionen bevölkert und von seinen

---

3 Archäologische Artefakte der Dschiroft-Kultur bzw. Jiroft-Zivilisation aus dem späten 3. Jahrtausend v. Chr. wurden vom Ausgrabungsteam unter der Leitung von Yousef Majidzadeh im Jahr 2001 entdeckt.

Einwohner:innen als ein Vielvölkerstaat anerkannt wird. Über viele Generationen hinweg haben Perser, Kurden, Aseris, Araber, Luren, Belutschen, Turkmenen und andere kleinere Ethnien im Iran koexistiert und dabei ihre jeweiligen kulturellen Identitäten bewahrt. Außerdem leben neben dem Zwölferschiismus, der aus politischen Gründen von der Safawiden-Dynastie im 16. Jahrhundert im Iran gefördert wurde (Amanat, 2017), bis heute sunnitische Muslime, Juden, Zoroastrier, Bahāʾīs und Christen im Land. Die Iraner:innen haben eine tief verwurzelte multikulturelle Identität. Diese innerpsychische Realität findet ihre Ursprünge in der Geschichte.

Bereits im 6. Jahrhundert v. Chr. schuf der antike persische König Kyros der Große aus der Dynastie der Achämeniden das erste Rechtsdokument der Menschheitsgeschichte. Auf dem Kyros-Zylinder berichtet er über die Befreiung der Sklaven nach der Eroberung von Babylon. Vor mehr als 2.550 Jahren erließ Kyros die erste Menschenrechtsdeklaration, auf der er eingravieren ließ: »Heute verkünde ich, dass jedermann seine Religion frei wählen darf. Die Menschen sind frei, in allen Regionen zu leben und einen Beruf zu wählen, vorausgesetzt, dass sie niemals die Rechte anderer verletzen« (history.de, o. J.).

Heute handelt die Islamische Republik deutlich im Widerspruch zu dieser historisch tief verwurzelten Anerkennung der Vielfalt, Gleichberechtigung und Gewährung von Freiheiten. Die massiven Diskriminierungen und die vielfältigen Verletzungen der Menschenrechte haben seit der Gründung dieses Staates bei den Iraner:innen ein tiefes Gefühl der Entfremdung von ihrer Regierung hervorgerufen. Als Ergebnis kollektiver emotionaler Verarbeitungsprozesse im Zuge der aktuellen Revolutionsbewegung drücken Iraner:innen ihre Gefühle der Entfremdung in der Weise aus, dass sie »das Mullahregime« als »Besatzungsmacht« ansehen und sagen: »Das Land befindet sich in Geiselhaft.«

Die aktuelle Revolutionsbewegung birgt einen Kulturwandel in sich. Dieser kraftvolle Kulturwandel wurde durch den inspirierenden Antrieb der »Frau, Leben, Freiheit«-Bewegung verursacht, der sich in vielfältigen Formen von Kunst und Kreativität manifestiert. Im Rahmen dieses dynamischen kulturellen Prozesses artikulieren die Menschen im Iran ihre Forderung nach der Rückkehr zur Anerkennung von Vielfalt und Inklusion sowie der Wiederherstellung der Achtung der Menschenwürde. Diese Forderung richtet sich gegen die vorherrschende Kultur des Hasses, die die Islamische Republik seit seiner Gründung 1979 zu etablieren versucht hat.

Derzeit herrschen staatliche Unterdrückung und strafrechtliche Verfolgung gegenüber ethnischen und religiösen Minderheiten, der LGBTQIA+-Gemeinschaft und Frauen. Doch auch den Männern ist keine wahre Freiheit gewährt, weil sie mit rechtlichen und ideologischen Verpflichtungen zur Ausübung von Unterdrückung und Dominanz über Frauen gebunden sind. Diese massive Diskriminierungspolitik folgt der römischen Maxime *divide et impera*, »Teile und Herrsche«. Bei dieser Kontextualisierung wird deutlich, warum die aktuelle Revolutionsbewegung, die aus der Mitte der feministischen Bewegung entsprungen ist, ihren Schwerpunkt auf dem Aspekt der Antidiskriminierung hat und die Vereinigung aller Iraner:innen gemäß ihrer multikulturellen Identität ermöglicht.

Die Frauenbewegung im Iran hat sich zu einem Wegbereiter für die gesamte Gesellschaft entwickelt und hat allen Iraner:innen ermöglicht, aus der Sprachlosigkeit und der durch Traumatisierungen bedingten Ohnmacht herauszutreten. Der Wunsch nach Freiheit manifestiert sich beispielsweise vielfältig in kreativen Akten des sozialen Ungehorsams, die teilweise in heimlich mit Handys aufgezeichneten Videos in sozialen Medien dokumentiert sind. Die Gesellschaft befindet sich derzeit inmitten eines kollektiven emotionalen Verarbeitungsprozesses und eines kulturellen Wandels, der nicht nur eine Entfernung von der Theokratie und eine breite Säkularisierung zeigt, sondern auch teilweise darauf abzielt, das Patriarchat zu überwinden.

Die Entrechtung der Frauen durch die Islamische Republik bei seiner Errichtung erstreckte sich über zahlreiche Lebensbereiche. So haben Frauen z. B. nicht das gleiche Recht auf die Scheidung, ihre Zeugenaussagen werden nur halb so stark gewichtet wie die der Männer, das Sorgerecht für ihre eigenen Kinder ist kaum zu erlangen, und im Erbrecht erben Töchter nur die Hälfte im Vergleich zu den Söhnen. Strafrechtlich gelten unterschiedliche Altersgrenzen abhängig vom biologischen Geschlecht; Mädchen werden ab neun Jahren und Jungen ab 15 Jahren strafrechtlich verfolgt. Zusätzlich fungiert das obligatorische Kopftuch bzw. der Hidschab im Rahmen des politischen Islam als ein Instrument der Unterdrückung für die gesamte Gesellschaft, insbesondere für Mädchen und Frauen.

Der Hidschab gewann erst ab dem 20. Jahrhundert signifikante Bedeutung in der iranischen Geschichte.[4] Der von der islamischen Republik aufgezwungene Hidschab wurde zum Symbol der Entrechtung der Frauen und der totalitären Herrschaftsmacht. Frauen haben im Laufe der letzten Jahrzehnte allmählich ei-

4 Bereits vor der Islamischen Republik hatte Reza Shah Pahlavi Maßnahmen zur Säkularisierung und Modernisierung durchgeführt, die auch die Kleidung betrafen. In den 1930er Jahren erließ er ein Dekret zur Abschaffung des Hidschabs und traditioneller Kleidungsstücke, die er als Symbol der Rückständigkeit und des religiösen Konservatismus betrachtete. Menschen wurden aufgefordert, ihre traditionelle Kleidung abzulegen und westliche Kleidung zu tragen, die als modern und fortschrittlich angesehen wurde.

nen begrenzten Raum für gewisse Freiheiten erkämpft, der sich symbolisch im Grad der Lockerheit beim Tragen des Kopftuchs manifestierte. Das Kopftuch wurde von der gesamten iranischen Bevölkerung als Symbol für die totalitäre Forderung nach Unterwerfung unter die Gewaltherrschaft verstanden. Aus diesem Grund manifestierte sich der Widerstandskampf in Revolutionshandlungen, die das Abnehmen, Schwingen oder Anzünden von Kopftüchern einschlossen, als die Bewegung 2022 ihren Anfang nahm. Diese Protestakte waren nicht allein gegen das Kopftuch gerichtet, sondern vielmehr gegen die erzwungene Unterwerfung als Ganze.

Die Islamische Republik nutzt den Kopftuchzwang als ideologische Rechtfertigung für ihre totalitäre Herrschaft, trotz der Einwände vieler Wissenschaftler:innen.[5] Vor einigen Monaten forderte Sedigheh Vasmaghi den obersten Führer in einem Brief auf, die religiösen Argumente für den Kopftuchzwang darzulegen, da »im Koran keine ausdrückliche Anweisung zum Bedecken der Haare für Frauen erwähnt wird« (BBC News Farsi, 2023; Übersetzung N.G.) Vasmaghi, die selbst ein Studium der Islamwissenschaften mit Doktorat in islamischem Recht absolviert und an der Teheraner Universität unterrichtet hat, schrieb:

> »Die Angelegenheit der Bekleidung von Frauen, wie sie heute [im Iran; N.G.] diskutiert wird, war niemals ein Thema in der Tradition des Propheten, und es gibt keine Beweise dafür, dass Frauen in der Zeit des Propheten des Islam und danach aufgrund des Nicht-Bedeckens ihrer Haare oder sogar ihres Körpers belästigt, gequält oder bestraft wurden [wie es aktuell in der Islamischen Republik der Fall ist; N.G.]« (ebd.; Übersetzung N.G.).

Doch für das Staatsoberhaupt gründet sich der Kopftuchzwang auf der für den Islam charakteristischen »biologisch-naturalistischen« und binären Sichtweise von Mann und Frau sowie der Sexualität zwischen den Geschlechtern (Jiko, 2007, S. 1151). Nach der Auffassung der Islamischen Republik werden Frauen als Sexualobjekte betrachtet, deren Existenz dazu dient, den Bedürfnissen und sexuellen Wünschen der Männer zu genügen sowie Kinder zu gebären. Im Islam hat die Sexualität eine betonte ausgeprägte Bedeutung, die weniger ausschließlich auf die reine Kinderzeugung ausgerichtet ist. Laut der Auslegung der Islamischen Republik Iran steht die Ehefrau rechtlich unter der Autorität des Ehemanns und ist

5 Die Erörterung der Kopftuchpflicht im Islam findet sich jenseits dieses Beitrags, der auf eine begrenzte Zeitspanne im Iran fokussiert. Sie erfordert zudem den Kontext der globalen Perspektive (siehe dazu Ahmed, 1992, Kap. 8).

ihm rechtlich gehorsamspflichtig. Zudem schreibt das Ehegesetz vor, dass sich die Frau sexuell dem Mann jederzeit zur Verfügung stellen muss. Infolgedessen wird Vergewaltigung in der Ehe nicht anerkannt, geschweige denn Formen häuslicher Gewalt. Der Ehemann hat rechtlich die Befugnis, seine Ehefrau zu schlagen, wenn er »Ungehorsam fürchtet«, und zudem die Ehe im Alleingang und ohne Angabe von Gründen auflösen.

Nach der Ideologie der Islamischen Republik müssen Frauen in der Öffentlichkeit ihre Haare und ihren Körper bedecken, um der sexuellen Erregung bei Männern vorzubeugen. Das Nicht-Befolgen der vorgeschriebenen Kleiderordnung wird als provokativ angesehen, da es anscheinend darauf abzielt, Männer sexuell anzustacheln und ungebührliches Verhalten zu provozieren. Der gewalttätige Umgang des Staates mit Frauen, die sich gegen den Kopftuchzwang wehren, wird mit der vermeintlich böswilligen Absicht der unverschleierten Frau gerechtfertigt, zur »Verdorbenheit« in der Gesellschaft beizutragen. Wenn eine Frau ihr Kopftuch nicht angemessen trägt, wird sie daher auch als schuldig an den möglichen Belästigungen betrachtet, die sie erfährt. Diese Argumentationslinie bildet die offizielle Grundlage für das Kopftuchgesetz. Die renommierte Schriftstellerin Simin Daneshvar, eine führende Stimme der zweiten Welle der Frauenbewegung, schrieb dazu: »Es ist schmerzhaft, dass ich nicht frei bin, damit du nicht sündigst […]. Ich muss meine Kleidung nach dem Grad deines Glaubens ausrichten.«[6]

Parvaneh Forouhar, eine andere Feministin jener Zeit, die im Jahr 1998 in den berüchtigten Kettenmorden an Intellektuellen vom Regime brutal ermordet wurde, war die erste, die darauf hinwies, dass auch der iranische Mann in der Islamischen Republik nicht frei ist. Sie betonte damals schon, dass die Dynamik, bei der ein Mann eine Frau auffordern muss, sich zu bedecken, um seine eigene sexuelle Lust zu zügeln, darauf hindeutet, dass er »auf das Niveau eines von Trieben gesteuerten Tieres herabgestuft« wurde (Faryad Challenger, 2020, 05:40–06:00). Sie fügte hinzu, dass sich die iranischen Männer bei dieser Argumentation eigentlich beleidigt fühlen sollten. Jad Jiko (2007, S. 1151) schreibt über das Sexualitätskonzept im Islam, dass der Mensch generell nicht »zu seiner vollen Subjektwerdung gelangen« kann, da die Sexualität nicht als ganz zu den Menschen gehörig verstanden wird, sondern unter göttlicher Macht »Leihgabe« und »Auftrag« (ebd., S. 1134) darstellt und damit nie ganz den Menschen gehört. Diese Charakterisierung beleuchtet die angenommene Ohnmacht sowohl des Mannes als auch der Frau in der Ideologie der Islamischen Republik, die durch gezielte staatliche Geschlechtersegregation eingedämmt werden soll.

---

6 Siehe dazu https://sheroadab.ir/post/36

Die Revolutionsbewegung im Iran des 21. Jahrhunderts umfasst den Kampf für sexuelle, kulturelle, religiöse, ethnische und geschlechtliche Identitäten. Sie beschränkt sich nicht nur auf den Widerstand gegen die Unterdrückung von Frauen angesichts der rechtlichen Überlegenheit schiitischer muslimischer Männer und des Patriarchats. Der Widerstand richtet sich gegen alle Formen von Diskriminierung in der Realität der Islamischen Republik. Ihr Ziel ist es, alle Menschen, unabhängig von Geschlecht, sexueller Orientierung, kultureller, religiöser, ethnischer oder anderer Zugehörigkeit, zu befreien und zu ermächtigen.

Die diskriminierende Hasskultur der Islamischen Republik manifestiert sich u. a. in einer öffentlich propagierten Frauenfeindlichkeit. Ein anschauliches Beispiel hierfür sind die offiziellen Narrative der Islamischen Republik, nach der ein Mädchen ohne Kopftuch als »verdorbenes Mädchen« gilt. Die wörtliche Übersetzung der Bezeichnung »verdorbenes Mädchen« aus dem Persischen دخترخراب lautet »kaputtes Mädchen«. Diese Formulierung, so ungewohnt sie auf Deutsch klingen mag, spiegelt die zugrundeliegende Logik der Islamischen Republik wider. Ein Mädchen, das sich nicht den Vorstellungen des Regimes in Bezug auf ihren Geist und Körper unterwirft, wird von der Islamischen Republik als wertlos betrachtet. Es ist die Entmenschlichung der Weiblichkeit. Ein »verdorbenes Mädchen« wird gleichsam wie ein defekter Gegenstand betrachtet, der weggeworfen werden kann, weil er nicht so funktioniert, wie es erwartet wird.

Die Gesetze der Islamischen Republik legitimieren tatsächlich diese Ideologie, etwa indem sie Ehrenmorden praktisch einen Freibrief erteilen. Ehrenmorde sind Morde an Frauen innerhalb der Familie, begangen durch männliche Verwandte. Während Hinrichtungen in der Islamischen Republik sogar für friedlich Protestierende alltäglich sind, schreibt das Strafrecht vor, dass ein Vater oder Großvater väterlicherseits nicht hingerichtet werden darf, wenn er seine eigenen Nachkommen tötet. Dem Täter droht höchstens die Zahlung einer Ausgleichssumme, des sogenannten »Blutgeldes«, das bei Frauen ohnehin halbiert ist – und das auch nur, wenn die Erben des Opfers es fordern. Ansonsten wird der Täter offiziell straffrei gestellt, ohne dass die Behörden ein Verfahren einleiten.

Während im Zeitraum von Herbst 2022 bis April 2023 landesweit Giftgasangriffe auf Mädchenschulen verübt wurden, äußerten Politiker in verharmlosender Weise, dass die Mädchen angeblich empfindlich auf ungewöhnliche Gerüche reagierten und sich einbilden würden, diese wahrzunehmen. Zudem behaupteten sie, dass sich die Mädchen gegenseitig emotional beeinflussten, und forderten die Familien auf, sich nicht aufzuregen. Diese Aussagen zeugen nicht nur von einem autoritativen Desinteresse des Machtapparats gegenüber dem Volk, sondern zielen vorrangig darauf ab, die staatliche Herabwürdigung der Mädchen durch wiederholte Verlautbarungen zu legitimieren. Durch diese Strategie wird das totalitäre Menschenbild dieses »Gender-Apartheitsregimes« weiter gefestigt. Gemäß der Staatsideologie werden Mädchen nicht nur als »hysterisch« angesehen, sondern auch als in Bezug auf ihre Urteilskraft und geistige Klarheit eingeschränkt. Aufgrund dieser vermeintlichen geistigen und rationalen Einschränkungen ist es den Frauen in der Islamischen Republik tatsächlich untersagt, bestimmte Berufe auszuüben. Daher wurde beispielsweise Shirin Ebadi, ehemalige Richterin und Präsidentin des Teheraner Stadtgerichts, nach der Verabschiedung der Verfassung der Islamischen Republik im Jahr 1979 ihres Amtes enthoben. Im vom Staat gezeichneten Menschenbild wird dem weiblichen Geschlecht aufgrund vermeintlicher naturgegebener Beschränkungen die Befähigung abgesprochen, im Richterberuf tätig zu sein, geschweige denn die Leitung des Hauptstadtgerichts zu übernehmen.

Im Übrigen hat die Bevölkerung die Giftgasangriffe auf Mädchenschulen als eine Vergeltung des Regimes gegenüber den Protesten verstanden, bei denen die Schülerinnen eine entscheidende Rolle gespielt haben. Die Botschaft an die Familien war unmissverständlich: »Haltet eure Töchter in Schach!« Die Drohung kam an – und die Straßendemonstrationen der Mädchen hörten auf.

In der Islamischen Republik werden auch den Jungen bestimmte Eigenschaften zugeschrieben. Von ihnen wird erwartet, dass sie hart, aggressiv und bestimmend sind, keine Unsicherheiten und Verletzbarkeiten zeigen und stets dominieren wollen. Das Suchen von Trost oder Hilfe findet in dieser Auffassung von Männlichkeit keinen Raum. Diese binären Vorstellungen von Geschlechtern und Geschlechterrollen mögen zwar mit den Ansichten weltweit agierender rechtspopulistischer Politiker:innen übereinstimmen, jedoch geht die diskriminierende Politik in der Islamischen Republik Iran noch einen Schritt weiter. Hier fußt die Staatsmacht auf der »Gender-Apartheid«, die sich in gewaltvollen und freiheitsraubenden Konsequenzen in allen Bereichen des täglichen Lebens manifestiert.

Im Bildungssystem der Islamischen Republik herrscht eine Geschlechtersegregation, die sich in reinen Mädchenschulen und reinen Jungenschulen zeigt. Doch über die bloße Geschlechtertrennung hinaus, bleibt kein Schulkind im Iran von der ideologisch-islamistisch erzwungenen Erziehung und der staatlichen Indoktrination politischer Ansichten unberührt. Kinder werden in schulischen Umgebungen zu Opfern von psychischem Missbrauch, da sämtliche Aspekte ihrer Bildung, darunter Lehrpläne, Sprache, Spiele, Rituale, sämtliche Unterrichtsinhalte sowie die Gestaltung des Schulinterieurs und der Klassenzimmer den Vorgaben der Staatsideologie entsprechen. Zudem werden Autonomiebestrebungen und die Entfaltung der Individualität pädagogisch unterdrückt, da die Fähigkeit zur Differenzierung und Rebellion abtrainiert werden muss, um ideologisch loyale Staatsbürger:innen heranzuziehen. Früh lernen Kinder, dass Lügen und Heucheln unverzichtbare Fertigkeiten im täglichen Leben sind, um sich vor totalitären Forderungen und Kontrolle zu schützen.

Außerdem erfordert es eine zusätzliche Ebene von Abwehrmechanismen wie Verleugnung, Spaltung, Reaktionsbildung und andere nützliche psychische Strategien, um unter der Herrschaft sowohl diktatorischer als auch totalitärer Gewalt zurechtzukommen. In den meisten Fällen sind die geheimen innerfamiliären Parallelgesellschaften und der Cyberspace Räume, die Zuflucht gewähren und in denen auch das kulturelle Erbe fortleben kann. Mit zunehmendem Alter erkennen Kinder, dass bestimmte Handlungen an bestimmten Orten und zu bestimmten Zeiten nicht im Fokus staatlicher Überwachung stehen oder geduldet werden.

Im Kontext des Diktaturregimes mit totalitären Strukturen bleibt die Fähigkeit des adoleszenten Verhaltens, Schlupflöcher zu entdecken und Triumphe zu erleben, im Erwachsenenalter von entscheidender Bedeutung. Denn ohne die Möglichkeit von Gesetzesverletzungen ist ein konventionelles privates und geschäftliches Leben nicht möglich. Dieses Verhalten steht jedoch im ständigen Spannungsfeld zur propagierten Staatsideologie und kann als Ausdruck des Widerstandes gegen den Staat interpretiert werden, selbst wenn es von der betreffenden Person nicht als Rebellion beabsichtigt ist. So werden beispielsweise individuelle Wünsche bezüglich der eigenen Autonomie über den eigenen Körper und Geist politisiert und unter unklar definierten Anklagepunkten wie »Korruption auf Erden« kriminalisiert (das Ablegen des Kopftuchs ist nur ein Beispiel hierfür).

Die Staatsideologie der Islamischen Republik Iran wird durch Gesetze, Vorschriften, Regeln und insbesondere durch gezielte Propaganda gestützt. In Deutschland ist das Thema Propaganda aufgrund des geschärften Bewusstseins für die düstere Geschichte des Nationalsozialismus allgegenwärtig. Hierzulande wurde ebenfalls die Macht der Worte dazu genutzt, eine alternative Realität zu schaffen. Während des Nationalsozialismus wurden Menschen nicht in Vernichtungslager deportiert, sondern euphemistisch als »an neue Arbeitsplätze überführt« dargestellt. Formulierungen wie »unter die Dusche gebracht« anstelle von »in eine Gaskammer« wurden verwendet, um die schrecklichen Gräueltaten zu verschleiern.

Die manipulative Darstellung der Realität durch Propaganda ist eine bewährte Methode autoritativer Staaten, die tiefgreifende psychodynamische Wirkungen auf Individuen und Gesellschaft hat. Propaganda zielt darauf ab, Bedeutungen zu erschaffen, zu verzerren oder zu entziehen, welche verbreitet, legitimiert und normalisiert werden. Diese Irrealitäten können über Generationen hinweg als Realität gelten, bis sie durch kritische Auseinandersetzung und psychische Verarbeitung dekonstruiert werden. In Russland wird diese Strategie aktuell genutzt, um den Widerstand gegen die autokratische Herrschaft zu unterdrücken, indem konstruierte Sinnzusammenhänge wie »Krieg ist Frieden«, »Terror ist Schutz und Rettung« sowie »Zerstörung ist Erschaffung« eingeführt wurden (Leszczynska-Koenen, 2023, S. 355). Ein anderes Beispiel für die propagandistische Vereinfachung komplexer Realitäten und die manipulative Herabsetzung ihrer Bedeutung ist die Bezeichnung der Demonstranten in den DDR-Medien als »Rowdys« (Bahrke, 2020, S. 179).

Die Schaffung von Irrealitäten durch den Missbrauch der Sprache und Bildern ist auch in der Islamischen Republik Iran ein allgegenwärtiges Phänomen. Dies beschränkt sich nicht nur auf große politische Themen wie Terrorismus und Außenpolitik, sondern erstreckt sich auf alle Lebensbereiche der Menschen, da durch narrative Darstellungen das ideologische Fundament des Regimes im Inland gefestigt werden soll. Ein Beispiel hierfür sind die allgegenwärtigen Plakate, die das Tragen des Hidschabs mit freundlichen Bildern und Worten als »Tor zum Paradies« oder »Freiheit für die Frau« propagieren.

Die Aufdeckung und Dekonstruktion der suggerierten Scheinlogik dieser Bildergeschichten und manipulativen Formulierungen erfolgt erst mit Nachdruck von der dritten Generation.[7] Inmitten des Cyberspace beheimatet und die digitalen Freiheiten nutzend, gelingt es dieser Generation, nicht nur die Irrealitäten infrage zu stellen, sondern auch ihre Stimme zu erheben. Die Revolutionsbewegung wurde durch den Einsatz digitaler Technologien und die Nutzung des Cyberspace als Aktionsraum ausgelöst.

In Folge der »Frau, Leben, Freiheit«-Bewegung finden die Dekonstruktionen der Staatsnarrative und neue Symbolisierungsprozesse zur Erschaffung bedeutsamer Zusammenhänge im Rahmen des gesellschaftlichen Diskurses statt. Es handelt sich um die Suche nach der »historischen Wahrheit« (Bohleber, 2007, S. 312). In dieser Auseinandersetzung herrscht eine intensive Dynamik, da die Produktion von Propaganda gleichzeitig auf Hochtouren und äußerst kreativ verläuft.

7 Die Bezeichnung »dritte Generation« entspringt meiner Kategorisierung, die auf den historischen Entwicklungen im Iran basiert. Damit meine ich die Generation, die die gegenwärtigen Revolutionsbewegung angestoßen hat und vorantreibt. Gemäß meiner Differenzierung ist die »erste Generation« jene, die aktiv an der Revolution von 1979 beteiligt war, die »zweite Generation« diejenige, die den ersten Golfkrieg und die gewaltvollen Gründungsjahre der Islamischen Republik in ihrer Kindheit erlebt hat (Ghaffari, i. E.).

Für die Verbreitung von Propaganda im Dienst der Staatsinteressen sind zwei mächtige, mafiaähnliche Organisationen verantwortlich: das *Büro des Obersten Führers* (بیت رهبری) und die *Islamische Revolutionsgarde* (سپاه پاسداران انقلاب اسلامی). Die Narrative werden in professionellen Think-Tanks ausgearbeitet und von führenden Staatsmännern wiederholt. So äußerte sich der Präsident[8] Raisi im August 2023 dahingehend, dass das Ablehnen des Kopftuchs bedeute, »die Privatsphäre der Gesellschaft zu verletzen« (Sharghdaily, 2023). In dieser Aussage wird der Frau das Recht auf Privatsphäre abgesprochen, während gleichzeitig der Gesellschaft eine Privatsphäre zugeschrieben wird, die durch den Schleier der Frau bewahrt werden könne. Demnach wird nicht etwa die individuelle Privatsphäre der Frau durch den Kopftuchzwang verletzt, sondern es wird behauptet, dass die Gesellschaft als Ganzes durch den Freiheitswunsch der Frau gefährdet werde. Weiterhin deutet die Aussage implizit die gewaltsame staatliche Unterdrückung als wohlwollenden Akt des Beschützens der Gesellschaft an. Das Ablehnen des Kopftuchs wird hier als ein aggressiver, anti-sozialer und anti-demokratischer Akt definiert.

Tatsächlich wurden kürzlich einige Gegnerinnen des Kopftuchgesetzes, darunter auch prominente Schauspielerinnen, die ihre Kopftücher abnahmen, auf Basis der psychologischen Diagnose »antisoziale Persönlichkeitsstörung« gerichtlich »verurteilt« (Radiofarda, 2023). Als Strafmaßnahme für dieses Gerichtsurteil wurden u. a. obligatorische psychotherapeutische Sitzungen angeordnet. Das Diagnostizieren und die folgenden Zwangsmaßnahmen fungieren im Sinne der Gewaltherrschaft und des üblichen Terrors des Regimes nicht vorrangig gegen die Individuen, sondern als einschüchternde und erzieherische Botschaften an die gesamte Bevölkerung.

Betrachten wir einmal den logischen Zusammenhang zwischen der Diagnosestellung »antisoziale Persönlichkeitsstörung« und dem Verweigern des Kopftuchtragens: Diese Diagnose wurde basierend auf dem Menschenbild und dem Wertesystem erstellt, die die Islamische Republik entworfen hat. Die Staatsideologie propagiert eine Gesellschaft, in der die systematische Geschlechtertrennung mit der Benachteiligung des weiblichen Geschlechts als im Einklang mit dem göttlichen Willen und somit als moralisch und ethisch »absolut« richtig gilt. In diesem Bedeutungskontext wird der Hidschab als Mittel zur Kontrolle des sexu-

8 Der Begriff »Präsident« impliziert hier nicht eine durch faire Wahlen legitimierte Vertretung des Volkes, wie in einer Demokratie. In der Islamischen Republik ist der Titel rein formell. Die Wahlen und die Auswahlverfahren sind streng kontrolliert, und nur Kandidaten, die dem Obersten Führer und dem zunehmend militarisierten und korrupten Regime absolut loyal sind, dürfen antreten.

ellen Triebs definiert. Das Tragen des Kopftuchs erhält im Rahmen der »Gender-Apartheid« die Bedeutung einer notwendigen Handlung zur Beherrschung des Sexualtriebs und damit zur Sicherstellung der sozialen Ordnung und moralischen Integrität der Gesellschaft. Die Islamische Republik argumentiert, dass bei fehlender Kontrolle des Sexualtriebs durch den Hidschab unmoralische und gefährliche Verhaltensweisen in der Gesellschaft zunehmen würden. Themen wie steigende Scheidungsraten, Drogenkonsum und sogar Naturkatastrophen werden mit der Verweigerung des Hidschabs in Verbindung gebracht.

Politikexpert:innen betonen jedoch, dass das Kopftuchgesetz primär als politisches Instrument geschaffen wurde, um die Bevölkerung durch Terror unter Kontrolle zu halten und von gravierenden Problemen wie mangelnder Regierungsfähigkeit, staatlicher Korruption, verheerenden Menschenrechtsverletzungen, durch Misswirtschaft verursachten Naturkatastrophen und außenpolitischen Angelegenheiten, die in der iranischen Bevölkerung auf Widerstand stoßen, abzulenken. Nichtsdestotrotz hält der Machtapparat an seinen Narrativen fest, auf denen das gesamte Rechtssystem basiert.

Die propagierte Irrealität der Islamischen Republik, dass das Ablehnen des Kopftuchtragens als antisoziales Verhalten gilt, dient als Grundannahme für die staatliche psychologische Diagnosestellung. Gemäß der Diagnose Dissozialen Persönlichkeitsstörung (ICD-10, F60.2) gilt die wiederholte Ausführung des antisozialen Verhaltens als Symptom für eine tiefgreifende strukturelle Störung der Persönlichkeit. In der Definition heißt es: »Zwischen dem Verhalten und den herrschenden sozialen Normen besteht eine erhebliche Diskrepanz. Das Verhalten erscheint durch nachteilige Erlebnisse, einschließlich Bestrafung, nicht änderungsfähig« (Dimdi, 2020). In der Tat zeigen einige mutige Frauen, die seit 2022 das Kopftuchtragen ablehnen, eine »nicht änderungsfähige« Haltung. Daher werden sie seitens der Islamischen Republik als »amoralisch persönlichkeitsgestört« deklariert und als potenzielle Gefahr für die Gesellschaft kriminalisiert. Versuche dieser »Straftäterinnen«, sich zu verteidigen, können ebenfalls als ein Symptom dieser psychischen Störung interpretiert werden, weil die Diagnosehilfe beinhaltet, dass das anti-soziale Verhalten gerechtfertigt wird; »eine Neigung, andere zu beschuldigen oder vordergründige Rationalisierungen für das Verhalten anzubieten, durch das der betreffende Patient in einen Konflikt mit der Gesellschaft geraten ist« (ebd.).

Nachdem ich beispielhaft den Missbrauch der internationalen Klassifikation der Krankheiten für totalitäre politische Zwecke dargelegt habe, erübrigt es sich, hervorzuheben, dass die Ausübung des Berufs der Psychotherapie im Iran aktuell nur noch mit Zustimmung des Geheimdienstes der Revolutionsgarde möglich ist.

Im totalitären Regime des Staates werden alle Berufe und Institutionen für seine missbräuchlichen Zwecke vereinnahmt, und die Gesundheitsberufe stellen keine Ausnahme dar. Zahlreiche Berichte politischer Gefangener, Aktivist:innen und inhaftierter friedlicher Demonstrant:innen dokumentieren entwürdigende Haftbedingungen, absichtliche Verweigerung der medizinisch notwendigen Versorgung, unmenschliche Isolationshaft, systematische Vergewaltigungen sowie verschiedene Formen psychischer Folter und körperlicher Bestrafungen. Ebenso sind fehlender Rechtsbeistand und unfaire Gerichtsverfahren auf Grundlage falscher und konstruierter Anschuldigungen, die die Todesstrafe nach sich ziehen können, äußerst verbreitet. Diese schwerwiegenden Menschenrechtsverletzungen werden regelmäßig von internationalen Menschenrechtsorganisationen wie Amnesty International erwähnt und verurteilt. Alarmierend ist weiterhin die in zahlreichen Zeugenaussagen beschriebene Verabreichung von Psychopharmaka in den Gefängnissen als wirksames Instrument zur Unterdrückung und Ausschaltung von Regimekritiker:innen. Aus diesen und unzähligen anderen Gründen wird das Rechtssystem der Islamischen Republik als »Unrechtssystem« (نظام بی عدالتی) bezeichnet.

Inmitten der aktuellen Revolutionsbewegung erleben Iraner:innen einen historischen Moment, der es ihnen ermöglicht, in einen Prozess der nachträglichen Bedeutungsfindung und Historisierung einzutreten (Bohleber, 2007). Folgende Ereignisse der letzten Jahrzehnte sind hier konkret zu benennen, bei denen aufgrund der Gewaltherrschaft der Islamischen Republik Traumatisierungen verursacht wurden:

- die Gewalttaten des Regimes unmittelbar nach der als »gestohlen« wahrgenommenen Revolution von 1979,
- die Eliminierung der Opposition durch Massenerschießungen, Exekutionen politischer Gefangener und die sogenannten »Kettenmorde«,
- der von Khomeini in die Länge gezogene achtjährige erste Golfkrieg zwischen Iran und Irak von 1980 bis 1988,
- die staatlich blutig niedergeschlagenen Studentenproteste im Juli 1999, einschließlich der sogenannten »Kuye-Daneschgah-Katastrophe«,
- die Erschießung von Demonstrant:innen bei Straßenprotesten im November 2019,
- der Raketenabschuss des PS752-Fluges im Januar 2020.

Diese emotional bedeutungsvollen gesellschaftlichen Ereignisse wurden durch die »Frau, Leben, Freiheit«-Bewegung aktiviert und ins kollektive Bewusstsein gerückt. Die vergangenen sowie aktuelle Ereignisse, wie das Massaker vom

»blutigen Freitag« in Zahedan im September 2022, haben Einzug in die zivilgesellschaftlichen Debatten gefunden. Die gegenwärtige gesellschaftliche Verarbeitung bietet sowohl den jüngsten Opfern einen Raum, um sich auszudrücken, als auch den früheren Generationen und Zeitzeug:innen, um aus dem Schweigen hervorzutreten. Erinnerungen werden geteilt, intergenerationale Verbindungen geschaffen, und die jüngste Generation fühlt sich ermutigt, den Freiheitskampf fortzusetzen. Das Bedürfnis zu sprechen trifft auf das Bedürfnis zuzuhören, und umgekehrt. Der gesellschaftliche Diskurs findet parallel zur fortbestehenden Gewaltherrschaft statt. Im Schatten der anhaltenden grausamen Realität ist ein rekonstruierender Prozess der Aufdeckung der historischen Realität und Traumaverarbeitung eingeleitet worden, durch den der Antrieb für den Widerstandskampf generiert wird.

In der Islamischen Republik überwiegt der Kollektivismus zugunsten staatlicher Ziele die individuellen Rechte, da der Wert des Einzelnen in seiner Nützlichkeit für das Regime liegt. Staatliche Gewalttaten, die die totalitäre Macht demonstrieren und das Leben Einzelner bis hin zur Eliminierung bedrohen, dienen der Einschüchterung der gesamten Bevölkerung. Besonders effektiv sind diese Maßnahmen, wenn die Nachrichten plötzlich und unerwartet verbreitet werden, um maximale Abschreckung und damit auch den Gehorsam zu erzwingen. Dies vermittelt stets die Botschaft: »Schau genau hin! Das könnte auch dir und deinen Liebsten passieren!« Der Terrorstaat herrscht, indem er reale und fantasierte Todesängste mobilisiert.

Infolge der »Frau, Leben, Freiheit«-Bewegung haben die Menschen begonnen, über Folter in der Realität der Islamischen Republik zu sprechen. Die Tatsache, dass die Folter, insbesondere sexualisierte Gewalt und Vergewaltigungen, die aktuell zur Sprache kommen, verschwiegen wurden, ist meines Erachtens nur zum Teil dem schambesetzten Thema oder der Angst vor den Konsequenzen des Sprechens geschuldet. Die traumatische Erschütterung hatte eine zusammenhängende Erzählung zerbrochen und das Berichten verhindert. Gegenwärtig hat das Trauma durch den anhaltenden Prozess der kollektiven Aufarbeitung, der von der dritten Generation angestoßen wurde, seinen Weg in die Sprache gefunden.

Aus psychoanalytischer Sicht müssen die Folterer nicht zwangsläufig pervers sein, um die ungezügelten Grausamkeiten zu verüben. Die Opfer werden als entmenschlicht gedacht, während man sich selbst als Verteidiger »guter« Werte wahrnimmt. Diese Dynamiken sind aus der psychoanalytischen Praxis bekannt, da in der klinischen Arbeit deutlich festzustellen und zu erfahren ist, dass das Erleben der äußeren Realität äußerst unterschiedlich ausfallen kann. Tatsächlich werden die Folterer auch ausgebildet.

Für die Folteropfer kann das Gefühl völliger Ohnmacht je nach individuellen Ressourcen und Motivation in verschiedenen Stadien von psychischer und körperlicher Misshandlung auftreten. Psychisch kann eine Phase erreicht werden, in der zwischen Gut und Böse nicht mehr unterschieden wird. Dies tritt spätestens dann ein, wenn es nur noch um das physische Überleben geht. So werden Menschen in der Islamischen Republik durch Folter zu falschen Geständnissen und zur Äußerung der vom Terrorregime gewünschten Irrealitäten und Lügen gezwungen. Gefangene können psychisch so stark regredieren, dass es kein Zurück mehr gibt; sie werden von ihrer Umgebung vollständig abhängig, weil ihnen alle Beziehungen genommen werden, sodass die Erlösung einzig in der Unterwürfigkeit gegenüber den Folterern gesucht wird (Mohammadi, 2023). Silvia Amati griff 1977 auf den Aufsatz »Fear of Breakdown« von Winnicott (1974) zurück, um den regredierten Zustand zu erläutern, der durch Folter erreicht werden kann. Winnicott hielt das Wort »Angst« für zu schwach, und verwendete den Ausdruck »primäre Agonie«, um das archaische Stadium absoluter Abhängigkeit zu beschreiben. Es handelt sich um einen Zustand der psychischen Desorganisation, in dem man vergisst, wer man ist, nicht nur den Unterschied zwischen Gut und Böse, sondern auch die Realität und die Fähigkeit, sich auf andere Menschen zu beziehen.

Der Kampf für die Freiheit von der diktatorischen und totalitären Herrschaft der Islamischen Republik im Iran hat seit ihrer Gründung im Jahr 1979 nie aufgehört. Die »Frau, Leben, Freiheit«-Bewegung stellt lediglich die sichtbare Spitze des Eisbergs dar. Sigmund Freud verwendete das Bild des Eisbergs als Metapher für die menschliche Psyche, um zu veranschaulichen, dass unser Bewusstsein nur einen kleinen Teil unserer mentalen Aktivitäten ausmacht, während der Großteil unseres psychischen Lebens unter der Oberfläche des Bewusstseins verborgen bleibt. Ähnlich kann man auch die Revolutionsbewegung betrachten, die sowohl von den unbewussten dynamischen Prozessen zwischen den Generationen, also transgenerational, als auch von den unbewussten intersubjektiven Prozessen auf horizontaler Ebene einer Generation genährt wird (Ghaffari, i. E.). Die sichtbaren historischen Momente der gesellschaftlichen Ereignisse im Iran sind daher lediglich als das sichtbare Resultat entscheidender, unsichtbarer und unbewusster interpersoneller Dynamiken zu verstehen.

Gegenwärtig befindet sich eine bedeutende Anzahl von Oppositionellen und Aktivist:innen in den Gefängnissen der Islamischen Republik, wo sie physischen Misshandlungen und psychischem Leid ausgesetzt sind. Regimekritiker:innen und diejenige, die vom Staat als solche definiert werden, erleiden Erpressungen, quälende Verhöre und erzwungene Geständnisse, die zur Einschüchterung der Bevölkerung im staatlichen Fernsehen ausgestrahlt werden. Die Bevölkerung leistet eine immense psychische Verarbeitungsarbeit, um Propaganda, Hasspolitik und ständige Nachrichten über Gewalt gegen Unschuldige zu verdauen. Unter den Inhaftierten befinden sich zahlreiche Fachleute, die ausschließlich ihren Berufen nachgingen. Anwält:innen und Ärzt:innen wird die Arbeitserlaubnis entzogen, weil sie beschuldigt werden, sich in Fällen von Demonstrant:innen engagiert zu haben. Lehrer:innen und Professor:innen, die sich solidarisch an die Seite ihrer Student:innen und Schüler:innen gestellt haben, wird gekündigt. Journalist:innen, die die Staatspropaganda unterstützen, können ihren Beruf ausüben. Wenn ihre Berichte dem Staat missfallen, drohen ihnen Terror und Gefängnisstrafen. Die Staatseinstufung als Feind erfordert nicht zwangsläufig bewusste Opposition oder direkte Handlungen gegen dessen Interessen. Es genügt allein eine diesbezügliche Behauptung vonseiten des Staates, um Terror und Eliminierung zu legitimieren. Inmitten dieser bedrückenden Realität, in der Sicherheit vor willkürlicher und brutaler Staatsgewalt eine Illusion bleibt, offenbart sich die Erkenntnis von Hannah Arendt: »Es gibt keine gefährlichen Gedanken; das Denken an sich ist gefährlich« (Philosophy Overdose, 2021 [1973], 26:45–26:50; Übersetzung N. G.).

Als Psychoanalytikerin verfolge ich mit geschärfter Aufmerksamkeit die emotionalen Prozesse auf gesellschaftlicher Ebene, insbesondere jedoch in meiner klinischen Arbeit mit Patient:innen und Analysand:innen. Diese Beobachtungen lassen darauf schließen, dass die »Frau, Leben, Freiheit«-Bewegung ein ermutigtes kollektives Erwachsen des kritischen Denkens bewirkt hat. Diese Bewusstwerdung bringt Iraner:innen innerhalb und außerhalb des Landes in die gefährdete Position, von staatlichem Terror betroffen zu sein. Tatsächlich reagiert die Islamische Republik auf die Revolutionsbewegung mit einer Vielzahl von Maßnahmen zur Verschärfung totalitärer Strukturen, die sämtliche Bereiche des öffentlichen und privaten Lebens betreffen. Beispiele hierfür sind die Einführung exorbitanter Geldbußen für Frauen ohne Kopftuch, umfangreiche Installationen von Überwachungskameras mit Gesichtserkennung in Bildungseinrichtungen zur Unterdrückung der studentischen Proteste oder die Ersetzung von Universitätsprofessor:innen durch regierungstreue Personen mit mangelnder akademischer Qualifikation. Auch die Integration des schiitischen Gebets als obligatorische Unterrichtsstunde in den schulischen Lehrplan, das Verbot des Englischunterrichts für Vorschulkinder sowie die Durchführung von »psychologischen« Screeningtests bei Schulkindern mit einer Testbatterie, die ideologische Fragen beinhaltet, gehören zu diesen Maßnahmen. Doch die Bevölkerung leistet durch kreative Aktionen Widerstand. Die gesellschaftliche Situation bleibt weiterhin von akuter Spannung und Instabilität durchzogen.

Meinen Beitrag möchte ich gerne mit einem Zitat einer bemerkenswerten Kritikerin und bedeutenden Menschenrechtsaktivistin abschließen. Die Stadt Weimar, Austragungsort der 74. DGPT-Tagung, hat ihr im Jahr 2016 den Menschenrechtspreis verliehen. Sie führt einen unermüdlichen Kampf zur Abschaffung der Todesstrafe und setzt sich für die Aufdeckung von Folter bei politischen Gefangenen ein. Zusätzlich zu zahlreichen Inhaftierungen und dem Entzug medizinischer Behandlungen wurde ihr über Jahre hinweg der Kontakt zu ihrer im Exil lebenden Familie verwehrt. Gelegentlich gelingt es ihr, Botschaften aus dem Gefängnis an die Bevölkerung zu senden. Darin teilt sie ihre Einschätzung zu aktuellen gesellschaftlichen Ereignissen in analytischen Worten mit uns. Sie schrieb in diesem Jahr: »Wir, das iranische Volk, sind dabei, die Theokratie zu überwinden. Eine Transformation bedeutet nicht, von einem Punkt zum nächsten zu springen. Es wird ein langer und harter Prozess sein, aber die Zeichen sprechen dafür, dass er stattfindet« (Fassihi, 2023; Übersetzung N. G.). An anderer Stelle sagt sie: »Das Leben gehört uns. Unsere Lebendigkeit ist der Tod der Tyrannei. Der Sieg ist nicht einfach, aber er ist sicher. Er ist nicht schon da, aber auch nicht weit entfernt« (Mohammadi, 2023; Übersetzung N. G.).[9]

Literatur[10]

Ahmed, L. (1992). *Women and Gender in Islam: Historical Roots of a Modern Debate*. Yale University Press.

Amanat, A. (2017). *Iran. A Modern History*. Yale University Press.

Amati, S. (1977). Reflexionen über die Folter. *Psyche – Z Psychoanal, 31*(3), 228–245.

Amnesty International (2023). *The Amnesty International Report 2022/23. The state of the World's human rights*. https://www.amnesty.org/en/wp-content/uploads/2023/03/WEBPOL1056702023ENGLISH.pdf

Bahrke, U. (2020). Ostdeutsche Prägungen in der Gegenwart. *Psychologie & Gesellschaftskritik, 44*(3–4), 155–183.

BBC News Farsi (2023, 20. März). [Wer ist Sedigheh Vasmaghi und warum wurde sie verhaftet?]. https://www.bbc.com/persian/articles/crg0e190e1zo

---

9 Zwei Wochen nach dem Vortrag wurde Narges Mohammadi der Friedensnobelpreis des Jahres 2023 verliehen.

10 In eckigen Klammern finden sich jeweils die von der Verfasserin des Beitrags übersetzten Titel der entsprechenden, ursprünglich in persischer Sprache verfassten Internetseiten.

Bion, W. R. (1997 [1965]). *Transformationen*. Suhrkamp.

Bohleber, W. (2000). Die Entwicklung der Traumatheorie in der Psychoanalyse. *Psyche – Z Psychoanal,* 54(9–10), 797–839.

Bohleber, W. (2007). Erinnerung, Trauma und kollektives Gedächtnis – Der Kampf um die Erinnerung in der Psychoanalyse. *Psyche – Z Psychoanal, 61*(4), 293–321.

Deutsches Institut für medizinische Dokumentation und Information (Dimdi). (2020). F60.2 Dissoziale Persönlichkeitsstörung. ICD-10-GM Version 2020. https://www.dimdi.de/static/de/klassifikationen/icd/icd-10-gm/kode-suche/htmlgm2020/block-f60-f69.htm

Faryad Challenger (2020, 20. November). [Film der Rede von der verstorbenen Parvaneh Forouhar]. *YouTube*. https://youtu.be/2GvMc2xk1e4?si=yrgUjcx7T8fRzsIl

Fassihi, F. (2023, 2. Juni). She lost her career, family and freedom. She's still fighting to change Iran. *The New York Times.* https://www.nytimes.com/2023/06/02/world/middleeast/narges-mohammadi-iran-political-prisoner.html?searchResultPosition=10

Ghaffari, N. (i. E.). »Frau, Leben, Freiheit«. Zur Entstehung der iranischen Revolutionsbewegung. *Psychosozial.*

history.de (o. J.). Erste Menschenrechtsdeklaration der Welt. https://www.history.de/heute-vor/detail/kyrosverkndetdiemenschenrechte.html

Jiko, J. (2007). Die Idealisierung des sexuellen Triebes im Islam. *Psyche – Z Psychoanal, 61*(11), 1132–1154.

Leszczynska-Koenen, A. (2023). Warum Krieg, und warum die psychoanalytischen Antworten nicht genügen. *Psyche – Z Psychoanal, 77*(4), 345–360.

Mohammadi, N. (2022). *White Torture. Interviews with Iranian Women Prisoners.* Oneworld Publications.

Mohammadi, N. (2023, 20. März). Narges-Mohammadi_51. [Der Sieg ist nicht einfach, aber er ist gewiss]. *Instagram*. https://www.instagram.com/p/CqAz-dDKPpi/?igsh=MTBrdGlwZTR6dnE1bg%3D%3D&img_index=1

Philosophy Overdose (2021 [1973]). The Last Interview with Hannah Arendt *YouTube*. https://youtu.be/8FkoMm1hs1g?si=d4q8YtTykqyK0_XN

Radiofarda (2023, 19. Juli). [Auch Afsaneh Bayegan erhielt die Auflage, sich wegen einer »psychischen Krankheit« zwingend in psychologische Behandlung zu begeben]. https://www.radiofarda.com/a/iran-s-judiciary-continues-to-cindemn-actresses/32510013.html

Schlesinger-Kipp, G. (2010). Prozesse der Erinnerung an die Kindheit in Nationalsozialismus und Krieg. Interviews mit PsychoanalytikerInnen in Deutschland. *Psyche – Z Psychoanal, 64*(2), 151–171.

Sharghdaily (2023, 6. August). [Raisi: »Das Ablegen des Hijabs verletzt die öffentliche Privatsphäre der Gesellschaft. Es ist notwendig, auf Grundlage der bestehenden Gesetze dagegen vorzugehen.«]. https://www.sharghdaily.com/fa/tiny/news-891372

UN Human Rights Council (2022, 24. November). S-35/1. Deteriorating situation of human rights in the Islamic Republic of Iran, especially with respect to women and children. General Assembly, 35th session. https://www.ohchr.org/en/hr-bodies/hrc/ffm-iran/index

Winnicott, D. W. (1974). Fear of breakdown. *International Review of Psycho-Analysis, 1*(1–2), 103–107.

Die Autorin

Nasim Ghaffari ist Psychologin, Psychotherapeutin und Psychoanalytikerin. Sie ist Mitglied der Deutschen Psychoanalytischen Vereinigung (DPV) und der Schweizerischen Gesellschaft für Psychoanalyse (SGPsa). Sie arbeitet in freier Praxis in Zürich.

Kontakt per E-Mail: info@nasimghaffari.com

»Nur der Islam ist in der Lage, die Probleme unserer Zeit zu lösen«

Über religiöse Rigidität im islamistischen Kontext

Kerstin Sischka & Christoph Bialluch

Einleitung

Seit einiger Zeit beschäftigt sich die Jugendforschung verstärkt mit der Frage, wie junge Menschen die vielfältigen Krisen erleben, mit denen unsere Gesellschaft konfrontiert ist. Empirische Studien zeigen auf, dass das Krisengeschehen im Kontext der Pandemie, des Klimawandels und der Kriege in der Ukraine und im Nahen Osten sich in Sorgen und Ängsten, einem geringen Vertrauen in die Handlungsfähigkeit der Politik und hoher Bereitschaft zu eigenem Engagement für Veränderungen niederschlagen. Der Religion scheint dabei eine ambivalente Rolle zuzukommen. Jugendmilieus unterliegen einem steten Wandel, nicht zuletzt aufgrund von Migrationsdynamiken. So bilden sich seit einiger Zeit auch verstärkt religiös-identitäre Jugendkulturen, in denen es hohe Zustimmungswerte zu islamistischen Orientierungen gibt. Aktuelle Befragungen an Schulen zeigen eine Zunahme »religiös motivierter Konflikte«. Dabei grenzen sich Jugendliche mit rigiden religiösen Haltungen von Gleichaltrigen ab, die einen offeneren Umgang mit dem Islam praktizieren. In der Studie »Jugendliche in Deutschland« des MOTRA-Forschungsverbundes stimmt ein beträchtlicher Teil der befragten muslimischen Jugendlichen dem Item »Nur der Islam ist in der Lage die Probleme unserer Zeit zu lösen« eher (25,9 Prozent) oder völlig (21,9 Prozent) zu. Darüber hinaus stimmen eher 27,3 und völlig 15,95 Prozent dem Item »Die Regeln des Koran sind mir wichtiger als die Gesetze in Deutschland« zu (Farren et al., 2023, S. 48).

Obwohl es sich hier um ein multikausales Konfliktgeschehen handelt, wird die hohe Verbreitung islamismusaffiner Einstellungen oft vor allem auf Ausgrenzungs- und Diskriminierungserfahrungen zurückgeführt. Wetzels und Kolleg*innen (2023) richten den Blick aktuell stärker auf die »ambivalente Rolle« der Religion, gerade auch in unserer krisenhaften Zeit. Es sei noch lange nicht »zureichend geklärt, welcher Stellenwert bei den radikalisierten Muslim*innen in Deutschland der Religion selbst [zukommt], insbesondere auch dem spezifischen Religionsverständnis im Sinne der Rigidität des Umgangs mit religiösen Normen, auf Religion bezogenen Ge- und Verboten und darin eingebetteten Wertvorstellungen« (ebd., S. 369). Die Konfrontation mit Marginalisierung und Ausgrenzung könne das Phänomen politischer Radikalisierung im Sinne des Islamismus nur in Teilen erklären, während die Rigidität bislang unterbelichtet blieb. So wird vermutet, dass insbesondere auch die Rigidität in der Religionsauffassung einen Effekt auf islamismusaffine Einstellungen haben könnte: »Bei Muslim*innen mit eher rigiden, dogmatischen Vorstellungen von Religion lässt sich eine deutlich stärkere Akzeptanz islamistischer Einstellungen finden.« Die Auseinandersetzung mit »religiöser Rigidität« und »religiösem Dogmatismus« sei daher »als besonders bedeutsam einzustufen« (ebd., S. 394).

Dieses Thema soll durch eine psychoanalytisch-sozialpsychologische, religionspsychologische und sozialwissenschaftliche Linse näher betrachtet werden. Dazu sollen in diesem Beitrag Fallerfahrungen aus den Jahren 2015 bis 2022, unsere Beobachtungen des Phänomenbereichs Islamismus und Jugendkultur sowie weitere wissenschaftliche Befunde aus den Nachbardisziplinen zusammengeführt werden. Dabei soll zunächst auf familiäre Belastungen im Migrationskontext, dann auf das Diskriminierungserleben, weiterhin auf Gruppendynamik und Jugendkultur sowie auf die psychische Funktion rigider religiöser Orientierungen, auch im Kontext aktueller gesellschaftlicher Krisen, eingegangen werden. Diese Aspekte scheinen bedeutsam, um Schlussfolgerungen für die Präventionsarbeit zu ziehen.

Kindheit, Jugend und religiöse Rigidität

Im Rahmen der Zusammenarbeit mit Fachberatungsstellen im Phänomenbereich des religiös begründeten Extremismus sind wir in den zurückliegenden zehn Jahren auf Familien und junge Menschen mit vielfältigen Migrationsbiografien gestoßen. Wir sind jungen Menschen begegnet, die in dritter Generation türkischer Zuwandererfamilien aufgewachsen sind, ebenso solchen, die mit ihren Familien in den 1990er Jahren zuwanderten (beispielsweise als Kriegsflüchtlinge aus dem ehemaligen Jugoslawien, Afghanistan oder dem Irak) oder die in binationalen Familien aufwuchsen, weil z. B. Väter in den 1980er Jahren aus befreundeten Staaten des Ostblocks als Gaststudenten in die DDR kamen, aber auch jungen Menschen, die aus Russland (z. B. dem Nordkaukasus) fliehen mussten oder auch erst in jüngster Zeit aus Syrien (nach 2014) nach Deutschland kamen. Gibt es Ähnlichkeiten in der psychosozialen Entwicklung dieser jungen Menschen, die eine Herausbildung religiöser Rigidität begünstigen?[1]

Verlust, soziales Trauma, Angst – Einblicke in die frühe Kindheit

Nicht wenige der jungen Menschen waren in ihrer frühen Kindheit mit einer extrem belasteten innerfamiliären Situation konfrontiert – beispielsweise Herr A., der früh seinen Vater verlor:

> Herr A. stammt aus einer gebildeten und sozial anerkannten Familie im Kaukasus. Sein Vater wurde entführt, als er versuchte, Ende der 1990er Jahre zwischen den Einwohner*innen seiner Stadt und tschetschenischen Islamisten zu verhandeln. Er verschwand und wurde nie wieder gefunden. Herr A. wuchs fortan ohne Vater auf, flüchtete zunächst mit der Mutter einige Jahre in ein Nachbarland und kam dann nach Deutschland. Hier geriet er zunächst in eine delinquente Gruppe und wandte sich später der salafistischen Szene zu, wo er sich als Prediger inszenierte. Es liegt die Frage nahe, ob nicht eine ambivalente innere Beziehung zum verlorenen Vater angenommen werden muss, die sein Motiv speiste, nun selbst zu einer solchen Autorität werden zu wollen.

Auch bei jungen Menschen, die einen solch konkreten Verlust nicht erleben mussten, spielt die emotionale Abwesenheit der Eltern eine Rolle, die insbesondere durch Traumata und daraus resultierende Folgeerkrankungen selbst stark belastet sein können, wie das folgende Beispiel zeigt.

> Herr B. wuchs mit seinen Eltern, die mit ihm aus dem Irak nach Deutschland geflohen waren, mehrere Jahre in Flüchtlingsheimen auf. Sein Vater war inhaftiert und gefoltert worden, und seine Mutter ebenfalls gesundheitlich stark eingeschränkt. Während die Eltern sehr mit sich selbst beschäftigt waren, war Herr B. im Flüchtlingsheim körperlicher und sexueller Gewalt durch einen älteren Mann ausgesetzt, konnte sich aber damit nicht seinen Eltern anvertrauen. Später geriet er in die salafistische Szene, wo er sich an islamische »Heiler« wandte und diverse Möglichkeiten der Selbstbehandlung seiner dissoziativen Zustände ausprobierte (z. B. Rukhya).

1 Die folgenden Fallkonstellationen sind verfremdet und anonymisiert. Sie stammen aus unserer Beratungs- und Behandlungspraxis der Jahre 2015 bis 2022.

Nicht nur der Verlust eines Elternteils und fortwirkende Traumata durch Krieg und politische Verfolgung beeinflussen die frühe Kindheit mancher der jungen Menschen, die sich später der islamistischen Szene zuwenden, sondern auch Ängste der Eltern, die z. B. durch psychische Erkrankungen gespeist sein können und die Atmosphäre des Aufwachsens stark prägen.

So sichtbar bei Frau C., deren leiblicher Vater in den 1980er Jahren als Student aus einem nordafrikanischen Land nach Deutschland kam und hier massiver rassistischer Gewalt ausgesetzt war und im Laufe der Zeit psychisch erkrankte. Nicht nur hegte er oft heftige Ängste, sondern versuchte auch mit »magischen Handlungen« das Wohlergehen seiner Tochter zu schützen, was die Mutter veranlasste, ihm den Umgang mit der Tochter zu untersagen. Frau C.s frühe Kindheit war nicht nur von einer Atmosphäre diffuser Angst, sondern letztlich auch vom Verlust des Vaters geprägt. Sie entwickelte im Laufe ihrer Adoleszenz selbst massive Ängste, die sie durch eine rigide religiöse Praxis zu lindern versuchte.

Die frühen Belastungen durch Verluste, Traumata oder die psychischen Erkrankungen der Eltern werden so im Entwicklungsverlauf wirksam und können als Teil eines multifaktoriellen Geschehens betrachtet werden, welches in die Hinwendung zu einer rigiden religiösen Praxis in der Adoleszenz einfließt.

Krisen in der Adoleszenz

Viele Fallkonstellationen vermitteln den Eindruck, dass die jungen Menschen in ihrer Adoleszenz in sehr konflikthafte (und teilweise pathogene) Objektbeziehungen verwickelt sind. Da sie innerpsychisch nicht auf stabile, verlässliche Objektbeziehungserfahrungen zurückgreifen können, scheint es ihnen an einer Vorstellung eines hilfreichen Gegenübers zu mangeln, und sie können sich nur schwer vertrauensvoll an andere Menschen wenden. Da sie ihre signifikanten Objekte als nicht emotional belastbar erlebt haben, greifen sie auf u. a. rigide religiöse Vorstellungen zurück, die in ihrer Starrheit eben belastbar erscheinen. Manche jungen Menschen begeben sich auch in eine Position überfordernder Verantwortungsübernahme.

Dies zeigt sich bei Herrn D., dessen Eltern sich früh trennten. Als seine Mutter in einen schweren Konflikt mit seiner Schwester geriet, der sich auf das Wohlergehen der wesentlich jüngeren Cousinen und Cousins negativ auswirkte, versuchte Herr D. als »einziger Mann im Hause« im Konflikt zu vermitteln. Er drohte zu scheitern, wurde depressiv und vertiefte sich zunehmend in religiöse Studien, um Wege zu finden, sich selbstwirksam zu fühlen.

In einem anderen Fall mag die rigide religiöse Orientierung auch einen Ursprung in Neidaffekten gehabt haben, wenn sich ein junger Mensch im Vergleich zu Gleichaltrigen von positiver Zuwendung, Erfolgserlebnissen und dem Mut, Grenzen auszutesten, ausgeschlossen fühlt.

So berichtet Frau E. von ihrer Tochter, die sich im jungen Erwachsenenalter radikalisierte, dass sie bereits einige Jahre vorher zum Islam konvertierte, weil dieser ihr die Möglichkeit zu geben schien, auf rigiden Gerechtigkeitsprinzipien zu insistieren. Die Tochter konnte es kaum aushalten, wenn Mitschülerinnen in der Schule »schummelten«, frech waren, sich nicht an die Regeln hielten und dafür nicht bestraft wurden, sondern auch noch gute Noten erhielten. Sie hielt es kaum aus, wenn andere Personen zu ihrem Vorteil »nicht ganz ehrlich« waren und wünschte sofortige Bestrafung. Sie schien sich oft benachteiligt und eigentlich gar nicht geliebt und wertgeschätzt zu fühlen. Anstatt Zuwendung und Liebe, derer sie sich so unsicher war, zu bekommen, wandte sie sie sich einem allmächtig erhofften Gott zu, der dann wenigstens Gerechtigkeit schaffen würde.

Zum Ringen um Anerkennung im gesellschaftlichen Kontext

In den Biografien finden wir bei dem Versuch der Hinwendung zur Gesellschaft aber nicht nur Bemühungen um Anerkennung, sondern auch Diskriminierungs- und Ausgrenzungserfahrungen, die narzisstische Wunden hinterlassen.

Beispielhaft können wir das bei Herrn B. sehen, der trotz seiner sehr belasteten familiären Situation das Abitur ablegte und ein Studium begann, währenddessen er Praktika zu absolvieren hatte und mehrmalige verletzende Zuschreibungen von Arbeitskollegen erhielt. Er sei doch »bestimmt ein Terrorist« oder ein »Taliban«. Offenbar kam hier eine Spirale wechselseitiger Projektionen und Gegenidentifizierungen in Gang, in deren Zuge Herr B. tatsächlich begann, anderen den Islam nahezubringen, und dabei selbst immer rigider wurde. Er zog sich dann stärker in eine radikale Gruppe zurück. Seine Wut mag er abgespalten haben, denn während er sich selbst als friedlich und freundlich erlebte, schienen sich die »Brüder« aus der radikalislamistischen Gruppe so verachtend und hasserfüllt

> zu äußern, dass polizeiliche Ermittlungen wegen Volksverhetzung eingeleitet wurden.

Ein solches Diskriminierungserleben ist durchaus weit verbreitet; in der MOTRA-Studie haben immerhin 43 Prozent der Befragten bekundet, dass sie sich manchmal oder oft diskriminiert gefühlt haben (Farren et al., 2023). Doch spricht Vieles dafür, dass nicht die Diskriminierungserfahrung allein eine Hinwendung zu islamistischen Haltungen befördert. Ein Faktor, der dabei ebenfalls eine Rolle spielt, scheint die Schwierigkeit zu sein, mit ambivalenten Gefühlen gegenüber der »deutschen Gesellschaft« wie auch gegenüber der elterlichen Herkunftskultur umzugehen. Psychoanalytisch-sozialpsychologische Untersuchungen des Identitätserlebens junger Muslime (Barth et al., 2021; Meurs et al., 2019) weisen auf eine beträchtliche innerpsychische Zerrissenheit hin. Oft befinden sich die Jugendlichen geradezu in einem »inneren Kampf«, es fällt ihnen schwer, die ambivalenten Gefühle zu integrieren. Dies kann nur gelingen, wenn es in den Familien eine gute Kommunikation und Offenheit gibt, und auch die Eltern eine Fähigkeit haben, Widersprüche in der Aufnahmegesellschaft innerpsychisch zu integrieren (Barth et al., 2021). In den Fällen, die uns begegnet sind, schien in den Familien trotz liebevoller Gefühle der Eltern für die Kinder nur eine unzureichende Kommunikation möglich, auch weil Trauerprozesse nach Objektverlusten gestört waren, erlittene Traumata unverarbeitet weiterwirkten, und durch das Schweigen und die Vermeidung schmerzhafter Themen bei den Jugendlichen auch die Integration ambivalenter Gefühle in Bezug auf das Leben hier, aber auch die eigene Herkunft erschwert war.

Viele der Jugendlichen neigen dann dazu, ihre Ambivalenzen einseitig aufzulösen, indem sie beginnen, eine Seite (insbesondere »die deutsche Gesellschaft«) abzulehnen und die andere Seite zu idealisieren. Gleichzeitig ist sichtbar, wie die jungen Menschen innerlich doch auch immer latent und eher unbewusst mit ihren verinnerlichten Objektbeziehungen beschäftigt sind. Wie sehr die konflikthafte Objektbeziehung zum Vater eine Rolle beim Scheitern von Integrationsbemühungen in die deutsche Gesellschaft und der Hinwendung zu einer rigiden Religionsauffassung spielte, wird im Folgenden bei Herrn F. deutlich.

> Herr F. wurde von seinem Vater aus einem afrikanischen Land nach Deutschland geschickt, um hier zu studieren. Er wäre lieber in ein muslimisches Land gegangen, und grollte dem Vater, der ihm jedoch signalisierte, dass er in Deutschland die »beste Chance« haben würde. Als Herr F. jedoch die Erfahrung machte, dass seine Schulzeugnisse nicht anerkannt wurden, und er sich »zurückgestuft« vorkam, es sich als wesentlich schwe-

> rer als vom Vater angenommen erwies, wandte er sich einem islamistischen Prediger zu, von dem er sich in seiner Wut verstanden fühlte. Der versicherte ihm nämlich, dass die deutsche Gesellschaft schuld an seinem Scheitern sei, er sich nicht mit den »Ungläubigen« einlassen solle.

In Studien der Radikalisierungsforschung wird häufig auf Entfremdungsprozesse hingewiesen, die sich bei jungen Menschen vollziehen, die bei ihrem Bemühen um Anerkennung zu scheitern drohen. In psychoanalytischer Perspektive ist diese Entfremdung wohl auch mitunter eine aktive Selbstentfremdung, ein narzisstischer Rückzug oder eine Aufkündigung der inneren Verbindungen zu den signifikanten Objekten (im Sinne einer Des-Objektalisierung). Ein Rückgriff auf rigide Religionsauffassungen im Zusammenhang mit der Abwehr von Ängsten, narzisstischen Verletzungen oder auch zur Regulation des eigenen Selbstwerterlebens lässt die jungen Menschen zudem empfänglich für die Angebote der islamistischen Jugendkultur werden. Hier finden sie einen Andockpunkt, nicht zuletzt aufgrund der salafistischen Doktrin von Loyalität und Lossagung.

Rigide religiöse Praxis in der islamismusaffinen Jugendkultur

Die bei den Jugendlichen auf fruchtbaren Boden fallende und in den Narrativen des islamistischen Identitätsmythos verwobene Haltung kann auch als »Identitätsgerechtigkeit« (Benslama, 2017) bezeichnet werden, die sich wie folgt paraphrasieren lässt. Die jungen Menschen meinen, alles, was den Muslim*innen auf der Welt widerfahre, sei die Schuld des Westens. Die Muslim*innen hätten dies selbst zugelassen, weil sie nicht stark genug im eigenen Glauben gewesen wären. Daher müsse die Frage nach dem Ursprung aufgeworfen werden, eine Orientierung an den frühen Begründern des Islam stattfinden, wie eine Bekehrung oder Wiedergeburt. Es wäre dringlich, wieder ein »echter Muslim« zu werden, und damit über die eigenen Eltern hinauszuwachsen.

Das Muslim-Sein wird für die jungen Menschen dann zur zentralen Identitätsreferenz; Fethi Benslama (2017) spricht in diesem Zusammenhang vom »Übermuslim«, wobei die Haltung eines religiös-ideologischen Suprematismus auch in der Jugendkultur inszeniert wird. Zwar ist der Islamismus zunächst einmal eine politische Bewegung, die Anfang des 20. Jahrhunderts entstand – und zwar aus einer Krise, einer Anti-Aufklärungsreaktion, nach dem Fall des Osmanischen Reiches im Jahr 1924 bzw. mit der Gründung der Muslimbruderschaft im

Jahr 1928. Seitdem schreibt er sich auf die Fahnen, das »verwundete islamische Ideal« zu rächen oder wiederherzustellen und das Gegenmodell einer moralisch überlegenen, islamisch-theokratischen Weltordnung zum Westen anzustreben (insbesondere in Form eines Kalifats). In der Jugendkultur der Gegenwart lebt diese Idee aber in sehr jugendspezifischer Weise wieder auf, und es bildet sich ein Amalgam von Lebensstil, Politik und spirituellem Heilsversprechen. In der deutschen Jugendforschung wird dafür auch der Begriff des »Neosalafismus« verwendet:

> »Unter dem Label Neosalafismus lassen sich ausgesprochen variantenreiche, auf jeweils individuelle Bedürfnislagen passgenau und konsumfertig zugeschnittene Heilsangebote konstruieren. NeosalafistIn kann man allein oder in Gemeinschaft sein, öffentlich oder privat, virtuell oder real, oder auch in hybriden Mischformen. Neosalafistische Lebensart lässt sich puristisch oder politisch gestalten. Neosalafismus kann Religion oder Lifestyle sein. Man kann sich neosalafistisches Erscheinungsbild und Habitus zulegen, gleichzeitig aber weitgehend unreligiös sein. Man kann den Islam hingegen auch nach streng neosalafistischer Lesart auslegen und praktizieren, sich äußerlich jedoch westlich-modernen Alltagsgepflogenheiten anpassen. Der Neosalafismus als Suchbewegung kann eine kontemplative Reise zu sich selbst auslösen, aber auch eine abenteuerorientierte Reise in die internationalen Jihadgebiete. Er kann moderne Pop- und Jugendkultur ebenso sein wie anti-moderne Gegenbewegung gegen alles Kulturelle. Man kann sich neosalafistische Gedankenwelten autodidaktisch aneignen oder sich dem Gefolge neosalafistischer Autoritäten anschließen. Man kann sich die Zähne nach dem Vorbild des Propheten Mohammed mit einem Zweig reinigen, gleichzeitig aber das neueste Handy besitzen. Man kann einer vermeintlich weltumspannenden, untereinander geschwisterlich verbundenen Gemeinschaftsbewegung angehören, gleichzeitig aber einen individuell ausgestalteten ›YouSalafismus‹ ausleben« (Bossert, Gerland & Kruijer, 2022, S. 206).

Manche jungen Menschen finden hier ein Feld, in welchem sie sich selbst auf eine narzisstisch gratifizierende Weise in Szene setzen können, wenn es ihnen gelingt, zur »Prediger*in«, »Netzwerker*in«, »psychologischen Lebensberater*in«, »Business-Coach auf islamischer Grundlage« oder »Internet-Aktivist*in« (Influencer*in) zu werden. Selbst künstlerische Karrieren, wie beispielsweise deutlich am Hamburger Nasheed-Sänger REDLION, die von tausenden Jugendlichen bewundert werden, sind möglich. Es ist aber durchaus denkbar, dass solche Karrieren, wenn sie zusammenbrechen, die betreffende Person in eine narzisstische Krise und ein Gefühl des tiefgreifenden Bedeutungsverlustes abgleiten lassen.

> Wir können dies bei Herrn A. sehen, der immer dann, wenn er seine tag- und nachtfüllenden Aktivitäten als islamistischer Netzwerker und Prediger nicht »leben« konnte, in depressive Zustände kam, in denen er sogar suizidale Fantasien hegte. Sobald er sein Aktivistentum wieder aufnehmen konnte, linderten sich diese Zustände vorübergehend.

Bei jungen Menschen, die noch am Anfang der Hinwendung zum Islamismus stehen, scheint sich die rigide religiöse Praxis auch aus einer großen Unsicherheit zu speisen – einer Unsicherheit, die zunächst aus der mangelnden tieferen Koran-Kenntnis resultiert. Hier wird dann eine Art »Patchwork-Islam« in Szene gesetzt. Bei jungen Konvertit*innen ist das theologische Grundwissen äußerst unterschiedlich und häufig oberflächlich, was sich an einem Festhalten an rigiden Regeln und einem nach »Allwissenheit« anmutenden, jedoch sehr unsicheren Diskurs äußert, der Ideale sucht und im Kern sehr defensiv ist. Wenn diese Unsicherheit nicht erkannt wird, geht auch eine Chance verloren, die jungen Menschen gut erreichen zu können.

> Herr G. zog in seinem jungen Erwachsenenleben in eine ihm fremde Stadt um und versuchte Anschluss zu finden, indem er mit predigendem Gebahren eine lokale Moscheegemeinde besuchte und dort »wie ein Vorbeter« auftrat. Dies versetzte den lokalen Imam so in Rage, dass Herrn G. der Besuch der Moschee fortan verboten wurde. Er blieb isoliert, und pädagogische Fachkräfte bedauerten es, dass die Moscheegemeinde keinen Weg fand, Herrn G. zu integrieren. Stattdessen verstärkten sich seine rigiden Vorstellungen in der Isolation.

Viele junge Menschen begeben sich vornehmlich ins Internet, in die sozialen Medien, und kommunizieren untereinander über Messengerdienste, von wo sie ihre Quellen und ihren Diskurs beziehen. Gerade auch sogenannte »Islamfluencer*innen«, also islamismusaffine oder islamistische Influencer*innen, erreichen die radikalisierungsgefährdeten Jugendlichen hier gut. Derzeit gibt es zahlreiche einschlägige Gruppen mit eigenen Kanälen (»Muslim Interaktiv«, »Generation Islam«, »Realität Islam«), die mit ihren Ansprachen im Internet Einfluss auf die Identitätsbildung nehmen, aber auch ganz unmittelbare Fragen und Anliegen junger Menschen aufgreifen (wie Mode, Essen oder Freundschaft). Die »Influencer*innen«, die nicht selten fast schon wie Sozialarbeiter*innen vorgehen, laden vorgeblich die Jugendlichen zum Islam ein. Sie achten dabei genau auf die Bedürfnisse und Probleme der jungen Menschen, indem sie etwa transzendentale Fragen aufgreifen:

- Was passiert nach dem Tod, gibt es ein Leben danach?
- Wie kann ich mein Schicksal positiv beeinflussen?

- Wie werde ich ein guter Muslim oder eine gute Muslima?
- Komme ich in die Hölle oder ins Paradies?

Aber auch banale Alltagsfragen versuchen Islamist*innen zu beantworten:
- Wie gehe ich mit meinen Eltern gut um?
- Darf ich japanische Zeichentrickserien schauen?
- Wie oft muss ich am Tag beten?
- Wie gehe ich mit Dämonen um?
- Darf ich Christ*innen die Hand geben?

In ihren Ansprachen vermischen sie dabei Religion sowohl mit affirmativ-persuasiven Botschaften als auch – und vor allem – mit Angstpädagogik, d.h. einer Form der repressiven Erziehung durch verborgene Machtausübung, Manipulation und Erpressung gegenüber den meist jungen Rezipient*innen. Sie spielt eine integrale Rolle in der strategischen Kommunikation der Islamist*innen. Mit der Drohkulisse aus Vorwürfen, kein guter oder gar kein Muslim bzw. keine gute oder gar keine Muslima zu sein, und Warnungen davor, in die Hölle (Jahannam) und nicht ins Paradies (Jannah) zu kommen, wenn sie sich nicht dem asketischen und religiösen Leben zuwendeten, wird versucht, den Menschen Angst zu machen und sie zu Verhaltensänderungen oder zumindest zur Aneignung von Versatzstücken islamistischer Ideologien zu bringen. Jugendliche und junge Erwachsene sind hier besonders gefährdet, sich ein rigides moralisches Wertesystem anzueignen, dass sich nicht selten von dem der Eltern direkt abwendet oder gegen dieses rebelliert.

Eine rigide Religionsausübung weist insofern einerseits auf Ängste und Unsicherheit und andererseits auf eine geringe innere Autonomie hin; diese Jugendlichen können den dichotom, lautstark und eindringlich predigenden und argumentierenden Influencer*innen nicht wirklich etwas Eigenes entgegensetzen.

Psychische Funktionen der rigiden religiösen Konversion (Phänomenbereich Islamismus)

Wie stehen nun psychische Motive und Bedürfnisse mit der Aneignung einer rigiden Glaubenspraxis und grenzmarkierender Verhaltensweisen in Zusammenhang? Die Religionspsychologie widmet sich zunehmend der Ambivalenz dieses Themas, denn Religiosität könne zum Wohlbefinden beitragen, aber bestimmte Formen der Glaubenspraxis seien auch pathogen und potentiell selbstschädigend (Utsch & Demmrich, 2023). Dieser Diskurs scheint sich bislang vor allem auf fundamentalistische Strömungen im Christentum zu beziehen. Aber wie können wir uns der psychischen Funktionalität rigider Glaubenspraxis bei jungen Menschen – insbesondere bei zum Islam konvertierten Jugendlichen – verstehend annähern, die in der Fachdebatte als »islamismusaffin« oder »islamistisch« beschrieben werden würden? Der französische Psychoanalytiker Fethi Benslama (2017) erklärte einmal, dass der »Identitätsmythos« des Islamismus den Subjekten ermögliche, »mit ihren Symptomen eine neue Ökonomie zu betreiben«. Dies ist eine wichtige Beobachtung, auch wenn die Frage auftaucht, ob es nicht ebenso sehr um strukturelle Fähigkeiten, den Umgang mit innerpsychischen Konflikten und die Dynamik verinnerlichter unbewusster Objektbeziehungen geht, wenn sich junge Menschen einer rigiden religiösen Glaubenspraxis zuwenden. Was sagen bisherige Fallerfahrungen? Wie können wir uns das genauer vorstellen?

Vor einigen Jahren haben die französischen Psychokriminologen Vandevoorde, Estano und Painset eine Studie mit dem Titel »Psychopathological functions of religious or ideological conversion and its connection with terrorism« (2018) veröffentlicht. Die Autoren entwickelten darin basierend auf der strukturellen Interviewmethode nach Kernberg ihre Hypothese über die psychologischen Funktionen, die einer rigoristischen religiösen Konversion und/oder Adhäsion zugrunde liegen. Sie systematisieren sieben psychologische Funktionen:

1. eine der *Identität*,
2. eine des *Rahmens*,
3. eine als *Antidepressivum*,
4. eine *schützende*,
5. eine der *Anti-Rätselhaftigkeit*,
6. eine der *sozialen Bindungen* und schließlich
7. eine der *sensationellen Erfahrungen*.

Wir finden diese Funktionen auch bei Menschen wieder, die uns begegnet sind.

Die sieben psychologischen Funktionen der rigiden religiösen Konversion

Die Identitätsfunktion

Der Identitätsfunktion haben wir uns bereits einige Male zugewandt. An dieser Stelle seien noch einige spezifische Überlegungen ergänzt. Benslama zufolge, reagiert das Angebot des islamistischen Identitätsmythos

> »auf die Fragilität der Identität [der jungen Menschen; C.B. & K.S.], indem es sie in einen mächtigen Panzer verwandelt. Wenn Angebot und Nachfrage zusammenkommen, werden die Lücken gefüllt und abgedichtet. Das Ergebnis ist für das Subjekt eine Beruhigung der Angst, ein Gefühl der Befreiung, Impulse der Allmacht. Er wird jemand anderes. Oft nimmt er einen anderen Namen an […]. Sie verzichten auf einen großen Teil ihrer Einzigartigkeit« (Benslama, 2017, S. 73–75).

Das Muslim-Sein wird zum vorrangigen Referenzpunkt der eigenen Identität und dient dazu, Unsicherheiten oder Konflikte abzuwehren. Es wird nach Einheit, Reinheit, und Gleichheit gestrebt, wie auch Bohleber (2002) betont. Identitätsaspekte, die nicht mit dem Identitätsmythos kompatibel erscheinen, werden ausgeschlossen (und auf Nicht-Muslim*innen projiziert, wo sie abgelehnt werden können). Das deckt sich mit einer Ambiguitätsintoleranz, der Unfähigkeit, Vieldeutigkeit und Vagheit in sich selbst auszuhalten. Mitunter scheint auch die Einbindung in die Gruppenkultur dazu zu dienen, sich vor dem Wiederauftauchen solcher vieldeutigen, hybriden Identifikationsmuster in sich selbst zu schützen (wie z.B. bei einem jungen Mann, der sich viele Jahre einem charismatischen Prediger anschloss und in die Brüdergemeinschaft eintauchte, aber nach dem Verlust der Gruppe in eine Identitätsverwirrung geriet, einschließlich der Frage nach einer möglichen Trans-Identität).

Die Rahmenfunktion als haltgebende Funktion

Die zweite Funktion wird von Vandevoorde, Estano und Painset (2018) als »grenzsetzende« Funktion beschrieben. Wir finden sie bei jungen Menschen, die durch die rigide Auslegung des Islam eine Begrenzung, einen Rahmen finden, der sie beruhigt: »Das Vorhandensein von Codes, von vorgefertigten Regeln, die auf der kognitiven Ebene ökonomisch sind, ermöglicht es, innere Ängste zu blockieren und eine bessere Selbstkontrolle zu erlangen« (ebd., S. 270; Übersetzung K.S. & C.B.). Durch das Bestreben einer genauen Befolgung der Rituale, insbesondere die Strukturierung des Tages gemäß der Gebetszeiten, verspüren die jungen Menschen Halt, und mitunter verbessert sich dadurch tatsächlich das psychosoziale Funktionsniveau, wie bei Herrn H. zu sehen ist.

> Herr H. hat seine Tagesstruktur verloren, seit er sich mit der Gruppe seiner Glaubensbrüder überworfen hat. Früher ging er regelmäßig in die Moschee,

traf sich dort mit seinen Brüdern, fühlte sich nützlich und auch leistungsfähig. Der traumatisierte junge Mann, der in seiner Kindheit viel Gewalt erlebt hat, schaffte auf diese Weise das Abitur, was zeitweilig sein einziges Lebensziel war. Nachdem er dies geschafft hatte, versuchte er sich von der islamistischen Szene zu lösen, verlor seine Gruppe, aber auch seine Tagesstruktur und seinen sozialen Halt. Er fühlt sich einsam, nutzlos und in einem emotionalen Chaos, immer wieder tauchen suizidale Gedanken auf, sodass er psychiatrische Unterstützung sucht.

Man könnte auch fragen, ob nicht der rigide Rahmen den Mangel an frühem Containment kompensieren soll, der für die seelische Entwicklung und insbesondere auch für die Emotionsregulation so zentral ist. Problematisch wird dies, wenn die Gruppe wegfällt, entweder aufgrund interner oder auch äußerer Konflikte (z. B. polizeilicher Maßnahmen), wie dies bei Herrn I. der Fall ist.

Die Gruppe von Herrn I. wurde durch polizeiliche Maßnahmen auseinandergetrieben. Gleichzeitig dazu erlebte Herr I. ein Trauma durch eine Gewalttat, deren Opfer er wurde. Im Erstgespräch wirkte Herr I. durcheinander, orientierungslos, verwirrt und ängstlich, seitdem traute er sich nicht mehr, aus dem Haus zu gehen, es war, als sei seine schützende Hülle verlorengegangen, und zwar in doppelter Hinsicht: einerseits durch den Verlust der Gruppe aber dann auch durch das traumatische Erlebnis. Es wurde in der Gegenübertragung spürbar, wie wenig er weiß, wer er eigentlich ist. Im Erstgespräch teilte sich sein Wunsch nach einer schützenden Gruppe aber auch nach unmittelbarer »Erlösung« aus seiner Not mit, ohne sich jedoch auf eine echte Behandlung einzulassen (auch Medikamente wollte er nicht nehmen).

Die antidepressive Funktion als Form der Bewältigung von Objektverlust und Verlassenheit

Einige der jungen Menschen, die in eine rigide Religionsauslegung konvertieren, scheinen Gott als Teil eines Prozesses gegen die Einsamkeit zu suchen. Wenn Gott allmächtig und allgegenwärtig ist, dann soll dies die tiefe Einsamkeit lindern. Vandevoorde, Estano und Painset betonen:

> »Die Anwesenheit Gottes oder ein göttliches Gefühl kann vom Subjekt jederzeit gedanklich herbeigerufen werden, um es zu beruhigen. Gott ist überall und jeder-

zeit verfügbar, auch in Situationen großer Not. Mit anderen Worten: Die religiöse Funktion erhält die beruhigende Bedeutung eines permanenten Objekts, das die depressiven und verlassenen Bewegungen des Subjekts stabilisiert« (ebd.; Übersetzung K. S. & C. B.).

Auch in unseren Fallerfahrungen finden wir dies bei jungen Menschen. Es ist ein großer Schritt, wenn es jungen Menschen gelingt, über ihr Gefühl von Verlust zu sprechen.

Herr J. beschrieb, wie sehr er die Welt seiner Kindheit (bevor sich seine Eltern trennten) vermisste, und schilderte es zunächst in eher wenig objektalen Worten. Die Welt habe sich seitdem so verdunkelt, die Musik, die Kleidung, die Autos, alles sei nicht mehr so schön wie früher. Er habe in der Kindheit zur Religion gefunden, von großen Moscheen und mythischen Orten geträumt, an denen man ihn einlud, sich den Gläubigen anzuschließen. Erst nach und nach wurde die unverarbeitete Trauer über den Verlust der Familie spürbarer und objektgerichtete Emotionen tauchten stärker auf.

Manche der jungen Menschen scheinen innerpsychisch auch mit einem starken Schuldgefühl belastet zu sein, zumal sie ihre inneren Objekte in ihrer Jugend sehr attackiert haben, beispielsweise die Mutter, vorübergehend die Verbindung sogar aufgelöst haben, dann aber in Notsituationen doch eine Umkehr vollzogen, wie im Falle von Frau K.

Frau K. kehrte ihrer Familie lange den Rücken zu und insistierte darauf, dass man ihr nicht zum Geburtstag gratulieren solle, denn nur Allah habe es in der Hand, dass sie geboren worden sei, leben oder sterben werde – ein wenig versteckter Groll gegen die Mutter, die als emanzipierte Frau ihr Leben lebte. Frau K. wandte sich hingegen dem ewigen Gott zu, der strafen, töten aber auch leben lassen konnte. Erst in einer lebensgefährlichen Situation wurde Frau K. weicher, näherte sich der Mutter wieder an, träumte von einem Spaziergang an einem gemeinsamen Seeufer ohne trennende Untiefen.

Frau K. schien ein Schuldgefühl zu beschäftigen aufgrund der eigenen Aggressionen und der Angriffe auf die Verbindung. Damit gehen unbewusste Schuldgefühle, vielleicht auch die Angst, das Objekt zerstört zu haben, einher. Lange Zeit brauchte sie daher ein göttliches unzerstörbares Objekt, und suchte nach etwas Ewigem, Unerschütterlichem, einer »ewigen« Objektrepräsentanz.

Die Funktion der menschlichen Verbindung

Eine weitere Funktion der Hinwendung zur rigiden Religiosität beschreiben Vandevoorde, Estano und Painset als »soziale Verknüpfungsfunktion«. Hierbei gehe es nicht allein darum, Verlassenheitsängste zu vermeiden, sondern um ein genuines Bedürfnis nach tragfähigen menschlichen Verbindungen und damit einhergehend »Freundlichkeit, Verlässlichkeit, Großzügigkeit, Geselligkeit« (ebd., S. 271; Übersetzung K. S. & C. B.).

> Frau L. beschrieb das folgendermaßen: Sie habe sich von ihrer Mutter weggestoßen (der der Alkohol wichtiger als die Familie gewesen sei) und von der Schwester verlassen gefühlt (die eine eigene Familie aufbaute), aber die »Schwestern im Islam« seien immer da gewesen, nicht geizig und abweisend, sondern großzügig und warmherzig. Sie sei nicht mehr allein gewesen, habe sich nicht mehr abgelehnt oder verlassen gefühlt, sondern die Gemeinschaft das erste Mal gespürt.

Die sozialen Verbindungen sind aber durch dogmatische Regeln besiegelt. Man erhält die Zuwendung nur, wenn man sich auch den Regeln der Gemeinschaft unterwirft. Verbindungen brechen wieder, wenn die Ideologie nicht mehr geteilt wird. So wird auch die Ideologie zum Kitt sozialer Verbindungen, wenn es starke emotionale Schwierigkeiten gibt, die die Verbindungen bedrohen können.

Oft ist es vor allem der Wunsch, eine lebenslange Ehe einzugehen, die von Treue und Loyalität gekennzeichnet ist, und eine Familie zu gründen, Kinder auf die Welt zu bringen. Mitunter wird mit der Herkunftsfamilie (fast) völlig gebrochen und eine neue genealogische Filiationslinie begründet, beispielsweise wenn der Sohn den Kontakt zu seinem Vater abbricht, weil er ihm vorwirft, ihn nie anerkannt zu haben, aber dann als Vater selbst missachtend gegenüber seiner Ehefrau wird, auch wenn der junge Mensch die Fantasie hegt, sich durch eine eigene Familiengründung im Angesicht Allahs an die Stelle des Vaters zu setzen (oder im Fall von jungen Frauen, eine »bessere Mutter« zu werden). In der rigiden religiösen Praxis wird oft deutlich, dass die jungen Menschen weiter in ihrem Handeln von ungelösten ödipalen oder präödipalen Konflikten determiniert sind. Vandevoorde, Estano und Painset beschreiben dies als »Familien-Proxy-Identität«: Es gebe Fälle, in denen »erhebliche Ähnlichkeiten zwischen dem angeprangerten Leben der Familie des Subjekts und der Wiederherstellung eines fast ähnlichen familiären oder ehelichen Umfelds zu beobachten« seien (ebd., S. 270; Übersetzung K. S. & C. B.). Dies ist etwa bei jungen Eltern der Fall, die sich über die mangelnde emotionale Zugänglichkeit ihrer eigenen Eltern beschwerten, dann aber ganz Ähnliches praktizierten.

Die Anti-Rätsel-Funktion

Eine weitere psychische Funktion der Hinwendung zu einer rigiden Glaubenspraxis scheint darin zu liegen, dass die jungen Menschen mit den Rätseln des Lebens beschäftigt sind, insbesondere den drei zentralen »Mysterien« (Urszene, Unterschied der Geschlechter und Kastration). Money-Kyrle (1971) sprach hier auch von den *facts of life*, den grundlegenden Tatsachen des Lebens. Die seltsamen Rätsel unserer Geburt, des Lebenszwecks und unseres Todes können, wenn sie von der Psyche schlecht verarbeitet werden, belastende Faktoren darstellen. Die jungen Menschen suchen nach Antworten, einem Umgang mit den »Mysterien« und greifen dafür auf eine vereindeutigende Auslegung des Islam zurück. Vandevoorde, Estano und Painset (2018) zufolge, basiert Religion im Allgemeinen auf diesen drei existenziellen Säulen, indem sie Antworten auf den Ursprung des Themas (»Du wurdest von Gott geschaffen«), den Sinn des Lebens (»Du hast eine Mission«) und die offenen Perspektiven des Jenseits (»Du wirst weiterhin in einer anderen Welt leben«) geben.

Religion könne die Angst vor einem vorzeitigen Tod lindern, da eine andere, angenehmere Welt folgen würde. Junge Menschen, die massive Angst vor dem Verlassenwerden und der Verdammnis haben, seien hier aus einer desolaten frühkindlichen Situation heraus leicht ansprechbar.

Es stellen sich aber noch weitere Fragen, z.B. auch »Warum haben meine Eltern mich geboren?« Diese Fragen zielen direkt auf die Frage nach dem elterlichen Wunsch und dem Platz eines Menschen auf dieser Erde ab. Nicht selten besteht eine Unsicherheit über die Liebe der Eltern – u.a. wenn die Geburt unerwartet war, die Eltern sich alsbald trennten und das Kind dieses Verhalten als Ablehnung seiner Existenz interpretiert.

> Dies traf insbesondere auf Herrn M. zu, der in seiner frühen Kindheit die Trennung der Eltern miterlebte. Die Mutter wandte sich einem neuen Partner zu und ließ den dreijährigen Sohn beim Vater. Die frühesten Erinnerungen koppeln sich daran, wie die Mutter sich weggedrehte und für immer verschwunden war. Später fragte er sich, ob sie ihn gehasst habe. Herr M. bewahrte diesen Schmerz auf, richtete ihn vor allem auf den Vater und wandte sich einer »Brüdergruppe« zu, die er als »mütterlich« beschrieb, und die ihn zu einer Ausreise nach Syrien anstiftete. Wie »süßer Honig« habe die Zuneigung der Gruppe geschmeckt.

Vandevoorde, Estano und Painset schreiben:

> »Die religiöse Präsenz hier ermöglicht es, Mysterium und Verlangen wieder in das Leben des Subjekts einzubringen (wenn ich nicht von meinen Eltern oder anderen Menschen begehrt wurde, wurde ich zumindest von Gott begehrt [...][;] wenn dieses Leben verschwendet wird, wartet ein besseres auf mich« (ebd., S. 271f.; Übersetzung K. S. & C. B.).

Die Autoren fahren fort:

> »Wir könnten eine neue Generation (eine Selbstgeneration) des Subjekts beobachten, die seiner Existenz durch Gott ein Geheimnis verleiht, das noch grandioser ist als das des Wunsches seiner Eltern: den Wunsch Gottes selbst. Psychopathologisch gesehen ist es also besser, eine mysteriöse Existenz zu haben als eine abgelehnte« (ebd.; Übersetzung K. S. & C. B.).

Die schützende Funktion

Vandevoorde, Estano und Painset identifizieren darüber hinaus eine »protektive Funktion«, einen schützenden Effekt, der durch die Hinwendung zu einer rigiden religiösen Glaubenspraxis angestrebt wird. Es gehe zum einen um einen sehr konkreten sozialen Schutz, bei dem sich die jungen Menschen durch die Gruppe, der sie angehören, und deren Regeln sie befolgen, beispielsweise den befürchteten Attacken ihrer nicht-muslimischen Umgebung entziehen wollen. Das betrifft junge Frauen, die sich durch ihre Kleidung in Frömmigkeit zeigen (fromme Neo-Identität), was sie in ein Gefühl der Seriosität und Ruhe versetzt. Es betrifft aber auch Personen in sozialen Brennpunkten mit einem hohen Maß an Kriminalität, die versuchen sich durch die Investition in die Religion mehr oder weniger bewusst vor den Spannungen zu schützen, die aus ihrer Umgebung entstehen.

Dieser soziale Schutz ist aber nicht der einzige Aspekt. Wir finden auch einen innerpsychischen Schutz, z. B. durch den Versuch sexuelles Begehren, sexuelle Triebkräfte zu kanalisieren oder sich unter einen »magischen Schutz« zu stellen, etwa wenn junge Menschen versuchen, einen Schutzschild gegen übernatürliche Kräfte zu errichten, die sie bedrohen könnten. »Wenn die Leute dich bewundern oder beneiden, kann das den bösen Blick hervorrufen. Es schützt die Seele vor diesen Dingen« (ebd., S. 272; Übersetzung K. S. & C. B.). Ein Amalgam dieser Funktionen finden wir bei Frau N.

Frau N. verschleierte sich als Schutz vor den Blicken Anderer, aber auch, um zu vermeiden, selbst als aggressiv enttarnt zu werden, zumal sie aufgrund ihrer Borderline-Störung wusste, wie leicht sie in Verwicklungen mit anderen Menschen gerät. Es half ihr aber auch, schlecht verheilte Wunden »aus ihrem früheren Leben« zu verschleiern und in der muslimischen Gruppe als fromm zu gelten, nicht zuletzt gegenüber ihrem Partner, einem traumatisierten Flüchtling, der zu unregulierten Aggressionsausbrüchen neigte.

Die Funktion des sensationellen Erlebnisses

Eine weitere, letzte religiöse Funktion für die Psyche bezieht sich auf das sinnliche oder auch – wie Vandevoorde, Estano und Painset formulieren – »sensationelle Erlebnis«. Vor diesem Hintergrund sind wir bei einigen Fällen darauf gestoßen, wie unentzifferbare somatopsychische Zustände durch die religiösen Rituale modifiziert werden sollten.

Herr H. hat sich von einem islamischen Heiler Zeremonien empfehlen lassen, bei denen er sich mit Olivenöl einreibt und sich in die Gebete vertieft, das helfe ihm in Zuständen, bei denen er in seinem Körper fremd oder zersplittert fühle; es fühle sich gut an, beruhigend, als wenn ein Kind von seiner Mutter gesalbt wird, er könne dann ganz ruhig werden und sich endlich wieder entspannen.

Es gibt aber auch eine kollektive Dimension, die Vandevoorde, Estano und Painset vor allem zu meinen scheinen: »Ein Proband, der mehrfach nach Saudi-Arabien (Mekka und Medina) gepilgert war, beschrieb seine Erfahrung als ›unerklärlich, ein Zustand der Anbetung [...] wir fühlen uns beruhigt, gereinigt, Zen‹« (ebd.; Übersetzung K.S. & C.B.). Manche Autor*innen beschreiben solche Zustände auch als eine Hyperpersonalisierung, und manche junge Menschen erzählen davon, dass sich diese Zustände einstellen, wenn sie islamische Anasheed hören, von denen es auch moderne Versionen, wie z.B. von REDLION (s.o.) gibt. Die Jugendszene schafft sich hier eigene kulturelle Symbolisierungen, die das Lebensgefühl und die Stimmungen, mit Titeln wie »Paradies«, »Kehre zurück« oder »Dua«, aufgreifen.

Nicht zuletzt ist hier auch eine Verbindung möglich zu dem was Shmuel Erlich (2010) als *state of being* (unterschieden vom *state of doing*) bei jungen Menschen beschrieben hat, die sich für Märtyrertaten zur Verfügung stellen. Ruth

Stein (2009) spricht in ihrem Buch *For Love of The Father* in ihrer Analyse der Biografie der 9/11-Terroristen von veränderten Formen des Begehrens, die bis in das Märtyrertum führen können.

Zu rigider Religiosität in Zeiten tiefgreifender globaler Umbrüche

Welche Auswirkungen auf die religiösen Bewältigungsmuster bei islamismusaffinen jungen Menschen haben jedoch die aktuellen globalen Krisen? In der JuMiD-Studie der Universität Hamburg (Farren et al., 2023) zeigte sich, dass generell ein großer Teil junger Menschen in unserer Gesellschaft angesichts der Krisen sehr in Sorge ist, sich belastet fühlt, insbesondere durch Krieg, Verfolgung und globale Ungerechtigkeiten. Über 73 Prozent machen sich Sorgen, dass »Deutschland in einen Krieg hineingezogen werden könnte«. Es gibt wenig Vertrauen in die Handlungsfähigkeit der deutschen Politik; das Vertrauen in politische Entscheidungsträger ist gering (über 70 Prozent nehmen kein Interesse der Politik an echten Lösungen wahr), gleichzeitig verspüren zwischen 60 und 85 Prozent einen großen bis sehr großen Handlungsdruck. Und die Bereitschaft zum Engagement ist bei jungen Menschen mit 50 bis 70 Prozent ebenfalls sehr groß.

Wir finden dies auch bei islamismusaffinen jungen Menschen, allerdings in spezifischer Ausprägung.

> So meint Herr O., er habe den Eindruck, dass sich die deutsche Staatsführung zu wenig für die eigenen Interessen einsetze; hierzulande würden Politiker*innen von heute auf morgen ihre Meinung ändern, man könne sich auf nichts verlassen. Er könne dafür keine Anerkennung haben, nehme das als Schwäche wahr, er fühle sich in so einem Land auch selbst ungeschützt. Länder wie die Türkei würden eine größere Stärke in internationalen Konflikten zeigen; der Präsident stünde zu seinem Volk und bekäme dafür seinen Respekt. Er spiele mit der Idee, in die Türkei zu ziehen, insbesondere dann, wenn Deutschland Kriegspartei wird.

Damit zeigt Herr O. etwas, das in der Sozialwissenschaft als »Autokratie-Akzeptanz« (als Akzeptanz rigider Formen der Politikgestaltung) bezeichnet wird und in hohem Maße mit politisch rechten Einstellungen korreliert ist. Aus sozialwissenschaftlicher Perspektive wird oft betont, dass das Erleben einer anomischen Verunsicherung die Tendenz zu autoritären, rigiden Haltungen erhöht (Wetzels et al., 2023). Ideologien, die Traditionalismus oder Konservatismus stützen, entstehen aus solchen Bedürfnissen eines Umgangs mit Ungewissheit. Dass Herr O. selbst einer sehr religiös-konservativen Islamauslegung folgt und sich gleichzeitig wünscht, Deutschland als starker Akteur auf dem internationalen Parkett anerkennen zu können, klingt zunächst paradox, ist aber bedeutsam. Denn damit wird auch deutlich, wie diese und ähnliche junge Menschen mit ihrer Ambivalenz und ihren Ambiguitäten ringen.

Tatsächlich finden wir bei jungen Menschen oft die Schwierigkeit – eben auch im Kontext internationaler Krisen, die sie wahrnehmen –, mit Ambiguitäten umzugehen: Sie verlangen von Deutschland klare Positionierungen, schlagen sich auf eine Seite und fordern, dass sich die Regierung auf die gleiche Seite schlagen solle. Sie werfen der deutschen Politik eine »Doppelmoral« vor, bezüglich der Ukraine hinsichtlich der Flüchtlingsaufnahme und mit Blick auf Israel bezogen auf die Situation der Menschenrechte in Gaza. Es fällt ihnen schwer, zu verstehen, wie kompliziert es ist, durch solche Krisen außenpolitisch hindurch zu navigieren, um auf allen Seiten das Bestmögliche zu erreichen. Ihnen scheint nur der Ausweg zu bleiben, sich in kollektiver Ablehnung und mit einem hohen Maß an Des-Identifizierung in eine binäre Haltung, eine Spaltung zu begeben, auch weil die Realität so unerträglich ist.

So schreiben Bossert, Gerland und Kruijer:

> »[Der] Neofundamentalismus [ist] […] besser als viele anderen Formen des Islam auf die Globalisierung vorbereitet […]. Der Neosalafismus bietet seinen Adepten vermeintliche Lösungen für ihre sozialen Probleme, ihre Verunsicherung, ihre Ängste. Er bedient ihre individuellen Sehnsüchte und bietet Antworten auf ihre drängenden Fragen. Er vermag diejenigen aufzufangen, die sich von der globalisierten postmodernen Gesellschaft fallengelassen fühlen. Im Sinne des von Hassan al-Banna, des Gründers der Muslimbruderschaft geprägten Credos ›al-Islām huwa al-ḥall‹ (Der Islam ist die Lösung)« (Bossert, Gerland & Kruijer, 2022, S. 207).

Sie sprechen explizit von einer »Lösung« im Hinblick auf die gesellschaftlichen Widersprüche und Zumutungen der Moderne.

Islamistische Influencer*innen und die Konfliktdeutungen

Auch islamistische Influencer*innen sind in den sozialen Medien gegenwärtig sehr aktiv, die Krisen im Kontext einer islamistischen Ideologie zu erklären, die Ummah in ihrem Zusammenhalt zu stärken und die Haltung »Nur der Islam ist in der Lage, die Probleme unserer Zeit wirklich zu lösen« zu propagieren. Damit schlägt die islamistische Szene jungen Menschen, die unter den Krisen leiden, auch aktive Bewältigungsformen vor, holt junge Menschen aus der verspürten Einsamkeit und Ohnmacht heraus und wandelt Groll in aktiven Widerstand und gezieltes Handeln um. Die Konflikte werden prinzipiell durch die identitäre »Linse« gedeutet: Die Muslim*innen auf aller Welt, sei es in China, Myanmar, Russland, im Westen und vor allem im Nahen Osten, sind in Bedrängnis. Die Ummah könne sich nur selbst retten. Es sind spaltende Narrative, die eine selektive Empathie erzeugen und Grenzen markieren zwischen jenen, die dazugehören und jenen, die nicht Teil der Ummah sind.

Helfen-Wollen zwischen frühkindlicher Hilflosigkeit und kollektiven Wirksamkeitsversprechen – geopolitische Konflikte als Projektionsfläche eigenen Leides

Zunächst einmal sind viele junge Menschen für islamistische Narrative erreichbar, weil das Leid der Muslim*innen in anderen Ländern der Welt zutiefst mit ihrem eigenen Inneren zu resonieren scheint. Vulnerabilitäten liegen in der psychosozialen Entwicklung in Kindheit und Jugend, aber die Religion bzw. die konkrete Ausgestaltung der religiösen Orientierungsmuster und kollektiven Vergemeinschaftungsformen gehen ihnen voraus. Wenn islamistische Influencer*innen dazu aufrufen, den unterdrückten oder bedrängten Muslim*innen zu helfen, fällt das auf einen fruchtbaren individuellen Boden. Ihre Argumentation ist immer die Gleiche: Die Ummah leidet, ihr müsst helfen. Wenn nur ein Teil der Ummah leidet, dann leidet die ganze Ummah. Es wird auf ein Körperbild übertragen: Wenn ein Körperteil leidet, leidet der ganze Körper. Sie nutzen die Rezeptivität der jungen Menschen für das Leid ihrer muslimischen Mitmenschen aus, deren Mitgefühl stark und deren Grenze zwischen Selbst und Anderem durchlässig geworden ist. Sie scheinen zu leiden, wie die Opfer leiden. Immer wieder berichteten junge Menschen, wie sie der Syrien-Krieg Tag und Nacht quälte und ihnen Alpträume bescherte. Es hätte sie sehr bewegt, ihnen keine Ruhe gelassen.

Islamistische Influencer*innen docken auch hier offenbar erfolgreich an frühkindliche Hilflosigkeitsgefühle junger Menschen an. Junge Menschen projizieren ihr eigenes Leid in die Konfliktzonen und wollen wirksam werden. Gleichsam wird ihrer Hilflosigkeit ein »Gegenrezept« des Aktivwerdens und Helfens angeboten, verbunden mit der Aussicht auf Belohnung im Paradies und Gefühlen des Auserwähltseins.

Konsequenzen und Veränderlichkeit narzisstischer Fantasien

Junge Menschen, die sich zu bestimmten Tatentscheidungen bewegen lassen, handeln dabei offenbar oft auf der Basis von narzisstisch geprägten Fantasien. Die französische Religionswissenschaftlerin Dounia Bouzar (2017) typisierte dazu zentrale Bilder, die sie bei jungen Menschen vorfand, die in das »IS«-Kalifat nach Syrien ausreisten oder dies planten:

1. »Daeshland« – »IS« als Utopie
2. Mutter Theresa
3. Schlafende Schönheit
4. Festung
5. Retter
6. Kämpfer Lancelot – gegen den Diktator
7. Welterneuerer Zeus

Gleichzeitig scheinen junge Menschen oftmals auf der Basis unbewusster Objektbeziehungen zu agieren. Dafür finden sich viele Beispiele, die sich mit dem transnationalen Konfliktgeschehen durchaus verknüpfen. So kann es sein, dass ein junger Mann wie Herr A., der seinen Vater im Nordkaukasus durch mit Russland assoziierte Islamist*innen verloren hat, innerlich bei seinen Sympathien für die islamistischen und dschihadistischen Rebellengruppen in Syrien auch hofft, dass an der Bündnismacht Assads, der russischen Armee, Rache genommen werden könnte oder sich dadurch auch Gelegenheiten im Kaukasus ergeben würden, »die Dinge günstiger« zu wenden. Dies wäre eine Art Politisierung des persönlichen Verlusts, aus unverarbeiteter Trauer, dem ein unversöhnlicher Hass entspringt.

Nicht alle, die so verwickelt sind in die unbewussten Objektbeziehungen, die von Verlust und blockierter Trauer oder den Folgewirkungen sozialer Traumata geprägt sein können, wollen gleich in Konfliktzonen ausreisen. Dies kann man am Beispiel von Herr A. sehen. Es gibt aber junge Menschen, die davon innerlich sehr bestimmt sind, ohne es zu ahnen, wie z.B. Herr C., der sich auf den Weg ins Konfliktgebiet begab. Er handelte auch auf der Basis von mythischen Vorbildern, denn wie in allen Legenden oder mythologischen Geschichten ist das von der Religion vorgeschlagene Universum mit Identifikationsmodellen bevölkert, die ihre Identität unter Rückgriff auf solche mythischen Identifikationsmodelle ausgestalten können.

Er schlug aber kurz vorher doch den Rückweg ein. Die reale Sehnsucht nach einem Daheim, die Angst vor dem, was kommen würde, und vielleicht auch die

Ahnung, dass es mit dem Vater noch Vieles zu besprechen gäbe, mögen ihn zur Umkehr bewegt haben. Zwar intensivierte sich sein Weg in die Radikalisierung noch eine Weile, und erst während einer Haftstrafe wurde dieses Vater-Sohn-Gespräch möglich, welches erbrachte, dass auch der Vater einmal in den Krieg ziehen wollte, aber zur Umkehr gezwungen wurde. Der Sohn hatte es geschafft, aus dieser traumatischen Wiederholungsspirale auszusteigen, indem er selbst den Rückweg einschlug – ein gutes Ende, ein Ausweg aus narzisstischen, mythisch imprägnierten Größenfantasien, zurück in die Beziehung zu den signifikanten Objekten.

Nicht immer gibt es so ein gutes Ende, insbesondere dann nicht, wenn die jungen Menschen eher in ihre heroischen Größenfantasien »verliebt« sind und im narzisstischen Rückzug verharren, statt sich doch wieder für die Kontaktaufnahme mit der Realität und den dort auf sie wartenden Menschen zu öffnen. Sie halten nicht selten am Heldenmythos fest, obwohl sie scheitern werden – zu verführerisch scheint die Fantasie einer grandiosen Wendung des eigenen Lebens und die darin zur Wirkung gelangende »hypertrophierte Suche nach Identität« (Vandevoorde, Estano & Painset, 2018, S. 269; Übersetzung K.S. & C.B.). Sie wollen Held*innen werden, mit dem eigenen Namen in die Geschichte eingehen, sind oftmals aber auch vom Ideal eines komfortablen Lebens (Frauen, Geld, hohe soziale Stellung) angetrieben.

Scheitern – Melancholie – Depression

Entscheidungen, in solche Konfliktzonen auszureisen oder sich zumindest intensiv damit zu beschäftigen, Tag und Nacht in das Geschehen einzutauchen, scheinen als eine Art antidepressiver Mechanismus zu wirken. Die »mythologische« Dimension, das Streben nach Heldentum, Abenteuer und Grandiosität soll eine gefühlte innere Leere füllen und einen tiefen Mangel an Bedeutsamkeitserleben kompensieren:

> »In diesem Fall sucht das Subjekt nach Situationen, die starke Erregung, manchmal auch Brüche und allmächtige Exaltationen aufrechterhalten. Alles geschieht so, als würde sich das Subjekt in Reize verlieben, die einen hohen Selbstwert aufrechterhalten, durch Episoden von Provokationen (gegen Erzieher, Ordnungskräfte usw.), grandiose Tagträume, die ihm ein Leben versprechen, in dem das Subjekt von seinen Altersgenossen bewundert wird, pathologische Ausreißer, ausgestattet mit absolutem Vertrauen in das Schicksal trotz der traurigen Realität ihres Verhal-

> tens, das von Irrtum und Instabilität geprägt ist. Die Rechtfertigung eines solchen Verhaltens durch den Einsatz Gottes unterstützt hier den antidysphorischen Größenwahn des Patienten, während nicht selten das Vorliegen einer bipolaren Störung unterschiedlicher Intensität und mit oft schnellem Zyklus festgestellt wird« (ebd., S. 270; Übersetzung K. S. & C. B.).

Die Rigidität, zumindest als Versuch in der religiösen Glaubenspraxis, scheint die Subjekte vor einem Innehalten, einem Einbrechen in depressive Affekte bewahren zu sollen. Doch ist dieser depressive Einbruch durchaus nah, spätestens dann, wenn das Scheitern real nicht mehr geleugnet werden kann, Inhaftierung oder andere Lebenskrisen überhandnehmen (siehe hierzu Jaccard & Tiscini, 2021).

Herausforderungen für die Präventionspraxis

In unserem Beitrag haben wir versucht, dem Phänomen grenzmarkierender Religiosität nachzugehen, die gegenwärtig oft verwoben mit islamismusaffinen Haltungen junger Menschen ist. Die vorliegende Annäherung basiert auf eigenen Fallerfahrungen, empirischen Befunden und Feldbeobachtungen, und kann auch als Beitrag zu einer »Konfliktdiagnostik« verstanden werden. Das Phänomen einer rigide erscheinenden Religionsausübung stellt Schule, Jugendarbeit und außerschulische Präventionspraxis gegenwärtig vor große Herausforderungen. Insbesondere Facheinrichtungen, die sich dem Themenfeld Islam, Islamismus und antimuslimischem Rassismus widmen und die »am Puls der Zeit« arbeiten, nehmen bereits seit geraumer Zeit einen Wandel in den Jugendmilieus wahr: Für sie ist es keine neue Beobachtung, dass es einen signifikanten Anteil unter jungen Menschen gibt, der sich islamismusaffin oder islamistisch orientiert (wie es derzeit in empirischen Umfragen deutlich wird). Und doch gibt es Hinweise auf eine qualitativ und quantitativ veränderte Dynamik, die mit neuen Herausforderungen einhergeht. Jugendmilieus – vor allem im städtischen Kontext – sind heute mehr denn je ein Schmelztiegel unterschiedlichster Familienbiografien, Sozialisationserfahrungen, kultureller Traditionen, Wertvorstellungen und Verarbeitungsversuche. In vielen Familien wirken leidvolle Erfahrungen nach, nicht selten durch Krieg, Gewalt und Verfolgung. Soziale Traumata beeinflussen die Beziehungen zwischen den Generationen, Vieles bleibt unverarbeitet und unrepräsentiert – sowohl in den Familien selbst wie auch auf gesellschaftlicher Ebene. Die Ambivalenzen gegenüber der eigenen Herkunft wie auch gegenüber der dafür oft nicht resonanten Gesellschaft sind für einen Teil der jungen Menschen offenbar schwer integrierbar. Erschwert ist dies in einer Zeit globaler Krisen auch durch die große Unsicherheit über die Zukunft und den eigenen Ort in der Gesellschaft. Während ein Teil der jungen Menschen den Islam als etwas Sinnstiftendes und Haltgebendes für das persönliche Leben begreift, trifft bei einem nicht geringen Anteil das identitäre Angebot der islamistisch geprägten Jugendszene auf Offenheit: ein komplexes Angebot politischer Ideologie, jugendkultureller Gemeinschaft und spiritueller Heilungsversprechen. Vor allem aber erspart es jungen Menschen die Mühen, sich eine individuelle, reflektierte Religiosität zu erarbeiten. Die identitäre islamistisch geprägte Szene nimmt junge Menschen in sich auf, denen es schwerfällt, Ambiguitäten auszuhalten und widersprüchliche emotionale Tendenzen in Bezug auf die Gesellschaft, in der sie leben, und ihre Familienherkunft innerlich zu integrieren. Ihnen wird die Möglichkeit offeriert, sich mit individuellen Bedürfnissen anzudocken, auch wenn sie dabei die Freiheit opfern, einen individuellen Weg weltanschaulicher bzw. religiöser Sinnfindung einzuschlagen. Denn die rigide Form der religiösen Praxis eröffnet Zugang zu einer Jugendkultur, die sich als Teil einer imaginierten globalen Gemeinschaft der Muslime (Ummah) versteht. Sie erfüllt dort beziehungsregulative Funktionen, steht aber auch im Dienste der Abwehr von Ängsten, kittet Identitätsbrüche, dient der Bewältigung narzisstischer Verletzungen und verspricht einfache Antworten auf existentielle Fragen. Vor allem aber lindert sie bei vielen jungen Menschen auch unerträgliche oder schwer entzifferbare Zustände ihres Selbsterlebens, und verschafft eine Illusion von Kontrolle über die inneren Beziehungen zu signifikanten Objekten, lindert Einsamkeits- und Verlassenheitsgefühle.

Insofern wäre es sicherlich verkürzt, die Zustimmung junger Menschen zu Statements, mit denen islamistische Einstellungen erfasst werden, als ein rein politisches Problem bzw. lediglich als Artikulation von Demokratiefeindlichkeit zu verstehen oder gar als Extremismus zu vereindeutigen. Vielmehr offenbart sich im Politischen auch etwas zutiefst Persönliches; es geht auch um Versuche der Bewältigung von existentieller Unsicherheit und Ortlosigkeit in einer als gefährdet erlebten Welt. In diesem Text wurde versucht, dies auch anhand von Fallbeispielen zu beschreiben. Das Persönliche im Politischen aufzufinden, und das Individuelle im Sozialen wiederzuerkennen, wird in der Zukunft auch weiterhin die Aufgabe von Facheinrichtungen der Islamismus-Prävention sein. Eine differenzierte Diagnostik, in der auch die sozialen Funktionen grenzmarkierender Religiosität und die zugrundeliegenden psychischen Motive und Konflikte Berücksichtigung finden, könnte auch eine Grundlage für die Weiterentwicklung der Präventionspraxis sein.

Literatur

Barth, L., Kaiser, P., Tuncel-Langbehn, G., Rüttner, B. & Götzmann, L. (2021). Das innere und das äußere Ausland – Zum Ambiguitätserleben junger, in Deutschland lebender Muslim*innen. *Y – Zeitschrift für Atopisches Denken, 10*(1). https://www.ypsilon-psychoanalyse.de/images/ypsilon/themen/2021/Aus_der_Forschung_21/Y-Artikel_Das_innere_und_das_aeussere_Ausland_Barth_et_al.pdf

Benslama, F. (2017). *Der Übermuslim. Was junge Menschen zur Radikalisierung treibt.* Matthes & Seitz.

Bialluch, C. & Sischka, K. (2022). Aufeinandertreffen. Ein psychoanalytischer Essay zu Begegnungen mit jungen Menschen, die sich islamistisch radikalisieren. *Jahrbuch der Psychoanalyse, 62*(2), 131–154. https://doi.org/10.30820/0075-2363-2021-2-131

Bohleber, W. (2002). Kollektive Phantasmen, Destruktivität und Terrorismus. *Psyche – Z Psychoanal, 56*(8), 699–720.

Bossert, O., Gerland, M. & Kruijer, T. (2022). *Neosalafismus – Historisierung und Kontextualisierung eines zeitgenössischen Phänomens.* Hochschule des Bundes für Öffentliche Verwaltung.

Bouzar, D. (2017). A Novel Motivation-based Conceptual Framework for Disengagement and De-radicalization Programs. *Sociology and Anthropology, 5*(8), 600–614. https://doi.org/10.13189/sa.2017.050804

Erlich, H.S. (2010). Scene one: A beam of darkness – Understanding the terrorist mind. In H. Brunning & M. Perini (Hrsg.), *Psychoanalytic perspectives on a turbulent world* (S. 3–15). Karnac.

Farren, D., Fischer, J., Brettfeld, K., Endtricht, R., Kleinschnittger, J. & Wetzels, P. (2023). Forschungsbericht No. 10: Demokratiedistanz, extremismusaffine Einstellungen, Akzeptanz politisch motivierter Gewalt sowie Intoleranz gegenüber Minderheiten und Fremdgruppen bei Jugendlichen und Heranwachsenden in Deutschland. Deskriptive Grundauswertungen der repräsentativen Bevölkerungsbefragung »Junge Menschen in Deutschland 2022«. https://www.fdr.uni-hamburg.de/record/13177

Jaccard, A. & Tiscini, G. (2021). »Operational« concepts in the phenomenon of Islamist radicalization: From the subject to the apocalypse. *The International Journal of Psychoanalysis, 102*(2), 315–340. https://doi.org/10.1080/00207578.2020.1848391.

Kemmesies, U., Wetzels, P., Austin, B., Büscher, C., Dessecker, A., Hutter, S. & Rieger, D. (Hrsg.). (2023). Motra-Monitor 2022. https://www.motra.info/motra-monitor-2022/

Meurs, P., Poholski, C., Rickmeyer, C. & Lebiger-Vogel, J. (2019). Die Anziehungskraft des Extremen in Zeiten der Wandlung und Wanderung: Islamische Radikalisierung aus einer psychoanalytischen Perspektive. P. Wahl (Hrsg.), *Spaltung – Ambivalenz – Integration* (S. 52–89). Vandenhoeck & Ruprecht. https://doi.org/10.13109/9783666406805.52

Money-Kyrle, R. (1971). The aim of psychoanalysis. *International Journal of Psychoanalysis, 52,* 103–106.

Stein, R. (2009). *For Love of the Father. A Psychoanalytic Study of Religious Terrorism.* Stanford University Press

Utsch, M. & Demmrich, S. (2023). *Psychologie des Glaubens. Einführung in die Religionspsychologie.* Vandenhoeck & Ruprecht.

Vandevoorde J., Estano, N. & Painset, G. (2018). Les fonctions psychopathologiques de la conversion idéologique ou religieuse et leur rapport avec le terrorisme. *Neuropsychiatr Enfance Adolesc, 66*(5), 267–276. https://doi.org/10.1016/j.neurenf.2018.02.004

Vogel, H. (2022). »Ein Haufen Schutt«. Die salafistisch-dschihadistische Szene im Umbruch. *Bundeszentrale für politische Bildung.* https://www.bpb.de/themen/infodienst/515398/ein-haufen-schutt/#:~:text=Die%20salafistische%20Szene%20befindet%20sich,Twitter%2C%20Telegram%20oder%20Instagram%20statt

Wetzels, P., Brettfeld, K., Farren, D., Richter, T. & Kleinschnittger, J. (2023). Demokratie in Konfrontation mit Krieg, Klimawandel, Flucht und Inflation: Einstellungen zur Demokratie und die Verbreitung von Autokratieakzeptanz in Deutschland. MOTRA-Spotlight 07/23. https://www.motra.info/wp-content/uploads/2023/08/motra_Spotlight_07_23.pdf

Die Autor*innen

Kerstin Sischka, Dipl.-Psych., M. A., Psychologische Psychotherapeutin (TP, PA), ist seit vielen Jahren in Initiativen der Extremismusprävention und Ausstiegshilfe tätig. Seit 2023 ist sie die psychotherapeutische Leitung von NEXUS, einem psychotherapeutisch-psychiatrischen Beratungsnetzwerk unter der Trägerschaft der Charité Universitätsmedizin Berlin. Sie ist in Berlin in eigener Praxis niedergelassen und Mitglied der DPV, IPA und DGPT.

Kontakt per E-Mail: kerstin.sischka@charite.de

Christoph Bialluch, Dipl.-Psych., Dr. phil., Psychologischer Psychotherapeut (TP, PA), ist Mitglied der DPV, IPA und DGPT und niedergelassen in Berlin. Er engagiert sich seit 2014 im Bereich der selektiven und indizierten Extremismusprävention (v. a. bei NEXUS) und unterrichtet Psychologie in unterschiedlichen Zusammenhängen.

Kontakt per E-Mail: christoph.bialluch@fep-berlin.de

Wissen und Glauben in der Psychoanalyse

Überlegungen zum Wahrheitsproblem im psychoanalytischen Diskurs

Roman Lesmeister

Einleitende Bemerkungen

Ein Nebeneffekt der anhaltenden Diskussion um Fake News und »alternative Fakten« zeigt sich darin, dass die traditionelle Wahrheitsfrage, die sich unter dem Einfluss postmoderner Denkgewohnheiten in einer Diversität von Perspektiven und Diskursen verloren hat, wieder in die öffentlichen und professionellen Denkräume zurückgekehrt ist. Diese Entwicklung ist zu begrüßen. Weniger zu begrüßen ist, dass das beklagte Ausmaß an Wahrheitsindifferenz neuerdings konterkariert wird von einem Wahrheitsdogmatismus, der – gestützt auf die Denkhilfe des sogenannten »Faktenchecks« – mit autoritativem Anspruch glaubt behaupten und sogar verordnen zu können, was als erwiesenermaßen wahr zu gelten habe und was nicht. Seltsamerweise sieht sich dieses medial weithin unterstützte Projekt im Dienst der Aufklärung. Tatsächlich handelt es sich um das genaue Gegenteil von Aufklärung, deren Bedeutungskern in Kants prägnanter Formulierung schlicht und einfach darin besteht, den eigenen Verstand zu gebrauchen, selbstständig zu denken (Kant, 1983 [1784], S. 53ff.).

Der intellektuell wie politisch bedenkliche Rückfall in einen voraufklärerischen Habitus, der mit dem Versprechen auf unzweifelhafte Gewissheiten lockt, steht im äußersten Gegensatz zu den Resultaten neueren wissenschafts- und erkenntniskritischen Nachdenkens, die das Bild des Verhältnisses von Denken, Sprache und Wirklichkeit vollkommen verändert haben, und die in ihrer gemeinsamen Bilanz besagen, dass es mit Wahrheit und sicherem Wissen eben nicht mehr so einfach ist – und das natürlich vor allem dort, wo es um humanwissenschaftliche Fragen kultureller Lebensformen, menschlicher Kommunikation oder moralischen Verhaltens geht. Was empirisch gesichertes Wissen und damit Grundbedingung für Wahrheit sein will, muss sich nach alter Überzeugung an realitätsgesättigten Fakten bewährt haben. Aber dieser eherne Grundsatz ist ins Wanken geraten, seit man darauf gekommen ist, dass ein *factum*, wie der lateinische Name ja sagt, nicht etwas ist, was man objektiv, gleichsam naturbelassen vorfindet, sondern was als ein bereits Gemachtes aufgefasst werden muss, dessen kulturell bedingte Herstellungsweise man legitimerweise befragen darf. Das beunruhigend Neue daran ist, dass darüber, was im jeweiligen Kontext eine *Tatsache* ist, nicht nur aus suspekten ideologischen, sondern mit guten, d. h. vernünftigen Gründen gestritten werden kann. Wie ja auch die aktuellen Innovationen von Virtualität und Künstlicher Intelligenz zur Genüge belegen, dass es sich nicht mehr von selbst versteht, was *Realität* ist. Natürlich setzt diese Wendung der Verhältnisse ins Unscharfe, Uneindeutige, ja Verstörende die Wahrheit dem Risiko des voluntaristischen Missbrauchs aus, der Gefahr, in der Flut beliebiger Interpretationen unterzugehen, unkenntlich zu werden. Genauso verfehlt wäre es allerdings, diese Entwicklung, die, wenn ich so sagen darf, die »Wahrheit unserer Epoche« widerspiegelt, aufhalten oder gar umkehren zu wollen. Dem italienischen Philosophen Gianni Vattimo gelingt es sogar, der Sache erstaunlich Positives abzugewinnen. Seine Theorie des *schwachen Denkens* (Vattimo, 1990) erkennt im Verlust des monistischen Wahrheitsanspruchs die Voraussetzungen und Chancen einer Haltung intellektueller Offenheit und Toleranz.

Wahrheit und Gewissheit in der Psychoanalyse

Wie steht es nun mit der Wahrheitsfrage im Spektrum der Psychoanalyse und ihrer Diskurse? Insgesamt sieht es so aus, als habe man um dieses Problem überwiegend einen großen Bogen gemacht. Es ist hier nicht der Raum, um auf die kolossale Monografie von Alfred Lorenzer *Die Wahrheit der psychoanalytischen Erkenntnis* (2015 [1974]) näher einzugehen. Ebenso kann der verdienstvolle Übersichtsartikel von Wolfgang Loch »Psychoanalyse und Wahrheit« (1976) nicht im Detail gewürdigt werden. Mit diesen beiden großen Namen hat es sich dann aber auch fast schon. Den Bogen, von dem ich spreche, hat man anfangs gemacht, weil man sich der Wahrheit fraglos sicher glaubte, später, weil man sich ihrer angesichts zahlreicher offener Fragen *nicht* mehr sicher glaubte und auch nicht wusste, wie man es wieder werden sollte, und es deshalb oder aus noch anderen Gründen vorzog, die Sache auf sich beruhen zu lassen. Diese anderen Gründe haben mit dem großen Paradigmen- und Mentalitätswechsel zu tun, der sich in der Psychoanalyse vollzogen hat: weg von einer erkenntnis- und wissensorientierten und hin zu einer dialogisch-beziehungsorientierten Konzeptualisierung und Technik. Die Transformation, die den Charakter psychoanalytischer Praxis grundlegend verändern sollte, lässt sich am Beispiel der »Verfallsgeschichte« der Deutung besonders gut illustrieren. Für Freud und die ältere Analyse galt als selbstverständlich, dass die Deutung den PatientInnen zu wahrem Wissen über sich selbst und ihre Geschichte verhelfen sollte. Dazu musste natürlich die Deutung selbst mit hohem Wahrheitsgehalt ausgestattet sein, nicht selten so hoch, dass wir uns heute über die Selbstgewissheit, mit der sie eingesetzt wurde, und über die halsbrecherischen Rekonstruktionen, die zu ihrer Ausstattung gehörten, nur noch wundern können. Mit dem Wechsel des Zeitgeistes verwandelte sich die stolze Deutung in eine behutsam vorgetragene Hypothese, schließlich in ein »Gesprächsangebot«. Den Gipfel der neuen Bescheidenheit erklimmt Winnicott, und zwar dort, wo er schreibt, die Funktion der Deutung bestünde für ihn darin, den PatientInnen die Grenzen seines Verständnisses, mit anderen Worten sein »Nichtwissen« aufzuzeigen (Winnicott, 1984 [1962], S. 248). Damit hat die analytische Deutung genau den Prozess der Schwächung durchlaufen, den der erwähnte Vattimo für eine zeitgemäße Haltung zum Wissen postuliert.

Und wo ist die Wahrheit auf diesem Abstieg geblieben? Obwohl jede Wissenschaft der Wahrheit verpflichtet ist, kann man, ohne allzu hochtrabend zu werden, sagen, dass die Psychoanalyse in besonderem Maße als Wahrheitswissenschaft angetreten ist. Ging es ihr in ihrem Wahrheitswillen doch grundlegend darum, die bequemen Selbsttäuschungen des gewöhnlichen Bewusstseins zu durchdringen, die Verlogenheiten der gesellschaftlichen Moral aufzudecken, kurzum: das Subjekt in seiner wie auch immer verstandenen Wahrheit zu situieren. Die alte analytische Grundregel fasst diesen Anspruch bündig zusammen: alles zu sagen, alles offenzulegen, rückhaltlos Licht in die Dinge zu bringen. Aber der im Prozess der Moderne gleichzeitig erfolgte Zusammenbruch dogmatischer und metaphysischer Absicherungen – der Gottesmord im Sinne Nietzsches – hat dazu geführt, dass die Wahrheit, von zahllosen Relativismen und Pluralismen zerteilt und zerfasert, immer ungenauer wurde, und dass nicht nur PsychoanalytikerInnen heute dastehen wie pragmatische SkeptikerInnen, die wissentlich oder unwissentlich die Hoffnung aufgegeben haben, in diesem Punkt zu einer befriedigenden Antwort zu gelangen. Sie handeln unter Umgehung der Streitfrage, eben pragmatisch, nach dem Grundsatz: Wahr ist, was (therapeutisch) *wirkt*.

Dennoch wird man sie nicht los, die Wahrheit. Sie »lauert einem auf«. Sie geht um im analytisch-psychotherapeutischen Raum, im Gespräch zwischen zwei Menschen wie ein Geist, dessen Präsenz man spürt, der aber nicht recht zu fassen ist. Man sagt, auf psychoanalytischem Schaffensgebiet könne Wahrheit nie ein objektiv-allgemeingültiges, sondern nur individuelles Format annehmen; sie sei notwendig subjektiv, erweise sich als veränderlich in der Zeit, existiere nur im unendlichen Aufschub, ereigne sich vorzugsweise in Gegenwartsmomenten besonderer Bedeutung und Intensität. Alles richtig. Aber mit all diesen Bestimmungen hält man immer noch an ihr fest, der Wahrheit. Und gerade solche Bestimmungen sind es ja, die es nicht einfacher mit ihr gemacht haben. Es heißt weiterhin, in Analyse und Psychotherapie gehe es nicht um überprüfbares Wissen, sondern um ein Verstehen, das nicht zwingend den Kriterien der Faktizität unterliegt. Doch auch hier ist die Wahrheitsfrage als hermeneutisch auszulegende wie der Hase vor dem Igel längst zur Stelle. Ich kann richtig oder falsch verstehen. Richtigkeit, Angemessenheit im Sinne von Übereinstimmung entspricht einer alten Wahrheitsdefinition. »Habe ich Sie richtig verstanden, dass ...?«, »Ich glaube, Sie richtig verstanden zu haben, wenn Sie sagen ...« Das sind die Annäherungen, auf deren Basis wir uns wechselseitig verständigen – unendliche Annäherungen, die irgendwo mit einem »Ja« oder »Nein« pragmatisch beendet oder fortgesetzt werden können. Und weiter in der Reihe: Auch wenn eine Deutung nur als Hypothese oder Dialogangebot vorgebracht wird, impliziert sie einen zumindest vorläufigen Wahrheits- oder Geltungsanspruch. Denn niemand sagt, auch wenn er nur eine Vermutung äußern oder ein Gespräch in Gang bringen will, irgendeinen bedeutungsleeren Unsinn. Schließlich noch: Die psychotherapeutische Arbeit überzeugt jeden, der sie kennt, davon, dass sie Momente oder Phasen größerer und solche geringerer Signifikanz und Intensität aufweist, ich könnte auch sagen: höherer oder geringerer Grade von Wahrheit, verstanden als Manifestation von Authentizität, Gegenwärtigkeit, Selbstkongruenz, Real-Sein, Bei-sich-Sein, wahrem Selbst, vollem Sprechen und so weiter, je nachdem, welcher metapsychologischen Interpretation wir an dieser Stelle den Vorzug geben. Wir schrecken, wenn wir etwas pathetisch werden, tatsächlich nicht einmal vor dem Wagnis eines Satzes zurück wie: »Der Patient ist jetzt mit dem, was er sagt oder fühlt ›in seiner Wahrheit‹« –, als ob wir genau wüssten, was das ist: »seine Wahrheit«. Trotzdem sind wir uns sicher, etwas Richtiges gesagt zu haben – und irren uns darin nicht einmal unbedingt. Es gibt offensichtlich eine Evidenz nichtrationaler Natur, die nicht Gegenstand von Wissen ist. So etwas kann man einen *Glauben* nennen.

Ich wende mich nun in konkreter Betrachtung drei prägnanten Bereichen von Nichtwissen und fehlender Gewissheit innerhalb der analytisch-psychotherapeutischen Situation zu: der inneren Realität der PatientInnen, ihrer äußeren Realität und ihrer Geschichte.

Felder des Nichtwissens I: Innere Realität

Ich beginne mit dem (scheinbar?) Einfachsten. Ein Patient, den ich schon länger kenne, kommt in die Stunde, lässt sich auf der Couch nieder und sagt nach einer kurzen Phase des Schweigens: »Ich fühle mich heute, seit ich aufgestanden bin, ausgesprochen niedergeschlagen, irgendwie traurig.« Ich kenne ihn als Menschen, der einen guten Zugang zu seinen Gefühlen hat und diese zu artikulieren vermag. *Er* weiß, wovon er redet. Aber woher weiß *ich* es? Wir haben uns hier als erstes die alte, unverändert bestehende, aber häufig vergessene Tatsache zu vergegenwärtigen, dass wir keinen unmittelbaren Zugang zum Fremdpsychischen, also zur inneren, phänomenal erlebten, psychischen Realität eines anderen Menschen haben. Fritz Mauthner, ein Pionier der Sprachphilosophie zu Anfang des 20. Jahrhunderts, hat es kurz und bündig so ausgedrückt: »Wir haben keine Sinnesorgane für die Seele« (zit. n. Janik & Toulmin, 1998 [1972], S. 153). Bei allen Fortschritten, die Psychoanalyse und Psychologie überhaupt gemacht haben: Die subjektiv erlebte seelische Innenwelt des anderen ist eine Blackbox geblieben, deren Inhalt auch kein Gehirnscan sichtbar zu machen vermag. Wir sind auf die Ausgänge angewiesen, deren wohl wichtigster die Sprache ist. Ich *verstehe*, was der Patient mir sagt. Dazu brauche ich noch keine Empathie. Es reicht, dass ich die Bedeutung des Wortes »traurig« und dessen Verwendung in der deutschen Sprache kenne. Empathie brauche ich eigentlich erst für das Implizite, das noch nicht Gesagte, aber grundsätzlich Sagbare. Aber verstehe ich ihn richtig? Verstehe ich die ganz spezifische Tönung, die emotionale Nuancierung seiner Traurigkeit heute Morgen und den ganzen Tag über? Genau *die* Qualität von Traurigkeit, die in ihm vorherrscht und die er mit einem Bewusstseinsorgan, über das nur er verfügt, wahrnimmt? Annäherung ist möglich. Und die reicht offensichtlich aus, um uns in der Alltagssprache – und auch die in der Psychotherapie gesprochene Sprache ist eine solche – »gut genug« zu verständigen. Aber ich kann im Letzten nicht sicher wissen, was der andere genau *meint*, wenn er von seinem Traurigsein spricht. Er kann mir das so präzise wie möglich beschreiben. Und das muss ich ihm *glauben*.

Nun gibt es noch andere Kommunikationswege als die Sprache. Es gibt die Vielzahl der non- und paraverbalen Anzeichen des emotionalen Zustandes. Ich kann sie »lesen«, weil sie »beschriftet« sind, also auch bereits eingefügt in die symbolische Ordnung. »Ich sehe die Traurigkeit in seinen Augen« ist über die metaphorische Bedeutung hinaus gleichwohl Unsinn, weil ich natürlich nicht die Traurigkeit sehe, sondern lediglich bestimmte physiologische und mimische Spuren, die ich als Ausdruckformen von Traurigkeit zu verstehen gelernt habe. Es bleibt anzuführen der heute behandlungstechnisch ungemein wichtig gewordene Komplex all derjenigen Vorgänge, die ich zusammenfassend als »nichtsprachliche Resonanzphänomene« (Rosa, 2019) bezeichnen möchte: unbewusste Kommunikation, projektive Identifizierung, konkordante und komplementäre Gegenübertragung usw. Die Resonanzphänomene erzeugen dort, wo sie stattfinden, das Gefühl, ganz nahe dran zu sein nicht nur an der bewussten, sondern sogar an der unbewussten Realität des Anderen. Darauf und auf dem Glauben, dass sie, weil spontan auftretend und nicht der Kontrolle unterworfen, irgendwie authentischer, ursprünglicher, zuverlässiger seien als die sprachgebundene Kommunikation, beruht das zum Teil immense Vertrauen, das man heute behandlungstechnisch in sie setzt. Es gibt da durchaus Meinungsverschiedenheiten. Vertrauen auf der einen Seite, Misstrauen oder wenigstens Skepsis auf der anderen, etwa bei den VertreterInnen der Lacanianischen Psychoanalyse, die die Arbeit mit solchen Phänomenen für eine Art wissenschaftlich verbrämten Okkultismus halten und der Sprache als der einzig verlässlichen Verbindung zwischen dem Ich der AnalysandInnen und dem der AnalytikerInnen absoluten Vorrang einräumen (Lacan, 1986, S. 92).

Wie dem auch sei. Augenscheinlich handelt es sich hier um Spiegelungsphänomene, für die wir ja nachweislich über die entsprechenden neuronalen Einrichtungen verfügen. Aber ein Spiegelbild ist nicht identisch mit dem Original – erst recht nicht, wenn das Spiegelbild Bestandteil *meiner* Subjektivität als Analytiker ist. Es sind in jedem Fall *meine* Gefühle, *meine* Phantasien, auch wenn sie mit analogen Zuständen meines Gegenübers in der einen oder anderen Weise korrespondieren mögen. Ich halte fest: Den intersubjektiven Resonanzphänomenen kommt eine hohe klinische Bedeutung zu. Sie bergen bei unkritischem Gebrauch jedoch die Gefahr, einer Illusion von Ungetrenntheit (Verschmelzung, imaginärer Identität) zu erliegen und damit die Andersheit des Anderen, die sich auch in kleinsten Differenzen kundtun kann, aus dem Blick zu verlieren.

Felder des Nichtwissens II: Äußere Realität

Ich gehe weiter zum zweiten Ort des Nichtwissbaren, zur zweiten Blackbox, die eine solche ist und bleibt, jedenfalls solange die regulären Regeln des Settings eingehalten werden. Das ist die reale äußere Welt der PatientInnen. Sie ist für uns genauso »transzendent« wie deren innere, und wir erhalten Kunde von ihr ausschließlich über die Erzählung, das Sprechen des Subjekts. Warum bedarf dieser Sachverhalt, den man ja für eine Binsenwahrheit halten könnte, besonderer Erwähnung? Ich muss dazu auf einen zentralen Aspekt des großen Paradigmenwechsels in der jüngeren Geschichte der Psychoanalyse zurückgreifen. Dieser Aspekt betrifft den Übergang, die Akzentverschiebung von einem Modell intern determinierter Ätiologie und Pathogenese zu einem extern determinierten. Psychische Pathologie wird heute mehr denn je nicht als Folge des Scheiterns in der Bewältigung intern angelegter Konflikte und Triebdispositionen, sondern als Folge eines Versagens der meist frühen personalen Umwelt angesehen. Die zunehmende Orientierung an einem traumatologisch verstandenen Modell extern verursachter Beschädigung hat PsychoanalytikerInnen und PsychotherapeutInnen mehr und mehr dazu veranlasst, verstärkt und oftmals übermäßig die äußere Realität der PatientInnen, sei es die gegenwärtige oder die der biografischen Vergangenheit, in den Blick zu nehmen. Wenn es mehr darum geht, was das Ich *erlitten* hat, als darum, was es *gemacht* hat, verfällt man leicht dem Glauben, an diejenigen, die dieses Leiden verursacht haben, näher heranrücken zu müssen. Darin liegt meines Erachtens einer der Gründe dafür, dass entgegen der in neueren behandlungstechnischen Konzepten vielfach geforderten Konzentration auf die Beziehungs- und Übertragungsvorgänge im Hier und Jetzt sich in weiten Bereichen psychotherapeutischer Praxis ein Hang zur biografischen Rekonstruktion ausgebreitet hat, der sogar in der älteren Psychoanalyse seinesgleichen sucht. Damit einher geht unter Verlust der inneren Äquidistanz häufig ein Drang zur durchgängigen Identifizierung oder Gegenidentifizierung, sei es mit dem Ich der PatientInnen, elterlichen Objekten oder anderen bedeutsamen Personen der Vergangenheit und Gegenwart. In Fallbesprechungen entsteht zuweilen der irritierende Eindruck, als wisse man über Menschen, die man nie kennengelernt hat, bestens Bescheid, so weitgehend, als könne man das, was sich mit diesen Menschen in ferner Vergangenheit zugetragen hat, regelrecht *bezeugen*. Nichts davon können wir bezeugen. Das Einzige, was wir bezeugen können, ist das, was uns in der Mitteilung des Anderen zugänglich gemacht wird. Bei allen Neuerungen, die sich in den letzten Jahrzehnten vollzogen haben, sind AnalytikerInnen – ich greife hier auf die treffende Metapher Paul Parins zurück – in der Rolle des »späten Gastes« geblieben. Das ist der, der erst auftaucht, nachdem der Tisch abgeräumt ist und alle anderen Gäste bereits gegangen sind außer dem einen, der nun erzählt, was sich an diesem Tisch abgespielt hat. Als Analytiker zehre ich allein vom *Hören-Sagen*. Ich bin auf Gedeih und Verderb auf die Subjektivität des Anderen verwiesen, geradezu an diese gefesselt und gezwungen, dieser zu vertrauen in einem abgedichteten Raum, einer mitten in der realen Welt befindlichen Blase von unschätzbarem Wert, die »analytische Situation« heißt. Es ist nachvollziehbar, wie es einen drängen kann, diese Blase zu durchstoßen auf ein Außen hin, sozusagen volle Realität herstellen zu wollen mit einem Gegenüber, mit dem man nur die symbolische Realität des Diskurses teilt. Das muss sich nicht unbedingt in einem grob grenzüberschreitenden Agieren bemerkbar machen, sondern kann in der Tendenz zum Ausdruck kommen, unmerklich in eine phantasmatische Vertrautheit mit einer Realität zu gleiten, die man gar nicht kennt. Unter den Prämissen des Beschädigungsparadigmas, des traumatologischen Paradigmas, macht sich dieses Dilemma besonders schmerzlich bemerkbar, weil in diesem Fall das Außen, der Ort, den wir nicht erreichen, der Ursprungsort des Traumas und damit zugleich der Ort der Wahrheit ist, der Wahrheit der Geschichte des Subjekts.

Felder des Nichtwissens III: Geschichte

Damit bin ich in der dritten Sphäre der Nichtwissbarkeit angekommen. Weitgehend oder gänzlich unbeeinflusst von Neuerungen psychoanalytischer Behandlungskonzepte verhalten sich PatientInnen in einem Punkt überwiegend konservativ. Die meisten Menschen, die sich in eine analytische oder tiefenpsychologische Psychotherapie begeben, wollen herausfinden, wo die Ursachen ihrer derzeitigen Probleme liegen, und dabei haben sie eine zumindest ungefähre Ahnung davon, dass diese Ursachen innerhalb des Spektrums ihrer Lebensgeschichte verborgen sein könnten. Mit anderen Worten: Sie interessieren sich für die Geschichte ihres Werdens, und indem sie nach der Wahrheit dieser Geschichte fragen, artikulieren sie, an uns gerichtet, ein legitimes Begehren, auf das wir zu antworten haben. Dass sie ihre AnalytikerInnen damit gegebenenfalls in ernste Verlegenheit bringen, ahnen sie indes meist nicht. Die AnalytikerInnen selbst ahnen es oft nicht. Denn wie antworten?

Von meinem traurigen Patienten höre ich in einer anderen Stunde: »Ich war immer ein in sich gekehrtes, stilles, oft trauriges Kind.« Wenn ich nicht sein Analytiker gewesen wäre, hätte ich ihn fragen können: »Woher in aller Welt wollen Sie das so genau wissen? Könnte es nicht sein, dass Sie gerade im Begriff sind, einer zweckdienlichen Fiktion zu verfallen und dazu noch einer Verschwörungstheorie über elterliches Fehlverhalten?« Wie bei allem anderen Wissen, das im Raum der analytisch-psychotherapeutischen Situation zu erlangen ist, schöpfe ich das Material auch dieses fraglichen Wissens aus der reinen referenzlosen Subjektivität eines anderen Menschen. Das sind in diesem Fall dessen biografische Erinnerungen. Mein professionelles Wissen sagt mir, dass die Erinnerungen keine eindeutigen, objektiven Abbilder des Gewesenen liefern, vielmehr in mehr oder weniger starkem Maße als psychische Neuschöpfungen zu verstehen sind, entstanden und gespeichert innerhalb spezifischer interaktiver, affektiver, bewusster und unbewusster Kontexte, von da an fortlaufend überschrieben, neu interpretiert, neu bewertet auf der Grundlage neuer Erfahrungen, z. B. auch der in der Therapie gemachten. Man spricht hier von den Mechanismen der »Nachträglichkeit« (Kirchhoff, 2009). Manches bleibt, wie es ist, sonst würde ich mich in meinen Erinnerungen nicht wiedererkennen als die Person, die ich bin. Aber was genau sind die »harten Daten« meines Identitätsgefühls, das sich ja auf die Erinnerungsfunktion stützt? Strenggenommen trifft zu, was ja mit einem altbekannten Wort schon ausgesagt ist: So wenig ich zweimal in denselben Fluss steigen kann, so wenig kann ich meine Lebensgeschichte zweimal in genau derselben Weise erzählen.

Wie also antworten? Freud wusste bereits um die Effekte der Nachträglichkeit, was er besonders anschaulich in seiner Analyse des »Wolfsmannes« zur Darstellung bringt (Freud, 1918b [1914]). Und obgleich ihm bewusst war, dass das Original der Erinnerung nicht mehr auffindbar ist, hat er bis zum Ende unverdrossen danach gesucht, nach der exakten Rekonstruktion, der vollständigen Anamnese, wobei er sich seiner Sache so sicher war, dass er keine Mühe damit hatte, die Lücken im Erinnerungstext seiner PatientInnen mit eigenen »Konstruktionen« zu füllen (Freud, 1937d). Wir können das so nicht mehr machen, die Methode entbehrt jeder wissenschaftlichen Grundlage. Aber was stattdessen? Wenn ich mich nicht täusche, scheint bei vielen PraktikerInnen eine Herangehensweise vorzuherrschen, die auch außerhalb der Psychoanalyse bei VertreterInnen benachbarter Disziplinen favorisiert wird (Kraus, 2017; Rorty, 1992). Man sieht die Sache etwa so: Menschen können ihr Erinnerungsmaterial, das als solches zu größeren Teilen ja bereits Produkt komplexer Umarbeitungs- und interpretativer Prozesse ist, zum Entwerfen von Narrativen verwenden, die einer als angemessen empfundenen Selbstbeschreibung dienen, und worin sie sich als die Person, die sie sind, wiederfinden. Solche Narrative müssen nicht unbedingt kohärent, vollständig oder unveränderlich sein. Sie müssen sich nicht durchgehend am Prüfstein objektiver Fakten bewähren, leisten also keinen Beitrag zur wissenschaftlich betriebenen Biografik. Sie dienen darüber hinaus nicht nur einer individualisierenden Selbstbeschreibung und Selbstverständigung, sondern auch als Grundlage für mögliche Selbstentwürfe, für individuelle Zielsetzungen und Veränderungen auf Zukünftiges hin. Es geht also nicht darum, ein objektives Bild von sich zu kreieren, nicht nur darum, sich in den im Fluss befindlichen Selbstbeschreibungen immer wieder zu finden, sondern auch darum, sich innerhalb gewisser Grenzen des Möglichen erzählerisch, autopoietisch neu zu erschaffen.

Und dennoch bleibt zu fragen, was bei all dem mit der Wahrheit ist. »Sowohl gefunden wie erschaffen« wäre eine passende und doch nicht ganz zufriedenstellende Antwort. Denn braucht sie nicht doch eine Referenz, ein unabhängiges Äußeres, an dem wir unsere Sätze abgleichen und überprüfen können, um Realitätsverlust und Größenwahn zu vermeiden? Was unterscheidet sonst noch Fake News, die sich auf politische Ereignisse oder Personen beziehen, von irgendwelchen Phantasien über mich selbst, meine Geschichte und Zukunft? Der seltene

Versuch einer positiven Antwort auf diese Frage findet sich in der Psychoanalyse Jacques Lacans (dazu zusammenfassend Nemitz, 2015). Lacan meint, dass es eine solche Referenz gibt und dass sie existiert in Gestalt und in der Funktion des analytischen Gegenübers. Wahrheit ist Lacan zufolge nicht einfach da und muss nur gefunden werden. Sie konstituiert sich als Wahrheit des Subjekts und seiner Geschichte einzig und allein in einem Sprechen, das an mich als Analytiker gerichtet ist und in meinem Antworten Anerkennung findet. Wahrheit konstituiert sich danach intersubjektiv, in einem Prozess wechselseitiger Anerkennung. Diese Anerkennung, die in meiner resonanten Haltung und Intervention zum Ausdruck kommt, verteilt sich aber nicht gleichmäßig über alles, was ich zu hören bekomme. Sie bezieht sich vielmehr auf Momente oder Phasen, in denen sich das ereignet, was Lacan »volles Sprechen« im Gegensatz zum »leeren Sprechen« nennt, wobei volles Sprechen als ein Sprechen verstanden wird, in dem sich das Begehren des Subjektes artikuliert. Als Analytiker reagiere ich konkordant auf solche Wahrheitsmomente, Wahrheitsereignisse, indem ich sie bestätige, vertiefe, ausarbeite und ihnen somit herausgehobene Bedeutung verleihe. Soweit, so gut. Spätestens ab hier wird die Sache aber nun einigermaßen zirkulär. Denn volles Sprechen wird für Lacan zum wahren dank seiner Verbindung zu einer Wahrheit des Begehrens, die ihrerseits erklärungsbedürftig bleibt, womit wir wieder am Anfang der Unternehmung stehen. Lacans Modell, das ich hier nur sehr umrisshaft wiedergeben kann, stellt sich der Frage, wie Wahrheit im Raum von Subjektivität, Intersubjektivität und Zeitlichkeit gedacht werden kann. Kritisch betrachtet, weist es an entscheidender Stelle über sich hinaus auf etwas Unbestimmtes, schwer Bestimmbares, wenngleich Wahres, was sicher nicht allein der Sprache angehört oder von ihr hervorgebracht wird. Und noch kritischer betrachtet, entgeht das Modell dem Verdacht nicht ganz, dass die Wahrheit einem scharfsinnigen Wort Voltaires zufolge das ist, worauf man sich am Ende geeinigt hat.

Nichtwissen, Anerkennung und analytischer Glaube

Es ging mir darum, deutlich werden zu lassen, dass die Antwort auf Fakes nicht in einem kurzsichtigen Beharren auf Fakten bestehen kann, sondern die Herstellung eines kritischen Verhältnisses zum Wissen überhaupt einschließen muss. Auf dem Feld der Psychoanalyse hat besonders Wilfred Bion die Toleranz gegenüber dem Nichtwissen als unverzichtbarem Element der analytischen Haltung hervorgehoben. Diese Mahnung ist uns vertraut. Unterschätzt wird nur manchmal, wie ausgedehnt dieser Bereich des Nichtwissens, nimmt man den des Nichtwissbaren hinzu, eigentlich ist. Es lässt sich daraus der Schluss ziehen, dass es in der analytisch-psychotherapeutischen Haltung eines Gegengewichtes bedarf, eines über die Toleranz hinausreichenden oder diese vielleicht überhaupt erst ermöglichenden Schutzes, der den denkbaren destruktiven Folgen des Nichtwissens, der Verzweiflung des Nichtwissens und der alles anzweifelnden Skepsis entgegenwirkt. Wie kann so etwas aussehen?

Es heißt, was nicht erkannt werden kann, kann anerkannt werden. Was aber ist damit genau gemeint? Man benötigt wiederum keine komplexe Kasuistik. Man stelle sich einfach nur vor, mein Patient schildert eine Situation seiner externen Realität, einen familiären Konflikt, einen Streit mit seiner Ehefrau oder irgendeine andere Begebenheit. Ich höre ihm zu und beschreibe nun, was ich bei diesem Zuhören in erster Linie *nicht* tue. Ich denke in erster Linie nicht: Was erzählt er mir da? Kann nicht alles ganz anders gewesen sein? Was würde seine Frau, was würden seine Kinder dazu sagen? Was projiziert er wohl auf die? Ist das alles oder verschweigt er mir Wesentliches? Will er mich hinters Licht führen? Natürlich bestreite ich nicht die grundsätzliche Berechtigung solcher Fragen, und es kann sein, dass der Patient mir nachhaltig Anlass zu solchen gibt. Aber darum geht es jetzt nicht. Worum es geht, ist die Tatsache, dass es jenseits meines faktischen Nichtwissens und aller Gegenübertragungsresonanzen eine basale Ebene der Akzeptanz, der Anerkennung und eines vorlaufenden Vertrauens gibt und geben muss, eines Vertrauens, das in gewisser Weise »grundlos« ist und mit dem ich die Subjektivität des Anderen vorbehaltlos in mir aufnehme. Dem Anderen in diesem Sinne zu *glauben*, bedeutet nicht, alles, was er sagt, für buchstäblich wahr zu halten. Im Gegenteil: Das vorlaufende grundlose Vertrauen enthält die Anerkennung dessen, was ich vom Anderen nicht als wahr oder unwahr wissen kann (Cavell, 2016, S. 619ff.). Es ist die nichtrationale Grundlage jeder gelingenden Kommunikation, nicht nur der, die sich im psychotherapeutischen Rahmen abspielt. Diese Ebene darf bei allem, was sonst noch geschieht und geschehen muss, nicht verlorengehen. Sie muss sich durchziehen. Sie ist so etwas wie die Lebensgrundlage der guten Beziehung und eines darauf aufbauenden Verstehens. Fehlt es an dieser Tiefendimension von »Empfänglichkeit« und »Gastlichkeit« (Derrida, 2015 [1997]), dann führt dies zu jenem paranoiden Einschlag, aus dem heraus der Andere primär als Feind und potenzieller Angreifer wahrgenommen wird, dem man misstrauen und vor dem man auf der Hut sein muss. Die sich daraus ergebenden Widerstandsverwicklungen und Machtkämpfe sind aus der Geschichte der älteren Psychoanalyse bekannt und gehören nicht zu deren nachahmenswertem Vermächtnis.

Meine Vermutung geht dahin, dass das beschriebene prä- oder subrationale Anerkennungsverhältnis nicht identisch ist mit dem, aber in der Nähe dessen liegt, was Bion in seinem vielzitierten Wort *without memory or desire* zum Ausdruck gebracht hat: eine bedingungslose Rezeptivität, die – oftmals missverstanden – in erster Linie keine Technik ist, sondern die Position eines Subjektes im Verhältnis zu einem anderen. Man könnte darüber nachdenken, um welche Art von Objektbeziehung es sich dabei eigentlich handelt. Es ist jedenfalls eine solche, die dem Anderen eine Art Vorrangstellung zuerkennt (Levinas, 1987), wie einem Gast eben, den man empfängt, ohne zu fragen, ob er die richtigen Voraussetzungen dafür mitbringt und was er wohl mit seinem Besuch bezweckt.

Aus den Formulierungen, die ich gebrauche, geht hervor, dass ich dem nichtrationalen rezeptiven Anerkennungsverhältnis das Format eines Glaubens, einer Glaubenshaltung, zuspreche. Dieser Glaube richtet sich auf das Nichtwissbare, in dessen Kernbereich die Figur des fremden Anderen steht, den ich in der nichtwissenden Anerkennung schütze und dem ich mich zugleich aussetze. Die Rolle der (nichtreligiösen) Glaubensfunktion als Bestandteil psychoanalytisch-psychotherapeutischer Haltung und Praxis hat in den letzten Jahrzehnten von verschiedener Seite eine wenn auch vereinzelt bleibende, so doch nachhaltige Würdigung erfahren (Bion, 1993 [1970], S. 32ff.; Britton, 2001; Gerlach, Schlösser & Springer, 2004; Grabska, 2004; Lesmeister, 2017, S. 177ff.). Übereinstimmend betonen die hierzu vorliegenden Arbeiten die Wichtigkeit dieses komplexen mentalen Faktors für die Aufrechterhaltung eines von Sinn und Bedeutung getragenen Wirklichkeits-, aber auch Selbstbezuges – einer Leistung, die das Erkenntnisvermögen allein nicht verbürgen kann. Gemessen daran, wie sehr wir in unserer Arbeit darauf angewiesen sind, einem anderen Menschen zu glauben – und: *an* ihn zu glauben und *an uns selber* zu glauben – wissen wir sehr wenig über die psychologischen Besonderheiten dieser Funktion. Das Anliegen der vorliegenden Erkundungen bestand darin, einsichtig zu machen, dass gelingende kommunikative Verständigung auch und gerade innerhalb analytisch-psychotherapeutischer Prozesse auf einer fundierenden nichtrationalen Basis beruht, die ein positives Verhältnis zum Nichtwissen und zur Nichtwissbarkeit des Anderen herzustellen ermöglicht. Dass damit in Zeiten, in denen Angriffe auf Denkräume offensichtlich zugenommen haben, keinem blinden Irrationalismus das Wort geredet wird, sollte ausreichend deutlich geworden sein.

Literatur

Bion, W. R. (1993 [1970]). *Attention and Interpretation*. Karnac.

Britton, R. (2001). Glaube und psychische Realität. In ders., *Glaube, Phantasie und psychische Realität* (S. 21–34). Klett-Cotta.

Cavell, S. (2016). *Der Anspruch der Vernunft. Wittgenstein, Skeptizismus, Moral und Tragödie.* Suhrkamp.
Derrida, J. (2015 [1997]). *Von der Gastfreundschaft.* Passagen.
Freud, S. (1918b [1914]). Aus der Geschichte einer infantilen Neurose. *GW XII*, S. 27–154.
Freud, S. (1937d). Konstruktionen in der Analyse. *GW VI*, S. 41–56.
Gerlach, A., Schlösser, A.M. & Springer, A. (Hrsg.). (2004). *Psychoanalyse des Glaubens.* Psychosozial-Verlag.
Grabska, K. (2004). Der Glaube des Psychoanalytikers an die Deutung. In A. Gerlach, A.M. Schlösser & A. Springer (Hrsg.), *Psychoanalyse des Glaubens* (S. 263–276). Psychosozial-Verlag.
Janik, A. & Toulmin, S. (1998 [1972]). *Wittgensteins Wien.* Döcker.
Kant, I. (1983 [1784]). Beantwortung der Frage: Was ist Aufklärung? In ders, *Werke in sechs Bänden. Band VI* (S. 53–61). Wissenschaftliche Buchgesellschaft.
Kirchhoff, C. (2009). *Das psychoanalytische Konzept der »Nachträglichkeit«.* Psychosozial-Verlag.
Kraus, W. (2017). *Das erzählte Selbst. Die narrative Konstruktion von Identität in der Spätmoderne.* Centaurus.
Lacan, J. (1986). Funktion und Feld des Sprechens und der Sprache in der Psychoanalyse. In ders., *Schriften I* (S. 71–169). Quadriga.
Lesmeister, R. (2017). *Begehren, Schuld und Neubeginn.* Psychosozial-Verlag.
Lévinas, E. (1987). *Totalität und Unendlichkeit.* Alber.
Loch, W. (1976). Psychoanalyse und Wahrheit. *Psyche – Z Psychoanal, 30*(10), 865–898.
Lorenzer, A. (2015 [1974]). *Die Wahrheit der psychoanalytischen Erkenntnis.* Suhrkamp.
Nemitz, R. (2015). 14 Thesen über die Wahrheit des Subjekts. https://lacan-entziffern.de/subjekt/die-wahrheit-des-subjekts/
Rorty, R. (1992). *Kontingenz, Ironie und Solidarität.* Suhrkamp.
Rosa, H. (2019). *Resonanz. Eine Soziologie der Weltbeziehung.* Suhrkamp.
Vattimo, G. (1990). *Das Ende der Moderne.* Reclam.
Winnicott, D.W. (1984 [1962]). Die Frage Mitteilens und Nichtmitteilens führt zu einer Untersuchung gewisser Gegensätze. In ders., *Reifungsprozesse und fördernde Umwelt* (S. 234–253). S. Fischer.

Der Autor

Roman Lesmeister, geb. 1949, Dipl.-Psych., arbeitet als Psychologischer Psychotherapeut und Psychoanalytiker in Hamburg. Er ist als Dozent, Supervisor und Lehranalytiker für verschiedene Ausbildungsinstitute tätig. Seine Arbeitsschwerpunkte sind Theoriegeschichte der Psychoanalyse und Analytischen Psychologie, Subjekt, Selbst und Individuation sowie Fragen der psychoanalytischen Haltung und Ethik.

Kontakt: Roman Lesmeister, Unnastraße 3, 20253 Hamburg; E-Mail: roman_lesmeister@web.de

Identitäre Sackgassen des Denkens

Klemens Färber

Man könnte meinen, »Identität« sei der schwierigste Begriff der ganzen Psychologie. Dabei ist er doch der einfachste in der Mathematik. Denn der Satz von der Identität lautet schlicht: Wenn A = B, dann und nur dann, ist B = A. Mathematisch bleibt da keine Frage offen.

Allerdings kann auch das *Einfachste* rational schwer erfassbar sein, oder emotional schwer zu ertragen. Was soll das überhaupt heißen, wenn jemand »*Ich selber sein* und bleiben« will, wo doch *zwei Seelen*, »ach, in meiner Brust« wohnen, wie *Faust* schon seufzte – ein alternder Mann mit Suizidgedanken, und kurz davor, sich mit dem Teufel zu verbünden? Fausts eine Seele strebt hinweg »in fremde Länder« und »zu neuem, buntem Leben«. Die andere dagegen will die eigene Welt so festhalten wie sie ist; und zwar »mit derber Liebeslust« und mit »klammernden Organen« (von Goethe, 1974 [1808], S. 175).

Doch es braucht gar keine faustische Abgründigkeit, um *mit der Identität ins Schleudern* zu geraten, in Konflikte oder in die Spaltung. Schon allein die *biologische Reifung* schickt jeden auf die Straße der Verwandlung. Sie lässt das unscheinbare Entlein zum stolzen Schwan erblühen, und *aus ängstlichen Kindern* zumindest »Halbstarke« werden, die von heroischen Momenten träumen und deshalb bereit sind, die alte Welt herauszufordern (von den schmerzlichen Metamorphosen meiner Altersklasse einmal gar nicht zu reden). Was kann, angesichts dessen, der *psychologische* Begriff von Identität denn anderes sein als ein *komplizierter*?

Man könnte ja, wegen alledem, die Identität als Begriff auch ganz beiseiteschieben. Oder ihn den Notaren, Polizisten und Meldeämtern überlassen. Die haben nicht nur Verwendung für ihn, sondern oft auch ihre liebe Not mit ihm. Weil Not aber erfinderisch macht, entstand im amtlichen Bereich ein *Mindestanspruch an die Identität*: Jeder solle *wiedererkennbar bleiben*, und jedem Zweifel daran müsse nachgegangen werden. Wäre das nicht ein Ausgangspunkt für psychologische Ansätze zur Identität, ein kleinster gemeinsamer Nenner? Einfach nur wiedererkennbar bleiben: Nicht nur für andere, auch für sich selbst.

Leider fehlt solch ein Konsens. Es gibt seit je her auch die gestohlenen, gefälschten und verschleierten Identitäten. Es gibt auch jene Gesetzesvorlage, nach der Identität künftig zum Probierfeld der Selbstbestimmung werden könnte: Dem eigenen Identitäts*gefühl* entsprechend, darf dann über den eigenen Geschlechtseintrag verfügt werden, mit der jährlichen Option, ihn abermals zu ändern (BMFSFJ, 2023). Der Gesetzentwurf war zeitweise gestoppt worden, weil das Bundeskriminalamt Einspruch erhoben hatte (Klein, 2023). Von den Psychotherapeuten waren dagegen kaum Bedenken zu vernehmen. Was hätten wir einwenden können? Dass Identität *nicht nur Selbstbild* ist und nicht nur unter subjektiver Hoheit steht, sondern *auch Gegebenes* enthält: einen Namen, eine interpersonelle Struktur, abgebildet in Objektbeziehungen; dazu eine psychisch repräsentierte Körperlichkeit, einen überindividuellen Begriff von einer Person – kurzum, viel *mehr als nur die gefühlte Identität*: Wie gut, dass wenigstens die Polizei dergleichen nicht vergessen hatte.

Dabei hat uns die Bindungsforschung Vieles darüber gelehrt, wie sich in Mikrointeraktionen die Identität bildet und festigt, sich dann aber auch »erkennungsdienstlich« bewähren muss. Wie könnte ein Kind von seinen Eltern erkannt und wiedergefunden werden (ein Pinguin-Junges sogar unter Hunderttausenden), wenn Identität einfach nur im Individuum verortet wäre?

In der moralisch aufgeladenen Debatte um die *Transidentität* ist gut erforschtes Gelände von uns einfach preisgegeben worden, z. B. einerseits das einst selbstverständliche Mitdenken von Somatik und Psychosomatik. Zum anderen sind die stürmischen Affekte in diesem Streit noch längst nicht verstanden und reflektiert. Immerhin hat all dies den alten Identitätsbegriff gründlich vom Staub befreit. Eines steht inzwischen wieder außer Zweifel: *Identität wird gebraucht*.

Identitäres Denken

Im Folgenden soll von Denkweisen die Rede sein, die das Schwierige der Identität *radikal zu vereinfachen* suchen, die aber durch Vereinfachung neue Probleme entstehen lassen oder Andere in Schwierigkeiten bringen, oder beides. Ich möchte solche Denkweisen als »identitär« bezeichnen, auch jene, die gewöhnlich »identitätspolitisch« genannt werden.

Die Unterscheidung beider Begriffe ähnelte jener zwischen »rechts« und »links«. Doch längst wird auch von den »Links-Identitären« gesprochen oder von einer »rechten Identitätspolitik«. Die politischen Gegensätze beider sind aber gar nicht das Eigentliche. Denn Identität kristallisiert sich immer an persönlichen Punkten, für manche mehr an einem *Woher*, für andere mehr an einem *Wohin* (Färber, 2015, S. 284f.). Dies wäre noch als »konservative« oder »progressive« Disposition zu verstehen, solange das jeweils andere im Blick bleibt. Doch was, wenn *Herkunft ohne Zukunft* gedacht wird, oder umgekehrt: *Zukunft ohne Herkunft*?

Beide Vereinfachungen tragen Züge der Verleugnung und führen in die Sackgassen identitären Denkens. Deshalb sollen die radikalen Unterschiede beider hier einmal weniger interessieren, als ihre *ähnlichen Mechanismen*. Für deren Untersuchung braucht es die neutrale Perspektive, die in der therapeutischen und analytischen Identität ohnehin ein Hauptaspekt ist, wenn auch ein mühseliger.

Ausgangspunkt identitärer Denkweisen sind oft erlebte *Diskriminierung, Entwürdigung* oder *Bedrohung*, die sich gegen Gruppen und deren Mitglieder richtet: etwa aufgrund sozialer Schicht, Religion, ethnischer Herkunft oder Geschlecht. Weil, wie Fukuyama (2019, S. 133f.; Hervorhebungen K. F.) meint, »die individuelle Selbstachtung mit dem Ansehen der Gruppe einhergeht, der man sich zugehörig fühlt«, verknüpfen Individuen »nun ihre eigenen Vorhaben und Ziele mit der Würde ihrer Gruppe«. Deshalb, so der Autor, würden die marginalisierten Gruppen vor der Wahl stehen, entweder die gleiche Behandlung wie die dominanten gesellschaftlichen Gruppen einzufordern, *oder* »auf *einer besonderen Identität* bestehen [...] und dafür Respekt verlangen«, *insbesondere Sichtbarkeit*. Letzteres wäre »Identitätspolitik«. Für das Wirken der linken Identitätspolitik sei allerdings eine gemischte Bilanz zu ziehen: Sie habe Normen geändert und betroffenen Gruppen auch geholfen. Doch würde sie *nur manche Identitäten anerkennen*, andere ignorieren oder herabsetzen (ebd., S. 146). Durch ihre Art von politischer Korrektheit, so Fukuyama, ist sie auch zur »Mobilisierungsquelle der Rechten« geworden (ebd., S. 144).

Wie Identitätspolitik auch »rechts« wieder Wurzeln schlägt, beschreibt Michel Houellebecq halbfiktional in seinem Roman *Unterwerfung*. Hier wollen die Identitären plötzlich als »Ureinwohner Europas« gesehen werden (2016, S. 60). Dafür lassen sie sogar berühmte Häuptlinge wie Geronimo und Sitting Bull für sich sprechen. Zweifellos wäre dies ein Image-Raub, eine *Aneignung fremden Leides* und die *Aneignung heroischer Identitäten*. Doch immerhin: Debatten wie die um rechte Identitäre haben dabei geholfen, den Begriff »Heimat« zu rehabilitieren, der schon dabei war, als verdächtig zu gelten.

Doch wie lässt sich identitäres Denken psychologisch beschreiben, welchen Einfluss hat es auf die *Identität als psychische Struktur*?

1. Beim quälenden Versuch, Gegensätze in der Selbstwahrnehmung aufzulösen, werden oft *vereinfachte Selbstdefinitionen* gefunden. Manchmal beinhalten

diese nur ein Merkmal: etwa das, »*benachteiligt* zu sein«, oder »*beneidet* zu werden«. Wenn aber dadurch eine *Entlastung von Selbstwertkonflikten* gelingt, wird aus diesem vorläufigen Identitätsaspekt eine schwer verzichtbare Stütze der Affektregulation.

2. Als psychische Struktur dient Identität der *unbewussten Orientierung*. Wenn sie sich aber zunehmend darin bewähren muss, Defizite zu kompensieren oder Scheitern zu erklären, dann wandelt sich die Identität zu einer Art *Notstruktur*. Das Denken wird »identitär«.

Fundstücke der Identitätsentwicklung

Versuchen wir nun, diese abstrakten Überlegungen etwas anschaulicher zu machen. Dazu brauchen wir einen außergewöhnlichen Fall, weil sich das Identitäre meist *gegen das Gewöhnliche* richtet (siehe dazu im Folgenden Weil, 1964 [1865]).

Ein männlicher Jugendlicher (A.), ist Einzelkind und Halbwaise, Sohn eines verstorbenen Schneiders, will aber selbst nicht Schneider werden und auch sonst kein Handwerk erlernen. Eben das war der große Kummer seines Vaters, über dem der angeblich gestorben sein soll. Und es ist die Not seiner Mutter, der er weiterhin auf der Tasche liegt. So wächst er heran, will lieber spielen, anstatt etwas zu tun. Identitätsmäßig ist er beinahe ein *Niemand* – und überhaupt wäre es wohl einer jener Fälle, wo man wünschte, die Therapeuten könnten ein wenig zaubern. Doch der Junge hat Glück, denn er heißt *Aladdin* – und er trifft, beim Bummeln durch die Stadt, tatsächlich ... auf einen Zauberer. Der stellt sich nicht etwa als Zauberer vor, das wäre bei einem vielleicht skeptischen Jüngling nicht klug; nein, er behauptet, ein entfernter Onkel zu sein, aus Afrika – ein maurischer Onkel, wohlgemerkt, die Mauren galten ja in der Medizin beinahe als Zauberkünstler, weshalb noch heute manche Apotheke nach den Mauren (oder den »Mohren«) benannt ist, sogar in Berlin. Der »maurische Onkel« war also nur eine *falsche Identität*. Auch Aladdins Mutter vermochte nicht, in ihm ihren Schwager *wiederzuerkennen*.

Doch die Not war groß, und so wurde auf die genauere Identitätsprüfung verzichtet. Es klang einfach zu gut, was der Onkel versprach: Er könne aus Aladdin einen Kaufmann machen – eine Idee, die dem Knaben zwar selber nie gekommen wäre, ihm aber trotzdem mächtig schmeichelt. In Wahrheit will der Zauberer von Aladdin nur, dass der für ihn in eine Höhle hinabsteigt und ihm von unten die *mächtige Wunderlampe* bringt. Der

Zauberer durfte oder wollte dies nicht selber tun. Aladdin war dabei nur zufällig in seinen Blick geraten. Er wählte ihn aus, weil er ihn für *leicht steuerbar* hielt. Doch das war ein Irrtum und der Plan scheiterte. Der zornige Zauberer verschloss die Höhle wieder und ließ Aladdin eingesperrt zurück: drei lange Tage. Schließlich kommt Aladdin doch frei – und ist nun im Besitz dieser Lampe sowie einiger Glitzerfrüchte, die in Wahrheit Edelsteine sind. Doch von beidem kennt er den *Wert* nicht, auch nicht seine Mutter. Die meinte, dass man zumindest diese alte Lampe verkaufen könne, man müsse sie nur vorher reinigen. Das tat sie auch sogleich. Man weiß ja, dass das Putzen geheime Kräfte entfesseln kann. In diesem Fall »entfesselte« sie den berühmten und *allmächtigen Lampengeist*: Der fragte, was gewünscht wird, und der Wunsch war im gleichen Moment erfüllt.

Von einigen Wunscherfüllungen ermutigt, fühlt Aladdin alsbald den Wunsch in sich aufsteigen, er könne doch des Sultans Tochter heiraten: Von ihr hatte er einen Blick erhascht, als sie auf dem Weg zum Bade war, ein Blick, ein Gefühl, kein Zweifel. Die Idee einer Verwandlung war geboren: Vom *Schneidersohn* ohne Berufsausbildung würde er auf einen Schlag zum *Prinzgemahl* werden, zum Gatten der Thronerbin. So einfach war es dann nicht: Die Prinzessin hatte nicht gerade auf ihn gewartet, ein Rivale war auch im Spiel – und am Ende trat sogar der rachsüchtige Zauberer abermals auf den Plan. Aber mithilfe des mächtigen Lampengeistes … – Kurzum: Das Unmögliche wurde möglich.

Soweit diese kleine Kasuistik: Doch was an der Geschichte ist *adoleszenter Identitätskonflikt* und was ist bereits *identitär*? Einiges habe ich schon angedeutet: Wie so viele Teenager gerät Aladdin *wertebezogen* in ein *Niemandsland*, stürzt die Eltern in Ohnmacht und Verzweiflung, also in jene Gefühle, die er sich mithilfe dieses projektiven Vorgangs selber erspart – so weit, so normal.

Auch dass es eine neue Runde des Ödipalen gibt, ist keine Ausnahme bei jugendlichen Dramen. Hier geht das allerdings sehr weit. Der Vater, Mustafa, überlebt seine Entwertung nicht, die Mutter ist, von der ödipal Begehrten, nun zur Dienerin des Sohnes geworden. Die Grenzen sind gefallen. Fatal ist vor allem das Fehlen eines starken Widerparts für die Reifungskonflikte. Ohne einen solchen bleiben die Strukturen anlehnungsbedürftig und fragil, das Schicksal scheint in den Händen mächtiger Anderer zu liegen. Das alte Märchen klingt nun gar nicht mehr so exotisch.

Und das ist es auch nicht, denn die Erzählung hat ein ganz *eigenes Identitätsproblem*. Wir kennen sie als eines der »Märchen aus Tausendundeiner Nacht«, doch im arabischen Original der Sammlung fehlt sie. Also: Herkunft unbekannt? Heute weiß man, durch wen Aladdin erst in das Buch gelangt ist: durch Hanna Diyâb, einen maronitischen Christen aus Aleppo im osmanischen Reich. Er hatte die Geschichte Antoine Galland erzählt, dem Übersetzer der französischen Erstausgabe (Diyâb, 2022 [1763]). Das war an einem Frühlingstag 1709 und wohl nicht während der Nacht. Aber durch Gallands Idee, sie bei den tausend Nachtmärchen einzureihen, wurde die Geschichte nun der schönen Schehersad in den Mund gelegt, jener Frau, die durch fortwährendes Erzählen einen Frauenmörder in Schach halten musste. Diese kleine Autoren-Mogelei half dem Aladdin-Märchen, weltberühmt zu werden. Doch blieb auf diese Weise der männliche Autor für ewig im Schatten des Namenlosen, obwohl sein »Aladdin« autobiografisch inspiriert gewesen ist.

Wie auch immer: Es ist ein Sozialmärchen, das die *Undurchlässigkeit der Klassen* behandelt. Die Schneider mochten ein angesehenes Handwerk betreiben, gesellschaftlich waren sie (im dünkelhaften Sinne des Wortes) »indiskutabel«. Doch hätte dergleichen im alten Orient keine Revolten ausgelöst. Umso kühner ist der Weg, den die Handlung des Märchens einschlägt: Aladdin träumt von einer Zukunft ohne Herkunft, er fühlt sich gewissermaßen »im falschen Stammbaum« eingesperrt. Ohne ein Wunder bliebe es dabei. Übrigens kein ganz seltenes Leid: das Gefühl, fremd zu sein in der eigenen sozialen Familie, den »wahren« Eltern womöglich gewaltsam »entrissen«. Manchmal bestätigt sich sogar solch ein Verdacht. Aladdin dagegen träumt von einer Art »Aufstiegs-Adoption«, wie auch heute manche, die einen Adelsnamen oder einen Doktortitel für viel Geld käuflich erwerben. Oft hat das blamable Folgen: das radikale Gegenteil der ersehnten Selbstveredelung.

Die Figur des Aladdin und die Person seines Erfinders Hanna Diyâb sind gleichermaßen *Diskriminierte* – und zwar auf mindestens dreierlei Weise:

1. *klassenbezogen* als Kleinbürger,
2. *beruflich*, weil ein Geschichtenerzähler ebenso wie der »Bummler« Aladdin fast ohne Aufstiegschance waren und
3. *als Teil einer religiösen Minderheit*: Aladdin als Muslim in China, Diyâb als Christ in der muslimischen Welt.

Die damit verbundenen sozialen Ausschlüsse wären vom Ausmaß her heute undenkbar – jedenfalls in Europa, wo über das Diskriminierungsverbot ähnlich streng gewacht wird wie damals über den Zugang zum Sultanspalast.

Doch was wird heute aus *jener* »Diskriminierung«, in der die Allgemeinpsychologie den *Grundvorgang der Wahrnehmung* sieht? Aus der nicht nur Ausschlüsse, sondern auch besondere Einladungen werden können, auch übrigens Verantwortungshierarchien? Christoph Türke meint: Die »Unterscheidung vermengt sich oft mit Degradierung. Aber sie *ist nicht* Degradierung« (2021, S. 33). Fest steht: *Ohne Unterscheidungen*, ohne Sieger und »zweite Sieger« wäre die Leistungsgesellschaft nicht denkbar, auch ein Kulturfortschritt wohl nicht. Und auch *keine Arbeitsteilung*, nicht einmal die von Patienten und Therapeuten, bei der auch wir oft mit schwierigem Machtgefälle und manchmal mit Neid umzugehen haben.

Die identitär Erleuchteten

Wer schon einmal einer großen Ratlosigkeit entkommen ist, oder meint entkommen zu sein, fühlt sich oft im Besitz *höherer Wahrheiten*, fast wie von einer Wunderlampe *erleuchtet*. Manchmal wird dann aber jeder Austausch zur Einbahnstraße. Das musste auch Olaf Scholz bei seiner Diskussion mit Vertretern der »Letzten Generation« erleben. Die hatten sich das Privileg eines Gespräches mit ihm erzwungen, wie Aladdin einst seine Audienz beim Sultan. Doch es wurde kein Austausch, eher ähnelte es Gesprächen mit den Zeugen Jehovas, die ebenfalls apokalyptisch denken.[1] Mich hat es an eine kleine Gruppe von Patienten erinnert, die immer nur Antworten haben und keinerlei Fragen.

Dabei ist deren *Gruppenidentität* im Kern eine *Fiktion*: Denn manche afrikanischen Bauern werden eine *letzte Generation ihrer Art* sein, und Lausitzer Bergleute ebenso: sogenannte *Somewheres*, die ihre soziale Herkunft verlieren. Aber die mobilen *Anywheres*? Manche besetzen abzubaggernde Dörfer, wo sie nie hätten wohnen wollen. Damit erfolgt auch eine *Affekt-Aneignung*: Aus dem Verlust oder Leiden der Anderen wird ein eigenes Narrativ.

Ihre Straßenblockaden deklariert die »Letzte Generation« als Kampf gegen eigene Ängste – und die sind real, auch die Angst, einer ersten Generation anzugehören, die wieder massive Wohlstandsverluste und Daseinsrisiken erlebt. Solche Angst könnte aktivierend sein, sich am geforderten Umbau ganz praktisch zu beteiligen. Stattdessen bleibt es bei der oralen Wut, das Geforderte nicht bekommen zu haben; es bleibt beim Appell an vermeintlich allmächtige Elternobjekte. Das versperrt den progressiven Weg in die autonome Angstregulierung.

Mehr noch: Gruppendynamisch wird auch eine *Angstverstärkung* erzielt und die Angst wird noch Teil einer Inszenierung – eine, die Berufspendler ungefragt miteinbezieht und sie dann einfach zurücklässt: nicht etwa mit einer geteilten

1 Siehe dazu https://www.fes.de/olaf-scholz-letzte-generation

Angst, sondern mit *einseitiger Wut*. Diese herbeigeführte Wut fließt dann in die Selbstwahrnehmung der Blockierer zurück. Sie speist das Gefühl, man sei nun wieder das Opfer von Unverständnis und Feindseligkeit. Wir kennen solche Abläufe analytisch inzwischen recht gut: Es sind *Borderline-Mechanismen*.

Das Erleben dieser Wut dient dann der Fütterung des Gefühls, die eigene Aktion sei alternativlos. Und die Anderen, auf der Seite gegenüber? Denen bleibt die zugewiesene Rolle der Klimasünder, die sich nicht zur Umkehr haben bewegen lassen, verlorene Seelen, uneinsichtig, amoralisch. Deren Situationswahrnehmung muss im Sinne der höheren Ziele nicht mehr berücksichtigt werden. Doch wie findet man von solch einem hohen moralischen Wachturm wieder herunter? Wie bemerkt man, dass aus (vermeintlich) *Ausgeschlossenen* schnell auch selber *Ausschließende* werden können?

Die *Eigendefinition* als »Aktivisten« ist übrigens auch willkürlich. Früher im Osten hat man Arbeiter zu Aktivisten ernannt, die Normen übertroffen hatten und an die Leistungsgrenze gegangen waren – eine verliehene Auszeichnung. Doch wie können Menschen sich als »Aktivisten« fühlen, die nichts tun, als sich Anderen in den Weg zu setzen? Die polizeilich vor deren Zorn geschützt werden? Und sich dann als zenterschwere Last wegtragen lassen, wie einst die Sultane in ihrer Sänfte?

Mag sein: Identität speist sich aus der Eigenwahrnehmung *und* dem Selbstideal. Doch wer darf *wen* hier *wie* benennen? Zumal die umgekehrte Benennung als »Blockierer« und »Chaoten« eben auch echten Empfindungen entspringt. Manche Selbstdefinition enthält ein *unerbetenes Mitdefinieren des Gegenübers*. Die »Aktivisten« definieren ihre Mitmenschen im Stau implizit als »Inaktive«, wenn nicht als Mitschuldige am »Untergang der Welt«. Deren eigene Selbstwahrnehmung dazu ist irrelevant, bleibt auch medial unsichtbar, außer sie würden handgreiflich werden. Aber was ist schon die Alltagsbewältigung der Einen gegen die Weltrettung der Anderen? Höchstens so etwas wie »Figur und Grund«.

Grandiose Selbstdefinitionen wie die, ein »Weltenretter« zu sein, oder eine »Nachfolgerin von Sophie Scholl«: All dies sind, um mit Morgenthalers Begriff zu sprechen, eben auch »narzisstische Plomben«. Die Größe der Plombe lässt auf den *Umfang der Lücke* schließen, die da einmal geklafft haben muss: im *Selbstwertbereich der Identität*.

Im Schatten der Wunderlampe

Aladdins Geschichte handelt vom *Wunder der Verwandlung*, durch die ein Identitätskonflikt seine *Wunschlösung* findet. Die gibt es aber nicht nur im Märchen.

Märchenhaft oder surreal sind auch Verwandlungen durch Blitzkarrieren, Lottogewinne, Ganzkörper-Tattoos und auch solche durch die plastische Chirurgie. Identitätspsychologisch wirft all das die bekannten Fragen nach *Kontinuität* und *Kohärenz* auf (Erikson, 2021 [1966]; Jacobson, 1998 [1964]; Bohleber, 1992; Seiffge-Krenke, 2012).

Auch die Transgender-Medizin könnte Teil dieser Aufzählung sein. Sie tritt nur auf Wunsch der Patienten in Aktion und wird dann als segensreich empfunden oder geradezu als »Lebensrettung« herbeigesehnt. Ohne die Zauberkraft der Hightech-Medizin gäbe es weder Hormontherapien noch Genitalplastik. Allerdings ist wie bei Aladdins maurischem Onkel: Wer zaubern kann, will auch zaubern. Manchmal sogar im Sinne des »koste es, was es wolle«. Und die Erwartung, dass auch gezaubert werde, ist schon fest etabliert, eine Erwartung, die Viele freilich in dauerhafte Abhängigkeiten führen wird.

Nun gibt es zunehmend kritische Stimmen (z. B. Korte), die den Anstieg der Patientenzahl um das 45-fache alarmierend finden (Engels, 2022). Die Betreuung Minderjähriger mit Geschlechtsdysphorie sei unzureichend, unterqualifiziert, *einseitig affirmativ*, nicht hinreichend ergebnisoffen (Bell, 2023). Das neue Selbstbestimmungsgesetz wird die Tür zum schnellen Geschlechterwechsel wohl weiter öffnen und die Verantwortung weiter auf die Patientenseite verlagern. Das spüren auch Patienten (ein Zitat aus einer Stunde: »Was nützt mir denn mein Kompressionsdress, der so drückt und brennt, wenn ich von den Anderen dann doch nicht als Mann gelesen werde?«). Ist dies nicht auch die bange Ahnung, dass die eine Zugehörigkeit aufgegeben wird, ohne dass die Ankunft in der anderen Zugehörigkeit dadurch garantiert wäre? Wie gesagt: Es gibt viel Niemandsland zwischen den Identitäten.

Ob das durch Hormongaben und chirurgische Eingriffe dann wirklich anders werden wird? Ob es *besser* wird oder *enttäuschend* bleibt? Ob Nebenwirkungen und *Komplikationen* drohen, und mit welcher Wahrscheinlichkeit? Immerhin: manche »Reuefälle« *(Regretter)* erreichen mittlerweile die diesbezüglich sehr einseitig positionierten Medien, doch die Psychotherapie räumt beim Thema Gender ihre neutrale Position und wagt kaum noch, als *Übertragungsobjekt für schwere Adoleszenzkonflikte* zur Verfügung zu stehen. Die Bundespsychotherapeutenkammer hat sich (ganz im *identitätspolitischen Fahrwasser)* auf einen rein *affirmativen* Umgang mit den Umwandlungswünschen festgelegt und warnt sogar davor, die Betroffenen zu einer »Zwangspsychotherapie« zu nötigen. Die Kammer als Hüterin des Berufsrechts: Hat Sie die Mahnung von David Bell (2023) »Vor allem nicht schaden« inzwischen zur Kenntnis genommen?

Was anscheinend in Vergessenheit geraten ist: Es gibt auch *andere Identitätsstörungen mit Geschlechtsbezug*: Die Magersucht ist psychodynamisch auf einer angstvollen Ablehnung der weiblichen Entwicklung gegründet, auf der negativen Identifizierung mit den Müttern. Ähnliches gibt es zuweilen bei Knaben, die den Stimmbruch zu unterdrücken versuchen, um ebenfalls an der *kindlichen Identität festzuhalten*: am »Sohn sein«, aus Angst vor dem Mann-Werden. Oder die Versuche, sich einem weiblichen oder männlichen Körperideal anzunähern, mittels teurer Körperimplantate oder Anabolika. Auch dies ist mit hohem gesundheitlichem Risiko verbunden; auch dies ist Ausdruck einer identitären Not; auch dies zielt auf eine *Verkehrung der Ohnmacht in ihr allmächtiges Gegenteil.*

Aus den Körpermanipulationen der Magersüchtigen oder Bodybuilder sind ebenfalls mächtige mediale Bilder hervorgegangen, die Heranwachsende für die einfache Lösung ihres Identitätskonflikts hielten – und aufgesaugt haben: »einfach schlank sein«, »einfach Muskeln haben«, sonst braucht es nichts. Doch aus dem *einfachen Identitätsangebot* wurde schnell ein *tyrannisches Muster*. Das kann wieder so werden. »Bin ich, wenn ich *nur* »cis« bin, vielleicht transphob oder zwangsbinär? Müsste ich nicht »ganz anders« sein?« Doch die *Umkehr der Beschämung* ist nicht die Lösung des Schamkonflikts, sondern eine *Sackgasse.*

Leistung und Identität

Wahrscheinlich ist das *adoleszente Denken* zumeist ein wenig *identitär*, an dem einen oder anderen Punkt. Dies zeigen auch die Beispiele in diesem Text: vom Boom der Transidentität, über das grassierende Endzeitgenerationen-Gefühl, bis hin zur Märchenfigur Aladdin, die aus dem Nichtstun heraus nach der Macht greift. Dennoch sind *Identitätskonflikte* in vielen Biografien eher Randerscheinungen oder Episoden. Sie spielen innerhalb dieser Episoden dann aber Hauptrollen, nicht selten auf verhängnisvolle Weise. Und nicht nur die Adoleszenz macht Identitätskonflikte plötzlich dringlich, auch biografische Umbrüche, Objekt- und Funktionsverluste, Ablehnungserfahrungen, Festlegungserfordernisse, Prüfungsängste und (ganz zu Anfang) der Aufstieg und der Untergang des Ödipalen sind hier relevant.

Am Ende dessen wird Identität wieder hintergründig, also »latent«: Dann ist *Leistungszeit*! Über die Leistung führten im Westen bislang die Fortschrittswege für die junge Generation: heraus aus der Abhängigkeit; mittels Abgrenzung und Identifizierung schließlich hin zur Übernahme von Verantwortung und Gestaltungsmacht. Dieser Weg war allerdings nicht selten versperrt: Die Leistung einer

Gründergeneration konnte als Maßstab oft entmutigend sein. Oder der Wiederaufbau nach dem Krieg: Er schien als Leistung fragwürdig – wegen des Versuchs, damit die Mitschuld am Verbrechen des Krieges ungeschehen zu machen. Es gibt etliche gute Gründe, warum im Westen die *Leistung als Wert* so zwiespältig geworden ist. So auch dies: Leistung als Konsument einzufordern, ist das eine, sie in der Produzentenrolle abgefordert zu bekommen, etwas ganz anderes.

Aber: Sich über eigene *Leistung zu identifizieren*, statt über Geburt, Religion, Geschlecht oder moralischen Anspruch, *das* war und ist das Stolze und Progressive der bürgerlichen Kultur. Sie lebt fort in vielen Namen, die auf die Berufe oft längst vergessener Vorfahren verweisen: Bauer, Schneider, Schmidt und Meier. Die bürgerliche Welt kann es sich heute leisten, nicht von jedem Leistung einzufordern, nicht einmal von allen Leistungsfähigen. Auch nicht von Aladdin: Er wollte nicht Schneider werden und musste es auch nicht.

Die Aladdine der jüngeren Vergangenheit heißen Greta oder Luisa. Auch deren Aufstieg gründet sich nicht auf Leistungen, sondern auf Ambitionen. Der schnelle Beifall, den sie dafür bekommen haben, die vielen roten Teppiche, ausgerollt auch von den angegriffenen Eliten – das zählt zum beinahe Märchenhaften dieser Karrieren. Es wird weniger rätselhaft, wenn man in den identitären Entwicklungen der Jungen die *ungelösten Identitätskonflikte der Älteren* gespiegelt findet: Diese werden letztlich zum *Fahrwasser des Identitären.*

Leider hat all das einen hohen Preis: Wenn sich zu viele Alte nur noch mit den Träumen der Jüngeren identifizieren, um sich damit aus dem Kreis der Infragegestellten davonzustehlen, dann kann es geschehen, dass die Jungen das Ausmaß ihrer Wünsche völlig unterschätzen. Auch übrigens die Stärke des Widerstands jener, die mit dem Bestehenden noch identifiziert sind. Wer zu spät auf Grenzen stößt, ist dann vielleicht nur noch imstande, *Widerstände als feindselig wahrzunehmen.* In alledem zeigt sich der magische Aspekt dieses Denkens, in welchem es *gute und böse Zauberer* gibt, zuweilen sogar in der gleichen Person (Bettelheim, 2006 [1976]).

Im Magischen sind Wunsch oder Ziel stärker repräsentiert als der Weg dahin (Piaget, 1978). Der Glaube, etwas *müsse* doch einfach *erreichbar sein*, ist ein mitreißendes Element in kreativen Prozessen. Wenn aber dieser Glaube ins Trotzige abdriftet, dann verhindert er die *Befassung mit den technischen und ökonomischen Fragen der Machbarkeit.* Hierin liegt ein Unterschied des Magischen zu vielen Kinderspielen: Im Spiel wird nach Techniken gesucht, und als Material kommt das Vorgefundene zum Einsatz. Allein dadurch wird das Kind mit Realitäten konfrontiert, *stößt an Grenzen*, setzt sich mit ihnen auseinander und *reift daran.* Wo aber zu Vieles möglich ist, wo Grenzen schon durch leisen Protest wie von Zauberhand verschwinden, da bleiben Teile des Denkens eben magisch. *Der ersparte Realitätskonflikt* wird zum retardierenden Faktor der Entwicklung, es sei denn, er wird nachgeholt: mit Therapeuten, deren therapeutische Identität es noch beinhaltet, sich Konflikten zu stellen.

Halten wir also fest: Das Identitäre ist immer ein *Defizit an Identität*, obwohl es die Identität in den Mittelpunkt stellt, oder gerade weil es dies tut. Denn die Identität wird zur stabilen Struktur, indem sie nach stattgefundenen Umbrüchen wieder *selbstverständlicher* zu werden beginnt. Anderenfalls bleiben die Identitätsfragen offen und blockieren dringend nötige Aktivitäten – übrigens auch solche, um sich in neue Umwelten und Bezüge zu integrieren: Defizite der Identität werden somit oft zu *Hindernissen der Integration*, gerade in der Adoleszenz. Und Integrationsmängel, die spürbar und real sind, verstärken die ohnehin vorhandenen Diskriminierungsängste – ein Teufelskreis. In einer weiteren Zuspitzung steigt die eigene Angst, *sich unterwerfen zu sollen*. Nicht selten führt sie dazu, im Dienst der eigenen Wünsche dann *selber unterwerfen zu wollen* – und letztendlich immer tyrannischer zu werden.

Drei Wünsche

Bei Aladdin ist der Lampengeist mit der Erfüllung der Knabenwünsche vollauf beschäftigt. In europäischen Märchen, auch in Witzen, wird dagegen meist eine *Obergrenze für Wünsche* vorgegeben: die magische Zahl »3«. Das erinnert an das *ökonomische Prinzip*, also an den Kapitalismus und an die Psychoanalyse: Denn beide befassen sich ja mit der Lust am Wünschen – und zwar hingebungsvoll, allerdings *im Bewusstsein der Grenzen des Wünschbaren*, und mit der Bereitschaft, an der Schaffung oder Bewahrung dieser Grenzen notfalls mitzuwirken. Denn es ist im Witz wie im Märchen: *Der dritte Wunsch kostet alles*, was beim Wünschen zuvor schon gewonnen worden war. Der Glückspilz, den die gute Fee getroffen hat: Durch seinen letzten Wunsch wird er zum Narren und zum Gespött.

Doch ist der Wert von Grenzziehungen heute noch Konsens unter uns? Schon aus der Therapie von schwer traumatisierten Patienten wissen wir, dass die *Phantasien von Wiedergutmachung* nicht selten »den Bogen überspannen«, oft so weit, dass es bei der Bewältigung des Alltags hinderlich ist oder sogar die nächste Katastrophe mit verursacht. Könnte es sein, dass wir Therapeuten dies oft untätig geschehen lassen oder sogar noch fördern?

Waltraud Nagell (2022, S. 410) hat kürzlich bei Intersubjektivisten wie Donna Orange eine »fast sakral anmutende Hingabe« beschrieben, ein »für immer schuldig«-Sein, das die eigene Subjektivität ableitet aus dem »Befehl, den das Leiden des Anderen mir erteilt« (Orange, 2015, S. 73; zit. n. Nagell, 2022, S. 410). Wäre das aber nicht die völlige Abkehr von der Freud'schen Tradition, dass *Psychoanalyse eben keine Wunscherfüllung* ist. Sind wir also zu Beginn des dritten Jahrtausends nun unversehens auf die Spur der Feen und der Lampengeister geraten?

Wer heute nach schwieriger Therapeutensuche einen Behandlungsplatz ergattert hat, dem ist ein *erster Wunsch* ja bereits in Erfüllung gegangen. Den *letzten Wunsch* gilt es, in Reserve zu halten, oder ihn als Gefahrengut zu betrachten. Es bliebe also *nur der zweite Wunsch*, der einfache statt des schwierigen dreifachen: Wird dieser gut gewählt und dosiert? Ist er hinreichend naheliegend und vielleicht sogar geeignet, die losen Enden in der Identität neu zu verknüpfen? Dann könnte eine *Wunscherfüllung in Eigenleistung* gewagt werden. Dabei helfen zu dürfen, das ist die bezaubernde Arbeit des therapeutischen Berufs.

Literatur

Bell, D. (2023). Primum non nocere. Zum Umgang mit Geschlechtsidentitätstörung und Transgender bei Minderjährigen. *Psyche – Z Psychoanal, 77*(3), 192–221.

Bettelheim, B. (2006 [1976]). *Kinder brauchen Märchen*. dtv.

Bohleber, W. (1992). Identität und Selbst. *Psyche – Z Psychoanal, 46*(4), 336–365.

Bundesministerium für Familie, Senioren, Frauen und Jugend (BMFSFJ) (2023, 23. August). Gesetz über die Selbstbestimmung in Bezug auf den Geschlechtseintrag (SBGG). Hintergrundinformation. Bmfsfj.de

Diyâb, H. (2022 [1763]). *Von Aleppo nach Paris. Die Reise eines jungen Syrers bis an den Hof Ludwigs XIV.* Die andere Bibliothek.

Engels, B. (2022). »Umgang mit Transsexualität bei Jugendlichen«: Eine Tagung erörtert ethische Fragen. *Psyche – Z Psychoanal, 76*(1), 77–89.

Erikson, E. H. (2021 [1966]). *Identität und Lebenszyklus*. Suhrkamp.

Färber, K. (2015). Das Fremde im Konflikt um die Identität. In S. Waltz-Pawlitta, B. Unruh & B. Janta (Hrsg.), *Identitäten. Eine Publikation der DGPT* (S. 279–292). Psychosozial-Verlag.

Färber, K. & S. Alder (2018). Vom Geheimnis und von der Aufklärung. In dies. (Hrsg.), *Das Geheimnis in der Psychotherapie* (S. 7–17). Psychosozial-Verlag.

Freud, S. (1923b). *Das Ich und das Es. GW XIII*, S. 237–289.

Fukuyama, F. (2019). *Identität. Wie der Verlust der Würde unsere Demokratie gefährdet*. Hoffmann & Campe.

von Goethe, J. W. (1974 [1808]). *Faust. Der Tragödie erster Teil*. In *Goethes Werke in zwölf Bänden. Band IV.* Aufbau.

Houellebecq, M. (2016). *Unterwerfung*. Dumont.

Jacobson, E. (1998 [1964]). *Das Selbst und die Welt der Objekte*. Suhrkamp.

Klein, J. (2023, 6. Juli). Bremsen Innenministerin Faeser und das BKA das Selbstbestimmungsgesetz aus? *Queer.de*. https://www.queer.de/detail.php?article_id=46186

Louis, C. (2019, 17. Dezember). Wir wissen nicht, was wir anrichten. Interview mit Alexander Korte. *EMMA*. https://www.emma.de/artikel/was-richten-wir-da-337375

Nagell, W. (2022). Beteiligt und Betroffen. Ethische Implikationen in intersubjektiven Behandlungsansätzen. *Psyche – Z Psychoanal, 76*(5), 402–428.

Piaget, J. (1978). *Das Weltbild des Kindes*. Klett-Cotta.

Seiffge-Krenke, I. (2012). *Therapieziel Identität. Veränderte Beziehungen, Krankheitsbilder und Therapie*. Klett-Cotta.

Stanišić, S. (2020). *Herkunft*. btb.

Türcke, C. (2021). *Rasse, Quote, Gender(n) – Demokratisierung auf Abwegen*. zu Klampen.

Weil, G. (1964 [1865]). *Alaeddin und die Wunderlampe. Märchen aus Tausendundeiner Nacht*. Kinderbuchverlag Berlin.

Der Autor

Klemens Färber, Dr. phil., gelernter Agrotechniker, war langjährig stationär in Psychiatrie und Psychosomatik tätig und ist nun in Potsdam in eigener Praxis niedergelassen. Nach Abitur an der Abendschule und Wehrdienst hat er klinische Psychologie in Ost-Berlin (HUB) studiert und später in Saarbrücken promoviert. Er ist DGPT-Lehranalytiker und Dozent (an Instituten in Berlin, Leipzig und Potsdam) und ebenso berufspolitisch als gewählter Vertreter der Ostdeutschen Psychotherapeutenkammer im Deutschen Psychotherapeutentag tätig.

Kontakt per E-Mail: klemensfaerber@aol.com

Beschränkung von Denkräumen in Individuum und Gesellschaft

Der Kampf um Identität in Gesellschaft und Psychotherapie

Karin A. Dittrich

Seit den 1990er Jahren hat die Gendertheorie – mit ihrer Hauptvertreterin Judith Butler – einen wahren Siegeszug angetreten und als Geschlechterforschung die amerikanischen und sehr bald auch die deutschen Universitäten erobert. Ihr zufolge seien das soziale ebenso wie das biologische Geschlecht »konstruiert«, d.h. immer durch Vorannahmen geprägt und nur durch Kultur vermittelbar. Diese Annahme wurde von der Queer Theory in Form einer Ausweitung auf das Sexuelle gestützt. Sehr bald wurde dann vonseiten der feministischen Frauenforschung als auch von Vertretern anderer universitärer Forschungsbereiche beklagt, dass es hier nicht länger um Wahrheitssuche und Erkenntnis gehe, sondern darum, dass akademische Texte, gesellschaftliche Phänomene oder politische Probleme »mit dem Rotstift« darauf abgeklopft würden, ob sie »sexistisch«, »rassistisch«, »homophob« oder »transphob« sind (Vukadinovic, 2017) – eine Entwicklung, die im Gefolge von Werturteilen und moralischen Handlungsanweisungen zu pädagogisch-ideologischer Fürsorge über neue Sprachregelungen, Sprechverbote – wie in Bezug auf das »N-Wort« – bis hin zu Tabuisierungen und Denkverboten geführt hat. Dabei würden die klassischen geisteswissenschaftlichen Themenbereiche als »gewalttradierend«, »patriarchalisch« und »kolonialistisch« gebrandmarkt. Die anvisierte Zielsetzung ist dann nicht länger Kritik und Auseinandersetzung, sondern das, was Unbehagen und schlechte Gefühle hervorruft, schlicht zu eliminieren – etwa über Handlungsvorschläge wie »Sätze in Romanen unlesbar machen, Seiten in Büchern rausreißen« oder Ähnliches (Hornscheidt, 2016, zit. n. ebd.).

Caroline Fourest, die sich selbst als linke, lesbische Feministin definiert, beschäftigte sich in ihrem Buch *Generation Beleidigt. Von der Sprachpolizei zur Gedankenpolizei* (2020) mit dem wachsenden Einfluss einer linken, von Amerika und Kanada ausgehenden identitären Bewegung. Die beiden Kampfbegriffe der »kulturellen Aneignung« und des »Opfers« auf der Basis einer separatistischen Vorstellung von Identität und Kultur führten nicht zu einer Verständigung oder Integration, sondern zur Zementierung der Unterschiede zwischen Menschen: Wenn Schwarze nur die Werke von Schwarzen übersetzen, Jüdinnen und Juden im Film nur von »echten Juden« besetzt werden dürfen, und jeder Schauspieler bzw. jede Schauspielerin auf der Bühne nur die eigene Identität repräsentieren darf, werde Kunst als Kommunikationsform und Ergebnis eines kreativen Prozesses ad absurdum geführt. Der Umgang mit dem Opferstatus werde nur denjenigen zugebilligt, die selbst Opfer geworden sind, und in keiner Weise denen, die in ihrem Werk etwa Rassismus oder soziale Ungerechtigkeiten anprangern. Solche und ähnliche autoritär anmutende Forderungen einer linken identitären Bewegung, die gegen die eigene Fraktion von linksliberalen kulturschaffenden Bürgern kämpft, spielten damit den stets identitären Rechten in die Hände (Adorjan, 2021). Eine derartige »illiberale Kultur« der Linken habe, ausgehend von den USA, inzwischen zu einer weiter um sich greifenden Angst vor der Brandmarkung als Abweichler durch das eigene linksliberale Umfeld geführt, statt sich aktiv einer Gefahr von rechts entgegenzustellen (Weiss, 2021). All diese Kritik kam und kommt aus den eigenen Reihen mit durchaus geteilten politischen Einstellungen, wie es der Philosoph Slavoj Žižek im Februar 2023 in München ausdrückte: Die Linke sollte vor allem aufhören, andere auszuschließen, und zu den großen inklusiven Visionen zurückkehren.

Drei Beispiele aus dem Kulturbetrieb

Anhand dreier, möglicherweise bereits bekannter Beispiele aus dem Kulturbetrieb der letzten Jahre möchte ich aufzeigen, wie sich diese Identitätskämpfe konkret auf die Betroffenen, die unmittelbar und auch die mittelbar beteiligten Personen ausgewirkt haben und noch auswirken.

Die Entfernung des Gedichts »Avenidas« von Eugen Gomringer von der Fassade der Berliner Alice-Salomon-Hochschule, die den Dichter 2011 mit dem Alice Salomon Poetik Preis ausgezeichnet hatte, war 2017 auf Initiative der Studentenschaft dieser deutschlandweit größten staatlichen Hochschule für Soziale Arbeit, Gesundheit und Erziehung in Gang gesetzt worden und fand dazu die mehrheitliche Zustimmung des Hochschulsenats. Es handelt sich um ein Werk der »konkreten Poesie«, das aus einer Kombination von sechs spanischen Worten besteht – *avenidas*, *flores*, *mujeres*, *admirador*, *y* und *un*.

»Avenidas	Straßen
Avenidas y flores	Straßen und Blumen
Flores	Blumen
Flores y mujeres	Blumen und Frauen
Avenidas	Straßen
Avenidas y mujeres	Straßen und Frauen
Avenidas y flores y mujeres y	Straßen und Blumen und Frauen und
Un admirador	Ein Bewunderer«
	(Gomringer, 2014 [1972], S. 160).

Der Vorwurf der Studentenschaft lautete, Frauen würden zum Objekt männlicher Bewunderung degradiert und damit diskriminiert. Das Gedicht wirke wie »eine Erinnerung daran, dass objektivierende und potentiell übergriffige und sexualisierende Blicke überall sein können«.[1] Ein Gedicht, das die Atmosphäre auf dem Paseo der spanischen Frauen und Männer in den 1950er Jahren wachruft und einen frauenverehrenden Bewunderer benennt – hier vermutlich der Autor sich selbst –, wird als angstmachend, fast bedrohlich erlebt: der Admirador als der Triebtäter unmittelbar vor der Tat. Der sexistische Vorwurf war keiner Selbstkritik zugänglich, erst die Elimination und die Übermalung durch das neue Gedicht einer Frau schaffte eine gewisse Beruhigung. Die weiblichen Studierenden hatten sich durchgesetzt und dabei die Poesie in ihrer Symbolik und Metaphorik ausradiert.

Eine umfassende Sprachkontrolle, das Umschreiben von Büchern, Umbenennen von Straßen, das Abhängen von Bildern in Museen, das Stürzen von Denkmälern – all diese Maßnahmen, die eigentlich das Ergebnis kritischer Auseinandersetzung sein könnten, werden auf diesem Vorstellungshintergrund zu Selbstermächtigungen und unüberlegten Schnellschussaktionen. Ein Versuch der ARD, Mütter auf der Website der Tagesschau zu »gebärenden Personen« zu machen, scheiterte am Protest der Nutzer, die die Bezeichnung »Mutter« nicht als verletzend und ausgrenzend sehen wollten (Achterberg, 2023).[2]

Joanne K. Rowling, die berühmte Autorin der Harry-Potter-Bände, löste 2023 einen gigantischen Shitstorm in den sozialen Netzwerken aus, weil sie darauf auf-

1 Siehe dazu den Offenen Brief vom 11. April 2016, abrufbar unter https://www.ash-berlin.eu/fileadmin/Daten/Einrichtungen/Pressestelle/mehralsfassade/offener_Brief_Gedicht_ohne_Unterschriften.pdf

2 Siehe dazu die Pressemitteilung der linken thüringischen Regierungsfraktion zu »Menschen mit Uterus« (Achterberg, 2023, S. 4).

merksam machte, dass bei der Bezeichnung »Menschen, die menstruieren« doch eigentlich Frauen gemeint seien. Sie hatte sich zuvor mit einer Kollegin gegen das in England geplante »Selbstbestimmungsgesetz« solidarisiert und dafür plädiert, außer der Gender-Identität auch das biologische Geschlecht beizubehalten (Louis, 2022, S. 54ff.). Sie musste daraufhin miterleben, wie ihre Bücher von ehemaligen Potter-Fans verbrannt wurden, und wie sie selbst, inzwischen als »transphob« verschrien, beinahe täglich Morddrohungen erhielt. Die Veröffentlichung ihres Buchs *Böses Blut* unter dem Pseudonym »Robert Galbraith« brachte eine bösartige Kampagne gegen sie in Gang, da hier eine Vornamensgleichheit mit dem amerikanischen Neurologen und Psychiater Robert Galbraith Heath, einem Pionier der Konversionstherapie für Homosexuelle, herausgefunden wurde. Rowlings Gegendarstellung zur Entstehung des von ihr gewählten Fantasienamens wurde jedoch keinerlei Glauben geschenkt. Der transphobe, scheinbar »eindeutige Beweis« wirkte stärker und setzte sich letztlich durch.

Das dritte aktuelle Beispiel ist die erzwungene Absetzung des Theaterstücks *Vögel* am Münchner Metropoltheater im März 2023, das – in Kanada uraufgeführt – zuvor in Paris, Israel und an verschiedenen deutschen Bühnen – u. a. in Frankfurt und Köln – große Zustimmung erfahren und Erfolge gefeiert hatte. Der Münchner Premiere im November 2022 folgten Vorwürfe durch jüdische Studierendenverbände, das Stück des libanesisch-kanadischen Autors Wajdi Mouawad relativiere den Holocaust, vergleiche Israel mit Nazideutschland und sei als antisemitisch anzusehen.[3] Die Diskussion über diese schweren Vorwürfe zog sich über Monate hin, involvierte auch den Münchner Stadtrat und die Antisemitismus-Beauftragten und wurde schließlich durch den Autor selbst beendet, der sein Werk nicht länger entehrt und öffentlich verleumdet sehen wollte. Die nahezu einhellig positiven Stellungnahmen von jüdischer Seite – von Theaterleuten, Zuschauern, Kritikern u. a. – ließen eine völlig andere Auffassung als die der Studentenschaft erkennen: Das Stück offenbare in tiefer Konflikthaftigkeit jüdisches Familienleben in Israel und in der Diaspora und trage, anknüpfend an Lessings *Nathan der Weise* als »ein Plädoyer für Toleranz« zur kulturellen Verständigung zwischen Juden und Arabern bei (Zemon Davis, 2022).

Waren diese jüdischen Studierenden in Deutschland nicht in der Lage, zu ermessen bzw. auch nur ansatzweise zu spüren, welche Schäden sie mit ihrer Weigerung zu jeglicher weiteren Diskussion und ihrer Forderung an die Stadt

---

3 Jüdinnen und Juden würden »als prinzipiell rassistisch dargestellt und dämonisiert«, so der Wortlaut aus dem Offenen Brief der Studierenden vom 11. November 2022 (Maagh, 2022).

München, die Finanzierung des Theaters einzustellen, bei den Beteiligten, dem Autor, den Schauspielern, dem existenzgefährdeten Metropoltheater und dem Publikum angerichtet haben? Waren sie so schwer verletzt und mussten daraufhin zuschlagen? In ihrer tiefen Opferidentifikation – ihrem »Verletztsein« – wurden sie zu Tätern, die sich zu jeglichen Angriffen berechtigt sahen.

In allen drei von mir beispielhaft aufgezeigten, durchaus dramatisch anmutenden szenischen Abläufen kann eine vergleichbare, oft ähnliche Dynamik beobachtet werden: Eine Gruppe von Akteuren ist sich im gemeinsamen Austausch, oft über die schnelle Kommunikation in den sozialen Netzwerken, einig in der Einschätzung, etwas in ihrem Umfeld als störend, falsch, grenzüberschreitend oder gar anmaßend zu empfinden. Dieser zunächst emotional bestimmte und affektgeleitete innere Vorgang kann sich, häufig zusätzlich von außen getriggert, bis zu höchsten Formen der Empörung steigern, die daraufhin, fast zwangsläufig, Handlungsaufrufe mit sich bringen und in destruktiven Taten enden können. Dies hatte sich in allen drei von mir angeführten Beispielen aus der kulturellen Sphäre so abgespielt, wobei hier Entscheidendes fehlt: Empathie, Betroffenheit, Selbstkritik, Mitleid, Nachdenken, zur Ruhe kommen, Reue, Schuldgefühle, Auseinandersetzung mit den Angegriffenen, Wiedergutmachungsversuche. Die französisch-israelische Soziologin Eva Illouz beklagt, was von der Linken bleibe, sei »endlose Selbstkritik und paranoide Selbstbespiegelung«.

> »Wenn die affirmativen Werte der Aufklärung nichts anderes als Mittel der Machtausübung sind, wird die intellektuelle Debatte zu einem Schlachtfeld […]. Individuen und Gruppen werden durch ihre Identitäten definiert. Und da Identitäten nicht verhandelbar sind, gewinnt in dieser Debatte immer jene Gruppe, die sich am schlimmsten beleidigt fühlt. Die intellektuelle Arena ist zu einem Schlachtfeld der Verletzten geworden« (Illouz, 2024, S. 15).

Zur Theorie des Denkens bei Wilfred Bion und der Symbolbildung bei Hanna Segal

In seiner »Theorie des Denkens« beschrieb Bion die Entwicklungsgeschichte von Gedanken, zunächst als Präkonzeptionen zu Konzeptionen, schließlich zu Begriffen und Konzepten. Eine Konzeption entstehe, wenn der Säugling in Erwartung einer mütterlichen Brust mit der wirklichen Brust in Berührung komme, und dieses Realerleben mit einem befriedigenden Gefühlserlebnis einhergehe (Bion, 1990b, S. 226ff.). Finde eine Versagung statt – etwa über den Entzug oder die Abwesenheit der Mutterbrust – und folge ein negatives Realerlebnis auf eine Präkonzeption, so werde der Gedanke, der eintreten sollte, »zu einem schlechten Objekt, ununterscheidbar von einem Ding an sich und nur wert, ausgeschieden zu werden« (ebd., S. 227). Zudem verwische dann die Dominanz der projektiven Identifizierung die Unterscheidung zwischen Selbst und äußerem Objekt. Dies trage »zum Fehlen jeglicher Wahrnehmung von Zweiheit bei, die von der Gewahrwerdung des Unterschieds zwischen Subjekt und Objekt abhängig ist« (ebd., S. 228). Als Ersatz für ein »Lernen aus Erfahrung« mithilfe von Gedanken und Denken komme es zur Entwicklung von Omnipotenz und Allwissenheit. »Die geistig-seelische Leistung der Unterscheidung zwischen wahr und falsch« sei dann nicht vorhanden, vielmehr ersetzt »durch apodiktische Behauptungen, was moralisch richtig und was falsch sei« (ebd., S. 229). Die Umsetzung in Handlung setze ein Bewusstsein von Sinneseindrücken zusammen mit der Verbindung von sozialen Komponenten und emotionalen Trieben – sowohl narzisstisch als auch sexuell – voraus.

In seiner Arbeit »Angriffe auf Verbindungen« beschäftigte Bion sich mit der zerstörerischen Qualität einer gescheiterten projektiven Identifizierung, sollte die Mutter sich weigern, als Speicher der Gefühle des Babys zu fungieren: Hier komme es zu einer schweren Störung des Impulses, neugierig zu sein und Lernerfahrungen zu machen.

> »Darüber hinaus wird die Aktivität des Gefühlslebens [...] unerträglich, weil die wichtigste Methode, die dem Säugling zur Verfügung steht, damit er mit seinen zu intensiven Gefühlen fertig werden kann, ihm verwehrt bleibt. Haßgefühle werden daraufhin gegen alle Gefühle [...] sowie gegen die äußere Realität gerichtet, die sie hervorruft« (Bion, 1990a, S. 125f.).

All diese Überlegungen sind bei Bion auf einem Kontinuum von neurotischen bis zu psychotischen Persönlichkeiten zu verstehen. So gesehen, ist auch bei neurotischer Ausprägung infolge von Destabilisierung in Krisenzeiten eine Regression auf frühere Entwicklungsstufen möglich.

Die konkretistische Verarbeitung in unseren drei Beispielen aus der Kulturszene ist allzu auffällig: die Gleichsetzung eines Gedichts mit einem Objekt, das getilgt werden muss, damit es nicht länger eine projizierte Bedrohung darstellt – der Admirador als möglicher Vergewaltiger und Missbraucher –, die Gleichsetzung eines literarischen Produkts, der Harry-Potter-Bücher, mit dem plötzlich als böse erlebten Objekt, eine zunächst idealisierte J.K. Rowling, die sich als weiblich outete und das Gendergebot übertrat, und schließlich die Gleichsetzung eines Theaterstücks mit einer gesellschaftlichen Realität, die Antisemitismus propagiert und verherrlicht. Auch die letztendlich gemilderte Forderung, einzelne besonders inkriminierte Passagen zu streichen, um diese dem Publikum nicht zuzumuten, hätte zur Zerstörung der künstlerischen Produktion geführt – eine Scheinlösung, der sich der Autor Mouawad mit Recht verweigerte.

Hanna Segal hat in ihrer Arbeit zur Symbolbildung die Symbolisierung als eine »triadische Beziehung« zwischen der zu symbolisierenden Sache, der Sache, die als Symbol fungiert und dem »Menschen, für den das eine das andere darstellt« beschrieben, also als »eine Beziehung zwischen dem Ich, dem Objekt und dem Symbol« (Segal, 1990, S. 206). Demgegenüber würde bei der »symbolischen Gleichsetzung« das Objekt als gespalten in ein ideales und ein vollkommen böses erlebt.

> »Ziel des Ichs sind die totale Einheit mit dem idealen Objekt sowie die totale Vernichtung des bösen Objekts wie auch der bösen Teile des Selbst. [...] Wann immer der Zustand einer Einheit mit dem idealen Objekt nicht gegeben ist, ist das, was erlebt wird, nicht die Abwesenheit; das Ich fühlt sich vom Gegenspieler des guten Objekts – dem bösen Objekt bzw. den bösen Objekten – angegriffen« (ebd., S. 207).

Hanna Segal betonte, dass die Fähigkeit, symbolische Kommunikation zu verstehen, sofort und unmittelbar nach dem ersten Erleben depressiver Gefühle eintritt – eine Erfahrung aus ihrer Arbeit mit autistischen Kindern. Sobald die depressive Position erreicht ist und die Abwesenheit des Objekts ertragen werden kann, bleibt das gute Objekt als Ganzes erhalten, kann der Verlust betrauert werden, sind Schulderleben und Wiedergutmachung möglich, werden Abhängigkeit und Dankbarkeit erlebbar.

Soziale Fähigkeiten wie Mitgefühl, Empathie und das bewusste Nachvollziehen der Position des anderen, der sogenannte »Perspektivenwechsel«, der nach Einschätzung von Entwicklungspsychologen wie Jean Piaget und Peter Fonagy als besonderer Reifeschritt häufig erst ab dem fünften Lebensjahr ausgebildet werden kann, werden mit der ausgeprägten Empfindsamkeit und Verwundbarkeit – »wir fühlen uns verletzt« – der jetzigen Studierendengeneration in Verbindung gebracht und erregen durchaus große gesellschaftliche Anerkennung. Die Erfahrungen von sozialer Ausgrenzung, Xenophobie, Rassismus, Antisemitismus und nicht zuletzt des Klimawandels haben diese junge Generation in ein großes politisches Engagement und Solidaritätshandeln für die betroffenen Bevölkerungsgruppen hineingezogen und auf diesem Wege mit Sicherheit sehr verwundbar gemacht, da diese moralisch geforderte Aufgabe kaum erfüllbar ist und zur Überforderung aller Beteiligten führt. Die unweigerlich folgende Destabilisierung – unter Stressbedingungen kommt es zu erheblicher Einschränkung empathischer Kompetenz – setzt die von Bion angeführte Regression und damit den psychischen Prozess einer Aufspaltung in gute und böse Objekte in Gang. Die vollständige Identifikation mit den Opfern, verbunden mit der Selbstidealisierung – »die Sprache bestimmt das Denken, wir sind die Fortschrittlichen, haben die Gefahr erkannt« u. ä. – führt zur Ausschaltung »böser Objekte«, der »alten weißen Männer«, die Widerspruch anmelden, der Feministinnen, die sich mit ihren Problemen missverstanden fühlen, oder der kosmopolitischen Befürworter der Kunstfreiheit. Das Böse stört, muss weg, wird skotomisiert, nur so bleibt die Verwundbarkeit begrenzt und damit erträglich. Eine Einfühlung in diejenigen, die den Schaden verantworten müssen oder selbst von der Ausschaltung betroffen sind, ist nicht möglich. Gefordert ist hier ein Gegenüber, das eine eigene Position vertritt und zur Konfrontation bereit ist. Eine solche Haltung zeigte in der Vergangenheit bereits Wirkung im öffentlichen Kulturbetrieb (Gomringer, Rowling, ARD, Mouawad).

Ich möchte jedoch betonen, dass mir nichts ferner liegt, als diese Genderdiskurse und Identitätskämpfe in irgendeiner Art und Weise mit denen der rechten Identitären, Rechtspopulisten und Rechtsextremen gleichzusetzen, da sie sich trotz häufig anzutreffender Unterstellungen grundlegend unterscheiden: in ihrem Kampf für eine positive, lebenswerte Zukunft in einer bestehenden liberalen Demokratie, ihren ungeheuren Anstrengungen, Außenseiter zu integrieren, soziale Missstände zu beseitigen und die sprachliche Kommunikation zu verbessern. Im krassen Gegensatz dazu versuchen Rechtspopulisten und Rechtsextreme die demokratische Gesellschaft abzuschaffen, die Fremden, Schwachen und Bedürftigen auszugrenzen und über implizite Begriffsbildungen, den Missbrauch von Wörtern bis zur verdeckten Verwendung einer Nazisprache ein Vernichtungsszenario von Andersdenkenden wieder aufleben zu lassen. Der Selbsthass wird hier projektiv im unerwünschten »Volksschädling« untergebracht, zugleich wird diesem jegliche Existenzberechtigung abgesprochen: Wenn die jüdisch durchsetzte kapitalistische Weltverschwörung droht, ist es erlaubt, jüdische und andere Mitbürger und Mitbürgerinnen auf Todeslisten zu führen.

Mit einer derartigen, sehr frühen Hassentwicklungsdynamik hat sich Bion meines Wissens nicht intensiver befasst, er verwies auf den Neid als Triebquelle und dazu auf Melanie Kleins Arbeit *Envy and Gratitude* von 1957. Möglicherweise waren diese menschlichen Abgründe zu nahe an seinen eigenen traumatischen Erfahrungen (siehe Angeloch, 2024).

Zwei Fallvignetten

Abschließend möchte ich zwei kurze Fallvignetten aus meiner psychoanalytischen Praxis vorstellen, mit denen vielleicht etwas deutlicher wird, wie explosiv, zersetzend und potenziell zerstörerisch zunächst unscheinbare Attacken auf die analytische Situation einwirken können.

Frau A.[4], die auf eine traumatische Lebensgeschichte mit frühem sexuellen Missbrauch zurückblickte und eine schwere, chronische psychosomatische Störung entwickelt hatte, war nach ihrer Scheidung mit ihren zwei adoleszenten Kindern ins Münchner Umland gezogen. Seit der Einführung des ersten Lockdowns in Bayern im März 2020 arbeitete ich drei Wochen lang telefonisch von zu Hause aus mit den Patienten. Ihre Abneigung war sofort spürbar, als ich ihr dies mitteilte – zusammen mit dem Zusatz, dass sie und auch ich aufgrund meines Alters Risikopatienten sind –, doch schließlich ließ sie sich auf die Telefonstunden ein. Als es wegen einer kleinen zeitlichen Änderung notwendig wurde, dies telefonisch mit ihr abzustimmen, und ich sie mehrfach nicht erreichen konnte – ich hatte sie bisher als ausgesprochen zuverlässig erlebt –, äußerte ich schließlich einige Tage später meine Sorge um sie und ihren Gesundheitszustand. Erst Wochen später stellte sich heraus, dass sie immer unterwegs war, sie es in ihrer engen Wohnung nicht aushielt, dass sie sich beim Rausgehen von den neuen Nachbarn beobachtet gefühlt und in der Natur Verfolgungsängste entwickelt hatte. Auf meine Sorgeäußerung hin, die sie zunächst ignorierte, später dann weit von sich wies, als wollte ich sie damit einengen und kontrollieren, reagierte ich selbst in anderer Weise besorgt, als mir einfiel, dass sie in der Pubertät ganz früh ihr Elternhaus verlassen hatte und mit 16 Jahren schwanger geworden war – ein radikaler Ablösungsversuch, der sie immer wieder in erneute Schwangerschaften und scheiternde Männerbeziehungen hineingetrieben hatte. Dieses Wiederholungsmuster ist für sie bis heute nicht auflösbar. In einer der nächsten Telefonstunden wirkte sie zunehmend kämpferisch: Es mache sie total wütend, wenn sie sehe, dass Heranwachsende, die sich vor ihrer Haustüre treffen, von Polizisten vertrieben werden, sie könne nur von schrecklichen Szenen berichten, die sie auf ihren langen Spaziergängen an der Münchner Isar miterlebt habe, alles nette, unschuldige junge Leute, die von Polizeiwagen aufgeschreckt und vertrieben worden seien. Im selben Moment hatte ich ein anderes Bild vor mir: Bayerische Polizisten, die

4 Dieses Fallbeispiel findet sich bereits ausführlicher dargestellt in Dittrich (2022).

übermütige Jugendliche im Englischen Garten zwar persönlich oder über Lautsprecher ermahnen, aber selbst dabei äußerst genervt wirkten, um sich am nächsten Kiosk – ohne Maske – ein Eis zu gönnen. Ich kommentiere ihr Entsetzen zunächst nicht, erst in der nächsten Therapiesitzung taste ich mich weiter mit der Frage, ob sie inzwischen hierzu weitere ähnliche Erfahrungen gemacht habe. Sie wirkte jetzt noch unruhiger, fast getrieben, es versetze sie in solche Wut, sie verstehe die Aufregung um Corona nicht. Es gäbe viel schlimmere, extremere Krankheiten, die jetzt übersehen würden, und überhaupt, ihr Großvater habe ganz früh den Beginn des Dritten Reichs gespürt und die weitere Entwicklung kommen sehen. Sie sei sich jetzt sicher, dass auch wir einer solchen Gefahr entgegengehen. Ich war geschockt, weil der Großvater doch der Missbraucher war, und sie sich sichtlich voll mit ihm identifizierte. Ich deutete an, dass ich diesen Vergleich schwer nachvollziehen könne, aber sie ihren Großvater in seinem Widerstandsdenken sichtlich sehr bewundere. In die folgende Sitzung kam sie noch aufgeladener und voller Empörung, sie komme nicht klar mit mir, es nütze nichts, wenn ich versuche, sie zu verstehen oder ihre Situation nachzuvollziehen, sie wolle, dass ich alles mit ihr teile. Ob sie sich denn vorstellen könne, dass ich manches anders erlebe als sie, dass wir uns darüber doch verständigen könnten; da bleibt sie hart, sie habe mit mir vermutlich die falsche Therapeutin gewählt. Einige Stunden später teilte sie mir mit, es habe für sie keinen Sinn mit mir, obwohl sie mich als Person sympathisch finde. Ich bleibe mit heftigen Schuldgefühlen zurück, nicht zuletzt, nachdem sie wie nebenbei einen Rückfall in ihre chronische Psychosomatose erwähnte, die vor Corona deutlich gebessert schien. Sehr viel später begann ich zu begreifen, dass die von Frau A. so aggressiv vorgebrachte Forderung des »Teilens« – ich sollte genauso denken und empfinden wie sie, zwischen uns dürften keine Unterschiede bestehen – einen Übergriff auf meine Identität und Autonomie darstellte und auf einer tieferen Ebene zugleich die Verleugnung ihrer eigenen realen existenziellen Bedrohung mit sich brachte. So gesehen, hätte Frau A. mit ihrem aggressiven Rundumschlag und ihrer Zurückweisung jeglicher analytischen Beziehungsarbeit einen aktiven Vorstoß unternommen, um ihre durch Corona aktualisierten frühen Vernichtungsängste in Schach zu halten, nachdem auch die Psychosomatose im Behandlungsverlauf in ihrer Abwehrfunktion schrittweise geschwächt worden war. Und meine von mir an diesem frühen Zeitpunkt des Lockdowns ebenso abgewehrte Vernichtungsangst ließ mich die äußerst verzweifelte Situation und Konfusion der Patientin nicht spüren, blieb in Lähmung und Hilflosigkeit stecken.

Frau B., kam mit überwundener Depression nach einem Psychiatrie-Aufenthalt zu mir, hatte Herzrhythmusstörungen und variable Phobien entwickelt. Sie ist das dritte Kind einer Akademikerfamilie mit einer Zwillingsschwester und drei Brüdern, der Vater Kinderarzt, die Mutter mit Abitur, aber ohne Berufsausbildung und schwerer Neurodermitis erkrankt; die Eltern lebten seit der Pubertät der Patientin getrennt. Ich habe Frau B. anfangs als sehr emotionslos erlebt, mich selbst als zunehmend überfordert im Nachvollzug ihrer endlosen Berichte zu ihrer katastrophisch anmutenden Familie, von der sie sich sichtlich immer entschiedener abzugrenzen versuchte. Es wurde zunehmend deutlich, wie missbräuchlich beide Eltern mit der Patientin, die selbst inzwischen zwei Kinder hat, im Alltag umgingen, die Mutter in ihrer Erkrankung ständige Rücksichtnahme und Aufmerksamkeit einfordernd und der Vater, um dessen Zuwendung sich die Patientin nach wie vor vergeblich bemühte, in seiner Ansprüchlichkeit weitaus grenzüberschreitender.

Die zunächst harmlos erscheinende Situation einer Stundenverschiebung, die die Patientin mit mir vereinbaren wollte und dabei aus Versehen auf meinem privaten Anrufbeantworter mit der Stimme meines Mannes landete, löste einen Sturm der Entrüstung bei Frau B. aus: Das sei doch total unprofessionell, dass ich montags im Home-Office arbeite, Terminabsprachen viel einfacher online abzuwickeln wären, wie dies alle Ärzte inzwischen so handhabten. Ich fühlte mich zunehmend abgewertet und in die Ecke gedrängt, beging dann den folgenschweren Fehler, das Problem auf der Arbeitsbündnis-Ebene mit ihr klären zu wollen –keine Absagen über E-Mail, sondern nur über persönliche Absprachen u. ä. – und geriet in eine Rechtfertigungsposition, auf die sie zunehmend abweisender, fast verächtlich reagierte. Ich war so mit meiner eigenen Verwirrung beschäftigt, dass ich den im Nachhinein sehr deutlichen Zusammenhang mit den Ängsten der Patientin, auch von mir für meine Zwecke missbraucht zu werden und die volle Anpassung von ihr zu verlangen, zwar spüren, aber nicht denken konnte, um hier die Übertragungsebene zu deuten, die sich bei ihr mit beiden Eltern abspielte, wie dies der Auslöser mit der Anrufbeantworter-Stimme meines Mannes gut illustriert. Die Frage, ob die Patientin mir überhaupt noch vertrauen kann, wurde dann zum entscheidenden Kristallisationspunkt unserer analytischen Weiterarbeit.

Ich hoffe, ich konnte anhand der zwei Fallbeispiele ein wenig verdeutlichen, welche integrierende Denkaufgabe uns als Behandlerinnen und Behandlern jeweils zufällt, die Angriffe auf bestehende Verbindungen mit der Gefahr der Zersetzung des eigenen Denkens wahrzunehmen, zu überleben und neu einzuordnen, ohne selbst die Verbindung zum Patienten zu verlieren oder gar aufzugeben. Im Falle von Frau B. konnte nach unzähligen Attacken und Verleugnungsversuchen der Patientin, in denen sie meine Deutungen zum Missbrauch durch die Eltern zunächst zurückweisen musste, ein neuer Status quo zwischen uns geschaffen werden, der eine produktive Weiterarbeit ermöglichte.

Literatur

Achterberg, B. (2023, 3. April). Wie die ARD Mütter ausradieren wollte und sich dabei blamierte. *NZZ.*

Adorjan, J. (2021, 12. März). Das Gegenteil von Freiheit. Nicht neu, aber aktueller denn je: Caroline Fourests »Generation Beleidigt«. *SZ.*

Angeloch, D. (2024). Messungen im Nebel der Angst. Wie Wilfred Bion die Erfahrung des Ersten Weltkriegs in seinen autobiografischen Schriften erzählt. In R. Martin, B. Jänchen-van der Hoofd & G. Schäfer (Hrsg.), *Angriffe auf den Denkraum. Konsequenzen für die klinische Praxis, Kultur und Gesellschaft. Eine Publikation der DGPT* (S. 17–39). Psychosozial-Verlag.

Bion, W. R. (1990a). Angriffe auf Verbindungen. In E. Bott Spillius (Hrsg.), *Melanie Klein Heute. Entwicklungen in Theorie und Praxis. Band 1* (S. 110–130). Verlag Internationale Psychoanalyse.

Bion, W. R. (1990b). Eine Theorie des Denkens. In E. Bott Spillius (Hrsg.), *Melanie Klein Heute. Entwicklungen in Theorie und Praxis. Band 1* (S. 225–236). Verlag Internationale Psychoanalyse.

Dittrich, K. A. (2022). Klinische Arbeit in Zeiten von Corona und Populismus – zur »Unerträglichkeit« von Selbstzweifel, Versagensangst, Schuld und Scheitern. In G. Schäfer, R. Martin & I. Moeslein-Teising (Hrsg.), *Zeitdiagnosen!? Eine Publikation der DGPT* (S. 186–203). Psychosozial-Verlag.

Dittrich, K. A. (2024). Die Zerstörung des analytischen Raumes in der Dynamik zwischen Marilyn Monroe und Ralph Greenson. *Psyche – Z Psychoanal, 78*(5), 399–428.

Fourest, C. (2020). *Generation Beleidigt. Von der Sprachpolizei zur Gedankenpolizei. Über den wachsenden Einfluss linker Identitärer. Eine Kritik.* Edition Tiamat.

Gomringer, E. (2014 [1972]). vom vers zur konstellation. In ders, *konkrete poesie. deutschsprachige autoren. anthologie* (S. 155–166). Reclam.

Illouz, E. (2024, 20./21. Januar). Unter Opfern. *SZ.*

Louis, C. (2022). Das Verschwinden der Frauen. In A. Schwarzer & C. Louis (Hrsg.), *Transsexualität. Was ist eine Frau? Was ist ein Mann? Eine Streitschrift* (S. 45–61). Kiepenheuer & Witsch.

Maagh, T. (2022). Anmerkungen zu den Antisemitismusvorwürfen gegen Wajdi Mouawads »Vögel«. Pressemitteilung Verlag der Autoren.

Segal, H. (1990). Bemerkungen zur Symbolbildung. In E. Bott Spillius (Hrsg.), *Melanie Klein Heute. Entwicklungen in Theorie und Praxis. Band 1* (S. 202–225). Verlag Internationale Psychoanalyse.

Vukadinovic, V. S. (2017, 28. Juni). Butler erhebt »Rassismus«-Vorwurf. *EMMA*. https://www.emma.de/artikel/gender-studies-sargnaegel-des-feminismus-334569

Weiss, B. (2021, 18. März). Streit, Wechsel, Kritik. Über die Unruhe bei der »New York Times«. Interview C. Gasteiger und V. Mayer. *SZ*.

Zemon Davis, N. (2022, 23. November). »Weit davon entfernt, antisemitisch zu sein«. Nach Antisemitismus-Vorwürfen hat das Metropoltheater das Stück »Vögel« abgesetzt. Eine falsche Entscheidung. *SZ*.

Žižek, S. (2023, 10. Februar). »Die Linke hat sich selbst ein Bein gestellt«. Interview A. Kreye. *SZ*.

Die Autorin

Karin A. Dittrich, Dr. phil., Dipl.-Psych., arbeitet als Psychoanalytikerin (DPV, IPA, DGPT) in freier Praxis in München und in der psychoanalytischen Ausbildung. Sie veröffentlichte zahlreich zur Früh- und Nachkriegsgeschichte der Psychoanalyse und zur Behandlungstechnik vor dem Hintergrund der Themen Traum, Trauma, Psychosomatik, Gegenübertragung, narzisstischer Missbrauch und analytischer Inzest.

Kontakt: Dr. phil., Dipl.-Psych. Karin A. Dittrich, St.-Anna-Platz 1a, 80538 München; E-Mail: org@psa100.de

Angriff auf das Denken oder Anregung für den Denkraum?

Gedanken zum Film *The Banshees of Inisherin*

Dirk Blothner

Zur Filmhandlung

Der Schauplatz von *The Banshees of Inisherin* (GBR/USA 2022) ist eine fiktive Insel vor der Westküste Irlands. Hier treffen wilde Bergformationen, die nicht ruhende Brandung des Atlantischen Ozeans und rechteckig gezogene Steinmauern, mit denen die Bewohner ihren Besitz eingegrenzt haben, aufeinander. Die Geschichte spielt im Frühjahr 1923. Es ist die Zeit des irischen Bürgerkrieges, der vom gegenüberliegenden Festland zu hören ist.

Der freundliche Padraic (Colin Farrell), der mit seiner Schwester Siobhan (Kerry Condon) das Haus der verstorbenen Eltern bewohnt, sieht sich mit einer für ihn schwer zu akzeptierenden Veränderung konfrontiert. Sein Freund Colm (Brendan Gleeson), ein kräftiger Mann mit philosophischen Ambitionen, möchte sich nicht mehr zum gemeinsamen Bier treffen. Über viele Jahre hatten die beiden an der Gewohnheit festgehalten, ab 14 Uhr in den Pub zu gehen und beim Starkbier bis in den Abend hinein miteinander zu quatschen. Colm reicht dieser auf der Insel übliche Zeitvertreib nicht mehr. Er ist einige Jahre älter als Padraic und möchte seinem Leben noch einmal eine andere Wendung geben. Er will Musik schaffen, Stücke für die Violine komponieren, sie zusammen mit Musikstudenten einüben und auf diese Weise der Nachwelt etwas hinterlassen.

Die brüske Art und Weise, in der Colm seinen neuen Lebensinhalt kundtut, verletzt den weniger intelligenten und anhänglichen Padraic. So sehr er sich auch bemüht und von seiner Schwester dazu angehalten wird, kann er Colms Aufkündigung der Kneipenfreundschaft nicht akzeptieren. Immer wieder geht er auf seinen Freund zu und fordert ihn auf, wie gewohnt doch wieder um 14 Uhr in den Pub zu kommen. Colm wiederum fühlt sich von Padraics sturer Klebrigkeit belästigt und droht damit, sich die Finger seiner linken Hand, die für das Violinspiel unerlässlich sind, abzuschneiden, sollte dieser ihn nicht endlich in Ruhe lassen. Da Padraic diese Warnung nicht ernst nimmt, muss Colm seiner Drohung Taten folgen lassen. Erst wirft er den abgetrennten Zeigefinger vor Padraics Hauseingang. Als dieser daraufhin seine Bitte um Abstand auch weiterhin ignoriert, knallen eines Abends die vier restlichen Finger der Hand gegen Padraics Tür. Der Film, der als Komödie beginnt, wandelt sich in eine gruselige Groteske. Siobhan verlässt inmitten der Eskalationen die Insel, um auf dem Festland in einer Bibliothek zu arbeiten. Mrs. McCormick (Sheila Flitton), die schwarzgekleidete, titelgebende »Todesfee«, schaut ihr von den hohen Klippen aus hinterher. Padraics geliebte Eselin Jenny findet in der Nähe des Hauses die abgetrennten Finger, versucht sie zu fressen und erstickt daran. Als Colm im Pub mit blutendem Handstumpf das Fiedelspiel einer Gruppe von jungen Musikern dirigiert, kommt Padraic hinzu und kündigt an, aus Rache für den Tod der Eselin das Haus seines ehemaligen Freundes anzuzünden – und zwar gleichgültig, ob sich dieser darin aufhält oder nicht. Am nächsten Tag macht Padraic seine Drohung wahr. Als das Feuer über Nacht erloschen ist, trifft er Colm am Strand. Unter den Blicken von Mrs. McCormick kommt es zu einem kurzen Wortwechsel. Dabei wird offenbar, dass der Krieg auf dem Festland sein Ende gefunden hat.

Traum- und märchenhaft anmutende Bilder

Die meisten Kinofilme führen ihr Publikum in Spannungen und Schwierigkeiten, lassen es diese in verschiedenen Zuspitzungen durchleben, um ihnen dann Wendungen anzubieten, die die aufgerufenen Konflikte in eine mal schmerzliche, mal willkommene Lösung überführen. So besteht der Unterhaltungswert des Kinos darin, sowohl ein Gefühl für die herausfordernden Probleme des menschlichen Lebens aufzurufen, als auch erfahrbar zu machen, dass viele von ihnen dennoch behandelbar sind. Wenn sich an ihrem Ende die zerstrittene Familie versöhnt, die verfeindeten Kontrahenten zu einem Modus Vivendi finden oder das unmöglich erscheinende Projekt, zwar mit Abstrichen, aber doch noch zum Abschluss kommt, führen solche Filme ihrem Publikum vor Augen, dass die Menschen ihre Lebensumstände gemeinsam gestalten können. Sie erinnern daran, dass sich die Gründe für Leiden, Zwist und Kampf mit Mut, Maß und gesundem Menschenverstand lösen lassen.

Dies ist bei *The Banshees of Inisherin* nicht so. Der Film irritierte mich. Er verstärkte nicht meinen Glauben in die Gestaltungskünste der Menschen, sondern erschütterte ihn. Er machte mich gereizt und sprachlos. Es stellte sich ein Gefühl der Überwältigung durch etwas Ungeheuerliches ein. Oft war ich befremdet. In manchen Abschnitten wusste ich es nicht: War ich nun abgestoßen oder amüsiert von der Szene? Ich denke an den nackten Polizisten Peadar (Gary Lydon), der sein postmasturbatorisches Nickerchen auf einem Stuhl in der Küche abhält. Oder an das gierige und gehässige Gesicht von Mrs. O'Riordan (Brid Ni Neachtain), die nicht genug bekommen kann vom Tratsch über das Leid anderer Menschen. Die schwarz gekleidete Mrs. McCormick, der so verloren wirkende, von seinem Vater missbrauchte Dominic (Barry Keoghan) ließen in mir Verwunderung und Schmerz zurück. Die Bilder von den abgetrennten Fingern, der verstümmelten, blutenden Hand, die dunkle Silhouette Colms, wenn er mit ausladenden Schritten über die Insel geht, hatten eine beunruhigende Wirkung. Allenfalls für Padraics Schwester Siobhan, die gern Romane liest und sich rührend um ihren intellektuell zurückgebliebenen Bruder kümmert, konnte ich beim ersten Sehen des Films Sympathien aufbringen. Später vertrat ich gegenüber Kollegen die Einschätzung, der Film habe »monströse Züge«. Doch das nehme ich mit der vorgelegten Interpretation wieder zurück.

Je öfter ich den Film ansah, je offener ich mich auch auf seine feinen Töne einließ, desto mehr offenbarte sich meinem Blick eine eindrückliche Bildersprache: Manche Szenen heben sich ab wie Gemälde. Ich denke an das durch eine Vielfalt von hellen Mauern gemusterte Grün in der, aus der Vogelperspektive gefilmten, Totalen am Anfang. Oder an den Blick über das Meer bis hin zu den gegenüberliegenden Ufern mit den unheimlich wirkenden Bergformationen. Mir fielen die großen Entfernungen zwischen den Häusern auf, die manchmal unendlich erscheinenden Wege. Ansprechend die prächtige, bunte Farbigkeit der Kleider, in denen die Frauen die Landschaft durchkreuzen. Eine ungewöhnliche Ruhe und Langsamkeit der Szenen gaben mir Raum für Beobachtungen nach außen und nach innen. Die deutlich unzeitgemäße Musik versetzte mich in eine schwer fassbare Stimmung. Unheimlich die von Schellack-Platten erzeugte, klagende Tenorstimme, die aus Colms Haus tönt. Auf eine seltsame Art beeindruckend war der einsam gelegene, große Pub an der Steilküste.

Dem Film scheint es nicht darum zu gehen, seine Geschichte realistisch zu erzählen. Sein Schauplatz, die Insel »Inisherin«, ist fiktiv. Das war mir, als Irland-Reisendem, sofort klar. Die eigenartig überzeichnete Schilderung der Figuren und ihrer Handlungen erinnern mich an Bilder, wie ich sie von Märchen oder Träumen her kenne. Ein Maß, das ich mit dem menschlichen Alltag verbinde, wird in diesem Film nicht immer eingehalten. Ich sehe das nicht nur an der karikierenden Zeichnung mancher Nebenfiguren, sondern auch an Padraics klebriger Unbelehrbarkeit. Das erinnert mich an die Wiederholungen, das Zweimal und Dreimal der Märchen. Oder Colms unsinnige Bereitschaft zur Selbstverstümmelung. Auch die Selbstverständlichkeit, mit der Padraics Tiere im Haus ein- und ausgehen. All das scheint in der mir vertrauten Alltagswelt nicht zu Hause zu sein und stärkt die Annahme, dass der Regisseur Martin McDonagh eine *anders geordnete Welt* zeigen möchte. Bei dem Film handelt es sich um ein gewolltes Kunstprodukt. Ich möchte mich ihm daher auch wie einem Kunstwerk nähern.

Ein Film wie ein Bild von Picasso

Ein spätes Bild von Picasso, auf dem ein geschmücktes Musketier und eine nackte Frau abgebildet sind, setzt mich auch keiner realitätsgetreuen Alltagssituation aus. Wenn ich es betrachte, interessiere ich mich für die besondere Zubereitung von Wirklichkeit, die das Werk vor Augen führt. Ich weiß, hier sind Menschen abgebildet. Aber die Art und Weise ihrer Darstellung zeigt mir, dass es um etwas geht, was einzelne Menschen übergreift: eine Tendenz, mit Kleidern beeindruckende Auftritte zu gestalten – und deren Enthüllung. Die Gleichzeitigkeit unterschiedlicher Perspektiven, eine durch sie schräg hindurchgehende, sexuelle Faszination. Auf eine ähnliche Weise macht mich *The Banshees of Inisherin* auf die menschenübergreifenden Züge aufmerksam, die ich mit meinem Alltagsblick auf die Welt übersehe. Ich will bei meiner filmpsychoanalytischen Interpretation die bildhafte Qualität des Films, seine Überzeichnungen, seine überraschenden Wendungen, die eigenartigen Wiederholungen und Verdrehungen ausdrücklich aufgreifen. Denn ich habe die Ahnung, dass mir die Bilder dieses zwiespältig wirkenden Films etwas Bedeutendes über die psychische Wirklichkeit sagen können.

Die meisten Kommentare zu *The Banshees of Inisherin* vertreten die Auffassung, der Film stelle vor Augen, wie sich aus kleinen Anlässen eine kriegsähnliche Eskalation zwischen Menschen ergibt. Oft wird hinzugefügt, die Gewalt entstünde deshalb, weil hier zwei sture, unreflektierte Männer aufeinanderprallen. So zeige der Film, wie aus männlichem Starrsinn Gewalt und Krieg erwachsen. Ich will die Richtigkeit dieser Interpretation nicht infrage stellen. Sie ist nachvollziehbar, wenn man sich bei der Analyse des Films auf die Protagonisten und ihre Geschichte konzentriert. Aber im Rahmen meiner, die *bildliche Darstellung* aufgreifenden Interpretation komme ich zu einer anderen Auslegung. Eine solche Betrachtung verlangt, alle vom Film angeführten Einzelheiten als unverzichtbar für ein Verstehen des Ganzen zu sehen und sich nicht nur auf die Figuren der Geschichte zu konzentrieren. So wie bei einem Gemälde an der Wand mit einem Blick sichtbar wird, dass es innerhalb seines Rahmens ein unteilbares Ganzes bildet, so möchte ich auch *The Banshees of Inisherin* als ein Werk betrachten. Der Film ist für mich ein Ganzes von der ersten bis zur letzten Szene. Und im Rahmen eines solchen Werkes kann ein kleines Teil das »Zünglein an die Wägung« des gesamten Inhalts legen.

Ich möchte an dieser Stelle schon auf ein solches Detail hinweisen. Von den meisten Interpretationen wird es nicht aufgegriffen. Ich meine die Beobachtung, dass am Ende des Films auf dem Festland *die Waffen schweigen*, nachdem deren Getöse während der vorangegangenen zwei Stunden immer wieder zu hören war. Der irische Bürgerkrieg, der das Geschehen auf der Insel mit seinem Kanonendonner kommentierte, wird also – während sich die Handlung auf der Insel entfaltet – eigenartigerweise *zur Ruhe gebracht*. Wie kann man diese Koinzidenz filmpsychoanalytisch verstehen?

Filmhandlung und unbewusster Seelenbetrieb

Die Bearbeitung unbewusster Wirkungszusammenhänge in Geschichten ist ein Grundzug des Psychischen, den Freuds Traumpsychologie (1900) herausgestellt hatte. Damit die für das Wachleben unfassbaren Gestaltungen des nächtlichen Seelenlebens eine erzählbare Form erhalten, ist eine »sekundäre Bearbeitung« (ebd., S. 492ff.) tätig, die ihnen den Anschein eines kohärenten Nacheinanders verleiht. Etwas Ähnliches findet statt, wenn Menschen über Filme sprechen. Im Dunkel des Kinos, geschützt vor den Konsequenzen der auf der Leinwand beobachteten Handlung, kann sich ihr unbewusster Seelenbetrieb bewusstseinsnäher ausformen, als es im Alltag möglich ist. Aber wenn sie anschließend das Erlebnis zu fassen suchen, orientieren sie sich an den Protagonisten und deren Handlungen, und nicht an den Wirkungsqualitäten, in denen sich die durch den Film entfesselten Prozesse zum Ausdruck brachten. Wie der manifeste Traum suchen sie den anders bewegten Wirkungsraum des Films im Erzählen seiner Geschichte zu fassen.

Ralf Zwiebel (2019, S. 131) ist der Auffassung, der Film träume den »ungeträumten Traum des Zuschauers«. Filme beleben Prozesse und Zusammenhänge, die bei den Zuschauern unbewusst auf Ausdruck drängen. Sie haben noch keine Fassung dafür gefunden. Aber im Kino erhalten sie diese über den anschaulich gegebenen Film. Sie lassen ihre »latenten Traumgedanken« vom Film gestalten. Ich möchte ergänzen, dass wir uns über die traumähnlichen Bilderfolgen des Films die Bildsprache unbewusster seelischer Produktionsprozesse vor Augen stellen können. Unter dieser Voraussetzung versteht meine Interpretation die faszinierend bis befremdlich wirkenden Bilder von *The Banshees of Inisherin* als eine *Darstellung seelischer Bildlogik*, wie sie uns auch in den Träumen rätselhaft entgegentritt. So öffnet McDonaghs Film ein kleines Fenster zum Unbewussten. Er führt eine Etage tiefer in den Seelenbetrieb hinein und zeigt, was im Rahmen einer Kollision von zwei Lebensformen, wie sie über Padraic und Colm auf der Ebene der Geschichte erzählt wird, unbewusst auf einen Ausdruck drängt und was deren Behandlung belastet. Nach dieser Vorbereitung können wir die Frage stellen, worum es in dem Film geht.

Worum geht es?

Am Anfang sehen wir Padraic gut gelaunt im Sonnenschein über die Insel gehen. Er verteilt seine Grüße und guten Wünsche auf die Mitbewohner des Eilands. Doch vor einem am Meer gelegenen Haus bricht diese schwungvolle Bewegung in sich zusammen. Colm ist im Haus sitzend zu sehen. Padraic klopft und ruft. Aber es erfolgt keine Reaktion. Die Tür bleibt verschlossen.

In diesen Bildern bringt sich eine Strukturierung zum Ausdruck, wie sie jeden Tag, in jedermanns Leben immer wieder stattfindet: Eine psychische Unternehmung richtet sich auf ein bestimmtes Ziel, eine erwartete Weiterführung aus und muss es hinnehmen, dass ihr Vorhaben von etwas anderem gebrochen wird. Die Gestaltungen, die Menschen ausbilden, sind Brechungen[1] durch andere Gestalten ausgesetzt. Freud (1914c) hat dieses, das Leben antreibende Grundproblem mit der Einführung des Narzissmus in seine Theorie vom Seelischen aufgenommen. Wieviel anderes der Welt, wie viel Abweichung kann der sich spiegelnde Narziss ausgrenzen? Wie weit ist er bereit, die Einheit mit sich selbst von etwas anderem aufbrechen zu lassen und sich über dieses zu verändern? Es ist ein alltäglicher Rhythmus von Einbeziehen und Ausschließen, von Festhalten am Eigenen und Hinnehmen des anderen mit dieser Frage verbunden. Der Umgang

1 »Brechung« ist kein Begriff, der im psychoanalytischen Diskurs systematisch verwandt wird. Aber er scheint mir in dem gegebenen Kontext passend und weiterführend zu sein. Salber (2011) gebraucht ihn in Zusammenhang mit dem Konzept der »seelischen Gestalt«. Er ist der Auffassung, dass die menschliche Psyche die Unruhe der Wirklichkeit in Gestalten zu behandeln sucht. Da aber alle anderen ebenfalls solche Gestalten ausbilden, kollidieren sie miteinander und daraus kann eine Art »Überlebenskampf« erwachsen. Ich habe den Eindruck, dass Winnicott (1979 [1971], S. 121ff.) dieses universale Phänomen der Brechung mit seinen Untersuchungen zu einem »intermediären Bereich« zum Gegenstand machte.

mit dem Mythos des Narziss ist unser aller Aufgabe. Nicht nur im Rahmen von auf Jahrzehnte angelegten Persönlichkeitsentwicklungen, sondern auch im aktuellen, seelischen Alltagsleben.

Stoßen, wie in *The Banshees of Inisherin*, zwei Gestaltungen in einer solch heftigen Art und Weise zusammen, geht es um mehr als um Meinungen oder Worte. Es geht um psychische Unternehmungen, die in der Wirklichkeit zu überleben suchen. So wie der junge Narziss im Mythos sein Dasein durch die Spiegelung des Eigenen zu beglaubigen und abzustützen sucht. Man kann auch sagen, es geht um die Erhaltung von lebensbedeutsamen Mustern, die Wirklichkeit zu ordnen und zu behandeln. Der Film zeigt ihre Wirksamkeit bildlich zum einen mit dem schwungvollen, flüssigen Gang über die Insel und zum anderen mit dem statischen Haus mit den weiß getünchten Mauern, bei dem die Tür geschlossen bleibt. Er führt das universale Problem der Brechung des Eigenen durch das Andere weiter aus, wenn er die beiden Lebensformen wiederholt miteinander kollidieren lässt, wenn er mehr und mehr die Zuspitzungen ihres psychischen Überlebenskampfes in Szene setzt. Auf diese Weise – das ist die These dieser Interpretation – macht der Film die von ihm erzählte Geschichte durchlässig für apersonale, psychische Strukturierungen.

Es kommt noch ein wichtiges Moment hinzu: Ausschlaggebend für die Heftigkeit des Aufeinanderprallens ist, dass einmal aufgestellte Lebensformen dazu tendieren, auf der von ihnen gefundenen Ausrichtung zu beharren. Das sei ihnen nachgesehen, denn sie haben sich in der gegenständlichen Welt verankert und werden als wertvoll, ja als unverzichtbar erlebt. Padraic hat sich an die sorglosen Gespräche mit Colm im Pub gewöhnt, die mit der verflüssigenden Wirkung des Alkohols ihm jeden Tag aufs Neue das Gefühl von Verbundenheit vermitteln. Er hat sich auch an die Nähe seiner Schwester und der kleinen Eselin Jenny gewöhnt. Padraic steht für eine Lebensform, die sich auf andere stützt, um sich als komplett zu erfahren. Diese *Anhänglichkeit* treibt ihn an, wenn er auf dem Weg zu Colms Haus ist. Als Colm sich ihm entzieht, sucht sich seine Lebensform mit Dominic – ohne diesen in seiner Begrenztheit und in seinem Leiden zu erkennen – aufrechtzuerhalten. Um den gewohnten Anhaltspunkt geprellt, verschiebt sie ihr Muster auf ein verfügbares Objekt. Erst als auch Dominic sich zurückzieht, die Schwester weggegangen und der Esel Jenny gestorben ist, gerät die Lebensform in eine Drehung. Ihre freundliche Klebrigkeit verkehrt sich in eine Form aufgeblasener Feindseligkeit. Das ist das letzte ihrer verfügbaren Mittel, sich gegen die Zumutung der Brechung durch anderes durchzusetzen.

Ohne dass Padraic es mitbekam, hat Colms Lebensform eine neue Ausrichtung gefunden. Sie möchte tätiger werden, möchte etwas aus den Tönen dieser

Welt, ihrem Material und ihren Instrumenten hervorbringen, was Bestand hat. Sie hat sich für das *Schaffen* entschieden und orientiert sich an den Werken großer Vorbilder wie Mozart und Beethoven. Der neue Fokus ihrer Unternehmungen bringt frischen Wind auf die Insel und insbesondere in den Pub. Denn nach langer Pause kommen dort wieder Musiker zusammen und unterhalten die Gäste mit Fiedelspiel und Gesang. Da Padraic mit seiner klebrigen Anhänglichkeit ihr immer wieder in die Quere kommt, muss sich Colms Lebensform von ihm abgrenzen. Diesen Zusammenhang bringt die Szene am Anfang des Films zum Ausdruck, in der Colm in seinem Haus sitzt und nicht reagiert, als Padraic nach ihm ruft. Colm hat eine Befürchtung: Würde er die Tür öffnen und Padraic hereinlassen, ginge er auf dessen Wunsch ein und verbrächte den Nachmittag dieses Tages im Pub mit Biertrinken, liefe er Gefahr, seine noch nicht ausgereifte Ausrichtung wieder zu verlieren. So kämpft die neu avisierte Lebensform in der Eingangssequenz mittels Entzug und Abweisung um ihren Erhalt. Da sie sich aber bei diesen Bemühungen nicht sehr wendig und beweglich erweist, kommt sie schließlich auf den Ausweg einer verzweifelten Selbstverstümmelung. Auf diese höchst irritierende, paradox anmutende Weise sucht sie ihr Weiterleben sicherzustellen.

In einer durch Aufklärung und Demokratie geprägten Kultur erscheint es wünschenswert, dass die Menschen Konflikte in Gesprächen lösen. Im vernünftigen Gespräch sollten sie versuchen, die Berechtigung der je anderen Lebensform zu akzeptieren und auf diese Weise zu Formen der Koexistenz kommen. Diese Erwartung wird von den meisten Menschen sowie den staatlichen und kirchlichen Institutionen als selbstverständlich angesehen und bestimmt die Erziehungskonzepte in Kindergärten, Schulen und Universitäten. Aber *The Banshees of Inisherin* rückt diese wünschenswerte Art der Konfliktlösung nicht heraus. Seine filmische Form bleibt nicht auf der Ebene einer mit Worten geführten, gegenseitigen Verständigung. Sie ist durchlässig für unbewusste Prozesse, von denen die kulturell gewünschten Gesprächsformen belastet werden. Ich sehe eine filmische Darstellung von rohen oder auch infantilen Strukturierungen, die bei von Konflikten angestoßenen Gesprächen und Verhandlungen unbewusst mitsprechen und – wenn Letztere weiterführen – eine Kultivierung erfahren. In seiner Exposition etabliert *The Banshees of Inisherin* also ein Zusammenstoßen unterschiedlicher Lebensformen. In der weiteren Entwicklung seiner Handlung macht er sichtbar und erfahrbar, welch rohe Formen dabei im Psychischen auf den Weg gebracht und durchlitten werden. Und weil der Film mich so schonungslos mit dieser Ebene der *unbewussten Wirk-Welt* konfrontiert hatte, erlebte ich ihn zunächst als monströs, als einen Angriff auf mein gewohntes Denken.

Der Film als Behandlungsraum

Andreas Hamburger (2018, S. 75ff.) hat die übliche Konzipierung des Films als Gegenstand der Analyse umgedreht und vertritt die Auffassung, nicht wir analysierten den Film, sondern der Film analysiere uns. Ich kann ein solches Umdrehen der gewohnten Verhältnisse besonders in Hinblick auf *The Banshees of Inisherin* nachvollziehen. Denn der Film eröffnet einen Raum, der mir im Alltag so nicht zur Verfügung steht. Er führt mich an psychische Strukturierungen heran, die ich nicht bemerke, wenn ich in die Brechung meiner Unternehmungen eingebunden bin. In solchen Momenten ist es kaum möglich, sich den traumähnlichen, anders bewegten Prozessen des Unbewussten zu öffnen und sie herausgehoben zu durchleben. Wenn mich nun die Kinosituation des Handeln-Müssens enthebt, mir das Agieren versagt, kommt sie tatsächlich der Verfassung nahe, die die Psychoanalyse herzustellen sucht. Und wenn McDonaghs Film dazu tendiert, in diesem von Konsequenzen befreiten Raum psychische Bewegungen in Gang zu bringen, die bei konflikthaften Brechungen unbewusst weiterwirken, kann man tatsächlich sagen, er lege seine Zuschauer auf die Couch.

Für Salber (2011) ist – wie für Freud – die Brechung durch anderes unvermeidlich. Menschen sehen wir als umgrenzt von ihrer Körperhülle. Psychologisch betrachtet aber fällt der Mensch nicht mit seiner körperlichen Existenz zusammen. Ihn machen die Formen aus, in denen er die Wirklichkeit behandelt. Das sind in weiten Teilen unbewusste, aber bedeutungsvolle Gestaltungen, die auf Gestaltungen anderer treffen und dabei zu überleben suchen – nicht notwendig die Menschen, aber ihre Gestaltungen. Ist ihr Beharren stark, sehen sie sich zum Aushalten, Beeinflussen oder Aufgreifen anderer Gestaltungen nicht in der Lage, suchen sie sich gegenseitig zu dominieren und zu vernichten. Ich denke, dass Winnicott aus diesem Grund wiederholt daran erinnern konnte, auf der Ebene unbewusster Prozesse sei der Alltag durchzogen von Volten der Bemächtigung und der Gewalt.

Brechungen haben aber auch eine andere Seite. Sie laufen nicht nur auf Streit, Kränkung und gegenseitige Bemächtigung hinaus. Paradoxerweise sind sie unverzichtbar für das Überleben psychischer Unternehmungen. Denn mit Brechungen sind Belebungen des Eigenen, sind eine Aufforderung zur Entwicklung und die Auffächerung einer Vielfalt des Lebens verbunden. So eröffnen Brechungen den psychischen Gestaltungen auch einen, für das Überleben unverzichtbaren erweiterten Spielraum. Narziss, das sagt die Lehre Freuds, kann nur überleben, wenn er sein geliebtes Ebenbild von anderen Bildern brechen lässt. Wenn wir uns gegen die Verwandlung durch das Andere sperren, schaffen wir uns zwar die Illusion von Kontrolle und Ungestörtheit, aber diese Illusion ist auf Dauer nur durch Verleugnung und Vernichtung des Anderen aufrechtzuerhalten. Eine solche Beweisführung sucht etwas Unmögliches durchzusetzen und bestraft daher sich selbst. Dieses Problem und seine Behandlungsversuche bezieht *The Banshees of Inisherin* mit ein. Über seine ganze Länge hält er an dieser Fragestellung fest. Er übernimmt die Aufgabe eines Analytikers, weil er einen geschützten Wirkungsraum anbietet, in dem dieses Problem in mannigfache Richtungen durchlitten werden kann. Um das anspruchsvolle »Behandlungskonzept« des Films zu verstehen, müssen wir noch ein wenig Aufwand auf uns nehmen.

Vermeiden, Verstellen und Dichten

Weil *The Banshees of Inisherin* sich im Ganzen gesehen mit monströs anmutender Wucht realisiert, wird leicht übersehen, dass es sich bei ihm um eine Komödie handelt. Aber der Film verdient diese Genrebezeichnung zurecht, da es ihm mehrmals gelingt, mit fein inszenierten Momenten die komische Seite der im Psychischen so bestimmend wirksamen Brechung spürbar zu machen. Dies zeigt sich z. B. an einer Szene mit Padraic und Mrs. McCormick in der Dämmerung. Padraic ist auf dem Heimweg. Er bemerkt, dass ihm auf dem von Steinmauern umfriedeten Weg die unheimliche, alte Frau entgegenkommt. Er schaut sich um, ob er sich der Begegnung stellen muss oder ob er irgendwohin ausweichen kann. Eine Öffnung in der Umfriedung des Weges erlaubt es, sich hinter der Mauer vor dem Blick der »Todesfee« zu verbergen. Er nutzt die Gegebenheiten, um das Umbrechen des Heimweges in ein Gespräch zu vermeiden. Hinter der Mauer verharrt er einen Moment und lauscht auf die schlurfenden Schritte der Alten. Als er sich sicher wähnt, kommt er aus dem Versteck hervor. Aber die unangenehme Störung des Heimweges findet dennoch statt. Denn Mrs. McCormick hat ihn offenbar bemerkt und in aller Ruhe abgewartet, um ihn mit seinen Ängsten zu konfrontieren. Er muss sich nun doch ihren dunklen Prophezeiungen stellen. Die Bildsprache der Szene macht die Handlung durchlässig für eine sich anbahnende Kollision zweier gleichzeitig aktiver psychischer Unternehmungen und für den Versuch, den psychischen Aufwand der damit verbundenen Brechung zu vermeiden. Da sind zwei Gestalten, die sich aufeinander zubewegen. Da sind die Mauern, die eine Begegnung als notwendig erscheinen lassen. Und da ist die Öffnung, die ein Ausweichen ermöglicht. All das läuft auf einen Moment des Erschreckens zu, wenn die Brechung des Heimwegs trotz der Vermeidung schließlich doch noch stattfindet. Im Erleben der Zuschauer kann sich dieser

Moment in einem Lachen realisieren. Die Inszenierung der Szene macht die Handlung durchlässig für die ihr zugrundeliegenden, psychischen Gestaltungsprobleme.

Der Alltag der Menschen ist voller ähnlicher Vermeidungen – sei es, dass sie unter Zeitdruck stehen und daher dem Blick einer Bekannten ausweichen, die ihnen auf der gegenüberliegenden Straßenseite entgegenkommt, sei es, dass sie einen Telefonanruf nicht annehmen, wenn der auf dem Display angezeigte Anrufer nicht in die aktuelle Situation zu passen scheint. Immer ist es etwas anderes, das eine bestehende Unternehmung in ihrem Vollzug aufzustören droht und aus diesem Grund vermieden wird. Dass dieses Problem auch die anderen Figuren von *The Banshees of Inisherin* angeht, hatte der Film in einer vorangegangenen Szene deutlich gemacht. Dort hatte Padraic seiner Schwester Siobhan in Gegenwart von Mrs. McCormick vorgeworfen, sie gehe den Gesprächen mit der »Todesfee« aus dem Weg. Er selbst habe beobachtet, wie sie hinter eine Mauer gesprungen sei, als sie Mrs. McCormick ihren Weg hat kreuzen sehen. Siobhan hatte den Vorwurf weit von sich gewiesen. Als Padraic nun selbst hinter eine Mauer springt, zeigt der Film den Zuschauern, dass er in solchen Stresssituationen nicht anders handelt. Wie seine Schwester neigen auch seine Unternehmungen dazu, sich anbahnenden Brechungen auszuweichen. Im Alltag sprechen wir nicht gerne über solche Dinge. Wir machen sie zu Nichtigkeiten. Indem die Filmkunst ihnen ein ganzes Werk widmet, holt sie diese aus der Marginalisierung heraus.

So wie die Unternehmungen der Menschen unaufhörlich von anderen gebrochen werden, so muten sie allerdings auch anderen Gestaltungen solche Brechungen zu. Aber nicht immer sehen sie sich dazu in der Lage, die Folgen der aktiven Konfrontation auf sich zu nehmen. Daher beobachten wir so viele Verstellungen, ein weitverbreitetes Heucheln von Freundlichkeit. Das sind Gestaltungen, die den aktiv zugefügten Schmerz der Brechung zu minimieren suchen – im Film nicht so sehr in den Begegnungen zwischen den Protagonisten Padraic und Colm, wohl aber aufseiten der als gebildet und umsichtig charakterisierten Siobhan. Sie hat keine Scheu, vor anderen deutlich zu machen, dass sie ihren Bruder Padraic für nicht sehr intelligent hält. Aber die Schwesterliebe versagt es ihr, diese Einschätzung dem Bruder ins Gesicht zu sagen. In einer Essensszene kann man beobachten, wie sie sich im Rahmen ihrer Verstellung fast zu verschlucken droht. Auch das hat komische Züge und regt zum Schmunzeln an. Soll man solche unscheinbaren Momente als Nichtigkeiten abtun? Im Rahmen des Filmkunstwerks tragen gerade sie dazu bei, das behandelte Thema in einer Vielfalt von Facetten zu verlebendigen. Indem wir als Zuschauer durch solche Momente hindurchgehen, uns von den damit verbundenen Wirkungsqualitäten bewegen lassen, bekommen wir eine erlebte Vorstellung von der Dramatik, die mit Momenten von Brechung verknüpft ist.

Ist das andere bereits in die eigene Gestaltung eingedrungen und hat ein Unbehagen erzeugt, kommen unweigerlich Tendenzen auf, das Störende mit seinen Zumutungen wieder loszuwerden. Padraic ist tief getroffen von der Abwendung seines Freundes. Der damit verbundene Schmerz treibt seine Lebensform ruhelos um. Am Morgen nach der Aufkündigung der Freundschaft fällt sein Blick auf den Kalender an der Wand. Padraic bemerkt, dass der Vortag der erste April gewesen ist. Das sich in seinen Zügen ausbreitende Lächeln zeigt an, dass er einen Ausweg aus seiner Pein gefunden hat: Er legt sich zurecht, dass ihn der geliebte Freund in der gewohnten kumpelhaften Art in den April geschickt hat. Colm habe sich nicht wirklich von ihm abgewandt. Er habe sich nur einen Scherz erlaubt. Auf diese Weise versucht sich die von dem Rückzug des Freundes geschlagene Kerbe in Padraics gewohntem Alltagsfluss mit zwanghafter Notwendigkeit selbst zu heilen. Von dieser Umdichtung gestärkt, macht sich die notdürftig reparierte Lebensform auf den Weg durch den Tag. Padraic geht bei Colm vorbei und teilt ihm mit, er habe den »Aprilscherz« verstanden. Nun könnten sie sich wieder im Pub zum Bier treffen. Colm, freilich, schüttelt über diese verrückt anmutende Umdichtung verwundert den Kopf.

Schmerzen

Wenn ein scharfer Gegenstand die Haut verletzt, entsteht eine Schmerzempfindung. Seelische Verletzungen sind nicht in einer vergleichbaren Weise offensichtlich. Wenn wir aber die psychischen Gestaltungen (Unternehmungen, Lebensformen) beschreibend herausarbeiten, wird nachvollziehbar, wie viele Schmerzen für die Menschen aus ihren Brechungen resultieren. Das wird am Anfang des Films spürbar, wenn Padraic gut gelaunt bei Colms Haus am Meer ankommt und feststellt, dass dieser ihn ignoriert. Die eine Unternehmung wird durch die anderen aus der Bahn geworfen. Die Suche nach einer Erklärung für Colms ungewohntes Verhalten möchte den damit verbundenen Schmerz wieder auflösen. Doch etwas später schon konfrontiert Colm seinen Freund mit einer, in dem Zusammenhang als hart empfundenen Begründung: »Ich mag dich nicht mehr.« Die überraschende Direktheit dieses Satzes hinterließ während meiner ersten Sichtung des Films eine schmerzhafte Irritation. Und solche Verletzungen wiederholen sich in dem Maße, in dem Padraic es vermeidet, den Rückzug seines Freundes zu akzeptieren. Wenn er in einer späteren Szene im Pub Colm und seine Studenten beim

Musizieren beobachtet, ist ein ähnlich starker Schmerz zu spüren. Er kommt zustande, weil sich in dem großen Wirtshaus eine Gestaltung ausbreitet, von der sich Padraic als ausgeschlossen erfährt. Eine im Zusammenleben der Menschen unvermeidliche, einschließende und ausschließende Gleichzeitigkeit psychischer Unternehmungen kommt in den Details der Szene zum Ausdruck. Sie ist die Grundlage für den von Padraic und den Zuschauern verspürten Schmerz. Eindeutiger wird der Film, wenn Padraic etwas später, mit blutigen Spuren der Schläge des Polizisten Peadar im Gesicht, im Pferdewagen sitzt, den stoisch nach vorne auf den Weg schauenden Colm anblickt und aufgrund der zur Schau gestellten Abwendung in ein Schluchzen verfällt. Der Schmerz über die Abwendung des Freundes scheint ihm in dieser Szene blutig ins Gesicht geschrieben zu sein.

Schmerzen, die aus dem Aufeinanderstoßen psychischer Lebensformen und Unternehmungen resultieren, sprechen nicht weniger aus dem Gesicht Dominics, wenn er die Ordnung des gemeinsamen Abendessens in Padraics Haus mit einem unvermittelten Flirtversuch aufbricht, Siobhan diesen aber heftig abweist. Der übererregte Junge geht über die Regeln des guten Umgangs hinweg und fragt seine Gastgeberin nach ihrem Liebesleben. Als sich diese gegen sein Ansinnen zur Wehr setzt, legt er nach und fragt: »Warst du nie eine Wilde?« Dieser Vorstoß wirkt so unvermittelt und unverschämt, weil darin der Versuch, die offensichtlich Andere, ja das gemeinsame Abendessen seiner obsessiven Erotik zu unterwerfen, so deutlich zum Ausdruck kommt. Man kann das Wilde dieser Besitznahme verspüren, aber dann auch den Schmerz, wenn sie an Siobhans entschiedene Zurückweisung stößt. Und doch weist Dominic mehr Wendigkeit als Padraic auf, wenn er resigniert vor sich hinmurmelt: »Wieder ein Korb. Aber wer nicht wagt und so …« Nach einem zweiten Vorstoß Dominics gegen Ende des Films reagiert Siobhan mit mehr Empathie, weist den Antrag aber auch deutlich zurück. Die Zuschauer werden über Dominics Umgang damit im Unklaren gehalten. Aber es ist das letzte Mal, dass sie ihn lebend sehen. Einige Filmminuten später wird seine Leiche von Vater Peadar aus eben dem See gefischt, an dessen Ufer die Szene mit Siobhan stattgefunden hat. Brechungen können sich zu über Leben und Tod entscheidenden Folgen auswachsen.

Diese Momente mag man schon als heftig erleben. Aber der Film mutet seinen Zuschauern noch stärkere, mit Schmerzen verbundene Bilder zu. In diesem Zusammenhang möchte ich die gruselige Selbstverstümmelung Colms anführen. Sie selbst ist als Handlung nicht auf der Leinwand zu sehen. Aber in der großen, eisernen Schere, den abgetrennten Fingern, dem blutenden Handstumpf bringen sich die mit der Kollision von unterschiedlichen Lebensformen verbundenen Schmerzen zum Ausdruck. In meinem Erleben haben sie eine Wucht entfaltet, die mich dazu brachte, bei den weiteren Sichtungen des Films die Augen davor zu verschließen. Aber selbst damit bringt mich McDonaghs Film dazu, sein Thema intensiv mitzuerleben.

Im Rahmen der hier verfolgten Fragestellung möchte ich noch einmal herausstellen, in welchem Maße der Film mit solchen Wendungen auf einer mir unbewussten Ebene schmerzhaft Aufruhr erregt und mein Denken angegriffen hat. Lange habe ich versucht, für Colms grauenhafte Selbstverstümmelung eine schlüssige Erklärung zu finden. Schließlich aber gab ich auf und nahm sie in ähnlicher Weise hin, wie es die Märchen, die ältesten Kunstwerke der Menschheit, seit Jahrhunderten vormachen. Dort gibt es Momente, in denen sich das *Rumpelstilzchen* aus Wut über seine Entdeckung selbst entzweireißt, in denen eine Mutter ihren Töchtern Fußzehen und -hacken abschneidet, damit sie in den kleinen Schuh des vom Königssohn geliebten *Aschenputtel* passen. Und dem jüngsten Sohn in *Das Wasser des Lebens* wird bei der Ausführung eines Auftrages von einer ins Schloss fallenden Tür die Ferse abgeschnitten. In allen drei Märchen nehmen psychische Unternehmungen eine umgrenzte Selbstverletzung in Kauf, um als Ganze überleben zu können. Märchen geht es nicht um Vernunft. Ihre krausen Bilder haben über Jahrhunderte die unbewusste Bildlogik des Psychischen festgehalten. In unserer, sich nach Korrektheit und Vernunft sehnenden Zeit gibt es pädagogisch motivierte Bestrebungen, gerade solche, die schwer fassbare psychische Realität wiederspiegelnden Märchenpassagen zu streichen oder abzumildern. Unser aufgeklärtes, logisch ausgerichtetes Denken fühlt sich durch bildliche Darstellungen des Unbewussten unter Beschuss gesetzt – seien die abgefeuerten »Geschosse« nun Märchen der Gebrüder Grimm oder Filme wie *The Banshees of Inisherin*.

Erfahrungsraum

Um nun die enorme Wucht der letzten Minuten von *The Banshees of Inisherin* zu ermessen, möchte ich noch einmal an den Anfang des Films erinnern. Alles war aus einer Entfremdung entstanden. Padraics Spaziergang in der Sonne war auf das geschlossene Haus seines Freundes gestoßen. Colm, der bis dahin eine wichtige Säule in Padraics Lebensform gewesen war, hatte sich damit als ein anderer entpuppt. Aus dieser unerwarteten Brechung entfaltete sich alles Weitere. Bis zur Amputation des Zeigefingers in der Mitte des Films gab es immer wieder Momente, in denen sich die Hoffnung bilden konnte, dass die beiden ihren Zwist beenden. Diese Erwartung machte sich mal an Szenen fest, in denen Padraic sich seinem Freund mit vorsichtiger Zärtlichkeit zu nähern suchte, mal an Momenten, in denen der Ältere für den Jüngeren Empathie aufbrachte. Aber obwohl Siobhan nach dessen erster Selbstverstümmelung Colm inständig um Mäßigung bat, war die Eskalationsspirale nicht aufzuhalten. In der Unfähigkeit, eine verträgliche Lösung für das Problem der Brechung zu finden, nahmen die Lebensformen der beiden Männer zusehends obsessive Züge an. Damit allerdings verbauten sie sich den Weg für einen produktiven Austausch. Ein weiterführendes Gespräch zwischen den Lebensformen war nicht mehr möglich. Sie zogen ihre Mauern hoch und suchten sich im blinden Verharren oder mit grotesken Verdrehungen gegen die je andere Lebensform durchzusetzen. Damit verloren sie die Steuerung über den Fortgang der Ereignisse und wurden in einen Automatismus von Aktion und Reaktion hineingezogen.

In der blauen Abenddämmerung knallt Colm vier weitere Finger gegen die grüne Tür von Padraics Haus. Siobhan verlässt daraufhin die Insel. Wie von einem Zwang gesteuert, greifen die Ereignisse verhängnisvoll ineinander. Padraics Zwergeselin Jenny frisst die Finger und erstickt daran. Das bringt Padraic dazu, in den Pub zu gehen und Colm zur Rede zu stellen. Der dirigiert mit blutigem Handstumpf das Fiedelspiel der Musikstudenten. Padraic kündigt an, er werde am nächsten Tag Colms Haus anzünden. Bevor er seine Drohung wahrmacht, richtet er sich in einer Wahnsinnswelt ein. Im Brief an Siobhan verschweigt er die selbst betriebene Eskalation und Jennys Tod. Er nimmt seine Kühe mit zu sich ins Haus und legt sich wimmernd ins Bett – eine beunruhigende Performance des Seelischen, ein menschliches Werk zwar, aber grotesk verdreht und behindert. Lebensformen erleiden eine Brechung, die Entfremdung nimmt ihren Lauf und am Ende stehen sie auf den Trümmern ihrer hilflosen Versuche, diese zu behandeln. An diesem Drama habe ich als Zuschauer teilgenommen.

Damit ist die Arbeit geleistet, auf deren Grundlage das oben herausgehobene Detail in das Ganze eingeordnet werden kann: Als ganz am Ende die Protagonisten des Films vor dem abgebrannten Haus am Strand noch einmal zusammentreffen, stellt Colm fest, der Krieg auf dem Festland habe ein Ende gefunden. Ich hatte die Frage aufgeworfen, wie man diese kaum beachtete Koinzidenz filmpsychoanalytisch interpretieren kann. Sucht man die Antwort auf der Ebene der manifesten Handlung, erscheint sie beliebig. Dann handelt es sich um ein zeitliches und räumliches Zusammenfallen von Ereignissen ohne innere Verbindung. Sieht man aber die Geschichte, die der Film erzählt, als eine bildlogische Darstellung von *Strukturierungen*, die im Rahmen des Aufeinanderprallens unterschiedlicher Lebensformen im Bereich des Psychischen in Bewegung kommen, ergibt dieses Detail im Gesamtkunstwerk Sinn. Dann erscheint der gesamte Film als ein Erfahrungsraum, in dem das Grundproblem der Brechung durch anderes in verschiedene Richtungen entfaltet wird. Und die Wirkung des Films versteht sich als ein Durchleiden all der Wirkungsqualitäten, Behandlungsversuche und Zuspitzungen, des Weiterkommens und Steckenbleibens, über die sich der Umgang mit ihm vollzieht.

Der Krieg ist das Austragen psychischer Brechung mit physischen Waffen. Er beginnt, wenn die am Konflikt beteiligten Menschen das Gespräch aufkündigen. Oft handelt es sich dabei um ein Vermeiden psychischen Aufwands. *The Banshees of Inisherin* lässt mitvollziehen, was Menschen aushalten, wenn sie trotz des Erleidens von Brechungen miteinander im Gespräch bleiben. Sie spüren die Tendenz, dem Aufwand der Begegnung aus dem Weg zu gehen. Sie unterliegen der Verführung, sich dafür zu verstellen und die Realität zu verbiegen. Sie ertragen die psychischen Schmerzen, die sich aus der Grundsituation, dem Austausch ergeben. Sie nehmen die unglaublichen Verdrehungen der psychischen Gestalten, ihre Probleme und Konflikte als wirklich hin. Und sie lassen es zu, nicht Herren im eigenen Haus zu sein und von Zwängen und Automatismen geleitet zu werden. Würden also von Konfliktparteien all diese psychischen Belastungen ausgehalten, reflektiert und aus der paradoxen Konstruktion der psychischen Wirklichkeit heraus verstanden, dann müsste der psychische Überlebenskampf nicht mit physischen Waffen ausgetragen werden. Dann wäre es tatsächlich denkbar, dass »auf dem Festland« die Waffen schweigen.

Schluss

Anfang des 20. Jahrhunderts erarbeitete Sigmund Freud eine erste große Systematisierung der unbewussten, psychischen Wirklichkeit. Seine Psychologie stellte der Kultur eine Theorie des Seelischen zur Verfügung, mit denen sie die großen Fragen des Lebens neu beleuchten konnte. Dabei ging es auch um die Grundlagen der Kulturbildung und die Entstehung von Destruktion und Krieg (Freud, 1915b, 1930a [1929]). Doch die weiteren Entwicklungen der westlichen Kultur haben Freuds Erkenntnisse nur teilweise aufgegriffen. Ihre härteren und unangenehmen Seiten wurden nur von der kleinen Gruppe der Psychoanalytiker im Gespräch gehalten. An den Universitäten wird allenfalls ihr klinischer, kaum aber ihr kulturkritischer Teil gelehrt. In seinem Spätwerk machte Wilhelm Salber wiederholt darauf aufmerksam, in welchem Ausmaß und mit welchen Folgen unsere – durch ein Credo steten Fortschritts und durch Abstraktionen bestimmte – Zeit die unbewusste Wirkwelt des Psychischen verdrängt und verleugnet. Heute können wir die Folgen dieser Verdrängung im Aufbrechen von gesellschaftlichen Spaltungen, in der Ausbreitung von neuen und alten Fundamentalismen und im Wiederaufkommen des Krieges im europäischen Raum beobachten. Wenn man der Filmkunst eine unabhängige Art der Reflexion über die Bedingungen des menschlichen Zusammenlebens zugesteht, kann man *The Banshees of Inisherin* als ein Werk verstehen, das der zeitgenössischen Verdrängung der psychischen Wirklichkeit mit traum- und märchenhaften Bildern entgegenzuwirken sucht. Und das ist ein Grund dafür, McDonaghs Films weniger als Angriff auf das Denken und mehr als Anregung für einen erweiterten Denkraum zu sehen.

Literatur

Freud, S. (1900a). *Die Traumdeutung. GW II/III.*

Freud, S. (1914c). Zur Einführung des Narzißmus. *GW X,* S. 137–170.

Freud, S. (1915b). Zeitgemäßes über Krieg und Tod. *GW X,* S. 323–355.

Freud, S. (1930a [1929]). Das Unbehagen in der Kultur. *GW XIV,* S. 419–506.

Hamburger, A. (2018). *Filmpsychoanalyse. Das Unbewusste im Kino – das Kino im Unbewussten.* Psychosozial-Verlag.

Salber, W. (2011). Wie sag' ich's … Überlebenskunst und Metapsychologie. *anders – Zeitschrift für Psychologische Morphologie, 5/2011,* 36–44.

Salber, W. (2012). Kultur mischt mit – auch bei Unternehmen. *anders – Zeitschrift für Psychologische Morphologie, 11/2012,* 21–28.

Winnicott, D.W. (1979 [1971]). *Vom Spiel zur Kreativität.* Klett-Cotta.

Zwiebel, R. (2019). *Die innere Couch. Psychoanalytisches Denken in Klinik und Kultur.* Psychosozial-Verlag.

Der Autor

Dirk Blothner, Prof. Dr. phil., ist apl. Professor für Psychologie an der Universität zu Köln und niedergelassener Psychoanalytiker sowie Lehranalytiker der DGPT. Sein Interesse am Film konzentriert sich seit den 1980er Jahren auf die Analyse der mit ihm verbundenen Wirkungsprozesse. Er hat zahlreiche Arbeiten auf diesem Gebiet veröffentlicht.

Kontakt per E-Mail: dirk@blothner.de

Thinking under fire als Alltag

Erfahrungen mit der Therapie afghanischer Patientinnen[1]

Sieglinde Eva Tömmel

Das Jahr 1979 – geopolitisch ein Jahr weltweiter Veränderungen (Bösch, 2019) – markiert den Beginn der Zerstörung Afghanistans. In diesem Jahr begann mit dem Einmarsch der Sowjetunion, der nach den Worten Leonid Brechnews nur sechs Wochen dauern sollte (Rashid, 2010), dann aber zehn Jahre umfasste, der Anfang vom Ende des *goldenen Zeitalters* (Schetter, 2017) unter König Zaher Sha und damit der Beginn der Zerstörung der alten Kultur, der Menschen, der Dörfer, der Städte. Ein Drittel der Bevölkerung Afghanistans kam im sowjetisch-afghanischen Krieg ums Leben. Große Fluchtbewegungen begannen: Binnenflucht, Flucht nach Pakistan und in den Iran, Flucht nach Europa und in die USA. Afghanen und Afghaninnen stellen deshalb 2024 nach Syrerinnen und Syrern den zweitgrößten Anteil der nach Deutschland flüchtenden Menschen.

Meine Absicht ist nicht, eine theoretische Abhandlung auf hohem Abstraktionsgrad zu präsentieren, sondern durch die Konzentration auf eine einzige Fallgeschichte zu zeigen, wie *thinking under fire* nicht nur das Alltagsleben von Afghaninnen und Afghanen im Land selbst bestimmt, sondern auch – als fast *unbemerkte* und *unbewusste* Fortsetzung – in Deutschland Alltag zu werden droht, wenn wir in unserem Land und in Europa nicht mehr als ein Dach über dem Kopf und ausreichendes Essen anbieten.

Der größte Anteil der inzwischen bei uns lebenden afghanischen Frauen ist analphabetisch. Dies wirft spezielle Probleme für eine Psychotherapie auf. Zum oft lebenslangen Ausschluss von jeder Öffentlichkeit, zur Entwertung alles Weiblichen aufgrund der tradierten Stammeskulturen des Landes ebenso wie aufgrund der die Stammeskultur überformenden islamischen Kultur kommen traumatisierende Erfahrungen während der gefährlichen Flucht hinzu. Mit diesen Erfahrungen kommen afghanische Geflüchtete – verschieden je nach Vorgeschichte

---

1 Die Namen aller Beteiligten sind anonymisiert; die Erlaubnis zur Veröffentlichung wurde eingeholt.

und Charakter – in unsere Therapien, wenn sie denn einen Therapeuten oder eine Therapeutin finden. *Thinking (and feeling) under fire* ist, sowohl außen wie innen, ihr vorherrschender Zustand. Es liegt auf der Hand, dass sie ihre Erfahrungen und ihr Leid von Beginn einer Therapie an auf ihre Therapeuten übertragen.

Zum Nachteil theoretischer Ausführungen wähle ich die Methode der »Dichten Beschreibung« des amerikanischen Ethnologen Clifford Geertz, ohne diese im vorliegenden Zusammenhang ausführlich explizieren zu können (Geertz, 2011 [1987]). »Dichte Beschreibung« meint hier, dass ich so genau wie möglich die mündliche Rede der Patientin im Rahmen der Therapie wiedergebe. Denn angesichts einer Patientin aus der afghanischen Kultur gleicht das Sichtfeld einer europäischen Psychoanalytikerin zunächst einer ethnologischen Expedition in einen unbekannten Kontinent.

Emotionales und kognitives Verstehen umfasst auch die Fähigkeit zur Entschlüsselung der Symbole einer Kultur. Im Therapieraum kann dies außer der Anwendung der üblichen analytischen Methoden wie des Deutens freier Assoziationen und der Träume sowie des Containens der Gefühle der Patientinnen und Patienten nicht zuletzt eine erhöhte Konzentration auf kulturell bedingte Mimik und Körpersprache bedeuten.

Psychoanalytiker könnten einen durch kleine Anpassungen der traditionell bewährten behandlungstechnischen Vorschriften guten Beitrag zur Besserung der Situation leisten. Dazu gehören z.B. die Vermeidung des abwartenden Schweigens, die deutliche Signalisierung von Mitgefühl, die Erlaubnis, zuungunsten der Couch eventuell auch das Sitzen auf dem Boden zu erlauben.

Die Fallvignette umfasst elf Stunden einer 38-jährigen Analphabetin, die seit 2016 – im Jahr der großen Einwanderungswelle – als anerkannter Flüchtling mit ihrer Familie in Deutschland lebt.

Fallvignette

Eine Kollegin bat mich, die Mutter einer ihrer jugendlichen Patientinnen in Therapie zu nehmen. Die Tochter suche bereits seit über einem Jahr für ihre traumatisierte und schwer depressive Mutter einen Therapieplatz, finde aber keinen. Sie – die Tochter – könne einstweilen dolmetschen. Später erzählt die Tochter, sie habe etwa 20 Therapeutinnen angerufen, auch Vorgespräche erhalten, aber: »Sie hatten kein Interesse an uns.«

Aus für jeden Analytiker nachvollziehbaren Gründen war ich mit einer dolmetschenden Tochter nicht einverstanden, aber es schien zunächst keine andere

Lösung zu geben: Mir waren ausschließlich männliche Dolmetscher bekannt, die Patientin lehnte aber – wie bisher alle mir bekannten Afghaninnen – einen Mann als Dolmetscher ab (Tömmel, 2023).

Erste Stunde

Die Patientin betritt in Begleitung ihrer Tochter den Therapieraum. Die Mutter ist mit einem Schleier um die Haare verhüllt, das Gesicht offen, wie in Afghanistan früher üblich; die Tochter ist von europäischen Jugendlichen nicht zu unterscheiden: hübsch, schlank, fast akzentfrei Deutsch sprechend. Die Mutter wirkt vorgealtert, blass, grau und verhärmt. Ihr Gang ist schleppend, kleinschrittig und schlurfend wie bei sehr alten Menschen, bei der Begrüßung (ohne Handschlag) gibt es keinerlei Augenkontakt.

Beide nehmen die angebotenen Sitze ein.

Die Patientin antwortet auf meine einleitenden Fragen (Seit wann sind Sie in Deutschland? Wo sind Sie geboren?) sehr leise und stockend: Sie sei 2016 in München angekommen. Sie habe Schmerzen; matt zeigt sie auf Brust, Schultern, Kopf, Beine, Rücken und Arme. Sie habe überall blaue Flecken, ohne zu wissen, woher diese kämen. Sie schlafe schlecht, sie wache nachts oft auf und habe Angst.

»Wovor haben Sie Angst?«, frage ich.

»Vor Männern.«

»Warum sind Sie geflohen?«

Eines Tages in ihrem Dorf in der Nähe von Kabul, sagt Frau A. leise und fast tonlos, seien Taliban gekommen, eine Gruppe von fünf Männern. Sie hätten ihre Tochter, damals 12 Jahre alt (sie zeigt auf die anwesende Tochter, die ihre Mutter ernst und mit aufmerksamem Blick anschaut), sie hätten sie mitnehmen wollen. Als sie sich schützend vor ihre Tochter gestellt habe, hätten die Taliban sie zurückgestoßen und vergewaltigt, einer nach dem anderen, vor den Augen ihrer Tochter.

An dieser Stelle kann die Patientin nicht mehr weitersprechen, sie schluchzt auf und sinkt in sich zusammen.

Am Abend sei ihr Mann von der Arbeit heimgekommen und sie habe es ihm erzählt. Die Familie wusste: Die Taliban würden wiederkommen, sie wollten die Tochter rauben und sie würden das nächste Mal nicht nachgeben.

Der Raub minderjähriger Töchter im Alter von 12 oder 13 Jahren aus dem Elternhaus ist eine beliebte und übliche Methode der Taliban, eine »Ehefrau« für die meist viel älteren Männer, 30 bis 40 Jahre alt, zur Verheiratung zu rekrutieren. Was dies für die jungen Mädchen bedeutet, zeigen die hohen Suizidziffern von afghanischen Mädchen und Frauen, die weltweit einzigartig sind (ebd.).

Die Familie, Vater, Mutter mit drei Kindern, damals 12 und sechs Jahre alt und ein erst einige Monate alter Sohn, bereitete ihre Flucht vor. Schon in der kommenden Nacht flohen alle zu Fuß in Richtung Iran.

Die fast zwei Jahre dauernde Flucht sei schwer gewesen; sie hätten gehungert und schrecklichen Durst erlitten, sie mussten sich verstecken und hätten nirgends Wasser gefunden. An der Grenze zwischen der Türkei und Griechenland, wo sie sich vor Sicherheitskräften der Türkei versteckt hätten, sei das jüngste Kind, ein kleiner Sohn, verdurstet, sie mussten ihn im Wald begraben und zurücklassen.

An dieser Stelle kann Frau A. nicht weitererzählen, sie weint laut und bitterlich, der Therapieraum ist gefüllt von Schmerz und Verzweiflung. Ich spüre, dass ihr Schmerz mit Worten allein kaum zu halten ist. So stehe ich auf und streichle sie sanft über ihr verschleiertes Haar und ihren Rücken. Sie schluchzt laut auf, fällt zu Boden, klammert sich an meine Kniee und Hände und küsst sie. Sie schreit ihr Elend, ihren Schmerz hinaus. Erst nach einer Weile beruhigt sie sich ein wenig, setzt sich wieder in ihren Sessel, sieht ein bisschen weniger grau aus.

Zweite Stunde

»Wie geht es Ihnen und Ihrer Familie?«, frage ich.

Das ist die übliche Begrüßung von Afghaninnen und Afghanen, deren ritualisierte Form ich in konstruktiver Anpassung übernommen habe.

In großer Offenheit, nicht ungewöhnlich für Afghaninnen, die sich unter Frauen, nachdem sie diese ausführlich und mit kritischem Blick prüfend gemustert haben, oft wohl und vertraut fühlen, erzählt sie mit leiser Stimme weitere Begebenheiten ihrer Geschichte: Eines Tages, als sie fünf Jahre alt gewesen sei, habe eine Bombe (der Warlords[2]) das Haus ihrer Familie getroffen, zerstört und mit ihm auch ihre Eltern getötet. Sie sei mit ihrem Bruder, der 12 Jahre alt gewe-

2 Im Jahr 1990 tobte in Afghanistan ein Bürgerkrieg, währenddessen Warlords jeder Couleur gegeneinander kämpften und den die islamistische Gruppierung der Taliban schließlich für sich entschied. Auf diesem Bürgerkrieg beruhte letztlich ihre erste Herrschaft von 1996 bis 2001, dem Datum des Eingreifens der USA (Schetter, 2017; Rashid, 2010).

sen sei, alleine zurückgeblieben. Beide hätten von da an auf der Straße gelebt. Sie weint und sieht unendlich traurig aus.

Sie schaut mich an in der Erwartung, in den Arm genommen und getröstet zu werden. Ich verstehe das, muss ihr aber Sublimierung und damit Verinnerlichung zumuten.

Am Schluss der Stunde frage ich sie: »Was wünschen Sie sich jetzt?«

Ohne Zögern antwortet sie: »Ich wünsche mir, noch einmal das Gesicht meiner Mutter sehen zu können.« Dabei sieht sie mich an, und ich weiß, dass sie bereits in der zweiten Stunde eine intensive Mutterübertragung entwickelt hat.

Dritte Stunde

Die Tochter sieht besorgt aus, die Mutter blass und ängstlich: »Wir haben noch nicht alles erzählt: Meine Mutter muss ins Gefängnis«, sagt die Tochter.

»Wieso?«, frage ich.

»Weil sie gestohlen hat.«

Frau A. weint verzweifelt und sagt: »Ich habe es für meine Tochter getan.«

»Nein«, sage ich voreilig, »deshalb muss man bei uns nicht ins Gefängnis«. Sie ist ein wenig getröstet, aber nicht wirklich überzeugt.

Vierte Stunde

In der nächsten Stunde bringt die Tochter ein Schreiben von der Staatsanwaltschaft mit, in welchem steht, dass Frau A. sofort eine Strafe anzutreten hat – sechs Monate Gefängnis, weil sie die Bewährungsauflagen nicht erfüllt habe.

»Bewährung? Wofür?«, frage ich.

»Für die Diebstähle zuvor – zweimal«, sagt die Tochter.

Ich bin zunächst sprach- und ratlos, denn das sieht schon schlimmer aus.

Frau A. sagt: »Ich habe es für meine Tochter getan ...« Sie habe Angst gehabt, sagt Frau A., dass ihre Tochter sterbe.

»Wieso?«, frage ich.

»Weil sie zu wenig Essen hat und zu wenig Kleider.«

Die Leitung der Kita bittet die Familie um eine Unterredung. Weil Frau A. zu krank ist, gehen der Vater und die älteste Tochter zum Gespräch. Sie erfahren, dass Frau A., hinter einem Baum versteckt, ihre fünfjährige Tochter beobachte und nicht loslassen könne. Der Vater erklärt, dass seine Frau schon lange krank sei, schon seit der Flucht aus Afghanistan. Der Vorschlag der Kita-Leitung: Eine Heilpädagogin solle mit S. ein wenig spielen. Sie werde dann den Mut entwickeln, sich anderen Kindern zu nähern.

Die Tochter sagt, seit dem Tod ihres jüngsten Kindes habe sie ihre Mutter nie mehr lachen gesehen. Und nun weint auch sie.

Frau A. wiederholt mehrfach, Angst vor dem Tod der kleinen Tochter zu haben, weil sie ihr nichts zu essen geben könne. Deshalb habe sie Nahrungsmittel und Kleider für das kleine Mädchen weggenommen, weil S. wie ihr kleiner Mohammed in den Wäldern der Türkei sterben könne. Das Haushaltsgeld, dass Frau A. von ihrem Mann bekam, hat sie an ihren Bruder in Afghanistan geschickt. Dieser ist schwer krebskrank und braucht das Geld für Ärztinnen und Ärzte sowie Medikamente.

»Weiß Ihr Mann das alles?«, frage ich Frau A.

»Nein.«

Und die Tochter fügt hinzu: »Die afghanischen Männer sind nicht so wie in Deutschland. Mein Bruder weiß auch nichts davon.«

Ich wundere mich nicht mehr – zu oft habe ich Ähnliches von afghanischen Frauen und jungen Mädchen gehört und erfahren. Ich schaue mir in der einwöchigen Pause die Prozessakten an. Der (Pflicht-)Anwalt hat kein psychologisches Gutachten beantragt. Frau A. steht als Wiederholungstäterin vor Gericht, nicht als schwer traumatisierte Migrantin, die in nahezu wahnhafter Angst um ihr Kind in deutschen Geschäften herumliegende Güter entwendet hat. Damit wäre sie nach §§20 und 21 des Strafgesetzbuches schuldunfähig oder vermindert schuldfähig gewesen. Diese Argumentation wurde von der Verteidigung versäumt. Ich schreibe ein psychologisches Gutachten und schicke es (ungefragt) an die zuständige Staatsanwaltschaft. Das Verfahren war aber bereits abgeschlossen.

Auf das drängende Bitten beider hin gehe ich an einem Freitag nach C. zur Gerichtsverhandlung. Es ist mir bewusst, dass dies *Sozialarbeit*, nicht Analyse ist.[3] Mit ausdruckslosem Gesicht sitzt Frau A. auf der Anklagebank. Die Dolmetscherin spricht schnell und in einem wenig emotionalen Sprachduktus, der das Übersetzte für die Patientin offensichtlich unverständlich macht. Auf die wiederholten Anfragen der bemühten Richterin, ob Frau A. das Verlesene verstanden habe, reagiert diese nicht. Stattdessen beginnt sie zu zittern, ihre Brust hebt und

3 Ernst Federn, Insasse in den Konzentrationslagern Dachau und Buchenwald, hat sowohl in seinen Arbeiten als auch in Supervisionen immer wieder betont, dass Sozialarbeit die Analyse zuweilen ergänzen müsse. Dies gelte insbesondere für schwer traumatisierte Patientinnen und Patienten.

senkt sich auffällig, sie bekommt keine Luft, ihr Körper schüttelt sich. Offensichtlich hat sie einen schweren Panikanfall. Die Richterin bittet mich, mich neben Frau A. zu setzen. Ich komme der Aufforderung nach, Frau A. beruhigt sich nur langsam. Frau A. versteht offensichtlich nicht, was sie verstehen sollte, nämlich die Verlesung des Tathergangs und die strafverschärfenden Wiederholungstaten während der Bewährungszeit. Eine überforderte Richterin (»Das ist mein erster Fall«, sagt sie) ist schließlich nicht mehr in der Lage, eine zusammenbrechende Frau A. zu ertragen. Sie sagt, sie sei »verwirrt«, müsse darüber nachdenken und beendet die Verhandlung vorzeitig.

Einige Tage später kommt die Frucht ihres Nachdenkens per Post: Antritt der Strafe von sechs Monaten und sechs Tagen. Für die von der Familie bereits gezahlten 500 Euro würden einige Tage von dieser Zeit abgezogen.

Sechste Stunde

Frau A. sieht traurig aus. Sie erwähnt die Gerichtsverhandlung mit keinem Wort.

Diskriminierende Blicke in der Stadt, auf dem Land, bei Aldi; alte Frauen, die sich lustig über sie machen, an der Kasse des Supermarkts. Sie leidet darunter, kann sich nicht wehren; sie will fragen: »Warum schauen Sie mich so an?«

Ich frage sie, wie es ihr geht.

»Wie immer«, sagt sie. Der kleinen Tochter, S., gehe es schon besser. Nach einer längeren Phase heilpädagogischer Förderung spiele sie inzwischen mit einer Freundin.

»Haben Sie etwas geträumt?«

»Ja«, sagt Frau A. »Ich bin schwanger. Das Kind steckte aber die Füße aus meinem Bauch an der linken Bauchseite« (sie zeigt auf die linke Bauchseite), darüber wundere sie sich. Da kam ein Mann, zog es aus ihrem Bauch heraus und nahm das Kind mit sich.

Dabei weint Frau A. wieder sehr viel und sagt, sie wolle so gerne sprechen lernen. Sie wünsche sich, mit mir richtig sprechen zu können, mir alles zu erzählen, was sie denke.

Ich frage sie, ob sie an Allah glaube, und sie nickt heftig bestätigend.

»Und was glauben Sie, wo Ihr Kind nun ist?«

»Im Paradies.«

»Vielleicht geht es ihm da besser als hier?«

»Ich wollte dem Kind, mit dem ich schwanger war, den Namen meines verlorenen Kindes geben ...«

Ich interpretiere diesen Traum von einer Schwangerschaft als einen ersten vorsichtigen Versuch, ins Leben zurückzukehren. Meine weiteren Worte kann man aber auch teilweise als »Kupfer der Suggestion« (Freud) bezeichnen, als eine illusionäre Intervention. Aber in diesen Momenten half es, weil meine Patientin eine gläubige Muslima ist. Ich spüre geradezu körperlich ihre Ungeduld und ihr Bedürfnis, sich auch in deutscher Sprache auszudrücken. Etwas wie Neid und Ungeduld ist in ihrem Gesicht, während ihre Tochter übersetzt. Nachdem Frau A. gemeint hat, sie sei noch zu krank, um in einen Sprachkurs zu gehen, habe ich den unvermittelten Einfall, ihr Bilderbücher für Kinder zu geben, sodass sie zunächst einmal zu Hause lernen könne – wie ein Kind, wie alle Kinder der Welt ihre Sprache zunächst im Vorschulalter und dann in der Schule aus Bilderbüchern lernen.

»Nein, ich bin dumm«, sagt sie.

»Das meine ich nicht«, sage ich.

»Aber ich gehe von der Küche ins Wohnzimmer und vergesse, was ich dort wollte.«

»Woran denken Sie, wenn Sie es vergessen?«

»An das Gericht, diesen Prozess, das Gefängnis.«

»Leider kann das noch eine Weile dauern, bis eine Entscheidung kommt. Ich gebe Ihnen ein Bilderbuch, Dari und Deutsch, mit dessen Hilfe Kinder die deutsche Sprache lernen, lesen, schreiben und sprechen – und dann können Sie die Sprache lernen, bis Sie so gesund sind, in den Sprachkurs zu gehen.«

Offenbar war das ein guter Vorschlag. Frau A. nickt, zeigt ansatzweise so etwas wie Freude in ihrem Gesicht. Auch die Tochter nickt erleichtert: Gerne werde sie mit der Mutter zusammen lernen.

Siebte Stunde

Wie immer kommen beide, Mutter und Tochter, pünktlich in die Praxis.

»Wie geht es Ihnen?«

»Heute nicht so gut. In unserer Nachbarschaft wohnte eine Familie, die kam aus Afrika. Wir sind spazieren gegangen, da haben wir gesehen, dass Polizei kam und die Eltern mitgenommen hat. Die kleinen Kinder kamen ins Jugendamt. Seitdem meint meine Mutter, dass sie auch abgeholt wird.«

»Nein, das werden Sie nicht. Aus Afghanistan wird niemand abgeholt. Afghanistan ist ein unsicheres Herkunftsland, aus solchen Ländern wird keiner wieder nach Hause geschickt. Außerdem haben Sie seit sechs Jahren eine Aufenthaltserlaubnis. Die wird nicht widerrufen.«

Aber Frau A. bleibt verunsichert.

Am Schluss der Stunde frage ich: »Glauben Sie nun, dass Sie hierbleiben können und sicher sind?«

»Ich glaube niemandem, nur Ihnen.« Und dann sagt sie, sie habe immer die Bilder vom Gericht im Kopf und dass ich mit ihr dort hingegangen sei. Das falle ihr immer wieder ein. Niemand habe ihr geholfen, keiner habe sie verstanden. »Nur Sie.«

»Danke.«

»Die Familie hatte keine Genehmigung. Darum wurde sie abgeholt«, sagt die Tochter.

»Sie sind aus Nigeria gekommen«, sagt die Mutter.

Achte Stunde

»Haben Sie etwas geträumt?«, frage ich.

»Ja«, sagt Frau A. »Ein Kind hat geschrien, ganz furchtbar, ganz laut, da war ein Meer, und ich habe gewusst, dass mein Kind darin war. Ich kann nicht schwimmen, aber ich bin dann ins Meer gegangen, weil ich mein Kind suchen wollte. Das Wasser stand mir immer nur bis zum Kinn, nicht weiter. Wie konnte ich es denn finden in diesem großen Meer? Ich habe gesucht und gesucht, aber mein Kind nicht gefunden. Es schrie und schrie und ich konnte es nicht finden.«

»Wie sind Sie aufgewacht?«

»Um vier Uhr, da habe ich Wasser getrunken und gedacht, dass ich von diesem Meer geträumt habe, weil mein Kind Wasser trinken wollte und ich hatte nichts.«

Sie weint und sinkt klagend in sich zusammen.

Auch die Tochter weint, ich spüre ihren Schmerz um das Brüderchen.

»Ich habe das geträumt, weil mein Kind so sehr das Wasser gebraucht hätte.«

Und die Tochter erzählt, als sie in Griechenland mit einem dieser winzigen und überladenen Boote angekommen seien, dass sie alle krank waren, auch der damals fünfjährige kleine Bruder sei 14 Tage lang im Krankenhaus gewesen. Dann seien sie entlassen worden, aber Frau A. habe nie mehr gelacht.

Die Tochter erzählt, dass sie während ihrer Ferien täglich mit ihrer Mutter spazieren gehe. Sie wohnen in einem hübschen Dorf am Starnberger See. Jeder finde diesen Platz schön, aber ihre Mutter will den See nicht sehen, weil sie das viele Wasser nicht sehen könne. Die Tochter erzählt, dass ihre Mutter sie an Sonntagen frage, ob morgen Montag sei, sie also in die Therapiestunde kommen dürfe. Manchmal frage sie schon an einem Samstag, wann Montag sei. Der Tochter laufen Freudentränen über das Gesicht, sie freut sich, dass ihre Mutter sich so freut. Ihre Mutter sehe inzwischen immer wieder die Bilder im Gericht in C. vor sich, in welchem ich sie nicht alleine gelassen hätte – das sehe sie und die Bilder kämen immer wieder.

Neunte Stunde

»Wie geht es Ihnen?«

»Danke, es geht«, sagt Frau A. von sich aus in klarer deutscher Diktion.

»Hatten Sie einen Traum?«

»Ja«, sie lächelt, »Ich habe geträumt, dass ich gesund bin und arbeite. Ich habe hier gearbeitet (sie zeigt in den Praxisraum). Ihre gesamte Praxis habe ich sauber gemacht, dann war ich auch oben im zweiten Stock« (sie zeigt nach oben) – und Frau A. lächelt zum ersten Mal.

»Das ist ein schöner Traum«, sage ich. »Die Praxis könnte sicher manchmal eine gute Hausfrau brauchen.« Der Traum bedarf keiner Deutung: Der doppelte Wunsch ist offensichtlich. Frau A. möchte zum ersten Mal nicht mehr ihrem Kind hinterher sterben, sondern gesund werden. Sie möchte mir etwas zurückgeben: mit Arbeit, mit dem, womit sie sich sicher fühlt, mit Hausarbeit.

Inzwischen ist eine Aufforderung der Staatsanwaltschaft geschickt worden: Frau A. werde auf ihre Haftfähigkeit untersucht. An einem Mittwoch um neun Uhr solle sie sich einfinden.

»Dürfen wir Sie fragen, ob Sie mitgehen?«, fragt die Tochter.

Zehnte Stunde

Die Tochter sieht sehr schlecht aus: rote Augen, sehr blass. Ihre Mutter hält sich tapfer.

»Wie geht es Ihnen?«

»Es geht. Ich denke nur noch an Mittwoch.«

»Wissen Sie, dass da zwei Männer sitzen werden, die Sie untersuchen?«

Frau A. zuckt mit den Schultern und bringt damit zum Ausdruck, dass sie daran ja nichts ändern kann.

»Haben Sie etwas geträumt?«

»Da waren viele kleine Kinder, sie standen um mich herum, Buben und Mädchen. Ich habe Essen an sie verteilt, alle wollten etwas essen. Ganz hinten stand mein kleiner Junge. Ich wollte auch ihm etwas geben, aber dann bin ich aufgewacht.« »Was soll ich tun, wenn es mir schlecht geht?«, fragt sie dann.

»Wir sind ja vor der Türe; dann sagen Sie, Sie möchten, dass wir ihre Hand drinnen halten sollen.« Inzwischen habe ich einen Brief an den untersuchenden Forensiker, Medizinalrat Dr. med. W., geschickt, mein psychodynamisches Gutachten beigelegt und gebeten, wenn eben möglich, eine Frau als Dolmetscherin hinzuzuziehen. Die forensische Untersuchung von Frau A. dauert dann fast drei Stunden, der Dolmetscher ist ein Mann. Der Psychiater hat mein Gutachten gelesen, aber das erfahre ich erst nach der Untersuchung. Wie von mir befürchtet, fällt Frau A. in dem Augenblick, als sie nach fast drei Stunden das Büro des untersuchenden Forensikers verlässt, in eine tiefe Ohnmacht. Sie wacht erst nach einigen Stunden auf, öffnet die Augen aber noch nicht und spricht tagelang nur mit ihrer fünfjährigen kleinen Tochter – mit sonst niemandem, auch nicht mit ihrer ältesten Tochter. »Irgendetwas ist wie eine Bombe in meinem Kopf«, soll sie gesagt haben. Nachdem der Rettungsdienst, eine herbeigerufene Ärztin und mehrere Polizisten Frau A. auf einer Bahre aus dem Justizgebäude hinausgefahren haben, wendet sich der untersuchende Psychiater an mich: »Wir kommen, wenn auch auf völlig verschiedenen Wegen, zum gleichen Ergebnis«, sagt er. Für diese Information bin ich ihm dankbar.

Elfte Stunde

Nach der Begrüßung frage ich: »Wie ging es Ihnen nach der Untersuchung?«

»Nicht gut.« Nach und nach erzählt Frau A., erst schleppend, dann etwas lebhafter, was sie im Büro des Arztes erlebt habe: Sie sei komische Dinge gefragt worden, ob sie esse, mit wem sie esse, ob sie sich dusche, wie oft sie sich dusche.

»Sie haben sich nicht verstanden gefühlt?«

»Nein, ich habe erzählt, dass ich vergewaltigt worden bin, dass ich ein Kind verloren habe, aber ich habe an seinem Gesicht gesehen, dass er nicht gefühlt hat, was ich erzählte. Ich habe gemeint, er sei wie Sie, aber das war er nicht. Ich wollte mich auf den Boden setzen, das durfte ich nicht, dann bin ich vom Stuhl gefallen, saß auf dem Boden, aber ich musste mich wieder auf den Stuhl setzen und weiterreden.«

»Sie können sich hier jederzeit auf den Boden setzen.«

Sie tut es und sitzt nun auf dem Teppich. »Ich habe mir vorgestellt, dass meine Mama draußen vor dem Zimmer sitzt.« Sie schaut mich an und weint, trocknet wie ein sehr kleines Kind ihre Tränen mit dem Kopftuch ab. Ich fühle ihren Schmerz, aber auch ihre hoffnungsvolle Mutterübertragung.

»Haben Sie etwas geträumt?«

»Nein«, sagt sie zögernd, »seitdem nicht mehr. Es war Durcheinander im Kopf, lauter Männer und Durcheinander.«

»Sie müssen nicht ins Gefängnis«, sage ich. »Sie sind nicht haftfähig, das jedenfalls wurde deutlich. Wir können weiterarbeiten, damit Sie so gesund werden, wie Sie es geträumt haben.«

Zusammenfassung und Diskussion

Frau A. leidet an einer traumatisch bedingten schweren Depression, die bis zur Bewegungsunfähigkeit reicht. Strukturelle Störungen im engeren Sinne hat sie nicht, bis zum fünften Lebensjahr hat sie vermutlich eine gute Zeit mit ihren Eltern erlebt. Aber seit dem Tod ihres jüngsten Sohnes, für den sie sich schuldig fühlt, sind ihr Denken und ihre Gefühle unter dem Feuer dieses Erlebnisses partiell zusammengebrochen. Sie lachte *nie mehr*.

Die allgemeine Unterdrückung von Frauen in Afghanistan hat die Patientin verinnerlicht. Hinzu kommt der Verlust ihrer Eltern im Alter von fünf Jahren. In diesem Alter ist das Gehirn eines Kindes noch nicht voll ausgebildet. Das Kind kann das Geschehen noch nicht ausreichend verstehen, aber das Gefühl, verlassen zu sein, im wahrsten Sinne des Wortes »mutterseelenallein« zu sein – erlebt es sehr wohl.

Im Alltag ist sie auf den 12-jährigen Bruder angewiesen, der ebenfalls überfordert ist. Beide haben überlebt – ein Wunder: Kinder in ähnlicher Situation sterben derzeit täglich auf den Straßen Afghanistans. Der Bruder heiratete, arbeitete, seine kleine Schwester konnte mit ihm in seinem Haus leben. Sie lernte dort ihren jetzigen Mann, einen Bäcker, kennen, der sie jedenfalls ehrt und bis heute mit ihr zusammenlebt, aber – wie viele, wenn nicht alle afghanischen Männer – von den psychischen Folgen der Unterdrückung der weiblichen Bevölkerung keine Vorstellung hat (Tömmel, 2023). Aber er möchte seine Tochter und seine Frau vor weiteren Schändungen durch die Taliban schützen und flieht mit ihnen zu Fuß über die gefährliche Landstrecke Iran–Türkei–Griechenland–Deutschland. Dass ihr Sohn auf dieser Flucht verdurstete, dass er starb und die Familie ihn begraben musste, wirft sie sich vor, weil sie es war, weshalb ihre Familie flüchten musste. Die Schuldgefühle sind zum Teil unbewusst, führen – neben dem schrecklichen Verlust – zu ihrer schweren Depression. Der Verlust ihres geliebten Säuglings stellt eine Wiederholung des Verlusts dar, den sie als fünfjähriges Kind erlebt hat. Die Wiederholung dieses Traumas durch den Tod der wichtigsten Angehörigen, die sie hat – ihrer Eltern – wird durch den Tod ihres Säuglings noch einmal virulent. Mit dem Verlust des Kindes erlebt sie eine so grausame Attacke auf ihr Ich, dass dieses zusammenbricht – es ist so, als lebe nur noch eine Hülle von ihr.

Sie bekommt in Deutschland ein neues, ein drittes Kind, ein Mädchen, auf deren Leben und Überleben sie alle ihre Ängste und Schuldgefühle um den kleinen verlorenen Sohn überträgt. Weil sie Angst hat, dass ihr kleines Mädchen ebenfalls sterben könnte, wird sie wiederholt straffällig, weil sie Nahrungsmittel und Kleider stiehlt, um ihr Kind vor dem in ihrer traumatisch bedingt verengten und fast wahnhaften Vorstellung vermeintlich bevorstehenden Tod zu retten. Geld hat sie keines, denn das gesamte Haushaltsgeld, das ihr Mann ihr regelmäßig gibt, schickt sie ihrem kranken Bruder, der in Kabul die medizinische Versorgung bezahlen muss. Er war ihr Lebensretter, als sie fünf Jahre alt war. Auch ihn möchte sie retten, ihm etwas zurückgeben. Aber auch er stirbt, an einem Krebsleiden.

Unter dem Druck der Gerichtsverhandlungen, die sie nicht versteht und nicht erreichen, wird sie zunehmend suizidal.

Übertragung und Gegenübertragung

Bereits in der zweiten Stunde der Therapie überträgt sie ihre früh verstorbene und lebenslang vermisste Mutter auf die Analytikerin. Zuvor hatte sie mich sehr genau und prüfend beobachtet. Sie wollte wissen, wen sie vor sich hat und ob auch ich vielleicht, wie mehrere in einem Erstgespräch konsultierte Therapeutinnen zuvor, »kein Interesse an ihnen habe«, wie die Tochter es beim ersten Kontakt ausdrückte – ein Satz, der mich erschütterte. Er wurde nicht anklagend, sondern feststellend geäußert, und vermutlich deshalb von mir umso eindringlicher empfunden. Ich nahm an, dass die Resignation vieler Migrantinnen sich auf diese Weise zum Ausdruck bringen ließe.

Meine Gegenübertragung war – als sie weinend und laut klagend zu Boden fiel – zunächst überrascht, weil diese Dramatik in psychoanalytischen Praxen sicher unüblich ist. Aber ich hatte schon seit 2016 immer wieder mit Afghaninnen und Afghanen gearbeitet und kannte insbesondere die Frauen aus diesem Land recht gut. Sie sind auf sich gestellt, haben außer in materieller Hinsicht keine

Unterstützung von ihren Männern. Die Ehemänner und männlichen Verwandten sind traditionell zu ihrer Ernährung und ihrem Unterhalt verpflichtet; aber ein weitergehendes Verständnis ist schon deshalb ausgeschlossen, weil die strikte Trennung der beiden Geschlechter schon so lange existiert und so radikal ist, dass Männer, seit Jahrhunderten eindeutig durch die Religion und die Politik des Islam privilegiert (einer der Gründe, warum der Islam so erfolgreich ist), tatsächlich nicht wissen, nicht wissen können, wie ihre Frauen denken und fühlen. Frauen schweigen in der Öffentlichkeit, sprechen aber viel unter sich und sehr viel über andere Menschen, ihre Mitmenschen. Sie sind kritisch, haben aber – nach meiner langjährigen Beobachtung – ein oft viel feineres Gefühl für ihre Mitmenschen, als dies in Europa durchschnittlich vorfindbar ist. Sie wissen, wen sie vor sich haben, und dieses Wissen brauchen sie nicht zuletzt, um zu überleben.

Ich denke, während ich ihr gegenübersitze, an Ovids Niobe, die der Sage nach 14 ihrer Kinder verlor und nicht einmal ihr jüngstes Kind retten konnte, das aber vor Entsetzen angesichts des Todes ihrer Geschwister tot zu ihren Füßen zusammenstürzte und die Mutter zu Marmor erstarren ließ. Das Leid der Niobe sehe ich vor meinem inneren Auge, und ich vergleiche Frau A. mit ihr. Sie sieht in ihrer depressiven Erstarrung Niobe sehr ähnlich.

Meine Gegenübertragung ist außer einer leichten Abwehr gegen ihre körperliche Bedürftigkeit tatsächlich in der Hauptsache unendliches Mitgefühl. Sie macht es mir auch deshalb leicht, sie zu mögen, weil sie nie aggressiv ist, niemals laut wird (außer wenn sie weint), niemanden anklagt, nicht einmal die Frauen, die sich an einer Supermarktkasse lustig über sie machen, weil sie traurig, verhärmt und wie ein Opfer wirkt. Manche Menschen fordert dies zu Angriffslust und Spott auf, was Frau A. kaum versteht. Ich bin sicher, dass sie alles tut, um ihre Kinder zu schützen und zu retten, was ebenfalls eine vermutlich typisch weibliche Solidarität in mir weckt. Selbst ihre Fehler, das Stehlen, sind das Ergebnis ihrer Sorge um andere –, nicht weil sie kriminell ist oder anderen etwas wegnehmen will.

Auch ihr älteste, große Tochter ist ein kluges, angenehmes und tapferes Mädchen, die in die Schule geht, als Analphabetin im Alter von 14 Jahren nach Deutschland kam, offenbar von Beginn an verstand, welche Chancen ihr dieses Land bieten kann: »Es war hart, ich lernte die Sprache, ging in die Schule, besuche derzeit die Fachoberschule und werde bald mein Abitur machen. Dann studiere ich Psychologie«, sagt sie. Sie hat keinen Tag in der Schule versäumt und tut darüber hinaus alles, damit es ihrer Mutter und der Familie gut geht. Als Dolmetscherin ist sie in meinen Augen – nach anfänglich großen Bedenken – sogar ein Glücksfall. Sie hält sich zurück, sie übersetzt fast wie eine professionelle Dolmetscherin, offenbar Wort für Wort, aber nicht emotionslos, kalt und irritierend für Menschen, die ihre Arbeit sicher perfekt ausführen, aber unverständlich für Menschen im emotionalen Aufruhr sind.

Durch die Erzählung ihres schweren Lebens und ihrer Träume geht es Frau A. langsam etwas besser, bis sie sogar in der neunten Stunde, nach neun Wochen, zum ersten Mal seit dem Tod ihres kleinen Mohammed lächelt. Die Träume, die sie selbst sehr gut versteht, interpretiert, deutet, bieten Aufschluss über ihre innere Verfasstheit ebenso wie über ihre Entwicklung in der Therapie.

Sie beginnt mittels Kinderbüchern Deutsch zu lernen, nicht nur, weil sie der Analytiker-Mutter gefallen will, sondern auch, weil sie klug und ehrgeizig ist, jedenfalls wäre sie dies, wenn sie gesund wäre. Das wird sichtbar, wenn sie der Tochter fast ungeduldig und ein wenig neiderfüllt mit den Augen folgt, während diese ihre Worte übersetzt. Sie strengt sich an, lacht zum ersten Mal seit sieben Jahren, weil sie träumt, gesund zu werden. Sie verspricht, nie mehr zu stehlen. Sie tat das sowieso nicht aus kriminellen Gründen, sondern ausschließlich in der fast wahnhaften Vorstellung, ihre Tochter vor dem Tod durch Verhungern und Verdursten retten zu müssen.

Die forensische Untersuchung evoziert dann aber eine schwere Retraumatisierung und hat einen Rückfall zur Folge. Sie lacht nicht mehr, auch nicht in den darauffolgenden Stunden. Sie erleidet eine tiefe Ohnmacht, aus der sie nur langsam erwacht und sich nur sehr schleppend wieder erholen kann.

Dennoch besteht Hoffnung: In den darauffolgenden Stunden spricht sie darüber, dass sie die Untersuchung durch die beiden Männer vielleicht überwinden werde. Sie spricht zum ersten Mal mit einer Nachbarin, was sie aus Scham aufgrund des drohenden Gefängnisaufenthaltes jahrelang vermieden hat. Die Nachbarin habe ihr gesagt, niemand werde in Deutschland gesund, sie auch nicht. Sie habe aber dazu gemeint, dass es ihr jetzt langsam besser gehe, seitdem sie zu ihrer Ärztin gehe.[4]

Die Therapie wird derzeit fortgeführt. Langsam, sehr langsam, kann sie ihre Verluste zwar nicht vergessen, aber sich durch die Aufnahme neuer Beziehungen zu ihren Nachbarinnen und weiteren afghanischen Freundinnen dem Leben zuwenden. Sie möchte gerne wieder schwanger werden, sieht sich aber derzeit noch nicht dazu in der Lage, weil sie ihren Kindern keine »kranke Mutter« zumuten möchte.

---

4 In Afghanistan gibt es keine rollenbezogene Unterscheidung zwischen Ärzten und Therapeuten, gar psychologischen Therapeuten. Dass Afghaninnen von »ihrer Ärztin« sprechen, wurde mir bereits 2016 klar, als ich die ersten Gespräche mit Geflüchteten begann.

Literatur

Bösch, F. (2019). *Zeitenwende 1979. Als die Zeit von heute begann.* C. H. Beck.

Geertz, C. (2011 [1987]). *Dichte Beschreibung. Beiträge zum Verstehen kultureller Systeme* (15. Aufl.). Suhrkamp.

Holzberg, N. (2016). *Ovids Metamorphosen* (2. Aufl.). C. H. Beck.

Rashid, A. (2010). *Taliban. Afghanistans Gotteskämpfer und der neue Krieg am Hindukusch.* C. H. Beck.

Schetter, C. (2017). *Kleine Geschichte Afghanistans.* C. H. Beck.

Tömmel, S. E. (2023). *Afghanen zwischen Herkunft und Ankunft. Zuflucht Deutschland?* (2. Aufl.). ibidem.

Die Autorin

Sieglinde Eva Tömmel, Dr. phil. Dr. rer. pol. habil., ist Lehr- und Kontrollanalytikerin für Gruppen und Einzelanalysen und niedergelassen in eigener Praxis. Sie hat zahlreich zur Psychoanalyse der Kunst, der Geschichte der Psychoanalyse und zur Psychoanalyse der Frau publiziert.

Kontakt per E-Mail: s.toemmel@gmx.de

Gefährdete Denkräume in Psychotherapie und Psychoanalyse

Wie bringen wir unser Denken in Gang?

Nicola Abel-Hirsch

Einführung

Welchen Stellenwert haben visuelle Bilder in unseren Köpfen, wenn wir unter Beschuss *(under fire)*[1] stehen? Welche Bedeutung haben visuelle Bilder ganz allgemein für die Vertiefung unserer Denkfähigkeit? Der Moment, der mein Interesse für dieses Thema geweckt und der letztlich zur Entstehung dieses Textes geführt hat, war das Auftauchen des Bildes einer Zwiebel, an einem Punkt, an dem ich mich von einer tiefen Sinnlosigkeit ausgehöhlt fühlte. Der »Beschuss«, unter dem meine Patientin und ich standen, war kein heißer Angriff. Es war eher ein bedrohlich aufziehender grauer Nebel.

Es ist bekannt, dass nächtliche Träume in virtuoser Art und Weise auf visuelle Bilder zurückgreifen. Im Schlaf sind wir Geschöpfe unter der Dominanz des Visuellen. Rekurriert unsere Innenwelt in Notsituationen auch auf diese Fähigkeit, wenn wir wach sind? In der Analyse habe ich die Erfahrung gemacht, dass das der Fall ist. Ich musste dabei auch an Wilfred Bions Schilderung aus der Zeit des Ersten Weltkriegs denken, als nichts mehr für ihn Sinn ergab. Er beschreibt, wie ihm plötzlich das Bild von einer Katze und einer Maus auftauchte und ihm half, seine Denkfähigkeit wiederzuerlangen.

Welche Bedeutung haben visuelle Bilder ganz generell in der menschlichen Entwicklung? Das ist ein weites Feld. 1967 sprach Bion vor einer Gruppe von Psychoanalytikern in Los Angeles. Hollywood war ganz in der Nähe. Da lag es nahe, seine Aufmerksamkeit auf die Beschaffenheit und die Entwicklung von visuellen Bildern zu richten. Bion meinte, sie seien »die allerfrüheste Form von Gedanken«. Und weiter sagte er:

---

1 Anmerkung der Übersetzer: Im Text sind häufig englische Begriffe des Originaltextes in Klammern eingefügt, die auch wenn sie uns fachlich geläufig, dennoch zwischen Fachbegriff und Umgangssprache angesiedelt sind, weshalb sie zwar übersetzt wurden, aber in Klammer im Original stehen.

> »Drücken wir es mal bildlich aus, mit Blick auf den Säugling. Für Säuglinge ist die Frustration, die Brust nicht mehr zu bekommen, unaushaltbar. Der Säugling kann die Brust nicht haben, weil sie weggepackt worden ist, aber irgendwann merkt er, dass er etwas erleben kann, was sich wie Allmacht anfühlt. Er kann die Brust in sich hineinnehmen, sogar ohne dass sie mit seinem Körper Kontakt hat, und zwar durch sein visuelles Empfinden [...]. Das Sehen ermöglicht Dinge, die man nicht mit einem anderen Sinn oder einem der anderen körperlichen Organe zu machen vermag« (Bion, 2013, S. 276f.; Übersetzung St.S.).

Visuelle Bilder sind also eine sehr frühe Form von Gedanken, und bemerkenswerterweise bedürfen sie keines engen Kontakts mit ihrem Gegenstand *(object)*. Infolgedessen empfinden wir das Hervorrufen visueller Bilder als eine eigenständige Fähigkeit. Wir greifen darauf zurück, wenn wir den betreffenden Gegenstand *(object)* nicht in Reichweite haben. Bei diesem Gegenstand *(object)* kann es sich um eine Person handeln bzw., wie ich in meinem Beispiel mit dem Auftauchen des Bildes einer Zwiebel zeigen werde, war der »Gegenstand« Bedeutsamkeit, und es war deren Abwesenheit, die meine Denkfähigkeit angegriffen hatte. Freud und Bion sprechen beide davon, wie ein Säugling die Brust halluziniert, wenn sie nicht da ist. Aber ich spreche hier nicht von einer Halluzination. Bei meinem Bild von der Zwiebel und bei Bions Bild von Katze und Maus bleibt die Verbindung mit der Wirklichkeit bestehen.

Bion weist an verschiedenen Stellen in seinen Schriften darauf hin, dass visuelle Bilder leichter zu erfassen sind als abstrakte Gedanken – erstere sind verständlicher als letztere, aber natürlich auch weniger genau. Die erwachsene Patientin, von der hier die Rede ist, wünschte sich etwas Konkretes, wie Zeichnen oder Spielen, und sie hatte eher Angst, über eine Innenwelt zu sprechen, die sie nicht sehen konnte.

In diesem Beitrag will ich zwischen zwei Gruppen von Bildern unterscheiden: Zur ersten Gruppe gehört das Bild von der Zwiebel und vielleicht auch Bions Bild von Katze und Maus. Es handelt sich um visuelle Bilder, die uns in Notsituationen hilfreich auftauchen, um unser Denken wieder in Gang zu bringen. Sie haben eine schonungslose Dringlichkeit. Zur zweiten Gruppe gehören ausgearbeitetere Bilder. Sie erlauben freie Assoziationen. Sie sind mehrdeutig. Ich werde ein Beispiel geben von einem späteren Zeitpunkt in der Analyse mit dieser Patientin mit der Zwiebel, bei dem wir beide unbewusst Assoziationen zu einem Säugling auf einem Hügel hatten. Zu dieser Gruppe gehören auch die Mythen, die Bion Analytikern als möglicherweise hilfreiche »verbale Bildergalerie« empfiehlt. In seinem Aufsatz über das Raster (»The Grid«) von 1971 erklärt er, was er unter seinen »Erzählungen« versteht.

Sowohl die direkten und dringlichen visuellen Bilder wie das der Zwiebel, aber auch die höher entwickelten visuellen Bilder eines Säuglings auf dem Hügel, die meine Patientin und ich hatten, und Bions »verbale Bildergalerie« würde man in Zeile C von Bions Raster (»Traumgedanken, Träume und Mythen«) einordnen (Bion, 2014 [1971]). Auch wenn man nicht mit dem Raster vertraut ist, bleibt für diesen Zusammenhang lediglich zentral, welchen Platz die visuellen Bilder in unseren Verarbeitungsprozessen einnehmen.

Die Gliederung meiner Überlegungen

Ich werde mit der Zwiebel anfangen. Dieses Bild tauchte in mir auf in einer Phase der Analyse, in der scheinbar alles sinnlos war. Die Zwiebel war ein »Notfall-Gedanke«, der im Feuer der Angriffe auf den Denkraum auftauchte. Genaugenommen war es kein heißer Angriff, sondern die unsichtbare Aushöhlung jeglicher Möglichkeit, einen Kontakt zwischen der Patientin und mir herzustellen. Dann springe ich zu einem späteren Zeitpunkt in derselben Behandlung, zu dem ausgearbeiteten inneren Bild eines Säuglings auf dem Hügel. Anschließend komme ich zu Bions Werk und betrachte zunächst das Bild von Katze und Maus, das ihm zu einem Zeitpunkt des Krieges aufgetaucht war, als er seine Fähigkeit, dass irgendetwas Bedeutung haben kann, verloren hatte und jegliches Interesse am Leben wie abgestorben war. Ich kann nicht mit Sicherheit sagen, ob es sich dabei um ein »Notfall-Bild« gehandelt hat. Aber möglich wäre es. Weiter werde ich einen Blick auf das werfen, was Bion die »verbale Bildergalerie« nennt. Er meint damit Mythen, die man im Hinterkopf haben sollte, weil sie seiner Meinung nach alle Konstellationen des menschlichen Erlebens beleuchten (man fühlt sich an Jungs Archetypen erinnert). In meinen abschließenden Überlegungen werde ich darüber sprechen, wie gerne wir Geschichten hören. Wir nutzen klinische Beispiele für unsere wissenschaftlichen Erkenntnisgewinn, aber wir wollen auch eine Geschichte erzählt bekommen, die uns verdeutlicht, worauf es ankommt.

Aus der Analyse

Die Zwiebel

Was ich nun zu beschreiben versuche, geschah für eine geraume Zeit in den ersten Jahren der Analyse. Die Patientin war verzweifelt, aber ich wusste nicht, wie ich ihr helfen konnte. Egal was ich ihr vermitteln konnte, egal was ich sagte – nichts schien sie zu berühren. Das machte mir Sorgen. Ich fühlte mich ratlos. Mit der Zeit gab es Augenblicke, in denen ich sicher war, dass wir in Kontakt kamen. Aber dann wurde deutlich, dass diese Augenblicke verworfen wurden oder verloren gingen.

Versuche, daran zu arbeiten, brachten ein subtiles Gerangel zwischen der Patientin und mir ans Tageslicht. Vereinfacht gesagt, warf mir die Patientin vor, ich gäbe ihr nicht das, was sie brauchte. Ich gab ihr zu bedenken, dass sie möglicherweise etwas Aktiveres tat, um den Kontakt zwischen uns zu zerstören. Als ich mit der Patientin darüber sprach, meinte sie, dass sie oft in so ein Gerangel gerate, andere Leute das normalerweise aber nicht bemerkten. Aber auch diesen Austausch ereilte das Schicksal vorheriger Momente bedeutsamen Kontakts. Das Ganze war oder erschien zumindest unlebendig und schien zu nichts weiter zu führen.

Mir wurde allmählich klar, dass ich tatsächlich Angst vor solchen Situationen hatte. Ein Beispiel: Die Patientin lag immer ganz reglos auf der Couch, und auch ich bemerkte, wie reglos ich selbst wurde. Ich hatte Angst, aufzuhören zu atmen. Mir fehlte etwas, woran ich mich festhalten konnte. Die Patientin war in Schwierigkeiten, und ich glaube, mein Denken war es auch. Das war der Moment, an dem das Bild der Zwiebel vor meinem inneren Auge auftauchte. Ich fühlte mich stark betroffen – erleichtert, dass mein Kopf *(mind)* in der Tiefe arbeitete und nicht nur intellektuell kämpfte. Das Bild der Zwiebel passte gut zu unserer Situation: Wir hatten eine Schale entfernt und fanden uns in der gleichen Situation wieder. Jede Schale legte eine neue, gleichartige frei.

Es leuchtet ein, dass wir uns instinktiv auf unser frühestes visuelles Denken besinnen, wenn unser Gefühl der Sinnhaftigkeit der Welt bedroht ist. Das Bild der Zwiebel war eine ganz andere Art von Erfahrung als die, die ich später während der Analyse machte. Dieses Bild passte zu meinem Zustand, verzweifelt versuchend, wieder zu mir zu kommen. Beim folgenden Bild ist die Situation viel weniger bedrohlich und sowohl die Patientin als auch ich können zusammen anwesend sein.

Ein Säugling auf einem Hügel

Im Mythos von Ödipus wird dieser als Säugling auf einem Hügel ausgesetzt. Er soll dort sterben. Das Orakel hatte verkündet, dass Ödipus seinen Vater töten und seine Mutter heiraten würde. Seine Eltern setzten ihn aus, um ihr eigenes

Überleben zu sichern. Am Ende der Sitzungen erlebte die Patientin auch mich als jemanden, der sie gewissermaßen auf einem Hügel aussetzte. In einem ihrer Träume wurde sie von mir mit einem Säugling im Arm stehengelassen, während ich shoppen ging. Das Kind verfärbte sich schwarz, und sie war außer sich vor Angst. Wie konnte ich sie nur in einer so hilflosen Lage alleine lassen? Ich musste völlig gedankenlos gewesen sein (shoppen zu gehen), während sie eine schwere Verantwortung getragen hatte. Sie war verzweifelt. Sie glaubte, der Analytikerin nur noch vertrauen zu können, wenn diese die Sitzung nicht beendete. Sie erwartete, dass die Analytikerin sich so intensiv um sie kümmern würde wie um ein schwerkrankes Kind: Sie sollte an niemand anderen denken. Lag es daran, dass sie selbst als Kind nie gesunde mütterliche Fürsorge erfahren hatte? Führten die üblichen Grenzen der Analyse, einschließlich der Beendigung der Sitzungen, zu einer Retraumatisierung? Und obwohl sie wollte, dass ich sie als Säugling erlebte, schien es mir unmöglich, einen Zugang zu ihrem traumatisierten Baby-Selbst zu finden.

Was kam noch dazu am Ende der Sitzungen, dass sich die Patientin ohne jede emotionale Verbindung zur Analytikerin fühlte? War sie, ohne sich dessen bewusst zu sein, so wütend über das »Nein« der Analytikerin (»Nein, wir können nicht über das Ende der Sitzung hinaus weitermachen!«), dass sie die in der Sitzung geleistete Arbeit unbewusst zunichtemachte? Es war in dieser Analyse ungewöhnlich schwer, die Gefühle des Säuglings und eine gesunde elterliche ödipale Struktur zusammenzubringen.

An diesem Punkt kam es zu einer bemerkenswerten Sitzung: Ich wünschte, ich könnte sie noch detaillierter wiedergeben. Aber ich erkannte die Bedeutung dieses Augenblicks nicht sofort. Später stellte ich fest, dass ich mich leider nicht an alles erinnern konnte, was zur Sprache gekommen war. Ich weiß aber noch, dass ich mit einiger Überraschung feststellte, dass die Patientin und ich unterschiedliche Assoziationen zu einem Kind auf einem Hügel hatten. Ich fand die implizite Verbindung mit Ödipus am Anfang lächerlich (an sich eine unübliche Reaktion). Aber als ich weiter darüber nachdachte, fühlte ich eine deutliche Erleichterung: Erleichterung darüber, dass wir unterschiedliche Assoziationen hatten, die sich miteinander verbanden, und doch für sich standen. Wahrscheinlich assoziierten wir beide zu Ödipus, aber mit unterschiedlichen Versionen des Babys Ödipus. Beide Versionen dieses Babys standen gleichzeitig nebeneinander. Zuvor war es in unserem schwer zu vermeidenden, wenn auch unterschwelligen Gerangel so gewesen, als ob es nur die psychische Wirklichkeit einer Person geben könnte: die der Analytikerin oder die der Patientin – aber nicht beide. In dieser Sitzung dagegen kam es mir vor, als wären die Patientin und ich unbewusst in denselben

»Fluss« gestiegen. Mein Fluss war der analytische Prozess. So anschaulich habe ich das zum ersten Mal begriffen, dass der analytische Prozess ein Eigenleben führt und sowohl die Analytikerin als auch die Patientin enthält.

Aus Bions Werk

Katze und Maus in Bions Autobiografie

> »Es dauerte nicht lange, bis das Interesse am Leben erlosch. Schon bald erlebte ich mich fast hoffnungslos. Ich lag immer auf dem Rücken und starrte an die niedrige Decke. Manchmal starrte ich stundenlang auf einen kleinen schlammigen Tropfen, der vom Dach an einem Grashalm hing und bei jeder Granatenexplosion zitterte. Dann hörte ich eines Tages, dass die Südafrikaner links von uns etwas Irrsinniges taten. Sie krochen nachts nach links auf die Straße und versuchten, sich von dem deutschen Maschinengewehr treffen zu lassen, das diese Straße runter abgefeuert wurde.
>
> Das hört sich vielleicht unmöglich an. Aber Tatsache war: Das Leben war so schrecklich geworden, dass schwere Verstümmelungen und selbst der Tod nicht mehr als schlimmer empfunden wurden. Und auch ich freute mich auf den Tod. Er würde mich von diesem furchtbaren Elend erlösen. Diese Gedanken beherrschten mich damals. Sie schlossen alles andere aus, und ich glaube, viele der Männer waren in demselben Zustand. Wenn man einen Menschen wie ein Tier jagt, dann wird er mit der Zeit auch eins … Ich war nur ein unbedeutendes Stück Mensch, das von unbekannten Mächten auf unerträgliche Weise verfolgt wurde. Durch meinen Tod konnte ich diesen Mächten eins auswischen. Auch eine Maus muss schließlich das Gefühl haben, der Katze ein Schnippchen zu schlagen, wenn sie stirbt, bevor das Raubtier seinen Spieltrieb befriedigt hat. Mit dieser neuen Idee vor Augen fühlte ich mich besser. Ich hatte keine Angst mehr. Ich tat, was von mir erwartet wurde und fühlte mich dabei wie jemand, der der Vorsehung eins auswischt« (Bion, 2014 [1918], S. 98–101; Übersetzung St.S.).

Vor Bions innerem Auge erschien das Bild von Katze und Maus. Dieses Bild trug dazu bei, dass er »eine neue Idee« hatte, und mit dieser Idee vor Augen ging es ihm etwas besser. Wir können nicht wissen, was dieses Bild bedeutet. Ich hätte es ohne mein »Zwiebel-Erlebnis« vielleicht nicht einmal bemerkt. Aber es kann sein, dass Bions Verstand *(mind)* im Angesicht seiner Notlage auf sein visuelles Denken zurückgriff, im Versuch sich selbst zu heilen.

Später entwickelte Bion in seiner Tätigkeit als Analytiker neue Ideen über die Bedeutung von Träumen (mit den dazugehörigen visuellen Bildern) für die Verarbeitungsprozesse des Menschen. Er war davon überzeugt, dass wir nicht nur im Schlaf, sondern auch im Wachzustand träumen. Er führte dies nicht näher aus, aber möglicherweise haben die visuellen Bilder, die im Wachzustand auftauchen, eine tiefere Bedeutung.

In den frühen 1960er Jahren befasste Bion sich besonders intensiv mit der streng wissenschaftlichen Seite der Psychoanalyse. Damals entwickelte er das »Raster«. Auf der vertikalen Achse dieses Rasters stellte er die Entwicklungsphasen von Gedanken dar. Ins Zentrum, in Zeile C, stellte er Traumgedanken, Träume und Mythen. Ich möchte nun einen genaueren Blick auf diese Zeile C werfen, um seine Gedanken über die Bedeutung visueller Bilder für die Verarbeitungsprozesse des Menschen näher zu beleuchten.

Zeile C des Rasters »Traumgedanken, Träume und Mythen«

Zeile C in Bions früherem Werk

Bion veröffentlichte sein Raster erstmals im Jahr 1963 in seinem Buch *Elements*. Bions Erklärung zu Zeile C ist prägnanter als die zu anderen Zeilen.

> »3. Traumgedanken. Diese sind davon abhängig, daß zuvor β- und α-Elemente existieren: sonst erfordern sie keine weitere Ausarbeitung zusätzlich zu der, die sie in der klassischen psychoanalytischen Theorie erfahren haben [...]« (Bion, 1992 [1963], S. 52f.).

Bion betont, dass nicht alles, was als Traum angeboten wird, auch ein Traum ist (so versuchen Patienten z. B. bisweilen, eine Halluzination zu normalisieren, indem sie sie als »Traum« bezeichnen). Mit dem nächsten Satz gibt er einen Denkanstoß: »Mit den Träumen betritt man ein Gebiet, auf dem es direktes Beweismaterial der Phänomene gibt, mit denen man es zu tun hat« (ebd., S. 53). Über visuelle Bilder werden Beweise sichtbar gemacht. Weiter oben erwähnte ich, dass meine Patientin sichtbare Dinge wie Spiele oder Zeichnungen viel weniger beängstigend fand als das Sprechen über ihre Innenwelt. Durch die Bilder aus Zeile C wird die Welt visualisiert und personifiziert.

Im gleichen Jahr, in dem *Elements* erschien, reichte Bion einen Aufsatz mit dem Titel »The Grid« bei der British Society ein. Er wurde damals nicht veröffentlicht, findet sich aber in der Gesamtausgabe von Bions Werk. Und wieder wird Zeile C als selbsterklärend vorausgesetzt. Immerhin erfahren wir etwas mehr über ihren Inhalt.

»Zeile C enthält Träume und andere mögliche organisierte Systeme von Traumgedanken. Mythen gehören dazu, außerdem organisierte Strukturen, die wir als Frühformen von Modellen bezeichnen können« (Bion, 2014 [1971], S. 105).

Etwa zur gleichen Zeit schrieb Bion in seinen persönlichen Notizen (später unter *Cogitations* veröffentlicht) viel über die Themen Traum und Mythen. Besonders interessierte ihn das »Träumen im Wachzustand«, die menschlichen Beziehungen zu Mythen und deren Verwendung in der Psychoanalyse. Mythen bauen das ständig ablaufende innerseelische und zwischenmenschliche Geschehen in eine Geschichte ein. Es folgt ein Beispiel für seine klinische Verwendung des Narziss-Mythos (aus einer persönlichen Notiz aus dem Jahr 1959):

»Wenn man den freien Assoziationen zuhört, dann könnte man zum Beispiel Folgendes denken: Der Patient möchte, dass ich ihm beipflichte; das geht aus der Art und Weise hervor, wie er die Behauptung vorträgt, eine schöne Persönlichkeit zu haben. ›Schön‹ scheint mir hier moralisch gemeint zu sein; meine eigene Persönlichkeit ist ebenso schön, denn ich soll ein Spiegel seiner Brillanz sein […]« (Bion, 2014 [1991], S. 229; Übersetzung St.S.).

Der Patient bezog sich nicht auf Narziss, aber Bion glaubte, dass sich sein Verhalten im Mythos von Narziss wiederfindet. Bions in den persönlichen Notizen festgehaltene Forschungsergebnisse zu Traumgedanken und Mythen fanden ihren Weg in eine spätere, recht überraschende Abhandlung über das Raster (2014 [1971]). Unten gehe ich noch einmal darauf ein, was daran überraschend war.

Zeile C im späteren Aufsatz »The Grid« von 1971

Bions Interesse an Zeile C scheint in den Jahren seit *Elements* und seinem Aufsatz über das Raster von 1963 gestiegen zu sein:

»Die nächste Zeile, die Zeile C, ist für Gedankenkategorien bestimmt, die sich oft in sinnlichen (meist visuellen) Bildern ausdrücken lassen, wie sie in Träumen, Mythen, Erzählungen und Halluzinationen vorkommen. Mit zunehmender psychoanalytischer Erfahrung muss diese Kategorie erweitert werden; schon jetzt verdient sie ein eigenes ›Raster‹, um sie angemessen für den psychoanalytischen Gebrauch zu erweitern« (ebd., S. 7; Übersetzung St.S.).

Er bezieht sich dann auf fünf Erzählungen:

> »Diese fünf Erzählungen bilden eine Art *Bildergalerie in Worten*. Sie liefern mir, mit wenigen aus meiner allgemeinen Lektüre aufgenommenen Ergänzungen, Modelle für nahezu jeden Aspekt emotionaler Situationen, die ich an der Schnittstelle zwischen praktischer Psychoanalyse und psychoanalytischer Theorie erkennen kann« (ebd., S. 13f.; Kursivierung N. A.-H., Übersetzung St.S.).

Die Idee einer »Bildergalerie in Worten« ist nicht gerade das, was man in Bions Spätwerk erwarten würde. Ein Jahr vor dem besagten Aufsatz, 1970, übte Bion in seinem Buch *Attention and Interpretation* eine tiefgehende Kritik an den Beschränkungen des sinnbasierten Denkens *(sense based thinking)* und an der Bedeutung der nicht-sinnbasierten Intuition *(non-sense-based intuition)* in der psychoanalytischen Praxis. Seit Mitte der 1960er Jahre empfahl er auch, Erinnerungen *(memory)* und Wünsche *(desire)* zu meiden, um alle möglichen Präkonzeptionen so weit wie möglich aus seinen Gedanken *(one's mind)* zu verbannen. Und jetzt spricht er plötzlich über eine Bildergalerie von Modellen auf der Grundlage von Erzählungen und Mythen. Angenommen dies geschieht außerhalb der Sitzungen, so stelle ich mir doch vor, dass die »Bildergalerie in Worten« der Analytikerin in der Sitzung lebendig ist, ähnlich wie das Üben außerhalb des Konzertsaals letztlich die Aufführung beeinflusst.

Bion erwähnt in dem Aufsatz auch, dass es in der Analyse Raum für Konstruktionen und Deutungen gibt. Und auch damit hätte man nicht gerechnet. Freuds Interesse an der Konstruktion wurde von Bion und den Kleinianern weitgehend beiseite gelegt. Sie konzentrierten sich auf die Gegenwart in den Sitzungen. Jetzt aber betont Bion wieder die Bedeutung der Konstruktion, allerdings in einer anderen Erscheinungsform. Einige zeitgenössische Kleinianische Analytiker könnten ihren Patienten eine Geschichte aus der Literatur erzählen, die ihnen gerade in den Sinn gekommen ist. Die Konstruktion hat nichts mit der Vergangenheit des Patienten zu tun. Es handelt sich um eine literarische »Erzählung«, die seine Gegenwart erhellt. In seinem Aufsatz über das Raster erklärt Bion, dass Konstruktionen mehrdeutig und Deutungen eindeutig sind. Und er ergänzt, dass Konstruktionen »schneller« wirken, vor allem, wenn wir es mit primitivem Material zu tun haben. Was könnte das bedeuten? Wenn man eine Deutung formuliert (vor allem wenn die Worte bestimmte Gefühle und Gedanken abstrahieren), kann diese bei Patienten, es sei denn, sie können selbst abstrakt denken, zu Schwierigkeiten führen, sie aufzunehmen. Das mehrdeutige visuelle Bild kann dann verschiedene Arten von Resonanzen erzeugen. Das Bild kann stärker an die Innenwelt eines Säuglings angepasst sein, also kleinteilig und schnell veränderlich. Ein mythisches Bild kann mehr containen und mehr von einem infantilen psychotischen Zustand aufnehmen. Wie ich schon in Bezug auf mein Zwiebelbild sagte, kann ein visuelles Bild auch eher psychotische Zustände der Analytikerin containen.

Schlussfolgerungen

Es ist eine interessante Frage, wo das Visuelle in uns zu verorten ist. In Bions Modell der Verarbeitungsprozesse wird ein visuelles Bild nützlich, wenn es die Alpha-Funktion durchlaufen hat. Was die Alpha-Funktion ausmacht, bleibt für Bion eine noch zu erforschende Frage. Allerdings erkennt er schon spezifische Faktoren darin, darunter auch die Verwendung von Mythen. Der Mythos ist ein Teil des Prozesses, in dessen Verlauf das »Ungedachte« zum »Gedanken« wird. Gleichzeitig ist er, der Mythos, eines der Ergebnisse genau dieses Prozesses.

Ich habe über zwei Gruppen von visuellen Bildern gesprochen: eine Gruppe (das Bild der Zwiebel und das von Katze und Maus), die fast wie eine konkrete Notfallausrüstung arbeitet, und eine zweite Gruppe (das Baby auf dem Hügel und Bions fünf Erzählungen), die entwickelter und mehrdeutig ist. Beide Gruppen sind gleichermaßen visuell, was den Zugang zu ihnen und das Verständnis betrifft. Obwohl beide Gruppen von visuellen Bildern in Zeile C des Rasters angesiedelt sind, habe ich die Unterscheidung zwischen ihnen in der klinischen Praxis als greifbar und hilfreich empfunden.

Visuelle Bilder, Erzählungen und Geschichten – sie gefallen uns einfach. Wenn wir Schwierigkeiten haben, Ausführungen zu folgen, sagen wir gern: »Gib mir mal ein Beispiel!« Wir verlangen nach Beweisen, die eine wissenschaftliche klinische Debatte ermöglichen, aber wir bitten auch um eine Geschichte, um etwas »Sicht«-bares. Ich vermute, dass Bion sich dieses Umstandes sehr wohl bewusst war. Er versorgte seine Zuhörer mit visuellen Erzählungen, vor allem, wenn er etwas Schwieriges verdeutlichen wollte. *Transformations* (1997 [1965]) wird von vielen für sein schwierigstes Buch gehalten. Es enthält meiner Ansicht nach die meisten visuellen Bilder. Gleich zu Anfang steht das denkwürdige Bild der Mohnblumenwiese.

Nun mag man denken: »Schön und gut, jeder weiß, dass Geschichten gut ankommen, aber richten sie sich nicht nur an das Kind in uns und nicht an den

Erwachsenen?« Wenn wir lesen, dass Anna Freud von Erdbeeren träumte, nachdem sie hatte hungern müssen, dann neigen wir dazu, zärtlich zu lächeln. Wir ahnen aber auch, dass es sich um mehr handelt als um ein Beispiel für eine einfache Wunscherfüllung in einem Traum. Denn dieser Traum zeigt, wie man sich in einer dringenden Notlage Dinge vor Augen führen kann, die sich körperlich nicht realisieren (in diesem Fall essen) lassen – und genau das können Babys.

Möglicherweise ist unsere visuelle Fähigkeit weniger abhängig vom Objekt als andere Aspekte unseres Denkens. Die Modifikation unserer Triebwünsche, Konflikte und Ängste im Traum ist weniger abhängig vom Objekt als beim wachen Denken *(waking thinking)*. Wenn wir keine bedeutsamen Objekte zur Hand haben (wie es bei mir im frühen Stadium der Analyse und bei Bion vielleicht beim Erscheinen von Katze und Maus der Fall war), dann greifen wir wahrscheinlich auf eine in uns liegende Fähigkeit zurück, die archaisch, aber weniger abhängig von einem Objekt ist – nämlich auf die Fähigkeit für visuelle Bilder.

Übersetzung aus dem Englischen unter fachlicher Beratung von Stefanie Sedlacek

Literatur

Bion, W.R. (1992 [1963]). *Elemente der Psychoanalyse*. Suhrkamp.

Bion, W.R. (1997 [1965]). *Transformationen*. Suhrkamp.

Bion, W.R. (2013). *Los Angeles Seminars and Supervisions*. Routledge.

Bion, W.R. (2014 [1918]). War Memoirs Diary: 1918. In *The Complete Works of W.R. Bion. Band III* (S. 71–191). Herausgegeben von C. Mawson. Routledge.

Bion, W.R. (2014 [1963a]). Elements. In *The Complete Works of W.R. Bion. Band V* (S. 1–86). Herausgegeben von C. Mawson. Routledge.

Bion, W.R. (2014 [1963b]). Transformations. In *The Complete Works of W.R. Bion. Band V* (S. 115–280). Herausgegeben von C. Mawson. Routledge.

Bion, W.R. (2014 [1963c]). The Grid. In *The Complete Works of W.R. Bion. Band V* (S.vii, 87–114). Herausgegeben von C. Mawson. Routledge.

Bion, W.R. (2014 [1970]). Attention and Interpretation. In *The Complete Works of W.R. Bion. Band VI* (S. 211–330). Herausgegeben von C. Mawson. Routledge.

Bion, W.R. (2014 [1971]). The Grid. In *The Complete Works of W.R. Bion. Band X* (S.vii, 1–51). Herausgegeben von C. Mawson. Routledge.

Bion, W.R. (2014 [1973]). Brazilian Lectures. In *The Complete Works of W.R. Bion. Band VII* (S. 1–197). Herausgegeben von C. Mawson. Routledge.

Bion, W.R. (2014 [1991]). Cogitations. In *The Complete Works of W.R. Bion. Band XI.* (S. 1–349). Herausgegeben von C. Mawson. Routledge.

Die Autorin

Nicola Abel-Hirsch ist Lehranalytikerin und Supervisorin der Britischen Psychoanalytischen Gesellschaft (BPS) und arbeitet in privater Praxis in London. Sie hat klinische und theoretische Aufsätze und Vorträge verfasst und Seminare über Bion in Großbritannien, Taiwan (jährlich von 2005 bis 2012), den USA und Europa abgehalten. Von 2013 bis 2015 war sie Visiting Professor am Centre for Psychoanalytic Studies an der University of Essex. Sie ist Herausgeberin von Hanna Segals letztem Buch *Yesterday, Today and Tomorrow* von 2007 und Autorin (2019) von *Bion 365 Quotes.*

Kontakt per E-Mail: nicolaabelhirsch@icloud.com

Kontakt zur Übersetzerin: Dr. Stefanie Sedlacek, Isegrimsteig 2, 13503 Berlin; E-Mail: dr. stefanie.sedlacek@gmx.de

Grenzverletzungen in der Psychoanalyse

Angriffe auf den Container Psychoanalyse und deren Verleugnung

Jürgen Thorwart

Einleitung

Als ich den Titel der DGPT-Jahrestagung 2023 erstmals las, erinnerte ich mich spontan an einen Beitrag von Muriel Dimen, Anthropologin und Psychoanalytikerin in New York, mit dem Titel »Rotten apples and ambivalence. Sexual boundary violations trough a psychocultural lens«, der im Februar 2016 im *Journal of the American Psychoanalytic Association* (JAPA) veröffentlicht wurde. Die Autorin starb wenige Wochen nach dem Erscheinen mit 73 Jahren. Im ersten Teil meines Beitrags beziehe ich mich ganz auf die Überlegungen von Dimen und werde an einigen Stellen eigene Überlegungen hinzufügen. Im zweiten Teil stelle ich den einigermaßen ernüchternden Beitrag von Glen Gabbard (2022 [2017]) »Sexuelle Grenzüberschreitungen in der Psychoanalyse. Ein Rückblick auf 30 Jahre« vor und schließe mit einem persönlichen Beispiel einer Grenzverletzung und der Frage, wie wir damit umgehen können.

Muriel Dimen: Faule Äpfel und Ambivalenz – sexuelle Grenzverletzungen durch eine psychokulturelle Linse

Wenn wir über Grenzverletzungen in analytischen Behandlungen sprechen, befinden wir uns nicht mehr auf der Ebene von gesprochenen Worten, Phantasien und Affekten, sondern gehen – mit Dimen – vom Denken ins Handeln, vom Symbolischen zur Materialität des Lebens – das Außen kommt in die Behandlung hinein. Grenzverletzungen sind immer auch Ausdruck der Ausübung von Macht und Träger der Kultur. Sie rühren am sozialen Kontext der Psychoanalyse, ihren Regeln und ihrer disziplinierenden Macht. Und sie sind für jede Gruppe ein Problem – und auch ein Problem der Gruppe.

Muriel Dimen (1943–2016) versucht als ausgebildete Anthropologin, Psychoanalytikerin und Whistleblower (als die sie sich selbst sieht) verschiedene Perspektiven einzunehmen. Aus ihrer Sicht ist es jedenfalls unzureichend, das Phänomen ausschließlich als psychologische Angelegenheit zu betrachten. Den Impuls zu schweigen, hält sie für einen fruchtbaren Boden für intergenerationale Übertragungen und damit für die Wiederholung von Traumata. Sie berichtet über die Aussage eines Kollegen:

> »›Wenn ich weiß, dass mein Kollege von einer Grenzverletzung weiß, macht mich dieses Wissen so besorgt um meinen geliebten Beruf und lässt mich so sehr befürchten, dass ich befleckt werde, dass ich Distanz zwischen mir und demjenigen, der davon weiß, schaffen möchte, selbst wenn diese Person nie mit mir darüber spricht‹« (Dimen, 2016, S. 362; Übersetzung J. T.).

In Seminaren und Veranstaltungen über Ethik und Grenzverletzungen fiel mir wiederholt eine manchmal mehr und manchmal weniger ausgeprägte Tendenz auf, über Dritte zu sprechen, nämlich diejenigen, die einen Regelverstoß begangen haben. Diese Fokussierung auf die Außenperspektive dient aus meiner Sicht meist der Abwehr. Es ist das Unbehagen, sich diesem Thema zu stellen – und dann auch noch in Gegenwart anderer Kolleg*innen. Vielleicht rührt es auch an Szenen, in denen die Grenze zur Grenzverletzung phantasiert, bereits berührt oder auch schon überschritten wurde, samt damit einhergehender Ängste, Schuld- und Beschämungsgefühle. Unter Einbeziehung der Grundannahmen Bions könnte die »Kampf-Flucht-Gruppe« als Erklärungsmodell dienen – es geht um den Selbsterhalt (der Gruppe), also den Kampf gegen Kolleg*innen, die die Psychoanalyse durch Grenzverletzungen bedrohen, und die Flucht vor der Auseinandersetzung mit dem Thema in der Gruppe zwischen den einzelnen Mitgliedern (Bion, 1990 [1961], S. 46, 111f.).

Dimen greift eine Formulierung des Latin American Institute for Mental Health and Human Rights (ILAS) auf, das von einer »Privatisierung des Schadens« spricht. Nach ihrer Ansicht neigt die Psychoanalyse dazu, die kulturellen Wurzeln individueller Schwierigkeiten auszulöschen. Wenn es z. B. um sexuelle Übergriffe geht, haben es die Analytiker[1] in Übereinstimmung mit ihrer Expertise historisch vorgezogen, sich auf die einzigartige Individualität des Leidens zu

1 Ich verwende im Hinblick auf grenzverletzende Kolleg*innen nachfolgend überwiegend die maskuline Form, da der Anteil männlicher Täter bei sexuellen Grenzverletzungen weit überwiegt.

konzentrieren: Täter sind krank, Patientinnen sind verführerisch, es gibt Ausnahmen, Äpfel verfaulen, man wirft sie raus.

Solche Beispiele »fauler« und entfernter »Äpfel« gab und gibt es in der DGPT, aber auch in vielen Instituten und auch in Fach- und Berufsgesellschaften. Auf den ersten Blick erscheint es, als wären damit alle Probleme erledigt bzw. beseitigt. Manchmal werden die Kollegen, obgleich sie wichtige Funktionen in der Institution innehatten, nicht einmal mehr namentlich erwähnt – als hätten sie nicht existiert. Oder es entsteht große Unsicherheit, ob die Ereignisse benannt und mit einem Namen in Zusammenhang gebracht werden dürfen. Interessant ist auch, dass es in psychoanalytischen Instituten nur sehr selten so etwas gibt wie eine historische Chronik. Gerade im Hinblick auf Brüche, die durch Grenzverletzungen und Ausschlüsse von Mitgliedern entstanden sind, gibt es dann oft nur noch vage Hinweise, Gerüchte, dass etwas passiert ist, nicht aber Klarheit und Transparenz darüber, was passiert ist und welche Bedeutung das für das Institut und seine (weitere) Geschichte hatte bzw. hat.

Umgekehrt – so Dimen zum Stichwort »Privatisierung des Schadens« – werden vertraute Methoden, wie sie im alltäglichen, nicht-institutionellen Gruppenleben vorkommen, zur Beseitigung der Störung eingesetzt: Täter werden exkommuniziert, Opfer diskreditiert oder bemitleidet, Informanten isoliert, Äpfel weggeworfen. Und deshalb schlägt sie vor, ein kritisches Denken dadurch zu ermöglichen, dass die Ambivalenz der Gruppe anerkannt wird, was voraussetzt, dass es ein gewisses Verständnis für den Platz gibt, welches das Phänomen Grenzverletzung in der Psychoanalyse als sozialer Institution einnimmt.

Sie stimmt den Überlegungen von Gabbard und anderen Autor*innen zu, die Forschungen und Theorien zu »liebeskranken Einzeltätern« und »Serientätern mit narzisstischer Pathologie« vorgelegt haben, sieht aber die Notwendigkeit eines komplexeren intellektuellen Kontexts: Eine »Volkstheorie« *(folk theory)*, die an das Sprichwort »Ein fauler Apfel verdirbt das Fass« *(one rotten apple spoils the barrel)* anknüpft. An den anderen Äpfeln ist nichts auszusetzen. Sie sind gut. Es ist nur so, dass sich ein anfälliger Apfel mit diesen fiesen Schimmelsporen angesteckt hat und diese nun auf die anderen Äpfel übertragen und sie ruinieren wird. Übertragen auf die Psychoanalyse würde das bedeuten, dass die faulen Äpfel immer wieder herausgeworfen werden, nur um dann feststellen zu müssen, dass – siehe da – ein anderer verfault. Das deutet einerseits daraufhin, dass der Kern der Sache, ob man sie nun mit Begriffen wie »Pathologie«, »Verbrechen«, »Verbrecher«, »ethischer Bruch« oder »Transgression« bezeichnet, noch nicht erreicht ist. Vielleicht müssen wir, Bion folgend, den Behälter *(container)* selbst überprüfen. Es könnte sein, dass ein Grund dafür, die faulen Äpfel immer wieder wegzuschmeißen, darin besteht, das Gefäß – das ja die Psychoanalyse selbst ist – zu schützen. Das könnte eine jener sozialen Funktionen sein, die auf unbewusste kollektive Art und Weise danach strebt, die soziale Einheit so zu erhalten, wie sie immer war. Da mit dem Fass nichts verkehrt ist, so die Prämisse, braucht man nur den Apfel zu beseitigen. Aber es bleibt die Frage: Ist das Gefäß durch Schimmelsporen des Apfels gefährdet oder erzeugt es auch von sich aus Fäulnis?

Psychoanalyse als sexuelles Feld

Das Tabu von Sex zwischen Analytiker und Patientin ist grundlegend für die Psychoanalyse. Es schafft eine Abwesenheit, die den potenziellen Raum erweitert, ja sogar erzeugt. Die Lücke funktioniert nach Dimens Ansicht auch ein wenig wie Bions (1984 [1962]) »Präkonzeption« – eine unbestimmbare Erwartung von etwas, das noch nicht geformt, weder erkannt noch erkennbar ist, ein Platzhalter für die Möglichkeit, die die Psychoanalyse potenziert. Insofern diese Präkonzeption grundlegend ist, sendet ihre Verletzung Erschütterungen bis in die DNA des psychoanalytischen Gebäudes. Und dieser Alarm könnte in den Bereich der Beta-Elemente fallen. Da sie undenkbar sind, zeigen sich diese Erschütterungen nach Bions Theorie in Form von projektiven Identifikationen: »Warum tut sie uns das an?«, fragte eine Zuhörerin nach einem Vortrag, den Dimen über einen sexuellen Übergriff hielt, den sie selbst in ihrer Analyse erlebt hatte. Das warf für Dimen die Frage auf, ob sie schädlich sei und wenn ja, welchen Schaden sie angerichtet hatte. Durch die Enthüllung sexueller Grenzverletzungen wird das Gefäß in seinen Grundfesten erschüttert, aber stattdessen wird die Whistleblower*in zum Problem gemacht. Das ist als Zeichen einer gemeinsamen, elementaren Verweigerung, »-K« im Dienste des Schutzes des Containers (ebd.) zu interpretieren. Ja, jede*r »weiß«, dass sexuelle Grenzverletzungen vorkommen. Aber dieses Wissen ist irgendwie abgeschottet und eindimensionalisiert *(one-dimensionalized)*. Es ist eine Wahrheit im Kopf, nicht in den Knochen und Herzen.

Psychoanalyse als kulturelle Institution

Der faule Apfel stellt ein kulturelles Problem dar, nämlich das der Verschmutzung. Der Gegensatz zwischen Reinheit und Unreinheit, der in allen menschlichen

Kulturen existiert, dient dazu, für Ordnung zu sorgen und so die Kultur zu bewahren. Schmutz ist gefährlich unrein und droht alles zu verderben. Aber er gehört, wie das Reine, Saubere zum System, und in jeder Kultur werden Wege gefunden, um das Reine vom Unreinen abzugrenzen und zu trennen. Das gilt etwa im religiösen Bereich (Trennung von Milch und Fleisch oder Rindfleisch von Schweinefleisch), aber auch auf anderen Gebieten wie der Sexualität.

Aus anthropologischer Perspektive scheint das Verbot sexueller Handlungen zwischen Analytiker und Patientin eine Rolle bei der Aufrechterhaltung der Institution zu spielen. Dass dieses Tabu klinisch und therapeutisch entscheidend ist, hindert es nicht daran, auch eine rituelle und ideologische Funktion zu erfüllen: Als Prämisse ist es ein Zeichen für die Identität, Integrität und Heiligkeit der Psychoanalyse. Ihre Verletzung verunreinigt: Sex am falschen Ort – im Sprechzimmer – verunreinigt nicht nur die Beteiligten oder die Umstehenden, sondern, so die Ansicht von Dimen, die gesamte institutionelle Ordnung der Psychoanalyse. In der Psychoanalyse wurde dann ganz traditionell mit Reinigungsritualen reagiert: Der Täter ist krank, also wird er hinausgeworfen. Auch andere werden durch die Tat verdorben: das Opfer, das durch seine Teilnahme am Sex als verführerisch gelten kann, sodass seine Beschwerde entkräftet und die Tat des Täters ausgelöscht wird.

Sue von Baeyer vom San Francisco Center for Psychoanalysis berichtete in einem Vortrag, den sie auf der Konferenz »Wounds of History« in New York hielt, dass sie sich befleckt fühlte, nachdem bekannt wurde, dass ihr Ausbildungsanalytiker Dan Greenson eine sexuelle Grenzverletzung begangen hatte – ausgelöst durch die Weigerung der Ausbildungsanalytiker*innen ihres Instituts, sie in Behandlung zu nehmen (es handelt sich um eine persönliche Mitteilung an Dimen im Februar 2016). Hier wird eine Linie zwischen Reinheit und Gefahr gezogen – zwischen uns, den Reinen, den Guten, und ihnen: den Schmutzigen, Unreinen, Ansteckenden.

»Ein Angehöriger eines Stammes, den wir Psychoanalyse nennen«, »a kinsperson in the tribe we call psychoanalysis« (so die Formulierung von Muriel Dimen, 2016, S. 368; Übersetzung J. T.), hat gegen einen grundlegenden Grundsatz verstoßen. Allerdings war er nicht der einzige, sondern steht in einer eindrucksvollen Genealogie: Ferenczi, Jones, Stekel, Gross und natürlich Jung – ganz zu schweigen von den vielen, vielen anderen, die unter dem Schleier der Geheimhaltung und der Erinnerung verlorengegangen sind. Eine solche Abstammung kann nur die beängstigende Frage aufwerfen: Hat das etwas mit der Psychoanalyse zu tun? Und: Ist das, was dieses Phänomen in Gang hält, mit dem verbunden, was die Psychoanalyse in Gang hält?

Die Verletzung der Psychoanalyse

Täter, Opfer und Whistleblower*innen, deren Körper von sexuellen Grenzverletzungen gezeichnet sind, erinnern an die Verletzlichkeit der Psychoanalyse selbst. Die Körper von Analytikern und Patientinnen werden sorgfältig überwacht, nicht nur – aber auch – wegen des hippokratischen Eids.

Die Psychoanalyse selbst, eine sterbliche Institution, bevölkert von sterblichen Menschen, hat Schwächen. Da gibt es die Regel, die Sex zwischen Arzt und Patientin verbietet und den Impuls auslöst, sie zu brechen. Da gibt es das Begehren, ohne das die Analytiker*innen nicht arbeiten können, dass aber in der Arbeit kein sicheres Zuhause hat. Da gibt es die Erinnerung, die das Begehren mit sich trägt: Sex neigt dazu, ungelöste inzestuöse Frustrationen und Sehnsüchte neben alltäglichem, aber schmerzhaftem Bedauern über die Misserfolge und Verluste in der Liebe und im Sex wieder zu entfachen. Diese Unvollständigkeit verstärkt die Anfälligkeit für unerwiderte Liebe, die unter dem Druck von Trauer oder Tragödie (der liebeskranke Analytiker) oder Pathologie (der serielle oder narzisstische Räuber) von der Repräsentation zum Akt, vom Symbolischen zum Realen springt.

Wenn Reinheit für die soziale Akzeptanz entscheidend ist, dann ist ein unbefleckter Ruf entscheidend. »Hast du keine Angst, dass du der Psychoanalyse schadest?«, wurde Dimen von einem kanadischen Kollegen zu ihrer Arbeit, die sie gerade schrieb, gefragt. Nachdenklich meint die Autorin dazu: Bereits geschwächt, muss sie (die Psychoanalyse) vielleicht unter Quarantäne gestellt werden …

Schon Freud war angesichts der Eskapaden seiner Schüler mit Patientinnen um den Ruf der Psychoanalyse besorgt – und, nach meinem Eindruck, sehr viel weniger um die betroffenen Patientinnen. Sein rigider Umgang mit Gegenübertragungsgefühlen (Stichwort: »Indifferenz, die man sich durch Niederhalten der Gegenübertragung erworben hat«; Freud, 1915a [1914], S. 313) scheint bei vielen Analytiker*innen der nachfolgenden Generationen zu einer starren Abwehr geführt zu haben, die in entsprechenden Konstellationen (z. B. Verliebtheit und Sexualisierung bei Patient*innen als Versuch der Vermeidung präödipaler Nähe) zum Ausagieren tendiert (Hirsch, 2012, S. 83f.). Ferenczi, der in einem knappen Kapitel unter dem Titel »Die Bewältigung der Gegenübertragung« (1984 [1919], S. 49ff.) das Potenzial dieses Phänomens erkannt hatte und damit als eigentlicher Pionier der Gegenübertragung bezeichnet werden kann, wurde ignoriert (Thorwart, 2010, S. 35ff.). In der späteren Flut von Arbeiten zur Gegenübertragung (ab den 1950er Jahren bis heute) wurde und wird er so gut wie nicht erwähnt. Zugleich scheint mir, dass es zu einer Verengung des Konzepts auf die reaktive Gegenübertragung kam, die ihrerseits gerade bei Grenzverletzungen auch Abwehrcharakter haben könnte, indem sie insbesondere das Gegenüber als Ausgangspunkt der Geschehnisse in den Blick nimmt. Die Frage nach dem eigenen Beitrag gerät so leicht in den Hintergrund.

Faule Äpfel und Stigma

Dimen nimmt Erving Goffmans (1963) Untersuchungen zum Stigma, das er als »verdorbene Identität« *(spoiled identity)* definiert, zum Ausgangspunkt ihrer diesbezüglichen Überlegungen. Wenn die Verunreinigung die gesamte soziale Gruppe bedroht, teilt die Bedrohung durch das Stigma diese in zwei ungleiche Teile: die Diskreditierten und die Diskreditierbaren. Die Diskreditierten sind diejenigen, die das Stigma des Andersseins tragen: Ihre Andersartigkeit zeigt sich. Die Diskreditierbaren hingegen sind diejenigen, deren Stigma weder bekannt noch unmittelbar wahrnehmbar ist. Goffmans bemerkenswerte Erkenntnis ist: Die meisten Menschen sind diskreditierbar. Die meiste Zeit leben die meisten Menschen mit der Angst, wegen des einen oder anderen potenziell diskreditierenden Verhaltens oder Gedankens oder einer Sache geoutet zu werden – heimliches Essen z. B., ungewöhnliche sexuelle Praktiken (ganz zu schweigen von Phantasien über Sex mit einem Kind oder einer Patientin) oder politisch inkorrekte Überzeugungen oder verdeckte Körperteile, die seltsam erscheinen oder sind. Stigmata sind eine Reihe von sozialen Praktiken, die durch Scham und eine Machthierarchie genährt werden, die das Akzeptable vom Unakzeptablen trennt. Als System erschafft es eine Wahrheit aus einer Lüge: Die Diskreditierbaren haben etwas zu verbergen, aber ihr Mehrheitsstatus macht sie rein und normal.

Für die Psychoanalyse könnte man also sagen, dass diejenigen, die nicht in sexuelle Grenzverletzungen verwickelt waren, die Normalen sind. Das heißt aber nicht, dass sie nichts haben, was sie diskreditieren könnte, sondern nur, dass sie nicht durch sexuelle Grenzüberschreitungen diskreditierbar sind. Aber die meisten haben etwas in ihrem Leben, von dem sie nicht wollen, dass andere es wissen. Diese Diskreditierbarkeit ist eine unangenehme Tatsache des Lebens, an die sie erinnert werden, wenn einer derjenigen, mit denen sie sich identifizieren (das kann ein Kollege oder befreundeter Kollege sein), durch die Verbindung mit sexueller Übertretung stigmatisiert wird. Diese Enthüllung wiederum ruft bei allen anderen die unausgesprochene Angst hervor, wegen einer geheimen persönlichen Wahrheit geoutet und folglich diskreditiert zu werden. Da aber die Diskreditierbaren ihre private Schande nicht loswerden können oder wollen, ziehen sie es vor, sich durch Projektion selbst zu reinigen, indem sie diejenigen eliminieren, die ihre Schande nicht verbergen können. Sie löschen den Täter und den Beleidigten (das Opfer) und den Informanten aus, und – siehe da – das stigmatisierende Ereignis, das ihren geliebten und wertvollen Beruf befleckt, hat es nie gegeben.

Wenn die Nachricht von einer sexuellen Grenzverletzung die Runde macht oder das Phänomen ins Gespräch kommt, wird jede*r in der Gruppe stigmatisiert: Das Stigma, das von den an der sexuellen Überschreitung Beteiligten getragen wird, überträgt sich wie in einem ansteckenden Prozess auf alle anderen. Denn: Das Stigma ist und war schon immer latent vorhanden. In diesem Sinne sind Täter, Opfer und Whistleblower Katalysatoren, denn sie bringen das normalerweise distanzierte Wissen um das, was schon da ist, hervor. Die Angst und die Zuschreibung von Ansteckung verdecken das Wissen, dass alle Analytiker bereits verseucht sind. Solange das routinemäßige Vorhandensein von sexuellen Grenzverletzungen in der Psychoanalyse dissoziiert wird, muss das Feld in der Angst leben, diskreditiert zu werden.

Ich möchte an dieser Stelle darauf hinweisen, dass nicht alle Analytiker in gleicher Weise verseucht sind, aber auch nach meiner Ansicht wäre es eine Verleugnung der Realität, so zu tun, als würde uns das Thema nicht alle angehen.

Hass, Idealisierung und Ambivalenz

Im letzten Abschnitt ihres Beitrags stellt Muriel Dimen die Fragen, wie man etwas tun kann und wogegen man nichts tun kann. Das Risiko der Stigmatisierung stellt eine tiefe Verwerfung in der Psychoanalyse dar, und es ist eine der Zumutungen, die den Hass der Analytiker auf ihre Disziplin erzeugen. Bei einem Teil der sexuellen Grenzverletzungen – Dimen bezieht sich hier auf von Baeyer – stellt sich die Frage, ob es sich nicht um verleugnete und abgespaltene Aggression handelt und heimtückisch als Hass auf die Prinzipien, die die Psychoanalyse erst möglich machen, wirkt. Das Problem ist aber – wie Dimen ausführt – gar nicht, dass wir die Psychoanalyse hassen, sondern dass wir sie nicht hassen dürfen. Die individuelle Pathologie alleine erklärt jedenfalls nicht die ausufernde Angst, die die Normalen, die Diskreditierten, dazu treibt, ohne zu denken zu handeln und die Stigmatisierten und Diskreditierten auszustoßen.

Die systemische Natur des Phänomens verweist auf einen Umstand, den Winnicott in seiner Arbeit »Hass in der Gegenübertragung« (1997 [1949]) mutig benannt hat: Hass ist ein routinemäßiger, diskreditierender Aspekt der Arbeit, und er nannte 18 Gründe, warum Mütter ihre Babys hassen, um zu veranschaulichen, warum Analytiker*innen ihre Patient*innen und – wie Dimen hinzufügt – ihre Arbeit hassen. Daher plädiert sie in Anlehnung an Winnicotts Absicht dafür, »dass wir den Hass mit unserer Liebe zu unseren Patienten, unserer Arbeit, uns selbst verbinden; dass Analytiker, wie Mütter, also die Ambivalenz annehmen müssen, die den Kern unseres psychoanalytischen Erbes ausmacht« (Dimen, 2016, S. 372; Übersetzung J. T.).

Ich frage mich an dieser Stelle, welchen Anteil der Hass auf die Psychoanalyse bei Winnicott gespielt haben könnte, angesichts seines grenzverletzenden Verhaltens in Sachen seines Lehranalysanden Masud Khan, das einen dunklen Schatten auf sein Lebenswerk wirft (Sandler, 2007).

In einem weiteren Schritt überlegt die Autorin: Könnte es sein, dass das Verbot des institutionellen Hasses auch von der ungelösten Idealisierung unserer Ältesten ausgeht, die in die Prozesse der Ausbildungsanalyse und Supervision eingebaut ist und die die hierarchischen Strukturen des Berufs aufrechterhält? Jedenfalls bringt die Psychoanalyse, wie jede Institution, endlose Rituale der Reinigung mit sich, ständige Akte der Idealisierung. Jede Konferenz etwa muss mit einer Affirmation des absoluten Wertes der Disziplin enden. Das gilt auch für jeden Aufsatz, vielleicht – so Dimen – auch für ihren eigenen. Wenn man sich an diesen obligatorischen Reinigungsakten beteiligt, fällt es einem aber auch schwer, über die zu behebende Verschmutzung nachzudenken, z. B. über sexuelle Grenzverletzungen, weil man dann an endemische Unreinheit, Verwerfungen und Stigmatisierung denken muss.

> »Es ist nicht der Hass auf die Psychoanalyse, der das Problem ist. Es ist die Schwierigkeit der Ambivalenz ihr gegenüber. Das ist vielleicht eine andere Art zu sagen, dass es mir darum geht, sexuelle Grenzverletzungen in den Bereich des K zu verschieben und unsere Reaktionen auf sie in Alpha-Elemente zu verwandeln« (Dimen, 2016, S. 373; Übersetzung J. T.).

Glen Gabbards persönlicher Rückblick auf sexuelle Grenzverletzungen in der Psychoanalyse

Glen Gabbard blickt auf seine drei Jahrzehnte währende theoretische und praktische Auseinandersetzung mit dem Thema Grenzverletzungen zurück: Als der in der Beratung bzw. Behandlung sexuell grenzverletzender Kolleg*innen (Therapeut*innen, Analytiker*innen oder Angehörige anderer helfender Berufsgruppen) wohl erfahrensten Analytiker ist sein früherer Optimismus hinsichtlich der Möglichkeit, solche Übertretungen zu verhindern, einer deutlich pessimistischeren Sichtweise gewichen (Thorwart, 2022).

Interessanterweise hatte sich bereits Freud in seinem Spätwerk sehr skeptisch über seinen Berufsstand geäußert. Ein vielleicht nicht zufällig wenig bekanntes Zitat im Rückblick auf sein Lebenswerk lautet:

> »Es scheint also, dass zahlreiche Analytiker es erlernen, Abwehrmechanismen anzuwenden, die ihnen gestatten, Folgerungen und Forderungen der Analyse von der eigenen Person abzulenken, wahrscheinlich indem sie sie gegen andere richten, so dass sie selbst bleiben, wie sie sind, und sich dem kritisierenden und korrigierenden Einfluss der Analyse entziehen können. Es mag sein, dass dieser Vorgang dem Dichter recht gibt, der uns mahnt, wenn einem Menschen Macht verliehen wird, falle es ihm schwer, sie nicht zu missbrauchen« (Freud, 1937c, S. 95).

Dies könnte sich mit der von Gabbard in seinem Beitrag erwähnten Einschätzung decken, dass eine binäre Klassifizierung von Behandler*innen in jene, die ethisch einwandfrei und jede, die Grenzverletzungen begehen, angesichts der Komplexität der verschiedenen Behandlungsdyaden und der keineswegs einheitlichen und kohärenten psychischen Struktur des Über-Ichs (oder Selbst) wenig Sinn ergibt. Denn wir alle sind als Psychoanalytiker*innen immer wieder gefährdet, im Kontext unserer (unbewussten) Konflikte und der daraus resultierenden Angst, Verzweiflung, Hoffnungslosigkeit, im Kontext von Ohnmacht, Liebe und Hass oder emotionaler bzw. narzisstischer Bedürftigkeit, der Verführung zu erliegen, die analytische Haltung – partiell – aufzugeben bzw. zu verlieren. Dies gilt umso mehr für psychische Krisensituationen, die dafür prädestiniert sind, das Über-Ich fragil werden lassen (das »*swiss cheese superego*«; Gabbard, 2017, S. 153). Dazu könnte die Beobachtung passen, dass im Sinne des *slippery slope* schwere Grenzverletzung am Ende einer Entwicklung stehen, die mit leichten Grenzverletzungen beginnt. Auf Gefahren, die hier drohen, hat Gabbard an anderer Stelle verwiesen:

> »Diese Kollegen, die der Sonne auf ihrem Höhenflug blinder Allmachtsphantasien zu nahegekommen sind und sich dabei versengt und entehrt haben, sind uns viel ähnlicher, als uns lieb sein mag« (Gabbard, 2007, S. 121).

In Anlehnung an diese Überlegungen Gabbards gehe ich von einem Kontinuum zwischen den Polen notwendiger »Grenzüberschreitung« und schädigender

»Grenzverletzungen« aus, in dem wir uns vor dem Hintergrund unserer Persönlichkeit, unserer individuellen psychisch-psychoanalytischen Entwicklung, unserer persönlichen Lebenssituation und natürlich auch den (vor- und unbewussten) psychischen Übertragungs- und Gegenübertragungsprozessen in der jeweiligen Behandlungsdyade bewegen.

Die Fähigkeit, dem Sog des Pols zur Grenzverletzung zu widerstehen, hängt zweifellos auch mit der psychoanalytischen Ausbildung zusammen: Diese wird durch eine idealisierte Lehranalyse beeinträchtigt, die zudem im Kontext der Institutionalisierung gefährdet ist, die negative Übertragung, Abschied, Trennung und Vergänglichkeit auszublenden. Aber auch andere Erfahrungen, wie Grenzverletzung in der Ausbildung, autoritäre und intransparente Strukturen, unklare Kriterien der Bewertung der fachlichen und persönlichen Eignung oder die unzureichende Auseinandersetzung mit den Grenzen der Methode und unseren individuellen Grenzen und Fähigkeiten, können destruktive Wirkungen haben.

Der Beitrag von Gabbard deckt sich in vieler Hinsicht mit dem, was der Ethikverein[2] ungeachtet aller Bemühungen um die Implementieren ethischer Leitlinien in psychotherapeutischen Institutionen, Beratungen und Fortbildungsveranstaltungen immer wieder beobachtet: eklatante Grenzverletzungen aller (nicht nur sexueller) Art, die verfahrens- und berufsgruppenübergreifend vorkommen und nur selten öffentlich werden, aber umgekehrt oft verschwiegen und geleugnet oder in einer pervertierten Argumentation gegen die geschädigten Patientinnen gewendet werden: »Sie wollten es doch!« (Schleu, 2021, S. 182ff.)

Hier kann man sich dem nur anschließen, was Gabbard prägnant konstatiert: Alle Analytiker*innen neigen dazu, zu rationalisieren, zu leugnen und Argumente zu suchen – und zu finden, um unethische Handlungen zu rechtfertigen (»[W]ir sind alle Meister der Selbsttäuschung«, »we are all masters of self-deception«; Gabbard, 2017, S. 155; Übersetzung J.T.). Das beinhaltet auch das von ihm beschriebene, weitverbreitete Phänomen, mit dem Finger auf einen bequemen Sündenbock, den »unethischen Analytiker«, zu zeigen, um eigene Schwachstellen in einen *convenient container* zu projizieren. Dem widerspricht nicht der zutreffende Hinweis von Gabbard auf eine Minderheit(!) von psychopathischen Analytikern, die zu skrupellosen Raubtieren an vulnerablen Patientinnen mutieren. Mit den verschiedenen Typen bzw. Konflikten missbrauchender Psychotherapeut*innen und ihrer Unterscheidung in »Einzelfalltäter«

2 Der Autor ist stellvertretender Vorsitzender und Berater des bundesweit tätigen Ethikvereins (siehe dazu www.ethikverein.de).

und »Wiederholungstäter« hat sich (auch) Hirsch (2012, S. 85ff.) ausführlich beschäftigt.

Trotz seiner Skepsis ist Gabbard nicht ganz pessimistisch in Bezug auf den Wert von Bildung und der Rehabilitation bei Kollegen, die ihre Verfehlungen anerkennen. Er sieht die Lösung nicht im Rückzug in Orthodoxie und Starrheit, sondern in der systematischen Wahrnehmung der Phantasie des Analytikers und seines Begehrens als Voraussetzung, dafür, dass diese nicht inszeniert werden.

Zur Auseinandersetzung mit (eigenen) Grenzverletzungen[3]

Auch wenn Dimen zurecht darauf hinweist, dass die Ebene der Psychologie nicht ausreicht, um das Phänomen sexueller (und anderer) Grenzverletzungen gänzlich zu verstehen, erscheint mir auch innerhalb der psychologischen bzw. psychoanalytischen Perspektive bislang ein bedeutsamer Faktor zu fehlen. Es geht nicht primär um die bewussten, vorbewussten und unbewussten Wünsche und Bedürfnisse oder die (neurotische oder strukturelle) Pathologie der (Lehr-)Analysand*innen oder die Inszenierung des analytischen Paares im Sinne der Übertragungs- und Gegenübertragungsszene, sondern ganz explizit um die Persönlichkeit der Analytiker*in, seinen und ihren Umgang mit eigenen (Trieb-)Impulsen, mit Nicht-Wissen, Scheitern, Versagen, Trauern und um den Umgang mit Hass, Neid und Idealisierungen.

Wie ich bereits angedeutet habe, möchte ich auf das Phänomen der Fokussierung auf die Außenperspektive, also das Sprechen – oder auch das Schweigen – über die Anderen, die Grenzverletzer*innen und Täter*innen, zurückkommen. Schon seit längerer Zeit bin ich zu der Überzeugung gelangt, dass eine fruchtbare Entwicklung beim Thema Grenzverletzungen, aber auch beim Thema Behandlungsfehler (auch ohne ethische Dimension), damit beginnt, sich mit eigenen Fehlern und Grenzverletzungen zu beschäftigen.

Es ging um eine Patientin (geboren auf einem anderen Kontinent), die ich nicht nur als attraktiv empfand, sondern die sich im Laufe der Behandlung in mich »verliebte« und begann, sich ein Leben mit mir zu erträumen, samt entsprechender, sehr konkreter Tagträume und Pläne sowie unverstellter sexueller Nachtträume. Mein Problem war, dass auch ich mich langsam aber sicher in sie

3 Dieses Kapitel basiert auf einem Vortrag, den ich 2016 anlässlich einer öffentlichen Fortbildungsveranstaltung der Akademie für Psychoanalyse und Psychotherapie München mit dem Titel »Blinde Flecken in der psychoanalytischen Praxis« gehalten habe.

»verliebte«. Zugleich war mir klar, dass die Beziehung, nicht nur wegen des Abhängigkeitsverhältnisses, sondern auch wegen ihrer insgesamt sehr schwierigen Beziehung zu Männern, wohl zum Scheitern verurteilt gewesen wäre. Und hinzukam die äußere Realität: Sie hatte minderjährige Kinder, eines davon noch ein Kleinkind, einen nach ihrer Schilderung sehr eifersüchtigen Ehemann, und: Ich selbst war verheiratet.

Dennoch war ich nur noch schwer in der Lage, meine eigenen Gefühle zu containen und ging einmal auch zu weit in meiner affektiven Selbstenthüllung. Dies – so würde ich es heute beurteilen – war eine unangemessene Grenzüberschreitung, ein Agieren und damit eine klare Grenzverletzung. Ich ahnte und wusste auch, dass ich wider besseres Wissen gefährdet war, von meinen Affekten überwältigt zu werden und sie nicht mehr kontrollieren zu können. In meiner Not wandte ich mich an eine vertraute Kollegin und Freundin. Ich konnte sehr offen mit ihr über die Behandlung sprechen und vor allem auch über mich, meine Gefühle und Ängste. Sie hörte mir aufmerksam zu, machte manchmal eine Zwischenbemerkung oder fragte nach und hielt sich mit einer Bewertung (insbesondere ethischer Art) zurück. Dieses Sprechen und Sich-anvertrauen-Können »erdeten« mich und vermittelten mir das Gefühl, mich wieder kontrollieren und meine analytische Haltung einnehmen zu können. Vermutlich spielte (unbewusst) auch der Umstand eine Rolle, dass nun eine Dritte mit mir auf die Behandlung schaute.

So gelang es mir, dem Sog, »in die Sonne zu fliegen« (Gabbard, 2007, S. 121) zu widerstehen und die stark affektiv aufgeladene Interaktion in einer für mich und die Patientin einigermaßen förderlichen Weise zu mentalisieren und triangulieren. Die Patientin spürte diese Bewegung in mir ganz offensichtlich, denn sie teilte mir wenig später mit, sie habe eine Affäre mit einem Mann (aus ihrem sprachlichen Kulturkreis) aufgenommen und ging durchaus auch auf Einzelheiten ihrer sexuellen Beziehung ein. Ich reagierte (in der Gegenübertragung) mit sehr zwiespältigen Gefühlen: Einerseits war ich gekränkt, als Liebesobjekt so fallengelassen zu werden; vielleicht war auch Hass im Spiel, den ich allerdings bewusst nicht wahrnehmen konnte. Andererseits fühlte ich mich auch sehr befreit – und wieder in der Lage, meine analytische Haltung einzunehmen.

Ich möchte die Grenzverletzung genauer erfassen: Als mich die Patientin in der Phase ihrer Verliebtheit und sexuellen Anziehung fragte, ob sie mit ihrem Gefühl, dass auch ich etwas für sie empfände, richtig liege, bestätigte ich ihre Vermutung. An dieser Stelle wurde schon etwas deutlich, was ich erst später erkannte: Ich reagierte recht impulsiv – also in Form eines Gegenübertragungsenactments –, statt meine analytische Haltung zu bewahren und überlegen bzw.

analysieren zu können, welche Folgen eine Selbstoffenbarung für mich, die Patientin und die Arbeitsbeziehung haben könnte. In der zweiten Szene aber kam die Initiative von mir: Auch wenn sie durch die von der Patientin mir gegenüber offenbarten Gefühle und Wünsche ausgelöst wurden, trage ich alleine die Verantwortung für die Verletzung der Grenze.

Dass die Fähigkeit zur Triangulierung bei der Bewältigung solcher Situationen eine wichtige Rolle spielt, muss vielleicht gar nicht betont werden – eher schon der sich anbahnende Verlust dieser Fähigkeit. Das kann sich dadurch bemerkbar machen, dass über bestimmte Patient*innen oder Behandlungssituationen nicht oder nicht mehr mit Dritten (also in der Super- oder Intervision) gesprochen wird oder werden kann – auch ich wagte es nicht, die Szene in meiner Intervisionsgruppe anzusprechen. Drohende oder bereits eingetretene Grenzverletzungen werden dann leicht rationalisiert oder vergessen, also verdrängt. Neben der Grenzverletzung per se kommt es dann möglicherweise zu einer zweiten Schädigung: der Verleugnung und Bagatellisierung der Grenzverletzung.

Beim Vortrag und insbesondere als ich diese Vignette vortrug, aber auch schon beim Schreiben, hatte ich Angst. Ich hielt ihn bei der öffentlichen Fortbildungsveranstaltung aus Anlass der »70-Jahr-Feier« der Akademie für Psychoanalyse und Psychotherapie in München vor etwa 300 Kolleg*innen – und war zu diesem Zeitpunkt Vorsitzender des Instituts. Im Vorfeld sprach ich mit zwei sehr erfahrenen Kollegen aus der Akademie, weil ich mir nicht sicher war, wie meine »Beichte« ankommen würde und welche Folgen das möglicherweise für das Institut haben könnte. Tatsächlich aber waren die Reaktionen des Auditoriums anerkennend und konstruktiv. Offensichtlich gab und gibt es auch ein Bedürfnis, darüber zu sprechen, worüber sehr selten gesprochen und noch seltener veröffentlicht wird: Grenzverletzungen, Behandlungsfehler und Nebenwirkungen in der Psychoanalyse und Psychotherapie.

Aus meiner Sicht ist es für die Psychoanalyse unabdingbar, anzustreben, was Diana Pflichthofer (2012) in ihrem lesenswerten Buch *Spielregeln der Psychoanalyse* geschrieben hat. Sie stellt den theoretischen Regeln Freuds seine wirkliche Praxis gegenüber und formuliert:

> »Das Verleugnen der Diskrepanz zwischen Theorie und Praxis kann zu einem großen Verlust für eine Wissenschaft werden, weil auf diese Weise Angelegenheiten aus der Praxis, empirische Erfahrungen, seien sie nun gut oder schlecht, keinen Eingang in die Theorie finden können. Meiner Vermutung nach hat die frühe Trennung in eine ›offizielle‹ Theorie und eine eher ›inoffizielle‹ Praxis ihren Niederschlag in uns allen gefunden« (ebd., S. 155).

Es geht dabei genau um das, was auch Dimen für notwendig hält: Grenzverletzungen in den Bereich von »K« zu verschieben und unsere Reaktionen auf sie in Alpha-Elemente zu verwandeln.

Aus meiner Sicht kann und sollte das Problem auf verschiedenen Ebenen angegangen werden: Zunächst erscheint es mir wichtig, dass eine Auseinandersetzung mit Grenzverletzungen, Behandlungsfehlern und Nebenwirkungen im Bereich der Aus- und Weiterbildung, aber auch im Rahmen von Fortbildung, stattfindet: Hier ist entscheidend, dass erfahrene Kolleg*innen bereit sind, über eigene Fehler, Verfehlungen und Grenzverletzungen in Behandlungen zu sprechen. Die diesbezüglichen Erfahrungen, die ich mit einer Kollegin in einem regelmäßig stattfindenden Ausbildungsseminar gemacht habe, sind vielversprechend. Sie öffnen die Möglichkeit, das Unaussprechliche auszusprechen, und die Fähigkeit zum respektlosen Respekt als Voraussetzung dafür zu stärken, »intime Themen anzusprechen, ohne intim zu werden« (Buchholz & Kächele, 2019, S. 156).

Von großer Bedeutung erscheint mir auch das Nachdenken über die Verletzung von ethischen Grenzen in psychoanalytischen Institutionen: Gabbard beschreibt Konstellationen, in welchen narzisstische Kränkungen, die Psychoanalytiker*innen in ihrer Organisation erlitten haben, mit Grenzverletzungen agieren oder in denen das Schweigen über Grenzverletzungen eine unbewusste Kollusion der Gruppe mit der analytischen Dyade darstellt. Das kann sich darin ausdrücken, dass wir eine heimliche Bewunderung für Kolleg*innen empfinden, die die Fesseln ethischer Verbote und die Restriktionen ihres Über-Ichs abwerfen, einschließlich des Wunsches mit diesem inakzeptablen Verhalten davonzukommen (Gabbard, 2022 [2017], S. 290). Es geht aber auch um eine kritische Auseinandersetzung mit inzestuösen Strukturen in einem dichten Netz von Loyalitäts- und Machtbeziehungen in Ausbildungsinstitutionen. Funktionsträger*innen sind, zumal in kleinen Instituten, durch die Kombination verschiedener Ämter und Funktionen (Vorstand, Lehranalytiker*in, Supervisor*in, Dozent*in) belastet und immer wieder auch überfordert (Thorwart, 2015, S. 46; Tibone & Schmieder-Dembek, 2015, S. 22). Darüber hinaus gibt es nicht wenige Beispiele von »analytischen (Ehe-)Paaren«, deren Beziehung während bzw. nach Beendigung der Lehranalyse entstanden ist. Dass Lehranalytiker*innen, die eine solche Beziehung mit dem Argument der Auflösung der Übertragungsbeziehung oder des Abschlusses der Lehranalyse vor Aufnahme der privaten Beziehung eingegangen sind oder sie im Nachhinein so rechtfertigen bzw. rationalisieren, weiterhin ihre Funktion im Ausbildungsbetrieb einnehmen, ohne dass dies Gegenstand einer kritischen Diskussion und Reflexion der Folgen für das Ausbildungsinstitut wird, ist höchst problematisch. Wir müssen uns heute fragen, welche Auswirkungen solche Verstrickungen – und auch das Schweigen und Verschweigen solcher Grenzverletzungen – auf die (vor-)bewussten und unbewussten Vorstellungen über die Lehranalyse und die Ausbildung als Psychoanalytiker*in hatten und haben.

Darüber sollten wir nicht vergessen werden, dass auch der Ausschluss von Kolleg*innen aus Instituten und Fachgesellschaften bei schweren Grenzverletzungen zwar notwendige, nicht aber hinreichende Bedingung für die Bewältigung von Grenzverletzungen ist. Andernfalls bliebe es bei dem von Gabbard angesprochenen *convenient container* und der versäumten Chance, das entstandene Leid (bei Patient*innen, Lehranalysand*innen, Supervisand*innen, Kolleg*innen, Institutionen und nicht zuletzt auch bei den grenzverletzenden Kolleg*innen) anzuerkennen, zu betrauern und integrieren. Mit Dimen formuliert, bliebe es bei »-K« im Dienste des Schutzes der Containers Psychoanalyse bzw. der psychoanalytischen Institution. Meines Erachtens sind für solche Prozesse Großgruppen ein wichtiger Resonanzraum, in dem das Geschehene und die dadurch ausgelösten Affekte ausgesprochen, bearbeitet und verdaut werden können. Und hier hätte auch die angesprochene Ambivalenz einen Platz.

Gilt der Ausschluss des faulen Apfels eigentlich für immer und lebenslang? Das würde dann sogar über den Strafrahmen des Strafgesetzbuches weit hinausgehen, der eine temporäre Strafe vorsieht. Wäre es denkbar, hinausgeworfene Kolleg*innen einzuladen, um ihnen im Falle von Hinweisen auf eine intensive (selbst)analytische Reflexion ihres Handelns eine Rückkehr in das Institut, die Berufs- und oder Fachgesellschaft zu eröffnen? Das ist sicherlich nicht in allen Fällen sinnvoll und möglich, aber bereits die Fähigkeit sich für eine solche Option zu öffnen, dürfte der Tendenz zur Etablierung eines *convenient containers* im Sinne Gabbards entgegenwirken.

Abschließend noch eine Anmerkung zu strukturellen Schwierigkeiten: Wir sprechen im Zusammenhang von Grenzverletzungen meist über drei Ebenen:

- ➢ Da ist zunächst die Ebene der Arbeitsgruppe(n) Ethik; hier können sich interessierte Kolleg*innen und Aus- und Weiterbildungsteilnehmer*innen Gedanken über verschiedene ethische Themen im Rahmen des Instituts machen. Hier können Fragen des Umgangs mit Problemen in der Ausbildung (z.B. Lehranalyse, Supervision), des Umgangs mit dem Ausfall- bzw. Bereitstellungshonorar oder im Institut bekanntgewordene Grenzverletzungen und der Umgang damit diskutiert und Vorschläge an den Vorstand, die Ausbildungsgremien oder die Mitgliederversammlung gerichtet werden.
- ➢ Die Ebene der Vertrauensleute bzw. Vertrauensanalytiker*innen und der Schieds- oder Ethik-Kommissionen ist inzwischen an vielen (aber nicht

allen) DGPT-Instituten etabliert, auch wenn die Begriffe leider recht unterschiedlich verwandt werden.

- Selten wird die Ebene der Institutsvorstände in den Blick genommen: Als (juristische) Vertretung der Aus- bzw. Weiterbildungsstätte haben sie Aufgaben und Pflichten, wenn es im Institut und insbesondere im Rahmen der Aus- und Weiterbildung zu Problemen kommt oder Hinweise auf ethische Verfehlungen vorliegen. Bereits aus den Ausbildungs- und Prüfungsordnungen für Psychologische Psychotherapeut*innen und Kinder- und Jugendlichenpsychotherapeut*innen besteht die Pflicht zur regelmäßigen Kontrolle der Supervisor*innen (§4 Abs. 3 PsychTh-APrV und KJPsych-APrV) durch die Ausbildungsstätte, die nach außen (beispielsweise gegenüber den Landesprüfungsämtern – und künftig auch den Landespsychotherapeutenkammern) durch den Vorstand vertreten wird.

In psychoanalytischen Institutionen (es geht mir hier vor allem um die Aus- und Weiterbildungsinstitute) besteht immer wieder Unklarheit darüber, wer wofür zuständig bzw. verantwortlich ist. Das ist in diesem Zusammenhang sicher kein Zufall – denn wer hat schon große Lust, sich mit faulen Äpfeln auseinanderzusetzen, zumal, wenn es Ethik-Gremien gibt, deren Aufgabe es ist, sich genau damit zu beschäftigen.

Aber: Das Thema geht uns alle an.

Literatur

Bion, W.R. (1984 [1962]). *Learning from Experience.* Karnac.

Bion, W.R. (1990 [1961]). *Erfahrungen in Gruppen und andere Schriften.* S. Fischer.

Buchholz, M.B. & Kächele, H. (2019). Verirrungen der bundesdeutschen Diskussion – Eine Polemik über die technokratische Umgestaltung der Psychotherapie. *Psychotherapeutenjournal, 18*(2), 156–162. https://www.psychotherapeutenjournal.de/ptk/web.nsf/id/li_ausgabe2-2019.html

Dimen, M. (2016). Rotten apples and ambivalence. Sexual boundary violations through a psychocultural lens. *JAPA, 64*(2), 361–373. https://doi.org/10.1177/0003065116640

Ferenczi, S. (1984 [1919]). Zur psychoanalytischen Technik. In ders., *Bausteine zur Psychoanalyse. Band II: Praxis* (S. 38–54). Ullstein.

Freud, S. (1915a [1914]). Bemerkungen über die Übertragungsliebe. *GW X,* S. 306–321.

Freud, S. (1937c). Die endliche und die unendliche Analyse. *GW XVI,* S. 59–99.

Gabbard, G.O. (2007). Misslungene psychoanalytische Behandlung suizidaler Patienten. In S. Zwettler-Otte (Hrsg.), *Entgleisungen in der Psychoanalyse. Berufsethische Probleme* (S. 119–142). Vandenhoeck & Ruprecht.

Gabbard, G.O. (2017). Sexual Boundary Violations in Psychoanalysis: A 30-Year Retrospective. *Psychoanalytic Psychology, 34*(2), 151–156.

Gabbard, G.O. (2022 [2017]). Sexuelle Grenzüberschreitungen in der Psychoanalyse. Ein Rückblick auf 30 Jahre. *Forum der Psychoanalyse, 38*(3), 281–294.

Goffman, E. (1963). *Stigma. Notes on the Management of Spoiled Identity.* Prentice Hall.

Hirsch, M. (2012). *Goldmine und Minenfeld. Liebe und sexueller Machtmissbrauch in der analytischen Psychotherapie und anderen Abhängigkeitsbeziehungen.* Psychosozial-Verlag.

Pflichthofer, D. (2012). *Spielregeln der Psychoanalyse.* Psychosozial-Verlag.

Sandler, A.-M. (2007). Reaktionen der psychoanalytischen Institutionen auf Grenzverletzungen. Masud Khan und Winnicott. In S. Zwettler-Otte (Hrsg.), *Entgleisungen in der Psychoanalyse. Berufsethische Probleme* (S. 93–119). Vandenhoeck & Ruprecht.

Schleu, A. (2021). *Umgang mit Grenzverletzungen. Professionelle Standards und ethische Fragen in der Psychotherapie.* Springer.

Thorwart, J. (2010). *Gegenübertragung und Psychose. Theorie und Praxis der Gegenübertragungsprozesse in der analytischen Psychosenpsychotherapie.* Uni-Edition.

Thorwart, J. (2015). Zur Prävention von Grenzverletzungen in der psychoanalytischen Ausbildung. *Forum der Psychoanalyse, 31*(1), 35–51. https://doi.org/10.1007/s00451-015-0190-y

Thorwart, J. (2016). Blinde Flecken in der psychoanalytischen Praxis [unveröffentlichter Vortrag zur 70-Jahr-Feier der Akademie für Psychoanalyse und Psychotherapie München im April 2016].

Thorwart, J. (2022). 30 Jahre Erfahrungen mit Grenzverletzungen. Kommentar zum Glen-Gabbard-Rückblick. *Forum der Psychoanalyse, 38*(3), 295–298. https://doi.org/10.1007/s00451-022-00475-8

Tibone, G. & Schmieder-Dembek, B. (2015). Abstinenz und Abstinenzverletzungen in der psychoanalytischen Ausbildung. *Forum der Psychoanalyse, 31*(1), 17–34. https://doi.org/10.1007/s00451-015-0193-8

Winnicott, D.W. (1997 [1949]). Haß in der Gegenübertragung. *Kinderanalyse, 5*(1), 35–46.

Der Autor

Jürgen Thorwart, Dr. phil., geb. 1961, ist Psychoanalytiker (DGPT, NFIP) in freier Praxis und Dozent in verschiedenen Instituten und langjähriger Vorsitzender der Akademie für Psychoanalyse und Psychotherapie München und Sprecher des Netzwerks Freie Institute für Psychoanalyse und Psychotherapie (NFIP). Seine Arbeitsschwerpunkte liegen in den Bereichen Psychosentherapie; Schweigepflicht, Diskretion und Datenschutz sowie ethischen Fragen der Psychotherapie.

Kontakt: Dr. Jürgen Thorwart, Marktplatz 13, 85375 Neufahrn; E-Mail: j.thorwart@freenet.de; Homepage: www.thorwart-online.de

Angriffe auf den Denkraum in der Supervisionsbeziehung

Gisela Grünewald-Zemsch

Dass die Supervision der eigenen Fälle eine lebenslängliche Begleitung unserer psychoanalytischen Tätigkeit darstellt, ist ein Gemeinplatz, völlig selbstverständlich und zugleich in seiner Konsequenz nicht ganz einfach zu fassen. Die meisten von uns haben die psychoanalytische Ausbildungssupervision in vielleicht ambivalenter, jedenfalls bedeutsamer Erinnerung. Hier zeigte sich, wie ich mit meinen Patient:innen während der psychoanalytischen Behandlungen den unbewussten, uneinschätzbaren Innenraum erobern und ertasten konnte – oder eben nicht. Hier zeigte sich, wie sich mein Verständnis der unbewussten und vorbewussten Bereiche meiner Innenwelt sich auf die Beziehung und das Verständnis meiner Patient:innen auswirkte – oder eben nicht. Und hier entwickelten sich bedeutsame und nie konfliktfreie Beziehungen zu meinen Supervisor:innen.

In den Jahren 2013 bis 2016, zehn und mehr Jahre nach Abschluss meiner Ausbildung, führte ich eine Promotionsstudie – »Die psychoanalytische Ausbildungssupervisionsbeziehung – Thinking under fire« (Grünewald-Zemsch, 2019, 2023) – durch, in der ich anhand von Interviewmaterial von etwa 50 Stunden von fünf Supervisionspaaren versuchte, den komplexen und durch unbewusste Übertragungs- und Gegenübertragungsphänomene gekennzeichneten Vorgängen der Ausbildung näherzukommen. Während der Zeit dieser Studiendurchführung war ich weiterhin selbst in Supervision, als DPG- und IPV-Supervisorin, denn ich befand und befinde mich ja ständig in einer *Thinking-under-fire*-Situation, sowohl mit Supervisand:innen als auch mit meinen Patient:innen. »Being fired at and bombed and shelled« – bemerkt Bion (Bion, 2014 [1975], S. 134) klug – bedeutet nicht, »intelligent« mit den Angriffen umzugehen, sondern diese vor allem durchzustehen und während der Angriffe weiterhin denken zu können.

Ein weiterer Bereich, in dem sich die Fähigkeit des Weiterdenkens unter Beschuss zeigt, ist, wenn ich als Supervisorin angefragt werde von Kolleg:innen aus der DPG oder anderen Fachgesellschaften. Hier finden sich etwas andere Angriffe. Ich bin bei solchen Supervisionen nicht durch meine Ausbildungsfunktion als

Lehranalytikerin und Supervisorin *geschützt* oder gar *im Recht, schon gar nicht aufgrund meiner Funktion als Lehranalytikerin.* Ich werde auf unterschiedliche Weise Teil der undurchsichtigen Konfliktlage, die mit dazu geführt hat, dass sich jemand an mich wendet, um Supervision zu erhalten. In den letzten Jahren haben sich mehrere Kolleg:innen an mich gewendet, weil sie für einen Behandlungsfall Beratung und längerfristige Supervision suchten. Wenige hiervon waren nicht institutionell an ein DPG-, DPV- oder DGPT-Institut gebunden. Bei anderen Kolleg:innen standen institutionelle Fragestellungen im Vordergrund, auch wenn es zu Beginn eher danach aussah, als würde es sich um inhaltliche und behandlungstechnische Fragestellungen handeln. Bisher haben sich knapp ein Dutzend Kolleg:innen an mich gewendet, weil sie sich für die DPG-Lehranalytiker-Evaluation vorbereiten wollten und hierfür eine dauerhafte Supervision suchten. Von diesen Erfahrungen mit den Kolleg:innen möchte ich hier berichten und darüber nachdenken, wie sich das »Denken unter Feuer« (Bion) in einer Supervision zeigt, die nicht ausbildungsbegleitend ist, wenngleich sie manchmal auch für die Vorbereitung eines weiteren Professionalisierungsschritts, beispielsweise die Lehranalytiker-Evaluation, genutzt wird.

Meine These ist, dass ich auch außerhalb der institutionellen Ausbildungstätigkeit als Supervisorin den bewussten und unbewussten Konflikten jener Kolleg:innen ausgesetzt bin, die dazu geführt haben, dass sich jemand an mich für die kollegiale supervisorische Begleitung wendet. Meist habe ich zu Beginn der gemeinsamen supervisorischen Arbeit noch keine Ahnung davon, was sich da zwischen der Institution, der Kolleg:in und mir ereignet und was uns da zu dritt zunächst im Griff hält. Aber inzwischen bin ich mir recht sicher, dass die anfragende Person und ich das im Laufe der Supervision herausfinden werden. Zugleich plädiere ich dafür, diese Erkenntnisse nur in angemessener und vorsichtiger Form in die Supervision einfließen zu lassen, weil es nach meiner Meinung wichtig ist, die Supervision nicht als Selbsterfahrungseinheit zu verstehen und die Behandlung im Mittelpunkt zu behalten.

Betty und Caspar[1]

Betty ist eine Kollegin, etwas jünger als ich, wir kennen uns oberflächlich aus verschiedenen Gremien. Ich traf sie da und dort, wir haben eigentlich nie Privates miteinander geteilt. Sie ruft mich irgendwann an:

---

1 Betty und Caspar stehen exemplarisch für Kolleg:innen, die sich an mich gewendet haben, meist aus der gemeinsamen DPG-Mitgliedschaft heraus.

> »Ich möchte Sie fragen, ob Sie zufällig auch Supervisionen übernehmen ... Ich habe da eine Behandlung, die liegt mir am Herzen, aber ich komme nicht richtig weiter ... Ich überlege auch, ob ich mich in den nächsten Jahren eventuell zur Lehranalytiker-Evaluation anmelden sollte; mehrere Kollegen aus meinem Institut haben mich darauf angesprochen.«

Caspar, ebenfalls ein Kollege, in meinem Alter, spricht mich auf einer Tagung an:

> »Ich schätze Ihre Art ... Da ist manches dabei, was ich so noch nicht gehört hatte. Hätten Sie Zeit für eine Supervision? Ich überlege, ob ich mir noch eine Evaluation vornehme, obwohl ich eigentlich mit dem Thema Prüfungen schon abgeschlossen habe. Ich finde, ich bin aus dem Alter raus.«

Wir verabreden uns dann zu einem Kennenlerngespräch. Betty/Caspar beschreibt mir kurz die Behandlung mit dem Patienten (es könnte auch eine Patientin sein), mit dem sie oder er eine Kurzzeittherapie durchgeführt hat und dies nun, meist vor nicht allzu langer Zeit, in eine analytische Behandlung mit drei oder vier Stunden pro Woche hat münden lassen. Betty/Caspar erwähnt eigene theoretische Grundannahmen, vielleicht Winnicott, meist ödipale Themen, manchmal Kleinianische oder Postkleinianische Konzepte, berichtet über Übertragung und Gegenübertragung, in der vorrangig die Sympathie für die Patient:in eine Rolle spielt. Seltener werden auch Ferros und Barangers feldtheoretische Konzepte herangezogen. Die Beziehungen von Betty/Caspar im Institut, zu den Kolleg:innen allgemein, wirken in der Beschreibung meist zunächst konfliktarm bis konfliktlos. Die Lernerfahrung während der psychoanalytischen Ausbildung, aber auch in anderen Bereichen, bleibt unklar und unbeschrieben.

So beschäftigen wir uns also vor allem mit der Behandlung. Das emotionale Geschehen dort wirkt zunächst über- und durchschaubar. Es gibt emotionale Verstrickungen in der Behandlung, von denen berichtet werden kann. Betty/Caspar hat Hypothesen über die primäre Beziehungsrepräsentanz der Patient:in zu ihr bzw. ihm als Analytiker:in entwickelt, die sich aus der Behandlungssituation erschließen, die Sicherheit geben und logisch wirken. Andererseits ist da auch ein irgendwie mulmiges Gefühl aufgekommen, das dazu beigetragen hat, sich um eine Supervision zu bemühen. Irgendetwas scheint sich dem Verstehen zu entziehen.

Fragen zu Beginn des Supervisionsprozesses

Mit den ersten Supervisionsgesprächen entwickelt sich auch eine erste vorsichtige Beziehung zwischen mir und Betty/Caspar. Und ich beginne Fragen zu haben: Komme ich Bettys/Caspars Zeit- und Frequenzvorstellungen für die Supervisionsgespräche entgegen, kann ich sie erfüllen? Was bedeutet das für die Beziehung von Betty/Caspar zu mir, wenn ich ihr bzw. sein Ansinnen nicht so genau treffe? Dies hat im Hintergrund mit der Frage zu tun, ob Betty/Caspar eine ähnliche Hypothese über das zugrundeliegende Problem haben wie ich.

Neben den bewussten und wohlüberlegten Gründen für ihre bzw. seine Anfrage gibt es auch unbewusste Aspekte, die sie und ihn dazu geführt haben, bei mir wegen einer Supervision anzufragen. Da gibt es klare und mehr diffus mitschwingende Erwartungen. Diese können sich beispielsweise beziehen auf:

- ein Bild über mich als Kollegin und im Zusammenhang mit meiner Funktion in der Fachgesellschaft,
- ein ansatzweise idealisierendes Bild von mir, das mit dem vorbewussten Wunsch einhergehen könnte, durch die Supervision sozusagen *sicheren Boden* unter den Füßen in einer als kritisch anmutenden Fachgesellschaft zu finden,
- meine fachliche Expertise, die hilfreich sein könnte, wenn Betty oder Caspar sich noch unsicher in ihrer bzw. seiner Identität als Analytiker:in erlebt,
- Neugier und Interesse für die Supervisionsvorgänge an sich, beispielsweise auf dem Weg zur eigenen Tätigkeit als Lehranalytiker:in.

Betty/Caspar bringt ein oder zwei Stundenprotokolle aus der Behandlung mit, die mir meist vorher zugeschickt wurden. Meine zu Beginn vorsichtigen Nachfragen und Überlegungen werden meist schnell aufgegriffen; manche Kolleg:in kann jedoch auch eigene Überlegungen dazu und dagegenstellen, und man spürt das Interesse, den Zwischenraum zwischen der bisherigen Sicht der Dinge und meinen dazukommenden Gedanken zu erforschen. Zwei Aspekte und *Orte* der Supervision bleiben nach meiner Erfahrung fast immer unerwähnt: Das Institut als ein *emotionaler Ort* von Bettys/Caspars Entwicklung als Analytiker:in, mit dem sie oder er verbunden ist, findet keine Erwähnung – oder wenn doch, dann zeigt dies, wie sehr Betty/Caspar unter Druck und in kollegialen Schwierigkeiten steckt. Der andere *emotionale Ort* ist die eigene analytische Identität. Sie ist ebenfalls Teil unserer Verabredung, auch wenn dieser *Ort*, wie der erste, nicht benannt wird.

Insbesondere auf dem Weg zur Lehranalytiker-Evaluation werden Fragen aufkommen:

- Welche Gründe führen dazu, dass sie oder er Lehranalytiker:in werden will?
- Wie möchte Betty/Caspar in der Institution, der Fachgesellschaft, zukünftig arbeiten?
- Möchte sie bzw. er in der lehranalytischen und der supervisorischen Tätigkeit wirksam werden und ihre oder seine Sicht der Psychoanalyse weitergeben?
- Möchte sie oder er zeigen, dass es auch anders gehen kann, als die eigenen schmerzhaften und teilweise unverarbeiteten Erfahrungen in der Ausbildung vermuten lassen? Möchte sie bzw. er weitergeben, was er oder sie in der eigenen Ausbildung besonders gut gefunden hat?
- Wie geht es ihr oder ihm mit dem *analytischen Über-Ich* (Reeder, 2004)? Kann es eine wohlwollende Haltung zum eigenen Scheitern, dem eigenen Unwissen, der eigenen emotionalen Verstrickung geben? Welche analytischen Traditionen herrschen offen und verdeckt an Bettys/Caspars Institut und in der Fachgesellschaft? Wie kann man darauf antworten bzw. diese bewältigen? Dies ist insbesondere eine wichtige Fragestellung, wenn es (auch) um Bettys/Caspars Wunsch geht, zunächst im eigenen Institut das *Go* für die überregionale Lehranalytiker-Evaluation zu erlangen.

In der Vorbereitung der institutsinternen Evaluation werden unweigerlich frühere Erfahrungen aktiviert; das können eigene alte Verletzungen sein, aber auch komplexe Beziehungen und die Erfahrung mit Seilschaften im Institut oder in dessen Umfeld. Und die Angst vor Entwertung schwingt häufig mit. Langlebige institutionelle Konflikte tauchen wieder auf und führen beispielsweise dazu, dass die anvisierte Evaluation eine Sorge beinhaltet: Werden diejenigen, die mich selbst ausgebildet haben, mich nun reif genug finden, dass ich *neben* ihnen ausbilden kann? Werden mich meine früheren Supervisor:innen und die Lehranalytiker:in neben sich akzeptieren? Wie sieht es mit der möglicherweise unentdeckten Verachtung und Konkurrenz im Institut aus, die viele Kolleg:innen im vertraulichen Gespräch aus ihrem analytischen Umfeld berichten?

Wie wird die folgende Evaluation dann aussehen? Viele Kolleg:innen, die auf diese Evaluation zusteuern, haben die Befürchtung, sich einer bestimmten theoretischen Schule unterwerfen zu müssen, und sind deshalb in Sorge, ob sie die Evaluation überhaupt in Angriff nehmen können, wenn sie doch fürchten müssen, aus *Gesinnungsgründen* (so fürchten sie) nicht akzeptiert zu werden.

Die supervisorische Beziehung in der Literatur – ein Exkurs

Sieht man sich im PEP Web und überhaupt in der Literatur um, so stellt man fest: Es gibt inzwischen viele Artikel zum Thema Supervision, vorwiegend zur psychoanalytischen und psychotherapeutisch-psychodynamischen Supervision innerhalb der jeweiligen Fachausbildung. Die meisten Autor:innen beschäftigen sich vorrangig mit den Implikationen der Ausbildungssupervision, beispielsweise Arlow (1963), Wallerstein (1981) und Watkins (1997, 2011, 2013), auch Berman (2000), Martinez del Pozo (2001), Szecsödy (1989, 2001, 2007, 2008), Nagell und Kolleg:innen (2009) und andere. In anderen, häufig neueren Arbeiten von Blarer (1994), Frawley-O'Dea und Sarnat (2001), Frank und Böhme (2014), Junkers, Tuckett und Zachrisson (2008), Kernberg (2004, 2010), Pergeron (1996), Tuckett (2007a, 2007b) und anderen werden sowohl inhaltliche Fragen zur Falldarstellung und Beurteilung psychoanalytischer Kompetenz gestellt als auch die Supervisionsbeziehung als psychoanalytische – und damit im Parallelprozess befindliche – Beziehung thematisiert. Nicht alle Autor:innen denken direkt über die supervisorische Beziehung nach, sondern darüber, wie es kommt, dass Fallvorstellungen immer wieder zu kränkenden, fanatischen Situationen werden, die dazu führen, dass Kolleg:innen sich zurecht vor einer Fallvorstellung im Rahmen beispielsweise der Lehranalytiker-Evaluation fürchten (Blass, 2013; Boersky, 2013; Mallet de Rocha Barros, 2013; Sugarman, 2023).

In einem Artikel (»Psychoanalytic Supervision: The Supervisor's Tasks«) beschreibt Kernberg (2010) den Spagat: Es geht bei der kollegialen Supervision nicht nur um eine fachliche Diskussion, sondern beispielsweise um »institutionelle Voreingenommenheiten« und *hidden agendas* (Autoritätsfragen in der Institution, Toleranzgrenzen des Einzelnen und der gemeinsamen Institution, materielle Fragen, idiosynkratische Regeln der individuellen Supervisor:in usw.), »sodass die institutionelle Dynamik sich widerspiegelt *[replayed]* in der individuellen Supervisionsbeziehung« (ebd., S. 609; Übersetzung G. Z.). Als Lösung und Umgehensweise empfiehlt Kernberg die Beachtung des Parallelprozesses (Stimmel, 1995), den Miteinbezug der Übertragungs- und Gegenübertragungsmatrix zwischen dem analytischen Paar, dem supervisorischen Paar und dem Institut bzw. der Institution.

Ganz anders denkt Ogden (2006) über die Supervision nach, auch über die kollegiale. Er betrachtet das kollegiale Supervisionspaar, in dem beide

> »den Patienten [zu] ›erträumen‹, eine wahrheitsgetreue ›Fiktion‹ [zu] erzeugen[,] die der emotionalen Erfahrung des Analytikers mit dem Patienten gerecht wird.

> Solches Träumen findet im Kontext des Supervisionsrahmens statt […]. Ein solcher innerer Zustand (state of mind) gibt Raum für ein weniger strukturiertes, eher frei assoziatives Denken, das dem analytischen Träumen, der Reverie verwandt ist« (ebd., S. 218).

Beide Orte sind also zu berücksichtigen: die psychoanalytische Erfahrung und Erkenntnis, freie Assoziation, die emotionale unbewusste Begegnung, mit all ihren Fährnissen, in der Behandlung, in der Supervision, und die Einbettung der Supervisionsbeziehung in institutionelle, übertragungs- und gegenübertragungsrelevante Erfahrungen von beiden, Supervisor:in und Supervisand:in, und deren Verortung in ihrer jeweiligen institutionellen Geschichte. Das alles gilt es in der Supervision zu erleben, und deswegen ist es ein Denkraum, der permanent unter Feuer steht.

Betrachtet man nun das Supervisionsgeschehen genauer, finden sich dort verschiedene Bewegungen, Prozesse und Blickwinkel, die gleichzeitig und nie nur bewusst in der Supervisionssitzung stattfinden.

Die Supervision und ihre verschiedenen Blickrichtungen »unter Feuer«

Das Material

Der Wunsch bei beiden Partner:innen des Supervisionspaares ist groß, das Material, das Betty/Caspar in die Supervision mitbringt, sinnvoll zu ordnen, denn das bildet das Fundament der Sitzung. Damit können beide etwas dafür tun, dass man sich als Paar erlebt und versteht. Das bedeutet auch immer, dass das Material der Stunden reduziert und fokussiert werden muss. Ich erlebe das als wichtiges Entrée jeder Supervision, dass – während wir beide uns über den niedergelegten Text der Stunde beugen – die Supervisand:in sagt: »Also, vor dieser Stunde war … (Beschreibung einer Vignette aus einer vorherigen Stunde, ein Verhalten, eine kurze Übertragungssequenz usw.) und ich habe … (Beschreibung der Intervention). Das, was Sie hier jetzt lesen, ist die Folge davon …«

Es wird etwas eingeordnet, weggelassen, konzentriert, auf der Basis bewusster Behandlungskonzepte und persönlich bevorzugter impliziter Theorien (Sandler, 1983; Canestri, 2007). Die Vorstellung, ohne diese psychoanalytische Einordnung ins Chaos unbenennbarer Ängste zu geraten, schwingt dabei mit. Das führt zu einem Dilemma: Die vermeintlich kognitiv initiierten und begründbaren Reduktionen und die Konzentration des Materials wehren den emotionalen Zugang zur Behandlung und Supervision ab. Sie erschweren damit die Sicht auf Parallel- und triadische Prozesse, die Supervisor:in und Supervisand:in durchmachen. Gleichzeitig ist die Reduktion notwendig und Voraussetzung dafür, die Supervision als eine von unbewussten emotionalen Faktoren bestimmte Beziehung zu erleben. Das wäre nicht möglich, wenn das Chaos unbenennbarer Ängste sofort ausbräche. Die von Beginn an erlebte Komplexität des Materials und der Supervisionsbeziehung muss also zunächst ausgeschlossen, reduziert und dann wieder aufgedeckt werden, soll die Supervisionsbeziehung nicht inhaltlich und emotional verarmen oder im Tumult verschiedener Präkognitionen, Abwehrformen, Ideale oder Gefühle untergehen.

Wenn also Betty/Caspar zunächst vom Verlauf der letzten Sitzungen vor der Supervision berichtet, gibt das mir die Möglichkeit, mich einzuschwingen auf das, was sie bzw. er erlebt hat, und mich sozusagen in einer doppelten Identifizierung aufzuhalten: Ich liege gewissermaßen bei Betty/Caspar auf der Couch, wie ihre Patientin, wie sein Patient, und ich sitze zugleich in Bettys/Caspars Sessel und erlebe, was sie bzw. er erlebt. *Und* zugleich bleibe ich fremd und stelle vielleicht wieder und wieder ein Widerstreben fest, dass ich mich *nicht* angemessen einfühlen kann, ungeduldig werde, besserwisserisch, ungnädig, mich schwertue, ihre bzw. seine Sicht der Dinge mitzutragen. Das alles ist Teil der supervisorischen Beziehung und macht meinen Denkraum enger.

Und Betty? Und Caspar? Vielleicht fühlt sie bzw. er etwas von meinem Zögern oder im Gegenteil von meinem identifikatorischen Impuls, und hat nun den Wunsch, mich zu überzeugen oder von mir weitere fachliche Unterstützung zu erhalten – im Sinne von: »Wir sind uns doch einig, oder?« Wir sind also in einer emotionalen Erfahrung, die zwar etwas mit der Patient:in zu haben kann, aber vor allem mit Betty/Caspar und mir.

Der Angriff auf den Denkraum findet zwangsläufig statt, denn es gibt keine Möglichkeit, weder für Betty oder Caspar noch für mich, ohne die eigenen Übertragungs- und Gegenübertragungserfahrungen das Material zu organisieren, zu prozessieren, zu containen, zu bewältigen. Immer liegt die eigene Geschichte im Weg, mit den Supervisor:innen, mit der Lehranalyse, mit den eigenen Einschätzungen, den durchgearbeiteten und nicht-durchgearbeiteten Erfahrungen in Supervisionen und als Evaluierende. Das ist auch ein wertvoller Schatz für das Verstehen der Supervision, deren Teil ich bin.

Dann kann es sein, dass ich Bettys/Caspars ausgiebige Beschreibung des Vormaterials, ihre Reduktion des Materials, mit Ungeduld und mit einem anankastischen *Gegendenken* beantworte, ich also auf Widerspruch sinne. Mein Denkraum schrumpft also, zugleich kann diese Erkenntnis helfen, etwas über Betty/Caspar oder über die von Kampf durchzogene Beziehung von Betty/Caspar zur Patient:in zu erfahren.

Auch wenn Betty/Caspar sich kaum mit einer Vorrede aufhält und schnell zum Stundenmaterial kommen will und ich ebenfalls sofort mit Neugier »anbeiße« und dabei also in den Sog einer Identifikationssehnsucht von und mit Betty/Caspar gerate, bin ich Angriffen auf den Denkraum in der Supervision ausgesetzt.

Die Supervision als Modell und Erfahrung

Es gibt mehrere Modelle zur Supervisionsbeziehung: Supervision als Behandlungsberatung (Buchholz, 2013; Orlinsky & Rønnestad, 2005; Rønnestad und Skovholt, 2013; Szecsödy, 2001, 2007; Nagell et al., 2009, und andere) oder als psychoanalytischer Prozess (z. B. Brown & Miller, 2002; Frawley-O'Dea & Sarnat, 2001; Grinberg, 2001; Zaslavsky, 2005), oder Supervision, bei der zwar wesentlich von einer emotionalen Beteiligung der Supervisand:innen ausgegangen wird, diese jedoch im Supervisionsprozess unausgesprochen bleibt (Arlow, 1963; Fleming & Benedek, 1964, 1981; Schlesinger 1981a, 1981b; Wallerstein, 1981).

Unabhängig davon, inwieweit sich die Partner:innen des Supervisionspaares hinsichtlich der Existenz und der Relevanz eines Supervisionsmodells explizit geeinigt haben, geraten genau diese auch impliziten Supervisionskonzepte ins Feuer der konkreten Supervisionsbeziehung. Sie speisen sich aus eigenen Supervisionserfahrungen, aus der eigenen Kränkungsbereitschaft, aus der Idealisierung oder Entwertung – und allem was dazwischen ist – und aus der Tradition der eigenen Fachgesellschaft und Institution.

Die Verabredung zwischen Betty/Caspar und mir ist eine, in der ein explizites Supervisionskonzept der Beratung und Vorbereitung auf die Evaluation benannt ist, oder es geht um die Lösung für eine verfahrene Behandlungssituation, vielleicht auch um ein Nachdenken über einen institutionell schwierigen Zustand. Es liegt ein *common consent* eines rational umschreibbaren Lernziels vor, inklusive Präkognitionen, Erwartungen, Erfahrungen mit dem Gegenüber und mit bisheriger Supervision. Wir schreiben insofern weiter an einer Geschichte zu Supervision, zu Lernen aus Erfahrung, zu Lernen als identitätsförderndem Prozess, zum Umgang mit Kritik und schließlich zur bedeutsamen institutionellen Seite von Lernbeziehungen. Und sowohl für Betty/Caspar als auch für mich gilt: Mit der Supervisionsbeziehung ist auch eine Selbstvergewisserung und mit gegenseitiger Autorisierung verbunden – wir sind Analytiker:innen.

Der Begriff »Parallelprozess« (Sachs & Shapiro, 1976; Stimmel, 1995) gibt all dem einen Namen, man kann auch von »triadischer intersubjektiver Matrix« (Brown & Miller, 2002) sprechen. Die Begriffe »Parallelprozess« oder »triadische intersubjektive Matrix« zur Beschreibung der Supervisionsbeziehung sind für uns alle leicht verständlich, liegen auf der Hand, sind wir doch alle mit Übertragungs- und Gegenübertragungsprozessen vertraut und nutzen diese Konzepte, als sei es eine durchsichtige, überschaubare und besprechbare Ebene. Zugleich aber ist genau diese scheinbare Selbstverständlichkeit der Abwehrmoment: Wie Stimmel schon 1995 in ihrem Artikel beschrieb, besteht der Widerstand gegen das Gewahrsein der Übertragungs- und Gegenübertragungsprozesse in der Supervision gerade im Gewahrsein der Übertragung durch die Behandler*in, durch Betty/Caspar. Als Supervidierende nehme ich Betty/Caspar ins Visier und viel seltener mich, die Supervisorin.

Meine emotionale Verfasstheit in der Supervision ist geprägt durch Undurchdringlichkeit und Unbeherrschbarkeit der psychoanalytischen und unbewussten Dynamik der Beziehung zu Betty/Caspar. Sie setzt sich zusammen aus der Dynamik der konkreten Supervisionsstunde, meiner Beziehung zu Betty/Caspar, meiner Beziehung zu Institutionen, zu jenen Fachgesellschaftsgremien, die die Evaluation durchführen werden, und vielem anderen mehr. Die weitgehend unerfassten intersubjektiven Prozesse, in die ich als Supervisorin gerate, münden womöglich in eine projektive Gegenidentifizierung (Grinberg, 1979, 2001): Ich gerate in eine Gegenbewegung zu Betty/Caspar, beispielsweise wenn ich den Umgang mit den jeweiligen Patient:innen wie einen Angriff erlebe, mich unwillkürlich mit einer Seite der Patient:in identifiziere und damit meine eigene Sicht der Dinge idealisiere.

Stimmel, später dann Kernberg (2010) und andere, sehen als Ausweg, diese undurchsichtige Matrix in verschiedene dyadische Prozesse zu zerlegen und damit die dynamischen emotionalen Aspekte der Supervisionsbeziehung *urbar* zu machen. Eine solche Reduzierung und Skotomisierung scheint beim vorliegenden Gefahrenpotenzial, der Nähe zu unbeherrschbaren psychischen Prozessen aufseiten der Supervidierenden, ein wesentliches Indiz dafür zu sein, dass diese Supervisionsbeziehung ein Behältnis und Kulminationspunkt für die hohe emotionale Aufladung der Psychoanalyse und der psychoanalytischen Institution ist.

Das emotionale Viereck: Patient:in–Supervisand:in–Supervisor:in–Institut bzw. Fachgesellschaft

Kollegiale Supervision ist also durchzogen von emotionalen Erfahrungen, die mit dem Übertragungs- und Gegenübertragungsprozess beider Beteiligter, Supervisand:in, Supervisor:in, in Verbindung stehen und mit unbewussten Erfahrungen aufgeladen sind. Meine Hypothese ist, dass es sich um eine Gemengelage von Angst und Neugier und deren Derivaten handelt: Angst vor Entwertung und Beschämung, vor dem Scheitern und schuldhaftem Handeln, vor Neid und Rivalität; Neugier im Sinne von Fisher (2011), der in seinem wegweisenden Artikel die Bion'sche Formel »xKy« für »K« in etwa so ausformuliert und beschreibt: »X möchte y kennenlernen und y möchte sich kennenlernen lassen.« »K« bezieht sich auf ein *knowing*, als Wissenwollen – auch, was noch nicht gewusst werden kann, sondern erst durch projektive Identifizierung und unbewusste Erfahrungen erlebbar wird.

»xKy« ist ein beunruhigender Vorgang, denn er beinhaltet, dass man, Betty/Caspar, x, sich noch nicht mit y auskennt und diesen y, den Anderen, noch nicht kennt – und auch nie kennen kann. Das betrifft die Patient:in, und es bezieht sich auch auf mich als Supervisorin. Darüber hinaus gilt zudem, dass ich – umgekehrt – bei »xKy« Betty oder Caspar kennenlernen möchte, aber nicht kenne.

Auch aufseiten der Supervidierenden, auf meiner Seite, gibt es Ängste:

- Angst, dass ich als Supervisorin Betty/Caspar nicht dazu verhelfen kann, sich als Lehranalytiker:in erfolgreich zu evaluieren;
- Angst, durch mein Scheitern in Bettys/Caspars Netzwerk meinen guten Ruf, meine Kompetenz, zu verlieren oder abgesprochen zu bekommen;
- Angst vor Neid und Rivalität oder davor, dass Betty/Caspar mir mit einem jungen, frischen neuen Blick aufzeigt, dass meine Einfälle *old fashioned*, banal oder nicht zielführend sind.

Und womöglich ist die Neugier »xKy« nicht allzu groß; dann erwische ich mich dabei, dass ich glaube, schon alles von Betty/Caspar entschlüsselt zu haben, mich schon so gut mit deren Charakterstruktur auszukennen.

Das Undurchschaubare der Supervisionsbeziehung kulminiert in dem, was Reeder (2004) das *analytische Über-Ich* nennt. Dabei geht es nicht so sehr um übliche Prozesse der Beschämung und Entwertung, sondern um die Erkenntnis, dass Über-Ich-Strukturen in der psychoanalytischen Community sich vor allem aus spezifischen Aspekten der Entstehungsgeschichte der Psychoanalyse herleiten. In der psychoanalytischen Fachwelt und Community besteht eine tiefe Sehnsucht nach Zugehörigkeit zu einer speziellen Gruppe, zum »Urvater Freud«, zu einer Gruppe Auserwählter. Da die psychoanalytische Tätigkeit hinter der Couch eigentlich nie zu finanziellem Reichtum und nur selten zu besonderer gesellschaftliche Anerkennung führt (von Ausnahmen wie Kernberg mal abgesehen), braucht es eine andere Art von psychischem und sozialem Gewinn und Kompensation, die wir erringen können, wenn wir so häufig mit schwer erträglichen Gefühlen und Erfahrungen unserer Patient:innen alleine hinter der Couch bleiben.

Reeder (auch Buchinger, 1993) vermutet eine wesentliche solche Kompensation, indem wir wenigstens zu einer auserwählten Gruppe mit besonderer analytischer Identität gehören wollen. Die schon *Auserwählten* (Freuds *Jünger*, die eigenen Ausbilder:innen) haben den Schlüssel in der Hand, ob sie diejenigen, die die Aufnahme ersehnen, in ihre Mitte aufnehmen. Die *Auserwählten autorisieren ad personam* und bieten *Heimat*, *Abstammungsgeschichte* und *Identität*, die es leichter machen, sich mit der psychoanalytischen Tätigkeit zugehörig zu fühlen.

Diese besondere Identität bildet ein unsichtbares Band zwischen Betty/Caspar und mir: Natürlich möchte und muss Betty/Caspar sie bzw. er selbst bleiben und sein, aber sie bzw. er möchte auch von mir die Autorisierung dieser Identität als Psychoanalytiker:in und später als Lehranalytiker:in. Die Autorisierung bildet sich dabei auch in der Supervisionsbeziehung heraus. Die Evaluation selbst ist ein besonderer Meilenstein, ein besonderer Türöffner, ein Ritual, durch das Betty/Caspar im gelingenden Fall dazugehören werden.

Insofern ist die Gefahr des Scheiterns, des Nicht-aufgenommen-Werdens, eine zentrale Gefahr, die die Idealisierung der Psychoanalyse im Ursprung *und* dauerhaft im Hintergrund hat. Damit sind manche Gefühlsfacetten nicht nur der persönlichen Gestimmtheit, der eigenen persönlichen Struktur, dem Parallelprozess, der triadischen intersubjektiven Matrix und der Behandlungsbeziehung sowie der projektiven Gegenidentifizerung geschuldet. Darüber hinaus beinhalten die emotionalen Facetten der Supervisionsbeziehung eine manchmal zerstörerisch anmutende Mischung von abgewehrten und zugleich ersehnten Identitätsentwürfen und zeigen in Richtung der institutionellen Psychoanalyse. Es betrifft also immer auch die Gebundenheit an die Institution und an die institutionelle Psychoanalyse, von der dringend Autorisierung und Dazugehören gebraucht und angestrebt werden.

Und wieder tauchen Fragen auf:

- ➢ Ist die Supervisand:in Teil einer Gruppe von Analytiker:innen, die gemeinsam (und einzeln) die Psychoanalyse immer wieder neu durchdenken und neugierig durchstreifen?

- Ist es eine Gruppe, in der Traumatisierungen, Verletzungen und Kränkungen aus der überstandenen Ausbildung oder aus der Zeit danach noch spürbar sind?
- Ist es eine Gruppe, die mit der Institutionalisierung der Psychoanalyse hadert und nach einer Möglichkeit sucht, die Psychoanalyse zu befreien?
- Gibt es eine Angst vor dem eigenen analytischen Über-Ich, in dem Sinne, dass dieser mit aller potenziell destruktiver Potenz ausgestattete Zustand externalisiert, evakuiert oder mit Besetzungsabzug für unbedeutend erklärt wird?

All diese Fragen stellen sich in der Supervision mit Betty/Caspar, obwohl sie meist nicht direkt verhandelt und besprochen werden. Meist gehen die Kolleg:innen, die zur Supervision kommen, sehr diskret mit ihren Ängsten um (anders vielleicht als die Kandidat:innen).

Die Erkenntnis, dass die Supervisionsbeziehung alle Gefühlsaspekte enthält und vor allem auch alle Facetten des analytischen Über-Ichs, ist nicht leicht zu ertragen. Diese Gefühlsaspekte können nur eingeschränkt transformiert und bewältigt werden. Die Lebendigkeit der emotionalen Beziehung im Viereck von Behandlung, Supervision und institutioneller Verwobenheit, in der alle Gefühlsfacetten erkennbar sind, hat den Preis, dass das Aggressive, Destruktive und Abgelehnte ebenfalls aufbricht und spürbar wird. Diesem Bombardement (»unter Feuer«) wird durch Umwandlung, Rückzug, Gegenbesetzung, Verschiebung und kognitive Zuordnung der Gefühle begegnet – und zugleich verfehlt diese Strategie die Möglichkeit, die Supervision in der Psychoanalyse als ein ganz wesentliches Agens zur Identitätsstärkung zu sehen.

Die Institution

Der zentrale Zankapfel der Diskussion über Supervisionskonzepte ist die Frage, inwieweit und auf welche Weise die Supervisionsbeziehung asymmetrisch ist. Kognitiv ist es eine Selbstverständlichkeit, dass es sich um eine Beratungsbeziehung handelt – eine, in der die eine Person Beratung für ein Problem bei einer anderen Person sucht, weil sie selbst dieses Problem nicht allein lösen kann. Rückmeldung, Bewertung und Einschätzung durch mich als Supervisorin beeinflussen die Selbsteinschätzung von Betty/Caspar. Es handelt sich um eine Lehr- und Lernbeziehung, auf beiden Seiten, zumindest zeitweise. Die Lehr- und Lerngeschichte beider Partner:innen ist entscheidend dafür, die asymmetrische Beziehung als zentrales Element der Supervision anzuerkennen.

Dabei geht es um die gesamte meist im Dunkeln bleibende Vielfalt der Lehr- und Lernerfahrungen des Supervidierenden *und* der Supervision suchenden Person. Beide sind aufeinander angewiesen: Der ungeklärte, un-gewusste Erfahrungsbereich beider Personen spielt eine Rolle. Dieser Erfahrungsbereich hat sich durch das Erleben in Lehr- und Lerninstitutionen entwickelt, ob das die Schulbildung, der Tango-Tanzkurs, das Abfassen von schriftlichen Arbeiten, die Beendigung des Studiums, die Prüfungserfahrungen usw. sind. All dies führt zu einer latenten emotionalen Einfärbung zwischen mir und Betty/Caspar.

Caspar mag bei jeder Supervision zunächst lange und ausführlich seine Hypothese, warum seine Patientin so und nicht anders ist, warum er diese Deutungslinie vertritt, erklären; vielleicht erlaubt er sich auch einen Exkurs zu einer speziellen theoretischen Hypothese. Und er sortiert das Material so, dass sein Lernbegehren einerseits auffindbar ist, zum anderen aber wenig wirklich Neues, quasi an seinen Überzeugungen *vorbei*, entstehen kann. Und ich denke vielleicht: »Aha, Caspar lässt mich außen vor, er sagt mir, was hinter der Tür vor sich geht, aber ich soll nicht selbst schauen.« Und er will natürlich und zu Recht, dass ich ihm weiterhelfe. Zugleich aber organisiert er sich sein Lernen, sein »xKy«, selbst und ich bleibe Zuschauerin. Neugier ist nicht leicht zu entwickeln. Erst im Laufe der Supervision – wenn *ich* meine Erfahrung durchgearbeitet habe und ihm in gedeihlicher Form sagen kann, dass er vieles allein macht und sich sehr anstrengt – kann es dazu kommen, dass Caspar die Supervision mehr nutzen kann. Hier geht es um das Verhältnis, das Caspar zur Institution, zum Lehren, Lernen und zur Erfahrung hat.

Betty verheddert sich manchmal in der Beschreibung der Behandlungssituation und findet viele einzelne Beobachtungen so bedeutsam, dass sie den Zusammenhang und Spannungsbogen aus den Augen verliert. Wenn ich vorsichtig den Hauptweg – den ich meine erkannt zu haben – erneut ins Gespräch bringe, wird es für Betty (und mich) eng. Sie unterbricht mich häufiger (und ich stelle fest, dass ich ungeduldig werde und auch unterbreche) und wird immer schneller im Angebot von Hypothesen, die nicht aufeinander aufbauen. Es entsteht ein angespanntes Klima, was sie spürt und deshalb mir manchmal versucht »das Wort zu geben», also mich wieder ins Boot zu holen. Aber es fühlt sich vermutlich für uns beide nach einer ansatzweise paranoiden Situation an. Betty und ich können vielleicht verstehen, dass sie sich in ihrem Institut (und auch bei früheren Prüfungen) angegriffen und nicht wertgeschätzt gefühlt hat, deshalb untergründig abwehrend und kontrollierend die Angebote anderer beantwortet. Auch das mag in Aspekten mit der Patientin zu tun haben, vor allem aber hat es mit Bettys institutionellen Erfahrungen zu tun.

Die Institution ist also immer mit von der Partie, ist der Ort, an dem die Konflikte kulminieren. Ärger über das Institut oder die Fachgesellschaft wird entweder abgewehrt oder externalisiert. Dann entwickelt sich eine über das normale Maß hinausgehende Angst vor der Prüfung oder allgemein vor dem Zeigen der eigenen Kompetenz und dem Interesse an der Übernahme von Funktionen. Oder die Konfliktlage zeigt sich als Angriff gegen die Institutionen, als gegenseitige Entwertung in der Gesellschaft oder dem Institut. Die Institution wird als mächtig erlebt: Sie kann entscheiden, so scheint es, wer dazugehört und wer nicht gewählt und auserwählt wird.

In der Supervision, ob im Rahmen der Evaluation oder weil es um eine scheinbar nur fachliche Fragestellung geht, wenn es sich um institutionelle Verwerfungen handelt, erleben beide Teile des Supervisionspaares, dass die psychoanalytische Behandlung, auch das sich Besprechen mit der Supervisor:in, nicht im kognitiven Raum, sondern im emotionalen Raum geschieht und dieser immer wieder Angriffen durch unsere psychoanalytische Erfahrungswelt ausgesetzt ist. Supervision ist also *Behältnis*, *Projektionsfläche* und *konkretes Objekt* der Konflikthaftigkeit der Psychoanalyse. Dies zeigt sich nicht nur während der Ausbildungssupervision, sondern auch auf der weiteren Strecke, wenn wir uns mit der ständig aufleuchtenden Ungewissheit, der darin bedingten Unsicherheit in unserer psychoanalytischen Arbeit aussetzen, natürlich auch in der Supervisionsbeziehung zu Kolleg:innen – das muss nicht abschrecken, im Gegenteil, das gibt nach meiner Ansicht sogar Freiheit und Freude, mit Neugier das Unbewusste und immer Neue in der psychoanalytischen Welt zu entdecken.

Literatur

Arlow, J. A. (1963). The Supervisory Situation. *JAPA, 11*, 576–594.

Berman, E. (2000). Psychoanalytic Supervision: The Intersubjective Development. *Int J Psychoanal, 81*(2), 273–290. https://doi.org/10.1516/0020757001599762

Bion, W. (2014 [1975]). Clinical seminars – Contributions to Panel Discussions: Brasilia. A New Experience. In C. Mawson & F. Bion (Hrsg.), *The Complete Works of W. R. Bion. Vol. VIII.* Karnac.

von Blarer, A. (1994). Gegenübertragung in der psychoanalytischen Supervision. *Psyche – Z Psychoanal, 50*(5), 425–452.

Blass, R. (2013). Introduction: What does the presentation of case material tell us about what actually happened in an analysis and how does it do this? *Int J Psychoanal, 94*(6), 1129–1134.

Boersky, D. (2013). What does the presentation of case material tell us about what actually happened in an analysis and how does it do this? *Int J Psychoanal, 94*(6), 1135–1143.

Brown, L.J. & Miller, M. (2002). The Triadic Intersubjective Matrix in Supervision: The Use of Disclosure to Work Through Painful Affects. *Int J Psychoanal, 83,* 811–823.

Buchholz, M.B. (2013). Die Herausbildung psychotherapeutischer Kompetenz in der Supervision – unterwegs zur Analyse supervisorischer Konversation. In S. Busse & B. Hausinger (Hrsg.), *Supervisions- und Coachingprozesse erforschen* (S. 77–108). Vandenhoeck & Ruprecht.

Buchinger, K. (1993). Zur Organisation psychoanalytischer Institutionen: Psychoanalyse geht nicht ohne, Psychoanalyse geht nicht mit. Oder doch? *Psyche –Z Psychoanal, 47*(1), 31–70.

Canestri, J. (2007). Supervision in der psychoanalytischen Ausbildung: Zur Verwendung impliziter Theorien in der psychoanalytischen Praxis. *Psyche – Z Psychoanal, 61*(12), 1017–1041.

Fisher, J. (2011). The emotional experience of K. In C. Mawson (Hrsg.), *Bion Today* (S. 43–63). Routledge.

Fleming, J. (1981). The Fleming-Benedek Approach. In R.S. Wallerstein (Hrsg.), *Becoming A Psychoanalyst. A Study of Psychoanalytic Supervision* (S. 119–131). International Universities Press.

Fleming, J. & Benedek, T. (1964). Supervision: A Method of Teaching Psychoanalysis – Preliminary Report. *The Psychoanalytic Quarterly, 33,* 71–96.

Fleming, J. & Benedek, T. (1987). Evaluation of Progress in Supervision. In S.S. Weiss (Hrsg.), *The Teaching and Learning of Psychoanalysis. Selected Papers of Joan Fleming* (S. 102–115). Guilford Press.

Frank, C. & Böhme, I. (2014). Supervision der Supervision. Überlegungen zu einem analytischen Instrument zur Wahrnehmung und Beeinflussung von Fehlentwicklungen in der analytischen Ausbildung. *Jahrbuch der Psychoanalyse, 69,* 157–184.

Frawley-O'Dea, M.G. & Sarnat, J.E. (2001). *The Supervisory Relationship. A Contemporary Psychodynamic Approach.* Guilford Press.

Grinberg, L. (1979). Countertransference and Projective Counteridentification. *Contemporary Psychoanalysis, 15,* 226–247.

Grinberg, L. (2001). On transference and countertransference and the technique of supervision. In B. Martindale, M. Mörner, M.E. Cid Rodriguez & J.-P. Vidit (Hrsg.), *Supervision and its Vicissitudes* (S. 1–24). Karnac.

Grünewald-Zemsch, G. (2019). *Die psychoanalytische Ausbildungssupervision – »Thinking under fire«. Geschichte, Methoden, Konflikte.* Psychosozial-Verlag.

Grünewald-Zemsch, G. (2023). Die psychoanalytische Ausbildungssupervision – zwischen institutioneller Undurchsichtigkeit, analytischer Neugier und generativem Impuls. *Psychotherapie Forum, 27,* 17–23. https://doi.org/10.1007/s00729-023-00221-3

Junkers, G., Tuckett, D. & Zachrisson, A. (2008). To Be or Not to Be a Psychoanalyst – How Do We Know a Candidate is Ready to Qualify? Difficulties and Controversies in Evaluating Psychoanalytic Competence. *Psychoanalytic Inquiry, 28,* 288–308.

Kernberg, O.F. (2004). Discussion: »Problems of Power in Psychoanalytic Institutions«. *Psychoanalytic Inquiry, 24,* 106–121. https://doi.org/10.1080/07351692409349073

Kernberg, O.F. (2010). Psychoanalytic Supervision: The Supervisor's Task. *The Psychoanalytic Quarterly, 79,* 603–627.

Mallet de Rocha Barros, E. (2013). What does the presentation of case material tell us about what actually happened in an analysis and how does it do this? *Int J Psychoanal, 94*(6), 1145–1152.

Martinez del Pozo, M. (2001). On the process of supervision in psychoanalytic psychotherapy. In B. Martindale, M. Mörner, M. E. Cid Rodriguez & J.-P. Vidit (Hrsg.), *Supervision and its Vicissitudes* (S. 39–59). Karnac.

Mawson, C. & Bion, F. (Hrsg.). (2014). *The Complete Works of W. R. Bion. Vol. VIII.* Karnac.

Nagell, W., Steinmetzer, L., Fissabre, U. & Handrich, M. (2009). Das Beziehungserleben. Beziehungserfahrungen in der Supervision und deren Einfluss auf die psychoanalytische Identitätsfindung des Ausbildungskandidaten. *Forum der Psychoanalyse, 25*(1), 53–65.

Ogden, T. H. (2004). The Analytic Third: Implications für Psychoanalytic Theory and Technique. *The Psychoanalytic Quarterly, 73,* 167–195.

Ogden, T. H. (2006). Psychoanalytische Supervision. *Internationale Psychoanalyse, 1,* 197–220.

Orlinsky, D. E. & Rønnestad, M. H. (2005). *How Psychotherapists Develop – A Study of Therapeutic Work and Professional Growth.* APA.

Pergeron, J.-P. (1996). Supervision As An Analytic Experience. *Psychoanalytic Quarterly, 65,* 693–710.

Reeder, J. (2004). *Hate and Love in Psychoanalytic Institutions. The Dilemma of a Profession.* Other Press.

Rønnestad, M. H. & Skovholt, T. M. (2013). *The Developing Practitioner. Growth and Stagnation of Therapists and Counselors.* Routledge.

Sachs, D. M. & Shapiro, S. H. (1976). On Parallel Process in Therapy and Teaching. *Psychoanalytic Quaterly, 45,* 394–415.

Sandler, J. (1983). Die Beziehungen zwischen psychoanalytischen Konzepten und psychoanalytischer Praxis. *Psyche – Z Psychoanal, 37*(7), 577–595.

Schlesinger, H. J. (1981a). General Principles of Psychoanalytic Supervision. In R. S. Wallerstein (Hrsg.), *Becoming A Psychoanalyst. A Study of Psychoanalytic Supervision* (S. 29–38). International Universities Press.

Schlesinger, H. J. (1981b). On Being the Supervisor Studied: Observations and Confessions. In R. S. Wallerstein (Hrsg.), *Becoming A Psychoanalyst. A Study of Psychoanalytic Supervision* (S. 283–309). International Universities Press.

Stimmel, B. (1995). Resistance To Awareness Of The Supervisor's Transferences With Special Reference To The Parallel Process. *Int J Psychoanal, 76,* 609–618.

Sugarman, A. (2023). The deleterious Impact of Idealization and Fanaticism and their underlying Causes in psychoanalytic Education. *Int J Psychoanal, 104*(1), 153–160.

Szecsödy, I. (1989). Supervision: A Didactic or Mutative Situation. *Psychoanalytic Psychotherapy, 4,* 245–261.

Szecsödy, I. (2001). (How) Is learning possible in supervision? In B. Martindale, M. Mörner, M. E. Cid Rodriguez & J.-P. Vidit (Hrsg.), *Supervision and its Vicissitudes* (S. 101–116). Karnac.

Szecsödy, I. (2007). Zur Dynamik der Interaktion in der Supervision. *Forum der Psychoanalyse, 23*(4), 393–401.

Szecsödy, I. (2008). Does Anything Go in Psychoanalytic Supervision? *Psychoanalytic Inquiry, 28,* 373–386. https://doi.org/10.1080/07351690801962455

Tuckett, D. (2007a). Ist wirklich alles möglich? – über die Arbeit an einem System zur transparenten Einschätzung psychoanalytischer Kompetenz. *Forum der Psychoanalyse, 23*(1), 44–64.

Tuckett, D. (2007b). Wie können Fälle in der Psychoanalyse verglichen und diskutiert werden? Implikationen für künftige Standards der klinischen Arbeit. *Psyche – Z Psychoanal, 61*(9–10), 1042–1071.

Wallerstein, R. S. (Hrsg.). (1981). Becoming A Psychoanalyst. A Study of Psychoanalytic Supervision. In ders. (Hrsg.), *Becoming A Psychoanalyst. A Study of Psychoanalytic Supervision* (S. 211–225). International Universities Press.

Watkins Jr., C. E. (Hrsg.). (1997). *Handbook of Psychotherapy Supervision.* Wiley & Sons.

Watkins Jr., C. E. (2011). Toward a Tripartite Vision of Supervision for Psychoanalysis and psychoanalytic Psychotherapies. *Psychoanalytic Review, 98*(4), 557–590.

Watkins Jr., C. E. (2013). The Beginnings of Psychoanalytic Supervision: The Crucial Role of Max Eitingon. *The American Journal of Psychoanalysis, 73,* 254–270.

Zaslavsky, J., Tiellet Nunes, M. L. & Eizirik, C. (2005). Approaching countertransference in psychoanalytic supervision: a qualitative investigation. *Int J Psychoanal, 86,* 1099–1131.

Die Autorin

Gisela Grünewald-Zemsch, Dr. phil., Dipl.-Psych., ist als Psychoanalytikerin und Psychotherapeutin in freier Praxis in Nürnberg tätig. Sie ist Lehranalytikerin und Supervisorin (DPG, DGPT, IPV) und war von 2017 bis 2023 Leiterin des IPV-Ausbildungszentrums der DPG. Forschungsschwerpunkte sind Ausbildungsfragen, die Entwicklung von Weiterbildungsangeboten für graduierte Psychoanalytiker:innen, die Auseinandersetzung mit den Wechselwirkungen von Psychoanalyse und Gesellschaft, die Erforschung von institutionellen Aspekten der Psychoanalyse in der Gegenwart sowie die Arbeit mit schweren Pathologien in allen Settings.

Kontakt: Dr. Gisela Grünewald-Zemsch, Adolf-Braun-Str. 45, 90429 Nürnberg; E-Mail: gisela.zemsch@t-online.de

Fire protection

Der Rahmen als Schutz des Denkraums in der Übertragungsfokussierten Psychotherapie (TFP)

Stephan Doering

Vortrags- und Beitragstitel, die man von den Veranstaltern vorformuliert erhält, sind – ebenso, wie die meisten Tagungsthemen – Mantras, die einen Referenten durchaus beschäftigen können, kann man doch nicht den eigenen ausgetretenen Denkbahnen folgen und mit Gewohntem an den Start gehen. Vielmehr (nimmt man die Sache ernst) beginnt hier ein intensiver Dialog mit den Kolleg:innen. Was mögen sie sich wohl gedacht haben, im Sinn haben und erwarten? Wenn die Sache gut ausgeht, fühlt man sich zum Beschreiten neuer Pfade stimuliert, stößt das Mantra einen kreativen Akt an. Auf diese Weise haben die Schöpfer:innen meines Beitragstitels mir einen Denkraum geschaffen, den ich versuchen will, in Besitz zu nehmen: Weder das Konzept des Denkraums gehörte bisher zu meinem aktiven Begriffsschatz, noch Bions Zitat vom *thinking under fire*, dem das Kongressthema Referenz erweist und dem die *fire protection* meines Beitrags dienen soll. Ich werde also zu Beginn eine Annäherung an den Denkraum und das Feuer, unter das er geraten kann, versuchen, bevor ich danach nahebringen möchte, wie die Übertragungsfokussierte Psychotherapie (TFP) Feuerschutz zu geben vermag.

Der Denkraum

Im gelingenden Fall stellt die Psychoanalyse einen Denkraum dar, oder anders gesagt, findet sie in einem Denkraum statt. Sie ist der *Prozess*, das was sich im Denkraum vollzieht, und sie ist das *Setting*, das, was den Prozess ermöglicht und schützt. In der klassischen Auffassung soll Ich werden, wo Es war (Freud, 1933a [1932], S. 86), d.h., Unbewusstes soll bewusst werden, der Primärprozess soll die entsprechende Symbolisierung erfahren, Metaphorisches soll in ein kohärentes Narrativ überführt werden (Krause, 2016). Der erste Gegner des analytischen Prozesses ist der Widerstand (Freud, 1895d, S. 269), der mit dem Ziel der Vermeidung unangenehmer, schmerzlicher oder bedrohlicher Erfahrungen dem Prozess des Aufdeckens und der Konstruktion eines Verstehens entgegensteht. Freud erkannte früh die Notwendigkeit, diesem Gegner beizukommen, und entwickelte zu diesem Zweck Instrumente, die bis heute Bestand haben. Die *technische Grundregel* diente dazu, die Selbstzensur der Patient:innen zu überwinden:

> »[D]ies Verfahren der ›freien Assoziation‹ […] ist seither in der psychoanalytischen Arbeit festgehalten worden. Man leitet die Behandlung ein, indem man den Patienten auffordert, sich in die Lage eines aufmerksamen und leidenschaftlichen Selbstbeobachters zu versetzen, immer nur die Oberfläche seines Bewußtseins abzulesen und einerseits sich die vollste Aufrichtigkeit zur Pflicht zu machen, andererseits keinen Einfall von der Mitteilung auszuschließen auch wenn man
> 1. ihn allzu unangenehm empfinden sollte, oder wenn man
> 2. urteilen müßte, er sei unsinning,
> 3. allzu unwichtig,
> 4. gehöre nicht zu dem, was man suche.
>
> Es zeigt sich regelmäßig, daß gerade Einfälle, welche die letzterwähnten Ausstellungen hervorrufen, für die Auffindung des Vergessenen von besonderem Wert sind« (Freud, 1923a [1922], S. 214f.).

Das Pendant auf therapeutischer Seite komplementiert die freie Assoziation der Patient:innen, um so einem kognitiv-intellektualisierenden Diskurs vorzubeugen und einen substanziellen aufdeckenden Diskurs sicherzustellen:

> »Indes ist diese Technik eine sehr einfache. Sie lehnt alle Hilfsmittel, wie wir hören werden, selbst das Niederschreiben ab und besteht einfach darin, sich nichts besonderes merken zu wollen und allem, was man zu hören bekommt, die nämliche ›gleichschwebende Aufmerksamkeit‹, wie ich es schon einmal genannt habe, entgegenzubringen. Man erspart sich auf diese Weise eine Anstrengung der Aufmerksamkeit, die man doch nicht durch viele Stunden täglich festhalten könnte, und vermeidet eine Gefahr, die von dem absichtlichen Aufmerken unzertrennlich ist. Sowie man nämlich seine Aufmerksamkeit absichtlich bis zu einer gewissen Höhe anspannt, beginnt man auch unter dem dargebotenen Materiale auszuwählen; man fixiert das eine Stück besonders scharf, eliminiert dafür ein anderes, und folgt bei dieser Auswahl seinen Erwartungen oder seinen Neigungen. Gerade dies darf man aber nicht; folgt man bei der Auswahl seinen Erwartungen, so ist man in Gefahr, niemals etwas anderes zu finden, als was man bereits weiß; folgt man seinen Neigungen, so wird man sicherlich die mögliche Wahrnehmung fälschen« (Freud, 1912e, S. 377).

Im klassischen Fall der Analyse – ich möchte ergänzen: von neurotischen Patient:innen – reichen diese Grundregeln in Ergänzung zur Vereinbarung von Raum, Zeit und Honorar aus, um einen Denkraum zu schaffen. Wie wir sehen werden, nötigen uns andere Patient:innen – auf eher niedrigeren Strukturniveaus – nicht selten zu weiteren Schutzmaßnahmen für den Denkraum.

Ich möchte nun den Versuch einer Definition des Denkraums in der Psychoanalyse vornehmen. Zunächst nehme ich eine Unterscheidung zwischen einem inneren und einem äußeren Denkraum vor. Der *äußere Denkraum* besteht im Setting, in dem der analytische Prozess stattfinden kann, der äußere Rahmen sowohl im materiellen Sinne als auch im Sinne von Regeln und Vereinbarungen, die den psychoanalytischen Prozess ermöglichen und sichern. Ohne den äußeren Denkraum kann der innere nicht entstehen. Den *inneren Denkraum* könnte man sich als eine Art nach innen gestülptes Setting vorstellen. Es handelt sich um die Haltung der Analytikerin, die Fähigkeit und Bereitschaft, sich von der Patientin affizieren zu lassen, die Containerfunktion auszuüben und die α-Funktion zu übernehmen. (Neurotische Patient:innen können dies in Regel selbst recht gut, bei schlechter strukturierten Patient:innen muss diese Funktion aber zunächst von der Analytikerin bereitgestellt werden.) Der innere Denkraum stellt sozusagen die innere Membran der Hülle des analytischen Prozesses dar. In diesem Innenraum finden unter dem Einwirken von Containerfunktion und Deutungen die Umwandlung von β-Elementen in α-Elemente statt sowie eine implizite korrigierende Beziehungserfahrung. Das Resultat des Prozesses ist eine explizite korrigierende Beziehungserfahrung (Verstandenwerden und Verstehen) sowie eine Mentalisierungsfähigkeit bzw. Überwindung der Identitätsdiffusion durch Integration der Identität.

Das Setting

Die vermutlich einflussreichste Konzeptualisierung des Settings geht zurück auf den argentinischen Psychoanalytiker José Bleger (1967). Er definiert den psychoanalytischen Rahmen *(frame)* als »Nicht-Prozess«, als die Konstante, innerhalb derer der Prozess stattfindet. Er schließt in den Rahmen die »Rolle des Psychoanalytikers« mit ein, bestehend aus »Raum (Atmosphäre), Zeit und Teilen der Technik«, nämlich das »Festlegen und Einhalten der Zeit, der Honorare, der Unterbrechungen etc.« (ebd., S. 511; Übersetzung S. D.).

Quinodoz (1992) hebt hervor, dass das Setting ein Instrument darstellt, das die Containerfunktion ermöglicht. So gesehen, wird es bei ihr ein »ganzer Komplex von Bedingungen, die benötigt werden, um die besondere physische und affektive Beziehung zwischen Analytiker und Patient entstehen zu lassen, die in der Folge den Prozess ermöglichen« (S. 627; Übersetzung S. D.). Die Regeln und Standards des Settings seien, so Quinodoz, auch deswegen wichtig, weil sie »der Analytiker-Patient-Beziehung eine Drei-Dimensionalität verleihen«: Gerade das Vorhandensein eines Settings ermögliche die Verletzung des Settings (ebd., S. 628). Mit anderen Worten könnte man sagen: Das Setting bildet so etwas wie den Kristallisationskeim des Prozesses, der entsteht, wenn es zu einem Anstoßen oder gar Durchstoßen der Setting-Grenzen kommt.

Das Setting setzt sich aus drei Dimensionen zusammen: *Raum*, *Zeit* und einem *Verhaltenskodex*. Darüber hinaus kann auch der Körper des Analytikers als Bestandteil des Settings angesehen werden.

Raum

Zur räumlichen Dimension des Settings gehört die Umgebung, der Ort, die Straße, das Haus, der Zugang, der Warteraum, das Behandlungszimmer. All dies spiegelt, je in einem gewissen Ausmaß, die Persönlichkeit der Analytikerin. Ganz besonders trifft dies natürlich auf die Innenräume zu, das Wartezimmer und den Behandlungsraum. Hier kommen durch Möblierung und Gestaltung der Stil und die Haltung des Besitzers zum Ausdruck. Persönliche Gegenstände, Bilder und Blumen schaffen eine Atmosphäre, die als Teil des Settings angesehen werden kann. Umgestaltungen können bei manchen Patientinnen intensive Reaktionen hervorrufen. Ein Patient setzte sich in den Sitzungen wochenlang damit auseinander, ob ein neues Sideboard seiner Analytikerin auf dem Gang seinetwegen angeschafft wurde, da ihm die vorherige Möblierung immer schon unangenehm gewesen sei.

Manche Therapeut:innen zeigen Fotos von Urlaubsreisen, Angehörigen oder eigene künstlerische Produkte, womit ein besonders persönliches Setting geschaffen wird, unter Umständen vielleicht sogar eine Durchlässigkeit zum Privatbereich. Auch Temperatur, Gerüche und Geräusche sind Teil des Settings. Ein zu kalter ebenso wie ein überheizter Raum prägen die Atmosphäre, Gerüche, wie beispielsweise aus der Küche im angrenzenden Wohnbereich, spielende junge Familienangehörige oder auch Geräusche aus den angrenzenden Wohnungen bzw. von der Straße sind von Bedeutung. Dies kann die Qualität einer Störung annehmen, wenn Menschen zu nah und laut hörbar werden, wenn ein Telefon klingelt oder wenn Tiere auftauchen oder wahrnehmbar werden. Besondere

Aufmerksamkeit verdienen die Therapiegeschwister, regelmäßige oder außertourliche Wartezimmerbegegnungen und – nicht zu unterschätzen – Geruchsreste in der Luft oder im Kopfkissen auf der Couch; eventuell sogar aufgewärmte Sitz- oder Liegeflächen können das Setting prägen und intensive Fantasien und Übertragungsreaktionen hervorrufen.

Zuletzt zählen auch »Services« wie bereitgestelltes oder sogar eingeschenktes Wasser, Taschentuchboxen, eine Wolldecke bei der räumlichen Gestaltung des Settings eine Rolle. Dazu möchte ich auch die Begrüßungs- und Verabschiedungsrituale zählen: Mit welcher Choreografie erfolgen diese? Wird die Hand gegeben, wie wird, mimisch und mit üblichen Floskeln agiert? Eine Patientin war nach einer Stunde nahezu verstört und sprach dies in der nächsten Stunde an: »Sie sind nach dem Handgeben am Ende der letzten Stunde links an mir vorbeigegangen anstatt wie sonst immer rechts. Ich habe ewig darüber nachgedacht, was das zu bedeuten hat.«

Es ist hier nicht der Raum, die Geschichte der zahlreichen und durchaus widersprüchlichen Empfehlungen bezüglich der Gestaltung des Behandlungszimmers nachzuzeichnen; Konsens dürfte aber darüber zu erzielen sein, dass explizit persönliche, private Gegenstände und Zeugnisse aus dem Leben des Analytikers eher vermieden werden sollten, da sie zu ausgeprägten, schwer beherrschbaren Übertragungsreaktionen führen können, was nachvollziehbar ist, lassen sich derartige Gestaltungen doch allzu leicht als eine Einladung zur Teilhabe am Privatleben des Analytikers (miss-)verstehen.

Zeit

Zeitliche Aspekte des Settings sind nicht zu unterschätzen. Sie betreffen nicht nur die Sitzungsfrequenz und die Sitzungsdauer, sondern auch die Konstanz zu bestimmten Wochen- und Tageszeiten. Im Rahmen von Institutionen (z. B. Kliniken) ist eine zeitliche Konstanz meist schlechter zu gewährleisten als in der privaten Praxis. Müssen Termine wochen- oder monatsweise immer neu vereinbart werden oder hat die Patientin »ihre Stunden« für die Dauer ihrer Therapie immer an den gleichen Wochentagen um die gleiche Uhrzeit? Eine besondere Herausforderung für das Setting stellen von der Analytikerin kurzfristig abgesagte Stunden dar, die fast immer zu Irritationen des Prozesses führen.

Ich habe in Supervisionen wiederholt die Beobachtung gemacht, dass gerade unerfahrene Therapeut:innen Sitzungen zu Zeiten vergeben, die eigentlich nicht innerhalb ihrer üblichen Praxisstunden liegen (z. B. samstags). Dies dürfte das

Setting zumindest beträchtlich dehnen, da für den Patienten unbewusst spürbar wird, dass ihm hier ein Opfer gebracht wird.

Schließlich gehören zum Setting der pünktliche Beginn und die Beendigung der Sitzungen. Verspätungen und genauso ein Überziehen der Stunden am Ende sind (Mikro-)Verletzungen des Settings. Besonders eindrucksvoll war für mich selbst der Effekt, den die Tatsache auf mich hatte, dass einer meiner Supervisoren keine Pause zwischen den Sitzungen einlegte, sodass man sich bei ihm im wörtlichen Sinne die Türklinke in die Hand gab. Trat dann vielleicht noch eine winzige zeitliche Ungenauigkeit bei der Beendigung der Vorgängersitzung auf, fühlte ich mich bereits irritiert, was die Grenzen und die Sicherheit »meiner Zeit« betraf.

In einem gegenteiligen Sinne hat mich ein anderer Supervisor beeindruckt, der jedem Patienten und Supervisanden vor der Weihnachtspause einen spielkartengroßen Jahreskalender mitgab, auf dem die Abwesenheiten des kommenden Jahres rot markiert waren. Abweichungen vom Kalender hatte ich nie erlebt.

Übrigens ist auch die in Aussicht gestellte Gesamtdauer der Behandlung ein wesentlicher Aspekt des Rahmens. In Deutschland wird dies zwar meist durch Vorgaben der Krankenkassen erleichtert, aber die Frage von Verlängerungen stellt sich dennoch. In einem Setting ohne derartige Beschränkungen hatte ich die Frage meiner Analysandin nach der Therapiedauer vor Beginn der Behandlung mit »mindestens zwei bis drei Jahre, wahrscheinlich aber länger« beantwortet, was zur Folge hatte, dass die Patientin nach etwa zweieinhalb Jahren begann, dem »Therapieende« nach drei Jahren ängstlich entgegenzufiebern. Noch so große Bemühungen, ihre Sorge zu analysieren, blieben weitgehend erfolglos – erst nach dreieinhalbjähriger Behandlung beruhigte sich die Patientin und konnte zu der Auffassung gelangen, dass ich sie nicht überraschend in der nächsten Stunde entlassen würde (die vierstündige Analyse währte am Ende acht Jahre).

Verhaltenskodex

Der Verhaltenskodex wird im Rahmen der Information und Aufklärung mit dem Abschluss der Terminvereinbarung definiert. Die Vereinbarungen erfolgen sowohl explizit als auch implizit. Explizit werden in der Regel Raum, Zeit und finanzielle Aspekte geregelt; ein *informed consent* bezüglich der angewendeten Therapiemethode darf auch als Routine angesehen werden. Je nach Therapiemethode gibt es mehr oder weniger spezifische weitere explizite Vereinbarungen, z. B. zur Gestaltung der Therapiebeziehung (Anrufe zwischen den Sitzungen?), freier Assoziation, Therapiezielen und ggf. einem Therapievertrag.

Implizite Vereinbarungen sind solche, die nicht ausgesprochen, aber von beiden unausgesprochen als verbindlich angesehen werden. Vonseiten der Therapeutin zählt dazu der Schutz des Praxisraums, abhörsicher, kein Telefonklingeln oder Betreten des Raums durch dritte während der Sitzungen, definierte Rollen innerhalb der Arbeitsbeziehung mit Abstinenz und professionellem Agieren von therapeutischer Seite. Auch eine gewisse Kontinuität in der Persönlichkeit der Therapeutin wird implizit angenommen, dass diese eben nicht während der Therapie ihr zuvor gezeigtes Verhalten plötzlich ändert.

Bezogen auf die Patientin bestehen ebenfalls implizite Verhaltenskodices. Es wird in den Sitzungen nicht gegessen und getrunken (Letzteres ändert sich dem Zeitgeist folgend zunehmend), eine gewisse Kleidung und Körperhygiene werden ebenso angenommen wie das Einnehmen und Beibehalten einer Sitz- bzw. Liegehaltung, die auf z. B. provokative oder verführerische Elemente verzichtet. Das Einhalten einer physischen Distanz (mit Ausnahme der Begrüßung und Verabschiedung) wird erwartet sowie der Respekt vor der Abstinenz des Therapeuten und vor den Gegenständen im Behandlungszimmer bzw. der Praxis.

Es sollte nicht vergessen werden, dass die impliziten Verhaltenskodices interkulturell sehr verschieden sein können, was unter Umständen mehr explizite Vereinbarungen nötig macht.

Der Körper des Analytikers

Unter anderem Alessandra Lemma (2014) hat auf die Bedeutung des Körpers des Analytikers als eine Invariante und damit Bestandteil des Settings hervorgehoben. Sie spricht von einem *embodied feature* des Settings. Gleichzeitig, so hebt Lemma hervor, kann der Körper des Analytikers zu einem Teil des Prozesses werden, nämlich immer dann, wenn er in der Übertragungsdynamik eine Rolle bekommt (z. B. in Träumen oder bei einer erotischen Übertragung). Diese Dialektik gilt es bei der Reflexion der eigenen Körperlichkeit und natürlich bei körperbezogenen Gegenübertragungen nicht außer Acht zu lassen. Ich erinnere mich noch sehr genau an die Körperlichkeit meines Lehranalytikers, seinen Händedruck, vor allem aber seinen Geruch und seine akustischen Äußerungen, wenn er hinter mir im Sessel saß, seinen Atem, seine Bewegungen, das Knarzen seines Ledersessels. Alle Geräusche wurden regelhaft in meinen Fantasien vom visuellen Eindruck (den ich ja liegend nicht hatte) und den Funktionen seines Körpers begleitet. Dabei spielte eine Übertragungsneigung meinerseits eine Rolle – im Sinne einer Sorge um die Gesundheit des schon ein wenig betagten Analytikers.

Lemma berichtet in ihrer Arbeit von den heftigen Reaktionen einer Patientin auf eine etwas veränderte Kleidung ihrer Analytikerin, die ein gesellschaftliches Abendereignis vor sich hatte und bereits entsprechend gekleidet war. Sie weist darauf hin, dass der Körper der Analytikerin als *ever-present feature* (als unveränderliche Konstante) des Settings erfahren wird. Sowohl die Kleidung als auch Make-up und Frisur sowie Körpergeruch (einschließlich Parfum) sind als solche Invariaten aufzufassen. Diesbezügliche Veränderungen sollten sorgfältig reflektiert werden.

Für alle Setting-Bestandteile gilt, dass sie kontinuierlich einer gründlichen Überprüfung vonseiten der Analytikerin unterzogen werden sollten. Bei jeder Unpünktlichkeit, jeder Veränderung der Gestaltung der Praxis, der eigenen Verhaltensweisen und insbesondere der eigenen Körperlichkeit sollte eine kritische Überprüfung hinsichtlich eines Gegenübertragungsagierens erfolgen. Natürlich bringt das Leben auch Veränderung bei Psychoanalytiker:innen mit sich, die nichts mit den Patient:innen zu tun haben (Änderung des Namens, Schwangerschaft, Embonpoint im Alter, Veränderungen im persönlichen Stil); die Tragweite dieser Veränderungen des Settings sollte jedoch niemals unterschätzt werden.

Das Feuer

Das klassische Setting der Psychoanalyse mit freier Assoziation und gleichschwebender Aufmerksamkeit setzt voraus, dass die Grundregel eingehalten und der Therapierahmen respektiert werden. Dies verlangt vom Patienten einige Regulationsfähigkeit, die insbesondere bei einem gering integrierten Strukturniveau nicht immer gegeben ist. Wenn sich destruktive Persönlichkeitsanteile gegen den Therapierahmen richten, kann dies einen analytischen Prozess erschweren oder sogar unmöglich machen. Freud selbst war relativ streng, was Kontraindikationen der Psychoanalyse betrifft:

> »An die Person, die man mit Vorteil der Psychoanalyse unterziehen soll, sind mehrfache Forderungen zu stellen. Sie muß erstens eines psychischen Normalzustands fähig sein; in Zeiten der Verworrenheit oder melancholischer Depression ist auch bei einer Hysterie nichts auszurichten. Man darf ferner ein gewisses Maß natürlicher Intelligenz und ethischer Entwicklung fordern; bei wertlosen Personen läßt den Arzt bald das Interesse im Stiche, welches ihn zur Vertiefung in das Seelenleben des Kranken befähigt. Ausgeprägte Charakterverbildungen, Züge von wirklich

> degenerativer Konstitution äußern sich bei der Kur als Quelle von kaum zu überwindenden Widerständen. Insoweit setzt überhaupt die Konstitution eine Grenze für die Heilbarkeit durch Psychotherapie« (1904a [1903], S. 9).

Man könnte dies dahingehend verstehen, dass Freud die Psychoanalyse bei Patient:innen mit Psychosen, schweren Persönlichkeitsstörungen oder antisozialen Zügen nicht zur Anwendung bringen wollte. Im Weiteren spricht Freud von »für die Psychoanalyse geeigneten Personen« (ebd., S. 10), was nur vor dem historischen Hintergrund zu verstehen ist, dass es zum damaligen Zeitpunkt kaum psychotherapeutische Alternativen zur Psychoanalyse gab, und sich auch Abwandlungen der psychoanalytischen Methode noch nicht in Entwicklung befanden. Heute würde man umgekehrt fragen: Welche Methode ist für den Patienten geeignet? Erst nach Freuds Tod setzte mit Eisslers *Parametern* (1953) die Diskussion über Modifikationen der psychoanalytischen Standardmethodik ein (siehe unten).

Rudolf Ekstein (1957) war einer der ersten, der die Probleme in der Psychoanalyse von Borderline-Patient:innen beschrieb und feststellte, dass viele von ihnen nicht in der Lage waren, frei zu assoziieren. Wilfred Bion setzte sich immer wieder mit der Behandlung von schwer gestörten Patient:innen auseinander:

> »Angriffe auf Verbindungen entstammen der, wie Melanie Klein sie nannte, paranoid-schizoiden Phase. In dieser Phase dominieren Beziehungen zu Teilobjekten (Klein [1948] 1983). Behält man im Auge, daß der Patient zu sich selbst wie auch zu Objekten, die nicht er selbst sind, eine Teilobjekt-Beziehung hat, trägt dies zum Verständnis solcher Redewendungen wie ›es scheint‹ bei, die von dem sehr gestörten Patienten im allgemeinen in Situationen benutzt werden, in denen ein weniger gestörter Patient ›ich denke‹ oder ›ich glaube‹ sagen würde. Wenn er ›es scheint‹ sagt, meint er damit häufig ein Gefühl – ein ›Es-scheint‹-Gefühl –, das ein Teil seiner Psyche ist und dennoch nicht als Teil eines ganzen Objekts wahrgenommen wird« (2012 [1959], S. 120).

Bion, der Zeit seines Lebens unter dem Eindruck seiner Kriegserfahrungen aus dem Ersten Weltkrieg stand, stellte immer wieder martialische Analogien her. So wies er darauf hin, wie schwer es sei, in dem Moment, wo man getroffen werde, zu erkennen, was einen getroffen habe. Es sei, so Bion (1994 [1975], S. 139), nicht schwer als General erfolgreich zu sein, aber ein *guter* General müsse in der Lage sein zu denken, während er beschossen und bombardiert werde (»a *good* general has to be able to think while he is being fired at«). An anderer Stelle scheint Bion an die kriegerische Analogie anzuknüpfen, als er die Begegnung von Analytiker und Patient fokussiert: Wenn zwei Personen sich begegnen, werde unweigerlich ein emotionaler Sturm ausgelöst. In dieser Störung könne man schwerlich etwas erkennen, das besser wäre, als hätten beide sich nicht getroffen. Aber da es nun einmal zur Begegnung gekommen und der emotionale Sturm entfesselt sei, solle man sich doch bemühen, das Beste daraus zu machen (Bion, 2014 [1979], S. 136).

Welche Qualität hat nun das Feuer in der Analysestunde? Es besteht darin, dass das Setting als solches angegriffen wird, dass die expliziten und impliziten Rahmenbedingungen infrage gestellt oder gar verletzt werden. Zudem wird durch projektive Identifikationen die Analytikerin aus ihrer gleichschwebenden Aufmerksamkeit heraus und in ein Agieren hineingezwungen. Dies kann das psychoanalytische Denken und Handeln erschweren oder gar verunmöglichen. Es war Betty Joseph (2002 [1985]), die in ihrer Arbeit zur Gesamtsituation der Übertragung betonte:

> »Ein großer Teil unserer Einsicht in die Übertragung resultiert aus unserem Verständnis der Art und Weise, wie unsere Patienten auf uns einwirken, um aus vielen verschiedenen Gründen Gefühle in uns hervorzurufen; wie sie uns in ihre Abwehrsysteme hineinzuziehen versuchen; wie sie unbewußt mit uns in der Übertragung agieren und versuchen, uns zum gemeinsamen Agieren mit ihnen zu bewegen; wie sie Aspekte ihrer seit der frühen Kindheit errichteten inneren Welt vermitteln – Aspekte, die in der späteren Kindheit und im Erwachsenenalter weiterentwickelt worden sind, Erfahrungen, die sich häufig nicht in Worte fassen lassen und die wir nur aufgrund der in uns geweckten Gefühle wahrnehmen, durch unsere Gegenübertragung im weiten Sinne des Begriffs« (ebd., S. 85).

Es ist eben nicht das besonnene, reflektierte gesprochene Wort, sondern das Agieren, das die Kommunikationsfunktion übernimmt. Klüwer (1983) sprach folgerichtig vom »Handlungsdialog«, mithilfe dessen Patient:innen mit eingeschränkter Mentalisierungsfähigkeit versuchen, uns ihre frühen Beziehungserfahrungen zu kommunizieren, für die sie noch keine Worte besitzen, eben weil sie in präverbalen Perioden erfahren wurden oder aber von traumatischer Vehemenz waren und daher nicht zu α-Elementen metabolisiert werden konnten.

Es gibt also ein zweifaches Feuer: eines von außen (auf den äußeren Denkraum), nämlich der Angriff auf das Setting, und eines von innen (auf den inneren Denkraum), nämlich der Angriff auf das Denken, auf Container- und α-Funktion durch die primitiven projektiven Identifikationen.

Lawrence Brown (2012) hat in seinem erhellenden Beitrag zum *thinking under fire* eine Reihe von Konzeptualisierungen einer *fire protection* angeführt. Er nennt an erster Stelle Freuds »Reizschutz« (1920g, S. 27ff.), der sich gegen »ankommende Reizgrößen« von innen und außen richtet, und führt dann die »zweite Haut« von Anzieu (1993) und Bick (1968, 1986) an sowie den *narcissistic envelope* von Gerzi (2005). Brown (2012) selbst erweitert das Konzept, indem er innere Objekte mit ihrer Containerfunktion bzw. der Fähigkeit zum Träumen einschließt, die dazu beitragen, exzessive äußere oder innere Reize und Erregungen zu metabolisieren (ebd., S. 1199). Die hier in Rede stehenden Reizschutzkonzepte eint, dass sie innerhalb des psychoanalytischen Prozesses ohne Aufgabe des Standard-Settings funktionieren. Man könnte also sagen, dass sie als innere Schutzhülle den inneren Denkraum schützen. Wenn jedoch das Feuer auf den äußeren Denkraum, also das Setting zielt, wenn die Therapie selbst, bzw. Leib und Leben des Patienten oder anderer Menschen auf dem Spiel stehen, braucht es eine weitere, äußere Schutzhülle, die den äußeren Denkraum sichert.

Kurt Eissler (1953) hat den Begriff der *Parameter* eingeführt, der eine Abweichung von der psychoanalytischen Standardtechnik bezeichnet, die ausschließlich die Deutung ins Zentrum stellt. Er betont, dass diese Modifikationen der Technik über die Deutung hinaus insbesondere bei Patienten mit Ich-strukturellen Defiziten notwendig sei (ebd., S. 126). Zudem stellt er Kriterien für die Einführung eines Parameters auf:

> »1. Ein Parameter darf nur dann eingeführt werden, wenn die Standardtechnik nicht mehr ausreicht;
> 2. der Parameter darf nie das unvermeidbare Minimum übersteigen;
> 3. ein Parameter darf nur dann eingesetzt werden, wenn er sich selbst überflüssig machen kann, um bis zum Ende der Behandlung wieder ohne Parameter auszukommen« (ebd., S. 111; Übersetzung S. D.).

70 Jahre nach Eisslers vorsichtiger Erweiterung der psychoanalytischen Standardtechnik sind die Behandlungen, die mit Parametern arbeiten, aus dem klinischen Alltag nicht mehr wegzudenken: Jede zeitliche Begrenzung einer Psychoanalyse stellt einen Parameter dar – und in der Regel damit einhergehend auch jede Fokus- bzw. Therapiezielformulierung. Je kürzer die Behandlung, umso stärker ist sie auf diese Parametrisierung angewiesen. Aber auch die Behandlung strukturell gestörter Patient:innen, die zum Handlungsdialog und zu einem Agieren neigen, das den äußeren Denkraum infrage stellt, ist auf Parameter zum Schutz des Denkraums angewiesen.

Ein Beispiel einer solchen parametrisierten psychoanalytischen Psychotherapie für strukturell gestörte Patient:innen stellt die Übertragungsfokussierte

Psychotherapie (TFP) Otto Kernbergs dar, deren Strategien zur *fire protection* im Folgenden umrissen werden.

Der »Feuerschutz« in der Übertragungsfokussierten Psychotherapie (TFP)

In seinem Abschlussbericht der Menninger-Studie (Kernberg et al., 1972) kam Otto Kernberg zu dem Schluss, dass Patient:innen mit geringer Ich-Stärke, geringer Motivation und geringer Angst-Toleranz besser von einer supportiv-expressiven Psychotherapie als von einer Standard-Psychoanalyse profitieren. Die empirische Beobachtung in diesem Studienprojekt war eine Bestätigung von Eisslers Postulat, dass nämlich strukturell gestörte Patient:innen unter Umständen von der Einführung von Parametern profitieren. Aus diesen frühen Erkenntnissen heraus entwickelte Otto Kernberg seine Übertragungsfokussierte Psychotherapie (TFP) für Patient:innen auf einem Borderline-Niveau der Persönlichkeitsorganisation. Bereits Ende der 1980er Jahre erschien das erste Buch, das die Methode umfassend beschrieb, in englischer Sprache, bald darauf auch in deutscher Übersetzung (Kernberg et al., 1993). Die TFP (»Transference-focused Psychotherapy«) stellt eine modifizierte Psychoanalyse dar. Im sitzenden Setting beschränkt sie sich auf zwei Wochenstunden bei ähnlich langer Behandlungsdauer wie die Psychoanalyse. Die TFP nutzt die analytische Haltung des Standard-Settings mit freier Assoziation, gleichschwebender Aufmerksamkeit, Abstinenz und technischer Neutralität. Sie bedient sich jedoch zusätzlich eines ausgeklügelten Reizschutzes, um gegen Angriffe auf den Denkraum gefeit zu sein. In einem (mündlich vereinbarten) Behandlungsvertrag wird der Therapierahmen vor Beginn der Behandlung explizit definiert; bei einer Verletzung des Rahmens wird dieser von der Therapeutin aktiv wiederhergestellt, indem sie die technische Neutralität vorübergehend verlässt, um direktiv einzugreifen und anschließend wieder die analytische Haltung einzunehmen. Der Haltungswechsel wird dabei implizit oder explizit markiert.

Das rein Psychoanalytische an der TFP ist ihr Fokus auf der Deutung der Übertragungsbeziehung im Hier und Jetzt. Ganz im Sinne der psychoanalytischen Objektbeziehungstheorie geht die TFP davon aus, dass sich frühe verinnerlichte Beziehungserfahrungen in der Übertragungsbeziehung reinszenieren. Bei Patient:innen auf einem Borderline-Organisationsniveau sind es Teilobjektbeziehungen, die sich in der Übertragung manifestieren, da noch keine integrierten Bilder vom Selbst und den Objekten bestehen. Mithilfe projektiver Identifikation wird ein Selbst- oder ein Objektanteil auf den Therapeuten projiziert, während der Patient sich mit dem korrespondierenden Anteil identifiziert. Durch zum Teil dramatisches Agieren im Handlungsdialog werden wir in die Reinszenierung »hineingezwungen«, was bis zu einem kollusiven Ausagieren mit Suspendierung des inneren Denkraums gehen kann. Die TFP-Therapeutin bemüht sich nun konstant, die aktivierte Teilobjektbeziehungsdyade im Hier und Jetzt zu erkennen, Schritt für Schritt zu benennen und schließlich durch Konfrontation mit den jeweils abgespaltenen anderen Selbst- und Objektanteilen in Beziehung zu setzen: »In der letzten Woche haben Sie mich als lebensrettend erlebt, heute sagen Sie mir, dass ich ein total unfähiger Therapeut bin, der Ihnen nur schaden will.«

Die TFP fokussiert – insbesondere in den früheren Therapiephasen – das Hier und Jetzt und vermeidet eher genetische Deutungen des Dort und Damals, da gerade strukturell gestörte Patient:innen dazu neigen, ein intellektualisiertes, affektentleertes »Verstehen« als Widerstand gegen eine Veränderung zu instrumentalisieren. Aus diesem Grund ist die TFP besonders bemüht, zunächst den dominanten Affekt zu markieren und zu aktivieren, bevor eine Übertragungsdeutung gegeben wird. Dabei spielen nonverbale Affektäußerungen eine besondere Rolle, denn häufig fehlt bei strukturell gestörten Patient:innen die Fähigkeit zur Mentalisierung ihres inneren Erlebens (Yeomans, Clarkin & Kernberg, 2017; Doering, 2016, 2023).

Diese Arbeit in der Übertragung (Körner, 1999) setzt den erhaltenen inneren und äußeren Denkraum voraus. Wird der innere Denkraum durch intensive projektive Identifikationen attackiert, so ist es die Aufgabe des Analytikers, durch Containment und Nutzung der Gegenübertragung sowie ein Erkennen der Übertragungsmuster (aktivierte Dyaden) die α-Funktion auszuüben und Symbolisierung sowie Verbalisierung des Geschehens gemeinsam mit der Patientin zu ermöglichen.

Erst wenn dies am Widerstand der Patientin scheitert, wird der Parameter genutzt, der Therapeut gibt die technische Neutralität auf und verweist auf den Behandlungsvertrag, ohne dessen Funktionieren die Behandlung nicht zielführend fortgesetzt werden kann. Ein Beispiel soll dies verdeutlichen: Eine 29-jährige Patientin mit einer histrionischen Persönlichkeitsstruktur auf Borderline-Niveau reiht in der Stunde eine schillernde und zum Teil dramatische »Geschichte« aus ihrem Studentinnenleben an die andere. Auf jeden Deutungsversuch des Analytikers reagiert sie mit einer neuen, noch dramatischeren Geschichte, ohne der Deutung weitere Beachtung zu schenken. Eine Intervention in der Übertragung und aus der analytischen Haltung technischer Neutralität heraus könnte lauten: »Mir fällt auf, dass Sie meine letzten Äußerungen gar nicht weiter beachtet haben, als würde ein Teil von Ihnen vermeiden wollen über das Thema weiter nachzudenken.«

Erst wenn wiederholte Deutungen dieser Art nicht zum Ziel führen, verlässt der Therapeut die technische Neutralität:

> »Frau S., Sie werden sich erinnern, dass wir eine Vereinbarung getroffen haben, die unter anderem besagt, dass sie frei über alles berichten, was Ihnen durch den Kopf geht, aber auch, dass Sie sich bemühen, über meine Kommentare dazu nachzudenken. Ich sehe nun, dass dies nicht mehr gelingt, da sie anstatt über meine Äußerungen nachzudenken, immer neue Geschichten aus Ihrem Alltag erzählen. Diese Therapie kann nicht hilfreich für Sie sein, wenn es Ihnen nicht gelingt, diese Ablenkungsmanöver einzustellen.«

Erst wenn die Patientin ihr Commitment zur Vereinbarung, d.h. zum Einhalten des Therapierahmens, abgibt, erfolgt eine markierte Rückkehr zur analytischen Arbeit: »Gut, ich denke, dann sollten wir versuchen zu verstehen, was Sie immer wieder dazu bewegt, neue Ablenkungsmanöver zu starten, wenn wir auf Ihren Vater und ihre intensiven Gefühle für ihn zu sprechen kommen.«

Der Behandlungsvertrag in der TFP erfüllt kurz gesagt die Funktion, einen Reizschutz für den Denkraum zu liefern. Verschiedene Hintergründe und Funktionen dieses Schutzes werden bei Yeomans, Clarkin und Kernberg (2017) benannt (siehe Tabelle 1).

Tabelle 1: Die Funktionen des Behandlungsvertrags in der TFP (ebd., S. 92)

1.	Verständigung über das Problem/die Probleme, derentwegen der Patient sich in Behandlung begibt
2.	Definition der Realität der Behandlungsbeziehung
3.	Definition der Verantwortlichkeiten sowohl des Patienten als auch der Therapeutin gegenüber der Behandlung
4.	Schutz des Patienten, der Therapeutin und der Therapie; dazu zählt auch der Schutz der Fähigkeit der Therapeutin, klar zu denken
5.	Minimierung des sekundären Krankheitsgewinns
6.	Schaffung eines sicheren Ortes, an dem sich die Psychodynamik des Patienten entfalten kann
7.	Vorbereitung auf die Deutung der Bedeutung, die jeder Abweichung vom vertraglich vereinbarten Behandlungsrahmen inhärent ist
8.	Entwicklung eines organisierenden therapeutischen Rahmens, innerhalb dessen die Therapie zu einem Anker im Leben des Patienten werden kann; die Internalisierung der Vertragsgespräche wird häufig zu einer ersten inneren Verbindung zur Therapeutin
9.	Untersuchung und Definition der Entscheidungen, die der Patient getroffen hat; in den Gesprächen über mögliche Aktivitäten zeichnen sich Aspekte der Identität und damit verbundener Konflikte ab

Der Behandlungsvertrag selbst, der mündlich vereinbart und von der Therapeutin in ihrer Dokumentation festgehalten wird, umfasst allgemeine Aspekte (siehe Tabelle 2) sowie spezifische Anteile, die auf der Anamnese des Patienten sowie seinen Aussagen und Verhaltensweisen in den diagnostischen Gesprächen basieren. Besonderes Augenmerk kommt bei der Anamneseerhebung den vorangegangenen Therapien zu: Woran sind diese ggf. gescheitert, welche therapieschädigenden Verhaltensweise hat der Patient in der Vergangenheit bereits gezeigt (siehe Tabelle 3)?

Tabelle 2: Allgemeine Aspekte des Behandlungsvertrags in der TFP (ebd., S. 94)

1.	Verantwortlichkeit des Patienten – Regelmäßiges Erscheinen zu den Sitzungen – Zahlung des Honorars – Freies Assoziieren über Probleme, derentwegen sich der Patient in Behandlung begeben hat (ein nach Möglichkeit unzensiertes Aussprechen der Gedanken und Gefühle) – Ernsthaftes Bemühen, über das, was der Patient selbst sagt, über die Kommentare der Therapeutin und über die Interaktion nachzudenken
2.	Verantwortlichkeit der Therapeutin – Wahrnehmung der Sitzungstermine – Zuhören mit gleichschwebender Aufmerksamkeit – Nichts unterlassen, was dem Patienten dabei helfen kann, sich selbst und tiefer Aspekte seiner Persönlichkeit und seiner Schwierigkeiten zu verstehen – Falls erforderlich, klarer Verweis auf die Grenzen seines Engagements

Tabelle 3: Beispiele für Widerstände und andere Gefährdungen der Behandlung in der TFP (ebd., S. 108)

1.	Suizidale und gravierend selbstdestruktive Verhaltensweise
2.	Mordimpulse oder -versuche einschließlich der Bedrohung der Therapeutin
3.	Lügen oder Verschweigen von Informationen
4.	Substanzabhängigkeit und Substanzmissbrauch
5.	Essgestörtes Verhalten
6.	Mäßig selbstdestruktive Verhaltensweisen (Ritzen im Gegensatz zum Schneiden)
7.	Unregelmäßiges Erscheinen zu den Sitzungen
8.	Häufige Telefonanrufe oder andere Versuche, ins Leben der Therapeutin einzudringen
9.	Nicht-Zahlen der Rechnungen, Umstände provozieren, die die Zahlung unmöglich machen
10.	Schaffung von Problemen außerhalb der Therapie, die eine Fortführung der Behandlung erschweren
11.	Festhalten an einer chronisch passiven Lebensweise, die den sekundären Krankheitsgewinn steigert

Tabelle 4: Vertragliche Vereinbarung bezüglich der Suizidalität einer chronisch suizidalen Borderline-Patientin ohne Major-Depression in der TFP (ebd., S. 116)

<table>
<tr><th colspan="2">Wenn die Patientin zwischen den Sitzungen den Impuls verspürt, sich zu töten, sind folgende Szenarien denkbar:</th></tr>
<tr><td colspan="2">Szenarium I</td></tr>
<tr><td colspan="2">– Die Patientin hat Suizidgedanken und das Gefühl, ihr Verhalten kontrollieren zu können (im Einklang mit dem Behandlungsvertrag).
– Sie ruft den Therapeuten nicht an, sondern bringt den Impuls in der nächsten Sitzung zur Sprache.</td></tr>
<tr><td colspan="2">Szenarium II</td></tr>
<tr><td colspan="2">Die Patientin hat das Gefühl, den Impuls nicht kontrollieren zu können. Es gibt zwei Möglichkeiten:</td></tr>
<tr><td>Szenario A</td><td>Szenario B</td></tr>
<tr><td>(Im Einklang mit dem Behandlungsvertrag)
Patientin sucht die Notaufnahme auf:
– Sie wird entweder nach dem Gespräch entlassen und erscheint zur nächsten Therapiesitzung oder
– ihr wird eine stationäre Behandlung empfohlen.
Wenn eine stationäre Behandlung empfohlen wird,
– willigt die Patientin ein und kehrt nach der Entlassung in die Therapie zurück, oder
– die Patientin lehnt die stationäre Aufnahme ab, mit der Konsequenz, dass sie in eine andere ambulante Therapie überwiesen werden muss.</td><td>(Dem Behandlungsvertrag zuwiderlaufend)
Die Patientin ruft den Therapeuten an, der sie an den Vertrag erinnert:
– Entweder sucht die Patientin die Notaufnahme auf oder
– die Patientin weigert sich, die Notaufnahme aufzusuchen. In diesem Fall ergreift der Therapeut die notwendigen Maßnahmen, um die Sicherheit der Patientin zu schützen. Sobald sichere Bedingungen hergestellt sind, bespricht er mit der Patientin, ob die Therapie fortgesetzt werden kann.</td></tr>
</table>

Grundsätzlich wird der Vertrag nicht aufoktroyiert, sondern in einem gemeinsamen Prozess erarbeitet. Anstatt »Sie müssen dies oder jenes tun« entspricht die Haltung einer objektiven Anteilnahme *(objective concern)*: »Wenn die Therapie Ihnen helfen soll, dann ist es wichtig, dass Sie es schaffen, dies oder jenes (nicht) zu tun.«

Gerade bei Patient:innen mit einer Borderline-Persönlichkeitsstörung stellt die Suizidalität eine besondere Gefährdung dar, mit der sehr sorgfältig umgegangen werden muss. Grundsätzlich wird vereinbart, dass die Patientin dafür verantwortlich ist, ihr Überleben zwischen den Sitzungen zu sichern. Für den Fall, dass sie ihre Suizidalität nicht mehr kontrollieren kann, wird genau festgelegt, welchen Facharzt bzw. welche psychiatrische Klinik sie aufsuchen soll. Wichtig ist darüber hinaus, dass sie die Hilfsangebote, die sie dort erhält, auch annimmt. Es wird vereinbart, dass die TFP-Behandlung nur begonnen bzw. fortgesetzt werden kann, wenn die Patientin sich in der Lage sieht, diese Verantwortung auch zu übernehmen und nicht den TFP-Therapeuten mit ihrer Suizidalität unter Druck zu setzen. Falls dies nicht gelingt, ist die TFP nicht die richtige Behandlung. Dies wird entsprechend vermittelt: »Wenn es Ihnen nicht gelingt, diese Vereinbarungen einzuhalten, kann diese Behandlung nicht hilfreich für Sie sein. Dann würde ich Ihnen helfen, einen anderen Therapeuten zu finden, der mit Ihnen eine andere, weniger anspruchsvolle Therapie durchführt.«

Wiederum ist es wichtig, dass die Positionierung mit angemessener objektiver Anteilnahme erfolgt und nicht als Strafmaßnahme angedroht wird. In Tabelle 4 finden sich sehr detaillierte Hinweise darauf, wie mit Suizidalität umzugehen ist, die während einer TFP-Behandlung auftritt. Das Ziel ist dabei immer, den Denkraum zu schützen und zu verhindern, dass dieser durch Verhandlungen über akute Maßnahmen (z. B. Extrastunden) oder Veränderungen des Settings okkupiert wird.

Fallvignette

Eine Borderline-Patientin beginnt die Sitzung am Freitagnachmittag mit den folgenden Worten:

> »Ich habe Ihnen ja versprochen, Ihnen von meinen Suizidgedanken zu erzählen. Jetzt ist es wieder so weit. Ich sehe keinen Sinn mehr im Leben und denke an Suizid. Ich kann Ihnen definitiv nicht versprechen, dass ich am Wochenende nicht versuchen werde, mich umzubringen. Aber eines sage ich Ihnen gleich: Stationär gehe ich ganz sicher nicht!«

Sie stellt in Sekundenschnelle ein Dilemma her, das dem Therapeuten scheinbar nur zwei Optionen lässt, nämlich entweder die Patientin trotz der Suiziddrohung nach Hause gehen zu lassen und sie damit zu vernachlässigen. Dies wäre vor dem Hintergrund der Biografie der Patientin eine Vernachlässigung gewesen, wie ihre Mutter sie gezeigt hat, die sie nicht vor den wiederholten sexuellen Missbrauchshandlungen des Großvaters geschützt hat. Oder aber der Therapeut könnte eine Einweisung in eine psychiatrische Klinik gegen ihren Willen veranlassen. Dies wäre gleichsam eine Wiederholung der Vergewaltigungen, die der Großvater an ihr verübt hatte.

Der Therapeut versucht zunächst in der Übertragung zu arbeiten:

> »Frau B., Sie bringen mich jetzt in eine schwierige Lage: Entweder, ich lasse Sie nach Hause gehen und riskiere, dass Sie sich das Leben nehmen – dies würde einer Vernachlässigung durch mich gleichkommen: ›Es ist mir doch egal, was aus Ihnen wird.‹ Oder ich lasse Sie gegen Ihren Willen einweisen, schicke Ihnen zur Not die Polizei hinterher, wenn Sie jetzt von hier weglaufen sollten. Beide Optionen, die Sie mir lassen, wären am Ende zu Ihrem Schaden.«

Allerdings ist die Patientin auf diese Weise nicht mehr zu erreichen. Nach mehreren Anläufen entscheidet sich der Therapeut daher, die technische Neutralität zu verlassen und nun in supportiv-direktiver Weise den Rahmen (und in dem Fall das Leben der Patientin) zu sichern:

> »Frau B., ich werde Sie so nicht allein nach Hause gehen lassen. Ich sehe, dass es Ihnen im Moment nicht möglich ist, unserer Vereinbarung bezüglich des Umgangs mit Ihrer Suizidalität zu folgen. Ich möchte Ihnen daher Folgendes vorschlagen: Ich rufe jetzt die diensthabende Psychiaterin hier im Haus an. Sobald sie da ist, sprechen Sie mit ihr allein und ohne mich, Sie beide entscheiden dann, wie weiter vorzugehen ist.«

Die Patientin eruiert erst, was geschehen würde, wenn sie nicht zustimmen würde und einfach nach Hause ginge, was ja Ihr »gutes Recht« sei. Der Therapeut bleibt sehr klar:

> »Ich würde nicht tatenlos zusehen und riskieren, dass Sie sich umbringen. Zwar würde ich mit Ihnen hier keine Rauferei beginnen und Sie nicht eigenhändig versuchen zurückzuhalten, aber ich würde die Polizei verständigen, die Sie suchen und in die Klinik bringen würde.«

Es schien, als würde diese Entschlossenheit die Patientin beruhigen. Sie stimmte schließlich zu, mit der diensthabenden Psychiaterin zu sprechen. Die Kollegin wurde verständigt, wusste die Situation sofort einzuschätzen und kam relativ zügig, um die Patientin in ihr Sprechzimmer mitzunehmen. Es dauerte kaum zehn Minuten, bis beide lachend aus dem Zimmer kamen und die Patientin heimging. In der nächsten Sitzung am Montag setzte der Therapeut sofort das Thema des freitäglichen Vorfalls als Priorität und nahm dann seine technische Neutralität wieder ein. Es konnte nun mit einigem Abstand reflektiert werden, was geschehen war. Auf diese Weise hatte das Verlassen der technischen Neutralität auf dem Boden des Therapievertrags es ermöglicht, den Denkraum wieder abzusichern.

Literatur

Anzieu, D. (1993). The film of the dream. In S. Flanders (Hrsg.), *The dream discourse today* (S. 137–150). Routledge.

Bick, E. (1968). The experience of skin in early object-relations. *Int J Psychoanal, 49*, 484–486.

Bick, E. (1986). Further considerations on the function of the skin in early object relations. *Br J Psychother, 2,* 292–299.

Bion, W.R. (1994 [1975]). Contributions to panel discussions: Brasilia, a new experience. In S. Bion (Hrsg.), *Clinical Seminars and other works* (S. 131–145). Karnac.

Bion, W.R. (2012 [1959]). Angriffe auf Verbindungen. In E. Bott-Spillius (Hrsg.), *Melanie Klein heute – Entwicklungen in Theorie und Praxis. Band 1: Beiträge zur Theorie* (4. Aufl., S. 110–129). Klett-Cotta.

Bion, W.R. (2014 [1979]). Making the best of a bad job. In ders., *The Complete Works. Volume X* (S. 136–145). Routledge.

Bleger, J. (1967). Psycho-analysis of the psycho-analytic frame. *Int J Psychoanal, 48,* 511–519.

Brown, L. (2012). Bion's discovery of alpha function: Thinking under fire on the battlefield and in the consulting room. *Int J Psychoanal, 93*(5), 1191–1214.

Doering, S. (2016). *Übertragungsfokussierte Psychotherapie.* Vandenhoeck & Ruprecht.

Doering, S. (2023). *Resonanz – Begegnung – Verstehen.* Klett-Cotta.

Ekstein, R. (1957). The function of acting out, play action and play acting in the psychotherapeutic process. *J Am Psychoanal Assoc,* 5, 581–629.

Freud, S. (1895d). *Studien über Hysterie. GW I,* S. 75–312.

Freud, S. (1904a [1903]). Die Freudsche psychoanalytische Methode. *GW V,* S. 1–10.

Freud, S. (1912e). Ratschläge für den Arzt bei der psychoanalytischen Behandlung. *GW VIII,* S. 375–387.

Freud, S. (1920g). *Jenseits des Lustprinzips. GW XIII,* S. 1–69.

Freud, S. (1923a [1922]). Libidotheorie Psychoanalyse. *GW XIII,* S. 211–233.

Freud, S. (1933a [1932]). *Neue Folge der Vorlesungen zur Einführung in die Psychoanalyse. GW XV.*

Eissler, K.R. (1953). The effect of the structure of the ego an psychoanalytic technique. *J Am Psychoanal Assoc, 1*(1), 104–143.

Gerzi, S. (2005). Trauma, narcissism and the two attractors in trauma. *Int J Psychoanal, 86*(4), 1033–50.

Joseph, B. (2002). Übertragung – die Gesamtsituation. In E. Bott-Spillius (Hrsg.), *Melanie Klein heute – Entwicklungen in Theorie und Praxis. Band 2: Anwendungen* (3. Aufl., S. 84–100). Klett-Cotta.

Kernberg, O.F., Burstein, E.D., Coyne, L., Appelbaum, A. & Horwitz, L. (1972). Psychotherapy and psychoanalysis. Final report of the Menninger Foundation's psychotherapy research project. *Bull Menninger Clin, 36*(1–2), 1–275.

Kernberg, O.F., Selzer, M.A., Koenigsberg, H.W., Carr, A.C. & Appelbaum, A.H. (1993). *Psychodynamische Therapie bei Borderline-Patienten.* Hans Huber.

Klein, M. (1997). Zur Theorie von Angst und Schuldgefühl. In dies., *Das Seelenleben des Kleinkindes* (6. Aufl., S. 164–186). Klett-Cotta.

Klüwer, R. (1983). Agieren und Mitagieren. *Psyche – Z Psychoanal, 37*(9), 828–840.

Körner, J. (1999). Work on transference? Work in transference! *Int Forum Psychoanal, 8*(2), 93–102.

Krause, R. (2016). Auf der Suche nach dem »missing link« zwischen Analytiker und Analysand ihren Körpern und ihrer gemeinsamen Seele. In K. Nohr & S. Leikert (Hrsg.), *Zum Phänomen der Rührung in Psychoanalyse und Musik* (S. 61–74). Psychosozial-Verlag.

Lemma, A. (2014). The body of the analyst and the analytic setting: Reflections on the embodied setting and the symbiotic transference. *Int J Psychoanal, 95*(5), 225–244.
Quinodoz, D. (1992). The psychoanalytic setting as the instrument of the container function. *Int J Psychoanal, 73*(4), 627–635.
Yeomans, F. E., Clarkin J. F. & Kernberg, O. F. (2017). *Übertragungsfokussierte Psychotherapie für Borderline-Patienten*. Schattauer.

Der Autor

Stephan Doering, Prof. Dr., ist Leiter der Klinik für Psychoanalyse und Psychotherapie an der Medizinischen Universität Wien. Er ist Psychoanalytiker (IPA, Wiener Psychoanalytische Vereinigung), Facharzt für Psychiatrie und Psychotherapeutische Medizin (A) sowie Facharzt für Psychosomatik und Psychotherapie (D). Er ist *past president* der International Society for Transference-focused Psychotherapy (ISTFP) und der European Society for the Study of Personality Disorders (ESSPD). Seine Forschungsschwerpunkte sind Diagnostik und Behandlung von Persönlichkeitsstörungen und Psychotherapieforschung.

Kontakt per E-Mail: stephan.doering@meduniwien.ac.at

Eltern-Säugling-Kleinkind-Psychotherapie: Sich im dichten Nebel orientieren

Christiane Ludwig-Körner

Die Eltern-Säugling-Kleinkind-Psychotherapie (ESKP) bewegt sich in vielfältigen »Zwischenräumen«. Sie kann sowohl von Erwachsenen-Psychotherapeutinnen[1] als auch von Kinder- und Jugendlichen-Psychotherapeutinnen angewandt werden, wenn sie zusätzlich in Eltern-Säugling-Kleinkind-Psychotherapie fortgebildet worden sind (Ludwig-Körner, 2016). Weder die bisher übliche kinderanalytische Ausbildung noch die Ausbildung als Erwachsenenpsychotherapeutin befähigen sie ausreichend dazu, den notwendigen Behandlungsschwerpunkt auf die Eltern-Kind-Beziehung und damit auf die unmittelbare Behandlung von Säuglingen bzw. Kleinkindern mit ihren Bezugspersonen zu legen (Ludwig-Körner, 2019). Die kinderanalytische Behandlung konzentriert sich auf die Bearbeitung innerer Konflikte des Kindes, weswegen Kindertherapien üblicherweise erst mit dem dritten Lebensjahr beginnen. Die inneren Konflikte, die man dann vorfindet, kommen jedoch bei Säuglingen noch nicht vor. Deswegen qualifiziert eine (traditionelle) kinderanalytische Ausbildung noch nicht ausreichend für die Behandlung von Eltern und ihren Säuglingen. Heute kommt es zunehmend vor, dass kinderanalytischen Kolleginnen eine ESKP-Kurzzeittherapie (KZT) nicht automatisch bewilligt wird, sondern ausführliche Anträge geschrieben werden müssen.

Ellinghaus (2021) untersuchte in ihrer psychologischen BA-Arbeit den Lehrumfang von frühen entwicklungstheoretischen und behandlungspraktischen Kenntnissen in der Ausbildung zu Analytischen Kinder- und Jugendlichen-Psychotherapeuten (und im Kontext der Verhaltenstherapie) und kam zu erschreckenden Ergebnissen: Die Analytikerinnen führen zwar die obligatorische Babybeobachtung an, die fürwahr einen immensen Stundenumfang beinhaltet, aber sie werden gerade nicht darin geschult, konkret mit Eltern und ihren Säuglingen zu arbeiten.

---

1 Eltern-Säugling-Kleinkind-Psychotherapien werden zu über 90 Prozent von Frauen ausgeübt, weshalb hier die weibliche Schreibweise verwendet wird.

Die Behandlung von Erwachsenen mit einem Säugling bzw. Kleinkind würde methodisch in den Bereich der Familientherapie passen, die jedoch explizit wiederum nicht automatisch in den analytischen Kontext eingebunden ist – sieht man von einigen wenigen Kolleginnen ab, die sich schon früh dafür eingesetzt hatten.

Man könnte sich nun zurücklehnen und beruhigen, wird doch seit Juli 2020 die systemische Familientherapie von den gesetzlichen Krankenkassen bezahlt. Außeracht lässt man dabei, dass erstaunlicherweise die ESKP dort keinen Schwerpunkt einnimmt – weder in der Ausbildung noch im Rahmen der Behandlung. Hinzu kommt, dass systemisch ausgebildete Kolleginnen geschult werden, ihre Behandlungen als Paar durchzuführen (was nicht gegen eine ESKP spräche), aber von der Krankenkasse nicht doppelt abgerechnet werden kann.

Die Bedeutung der frühen Kindheit für die Entwicklung der Persönlichkeit ist hinreichend bekannt, sodass auf die Aufzählung der inzwischen sehr zahlreichen Forschungsergebnisse hier verzichtet wird. Es gäbe sehr viel zu dem Thema zu berichten, auch zu der Tatsache – was zu dem großen, vom Innovationsfond finanzierten SKKIPPI[2]-Forschungsprojekt (2019–2023) geführt hatte, einer Evaluation der Eltern-Säugling-Kleinkind-Psychotherapie mittels Prävalenz- und Interventionsstudien –, dass leider Säuglinge bzw. Kleinkinder zuerst Symptome entwickeln müssen, damit ihnen adäquat geholfen werden kann. In der Regel nehmen nur sehr wenige Kliniken für die Behandlung Erwachsener auch Säuglinge mit auf, z. B. bei Wochenbettdepressionen, Ängsten, Zwängen usw., da sie für das Kind keine Finanzierung erhalten. In Kinderpsychosomatischen Stationen oder Psychiatrien werden jedoch die Mütter bzw. Väter (ganz selten beide; meist sind es die Mütter) behandelt, wenn dann die Symptome der Kinder massiv geworden sind.

Damit komme ich zu meinem *Behandlungsfall*, mit dem ich illustrieren möchte, wie schwierig es ist, sich im Nebel der Beziehungen zwischen Mutter, einem (abwesenden) Vater, dem Kind und der Psychotherapeutin zu orientieren.

Frau P. wünscht sich Unterstützung mit ihrer 14 Monate alten Tochter, die, seitdem sie einjährig in den Kindergarten gebracht wurde, viel weint, klammert und schlecht schläft. Ich erfahre, dass die 33-jährige Mutter (Biologin, arbeitslos seit dem langgezogenen Studium) zuhause ist und die Tochter in die Krippe bringt, damit sie Zeit für Bewerbungen habe. Der um zehn Jahre ältere Kinds-

2 »SKKIPPI« meint »Evaluation der Eltern-*S*äugling-*K*lein*Ki*nd-*P*sychotherapie mittels *Pr*ävalenz- und *I*nterventionsstudien«.

vater mit türkischen Wurzeln, freiberuflich im Medienbereich tätig, würde nur wenige Stunden in der Woche arbeiten gehen. Es ist deutlich, dass die Mutter Schuldgefühle plagen, sie durchaus weiß, wieviel sie ihrer kleinen Tochter mit dem Kita-Besuch abverlangt.

»Sie kommen zu mir, weil Sie sich wünschen, dass ich Verständnis für Ihre Entscheidung habe, ihre Tochter so früh in die Krippe gegeben zu haben.« Frau P. nickt, und ich erfahre, dass sie selbst bereits mit acht Wochen in eine Kita gebracht wurde, dass es für sie selbstverständlich sei, sich früh um einen Kindergartenplatz zu kümmern. Sie sei froh, dass es auch geklappt hat, obwohl sie befürchtet hatte, es würde ihr nicht erlaubt, da sie beide ja auch viel zuhause seien.

Zum Erstgespräch kam die Mutter allein. Bei der zweiten Sitzung bringt sie Anna mit. Ein schmales, zartes Mädchen, mit blassem Gesicht, das mich ebenso wie die Mutter an ein aus dem Nest gefallenes Vögelchen erinnert. Sie klammert sich an ihre Mutter, möchte sich am liebsten in »ein Nichts« verwandeln, unsichtbar sein. Ich nicke ihr aufmunternd zu und wechsele einige Worte mit Frau P., die ihrer Tochter aus dem Anorak hilft. Ich habe mich derweil auf einem Kissen auf dem Boden niedergelassen und mache eine einladende Geste, sich auch hinzusetzen. Frau P. sitzt im Schneidersitz, ihre Tochter drängt sich dicht an sie und schaut verschüchtert, aber interessiert mit den Augen die wenigen Spielsachen an, die in ihrer Nähe liegen. »Du würdest die Spielsachen gerne anfassen, traust dich aber noch nicht so recht. Du darfst sie und den Raum hier gerne erkunden.« Frau P. teilt mir derweil mit, wie schwierig die Eingewöhnung gewesen war und noch heute ist. An die Tochter gewandt: »Du magst lieber ganz dicht bei deiner Mutti sein und besonders dann, wenn du die Menschen und den Ort noch nicht richtig kennst. Aber deine Mutti geht hier nicht ohne dich weg.«

Ich greife einen in meiner Nähe liegenden Ball und rolle ihn so, dass er zwischen Mutter und Anna, die sich inzwischen neben sie gesetzt hat, zum Liegen kommt, sozusagen ein Dreieck bildet. Frau P. gibt ihm einen kleinen Stups, sodass er unmittelbar vor Anna liegt. Diese schaut fragend ihre Mutter und dann mich an. Ich nicke auffordernd und sie rollt ihn vorsichtig zurück zu ihrer Mutter. Nachdem der Ball eine Weile zwischen Mutter und Tochter hin- und her gerollt wurde, bezieht mich die Mutter wortlos mit ein und ich rolle ihn zurück zu Anna, die ihn zögernd, vorsichtig in meine Richtung schubst. »Nun sind wir alle einbezogen.«

Und an die Mutter gewandt: »Solche kleinen Spielchen gibt es vermutlich auch bei ihnen zuhause, wobei ihr Partner mit einbezogen wird?« Frau P., die sowieso angespannt auf mich wirkte, verspannte sich noch mehr. Mir ist, als würde plötzlich eine Milchglasscheibe zwischen uns stehen, als gäbe es keine Unmittelbarkeit mehr zwischen uns. Es gibt Schwierigkeiten zwischen dem Paar, schießt mir durch den Kopf. Das »Phänomen Milchglasscheibe« ansprechen? »Mir fällt auf, dass ich noch wenig über Ihren Partner, deinen Vater? (mich an Anna wendend) weiß.« »Ja, was soll ich zu ihm sagen? Was wollen Sie wissen?« »Möchten Sie mir etwas über ihn, ihr Miteinander berichten?« Sie zuckt mit den Schultern und schweigt. Ich schweige auch. Anna löst sich von ihrer Mutter, steht auf und erkundet vorsichtig den Raum. Die Milchglasscheibe verschwindet in mir. »Nun, da gibt es manches noch zu entdecken.«

Das Phänomen »Nebel« oder Milchglasscheibe tauchte immer wieder in den Sitzungen auf, und ich verstand, dass es Themen waren, denen sich Frau P. nicht nähern wollte, bzw. bei denen eine »Klarsicht« vermieden werden sollte. Ich erinnere eine spätere Sitzung, zu der die Mutter allein gekommen war. Ich hatte ihren Partner von Anbeginn mit eingeladen, aber er kam nie mit, und ich nahm an, dass Frau P. dieses auch gar nicht wollte – das sogenannte *maternal gatekeeping syndrom* (Beitel & Parke, 1998). Sie sitzt mir gegenüber, schweigt, und das »Nebel-Phänomen« stellt sich wieder ein. Ich fühle mich von ihr getrennt, empfindungslos, diffus, kann kaum klar denken, ganz tief im Inneren spüre ich einen Groll. Ich schaue Frau P. freundlich an, zwinge mich förmlich abzuwarten, die Spannung anwachsen zu lassen, denn inzwischen habe ich die Erfahrung gemacht, dass sich Frau P. auch gerne »bedienen« lässt. Sie schaut nach unten, weicht meinem Blick aus, die Spannung wächst. Obwohl nur einige Minuten verstrichen sind, habe ich den Eindruck, es handele sich um Stunden. Weiter warten? Es kommt mir wie ein Machtkampf vor, wie Kinder, die ihre Kräfte messen wollen, und dann kippt mein Eindruck: Ich erlebe Frau P. wie einen Stein, völlig abgekapselt in sich, ohne Zugang zur Außenwelt. Passen die beiden Bilder zusammen? Hat sie vielleicht in ihrer »Autonomie-Phase«, im Trotzalter, sich mit aller Kraft bemüht, ihr Eigenes zu entwickeln, um sich dann resignativ in sich abgekapselt zurückzuziehen? Ich weiß aus vorausgegangenen Sitzungen mit ihr und ihrer Tochter, wie schwer sie die Eigen-Bestrebungen ihrer Tochter ertragen kann. Wie sie manchmal schnell aus dem Zimmer gehen muss, um die unbändige Wut, die sie wegzureißen droht, nicht gegen die Tochter zu richten. Sie möchte dann am liebsten allein sein – und wehe ihr Partner sei in der Nähe, der die gesamte Ladung abbekäme, was dann wieder in einem Riesenstreit ende, bei dem sie oft einfach »abhaue«, ohne eine Erinnerung daran zu haben, sondern sich »irgendwann, irgendwo« in Berlin wiederfände.

So spreche ich sie an: »Sie sind heute ohne Ihre Tochter gekommen, und ich habe den Eindruck, Sie wollen mir Wichtiges mitteilen. Und das tun Sie auch, indem Sie mir zeigen, in welch schreckliche abgekapselte Zustände sie geraten können, wobei Sie dann vielleicht hoffen, dass jemand sie daraus befreit.« Wie aus einer fernen Welt zurückkommend, schaut mich Frau P. mit einem leeren Blick an. Sie wirkt auf mich dissoziiert. Ermann (2000, S. 277) beschreibt, dass Dissoziationen

> »als Abwehr und Bewältigungsstrategie eingesetzt werden und verschiedene Funktionsbereiche betreffen[:]
> - die *Aufspaltung des Ich* in einen erlebenden und einen beobachtenden Anteil,
> - die *Aufspaltung der Erinnerung* in einen zugänglichen und einen verdrängten Anteil,
> - die *Aufspaltung des Bewusstseins* in einen bewussten und einen unbewussten Anteil.«

Nach und nach erfahre ich, dass es wieder einen heftigen Streit zwischen dem Paar gegeben hatte. Vereinbart worden sei, dass der Kindsvater Anna rechtzeitig aus dem Kindergarten abholen sollte, damit sie dann »in Ruhe« mit Anna zu mir fahren kann. »Er weiß, dass ich den Druck, der dann entsteht, nicht ertragen kann. Und immer wieder lässt er es darauf ankommen.« Mir schießt durch den Kopf: Wenn sie schon vorher um diesen »Knackpunkt« weiß, wieso holt sie nicht selbst ihre Tochter ab und begibt sich stattdessen in diese »Abhängigkeit«? Sie brauchen den Streit! Wieso muss sie dann dissoziieren? Hat die Patientin Traumata erlebt? Kann man das frühe Alleingelassensein als »Trauma« bezeichnen? Sicherlich hat dieses zu ihrem geringen Selbstwerterleben geführt, unter dem sie leidet, und nicht wagt, sich einem beruflichen Alltag zu stellen, sondern stattdessen von anderen »gefüttert« werden möchte. Mir fällt ein, dass ich bei einer Nachfrage meinerseits, wie sie denn finanziell über die Runden kämen, mit Erstaunen erfuhr, dass Frau P. monatlich 1.000 Euro von ihren Eltern erhält, und ich ihr damals bereits sagte: »Dann besteht ja eine immense Abhängigkeit zwischen Ihnen und Ihren Eltern.«

Ihre Eltern scheinen voller Schuldgefühle zu sein, sich nicht genügend um ihr Kind gekümmert zu haben, sondern stattdessen alle Kraft in ihr eigenes berufliches Vorankommen gesteckt zu haben (Mutter: Pharmazeutin; Vater: Ministerium für Nationale Verteidigung, nach der Wende Immobilienmakler). Frau P. »rächt« sich unbewusst an ihren Eltern, aber auch an ihrem Partner, zu dem sie nach ihrem Studienabschluss, aus einer anderen Beziehung heraus, wieder zurückgekehrt war – nicht wissend, ob sie bei ihm bleiben wolle, dann aber schwanger wurde.

> »Wenn ich es richtig verstanden habe, sind sie voller Wut zu mir gekommen, wissend, dass ich zwar nicht die wirkliche Ursache dafür bin, aber es machte sie auch wütend, dass sie überhaupt herkommen müssen. Um mit dieser enormen Wut fertig zu werden, kann es hilfreich sein, gar nichts mehr spüren zu müssen, sondern in einen fast in tranceähnlichen Zustand zu geraten, abgeschnitten von allem zu sein.«

Frau P. scheint aufzutauchen; ich bin mir jedoch nicht sicher, ob sie meine Worte wirklich verstanden hat.

Mir schießt wieder durch den Kopf, wie sehr die Mutter nicht nur eine Unterstützung im Umgang mit ihrer Tochter benötigt, sondern vor allem für sich. Vereinbart war, dass wir eine ESKP machen. Da ich eine Zulassung für die Behandlung Erwachsener habe und die ESKP darüber abgerechnet wird, kann die Patientin nicht parallel eine Therapie für sich beginnen – außer ich führe die Behandlung später mit ihr alleine weiter. Anders wäre es, wenn die ESKP von einer Kindertherapeutin durchgeführt wird, wobei es natürlich auch abzuwägen gilt, inwieweit beides parallel von den Patientinnen und Patienten verkraftet werden kann und nicht zu Spaltungen führt. Zwar muss in der ESKP auch das Erleben der Mutter bzw. des Vaters mit ihrem jeweiligen biografischen Hintergrund erfasst und Raum gegeben werden, aber der Fokus liegt auf der Eltern-Kind-Beziehung. Es soll dem Säugling bzw. Kleinkind möglichst schnell Raum gegeben werden, damit er oder es sich gut entwickeln kann – unsere Aufgabe ist es, »Advokat des Babys« zu sein. Oft müssen ESKP-Therapeutinnen um diesen Raum kämpfen, wollen doch viele Mütter oder Väter den Therapieraum dann ausschließlich für sich haben, sodass das Baby bzw. Kleinkind wieder »herausfällt«. Es gilt somit möglichst schnell einen Fokus zu finden.

Aus den Erfahrungen des SKKIPPI-Forschungsprojekts heraus wurde eine ESKP-Kurzzeittherapie entwickelt, bei der eine psychodynamische Fokusbildung im Vordergrund steht (Schlensog-Schuster, Koch & Ludwig-Körner, 2024). Die zeitnah empfohlene Fokusbildung (wenn möglich in der dritten Sitzung) hilft, sich bei der Vielfalt der auftauchenden Themen nicht zu verzetteln und den »Durchblick« zu verlieren. Koch (2024, S. 90) schreibt:

> »Ein Fokus beschreibt die gegenwärtigen Beschwerden und Symptome, verknüpft mit den aktuellen Beziehungskonflikten und zugleich mit den lebensgeschichtlich bedeutsamen Beziehungserfahrungen. Er bildet den vordringlichsten, affektiv bedeutsamsten, gegenwärtig wirksamsten und therapeutisch am besten erreichbaren psychischen Konflikt ab (Küchenhoff 2018). Das Ziel sollte sein, dieses komplexe Bedingungsgefüge zu erfassen, zu versprachlichen und klar sowie behutsam anzu-

sprechen, sodass ein emotionales Evidenzerleben bei den behandelten Personen entsteht (Göttken & von Klitzing 2015).«

In einem Fokalsatz soll, in einer für die Eltern verständlichen Sprache, aus dem gesamten Symptomfeld das Hauptproblem mit dem vor- oder unbewussten Hintergrund so benannt werden, dass auch eine in die Zukunft weisende innere Lösungsfantasie enthält. Die fokusbasierte Eltern-Säugling-Kleinkind-Psychotherapie (ESKP-f) bezieht sich auf das von Göttken und von Klitzing 2015 entwickelte Modell »Triangle of Psychodynamic Constellation« (ToP) für eine Kurztherapie bei Kindern mit emotionalen Störungen im Vorschulalter (PaKT). Dementsprechend werden in der (ESKP-f) die Symptome des Kindes, der Eltern, ihrer Beziehung zueinander und zur Therapeutin und die Übertragungen bzw. Gegenübertragung berücksichtigt. Personenzentrierte *Fokalsätze* in der Behandlung von Frau P. und Anna könnten lauten (ich habe damals nicht nach dem ESKP-f-Konzept gearbeitet):

- *Anna:* »Mutti, ich würde gerne mehr ausprobieren und wünsche mir, dass du Vertrauen zu mir hast. Aber ich bin auch noch klein und brauche auch eure Nähe, um in einer lebenszugewandten Atomsphäre mich weiter entwickeln zu können.«
- *Mutter:* »Ich gebe mir viel Mühe, eine gute Mutter zu sein, auch wenn ich oft nicht weiß, wie das geht. Ich erwarte, dass Anna macht, was ich von ihr verlange. Sie soll stark werden, das ist mir wichtig. Wenn Anna von mir Nähe verlangt, kann ich das nicht immer zulassen, vor allem, wenn ich mich angespannt fühle. Oft kann ich sie nicht verstehen.«

Aus den vorausgegangenen Sitzungen wusste ich um die Mentalisierungsschwäche von Frau P. Von daher richtete ich die Hauptaugenmerke auf eine »Gefühls-Alphabetisierung« bei ihr und ihrer Tochter, aber auch hinsichtlich ihres Partners und meiner Person. Wenn wir zu dritt auf dem Boden saßen und Anna z. B. wiederholt zur (natürlich verschlossenen) Steckdose lief, und Frau P. entnervt »Lass das!« fauchte, ermunterte ich Frau P., zu fantasieren, was in Anna wohl vor sich gehe. »Sie will uns ärgern.« »Lassen Sie uns mal überlegen, was es noch sein könnte«? In allen Psychotherapien ist es wichtig, nicht besserwisserisch daherzukommen und die Kränkungsanfälligkeit der Mütter zu berücksichtigen. Ich arbeitete mit der Mutter auf diese Weise heraus, dass Anna unsere Aufmerksamkeit auf sich lenken, in ihren Wünschen wahrgenommen werden, aber auch eine Selbstwirksamkeit und vielleicht auch eine klare Grenzziehung erleben möchte, im Sinne eines deutlichen Neins.

Anna ansprechend:

> »Nun haben wir uns so viele Gedanken um dich gemacht und du stehst dabei buchstäblich im Mittelpunkt (sie steht zwischen uns in der Mitte), es wäre so schön für deine Mutter gewesen, wenn sie als kleines Mädchen, das auch öfters hätte erleben können. So ist das nun einmal, so haben alle Eltern die Herausforderung und Chance, mit den Kindern das alles nochmals erleben zu dürfen bzw. zu müssen, wobei sie auch nach und nach lernen, vieles anders machen zu können.«

Unsere Haltung sollte eine wohlwollende, nicht kränkende sein, denn wir sind auch ein Modell für unsere Patienten und Patientinnen. Hat man sich in der Wortwahl »vertan«, was ja in jeder Therapie geschehen kann, sollte es sofort angesprochen werden: »Ich befürchte, ich habe Sie mit dem, was ich eben gesagt habe, ohne es zu wollen, verletzt. Lassen Sie es uns bitte nochmals anschauen.«

Entsprechend der oben genannten Fokussätze lag der Hauptfokus auch darauf, Frau P. in ihrer mütterlichen Kompetenz zu stärken. Sie hatte ihren Vater als dominant, befehlend, erlebt und ihre Mutter meist als »genervt«. Sie habe »funktionieren und wenig Ansprüche haben sollen« und hatte für sich verinnerlicht: Du bist nichts wert, nur Leistungen zählen.

Meine Hauptaufgabe sah ich darin, der Mutter einen entspannten Raum zur Verfügung zu stellen, eine Atmosphäre zu schaffen, in der sie ihre Tochter neu erleben und sich an ihr erfreuen konnte. Dies geschah einerseits durch eine Art »Verlangsamung« oder einen »Lupenblick« und eine »Verwörterung« vor allem von Gefühlen, sowie der Ermunterung, sich Raum für sich und ihre Tochter zu nehmen. So machte ich die Mutter z. B. aufmerksam, wenn ihre Tochter verstohlen zu ihr herüber lugte. »Haben Sie eben den Blick von Anna gesehen, wie sie Sie ansah? Sie sind ihr sehr wichtig«, und an Anna gewandt: »Du möchtest gerne wissen, ob deine Mutti dir beim Spielen auch zuschaut, und ob sie sich daran und vor allem an dir erfreut.«

Ich versuche, der Mutter die Beziehungsentwürfe ihrer Tochter zu verdeutlichen, indem ich z. B., mich an die Tochter wendend, Sätze einstreue, wie: »Wir vergessen so oft, wie viel du mitbekommst, und wie sehr du bemüht bist, das, was da vor sich geht, zu verstehen und einzuordnen« oder »Ich glaube, du genießt es, wenn wir beide dir so zuschauen und kannst gar nicht genug davon bekommen«. Dann konnte ein kleiner Exkurs zur Mutter folgen, wie: »Es wäre so schön für Sie gewesen, wenn Ihre Mutter sich diese Zeit auch mit Ihnen hätte nehmen können. Aber nun können Sie dies für sich und ihre Tochter machen.«

Der Mutter fiel auf, dass an dem Tag, wenn sie mit ihrer Tochter bei mir war, sie Anna leichter ins Bett bringen konnte. Sie verstand, dass wenn sie mehr spannungsfreie Zeit mit ihrer Tochter verbrachte, diese es abends nicht mehr einfordern musste. Indem ich Frau P. in den Sitzungen die Prinzipien von »Watch, Wait, Wonder« (Cohen et al., 1999; Cohen, Lojkasek & Muir, 2006) vermittelte, kam sie zunehmend weniger unter Druck, ihrer Tochter etwas »bieten« zu müssen, sondern merkte, wie wichtig ihre Haltung war, sich ihrer Tochter in voller Aufmerksamkeit und Wohlwollen zuzuwenden und abzuwarten, bis diese sie in ein Spielchen einbezog. Schmunzelnd registrierte ich, wie sie die Kita-Zeit von sich aus reduzierte, weil es ihr begann Spaß zu bereiten, sich mit ihrer Tochter zu beschäftigen. Dies gelang ihr vor allem, wenn ihr Partner außer Haus war, da ihr eine Triangulierung noch schwerfiel. Frau P. verstand, wie wichtig eine Tagesstruktur nicht nur für Anna ist. Das Paar konnte sich nach langem Ringen darauf einigen, dass der Kindsvater Anna regelmäßig zu einer festgelegten Zeit in die Kita bringt. Dies gab auch ihm mehr Struktur, und für Anna war es leichter, sich aus der verstrickten Beziehung zur Mutter zu lösen.

Nach Beendigung der ESKP kam die Mutter weiter in eine modifizierte psychoanalytische Behandlung. Sie nahm eine Arbeit als Lehrerin an, erst stundenweise und dann als Quereinsteigerin in Teilzeit.

Literatur

Beitel, A.H. & Parke, R.D. (1998). Paternal involvement in infancy: The role of maternal and paternal attitudes. *Journal of Family Psychology, 12*(2), 268–288. https://doi.org/10.1037/0893-3200.12.2.268

Cohen, N.J., Lojkasek, M. & Muir, E. (2006). Watch, Wait, Wonder: an infant-led approach to infant-parent-psychotherapy. *The Signal. Newsletter of the World Association for Infant Mental Health, 14*(2), 1-4.

Cohen, N.J., Muir, E., Lojkasek, M., Muir, R., Parker, C.J., Barwick, M.B. & Brown, M. (1999). Watch, Wait, and Wonder: Testing the effectiveness of a new approach to mother-infant psychotherapy. *Infant Mental Health Journal, 20*(4), 429–451.

Ellinghaus, C. (2021). *Wem »gehört« die Eltern-Säugling-Kleinkind-Psychotherapie* [unveröffentlichte BA-Arbeit Psychologie, IPU Berlin].

Ermann, M. (2020), *Psychosomatische Medizin und Psychotherapie* (7. Aufl.). Kohlhammer.

Göttken, T. & von Klitzing, K. (2015). *Psychoanalytische Kurzzeittherapie mit Kindern (PaKT). Ein Behandlungsmanual.* Klett-Cotta.

Koch, G. (2024). Prozess der Fokusbildung in der Praxis. In F. Schlensog-Schuster, G. Koch & C. Ludwig-Körner (Hrsg.), *Fokusbasierte Eltern-Säugling-Kleinkind-Psychotherapie. Ein psychodynamisches Behandlungsmanual* (S. 88-98). Psychosozial-Verlag.

Küchenhoff, J. (2018). *Psychodynamische Kurz- und Fokaltherapie. Theorie und Praxis.* Schattauer.

Ludwig-Körner, C. (2016). *Eltern-Säuglings-Kleinkind-Psychotherapie.* Vandenhoeck & Ruprecht.

Ludwig-Körner, C. (2019). Eltern-Säuglings-Kleinkind-Psychotherapie – eine Behandlung in Zwischenwelten. In A. Borkenhagen, S. Dost & I. Lauenburg (Hrsg.), *Einblicke in die kinderanalytische Arbeit. Behandlungskonzepte und Falldarstellungen* (S. 17–34). Psychosozial-Verlag.

Schlensog-Schuster, F., Koch, G., Ludwig-Körner, C. (Hrsg.). (2024). *Fokusbasierte Eltern-Säugling-Kleinkind-Psychotherapie. Ein psychodynamisches Behandlungsmanual.* Psychosozial-Verlag.

Die Autorin

Christiane Ludwig-Körner, Prof. Dr. phil. habil., ist Dipl.-Psychologin, Psychoanalytikerin (Lehranalytikerin und Supervisorin; IPA, DPG, DGPT), Gesprächs-, Verhaltens,-, Familien- und Gestalttherapeutin. Zwischen 1997 und 2012 war sie verantwortlich für den Aufbau und die Leitung der Eltern-Säugling-Kleinkindberatungsstelle »Vom Säugling zum Kleinkind« und des Familienzentrums an der Fachhochschule Potsdam. Seit 2003 leitet sie zudem die curriculare Weiterbildung der Eltern-Säugling-Kleinkind-Psychotherapie. Aktuell ist sie Seniorprofessorin an der Internationalen Psychoanalytischen Universität Berlin mit den Arbeits- und Forschungsschwerpunkten Prävention, Eltern-Säugling-Kleinkind-Psychotherapie, Entwicklungspsychologie sowie Biografieforschung von Frauen in der Psychoanalyse.

Kontakt: Prof. Dr. Christiane Ludwig-Körner, Cimbernstraße 28, 14129 Berlin; E-Mail: cludwigkoerner@gmail.com

Metapsychologische Annäherungen

Angriffe auf die innere Bühne: »Feuer im Theater«

Bernd Heimerl

»Feuer – brennt nicht nur im Kamin;
Feuer – brennt doch auch in mir drin.«

Ireen Sheer, Feuer
(Eurovision Song Contest 1978)

Das Feuer kommt … zum Menschen: Vom menschenfreundlichen Prometheus zur prometheischen Reue

Hephaistos, der griechische Gott des Feuers, wird zumeist als schrecklich, boshaft, durchtrieben und lächerlich dargestellt. Er hat in der Regel breite Schultern, deformierte Beine und ist mit einem Lendentuch bekleidet. Dies kann als ein Ausdruck der Scham interpretiert werden, was für griechische Gottheiten im Allgemeinen ungewöhnlich ist. Nun kommt Prometheus ins Spiel, denn eine mythologische Erzählung besagt, dass Prometheus das Feuer von Hephaistos gestohlen habe. Prometheus gehört dem Göttergeschlecht der Titanen an und ist der Herrschaft des Göttervaters Zeus unterworfen. Prometheus greift bei einem der ritualisierten Tieropfer zu einer List, um Zeus zu täuschen, jedoch gleichzeitig auch seine Machtposition zu hintergehen; er überlässt ihm nur die wertlosen Teile des Opfertiers und behält das genießbare Fleisch für die Menschen, da sie Prometheus' Schützlinge sind. Zur Strafe dafür verweigert der erzürnte Zeus den Sterblichen den Besitz des Feuers. Darauf entwendet Prometheus den Göttern das Feuer. Er nimmt den langen Stängel des Riesenfenchels, zündet ihn an der Sonne an und bringt so das Feuer auf die Erde. Die Eroberung des Feuers als ein Resultat des Diebstahls habe den Menschen endgültig vom Tier geschieden, so die Erzählung. Im Mythos büßte der Titan, so Peter Sloterdijk (2023, S. 34), seine »menschenfreundliche Tat« durch die von Zeus verfügte »Anschmiedung an einen Felsen des Kaukasus, wo ihm ein Geier täglich zusätzliche Qualen zufügte«. Der Geier frisst von seiner Leber – dem Sitz der Begierde –, die sich danach jedoch stets erneuert. Erst nach längerer Zeit erlöst Herakles Prometheus von dieser Qual, indem er den Adler mit einem Pfeil erlegt. Schließlich wird Prometheus von Zeus begnadigt und erlangt seine Freiheit zurück. Für den Besitz des

Feuers werden aber auch die Menschen bestraft. Pandora und ihr Gemahl, der Bruder von Prometheus, erhalten als Heiratsgeschenk eine versiegelte Schachtel, die sie nicht öffnen dürfen. Die Götter senden das Paar mit diesem Gefäß auf die Erde. Pandora kann ihre Neugier nicht zügeln und öffnet die Schachtel. Doch in diesem Gefäß sind die Krankheiten und alles Übel, das seither die Menschen quält. Aber auch für Prometheus selbst setzt in der Erzählung über die »menschenfreundliche Tat« eine weitere Befindlichkeit nach der Überbringung des Feuers zu den Menschen ein: »Prometheus muss mit einem Mal erkennen, dass er Grund hat, beschämt zu sein« (ebd., S. 35). Diese »prometheische Scham« begründe, so Sloterdijk, dass aus dem Feuer, »ein weltverzehrender Riesenbrand in einer Unzahl von Herden werden sollte […][und] wohin die pyromanische Entfesselung des von ihm favorisierenden Menschengeschlechts gehen würde« (ebd.). Es ist die Geburt des Brandstifters und der Brandstifterin. Mit dem Titel seines Buches *Die Reue des Prometheus* stellt sich Sloterdijk die Frage, ob wir uns an einem Übergang zur »prometheischen Reue« (ebd., S. 59) bewegen, die »an die Stelle der Abfackelung der unterirdischen Wälder treten könnte«.

Eine weitere mythologische Erzählung, wie das Feuer zum Menschen kam, ist der mit der Natur verbundene Vulkan-Mythos (Frazer, 1930). Vulcanus ist in der römischen Mythologie der Gott des Feuers und der Schmiedekunst. Dieser vulkanische Ursprung des Feuers wird symbolisch häufig dadurch ausgedrückt, dass es eine Frau ist, die den Feuerfunken bei sich trägt – eine Frau, mehr oder weniger als Erdmutter dargestellt, die das Feuer an einem unterirdischen Ort aufbewahrt: in einem Keller, in einer Schachtel oder unter ihrem Hemd und zumeist zwischen ihren Beinen. Aber nur der Vulkan als ein zunächst sicherer Ort konnte das Feuer für den Menschen in Grenzen halten. Der Ausbruch eines Vulkans hat als Naturgewalt eine bedrohliche Komponente, der Vulkan selbst ist ein unheimlicher Ort.

In den meisten mythologischen Erzählungen ist das Feuer gestohlen. Der Feuer-Mythos ist eine Erzählung über Diebstahl, Neid, Rache und Betrug an den Göttern oder der Natur und über ein grundlegendes Begehren des Menschen. Peter Sloterdijk behauptet kühn, dass das Feuer »der älteste Komplize von *homo sapiens* bei seinem Ausbruch aus dem Zirkel bloßer Naturbedingungen« und »eine anfängliche Gottesmetapher neben Wind, Blitz und Sonne« sei (2023, S. 10).

Viele Mythen berichten davon, wie ein Mensch oder eine Gottheit zwei Holzstücke *gerieben* habe, bis Feuer erzeugt worden sei. Die Reibung war ursprünglich eine naturgegebene: zwei Zweige, die sich im Wind aneinanderreiben, oder der zündende Blitz (Frazer, 1930). Feuer durch Reibung zu erzeugen, gilt als universelle Wahrheit, wobei das *Reiben* – z.B. mit einem *Feuerbohrer* – eine stark sexualisierte Erfahrung ist. Für den Philosophen Gaston Bachelard *reiben* sich im Feuer Lebenstrieb (die Liebe zum Feuer) und Todestrieb (die »Ehrfurcht« vor dem Feuer) aneinander. Die Vorstellung, dass Lebens- und Todestrieb sich aneinander *reiben*, sich *elektrisch* aufladen, ist ein frühes Bild des Triebdualismus und der enormen Kraft der Triebe. Diese Annahme gründet sich u.a. auf den sogenannten »Empedokles-Komplex«. Empedokles war ein italienischer Arzt und Philosoph, der auf Sizilien etwa um die Zeit von 490 bis 430 v. Chr. lebte. Er erklärte die Welt aus Wechselwirkungen der vier Elemente Luft, Erde, Wasser und Feuer. Ernst Ell (1983) berichtet, dass Empedokles das Feuer geliebt und im Feuer des Ätna seinen Tod gesucht und gefunden habe. Nach ihm ist der Empedokles-Komplex benannt, der sich mit dem Feuer sowohl als Lebensspender als auch Todbringer befasst. Doch zurück zur Reibung der Triebe: Die *Reibung* der Triebe wird zum inneren Feuer, zur inneren Wärme, zur Feuer-*Hitze*, oder dem inneren Verbrennen; darüber hinaus entsteht auch im *Reiben* der Triebe mit der äußeren Realität Feuer-*Hitze*.

Ein Wort zur Flamme: Die längliche Form einer stetigen Flamme mag eine phallische Form suggerieren, aber sie suggeriert noch mehr eine leckende Zunge, wie im Ausdruck »Flammen züngeln« deutlich wird: Flammen bewegen sich (wiederholt) schnell, unruhig hin und her, auf und ab, das Feuer strebt nach oben. Eine »flammende Rede halten«, die Übung in Gruppen, solange zu sprechen, »wie ein Streichholz abbrennt«, bebildern eindrücklich die Symbolik des Feuers und der Flamme.[1] Ungezähmtes Feuer und ungebändigtes Sprechen hängen miteinander zusammen. »Für etwas brennen« heißt auch, eine Leidenschaft für etwas zu haben. Immer wurde Feuer auch mit menschlichen Leidenschaften, insbesondere mit Liebe und Sexualität, in Verbindung gebracht. So ist die Rede von jemandem, der »in Liebe entbrennt«. Man spricht von »flammender Leidenschaft«, von jemandem, der »eine Flamme« hat oder ein »feuriger Liebhaber« ist. So »brennt« man für jemanden, jemand ist »heiß« oder man ist »Feuer und Flamme« für jemanden oder etwas. Sexualisiertes Feuer wird mit einem wil-

1 An der Spitze der Flamme entmaterialisiert sich das Feuer: Es wird Geist. Das Feuer hinterlässt Asche. Der Phönix (der Wiedergeborene, der neugeborene Sohn) ist ein mythischer Vogel, der am Ende seines Lebenszyklus verbrennt, um aus dem verwesenden Leib oder aus seiner Asche wieder neu zu erstehen. In vielen Kulturen ist das Urinieren auf die Asche ein Symbol der Kontrolle über das Feuer. Manche erinnern sich vielleicht an die elterliche Mahnung, nach einem Lagerfeuer im Wald auf die Asche zu »pinkeln«, damit kein Waldbrand entsteht.

den, leidenschaftlichen Temperament in Verbindung gebracht und vor allem dem Weiblichen zugeschrieben. Redewendungen zum sexualisierten Feuer wie »sie ist ein Pferd mit Feuer«[2] oder »die Frau hat Rasse und Feuer« verweisen auf diese Verbindung.

Die Flammenzungen an Pfingsten kommen in den Sinn; so steht in der Apostelgeschichte (2,3): »Und es erschienen ihnen Zungen wie von Feuer, die sich verteilten; auf jeden von ihnen ließ sich eine nieder. Alle wurden mit dem Heiligen Geist erfüllt und begannen, in fremden Sprachen zu reden, wie es der Geist ihnen eingab.« Das Feuer ist Helfer und Brandstifter, es erstrahlt im Paradies und brennt in der Hölle. Es ist das Feuer des Herdes und der Brand der Apokalypse. Es ist also ein Prinzip universeller dualer Deutungsmöglichkeit, was die Ehrfurcht vor dem Feuer in den meisten Kulturen erklärt: Was man zuerst über das Feuer erfährt, ist, dass man es nicht anfassen darf.

Neben der Ehrfurcht, der Angst *vor* dem Feuer steht auch die Liebe *zum* Feuer – das Freudenfeuer, das Feuer der Verehrung, die Feuerfeste. Das Feuer ist hartnäckig und widerständig, es lässt sich schwer anzünden, es lässt sich aber auch schwer auslöschen. Das Feuer hat eine innenwohnende Gewalt, hat eine sowohl *zerstörende* als auch *zeugende* Kraft, es bebildert auch einen Neubeginn und eine Transformation. Zum anderen bedeutet diese Transformation, d.h. eine *Feuerprobe* zu bestehen, in vielen Kulturen an Reinheit zu gewinnen. Ein Beispiel ist ein mittelalterlicher Brauch aus dem Lechtal (Alpental in Österreich):

> »Wenn ein junger Mann und eine junge Frau zusammen über das Sommerfeuer springen und unbeschädigt davonkommen, dann heißt es, dass die junge Frau innerhalb der nächsten 12 Monate nicht Mutter werde. Die Flammen haben sie nicht berührt und befruchtet. Sie hat gezeigt, dass sie geschickt genug war, mit dem Feuer zu spielen, ohne sich daran zu verbrennen« (zit. n. Bachelard, 1985 [1938], S. 47f.).

Das Feuer ist zuweilen das Zeichen der Sünde und des Bösen (»Höllenfeuer«, »Fegefeuer«, »der Teufel mit der feurigen Zunge«). Es ist aber wie erwähnt auch ein Symbol der Reinheit: die Läuterung im *Fegefeuer*. Das Feuer *läutert* – oder anders ausgedrückt: Es hat eine kathartische Wirkung –, weil es die ekelhaften Gerüche und Ausdünstungen zum Verschwinden bringen kann, aber auch die Luft zum Atmen nimmt. In verschiedenen Kulturen wird das Feuer in mythologische Kategorien eingeteilt: das natürliche, das unnatürliche und das widernatürliche

2 Mit »Pferd« ist hier »Frau« gemeint.

Feuer. Das natürliche ist als das männliche Feuer beschrieben, das unnatürliche als das weibliche und das widernatürliche als das in sich trennende Feuer, welches das männliche und/oder weibliche in sich trennt, das, was die Natur fest verbunden hat. Es gibt die Vorstellung, dass das natürliche und unnatürliche Feuer sich einander ergänzen (männlich–weiblich); die Trennung männlich–weiblich sei widernatürliches Feuer.[3]

Aber auch in vielen Märchen spielt das Feuer eine zentrale Rolle, sowohl die Gewinnung des Feuers als auch der Gebrauch. Nach einem alten estnischen Märchen ist es die Spinne, die der Menschheit, der das Feuer fehlt, aus dem Schlund der Hölle hervorholt:

> »In alten Zeiten gab es auf Erden nur einen König; dem waren nicht nur die Menschen, sondern auch alle Tiere untertan. Damals hatte man noch kein Feuer und musste nach Sonnenuntergang im Dunkeln weilen und frieren. Man wusste wohl, dass in den Tiefen der Hölle Feuer sei, aber niemand wagte, es von dort zu holen. Da versprach der König, dass der, der ihm Feuer aus der Hölle schaffen würde, mit seinen Kindern und Kindeskindern für ewige Zeiten umsonst an allen Tischen sollte essen dürfen, und niemand dürfe es ihm verwehren. Nun versuchten Viele, das Feuer zu erlangen, fanden aber alle den Tod. Zuletzt ließ sich die Spinne an ihrem Faden hinab, und es gelang ihr, einen Brand zu entwenden und wieder die Oberwelt zu erreichen. Dort schlief sie ermüdet ein. Die Fliege aber, die durch den Geruch aufmerksam gemacht war, stahl der Schläferin das Feuer, brachte es dem König und erhielt urkundlich den verheißenen Lohn. Die Spinne suchte nach ihrem Erwachen umsonst das Feuer, niemand wollte ihr glauben, dass sie es aus der Hölle gebracht hatte, und auch der König wies sie ab, da sie ihre Behauptung nicht beweisen konnte. Zuletzt versammelte sie alle Spinnen und forderte sie, da mit ihr auch alle übrigen bestohlen und betrogen seien, zu gemeinsamer Rache am gesamten Fliegengeschlecht auf. Sie beschlossen, Netze zu spinnen, alle Fliegen darin zu fangen und jeder, die sie erwischen würden, den Kopf abzubeißen. Das tun sie bis zum heutigen Tage, aber die Fliegen haben das Recht, an allen Herrentischen zu essen« (Dähnhardt, 1925, S. 47f.).

Bachelard (1985 [1938], S. 8) beschreibt die »hypnotisierende« Kraft des Feuers am Beispiel der romantisierten Träumerei am Kamin. Von dieser Kraft erzählt Hans Christian Andersen in seinem Märchen *Das kleine Mädchen mit den Schwefelhölzern* (2011 [1845]), welches jedoch tragisch, im Tod endet: Ein kleines

3 Ein progressiver Ansatz, um Gender und Sexualität zu denken.

Mädchen sitzt am Silvesterabend auf der Straße, um seine Schwefelhölzchen zu verkaufen. Es ist dürftig gekleidet und friert; die mit ihren Feiertagsbesorgungen beschäftigten Bürgerinnen und Bürger übersehen das Kind und seine Bettelwaren. Ohne etwas verdient zu haben, wagt sich das Mädchen jedoch nicht nach Hause und harrt frierend zwischen zwei Stadthäusern aus. Verzweifelt vor Kälte zündet das Mädchen eines der Streichhölzchen an, obwohl ihm dies streng verboten ist. Im Lichtschein des Hölzchens fühlt es sich, als würde es an einem warmen Ofen sitzen, doch dies hält nur an, bis das Schwefelholz erlischt. Nach und nach zündet das Mädchen auch die weiteren Streichhölzer an und gleitet so in immer reichhaltigere Träume. Schließlich begegnet es seiner Großmutter und bittet diese, es in den Himmel mitzunehmen.

Dabei lohnt sich der Blick ins Feuer, denn

> »für den Menschen war ohne Zweifel das von einem Herd umschlossene Feuer der erste Gegenstand der Träumerei, das Symbol der Ruhe, die Einladung zur Rast. [...] Eine Philosophie der Ruhe lässt sich schwerlich vorstellen ohne Träumerei vor einem flackernden Holzfeuer« (Bachelard, 1985 [1938], S. 22).

Sich im Feuer zu verlieren, Ruhe und Kraft zu tanken, ist auch das Ziel von unterschiedlichen Feuerübungen und Meditationen. Die Feuer-Mythen beschreiben sowohl den ersten Gebrauch von Feuer als auch die Gewinnung des Feuers. Die Gewinnung des Feuers greift Sigmund Freud in seinem Text »Zur Gewinnung des Feuers« (1932a) auf.

Das Feuer kommt ... in die Psychoanalyse: Von der Gewinnung des Feuers bis zum »Feuer im Theater«

In seiner kulturtheoretischen Abhandlung *Das Unbehagen in der Kultur* (1930a [1929]) entwickelt Sigmund Freud eine Hypothese über die kulturelle Bedeutung der *Feuerbezähmung*. Er führt aus:

> »Psychoanalytisches Material, unvollständig, nicht sicher deutbar, läßt doch wenigstens eine – phantastisch klingende – Vermutung über den Ursprung dieser menschlichen Großtat [der Gewinnung des Feuers; B. H.] zu. Als wäre der Urmensch gewohnt gewesen, wenn er dem Feuer begegnete, eine infantile Lust an ihm zu befriedigen, indem er es durch seinen Harnstrahl auslöschte. An der ursprünglich phallischen Auffassung der züngelnden, sich in die Höhe reckenden Flamme kann

nach vorhandenen Sagen kein Zweifel sein. Das Feuerlöschen durch Urinieren – auf das noch die späten Riesenkinder Gulliver in Liliput und Rabelais' Gargantua zurückgreifen – war also wie ein sexueller Akt mit einem Mann, ein Genuß der männlichen Potenz im homosexuellen Wettkampf. Wer zuerst auf diese Lust verzichtete, das Feuer verschonte, konnte es mit sich forttragen und in seinen Dienst zwingen. Dadurch, daß er das Feuer seiner eigenen Erregung dämpfte, hatte er die Naturkraft des Feuers gezähmt. Diese große kulturelle Eroberung wäre also der Lohn für einen Triebverzicht« (ebd., S. 479).

Die Hypothese über die früheste Feuerzähmung durch den Menschen, die Freud in »Zur Gewinnung des Feuers« ausführt, taucht schon in *Aus der Geschichte einer infantilen Neurose* (1918b [1914]) auf. Freud schreibt in einer Fußnote:

»Die regelmäßige Beziehung der Harninkontinenz zum Feuer gibt zu denken. Es ist möglich, daß in diesen Reaktionen und Zusammenhängen Niederschläge aus der Kulturgeschichte der Menschheit vorliegen, die tiefer hinabreichen als alles, was uns durch seine Spuren im Mythus und in der Folklore erhalten ist« (ebd., S. 536).

In *Bruchstücke einer Hysterieanalyse* streift er den Zusammenhang zwischen Zündeln, Feuerträumen und Bettnässen (Freud, 1905e [1901], S. 73f.).[4] Und wir erfahren im ersten Traum Doras in der Behandlung Freuds (ebd., S. 225), von einer »Feuergefahr«:

»I. Traum: ›*In einem Haus brennt es* (Es hat nie bei uns einen wirklichen Brand gegeben, antwortete sie dann auf meine Erkundigung)‹, erzählte Dora, ›*der Vater steht vor meinem Bett und weckt mich auf. Ich kleide mich schnell an. Die Mama will noch ihr Schmuckkästchen retten, der Papa sagt aber: Ich will nicht, daß ich und meine beiden Kinder wegen deines Schmuckkästchens verbrennen. Wir eilen herunter, und sowie ich draußen bin, wache ich auf.*‹«

---

4 Aus der psychoanalytischen Literatur sei noch eine kleine kasuistische Arbeit angeführt: »Eine Feuerphobie als Folge unterdrückter Onanie« von Erwin Hirsch im Sonderheft »Onanie« der *Zeitschrift für psychoanalytische Pädagogik* (1928). Ferner seien zwei kleine Mitteilungen bei Sándor Ferenczi erwähnt: »Mischgebilde von erotischen und Charakterzügen« von 1916 beschreibt Brandstifter, die Bettnässer waren; darüber hinaus relevant ist das Mischgebilde von herostratischem Charakter und Urethralerotik bei ei-

Und weiter (ebd., S. 226) greift Freud die *Feuergefahr* auf:

»›Also der Papa hat in diesen Tagen mit der Mama einen Streit gehabt, weil sie nachts das Speisezimmer absperrt. Das Zimmer meines Bruders hat nämlich keinen eigenen Ausgang, sondern ist nur durchs Speisezimmer zugänglich. Der Papa will nicht, daß der Bruder bei Nacht so abgesperrt sein soll. Er hat gesagt, das ginge nicht; es könnte doch bei Nacht etwas passieren, daß man hinaus muß.‹

›Das haben Sie nun auf Feuersgefahr[5] bezogen?‹

›Ja.‹

›Als wir damals in L. ankamen, der Papa und ich, hat er die Angst vor einem Brand direkt geäußert. Wir kamen in einem heftigen Gewitter an, sahen das kleine Holzhäuschen, das keinen Blitzableiter hatte. Da war diese Angst ganz natürlich.‹«

Ein Szenenwechsel mit dem Blick zu Jean-Paul Sartres Drehbuch *The Freud Scenario* (2013 [1984]): 1958 lud der amerikanische Regisseur John Huston Jean-Paul Sartre ein, ein Drehbuch über Freud zu schreiben. Der Film wurde 1961 gedreht und kam im folgenden Jahr unter dem Titel *Freud* in die Kinos, der bald in den verführerischeren Titel *Freud, die geheime Leidenschaft* geändert wurde.

Der erste Auftritt Freuds (eine Krankenhaus-Szene) ist im Drehbuch Jean-Paul Sartres folgendermaßen dramatisiert:

»In der Mitte des Raumes stand ein gusseiserner Ofen mit einem langen Schornstein, der durch die Decke führte. Ein Mann, der von hinten gesehen wird, hockt vor dem Ofen, aus dem Rauchwolken aufsteigen. Auf dem Boden neben ihm liegen Papierbündel und Notizbücher, die er akribisch aufhebt und in den Ofen stopft, wo sie Feuer fangen. Das Fenster ist fest verschlossen und die Fensterläden sind zu; der Raum wird nur von den Flammen des Ofens erhellt. Schließlich hört Freud ein Klopfen, steht auf und geht zur Tür. Wir sehen, dass er eine Zigarre raucht. Es ist Freud: neunundzwanzig Jahre alt, dichter schwarzer Bart, zackige Augenbrau-

nem Mann, der Bettnässer war und dann freiwilliger Feuerwehrmann wurde (Ferenczi, 1984 [1939], S. 234).

5 Freud erklärte, dass Feuer und brennendes Haus als Verkehrung ins Gegenteil von »feucht« und Lubrikation zu verstehen sei (Decker, 1991, S. 115).

en. Feine Augen, dunkel und abweisend, tief in ihren Höhlen versunken. Er sieht aus, als sei er gerade erst aufgewacht. Benommene Luft. Das Gesicht ist von Asche geschwärzt. Obwohl seine Hände gut gepflegt sind, sind auch sie schwarz. Er ist vollständig bekleidet. Sorgfältig, aber unzureichend.

Erster Pförtner: ›Wir dachten, es brennt etwas.‹

Freud: ›Nichts brennt.‹

Zweiter Pförtner: ›Wirklich?‹

Freud (knapp und ironisch): ›Wirklich.‹ (ebd., S. 6f.; Übersetzung B. H.).

Im Drehbuch Sartres wird der junge Freud mit einer illusionären Verkennung der beiden Pförtner eingeführt, der erste Auftritt Freuds folgt auf »Wir dachten, es brennt etwas«. Eine eindrückliche *Feuer-Szene* und dieser erste Auftritt Freuds können als Zitat zum ersten Traums Doras in *Bruchstück einer Hysterieanalyse* (1905e [1901]) gelesen werden. Freud führt den ersten Traum Doras mit »In einem Haus brennt es« ein und deutet die Feuergefahr und das Brennen triebtheoretisch sexuell.

Doch nun ein weiterer Szenen- und Bühnenwechsel: Der kleine Text Freuds »Zur Gewinnung des Feuers« erscheint 1932. Nach der Reichstagswahl am 31. Juli 1932 stellt die NSDAP erstmals die stärkste Fraktion. Freud greift zu dieser Zeit die Prometheus-Sage in seiner Schrift »Zur Gewinnung des Feuers« (1932a) auf. 1906 schreibt er in dem Text »Psychopathische Personen auf der Bühne« (1942a [1905–1906]) von der »Prometheusstimmung des Menschen«, dem feuerbringenden Titanen der griechischen Mythologie, wenn er vom Genuss spricht, der sich in der Auflehnung gegen die Autorität einstellt und die göttliche Weltordnung verdreht, welche jedoch nur »zeitweilig« befriedigt. Leider kann ich auf diese für mich bedeutende politische Implikation des Textes von Freud – und die diesen kleinen unscheinbaren Text Freuds wie so häufig politisch interessant macht – nicht eingehen: weder auf die Frage Peter Sloterdijks zur »prometheische Scham« noch auf die »prometheische Reue«.

Freud greift in der kleinen kulturtheoretischen Abhandlung »Zur Gewinnung des Feuers« (1932a) vordergründig zum einen den Charakter der Tat im Ausdruck von Frevel, Diebstahl und Betrug an den Göttern auf und zum anderen hebt er die Bestrafung dieses Übertritts heraus. Die Leber ist der Ort der Bestrafung: der Sitz aller Leidenschaften und Begierden. Ihn interessiert jedoch vor allem, wie Prometheus das Feuer transportiert, wie Prometheus das Feuer zum Menschen bringt. Das Feuer, das er entwendet hat, versteckt er in einem hohlen Stock, in einem Fenchelrohr, einem phallischen Symbol. Dagegen beherbergt der

Mann – wie Freud deutet – nicht das Feuer in seinem Penisrohr, sondern im Gegenteil das Mittel, um das Feuer zu löschen: das Wasser seines Harnstrahls. An anderer Stelle deutet Freud das Feuer als Symbol der männlichen Libido, welches gelöscht werden muss. Die ursprüngliche Bemächtigung des Feuers, der Libido, ermöglicht die narzisstische Fähigkeit, das Feuer durch den eigenen Harnstrahl löschen zu können. Der Mensch kann sein eigenes Feuer durch sein eigenes Wasser löschen.[6] Wie zu erwarten, führt Freud weiter aus, dass das Glied des Mannes zwei Funktionen habe: Es besorgt die Entleerung des Harnes und es führt den Liebesakt aus. Es löscht die Libido und heizt die Libido an. Dies sei eine *tragische* Verbindung.

In »Zur Gewinnung des Feuers« schreibt Freud weiter: »Die Wärme, die das Feuer ausstrahlt, ruft dieselbe Empfindung hervor, die den Zustand sexueller Erregtheit begleitet« (ebd., S. 6). An anderer Stelle (1914d) erwähnt Freud, dass die Triebe wie »Feuer im Theater« seien. »Feuer« in einem überfüllten Theater zu schreien, ist in erster Linie eine Handlung, die dazu führt, Panik und Unordnung zu verbreiten und vom üblichen Bühnengeschehen abzulenken. Auch Deutungen sind wie der Ausruf »Feuer« auf der inneren Bühne: Die inneren Figuren geraten in Panik und Unordnung, die Libido gerät in Aufruhr, worauf das Ich reagiert und handelt. Am stärksten geschieht dies in der Liebesübertragung. Die Deutung der Liebesübertragung *befeuert* die *Reibung* der Triebe und die *Reibung* zwischen dem analytischen Paar in starker Weise, lässt die Feuer-*Hitze* entstehen und entweder wird das *Feuer* zum Brandstifter für die analytische Beziehung oder zur kreativen Kraft eines Neubeginns: zum Brand der Apokalypse oder zum Feuer des Herdes.

Thinking without fire ist nicht möglich. Es braucht das *Thinking under fire*, um zu einer Subjektivierung zu gelangen. Affektive Verarbeitung und psychische Entwicklung benötigen die »Hitze der Übertragung«, wie Merton Gill in *Die Übertragungsanalyse* (1996) zeigt. Gaston Bachelard schreibt:

> »Dann wird das Feuer, das uns eben noch verbrannte, plötzlich zur Lichtquelle. Die Leidenschaft, die uns unwillkürlich zustößt, wird plötzlich zur gewollten Leidenschaft. Das Feuer wird zum heimischen Herd […]. Nur eine *geläuterte Liebe* gelangt zu Entdeckungen im Bereich der Gefühle. Sie *individualisiert*« (1985 [1938], S. 132).

6 Die Begriffe »Feuerwasser« oder »Branntwein«, um ein alkoholisches Getränk zu beschreiben, seien hier nur erwähnt. Bachelard nennt dies das »brennende Wasser« (1985 [1938], S. 111).

Im Feuer der Liebesübertragung[7]

»Ist Feuer gefährlich?
Ich denke daran, mal bei Gelegenheit.
Heut will ich's wissen, es ist sonderbar. [...]
Und es wird heißer und heißer durch deine Liebe!«
Ireen Sheer, Feuer
(Eurovision Song Contest 1978)

In der Liebesübertragung *reiben* sich die zärtliche Liebe und die sinnliche Liebe, die frühe dyadische Liebe und die ödipal-triadische Liebe miteinander und entzünden ein inneres *Feuer*. Freud (1914g) beschreibt, »der Analysierte erinnere überhaupt nichts von dem Vergessenen und Verdrängten, sondern er agiere es. Er reproduziert es nicht als Erinnerung, sondern als Tat, er wiederholt es, ohne natürlich zu wissen, dass er es wiederholt«; der »glatte Ablauf« der freien Assoziation, der Erinnerung und Deutung des Verdrängten kann dabei nicht gelingen (ebd., S. 129f.). Freud mahnt, »von der Liebesübertragung abzulenken, sie zu verscheuchen« (Freud, 1915a [1914], S. 314). Mit der Illusion der Liebesübertragung lässt sich bis zu einer gewissen Grenze ein *Angriff auf Verbindungen* (Bion, 1959) beobachten, welche unumgänglich sind.

Eine Unterbrechung des Feuers in Form einer Deutung der Liebesübertragung, als Ausruf »Feuer!« – unabhängig von Brandstifter bzw. Brandstifterin oder helfender Kraft –, ist in jeder Psychoanalyse unvermeidbar und wird zur Subjektivierung benötigt. Was heißt das?

Die Liebesübertragung ist ohne Zweifel ein komplexes Thema. Ich greife das Bild, die Liebesübertragung sei wie ein brennendes inneres *Feuer*, auf, welches die analytische Situation auslöst, gleichzeitig selbst angreift und selbst wieder löschen muss: sich selbst entzündet und sich selbst löscht. Doch nicht nur wird die analytische Situation, der Rahmen angegriffen, sondern auch der sogenannte »innere Rahmen«[8] von Analytikerin und Analytiker wird jedes Mal in Brand gesetzt,

7 Die Liebe in der Liebesübertragung ist eine unter zahlreichen Liebesformen: Elternliebe, Mutterliebe, Kindesliebe, Geschwisterliebe, die Nächstenliebe, die Selbstliebe, die Freundes- und die Fremdenliebe, die sexuelle und die erotische Liebe zwischen Männern und Frauen, von Frau zu Frau, von Mann zu Mann, die Liebe zum Beruf, die Liebe zur beseelten und unbeseelten Natur, zu Gott und so weiter und so weiter …

8 Der innere Rahmen ist ein Begriff von José Bleger (1993 [1967]) und wurde von André Green (2011 [1975]) weiterentwickelt. Es beschreibt die Beziehung zwischen Figur und

wenn die irreduzible Ambiguität oder Paradoxie der Liebesübertragung defensiv und exklusiv entweder in der externen oder intrapsychischen imaginären Realität der Patientin bzw. des Patienten aufgelöst werden *soll* (Civitarese, 2005, S. 1301) – ein Angriff, welcher aus dem Realraum (»Ich liebe Dich *wirklich*!«), aus der analytischen Situation der Übertragung (»Ich liebe Dich *wie* meinen Vater!«), jedoch auch aus dem inneren Drama (»Ich liebe *Dich* und hasse Dich gleichzeitig dafür! Du liebst *mich* und hasst mich gleichzeitig dafür!«) ausgelöst werden kann. Wenn sich die Liebesübertragung zeigt, dann wirkt die Psychoanalyse.

Bion führt mit der Metapher *thinking under fire* das Feuerbild in die Praxis der Psychoanalyse ein. Wer in einer therapeutischen Beziehung wirksam intervenieren will, muss sich auf die Rolle des Beobachters einlassen, sich in das Beziehungsgeflecht verwickeln lassen und gleichzeitig über diese Verwicklung nachdenken können, was mit ihm und in ihm geschieht. Mit dem inneren brennenden Feuer gesprochen, heißt das, sich entzünden zu lassen, dem brennenden Feuer zuzuschauen und das innere brennende Feuer dann selbst zu löschen – in der Liebesübertragung eine psychische Arbeit leisten zu müssen unter der inneren *Reibung* des Lebens- und Todestriebes (Bachelard, 1985 [1938]). Bion nannte dies die Fähigkeit zum *thinking under fire*. Doch dieses Zusammenspiel ist fragil. Wie schon an anderer Stelle im Text angedeutet: Freud erwähnt in »Bemerkungen über die Übertragungsliebe« (1915a [1914]), dass die Triebe wie »Feuer im Theater« seien. »Feuer« in einem überfüllten Theater zu schreien, ist in erster Linie eine Handlung, die dazu führt, Panik und Unordnung zu verbreiten und vom üblichen Bühnengeschehen abzulenken. Auch Deutungen sind wie der Ausruf »Feuer!« im Theater der inneren Bühne: Die inneren Figuren geraten in Panik und Unordnung. Der italienische Psychoanalytiker Giuseppe Civitarese setzt den Schrei, der den Ausbruch eines Feuers im Theater hervorruft, mit dem »Ausbruch eines leidenschaftlichen Verlangens nach Liebe« in der Übertragung gleich (Freud, 1915a [1914], S. 162; Civitarese, 2005, S. 1299). Das Feuer im Theater ist ein Zwischenfall, ein reales Element, das in das Stück eindringt und es unterbricht; es ist eine vollständige Veränderung der Szene, ein besonders überraschendes Bild. In der bereits angedeuteten Passage bezieht sich Freud (1915a [1914]) auf das Aufflammen der Übertragungsliebe, die Freud nun in den Rahmen der Behandlung stellt, nachdem er sie zunächst ausschließlich als Hindernis betrachtet hatte.

Was hat dies mit dem Ausruf »Feuer!« im Theater zu tun? Was bedeutet, wie Freud es beschreibt, dass eine Deutung der Liebesübertragung wie der Ausruf

Hintergrund und damit einen Prozess und eine Bewegung im Inneren von Analytikerin und Analytiker jenseits der Gegenübertragung.

»Feuer!« im Theater wirke? Es ist weit mehr als lediglich die Entlarvung der Liebesübertragung; die Anrufung oder Interpellation (Althusser, 2019 [1970]) bzw. Deutung *Liebesübertragung* befeuert das Ich und entwickelt das Subjekt in der Psychoanalyse zum psychoanalytischen Subjekt: »Du bist verliebt in mich! Doch du meinst nicht wirklich mich! Es ist eine Illusion!« Jetzt wirkt die Psychoanalyse. Winnicott (1953) beschreibt eindrücklich, wie zentral der Schritt von der Illusion zur Desillusion ist, um zum eigenständigen Subjekt zu werden.

Wenn eine Deutung der Liebesübertragung ausgesprochen wird (ein Brand im Patienten bzw. in der Patientin) und wenn die jener und jene die Liebesübertragung agiert oder ausspricht (Brand im Analytiker bzw. in der Analytikerin), soll dieser Brand auch gelöscht werden. Die Kraft des Feuers ist umso größer, je stärker man es komprimiert und zusammenpresst, je konkreter die Liebesübertragung ausgedrückt wird, je verdichteter die Deutung der Liebesübertragung ist, wenn die Deutung am Höhepunkt des Brandes das Feuer noch einmal anfacht und gleichzeitig löscht. Die Freud'sche Metapher des Feuers im Theater ist keine Einbahnstraße: Sie benennt ebenso die Krise der inneren Verfasstheit der Analytikerin und des Analytikers. Mit dem Begriff der Interpellation umreißt Althusser den Vorgang, durch den ein Individuum mittels eines Rufes, einer Anrede oder Benennung als Subjekt konstituiert wird.

Die Liebesübertragung und deren Deutung, das sexualisierte *Feuer* der Übertragung wird in der Benennung als solches entlarvt und führt zur Subjektivierung. Zur Verdeutlichung dieses Mechanismus bietet Althusser folgende Szenerie an: Man kann sich diese Anrufung nach dem Muster der einfachen und alltäglichen Anrufung durch Polizistinnen und Polizisten vorstellen: »He, Sie da!« Analog hieße dies in der Psychoanalyse: »He, Sie da! Sie sind verliebt in mich!« oder »Es brennt!« In der Reaktion, der Umwendung des Passanten zur Polizistin anlässlich dieser Anrufung – so Althussers These –, werde der Passant gleichsam zum und als Subjekt konstituiert. Spätestens mit der Anerkennung und Bejahung der Liebesübertragung – ich wiederhole dies nochmals zur Erinnerung – wird auch die psychoanalytische Ideologie der Übertragung introjiziert.

Neben der Liebesübertragung wird eben auch die Ideologie der Psychoanalyse mit der Deutung der Liebesübertragung transportiert. Die Anrufung bzw. Deutung »Feuer!« oder »Liebesübertragung!« befeuert das Ich und konstituiert das Subjekt in der Psychoanalyse zum *psychoanalytischen* Subjekt. Mit der Liebesübertragung, explizit mit der rufenden Deutung der Analytikerin bzw. des Analytikers »He, Du da, Du liebst mich!« wird die zu analysierende Person zum psychoanalytischen Subjekt: Sie unterwirft sich der psychoanalytischen Ideologie. Die Psychoanalyse solle das Feuer der Liebesübertragung, welches von der

Psychoanalyse in der Übertragungsbeziehung ausgelöst werden muss, auch selbst löschen! Die Psychoanalyse wird zum Fenchelrohr: Sie transportiert die Liebesübertragung zur analysierenden Person (und umgekehrt) und wird gleichzeitig durch dasselbe gelöscht. Das ist eine *tragische* Verbindung, wie Freud es beschreibt. Mir ist wichtig zu betonen, dass nicht nur die Liebesübertragung transportiert, sondern auch die Ideologie der Psychoanalyse introjiziert wird, welche an die Kraft der Liebesübertragung glaubt. Es wird demnach auch die psychoanalytische Institution in das Subjekt transportiert: »Aha, so als funktioniert die Psychoanalyse! Die Liebesübertragung ist ein Zeichen, dass es die Psychoanalyse gibt!« Das Subjekt *in* der psychoanalytischen Kur wird durch die Sprache der Psychoanalyse *zum* psychoanalytischen Subjekt.

Die Deutung der Übertragungsliebe, des im psychoanalytischen Modell zugrundeliegenden *sexuellen Reibens* von Lebens- und Todestrieb – in der Metapher des *thinking under fire* oder des Ausrufs »Feuer!« im Theater – unterbricht die innere Denkstruktur; gleichzeitig bindet sie das psychoanalysierte Objekt ideologisch an die Psychoanalyse. Der Löschvorgang der Liebesübertragung ist die Desillusionierung dieser Liebe. Es ist unmöglich, sich dieser Dialektik zu entziehen. Die Desillusionierung der Liebesübertagung entfacht den »untergründig und gezügelten Hass und [die] Rachsucht« auf das Liebesobjekt, wie Bachelard treffend erkennt (1985 [1938], S. 13). An anderer Stelle zitiert Bachelard Paul Valéry: »Läßt das Feuer nach oder wird es zu heftig, zieht seine Laune schweres Unheil nach sich …« (ebd., S. 78). Alle Komplexe, die mit dem Feuer verbunden sind, sind schmerzhaft: sich des Feuers zu bemächtigen oder sich dem Feuer anheimzugeben, mit Feuer zu verzichten oder selbst dadurch zugrundezugehen. Die Liebesübertragung – als in meiner Lesart affektiv bedeutsamstes Übertragungsgeschehen, ein Übertragungsgeschehen mit dem stärksten Feuer – kann als erster Schritt im Übergang von der Illusion zur Desillusion, von der einstigen bedingungslosen, symbiotischen Liebe zur endlichen Liebe im Hier und Jetzt betrachtet werden.

Literatur

Althusser, L. (2019 [1970]). *Ideologie und ideologische Staatsapparate* (1. Halbband). VSA.

Andersen, H.C. (2011 [1845]). Das Mädchen mit den Schwefelhölzern. In *Die schönsten Märchen von Hans Christian Andersen* (S. 173–195). Esslinger.

Anzieu, D. (2022 [1996]). *Das Haut-Ich*. Suhrkamp.

Bachelard, G. (1985 [1938]. *Psychoanalyse des Feuers*. Carl Hanser.

Bion, W.R. (1959). Attacks on linking. *Int J Psychoanal, 40*, 308–315.

Bleger, J. (1993 [1967]). Die Psychoanalyse des psychoanalytischen Rahmens. *Forum Psychoanal, 9,* 268–280.

Civitarese, G. (2005). Fire at the theater: (Un)reality of/in the transference and interpretation. *Int J Psychoanal, 86*(5), 1299–1316.

Dähnhardt, O. (1925). *Naturgeschichtliche Märchen* (7. Aufl.). Teubner.

Decker, H. S. (1991). *Freud, Dora, and Vienna 1900.* Free Press.

Ell, E. (1983). *Wenn Kinder zündeln. Vorschläge zur Feuererziehung.* Katzmann.

Ferenczi, F. (1984 [1939]. Mischgebilde von erotischen und Charakterzügen (1916). In ders., *Bausteine zur Psychoanalyse. Band II: Praxis* (S. 233–235). Hans Huber.

Frazer, J. G. (1930). *Myths of the Origin of Fire. An Essay.* Macmillan & Co.

Freud, S. (1905e [1901]). *Bruchstücke einer Hysterieanalyse. GW V,* S. 160–286.

Freud, S. (1914d). Zur Geschichte der psychoanalytischen Bewegung. *GW X,* S. 43–113.

Freud, S. (1914g). Erinnern, Wiederholen und Durcharbeiten (Weitere Ratschläge zur Technik der Psychoanalyse II). *GW X,* S. 126–136.

Freud, S. (1915a [1914]). Bemerkungen über die Übertragungsliebe. (Weitere Ratschläge zur Technik der Psychoanalyse III). *GW X,* S. 306–321.

Freud, S. (1918b [1914]). Aus der Geschichte einer infantilen Neurose. *GW XII,* S. 27–157.

Freud, S. (1930a [1929]). Das Unbehagen in der Kultur. *GW XIV,* S. 419–505.

Freud, S. (1932a). Zur Gewinnung des Feuers. *GW XVI,* S. 3–9.

Freud, S. (1942a [1905–1906]). Psychopathische Personen auf der Bühne. *GW Nachtragsband,* S. 655–661.

Gill, M. (1996). *Die Übertragungsanalyse.* S. Fischer.

Green, A. (2011 [1975]). IV. Analytiker, Symbolisierung und Abwesenheit im Rahmen der psychoanalytischen Situation. In ders., *Geheime Verrücktheit. Grenzfälle der psychoanalytischen Praxis* (S. 171–214). Psychosozial-Verlag.

Hirsch, E. (1928). Eine Feuerphobie als Folge unterdrückter Onanie. *Zeitschrift für psychoanalytische Pädagogik, 2* (Sonderheft »Onanie«), 162–166.

Kaes, R. (2007). *Linking, Alliance, and Shared Space: Groups and the Psychoanalyst.* IPA Publications.

Parsons, M. (2007). Raiding the inarticulate: The internal analytic setting and listening beyond countertransference. *Int J Psychoanal, 88,* 1441–1456.

Sartre, J.-P. (2013 [1984). *The Freud Scenario.* Verso.

Sloterdijik, P. (2023). *Die Reue des Prometheus. Von der Gabe des Feuers zur globalen Brandstiftung.* Suhrkamp.

Winnicott, D. W. (1953). Transitional Objects and Transitional Phenomena – A Study of the First Not-Me Possession. *Int J Psychoanal, 34,* 89–97.

Der Autor

Bernd Heimerl, Dr. rer. nat., Krankenpfleger, studierte Psychologie und Theaterwissenschaften und ist Gestalttherapeut, Psychoanalytiker (DGPT, DPG, IPA) sowie Gruppenanalytiker (D3G, SGAZ). Er ist Lehranalytiker im Einzel- und Gruppensetting, Dozent und Supervisor an verschiedenen psychoanalytischen Instituten, Trainer im German Chinese Training Course on Psychodynamic Psychotherapy, Shanghai (China). Er veröffentlichte zur Interdisziplinarität in der Psychoanalyse, zu Geschlechterkonstruktionen sowie zu Darstellungspraxis und Wissensvermittlung in der Psychoanalyse.

Kontakt per E-Mail: drbernd.heimerl@t-online.de

Zerstörung von Denkräumen

Gesellschaftliche und individuelle Bedingtheiten

Christian Foth

Vorbemerkungen

Gewalt und Gesellschaft – ein weites Feld, deshalb ein paar Vorbemerkungen, die etwas umfangreicher ausfallen, aber einen unmittelbaren Bezug zu der Thematik des Beitrags haben: Eine Annäherung an das Thema Gewalt und gesellschaftliche Bedingtheiten, an das Thema der Zerstörung von Denkräumen, *thinking under fire*, kann am sinnvollsten darüber erfolgen, dass man die vielfältigen Verschränkungen und Wechselwirkungen zwischen gesellschaftlichen und individuellen Entwicklungen zu beschreiben und nachzuvollziehen versucht, heißt, sich mit den Fragen auseinanderzusetzen, welche gesellschaftlichen Strukturen, welche gesellschaftlichen Vorbedingungen zu Leiderfahrungen führen, und warum aus gesellschaftlichen Strukturen heraus entstandene Verletzungen vom betroffenen Individuum leidvoll erlebt werden und nicht sinnvoll in sein Leben integriert werden können. Dazu braucht es neben dem Blick auf die allgemeinen gesellschaftlichen Strukturmerkmale auch den Blick auf die lebensgeschichtlichen Bedingtheiten, auf die spezifischen menschlichen intrapsychischen Konflikte, die Betrachtung unbewusster Prozesse. Es braucht den Blick auf die sozialen Interaktionen, denn Vieles entsteht im interpsychischen Feld: »Der Mensch wird am Du zum Ich« (Buber, 2019, S. 55). Gleichzeitig findet das soziale Handeln unter gesellschaftlich vorgegebenen Strukturen statt, sodass es notwendig ist, diese zu erfassen, zu beschreiben und über die möglichen Auswirkungen auf das Individuum nachzudenken. Sozialisation, die Entwicklung der Identität, ist eben auch ein gesellschaftlicher Prozess, der dann wiederum auf die gesellschaftlichen Strukturen zurückwirkt. Die Thematik, wie und warum sich Spannungsverhältnisse entwickeln, und welche Lösungsversuche, sowohl gesellschaftlicher als auch individueller Art, hieraus resultieren, ist somit eine zentrale Fragestellung. Es geht nicht um eine Bewertung dieser Entwicklungen, ob diese oder jene gesellschaftliche Veränderung nun beklagens- oder begrüßenswert sei – der Versuch, die Mechanismen der Entwicklungen zu beschreiben, soll im Zentrum der Überlegungen stehen.

Die Gewalt, mit der wir im Rahmen gesellschaftlicher Veränderungen konfrontiert sind, ist nicht im Sinne einer einfachen Kausalität als reaktive Gewalt zu verstehen, die vor dem Hintergrund anderer gesellschaftlicher Entwicklungslinien nicht aufgetreten wäre. Es mag sein, dass andere gesellschaftliche Entwicklungsbedingungen mit weniger Gewalt assoziiert sein mögen, aber durch die Veränderung gesellschaftlicher Bedingungen allein wäre die Gewalt nicht aus der Welt.

Gewalt ist etwas, das unmittelbar als Lebensmöglichkeit zum Menschsein dazugehört. Die Gewalt ist nicht Ausdruck einer individuellen pathologischen Determiniertheit, nicht Ausdruck eines genetischen Defekts, kein Ausdruck eines Todestriebs – menschliche Gewalt spiegelt eine potenzielle Seins- und Handlungsmöglichkeit des Menschen wider. Es ist eine anthropologische Konstante, eine Grundbedingung menschlicher Existenz. Gewalt ist weder ein Rückfall in vermeintlich überwundene historische Epochen, noch etwas, das von außen in die Gesellschaft hineingetragen wird. Nein, mit der Beunruhigung, dass die Gewalt zum Menschen dazugehört, damit werden wir leben müssen. Es ist der Mensch, der Gewalt ausüben kann, der es schon immer getan hat und es jetzt gerade tut.

Gesellschaftliche Rahmenbedingungen

Gewalt ist tief in den gesellschaftlichen Strukturen verankert. Die postindustrielle Produktionsweise, die Spätmoderne, ist geprägt von der Totalität des ständigen Wachstumsgebotes mit seiner weitgehenden Ökonomisierung sämtlicher Lebensbereiche. Die kapitalistische Produktionsweise verbraucht und zerstört gewaltvoll physische und geistige Ressourcen und wirkt bis in die sozialen Strukturen, bis in die Beziehungen der Menschen hinein.

Die Spätmoderne zerstört aber nicht nur gewaltvoll, sie muss gleichzeitig gewaltvolle Vernichtungszüge gegen all die durchführen, die der bestehenden Ordnung kritisch gegenüberstehen. Die Durchsetzung rationaler Ordnung zur Sicherung des Wachstumsgebotes und die hiermit verbundene Gewalt sind ebenfalls ein inhärenter Teil moderner Gesellschaften: Weltkriege, lokale Kriege, Kolonialismus, Verfolgung von Minderheiten und deren Ermordung bzw. Vertreibung, Entkräftung und Erschöpfung der eigenen Bevölkerung in bewaffneten Konflikten. Traumatisierungen gelten als Kollateralschäden und werden, wenn sie nicht mehr verleugnet werden können, zur Behandlung an die Psychotherapie weitergeleitet.

In seinem Briefwechsel mit Einstein schrieb Freud 1932: »Wir haben gehört, was eine Gemeinschaft zusammenhält, sind zwei Dinge: der Zwang der Gewalt und die Gefühlsbindungen – Identifizierungen heißt man sie technisch – der Mitglieder« (Freud, 1933b [1932], S. 19). Das Fundament der bürgerlichen Gesellschaft ist auch hier Gewalt, und wenn die Gefühlsbindungen zerfallen, die wesentlich durch das Teilen gemeinsamer Ideale gebildet werden, dann wird »eine riesengroße, sinnlose Angst frei« (Freud, 1921c, S. 104). Gefühlsbindungen und Identifizierungen finden ihren Niederschlag in gemeinsamen, von den Mitgliedern der Gesellschaft anerkannten Idealen. Kohut schrieb 1975, dass die Partizipation an Idealen einen stabilisierenden Einfluss auf soziale Identitäten habe und mit der Infragestellung von Idealen auch die Integrität der Identität von Zerfall bedroht sei.

Homi K. Bhabha geht davon aus, dass es nach dem Ende der europäischen Kolonialisierung nicht mehr möglich sei, das Wesen und den Ort der Kultur als geschlossene einheitliche Entität zu verstehen. Damit ist auch die Utopie einer einzigartigen kollektiven Identität nicht mehr möglich – im Gegenteil, die Kultur befindet sich in ständigem Wandel. Neue Bedeutungen entwickeln sich vor dem Hintergrund kultureller Differenzen, Konflikte um soziale Wirklichkeiten zeigen, dass sich alles verändert und immer wieder neu verhandelt werden muss. Diese Auseinandersetzungen finden im »Dritten Raum« statt, einem Fluktuationsraum, einem Spielraum, in dem Konventionen, Denkmuster, Traditionen, Gewohnheiten und Gepflogenheiten und Identitäten hinterfragt und suspendiert werden müssen, um Neues entstehen lassen zu können – ein Raum von Unsicherheit, Angst, Beunruhigung, Hass und Wut, aber auch von Wagnis, Kreativität, Freude und Neugier. So kann Kultur nicht mehr als geschlossene, einheitliche, über die Zeit hinweg stabile Einheit verstanden werden. Und ebenso wenig kann die Identität des Subjekts in der Spätmoderne als eine geschlossene, über die Zeit hinweg stabile Einheit verstanden werden. Nicht nur kulturelle Wertediskussionen, die Abwertung tradierter Lebensformen, Macht- und Hegemoniestrukturen, Prestige und Statusverlust spielen hier eine große Rolle, sondern insbesondere die hohe Geschwindigkeit struktureller Veränderungen und die hiermit verbundene hohe Dynamik des sozialen Wandels treffen das Individuum mit voller Wucht. Der soziale Wandel vollzieht sich nicht mehr über Generationen hinweg, sondern zum Teil mehrfach innerhalb einer Generation: Was gestern galt, gilt heute nicht mehr, und was morgen sein wird, können wir nicht mehr aus dem Heute ableiten. Zunehmende Dynamisierung und Entgrenzung sämtlicher Lebensbereiche sind Ausdruck dieser Entwicklungen in der Spätmoderne und finden sich in den ökonomischen Konzepten von Neoliberalismus und Globalisierung wieder. Rosa hat diese Beschleunigung sehr genau beschrieben und insbesondere den gestörten Welt- und Naturbezug hiermit in Verbindung gebracht. Das alles führt – wie wir im Folgenden genauer sehen werden – zu Verunsicherung und Angst, Enttäuschungen, Wut, Ohnmacht, Verzweiflung und Gewalt (Foth, 2022).

Gesellschaftliche Veränderungen

In den letzten Jahrzehnten haben sich viele gesellschaftliche Umbrüche in Deutschland ereignet: Diese haben zu Bewegungen zwischen den einzelnen gesellschaftlichen Klassen geführt, für die Reckwitz das Bild des Paternosters gewählt hat: Manche fahren nach oben, während sich gleichzeitig andere auf dem Wege nach unten befinden. Waren in den 1950er und 1960er Jahren etwa 90 Prozent der Arbeitsverträge unbefristet, so wurden im Jahr 2004 für 54 Prozent aller Neueinstellungen die Arbeitsverträge befristet (Bossler et al., 2021, S. 2). Unbefristete Arbeitsverträge waren aber verbunden mit sozialrechtlich abgesicherten Verhältnissen: tariflich vereinbartem Kündigungsschutz, betrieblichem Mitbestimmungsrecht, Einbindung in das Renten- und Krankenversicherungssystem, Urlaubsanspruch usw. All dies war eingebettet in sozialstaatliche Regelungen, die auf dem Solidaritätsprinzip basierten. Die Unsicherheit der Nachkriegszeit löste sich in einer planbareren und sicheren Perspektive auf. Gleichzeitig kam es zwischen 1950 und 1981 bzw. 1982 zu einer Vervielfachung des Pro-Kopf-Einkommens, die Nettorealverdienste und Produktivität wuchsen nahezu analog, sodass die Arbeiterklasse unmittelbar am erwirtschafteten Gewinn partizipierte. Man konnte am Konsum teilhaben, man konnte sich Kühlschränke und Waschmaschinen leisten, Radio und Fernseher, man konnte die Enge der Nachkriegswohnungen verlassen, in andere Stadtteile ziehen, sich ein Auto leisten und in den Urlaub fahren. Und oftmals konnte man sogar damit beginnen, sich ein eigenes, kleines Haus zu bauen.

Der Stand als gelernter Arbeiter hatte seinen Wert in der gesellschaftlichen Hierarchie, man war ähnlich den Angehörigen anderer Klassen, es gab den Stolz der Zugehörigkeit zu seiner Berufsgruppe. Die herrschende Arbeitssphäre, die Lebensform und die Lebensstile waren noch von Autorität, dem Denken in hierarchischen Strukturen, klassischen Rollenzuweisungen und einer klassischen Geschlechterordnung bestimmt. Homosexualität war noch ein Straftatbestand, Abtreibung verboten und eine Arbeitsaufnahme der Ehefrau war nur nach Zustimmung des Ehemannes möglich. Die Trennungslinie zwischen Kapital und

Arbeit trat in den Hintergrund, das Prinzip der Sozialpartnerschaft war das Gebot der Stunde, sodass diese Zeit der industriellen Moderne als die Zeit des kollektiven Aufstiegs der Arbeiterschaft und der Entwicklung des Sozialstaates bezeichnet werden könnte. Pierre Rosanvallon spricht auch von der »Gesellschaft der Gleichen« und schreibt: »[E]in ganzes Zeitalter steht im Begriff zu Ende zu gehen, nämlich das einer auf Umverteilung beruhenden Vorstellung sozialer Gerechtigkeit, wie sie sich Ende des 19. Jahrhunderts herausbildete. Was wir aktuell erleben, sind die Folgen und Verwerfungen dieses Übergangs« (Rosanvallon, 2017 [2013], S. 17).

In den letzten Jahrzehnten hat ein immer stärkerer Wandel weg von der industriellen Arbeit hin zum tertiären Sektor, dem Dienstleistungssektor stattgefunden. Dieser Prozess ist so prägnant geworden, dass sich im Zuge der Entwicklung ein neues Dienstleistungsproletariat bilden konnte. Entfielen 1970 noch 46,5 Prozent der Erwerbstätigen auf das produzierende Gewerbe, so lag dieser Wert für das Jahr 2012 nur noch bei 24,7 Prozent. Im gleichen Zeitraum erhöhte sich der Anteil der Beschäftigten an allen Erwerbstätigen, die in den tertiären Sektor fielen, auf 73,7 Prozent (BpB, 2020). Insbesondere den einfachen Dienstleistungsbereich trafen die weiteren Entwicklungen mit großer Kraft: Trotz weiter zunehmender Produktivitätssteigerung erfolgt seit 1982 eine deutliche Abnahme des Realverdienstes, und mit der Agenda 2010 wurde die Bezugsdauer des Arbeitslosengeldes von 30 auf 12 Monate reduziert. Der Anteil des einkommensschwachen Bevölkerungsteils erhöhte sich zwischen 1996 und 2016 von 18,4 auf 24,4 Prozent (plus 6 Prozentpunkte bzw. 32,6 Prozent). 2016 betrug das Durchschnittsnettoeinkommen für diese 24,4 Prozent etwa 1.300 Euro (ebd.).

Dies zieht gravierende gesellschaftliche Veränderungen nach sich. Welche Ängste, Sorgen und Unsicherheiten muss jemand fühlen, wenn deutlich wird, dass die bisherige Wohnung nicht mehr finanzierbar sein wird, dass die Familie ausziehen muss, die Kinder die Krippe oder die Schule werden verlassen müssen? Herausgenommen aus der vertrauten Umgebung mit allen sozialen Kontakten droht der Umzug in ein Wohngebiet mit geringem Sozialprestige, in dem das Klima von sozialen Konflikten, Resignation und Ressentiments geprägt ist. Und welcher Neid wird möglicherweise auf die entstehen, die von dieser Deklassierung nicht betroffen sind? Die im ehemaligen Haus, im ehemaligen Stadtteil wohnen bleiben können? Die sich vielleicht sogar die Wohnung, aus der man ausziehen musste, kaufen können?

Im gleichen Zeitraum stieg der Anteil der Einkommensstarken von 16,8 auf 19,6 Prozent. All diese Zahlen zeigen, dass die sogenannte »Mittelschicht« in diesem Zeitraum geschrumpft ist. Der Paternoster führt für einige nach oben, für einige nach unten. Nicht die die Facharbeiter und kleinen Angestellten mit mittleren Bildungsqualifikationen sind im Wesentlichen nach oben gefahren, sondern die Gruppe der Akademiker zählt zu den Gewinnern. 20.119 Studiengänge (mit fast drei Millionen Studenten) gibt es derzeit in Deutschland, und klassische praktische Berufsausbildungen werden akademisiert: Krankenpflege, Ergotherapie, frühkindliche Erziehungsberufe, Hebammen – überall hier steht der Bachelor am Ende der Ausbildung. 1950 wiesen etwa 5 Prozent eines Altersjahrgangs ein Studium auf, heute studieren rund 60 Prozent (BMBF, 2020). Diese Entwicklung der Akademisierung bedeutet eine weitere Entwertung und Deklassierung traditioneller Berufswege. Mit einem klassischen Berufsabschluss ist man nicht mehr im Zentrum der Gesellschaft, sondern mit Anerkennungs- und beruflichem Identitätsverlust konfrontiert. Die Klasse der Akademiker mit ungleich höheren Verdienstmöglichkeiten und geringerer Gesamtarbeitslosigkeit, angesiedelt vorwiegend in den Metropolregionen, spiegelt aber auch andere Wertvorstellungen, u. a. infolge der 68er-Bewegung, wider.

Werte wie Individuation, Selbstverwirklichung, Kreativität, Selbstentfaltung und Emotionalisierung gewinnen zunehmend an Bedeutung. Klassische Konfliktlinien (z. B. Arbeit versus Kapital) haben sich derzeit mehr in Richtung Kritik an den urbanen Eliten verschoben. Michael Zürn schreibt in diesem Zusammenhang von Kosmopoliten, die eher besser gebildet und gutverdienend sind und sich für offene Grenzen, sowohl hinsichtlich Menschen als auch Gütern und Kapital, einsetzen würden. Universell gültige Individual- und Menschenrechte, Liberalisierung, Dynamisierung, Deregulierung und Entgrenzung, auch im Sinne neoliberaler wirtschaftlicher Ziele, seien zentrale Lebens- und Wertvorstellungen dieser wesentlich in den Metropolregionen beheimateten Menschen.

Demgegenüber stehen die Kommunitaristen, die die normative Bedeutung von Grenzen betonen würden, die die eigene Kultur höher bewerten als universelle Individual- und Menschenrechte, die politischen Autoritäten jenseits des Nationalstaates ablehnend gegenüberstehen und eher auf ethnische Homogenität und Ausgrenzung der Anderen, Fremden, rekurrieren. Die Betonung des Nationalen, der Grenzen und der Heimat könnte dann als eine Abwehrreaktion gegenüber den Erfordernissen einer globalisierten Welt mit ihren Verwerfungen, Infragestellungen tradierter moralischer und ethischer Normen und den hiermit verbundenen Ängsten und Unsicherheiten verstanden werden (Zürn, 2020).

Diese Dynamik wird noch verstärkt durch den Druck der Individuation, von Reckwitz als Druck der »Singularität« bezeichnet. Man möchte dazugehören und gleichzeitig in seiner Einzigartigkeit und Singularität anerkannt werden. Der Druck in der individualistischen Gesellschaft der Postmoderne würde sich erhöhen, individuelle Besonderheiten »zu Markte zu tragen«: Einzigartigkeit, Nicht-Austauschbarkeit, Selbstoptimierung und letztlich ein *designtes* Ich. Dieser Druck und das unvermeidbare Scheitern sind auch ein »systematischer Generator von Enttäuschungen, die sich im Extrem in entsprechende psychische Symptome umsetzen können, am aussagekräftigsten in die Depression, als das für die Spätmoderne emblematische Krankheitsbild« (Reckwitz, 2017, S. 443). Bollas' Überlegungen zum »Verwandlungsobjekt« fügen diesen Überlegungen noch eine weitere Ebene hinzu: »Wie wir wissen, lebt die Werbewelt davon, dass sie sich an die Fersen dieses Objekts heftet: Die meisten der annoncierten Produkte versprechen, dass sie die äußere Umwelt des Subjekts umgestalten und somit auch seine innere Stimmung verändern werden« (Bollas, 2014 [1987], S. 28). Um dem »emblematischen Krankheitsbild der Depression« zu entfliehen, bedarf es dann wiederum neuer Gebrauchsgüter, die konsumiert werden – in der Hoffnung, dass sich hierdurch der Leere und Depression entfliehen lässt.

Gesellschaft und Individuum

Die sich hier andeutenden Wechselbeziehungen zwischen gesellschaftlichen Anforderungen und Individuum sollen im Zentrum der weiteren Überlegungen stehen. Auf der einen Seite steht die Gesellschaft als eine sich in immer komplexeren Zusammenhängen organisierende Struktur. Unmittelbar erfahrbar ist diese unüberschaubare komplexe Struktur nicht mehr, allenfalls über abstrakt rationale Zugänge kann versucht werden, diese Gesellschaft zu verstehen. Die föderalen, supranationalen und internationalen Governance-Strukturen sowie »das System repräsentativer Willens- und Entscheidungsbildung [sind] mittlerweile derart komplex, zeitintensiv und intransparent geworden, dass Politik nur bedingt den demokratischen Grundsätzen einer klaren Zurechnung von Verantwortlichkeiten genügen kann« (Vorländer, Herold & Schäller, 2017, S. 147).

Die Folge dieses beschriebenen Zustandes könnte der Entstehung eines Gefühls des »Dort« Vorschub leisten – das »Dort« als eine Beschreibung, als eine Konstruktion von Realität, die über die Individualität hinausweist, sowohl hinsichtlich sozialer, geografischer als auch historischer Aspekte. In dem »Dort« kann dann vieles untergebracht werden: die ungerechte Verteilung von Gütern, die empfundene Ungleichbehandlung, der Mangel an sozialer Wertschätzung, der Dissens in moralisch-ethischen Wertvorstellungen.

Der Blick des Individuums durch den von Bhabha eingangs beschriebenen »Dritten Raum« ist kein objektiver Blick, denn das, »was wir als Realität begreifen ist also nicht nur abhängig von der Objektwelt der Gegenstandswelt, sondern auch von der Beschaffung der inneren Welt, die unsere Wahrnehmung der Realität wesentlich mitbestimmt« (Vogt, 1988, S. 660). Aber nicht nur der Blick auf die Gesellschaft, auf das »Dort«, ist von den individuellen Dispositionen bestimmt; die Gesellschaft selber ist durchzogen von den ubiquitären, individuellen menschlichen Grundkonflikten und deren Externalisierungen. Unbewusste archaische Fantasien und Konflikte zeigen sich einerseits in der gesellschaftlichen Realität, formen diese Realität, die wiederum rückwirkend, z. B. über die Bildung des Ich-Ideals, die Individuen strukturiert.

Vielfältigste Querverbindungen, Rückwirkungen und Abhängigkeiten konstruieren somit den »Dritten Raum« zwischen Gesellschaft und Individuum. Gegenseitige Rückkopplungen und Verstärkungen zwischen gesellschaftlichen Rückschritten und/oder bedrohlichen Entwicklungen einerseits und individuell fantasierten, projizierten und introjizierten Konflikten und Ängsten andererseits führen dazu, dass das System sich mehr und mehr aufschaukeln kann, bis letztlich Instabilitäten auftreten. Die nun entstandene Krisensituation bringt die Gefahr mit sich, dass der »Dritte Raum« der Zerstörung durch Hass und Gewalt preisgegeben ist, wenn konstruktive Lösungen nicht zur Verfügung zu stehen. Die gesellschaftlichen Veränderungen fasst Reckwitz zusammen:

> »[D]er Lebensstil der neuen Mittelklasse als solcher wird gesellschaftlich nun als eine wertvolle Lebensform prämiert, und das sie tragende Subjekt gilt als ein wertvolles Objekt mit wertvollen Qualitäten (Kreativität, Offenheit, Stilbewusstsein, Unternehmergeist, Empathiefähigkeit, Kosmopolitismus, Liberalität, hohes Bildungskapital, etc.). Die Subjekte der neuen Mittelklasse können sich so als Träger der zukunftsweisenden Lebensform begreifen, die zum gesellschaftlichen Maßstab gelingenden und erfolgreichen Lebens insgesamt geworden ist. Umgekehrt erscheint die Lebensform der neuen Unterklasse (subtiler auch jene der alten Mittelklasse) als wertlos und defizitär, und zwar sowohl in der Selbstwahrnehmung der Subjekte als auch in der gesellschaftlichen Repräsentation; sie ist Gegenstand negativer Kulturalisierung, der Entwertung. Die Unterklasse wird, wie der Name schon sagt, von außen und meist auch von innen als unten in der gesellschaftlichen Hierarchie angesiedelt wahrgenommen – als eine Kultur von ›Verlierern‹ und ›Abgehängten‹« (Reckwitz, 2017, S. 284).

Die amerikanische Soziologin Arlie Russell Hochschild hat in ihrem Buch *Fremd in ihrem Land* beschrieben, wie diese gesellschaftlichen Umbrüche nicht nur zu einem Gefühl von Angst bei den Verlierern führen, sondern dass insbesondere das Gefühl, abgehängt zu sein, mit dem Affekt der Scham eng verbunden ist. Das wird uns noch beschäftigen. Trumps Erfolge in den USA seien mit darauf zurückzuführen, dass es ihm gelungen sei, den Stolz (»Make America great again«) als Gegengewicht zur Scham bei seinen Wählern zu mobilisieren (Hochschild, 2017).

Exklusion und das Innerpsychische

Die soziale Frage von Exklusion oder Inklusion wird zu einem zentralen Drehpunkt und die mit Exklusion verbundenen Gefühle von Ohnmacht, Verachtung und Angst vor sozialem Abstieg werden externalisiert. »Die dort«, die urbanen Eliten, die Parteien, der korrupte Staat, die Migranten sind die Schuldigen, und man versucht sich xenophobisch, ethnozentrisch und chauvinistisch zu stabilisieren. Das Scheitern wird entindividualisiert und damit zu einer gesellschaftlichen Thematik, man findet sich in einer Gruppe mit Gleichen wieder, die zu einem Ort derer wird, die sich in ihrem so erlebten Selbstsein narzisstisch spiegelt und eine Einheit gegenüber all denen bilden kann, die nicht dazugehören. Wer ist weißer Hautfarbe, deutsch, männlich und heterosexuell? Narzisstische Omnipotenz als Kompensation eigener Insuffizienz-, Ohnmachts- und Schamgefühle. Die Frage der Exklusion berührt die tiefen Ebenen ubiquitärer entwicklungsbedingter Konflikte. Die regressiven und entdifferenzierenden Prozesse der Gruppe finden ihren frühen Anklang in symbiotischen Verschmelzungswünschen mit den Primärobjekten. In einer Beziehung zu einem größeren mächtigeren Anderen kann man sich geschützt und geborgen fühlen, erlebt den Anderen als Ausdehnung des eigenen Ichs und wird durch die Teilhabe so vollkommen und mächtig wie das bewunderte Objekt.

Die durch die gesellschaftlichen Verwerfungen angerührten Verunsicherungen finden ihren Nachhall in Zeiten der Adoleszenz mit der Infragestellung von Ich-Ideal und Über-Ich und den begleitenden tiefen Verunsicherungen, welche Werte und Ideale noch als Handlungsmaßstab dienen können, wo der Sinn der eigenen Existenz zu verorten sei. Die Regression des Ichs in der Gruppe wirkt entlastend – aber um den Preis, dass alles Bedrohliche, Schmutzige und Gefährliche im eigenen Unbewussten projektiv in das Außen verlagert wird, auf den Fremden, den korrupten Staat projiziert, und dort aktiv und eben auch mit Gewalt bekämpft wird, statt sich mit dem Eigenen auseinanderzusetzen – eine rigide Spaltung in Gut und Böse, in das »rechtschaffende Volk« gegen die korrupte Elite, die eigene Moral gegen die Dekadenz, wertvolles Leben gegen

Wertlosigkeit, Innen gegen Außen, »wir« gegen »die«. Und was projektiv ins Außen verlagert wurde, tritt einem jetzt als Fremdes und Bedrohliches wieder entgegen.

Affekte der oralen Phase werden aktualisiert, der Neid und die Gier, dass Einverleiben, Ausspucken und Fallenlassen, die Analität und der Umgang mit omnipotenten Wünschen, die Rivalität mit Geschwistern, die einen des Primärobjekts zu berauben trachten und damit die narzisstisch idealisierte Einheit mit Mutter oder Vater bedrohen. Offenkundig wird die Vermeidung von Ambivalenz und die Notwendigkeit, Trennungssituationen zu bewältigen und Frustrationen zu ertragen. Und nimmt man sich selbst als den immer Ausgeschlossenen und Übergangenen war, als ewig ausgeschlossenen Dritten, so weist dies auf die ödipale Problematik hin.

Aus der Perspektive der Säuglingsforschung sind all die beschriebenen Probleme und Störungen Ausdruck lebenslanger, existenzieller Lebensprobleme, die sich immer neu entfalten. Dies alles sind bekannte psychoanalytische Konzepte und Hypothesen. Werden also durch gesellschaftliche Realitäten und Entwicklungen die psychosozialen Freiräume bedroht und damit sekundär intrapsychische Konfliktlinien wieder in den Vordergrund geschoben, so finden sich zu deren Bewältigung die beschriebenen Abwehrbewegungen.

Im Rahmen der Mentalisierungstheorie gibt es Versuche, nachzuvollziehen, wie es durch Regressionsprozesse zu einer Aktivierung des Äquivalenzmodus kommen könnte, sich hierdurch die Möglichkeit der Empathiefähigkeit reduziert und konkretistisches Denken sowie paranoide Fantasien vorherrschend werden. Mentalisieren umfasst sowohl die Möglichkeit, Gefühle als die bewusste Ausdrucksform von Emotionen und die verbundene seelische Verfassung als Ausdruck von Wünschen, Bedürfnissen, Ängsten und Befürchtungen wahrzunehmen, als auch die Fähigkeit, sich in die seelische Innenwelt des Anderen einfühlen und eindenken zu können. Die Entwicklung dieser Fähigkeiten hängt im hohen Maße von der Bindungsqualität der Beziehungen zu den Primärobjekten ab, insbesondere die Vorgänge von Affektspiegelung und Markierung sind von zentraler Bedeutung, da hierdurch die inneren Gefühlszustände des Säuglings intersubjektiv moduliert werden. Verbleibt man im Äquivalenzmodus, bedeutet dies, dass der Gedanke die Realität widerspiegelt, er ist nicht eine Repräsentation der Realität, sondern ein Abbild. Damit wird das Denken unflexibel, alternative Sichtweisen werden nicht toleriert, »unflexible Gedankenprozesse, unangemessene Überzeugung im Recht zu sein, Ansprüche, dass man weiß, was der andere denkt oder warum er in bestimmter Weise gehandelt hat« (Schultz-Venrath, 2013, S. 98), werden die bestimmenden Modi.

Denkt man in dieser Logik weiter, dann sind auch paranoide Gedanken mit der Realität gleichzusetzen, sie sind auch hier die Realität. Wenn der Gedanke einer Bedrohung da ist, dann ist die Bedrohung auch real. Paranoide Überzeugungen aber schüren Ängste und Aggressivität. Können dann die Emotionen nicht als Gefühle kognitiv reflektiert und verändert werden, verbleibt die Wahrnehmungsfähigkeit in einer eindimensionalen Entweder-Oder-Erfahrung, die Entwicklung einer differenzierten Gefühlslage und damit auch die empathischen Möglichkeiten bleiben reduziert (Lane & Schwartz, 1987). In der Vorstellung des »Dritten Raumes« nach Bhabha geht es um Gegenteiliges: Kreativität, Diversität, Spiel, Infragestellung, Ambivalenzen, Unsicherheiten und Neugier. »Für Bhabha findet die Anerkennung des Anderen nicht auf der Ebene der Gemeinsamkeit, sondern auf der Ebene der Artikulation von Differenz statt« (Struve, 2013, S. 188). Winnicott spricht vom *potential space*, vom Übergangsraum, vom intermediären Raum – dem Raum, der zwischen innerer und äußerer Realität besteht. Dieser Raum entsteht an dem Punkt in der kindlichen Entwicklungsphase, an dem sich der Säugling seiner vom Objekt getrennten Realität bewusst wird, wodurch die Kluft deutlich wird zwischen der äußeren Realität, wie sie ist, und der inneren Realität, wie das Subjekt die Welt aus der Innenperspektive konstruiert und wahrnimmt.

> »Wir behaupten nun, dass die Akzeptierung der Realität als Aufgabe nie ganz abgeschlossen wird, dass kein Mensch frei von dem Druck ist, innere und äußere Realität miteinander in Beziehung setzen zu müssen, und dass eine Befreiung von diesem Druck nur durch einen nicht in Frage gestellten intermediären Erfahrungsbereich (in Kunst, Religion usw.) geboten wird« (Winnicott, 2002, S. 23f.).

Projektive und introjektive Prozesse formen innere und äußere Realität. Bohleber betont, wie bedeutsam der Andere für den Prozess der Selbstreflexion, für die Begründung der eigenen Identität ist, da die intersubjektiv stattfindenden Dialoge, insbesondere über das »Mirroring« verinnerlicht werden würden: »In dem Mirroring liegt der Vorläufer der späteren Reflexionsbeziehung des Selbst zu sich, deren Prototyp die reale Spiegelerfahrung des Kindes ist« (Bohleber, 1992, S. 356). Diese Spiegelerfahrungen sind Prozesse, die das Individuum zeitlebens begleiten und später auch durch die Gruppe wahrgenommen werden. Weist dann die Gruppe, innerhalb derer man sich bewegt, das Problem der Echokammer auf, dann steht der Dritte Raum nicht mehr zur Verfügung, er ist zerstört, und aus der Gruppe heraus drohen gewalttätige Aktionen.

In der Gruppe gibt es Resonanz für die eigenen Ängste, Befürchtungen und aggressiven Affekte, aber es ist eine Resonanz, die im Sinne des Echos nur immer das Gleiche zurückgibt, und es kommt hierdurch eher zu einer Verstärkung, einer Verhärtung der bestehenden Strukturen. Lütjen definiert *echo chambers* als

> »schalldichte Räume, in die von außen kaum etwas hineindringt, während im Inneren die bereits vorhandenen Stimmen um ein Vielfaches verstärkt werden. In Echokammern kann es daher zu einem Prozess kommen, der in der Sozialpsychologie als Gruppenpolarisierung bekannt ist: Aufgrund des fehlenden Widerspruchs werden die bestehenden mentalen Dispositionen verstärkt und die Gruppenmeinung bewegt sich in Richtung ihres ideologischen Poles« (Lütjen, 2016, S. 17).

Dies kann dann noch einmal die problematischen Gruppenprozesse verstärken: »[D]er Äquivalenzmodus [äußert sich] in Großgruppen ausschließlich in maligner Regression [...]. Was die regredierte Großgruppe über die Abartigkeit des Gegners und die Gerechtigkeit und Unschuld der eigenen Gruppe alles denkt, wird von allen für Realität gehalten« (Schultz-Venrath & Felsberger, 2016, S. 113).

Der Soziologe Heinz Bude beschreibt die Ausschlusserfahrungen einer wachsenden Anzahl von Menschen in unserer Gesellschaft, die damit leben,

> »dass sie für sich keine Perspektive mehr sehen, dass sie den Mut verloren haben, zu der Überzeugung gelangt sind, dass es auf sie nicht mehr ankommt« (Bude, 2008, S. 20).

> »[D]aher muss ein Schnitt gemacht werden zwischen den Eigenen und den Fremden im selben Land: auf der einen Seite die Mehrheit derer, die hart arbeiten und sich an die Regeln halten, und auf der anderen Seite das von Marx schon sogenannte ›Lumpenproletariat‹, von dem die passive Verfaulung der Gesellschaft ausgeht. [...] Die Mitte ist von der Angst besessen, dass man sich überall anstecken könnte. Es handelt sich um eine Krankheit, die ebenso als Teil der inneren Natur angesehen werden muss wie die Gesundheit. Die Exkludierten tauchen an Ecken und Enden auf, wo man sie nie vermutet hätte« (ebd., S. 117).

Abschließend legt er dar:

> »Fest steht, dass sich in den Zahlen ein ›subjektiver Faktor‹ zeigt, der darüber entscheidet, ob man die eigene Lage als gefährdet oder als aussichtslos beurteilt, ob man sich mit dem ewigen Durchwursteln abfindet oder daran verzweifelt, ob man seinen Stolz bewahrt oder vor Scham vergeht« (ebd., S. 52).

Rosa geht davon aus, dass es einen »performativen Dauerwettbewerb« in der Spätmoderne gibt: Das

> »Leiden an Missachtung nimmt hier entweder die Form massiver Exklusion an, […] oder aber wird als fortwährende Entwertung des Erreichten erlebt. Wertschätzungsniveaus können nicht mehr dauerhaft gesichert werden, sondern sie wollen permanent erkämpft und verteidigt sein. Wenn aber jede Form der Anerkennung stets von Entwertung bedroht ist, verblasst der Hoffnungs- oder Verheißungsaspekt des Anerkennungsstrebens, während die korrespondierende Angst vorwiegend als unüberwindbare, weil strukturell verursachte Angst vor dem Abgehängtwerden und Zurückfallen und Zurückbleiben auftritt« (Rosa, 2009, S. 661).

Koppetsch versteht die Entwicklung des Rechtspopulismus – auch am Beispiel der USA – als Reaktion auf die liberalen Tendenzen der Gegenwartsgesellschaft:

> »[E]s handelt sich bei den Unterstützermilieus des Rechtspopulismus zumeist um Menschen, die sich einst über einen Überlegenheitsanspruch definierten oder als privilegierte ›Majorität‹ galten, nun aber an Einfluss verloren haben und sich durch den Aufstieg eines kosmopolitischen Bürgertums an den Rand gedrängt fühlen. Ökonomische Notlagen liegen zumeist nicht vor, weshalb auch die Behauptung, es handele sich bei den Rechtswählern um ›Globalisierungsverlierer‹, zu kurz greift. Im Zentrum steht vielmehr der durch absteigende Gruppen erfahrene Bedeutungsverlust des eigenen Habitus. Besonders deutlich zeigt sich die kulturelle Spaltung bei den US-Wahlen vom November 2016, die sich nicht am Wohlstands- oder Einkommensgefälle, sondern an Fragen kultureller Hegemonie entschieden. So waren es tendenziell sogar eher die Besserverdienenden, die Trump bevorzugten. […] In der rechten Revolte manifestiert sich somit weniger ein Widerstand gegen materielle Deprivationen als vielmehr ein gemeinschaftlicher Protest gegen den Bedeutungsverlust von bislang identitätsstiftenden Zugehörigkeiten« (Koppetsch, 2017, S. 226).

Vorländer, Herold und Schäller betonen in ihrer Untersuchung:

> »Rechtspopulismen inszenieren sich als Protestbewegungen ›besorgter Bürger‹ und bündeln die Kritik, auch die Verächtlichmachung einer Demokratie, die als Herrschaft abgehobener, das Volk verratender Eliten beschrieben wird. […]

> Hintergrund dieser Wahrnehmungen bilden tiefsitzende Gefühle eines – drohenden – Verlustes von gesellschaftlichem Status und eigener kultureller Identität, wie sie in der Folge von Globalisierungs-, Pluralisierungs- und Ökonomisierungsprozessen gerade in den westlichen Industrienationen seit vielen Jahren wahrgenommen werden. Teile der Bevölkerung gewinnen nicht nur den Eindruck politischer Machtlosigkeit, sondern auch das Gefühl, durch besser gestellte oder sich moralisch überlegen fühlende Eliten in ihren Lebensentwürfen bevormundet und insgeheim verachtet zu werden« (Vorländer, Herold & Schäller, 2017, S. 155).

Im Grunde findet sich in all den Beschreibungen die Angst vor dem Verlust der Anerkennung wieder. Der Verlust von Anerkennung, von Geliebtwerden, von Wirkmächtigkeit in Verbindung mit wahrgenommener oder befürchteter Entwertung, Ausgrenzung und Deklassierung in all ihren unterschiedlichen Facetten, berührt einen weiteren, wesentlichen Affekt: die Scham. Das Individuum ist auf die Anerkennung durch Andere existenziell angewiesen, nicht nur hinsichtlich der lebensgeschichtlichen Entwicklung. Der Bogen von Psychoanalytikern, Objektbeziehungstheoretikern, Säuglingsforschern und Philosophen, die diesen Sachverhalt betonen, reicht von Bion, Winnicott über Balint und Kohut, Domes und Stern bis zu Honneth:

> »Der Zusammenhang, der zwischen der Erfahrung von Anerkennung und dem Sichzusichverhalten besteht, ergibt sich aus der intersubjektiven Struktur der persönlichen Identität: die Individuen werden als Personen allein dadurch konstituiert, daß sie sich aus der Perspektive zustimmender oder ermutigender Anderer auf sich selbst als Wesen zu beziehen lernen, denen bestimmte Eigenschaften und Fähigkeiten positiv zukommen. Der Umfang solcher Eigenschaften und damit der Grad der positiven Selbstbeziehung wächst mit jeder neuen Form von Anerkennung, die der einzelne auf sich selbst als Subjekt beziehen kann: so ist in der Erfahrung von Liebe die Chance des Selbstvertrauens, in der Erfahrung von rechtlicher Anerkennung die der Selbstachtung und in der Erfahrung von Solidarität schließlich die der Selbstschätzung angelegt« (Honneth, 1994, S. 277f.).

Damit verbunden aber ist die Anerkennung einer Abhängigkeit von den anderen. Und wie unerträglich wird diese Abhängigkeit, wenn die Wünsche nach Anerkennung, wenn die Identifikation mit dem Objekt, nicht nur nicht verstanden, wahrgenommen und erwidert wird, sondern stattdessen Ablehnung, Zurückweisung, Entwertung und Beschämung erfolgen. Erich Fromm interpretiert die biblische Erzählung von Kain und Abel in diesem Sinne:

> »Gott nahm Abels Opfer an, nicht aber Kains Opfer. Ohne dass Gott einen Grund angab, fügte er Kain das Schlimmste zu, was es für einen Menschen gibt, der ohne das Wohlwollen einer Autorität nicht leben kann. Gott schlug Kains Opfer aus und verstieß ihn damit. Kain konnte das nicht ertragen. So tötete er den Rivalen, der ihm das Unentbehrliche genommen hatte« (Fromm, 1980, S. 94f.).

Es ist interessant, dass in der Einheitsbibel von 1980 diese Stelle als »Schamszene« beschrieben und übersetzt worden ist: »Der Herr schaute auf Abel und sein Opfer, aber auf Kain und sein Opfer schaute er nicht. Da überlief es Kain ganz heiß und sein Blick senkte sich« (Genesis 4,4). In der Bestrafung Kains durch Gott erfolgt dann noch einmal die gleiche Dynamik: Kain wird von allen Menschen ausgeschlossen, ausgestoßen, auf der Stirn das Kainsmal – eine tiefe Scham, jetzt aber durch die Tat des Tötens in Schuld verwandelt, als Versuch der Bewältigung dieses unerträglichen Gefühls, aber wohl auch um die Abhängigkeit von Gott zu verleugnen, der Wechsel auf die Seite des Täters, der sich nun seiner Macht und seiner Unabhängigkeit versichert. Denn der Akt des Mordens hat auch Gott gegolten, in dem Wunsch, wenigstens hierüber die eigene Würde wiederherstellen zu können. Nichts ist mehr von Bedeutung, endgültig ausgeschlossen aus der Menschheit kann keiner mehr Anerkennung geben – die konsequenteste Unabhängigkeit, die dann realisiert wäre, aber um den Preis des psychischen Todes bzw. in der gewaltvollen Aktion der Vernichtung von sich und dem Anderen. Kains Erfahrung spiegelt für ihn wider, dass er kein geliebtes Subjekt ist, kein Grund zur Freude, kein Geschenk (Opfergabe) in den Augen Gottes repräsentiert. Ihm fehlt offensichtlich etwas, über das Abel verfügt. Dieses defizitäre Introjekt verdient nur den hasserfüllten und verachtenden Blick; gleichzeitig vergiftet dieses hassende Introjekt mehr und mehr den Selbstbezug des Individuums. Es sind tiefgreifende narzisstische Verletzungen, die sich in einem steten Wechselspiel von innen nach außen und außen nach innen auf einem hohen Scham-Hass-Pegel, manchmal über Jahre hinweg, stabilisieren können, immer um das Ressentiment kreisend, um sich dann letztlich doch im Akt der Rache aus dem Opferstatus zu lösen und als Täter triumphieren zu können. Die Identifikation des Opfers mit dem Aggressor realisiert sich, die Kleinheit und Nichtigkeit des Opfers verwandelt sich in Größenfantasien, die Idealisierung der eigenen Person als Verkörperung und

Realisierung des »richtigen Weges«, verstärkt durch identifikatorische Prozesse mit politischen oder religiösen Führergestalten – all dies ergibt ein explosives Gemisch. Da das Beschämende durch projektive Mechanismen im Außen, im Anderen untergebracht wird, muss es nun auch dort bekämpft und vernichtet werden.

Resümee

Was bleibt, ist, um die Ubiquität menschlicher Destruktivität zu wissen, sich nicht der Illusion hinzugeben, es sei alles nicht so schlimm und es würde auch schon alles nicht so schlimm werden. Doch, es kann noch schlimmer werden. Was an die Stelle der Illusion treten sollte, ist die Anerkennung dieser Realität und sich damit der Frage zu öffnen, welche Faktoren zumindest das Ausmaß wiederkehrender Gewalt eingrenzen und begrenzen könnten. Honneth hat unter dem Titel »Demokratie und innere Freiheit« Bezug auf Franz Neumann und Alexander Mitscherlich genommen und vor diesem Hintergrund Gedanken dazu entwickelt, welche persönlichkeitsspezifischen Bedingungen im Kontext eines »demokratietheoretischen Rahmen[s)]« (Honneth, 2020, S. 196) hilfreich und notwendig sein könnten. Zentral ist hier der Begriff der Toleranz, den das Subjekt sich selbst gegenüber praktiziert als Voraussetzung für die Eröffnung der Möglichkeit eines toleranten Umgangs mit dem Anderen. Es geht um das »Verstehen der fremden Welt in sich« (ebd., S. 199), ohne dass dieser Verständnisprozess von Angst und Abwehr dominiert wird. »[S]olange die Subjekte also am Mechanismus der Angstabwehr haften bleiben, wird es weiterhin massenhaft zur Vorurteilsbildung, Hassprojektion und gesellschaftlicher Ausschließung kommen […]. Insofern ist das Projekt der Demokratisierung an die Voraussetzung des Zustands einer inneren Freiheit gebunden […]« (ebd., S. 198) – statt Angst und Abwehr, Kreativität, Diversität, Spiel, Infragestellung, Ambivalenz, Unsicherheiten, Neugier und Freude sich selbst und dem Anderen gegenüber. Solange es nicht möglich ist, um das eigene beunruhigende Entfremdete in einem selbst zu wissen, es anzuerkennen, solange wird es projektiv im Anderen, im Fremden untergebracht und dort mit Hass und Vernichtung bekämpft werden müssen. Und es braucht weniger Verleugnung der eigenen Verletzlichkeit, des Leidens, der Sterblichkeit, um bewusster und vorsichtiger in Solidarität mit dem Anderen die Welt zu gestalten.

Literatur

Bohleber, W. (1992). Identität und Selbst. *Psyche – Z Psychoanal, 46*(4), 336–365.

Bollas, C. (2014 [1987]). *Der Schatten des Objekts.* Klett-Cotta.

Bossler, M., Gürtzgen, N., Kubis, A., Küfner, B. & Popp, M. (2021). Befristungen bei Neueinstellungen 2020. Forschungsdatenzentrum der Bundesagentur für Arbeit im Institut für Arbeitsmarkt- und Berufsforschung.

Buber, M. (2019). Ich und Du. In ders., *Schriften über das dialogische Prinzip. Werkausgabe 4* (S. 37–109). Herausgegeben von P. Mendes-Flohr & A. Losch. Gütersloher Verlagshaus.

Bude, H. (2008). *Die Ausgeschlossenen.* Bundeszentrale für politische Bildung.

Bundesministerium für Bildung und Forschung (BMBF) (2020). Bildung und Forschung in Zahlen 2020. Ausgewählte Fakten aus dem Datenportal des BMBF. Referat Nationale und internationale Vergleichsanalysen, Statistik.

Bundeszentrale für politische Bildung (BpB) (2020, 28. November). Zahlen und Fakten: Die soziale Situation in Deutschland, Erwerbstätige nach Wirtschaftssektoren. https://www.bpb.de/kurz-knapp/zahlen-und-fakten/soziale-situation-in-deutschland/61698/erwerbstaetige-nach-wirtschaftssektoren/

Foth, C. (2022) Gewalt und Destruktivität. *PDP – Psychodynamische Psychotherapie, 21*(2), 118–131. https://doi.org/10.21706/pdp-21-2-118

Freud, S. (1921c). *Massenpsychologie und Ich-Analyse. GW XII,* S. 71–161.

Freud, S. (1933b [1932]). Warum Krieg? Brief an Albert Einstein. *GW XVI,* S. 13–27.

Fromm, E. (1980). *Analytische Charaktertheorie.* Deutsche Verlagsanstalt.

Hochschild, A. R. (2017). *Fremd in ihrem Land.* Campus.

Honneth, A. (1994). *Kampf um Anerkennung. Zur moralischen Grammatik sozialer Konflikte.* Suhrkamp.

Honneth, A. (2020). *Pathologien der Vernunft. Geschichte und Gegenwart der Kritischen Theorie.* Suhrkamp.

Kohut, H. (1975). *Kreativität, Charisma, Gruppenpsychologie. Die Zukunft der Psychoanalyse.* Suhrkamp.

Koppetsch, C. (2017). Rechtspopulismus, Etablierte und Außenseiter. Emotionale Dynamiken sozialer Deklassierung. *Leviathan. Sonderband 32*, 208–232.

Lane, R. D. & Schwartz, G. E. (1987). Levels of emotional awareness: a cognitive-developmental theory and its application to psychopathology. *American Journal of Psychiatry, 144*(4), 133–143.

Lütjen, T. (2016). *Die Politik der Echokammer. Wisconsin und die ideologische Polarisierung der USA.* transcript.

Reckwitz, A. (2017). *Die Gesellschaft der Singularitäten. Zum Strukturwandel der Moderne.* Suhrkamp.

Rosa, H. (2009). *Sozialphilosophie und Kritik.* Suhrkamp.

Rosanvallon, P. (2017 [2013]). *Die Gesellschaft der Gleichen.* Suhrkamp.

Schultz-Venrath, U. (2013). *Lehrbuch Mentalisieren. Psychotherapien wirksam gestalten.* Klett Cotta.

Schultz-Venrath, U. & Felsberger H. (2016). *Mentalisieren in Gruppen.* Klett-Cotta.

Struve, K. (2013). *Zur Aktualität von Homi K. Bhabha.* Springer VS.

Vogt, R. (1988). Innere und äußere Realität in Psychoanalysen. *Psyche – Z Psychoanal, 42*(8), S. 657–688.

Vorländer, H., Herold, M. & Schäller, S. (2017). Entfremdung, Empörung, Ethnozentrismus. Was PEGIDA über den sich formierenden Rechtspopulismus verrät. *Leviathan. Sonderband 32,* S. 138–160.

Winnicott, D. W. (2002). *Vom Spiel zur Kreativität.* Klett-Cotta.

Zürn, M. (2020). Zurück zur Sozialistischen Internationale? *Leviathan, 48*(2), 161–175. https://doi.org/10.5771/0340-0425-2020-2-161.

Der Autor

Christian Foth, Dr. med., Diplom-Sozialwirt, studierte Medizin und Sozialwissenschaften und ist Psychoanalytiker (DPV), Lehrtherapeut, Dozent und Supervisor am Michael-Balint-Institut und Institut für Psychotherapie des Universitätsklinikums Eppendorf. Seine Arbeitsschwerpunkte und Veröffentlichungen konzentrieren sich u. a. auf das Verhältnis von Individuum und Gesellschaft.

Kontakt per E-Mail: foth@uke.uni-hamburg.de

Von der Vernichtung des Denkens bis zu seiner Überbesetzung

Angriffe auf das Denken bei Piera Aulagnier und Donald W. Winnicott

Martina Feurer

Donald W. Winnicott und Piera Aulagnier zusammen in einem Beitrag? Was für eine seltsame Kombination! Winnicott, der unabhängige Denker aus der Independent Group der britischen Psychoanalyse, der sich intensiv mit den Konzepten Melanie Kleins auseinandergesetzt hatte. Und Aulagnier, die aus der französischen Psychoanalyse kommt und der Schule Lacans angehörte, bis theoretische Differenzen zur Trennung und zur Gründung einer neuen Vereinigung, der Quatrième Groupe, führten. Dass diese zwei Psychoanalytiker mit ihren so unterschiedlichen Theorien und Terminologien ähnliche Entdeckungen über das Denken und seine Gefährdungen gemacht haben, ist auf den ersten Blick erstaunlich. Eine Erklärung dafür findet sich in ihrer klinischen Praxis. Beide haben ihre Entdeckungen in der Arbeit mit Borderline- und psychotischen Patienten gemacht. Die schweren Denkstörungen ihrer Patienten führten sie dazu, die frühe Entwicklung des Säuglings, in der die Grundlagen des Denkens entstehen, genauer zu erforschen. André Green hat darauf hingewiesen, dass Freud seinen Begriff des Denkens noch unhinterfragt aus der Philosophie übernehmen konnte. Seine Entdeckungen gingen von einem intakten Denkapparat und funktionierenden Gedanken aus (Green & Donnet, 1973, S. 289). In der Nachfreud'schen Psychoanalyse war das nicht länger möglich. Es wurde offensichtlich, dass die bisherige Selbstverständlichkeit nur im Rahmen neurotischer Konflikte gültig ist. Diejenigen Psychoanalytiker, die Borderline- und Psychose-Patienten behandelten, sahen sich mit einer Zerbrechlichkeit und Zerstörbarkeit von Denkprozessen konfrontiert, für die sie nur unzureichende theoretische Erklärungsmodelle hatten. Und so entwickelten einige von ihnen neue Konzepte, mit denen sich die Probleme ihrer Patienten besser verstehen und behandeln ließen. Doch nicht nur Patienten mit Denkstörungen profitieren von diesen Erkenntnissen. Die Entdeckungen führten auch dazu, dass es mittlerweile mehrere psychoanalytische Theorien des Denkens gibt. Wir wissen mehr über die einzelnen Denkprozesse und über ihr Zusammenwirken. Und wir verstehen die Wechselwirkungen besser, die das Denken des Einen im Denken des Anderen bewirken können. Die bekannteste psychoanalytische Theorie des Denkens stammt von Wilfred Bion. Dass auch Winnicott und mehrere französische Psychoanalytiker Denktheorien entworfen haben, ist weniger bekannt.[1] Für Winnicott und Aulagnier hängt der Schweregrad der Denkstörungen von zwei Faktoren ab. Da ist zum einen der Zeitpunkt, zu dem das Denken beeinträchtigt wird. Je früher die Störung stattfindet, um so gravierender sind die Folgen. Der zweite Faktor ist die Art und Weise, in der die Denkentwicklung behindert wird. Denkverbote und Denkgebote, Überbesetzung des Denkens, wahnhaftes, leeres und entfremdetes Denken sind Folgen unterschiedlicher Komplikationen.

Bevor ich zu den Denkstörungen komme, möchte ich kurz skizzieren, wie Winnicott und Aulagnier sich die Entstehung des Denkens vorstellen: Winnicotts Säugling befindet sich zu Beginn seines Lebens in absoluter Abhängigkeit von seinem Primärobjekt. Psyche und Soma lassen sich noch kaum unterscheiden. Wenn der Säugling in dieser Situation die Erfahrung machen kann, dass seine Bedürfnisse ausreichend befriedigt werden, erlebt er das so, als ob er die Befriedigungen selbst herstellen würde. Auf diese Weise kann sein Allmachtsgefühl entstehen. Schon bald geht die absolute Abhängigkeit in eine relative über und konfrontiert den Säugling mit der Erfahrung, dass die Befriedigung ausbleiben kann. Jetzt rettet ihn sein illusionäres Allmachtsgefühl, das ihm dabei hilft, die fehlende Befriedigung im Außen durch eine befriedigende Fantasie im Inneren zu ersetzen. Eine Fantasie zu entwickeln, bedeutet, eine erste Denkaktivität in Gang zu setzen. Winnicott betont immer wieder, dass dieses erste Denken nur dann gelingen kann, wenn der Säugling zuvor die Möglichkeit hatte, eine Allmachtsillusion zu entwickeln, auf die er nun zurückgreifen kann. Auch die weiteren Schritte in seiner Denkentwicklung sind von der Qualität seiner Versorgung abhängig. Denn wenn die Negativerfahrungen mit dem Primärobjekt überwiegen, kommt es zu Komplikationen, die von einer Überbesetzung des Denkens, einem abgespaltenen Intellekt mit falschem Selbst bis zu psychotischen Zuständen reichen. Für Winnicott sind wir alle unser Leben lang auf diese Allmachtsillusion in uns angewiesen, wenn wir kreativ denken wollen. Schöpferisches Denken spielt sich für ihn immer in einem Übergangsbereich zwischen Illusion und Wirklichkeit ab. Wir sind weder ganz in der Fantasie noch ganz in der Außenwelt. Wir befinden uns in einem Zustand, indem wir zugleich spielen und denken.

Aulagnier ist durch ihre Theorie eines archaischen psychischen Vorgangs, den sie »Originärprozess« nannte, bekannt geworden. Aulagniers Theorien sind

---

1 Neben Aulagnier sind das vor allem André Green, Didier Anzieu und Jacques Lacan.

äußerst abstrakt und kompliziert. Ich werde versuchen, ihre Hypothesen so anschaulich wie möglich zu beschreiben, es wird aber trotzdem sehr theoretisch bleiben. Aulagnier orientiert sich an Freuds Triebtheorie. Erste Lust- und Unlustempfindungen treiben die Entwicklung des Säuglings voran und verwandeln die Erfahrungen mit seinem Körper in Gefühlszustände. Dass der Säugling noch nichts erfassen kann, was sich außerhalb von ihm befindet, heißt aber nicht, dass er kein Primärobjekt braucht. Im Gegenteil: Die Anwesenheit eines Objekts, das eine emotionale Beziehung zum Säugling hat, ist für die Entstehung seiner Lust und seines Denkens absolut notwendig. An dieser Stelle stimmen Aulagnier und Winnicott völlig überein: Nur die emotionale Präsenz eines Objekts ermöglicht dem Säugling die Illusion, seine Körper- und Gefühlszustände selbst zu erzeugen und immer neue Wunscherfüllungen produzieren zu können. Im Originärprozess entwickeln sich sinnlich wahrgenommene Körperzonen zu erogenen Zonen mit ihren dazu passenden Befriedigungsobjekten. So hat der Säugling den Eindruck, dass sein Mund eine Brust erschafft, dass seine Ohren Töne herstellen, dass seine Augen Bilder produzieren usw. (Aulagnier, 1975, S. 45). Auf diese Weise entwickelt sich für Aulagnier auch das Denken. Eine zuerst organische Denkzone verwandelt sich durch stimulierende Empfindungen in eine erogene Denklust. Der Säugling erlebt diesen Vorgang auf seine gewohnt omnipotente Weise: Er selbst hat die passenden lustvollen Gedanken hergestellt. Diese Prozesse sind noch so archaisch, dass es nach Aulagnier falsch wäre, hier schon von »Fantasien« zu sprechen. Es sind erste, kaum darstellbare Vorstellungen über die Vereinigung einer lustvoll besetzten Zone mit einem Partialobjekt. Aulagnier nennt diese Vorstellungen »Piktogramme«. Aber was passiert, wenn die lustvollen piktografischen Vereinigungen zum ersten Mal scheitern? Hier kommt es wieder zu einer Überschneidung zwischen Winnicott und Aulagnier: Der Säugling empfindet zum ersten Mal Unlust, die auf etwas hinweist, das von ihm getrennt ist. Wenn es ihm gelingt, diese Unlust in Allmachtsfantasien umzuformen, ist die Lust gerettet. Er gelangt in den Primärprozess, und seine Denkentwicklung geht weiter. Wenn die Unlust jedoch größer ist als die Lust, wird es für die weitere Denkentwicklung gefährlich, denn an dieser Stelle finden die ersten schweren Selbstangriffe auf die denkende Zone statt. Der Säugling, der nur die extreme Unlust in seinem denkenden Bereich empfindet und noch kein Außen kennt, attackiert sich nun selbst, um den vermeintlichen Verursacher seines Leidens zu vernichten. Das Piktogramm einer guten Vereinigung kippt in sein Gegenteil und wird zum Piktogramm, in dem eine schlechte, auf extreme Weise Unlust produzierende Denkzone und schmerzliche, quälende Gedankenfragmente sich in ihrer unauflöslichen Einheit nur noch angreifen und vernichten.

Ich habe diesen Vorgang so ausführlich dargestellt, weil für Aulagnier hier die frühen Ursachen schwerer Denkstörungen liegen. Man kann sich den Vorgang vielleicht so vorstellen, dass ein hasserfüllter Denker und bösartige Gedanken sich gegenseitig vernichten wollen. Aulagnier schreibt, dass diese Hypothesen durch die besonderen Erfahrungen entstanden seien, die sie in den Gesprächen mit ihren schizophrenen Patienten gemacht habe. Beim Zuhören sei ihr aufgefallen, dass ihre Patienten einen ganz speziellen Umgang mit ihren Gedanken hatten. In ihr sei der Eindruck entstanden, als ob diese Patienten in die Nähe einer sehr archaischen Beziehung und Denkform gerieten, die nur noch aus Verschlingen und Erbrechen besteht. Sie habe dabei an einen Mund denken müssen, der Nahrung in einen anderen Mund schüttet, entweder um ihn zu ernähren oder um ihn zu ersticken. Oder auch an einen Mund, der ein Stück Nahrung oder Exkrement zurückhält, das ihn dann selbst vergiftet (ebd., S. 73). Die Gefahr und die Zerstörungskraft dieses ersten Denkens sind offensichtlich: Mit Aulagniers Hypothese lässt sich besser verstehen, warum Patienten mit schweren Denkstörungen den Vernichtungsimpuls sowohl gegen sich selbst als auch gegen ihr Objekt richten können. Es gibt keine Trennung, es existiert kein Unterschied. Wenn es dem Denkenden im Originärprozess überhaupt nicht mehr gelingt, sein Leiden zu verändern, kann der Wunsch nach einem Zustand, in dem er nichts mehr fühlen muss, übermächtig werden. Für Aulagnier zeigt sich hier der Todestrieb. Der Originärprozess begleitet im Hintergrund unser ganzes Leben. Wir können nicht wissen, ob er als erster und einziger psychischer Vorgang am Anfang des Lebens drei Stunden, drei Tage oder drei Wochen andauert, schreibt Aulagnier (Aulagnier, 2016 [2015], S. 32). Wir bilden fortwährend Piktogramme, unvorstellbar, unaussprechlich, sich unendlich wiederholend.

Auch Winnicott hatte durch seine Patienten herausgefunden, dass sehr schwere Denkstörungen, die am Anfang des Lebens entstehen, den Säugling mit Vernichtung bedrohen. Diese Denkstörungen entstehen für Winnicott, wenn der Säugling im Stadium absoluter Abhängigkeit schweren Mangel- oder Übergriffserfahrungen ausgesetzt wird. Er wird dann daran gehindert, ein Omnipotenzgefühl zu entwickeln, und ist gezwungen, auf die exzessive Störung seiner Lebenskontinuität mit exzessiver Abwehr zu reagieren. Um sein psychisches Überleben zu retten, entwickelt er eine intellektuelle Abwehr, die Winnicott »Katalogisieren« nennt. Sie besteht darin, die katastrophalen Negativerlebnisse in ihrer ursprünglichen Reihenfolge ins Gedächtnis einzuprägen und abzuspeichern. In einem klinischen Beispiel schreibt Winnicott: »Ich hatte das Gefühl, die einzige Alternative zu diesem erfolgreichen Katalogisieren sei das absolute Scheitern, hoffnungslose Verwirrung und ein geistiger Defekt« (1994 [1949],

S. 177). Da es sich um eine viel zu frühe und erzwungene intellektuelle Reaktion handelt, empfindet das Psyche-Soma des Säuglings diese Abspeicherung als eine schwere Belastung, als einen nicht-integrierbaren Fremdkörper in seinem Innern. Um psychisch zu überleben, ist der Säugling gezwungen, sich mit diesem Fremdkörper zu identifizieren. Als Erwachsener befindet er sich in einer unsäglichen Verwirrung: Das Denken, das ihn quält, ist zugleich ein Fremdkörper und ein Teil von ihm. An dieser Stelle besteht die große Gefahr, dass der Betroffene sich selbst angreift, um seinen quälenden Denkapparat loszuwerden. Auch hier stimmen Aulagnier und Winnicott überein: Das Ausagieren der frühen traumatischen Erfahrung ist lebensgefährlich und selbstzerstörerisch. Es gibt noch eine weitere Parallele zwischen den beiden Modellen: Winnicotts katalogisierendes, nur speicherndes Denken und Aulagniers originärprozesshaftes Denken können keine Erinnerungen bilden.

Wenn diese erste Lebensphase mit einem emotional zugänglichen bzw. ausreichend guten Primärobjekt ohne Katastrophe stattfinden konnte, verändern sich die Gefährdungen. Nun wird nicht mehr die Denkfähigkeit an sich beschädigt; es ist der Gebrauch des Denkens, der durch verschiedene Abwehrprozesse verzerrt und verändert werden kann. Ich streife kurz den Bereich neurotischer Denkhemmungen, dem Aulagnier einen interessanten Aspekt hinzugefügt hat. Der Säugling befindet sich nun im Primärprozess. Er hat entdecken müssen, dass sein Objekt nicht immer anwesend ist. Er produziert Fantasien, in denen er die Vereinigung wiederherstellt. Beim Fantasieren ist er zugleich Zuschauer und Teil von Szenen, in denen es zu lustvollen Vereinigungen kommt. Und so wie die Vereinigung von Körpern und Körperteilen in der Fantasie Lust produziert, ist auch die Vereinigung von Denken und Gedanken lustvoll. An dieser Stelle fügt Aulagnier ein Element hinzu, dass das Fantasieren komplizierter macht: Fantasien können nämlich nur dann als lustvoll empfunden werden, wenn es zwei Fantasieobjekte gibt und der Fantasierende die Lust seines Primärobjekts als Teil der Fantasie oder als deren Zuschauer mitfantasieren kann. Übertragen wird diese Hypothese nun auf den Vorgang des Denkens im Primärprozess. Denken kann also nur dann als lustvoll erlebt werden, wenn die Psyche fantasiert, dass ihr Objekt die Vereinigung von Denken und Gedanken wünscht oder an der Denklust teilnimmt. Einfacher formuliert: Die Denklust des Fantasierenden hängt vom Begehren seines Objekts ab. Entscheidend für unser Thema ist, was passiert, wenn der Säugling Unlust empfindet und daraus die Fantasie entwickelt, dass sein Objekt seine Denkfantasien ablehnt und verbietet. Die Folgen eines solchen Verbots können nach Aulagnier gravierend sein. Die Ablehnung seiner lustvollen Fantasien durch das Objekt wird vom Säugling als Verbot sexueller Neugier erlebt. Statt erste sexuelle Theorien über die eigene Herkunft und das Verhältnis zu seinen Objekten zu bilden, verdrängt der Säugling nun seine Fantasien und entwickelt eine Denkhemmung.

Winnicott macht einen großen Bogen um die Freud'sche Terminologie, die Unterscheidung von Denkkomplikationen im Primär- oder Sekundärprozess kommt bei ihm so nicht vor. Für Winnicott entsteht Denken als die persönliche Methode eines Säuglings, auf das begrenzte Versagen seines Objekts zu reagieren. Die anstehende Denkarbeit, die der Säugling leisten muss, hängt von seinem Primärobjekt ab. Das erklärt für ihn die sehr großen Unterschiede im Denken zwischen den einzelnen Menschen. Ein angstgetriebener Säugling kann nach Winnicott eine sehr ausgeprägte Intelligenz entwickeln, um seine Situation zu bewältigen. Wenn die Bedrohungssituation nicht mehr besteht, kann er seine Abwehr aufgeben und in seinem intellektuellen Funktionieren nachlassen. Wenn die Umgebung gut genug ist, kann der Säugling das notwendige Versagen seines Objekts für seine weitere Denkentwicklung nutzen. Die wesentliche Gefährdung besteht darin, wenn das Objekt nicht gut genug ist. Dann erscheint das eigene Denken dem Säugling sicherer und zuverlässiger als sein Objekt. In einer solchen Situation hat er nicht länger die Freiheit, sein Denken für seine Entwicklung zu gebrauchen. Er ist nun gezwungen, sein Denken als Abwehrmaßnahme gegen das Objektversagen einzusetzen. Er muss sich mit seinem Denken selbst Halt geben und für sich sorgen, er muss sein Denken als Ersatzobjekt verwenden. Die Psyche des Säuglings verliert durch diesen Vorgang ihre Einheit mit dem Körper. Sie wird abgespalten und bildet nun eine neue pathologische Einheit mit dem Intellekt. Das drohende Chaos hinter der abgespaltenen Intellekt-Psyche bleibt dabei verborgen. Um zu überleben, passt der Säugling sich seinem unzulänglichen Objekt an. Bei manchen Menschen kann das abgespaltene Denken ausgezeichnet funktionieren. Sie entwickeln einen Intellekt, der keinen Kontakt mehr mit ihrem Psyche-Soma hat. Ohne Verbindung zu ihrem Psyche-Soma fehlen ihnen jedoch die grundlegenden Strukturen für ihre Weiterentwicklung. Sie können keine Erfahrungen machen. Der abgespaltene Intellekt kann dann sehr klug über Weisheit reden, er kann aber nicht weise werden. Das Denken führt sein eigenes Leben.

Das sprachliche Denken im Sekundärprozess ist für Aulagnier ein hart errungener Freiheitsakt. Ohne eigenes Denken kann ein Ich nicht funktionieren und muss sich dem Willen eines Anderen unterwerfen, der seine Wünsche bestimmt und verwaltet. Ohne die Entdeckung, im Geheimen denken und das Objekt anlügen zu können, wäre das Kind gezwungen, einen großen Teil seiner Gedanken und bewussten Fantasien zu verdrängen. Seine Gedankenwelt müsste verarmen, seine Denkaktivität würde gebremst, sein Wisstrieb würde verkümmern. Der Wisstrieb ist für Aulagnier eine Lust auf Wahrheit und Erkenntnis. Der Eindruck, wahre Erkenntnis erlangt zu haben, kommt beim denkenden Ich in den Augenblicken zustande, wenn sein Denken und seine Gedanken übereinstimmen. Diese Einheit ist aber nur für kurze Momente möglich, bevor schon der nächste Zweifel auftaucht und das angestrebte Ziel, die Wahrheit zu finden, wieder in die Zukunft verschiebt. Zu einer Überbesetzung des Denkens kommt es für Aulagnier, wenn das kleine Kind zu früh entdecken muss, dass es von seinem Objekt getäuscht oder angelogen wird. Zu einem Zeitpunkt seiner Entwicklung, in dem sein Denken noch aus Fantasien besteht, muss es einen vorzeitigen Sekundärprozess aktivieren, um zwischen wahr und falsch zu unterscheiden. Sein heftiger Wunsch, die Wahrheit zu erfahren, führt dann leicht dazu, dass das eigene Denken sehr hoch besetzt wird. Wenn das Denken jedoch zu schmerzhaft wird und den Denkenden mit einer Welt konfrontiert, die er als feindlich und sinnlos erlebt, kann er versuchen, in wahnhaftes Denken zu fliehen oder bestimmte Bereiche seines Denkens auszulöschen. Wahnhaftes Denken entsteht für Aulagnier, wenn das Kind in seinem Familiensystem keine Antworten auf die Fragen nach seinem Ursprung und seiner Position in der Generationenordnung findet. Das Kind ist dann mit einer Leere konfrontiert, die es mit seiner Wahnkonstruktion füllt (Troisier, 1998, S. 53). Es erschafft sich Theorien, die seinem Ich ermöglichen, sich zu definieren und zu erhalten. Der Wahn erfüllt dann eine notwendige Abwehrfunktion, die das Ich davon abhält, sich völlig aufgeben zu müssen oder auf das Denken im Originärprozess zurückgeworfen zu werden. Im Unterschied zum wahnhaften Denken betreffen Denkverbote nur einzelne Stellen im denkenden Ich, wo auf keinen Fall gedacht werden darf. Es ist, als ob an diesen Stellen ein Gedanke ausradiert wurde. Stößt das Ich beim Denken an eine solche gefährliche Stelle, muss es sofort fliehen. Eine dritte Fluchtmöglichkeit bietet das entfremdete Denken. Es löscht das Denken nicht aus, verzichtet aber auf die eigene Denkaktivität. Um Zweifeln, Konflikten und Ungewissheiten auszuweichen, beschränkt es sich auf das Wiederholen bekannter und vorgegebener Gedanken.

Während ich bisher auf die vielen Gemeinsamkeiten eingegangen bin, möchte ich nun aber auch auf die sehr großen Unterschiede zwischen Winnicott und Aulagnier hinweisen. Man könnte sogar sagen, dass sie auf eine gewisse Weise Gegenpole bilden. Winnicott, bei dem sich das Wesentliche des Denkens zwischen den verschiedenen Denkformen abspielt, in Übergangsräumen, irgendwo zwischen Anwesenheit und Abwesenheit – ein Niemandsland, in dem Verbindungs- und Trennungsbeziehungen koexistieren, schreiben Green und Donnet (1973, S. 285). Rein sekundärprozesshaftes Denken ist für Winnicott schon ein Abwehrprozess, abgespaltener Intellekt. Im Gegensatz dazu positioniert sich Aulagnier, bei der die Denkformen nur innerhalb ihrer eigenen Logik funktionieren. Es sind drei unterschiedliche psychische Sprachen, drei Denkformen, die aufeinander aufbauen und gleichzeitig stattfinden. Es gibt jedoch kein Zusammenspiel der Denkprozesse. Der Originärprozess funktioniert im Verborgenen, Primär- und Sekundärprozess können zwar Übersetzungen bilden und Kompromisse finden, doch Verbindungen oder Übergänge zwischen den beiden Denkprozessen, aus denen etwas Neues hervorgeht, kommen bei ihr nicht vor. Schöpferische Wechselbeziehungen gibt es höchstens innerhalb des Sekundärprozesses, zwischen dem denkenden Ich und seiner Kultur.

In der psychoanalytischen Praxis haben Psychoanalytiker immer mit dem Zusammenwirken ihres eigenen Denkens und dem Denken ihrer Patienten zu tun. Denken findet in Übertragungs- und Gegenübertragungssituationen statt. Und so kann der Psychoanalytiker, der während der Stunde merkt, dass er nicht mehr richtig denken kann, in eine bedrohliche Verwirrung geraten. Woher kommt der Denkausfall? Ist es ein Angriff von außen, kommt er von innen? Bei Aulagnier kann die Denkunfähigkeit des Analytikers darauf hinweisen, dass gerade originärprozesshafte Vorgänge zwischen ihm und seinem psychotischen Patienten hervorbrechen. Da es im Originärprozess keine Trennung zwischen Innen und Außen gibt, spürt der Analytiker die drohende Denkzerstörung in sich. Aulagnier beschreibt diese Erfahrung folgendermaßen:

> »Während der Patient spricht, setzt ganz plötzlich eine totale Stille ein. Sein Gesichtsausdruck ändert sich, friert ein […]. Genauso besonders ist die Reaktion, die durch dieses Phänomen im Analytiker ausgelöst wird, oder zumindest bei mir, in meiner Psyche. […] Ich kann diese Erfahrung nicht anders beschreiben als das Gefühl, dass ein Urteil über meine Nicht-Existenz gefällt wurde. […] Um zu erklären, was ich mit ›Urteil der Nicht-Existenz‹ meine, fällt mir ein Begriff ein, den ich aus Orwells *1984* übernehme: Wir werden zu einer Unperson« (Aulagnier, 2010 [1985], S. 739f.; Übersetzung M. F.).

Es handle sich dabei nur um kurze Momente. Manchmal gelinge es dem Analytiker, durch Worte, Gesten oder sein Verhalten in die Sinnenwelt des Patienten einzudringen und ihn dazu zu bringen, die Anwesenheit von etwas oder jemand anderem im Raum anzuerkennen. Es könne aber auch passieren, dass ein solcher Moment den Übergang in einen Wahnzustand einleite, in dem der Kontakt zwischen Analytiker und Patient vorübergehend zusammenbricht. Nur in solchen Augenblicken des Zusammenbruchs, des Scheiterns, lässt sich erkennen, wie prekär und fragil die Voraussetzungen des Denkens sind. Normalerweise bleiben diese Prozesse, die in uns allen stattfinden, um unsere Denkfähigkeit zu erhalten, im Dunkeln, schreibt Aulagnier.

Winnicott war aufgefallen, dass Patienten den Angreifer auf ihr Denken oft in ihrem Kopf lokalisieren. Wenn der erwachsene Patient das quälende Denken in seinem Kopf loswerden möchte, spürt er den starken Impuls, sich selbst anzugreifen und zu vernichten. Der Vorgang ist sehr gefährlich und kann zur Zerstörung des eigenen Gehirns oder zu einem Suizid führen. In einer Psychoanalyse, in der der Analytiker sich aktiv an die Bedürfnisse des Patienten anpasst, kann dieser das Wagnis der Regression eingehen und bis zu der als traumatisch erlebten Vernichtungsdrohung zurückgehen. In dieser Situation, so Winnicott, muss der Analytiker in der Lage sein, den Patienten am Leben zu halten, damit dieser die Vernichtungsdrohung noch einmal, ohne Abwehr, durchleben kann. Die Kontrolle, die in der traumatischen Erfahrung vom katalogisierenden Intellekt übernommen worden war, kann nun an den Analytiker abgegeben werden. Aus dem Wiedererleben der psychosomatischen Abhängigkeit kann sich allmählich eine Psyche bilden, die nicht länger als Intellekt-Psyche abgespalten und missbraucht werden muss. Die britische Psychoanalytikerin Margaret Little hat über ihre Analyse bei Winnicott geschrieben. Sie sei damals in einem Borderline-Zustand mit psychotischen Ängsten gewesen. Ihr Zerstörungsimpuls habe sich sowohl gegen sie selbst als auch gegen Winnicott gerichtet. Sie schreibt:

> »In einer Sitzung während der Anfangsphase war ich völlig verzweifelt, weil ich glaubte, Winnicott nie dahin bringen zu können, irgendetwas zu verstehen. Ich lief im Zimmer herum und suchte nach einem Ausweg. Ich dachte daran, mich aus dem Fenster zu stürzen, hatte aber das Gefühl, dass er mich daran hindern würde. Dann kam mir die Idee, alle seine Bücher hinauszuwerfen, aber schließlich stürzte ich mich auf ein große, mit weißem Flieder gefüllte Vase, schlug sie entzwei und trampelte auf den Scherben herum. Wie der Blitz hatte er das Zimmer verlassen, kam aber am Ende der Stunde wieder herein« (Little, 1990, S. 37).

Little berichtet, dass die Vase samt Flieder am nächsten Tag durch eine exakte Replik ersetzt war, und Winnicott ihr einige Tage später sagte, dass sie etwas zerstört habe, was für ihn von persönlichem Wert gewesen sei. Einmal, als es so aussah, als würde sie wütend aus dem Zimmer rennen und mit ihrem Auto wegfahren, was in der Situation lebensgefährlich gewesen wäre, nahm er ihr bis zum Ende der Stunde ihre Autoschlüssel ab und ermöglichte ihr danach, in einem anderen Raum liegen zu bleiben, bis sie wieder in Sicherheit war.

Ich komme nun zum entfremdeten Denken: Auch wenn Winnicott nicht explizit über das entfremdete Denken geschrieben hat, vermute ich, dass für ihn ein Denken, das den Kontakt zum Primärprozess verloren hat und sich auf die Logik des Sekundärprozesses beschränkt, schon eine Form von entfremdetem Denken darstellt. Aulagnier hat sich sehr intensiv mit dem entfremdeten Denken befasst. Sie beschreibt es als einen Vorgang, durch den potenziell konflikthafte Denkprozesse auf einen konfliktfreien Zustand reduziert werden. Das eigene Denken wird durch das Denken eines Anderen ersetzt. Das Denken des Anderen gilt als überlegen, sodass Abweichungen und Unterschiede unbedingt vermieden werden müssen. Der französische Psychoanalytiker René Kaës (2007, S. 487) nennt das in einem Aufsatz über Aulagnier den »Wunsch nach Selbstentfremdung«. Der Wunsch nach sicheren Gewissheiten ist in diesem Fall so groß, dass auf die eigene Denkaktivität verzichtet wird, um Zweifeln aus dem Weg zu gehen. Gefährliche Gedanken werden einfach nicht mehr gedacht. Entfremdetes Denken ist für Aulagnier ideologisches Denken. Die Wirklichkeit wird durch Realitätsdefinitionen ersetzt, denen sich der der Entfremdete unterwirft. Das ist gar nicht so einfach, schreibt Kaës, weil gleichzeitig bestimmte Regeln beachtet werden müssen, die verhindern sollen, dass die Entfremdung gedacht werden kann. In Orwells *1984* muss Winston diese Technik im Gefängnis üben, und er stellt fest, dass es eine starke Denk- und Improvisationsleistung erfordert, die Selbsttäuschungen nicht mehr zu bemerken. Orwell (2021 [1949], S. 342) schreibt: »Es bedurfte einer Art Sportlichkeit des Geistes, im einen Moment die feinste Logik anzuwenden und im nächsten die gröbsten Irrtümer zu übersehen.« Für Aulagnier ist das entfremdete Denken eine Regression und bedeutet die Wiederkehr einer Entwicklungsphase, in der alles, was das geliebte Objekt sagte, als wahr und gut galt. Im ideologischen Denken wird einem Wissen zugleich Wahrheit zugeschrieben. Die kurzen Augenblicke der Denkbefriedigung, wenn Denken und Gedachtes übereinstimmen und einen Wahrheitseffekt produzieren, sollen andauern und nicht mehr durch Zweifel und neue Fragen zerstört werden. Der Besitz der Wahrheit soll weiteres Denken überflüssig machen. Vermeintlich feststehende Wahrheiten und Erkenntnisse immer wieder neu zu hinterfragen, ist ein grundlegendes Element psychoanalytischen Denkens. Gerade noch hatten der Psychoanalytiker und der Patient das Gefühl einer Erkenntnis, da taucht in der folgenden Stunde eine neue Fantasie oder ein neuer Gedanke auf und fordert das Weiterdenken ein. Wie wichtig die Fähigkeit zu einem Denken ist, das Zweifel und Ungewissheiten zulässt und aushält, wurde von verschiedenen Psychoanalytikern hervorgehoben. Freud nannte es »gleichschwebende Aufmerksamkeit«. Das bekannte Wissen soll durch diese Haltung in den Hintergrund treten, damit ein unbekanntes und anderes Wissen auftauchen kann. Bion griff eine Formulierung des Dichters John Keats auf, um zu beschreiben, was er unter der Haltung des Nichtwissens verstand. Keats hatte die Fähigkeit eines Menschen, Ungewissheit, Mysterien und Zweifel zu ertragen, als »negative Fähigkeit« bezeichnet.

Ich möchte dieser psychoanalytischen Haltung des Nichtwissens einen Aspekt hinzufügen, den Kaës »Vertrauen in den eigenen Denkapparat« nennt. Kaës (2007, S. 484) schreibt: »Die Erfahrung, seinem eigenen Denkapparat vertrauen zu können, ist ein notwendiger Vorgang für die Erfahrung eines Denkens zu mehreren; nur unter der Bedingung dieses Vertrauens kann man sich auf die von den Anderen kommenden Gedanken verlassen.« Vertrauen in das eigene Denken bedeutet für Kaës, Gedanken der eigenen Innenwelt in den unbekannten und potenziell gefährlichen Raum mit anderen zu bringen. Es bedeutet, auszuhalten, dass die anderen diese Innenwelt ignorieren oder angreifen, sie aber auch mit neuen Gedanken versehen und bereichern können. Die Kombination von Nichtwissen und zugleich Vertrauen in den eigenen Denkapparat scheint mir eine sehr gute Grundlage für unser psychoanalytisches Denken zu sein.

Literatur

Aulagnier, P. (1975). *La violence de l' interprétation.* Presses Universitaires de France.

Aulagnier, P. (2010 [1985]). Retreat into hallucination: An equivalent of the autistic retreat? In D. Birksted-Breen, S. Flanders & A. Gibeault (Hrsg.), *Reading French Psychoanalysis* (S. 738–751). Routledge.

Aulagnier, P. (2016 [2015]). Geburt eines Körpers, Ursprung einer Geschichte. In A. Mauss-Hanke (Hrsg.), *Internationale Psychoanalyse. Band 11: Erregungen* (S. 15–52). Psychosozial-Verlag.

Feurer, M. (2011). *Psychoanalytische Theorien des Denkens.* Königshausen & Neumann.

Feurer, M. (2015). Die Kunst, zu finden, was man nicht schon weiß. *Projekt Psychotherapie, 4/2015,* 18–20.

Green, A. & Donnet, J.-L. (1973). *L énfant de Ça.* Les Editions de Minuit.

Kaës, R. (2007). Intersubjektivität: eine Basis des psychischen Lebens. Fundstellen im Denken von Piera Aulagnier. *Zeitschrift für psychoanalytische Theorie und Praxis, 22*(4), 462–493.

Little, M. (1990). Psychotherapie bei Donald W. Winnicott. In dies. (Hrsg.), *Die Analyse psychotischer Ängste. Zwei unorthodoxe Fallgeschichten* (S. 35–59). Klett-Cotta.

Orwell, G. (2021 [1949]). *1984.* Insel.

Troisier, H. (1998). *Piera Aulagnier.* Presses Universitaires de France.

Winnicott, D.W. (1994 [1949]). Die Beziehung zwischen dem Geist und dem Leibseelischen. In ders., *Von der Kinderheilkunde zur Psychoanalyse* (S. 165–182). S. Fischer.

Die Autorin

Martina Feurer ist Psychoanalytikerin (DPV, IPA) in eigener Praxis in Freiburg. Sie ist Dozentin und Supervisorin am Psychoanalytischen Seminar Freiburg.

Kontakt per E-Mail: Martina.Feurer@t-online.de

Über das Reale als analytisches Ereignis

Lutz Goetzmann

Das Modell der psychischen Funktionsweise

Wenn ich über das Reale und das Ereignis spreche, möchte ich zunächst ein Modell vorstellen, das einige analytische Grundgedanken miteinander verknüpft. Dieser Vorspann ist mir wichtig, um den Einbruch des Realen in der Gestalt eines analytischen Ereignisses begrifflich besser fassen zu können. Insofern werde ich zunächst das analytische, in unserem Fall gleichsam phlegräische, d. h. hochexplosive Feld abstecken, einschließlich seines Bezugs zur Ereignisphilosophie des Philosophen Alain Badiou. Die klinische Grundidee ist, dass wir den Einbruch des Realen in die Lacan'schen Register des Wissens tatsächlich als ein »Ereignis« verstehen, dessen Effekt sich mit der Metapher des *thinking under fire* sehr zutreffend beschreiben lässt (Bion, 2014 [1973]). Das ist also die Idee, auf die ich hinausmöchte: Ich werde beschreiben, wie der Einbruch des Realen – mit anderen Worten: des Traumatischen – auf unsere psychische Organisation wirkt, und wie wir damit umgehen können.

Die wichtigsten Begriffe

Ich gehe von den drei Registern des Seelischen aus, die Jacques Lacan (z. B. 2012 [1974–1975]) im Borromäischen Knoten miteinander verknüpft hat:

1. Da ist zunächst das *Reale* (R), das nicht-repräsentiert bzw. unbestimmt ist, dann
2. das *Imaginäre* (I), welches das Bildhafte, aber auch in einem etwas erweiterten Sinne, so sei ergänzt, die Geräusche, den Klang der Stimme, das Gemurmel und die Seufzer, dann die Gerüche, den Geschmack, die Gefühle und das körperliche Berührtsein umfasst und damit auch die Ganzheit, das Runde, die narzisstische Vollkommenheit impliziert.

3. Schließlich haben wir das *Symbolische* (S), d. h. das Diskursiv-Sprachliche, aber im weiteren Sinne auch das Gesetz und die sprachlicherseits implizierte Struktur.

Ich gehe hier in zwei Punkten über Lacan hinaus, indem ich *erstens* die Gefühle klar dem Register des Imaginären hinzufüge: Die einfachste, körpernahe Form der Gefühle sind der Hunger, der Durst, die Schläfrigkeit usw. – komplexere Gefühle sind Neid, Schuld, Scham, auch das Glück, die Liebe und der Hass (Solms, 2021, S. 96, 114). Gefühle sind – im Gegensatz zu unbewussten »Emotionen«, die in neurobiologisch unreiferen Gehirnabschnitten generiert werden – immer bewusst. Es kann der Kontext unbewusst sein, und unerträgliche Gefühle können sekundär abgewehrt, z. B. dissoziiert werden. Aber zunächst einmal sind Gefühle bewusst. Als ihre evolutionäre Funktion gilt die Bewertung einer inneren oder äußeren Erfahrung, d. h. ob diese angenehm oder unangenehm, lustvoll oder unlustvoll ist. Abbildung 1 zeigt den Borromäischen Knoten mit der Ergänzung des Atmosphärischen.

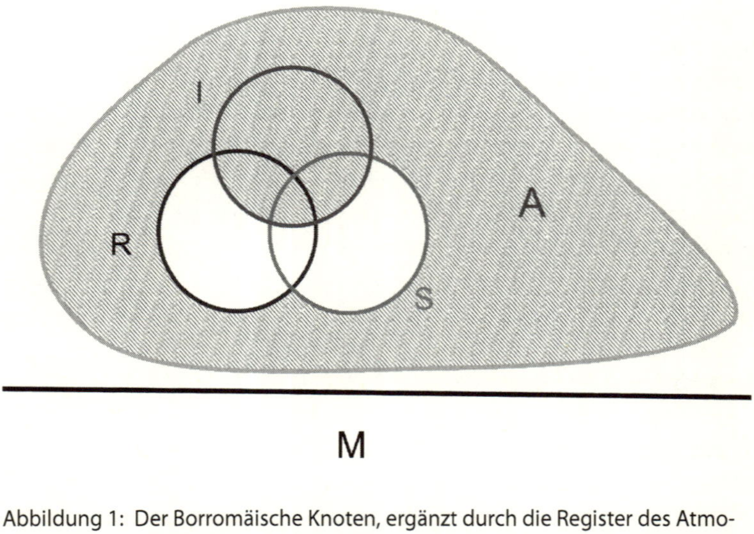

Abbildung 1: Der Borromäische Knoten, ergänzt durch die Register des Atmosphärischen und der Materie. *Legende:* R = das Reale (das Nicht-Repräsentierte), S = das Symbolische (Sprache, Struktur, Gesetz), I = das Imaginäre (Bild, Geräusch, Geruch, Geschmack, Gefühl; imaginäre Ganzheit), A = Atmosphäre (räumlich und zeitlich definierte Gefühle), M = Materie (Körper, Natur); *schraffiert:* das Phänomenale (bewusst, aber noch nicht sprachlich bestimmt, sowohl das Imaginäre wie das Atmosphärische betreffend).

Der Kieler Phänomenologe Hermann Schmitz (2014, S. 30) beschreibt Gefühle als »räumlich ergossene Atmosphären«, die über die Körpergrenzen hinausreichen. Im Grunde sind Gefühle damit bewusste Gedanken, die eine räumlich und zeitlich definierte *Atmosphär*e herstellen, in welcher der Borromäische Knoten gleichsam eingebettet ist. Die Vorstellung einer Atmosphäre bildet die *zweite* Ergänzung zum Lacan'schen Modell des Borromäischen Knotens. Die *Phänomenalität* ist ein weiterer Begriff, ohne den das Geistige sich nicht denken lässt. Ein Phänomen ist – in der Tradition der griechischen Philosophie – eine »Erscheinung«.[1] Phänomenalität ist ein vorsprachliches Erleben (Demmerling, 2021). Insofern sind phänomenale Gefühle zwar bereits präsente, aber zunächst noch vor-sprachliche Gedanken, d. h., sie zeigen sich zunächst in einer nicht-sprachlichen Gestalt. Alles Imaginären und Atmosphärische ist – solange es als nicht-sprachlich imponiert – phänomenaler Natur. Die phänomenale Welt entsteht also in der Transitionszone vom Realem zum Symbolischen. Genau an dieser phänomenalen Bruchstelle findet, wie wir sehen werden, auch das analytische Ereignis statt, welches das Denken unter Feuer nehmen kann.

Hier sei ein (weiterer) Ausflug in die Philosophie erlaubt, der sich mit der Körper-Geist-Problematik beschäftigt. Dieser Ausflug ist deswegen essenziell, weil wir damit konzeptuell die Materie in das psychoanalytische Denken einführen. Ich greife hier eine Überlegung Hegels (2016 [1830], S. 102) auf. Dieser unterscheidet in der *Enzyklopädie der philosophischen Wissenschaften* zwischen *Idee* und *Materie*, die lediglich zwei Seiten derselben Münze bzw. Substanz sind: Diese solchermaßen konzeptualisierte Substanz, also die Münze, umfasst sowohl das Ideelle, d. h. das Immaterielle: die Seele und den Geist, wie auch das Materielle, d. h. die Materie, die Natur, den Körper. Hegel sagt: »Die Seele ist nicht nur für sich immateriell, sondern die allgemeine Immaterialität der Natur, deren einfaches ideelles Leben« (ebd., S. 43, §389). Die Seele ist die immaterielle Seite der Materie. Der Körper ist die materielle Seite der

1 Der Begriff »Phänomen« lässt sich vom griechischen *phainein*, »erscheinen«, »sichtbar werden« ableiten, welches aus dem Wort *phôs* (»Licht«) hervorgegangen ist. Der Ausdruck bezeichnet dasjenige, was unserem Bewusstsein erscheint bzw. diesem gegeben ist. In einem entsprechenden lexikalischen Eintrag heißt es: »Im Gegensatz zu Platon, der es ablehnt, die Wissenschaft auf die Beobachtung der wahrnehmbaren Welt zu gründen – für ihn sind die Naturerscheinungen nur eine Quelle der Illusionen –, meint Aristoteles, man ›müsse die Phänomene retten‹ vor den Auswüchsen der Abstraktion, die die Wissenschaft von der realen Welt abschneiden« (https://www.philomag.de/lexikon/phaenomen).

Seele. Das Immaterielle verfügt natürlich über mehrere Register, nämlich über das Reale, das Imaginäre, das Symbolische sowie das Atmosphärische. Hegel spricht übrigens – im Zusammenhang mit der »Seele«, also mit einer tieferen Schicht des subjektiven Geistes – von unbewussten »Empfindungen«, die ich hier dem Realen zuordne. Dies bedeutet, dass die reale Empfindung zur ideellen Seite der Materie gehört, d.h. zur ideellen Seite des Körpers und seinen verschiedenen Erregungsformen, die durch Hormone, durch Mineralienströme oder Neuropeptide vermittelt werden. Wie Abbildung 1 zeigt, setzt sich unsere Substanz also einerseits aus der Materie (M) und andererseits aus dem Ideellen, d.h. dem Realen (R), dem Imaginären (I) und Symbolischen (S) sowie dem Atmosphärischen (A) zusammen. Die schraffierten Abschnitte des Imaginären und der Atmosphäre können phänomenal, also sprachlich unbestimmt, oder nicht-phänomenal, also sprachlich bestimmt, sein. Man kann diese epistemologischen Vorstellungen in einem nächsten Schritt mit Laplanches (2004, 2017 [2007], etwa S. 89ff.) »anthropologischer Grundsituation« verbinden. Laplanche spricht hier von Botschaften, die dem Kind vom Anderen bzw. von den Anderen mitgeteilt werden. Für das Kind wirkt diese Botschaft aus verschiedenen Gründen, auch wegen der vor- oder unbewussten Herkunft, rätselhaft, insbesondere wenn es sich um sexuell konnotierte Inhalte handelt. Zunächst sind diese Botschaften in der kindlichen Psyche wie »eingeritzt«: Sie sind wie Kratzer, wie eine unsichtbare, nicht-repräsentierte und in diesem Sinne reale Kerbe. Der Ort dieser Einritzung oder Implantation ist das »eingeschlossene Unbewusste«. Dessen Gehalt ist nicht oder noch nicht repräsentiert: Er ist »real«. Die Botschaft löst im Unbewussten des Kindes »reale Empfindungen« aus. Einige Botschaften mögen für das Kind direkt übersetzbar sein, andere kann das Kind erst später, wenn es reif genug ist, in eine eigene Sprache übersetzen. Wenn Empfindungen aus dem eingeschlossenen Unbewussten in symbolisch-imaginäre Gedanken übersetzt werden, können diese Gedanken entweder bewusst werden und bewusst bleiben – oder sie werden erneut verdrängt. Insofern glaube ich, dass es zwei Qualitäten des Unbewussten gibt, eine reale und eine imaginär-symbolische: Es gibt das Unbewusste des Realen und Nicht-Repräsentierten, und es gibt das Unbewusste der verdrängten Bilder und Wörter. Es ist aber auch möglich, dass bestimmte, z.B. traumatische Empfindungen, im realen Unbewussten eingeschlossen bleiben, und irgendwann, urplötzlich, wie eine seismische Katastrophe, in das Bewusstsein bzw. in die Register des phänomenalen Wissens einbrechen. Wir könnten den Effekt, den das Reale auf diese phänomenalen Register hat, als »phänoreal« bezeichnen, wie Abbildung 2 zeigt.

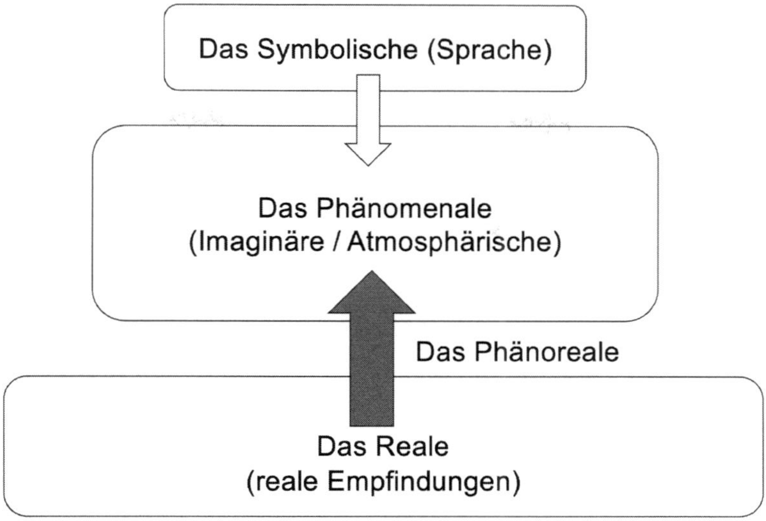

Abbildung 2: Das Phänoreale in der Entwicklung des Phänomenalen und Symbolischen

Das *Phänoreale* ist also der Effekt des Realen auf das Phänomenale, im Sinne einer transformativen Übersetzung oder eines ereignishaften Einbruchs. Insofern wird die reale Empfindung

1. durch die Vermittlung des Phänorealen symbolisch bestimmt und eventuell verdrängt, oder
2. sie entzieht sich als Rest bzw. Überschuss dieser Vermittlung und damit jeder Bestimmbarkeit, oder
3. sie bricht irgendwann in die Register des Wissens ein und bringt das Denken entsprechend durcheinander.

Mit Freud lässt sich ja zwischen *unerträglichen* und *unverträglichen* Vorstellungen unterscheiden (Turnheim, 1993, S. 28f.). Man kann sagen: *Unerträgliche Empfindungen* sind nicht übersetzbar, sie verbleiben in der Enklave des Realen und werden vom Bewusstsein abgestoßen, bis sie irgendwann ins Phänomenale einbrechen. Mit den Vorstellungen des Überichs *unverträgliche Gedanken* werden hingegen in das imaginär-symbolische Unbewusste verdrängt. Bion (1992 [1962]) wiederum unterscheidet bekannterweise zwischen Alpha- und Beta-Elementen: Alpha-Elemente dienen als Grundlage von bildhaften und sprachlichen Gedanken. Sie sind transformierbar. Beta-Elemente lassen sich hingegen nicht transformieren (wie

Lacans Objekt a). Sie versammeln sich auf einem »Beta-Schirm« oder werden in den eigenen Körper oder in die Welt des Anderen ausgestoßen. Die Enklave des realen Unbewussten umfasst also sowohl übersetzbare Alpha-Empfindungen wie nicht-übersetzbare Beta-Empfindungen in Form eines »nie aufgehenden Rests« (Žižek, 1996, S. 76). Alpha-Gedanken vermögen entweder direkt ins Bewusstsein zu dringen, oder sie werden – wie gesagt – unter dem Einfluss des »Überichs« verdrängt (Laplanche, 2004). Diese Verdrängungsleistung schafft ein Unbewusstes, das eben nicht real, sondern imaginär-symbolisch verfasst ist. Es besteht aus Bildern und Wörtern, und seine Inhalte können als Träume, Versprecher, symbolische Körpersymptome, als Familienromane oder Fehlhandlungen ins Bewusstsein des Subjekts gelangen. Abbildung 3 zeigt im Überblick das entsprechende Allgemeine Modell der psychischen Funktionsweise.

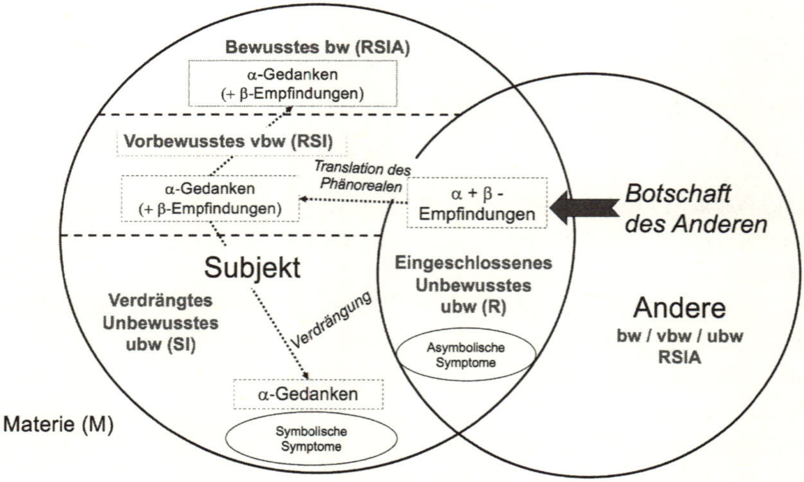

Abbildung 3: Allgemeines Modell der Psychischen Funktionsweise

Damit hätten wir die wichtigsten Begriffe definiert. Ich werde nun versuchen, Alain Badious Ereignisphilosophie für unsere psychoanalytische Klinik nutzbar zu machen.

Vielheit, Zählung-als-Eins, Situation

Wenn ich mich auf Alain Badiou beziehe, vor allem auf eines seiner Hauptwerke (*Das Sein und das Ereignis*, 2016 [1988]), so tue ich das deswegen, weil dieser sich als zeitgenössischer Philosoph mit dem Einbruch des Realen, des Unbestimmten, Nicht-Repräsentierten intensiv beschäftigt. Diesen Einbruch bezeichnet er als »Ereignis«. Badiou denkt die Wirklichkeit als das Viele, d. h. als die Vielheit ohne die Eins – d. h. ohne Vorstellungen eines Einen, Allmächtigen, ohne die Vorstellung einer alles umfassenden, gewissermaßen theologisch oder parmenidisch begründeten Einheit. Aus dieser Perspektive der Vielheit existiert die Eins nur als Ergebnis einer mathematischen Rechenoperation. Es gibt die Eins, wie Badiou (ebd., S. 38) sagt, nur als »Zählung-als-Eins«. Die Präsentation bzw. Repräsentation (bei einer weiteren Strukturierung der Präsentation) ist dann das Auftauchen einer Vielheit, die sich aus verschiedenen Elementen – in unserem Fall: aus der Vielheit von Gedanken – zusammensetzt. Das Feld, in welchem diese Elemente auftauchen, nennt Badiou eine »Situation«. Erst die Zählung der Elemente – also unserer Gedanken –, etwa im Rahmen eines Auftauchens von Gefühlen und deren Versprachlichung, ermöglicht eine Präsentation bzw. Repräsentation (ebd.). Badiou (ebd., S. 39) unterscheidet zwischen einer »inkonsistenten«, d. h. nicht-gezählten und nicht-präsentierten Vielheit, und einer »konsistenten« Vielheit, deren Elemente gezählt, re-präsentiert und situativ erfasst sind. Die inkonsistente Vielheit ist das Reale.

Für uns ist es wichtig, dass sich das »Davor«, d. h. das Reale, nur mithilfe einer rückwirkenden Zählung präsentieren lässt: Badiou (ebd., S. 69) bezeichnet dieses inkonsistente »Davor« als »reine Vielheit«. Die Enklave des realen Unbewussten umfasst also die reine und inkonsistente Vielheit. Das Reale ist die reine Vielheit. Wir tragen die reine, inkonsistente Vielheit des Realen ins uns. Die Enklave des realen Unbewussten enthält damit, weil eben nichts davon gefühlt, imaginiert oder symbolisiert ist, lediglich eine »Vielheit von nichts«. Obwohl sie existiert, ist sie für uns nicht-existent. Das reale Unbewusste bildet erst dann eine Situation, die (re-)präsentiert ist, wenn die Vielheit der Empfindungen rückwirkend, d. h. durch die jeweilige Zählung-als-Eins als Gefühl, Bild oder Wort, lesbar wird. Die »Präsentation-an-sich« aber ist das »Nichts« – im Sinne eines »Nichts-Sein« – ganz im Gegensatz zum »Nicht-Sein« (ebd., S. 40, 70). Es gibt zwar das Reale, aber es ist nichts. Es ist die Leere, es ist das Loch. Wenn wir vom »Realen« sprechen, ist dieses Wort immer nur ein semantischer Platzhalter für das komplett Unbestimmte.

Der Rand und das Ereignis

Wir können also überhaupt nicht sagen, ob es die Leere tatsächlich gibt, und wo diese Leere genau umherschweift. Selbst wenn das Reale einbricht, besteht keine Möglichkeit, die unmittelbare Konfrontation mit dieser Leere in Gefühle, Bilder, Töne, Gerüche oder Worte zu fassen. Eine gewisse Annäherung ist nur auf einer, wie Badiou (ebd., S. 200ff.) sagt, »Ereignisstätte« möglich, die den Rand um dieses Nichts-Loch herum bildet. Die Ereignisstätte ist präsentiert, aber im Loch selbst, jenseits des Randes, ist das nicht-repräsentierte Reale: das Nichts, also etwas, das nichts ist. In der Mitte dieses Loches kann sich die Leere, das Reale, aktualisieren. Genauer gesagt: Mit der Aktualisierung des Realen entsteht das Loch, in welchem sich das Reale aktualisiert. Das Reale reißt ein Loch in unser Denken, das dadurch unter Beschuss, unter das Feuer des Realen bzw. des Phänorealen, also des Effekts des Realen auf das Phänomenale, gerät. Diese Aktualisierung bezeichnet Badiou als »Ereignis«. Man kann sich nur über den Rand des Lochs verständigen, der eine Art Rand-Vielheit bildet, d. h. der von Elementen atmosphärischer, imaginärer und symbolischer Natur besiedelt ist. Insofern ist die Ereignisstätte ein Vielfaches am Rand der Leere, d. h. am Rand der reinen Vielheit. Die Ereignisstätte ist wie der Vulkankrater. Wenn das Unerträgliche, das Nichts-Magma, das Beta-Magma der realen Empfindungen, einbricht, wird das Phänomenale, d. h. das phänomenale Denken, gleichwie chaotisch. Dieses Vielfache am Rande der Ereignisstätte, das sind phänomenale Gefühle, Töne, Bilder, Gerüche, der Geschmack im Mund und das Berührtsein auf der Haut. Da ist zunächst ein Wirbel hochpräsenter und nicht-sprachlicher Gedanken, welche den Rand des Kraters besiedeln oder auf dem Krater, d. h. auf der Ereignisstätte, die das Reale markiert, tanzen. Diese phänomenalen Fragmente werden wie von einem schwarzen Loch angezogen. Und erst in einem weiteren Schritt versucht die von diesem Einbruch des Realen betroffene Person, das Chaotische mit Wörtern zu verbinden, die dann selbst chaotisch wirken.

Diese Konglomerate am Rande des Nichts sind klinisch oft äußerst auffällig: die Präsentation ist wirr, es tauchen chaotische Bilder, intensive, vielleicht widersprüchliche Affekte oder Körpersensationen auf, wirre Wörter, vielleicht zunächst in Form eines Gebrabbels oder Gemurmels. Alles ist inkohärent und zerhackt, konfus, zersetzt bis hin zu einem halluzinatorischen Flimmern, das sich jedem Narrativ entzieht. Ich denke, dass gerade Konzentrationsstörungen oder ein gewisses Durcheinanderreden, eine Ungenauigkeit im Denken, aber auch die Torsionen des Zeit- und Raumempfindens auf diese Emergenz des Realen hinweisen. Manchmal handelt es sich um Momente, in denen die Nähe zur Leere direkt spürbar wird, als ein atmosphärisches Grausen oder ein Erschüttertsein, dessen Urbeben sich bis in die Sprache fortsetzt. Auf der Ereignisstätte entstehen, wie Foucault in seinem Aufsatz »Das Denken des Außen« sagt, erste »nackte Sätze« als Ausdruck eines Denkens, das Foucault dem Außerhalb unseres Geistes zuweist (Foucault, 2001 [1994], S. 671f.). Er beschreibt den Zerfall des Ichs, das nur noch murmelt oder seufzt, schreit, stöhnt oder chaotische Gefühle hat.

In einer Supervision berichtete eine Kollegin, dass ihre Patientin – nach einem Moment größerer Nähe – in ein Schweigen verfiel. Meine Kollegin dachte zunächst, dass vielleicht eine Rêverie entstehen würde. Die Patientin, eine Frau mit einer äußerst traumatischen Kindheit, sagte dann, nach einer gewissen Zeit, dass in ihr viele Gedankenfragmente aufblitzen würden. Sie habe den Eindruck eines hochbeschleunigten Karussells, das eine tiefe Unruhe und Angst auslöse. Ich vermute, dass hier eine gefährliche Nähe zu einem mütterlichen Objekt entstanden war, das der Tochter einer Art vernichtende Missachtung entgegengebracht hatte, eine Tochter, die nichts war als der schäbige Ersatz für einen toten, kurz vor der Geburt verstorbenen Bruder. Unter dem Anschein der Rêverie hatte sich eine Ereignisstätte etabliert. Möglicherweise werden die chaotischen Gedankenfragmente, über welche die Patientin berichtete, von dem im Loch der Leere Auftauchenden durcheinandergebracht und gleichwie angezogen. Das Ereignis verursacht ein Durcheinander. Das Reale ist dann wie ein »verborgener Begleiter«, der plötzlich – als »etwas formlos und hartnäckig Anonymes« hervortritt (ebd., S. 690). Es sind dann die Extrajekte des Nichts, die in den Registern des Wissens einschlagen. Das erste Gebrabbel wäre sowohl ein Effekt des Realen wie der Versuch, eine sprachliche Struktur in die Situation einzuführen. Der Exzess der auftauchenden Empfindung kann jedoch auch Körpersymptome verursachen, von der Migräne bis zum lebensbedrohlichen Herzinfarkt. Marty (1968) hat diesen Prozess der regressiven (vorübergehenden) bzw. progressiven (fortschreitenden, letalen) Desorganisation in Form einer vorübergehenden oder fortschreitenden Somatisierung beschrieben (Stora, 2007, S. 238). Insofern kann die traumatische Wucht des Ereignisses tatsächlich tödlich sein, wenn das betroffene Individuum an einem Herzinfarkt oder Hirnschlag verstirbt. In Abbildung 4 sieht man diese auftauchende Leere mit der Ereignisstätte und den verschiedenen Elementen, die vom Loch der Leere unerbittlich – in Form einer Attraktion – angezogen werden, sowie die Lösung der Somatisierung.

An dieser Stelle möchte ich von Alberto berichten, und wie dieser den Einbruch des Realen erlebte. Alberto war ein Mann Anfang 50, er war beruflich äußerst erfolgreich gewesen, aber derart rastlos von seiner Arbeit besessen, dass er daran körperlich zerbrach. Worüber ich hier berichten möchte, ist seine verzweifelte Verwirrtheit, die noch lange, während der späteren Analyse, jeweils am Schluss der Stunde auftrat. Alberto war ein ziemlich großer und imposanter, mental durchaus scharfsinniger Mann, aber er stand in der Mitte meines Behandlungsraums, und war völlig verzweifelt. Er redete wie um sein Leben, er – wenn

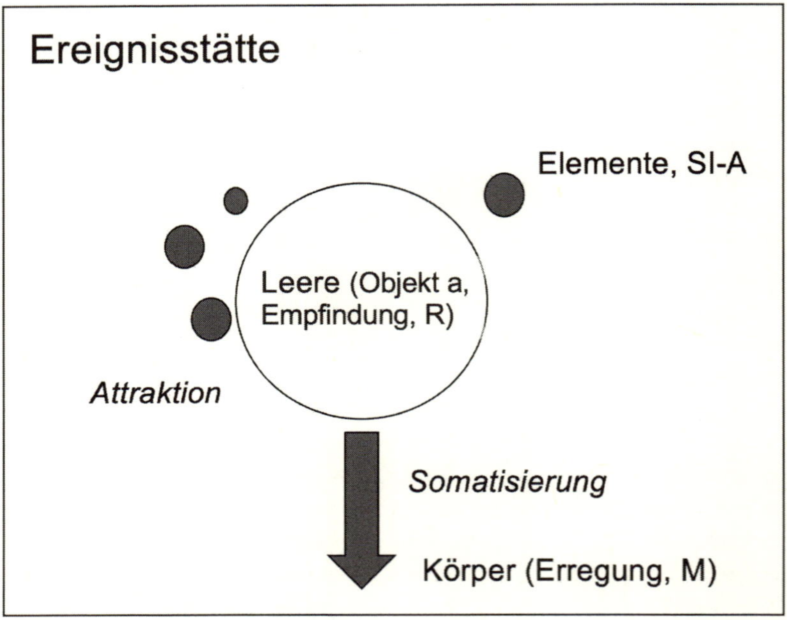

Abbildung 4: Leere mit Ereignisstätte, Attraktion und Somatisierung

ich das so sagen darf – quatschte und quatschte in einem fort, ohne dass ich dieses inkohärente Gebrabbel im Einzelnen verstand. Ich denke, dass das Stundenende der Trigger war, der die realen Empfindungen einer furchtbaren Verlassenheitserfahrung emergieren ließ. Irgendwann gelang es uns, diese Zustände in Worte zu kleiden, darüber zu sprechen, und Albertos Erleben in einen Kontakt mit dem Baby zu bringen, das von einer äußerst überforderten Mutter im Stich gelassen worden war. In der Situation selbst, d. h. am Ende der Stunde, sprach ich den Patienten oft mit seinem Namen an, und sagte dann bedauernd: »Wir müssen …« Irgendwann hatte ich gelernt, dass ihn dieser fast etwas markierte, aber doch freundschaftliche Tonfall beruhigte. Und dann gaben wir uns ganz fest die Hände.

Es braucht also, so Badiou (2016 [1988], S. 209), eine Intervention, oder wie er sagt: einen »interpretierenden Eingriff«, damit das reale Ereignis selbst zu einem Teil der (re)präsentierten Situation werden kann. Das »Vielfache am Rand der Leere« wird benannt. Man muss Namen, Wörter, kurz: bestimmte Signifikanten, für die Elemente der Stätte finden (ebd., S. 232). Die Worte dafür – oder auch zunächst die Gesten, der richtige Tonfall, das Berührtsein durch den Händedruck, den Namen, den ich ausgerufen habe – schöpft der Analytiker gemeinsam mit dem Analysanden aus dieser Nähe zum Ereignis, an dessen Rand sich möglicherweise beide aufhalten. Es entwickelt sich dann, mit der Zeit, eine Art »Enzyklopädie«, d.h. eine Summe von Aussagen, die sozusagen eine einzige Invarianz, nämlich die des Nicht-Präsentierten, der reinen Vielheit des Unbewussten, aufweisen (ebd., S. 370f.). Der Rand der Einbruchstelle wird mit Wörtern, Gesten und Gefühlen befestigt und libidinös besetzt (Freud, 1920g, S. 30), und dies geschieht in einer haltend-tragenden Beziehung. Das Sprechen ist ein Loch, das den Umriss des Subjekts zeichnet. So gelingt es mit der Zeit, dass das Nicht-Repräsentierte nicht nur einbricht, sondern selbst transformiert wird.

Wie man sich eine solche Transformation realer Beta-Empfindungen vorzustellen hätte, kann ich hier nur andeuten. Man sagt ja im Allgemeinen, dass Beta-Elemente in Alpha-Elemente verwandelt werden. Ich bin gegenüber dieser Sichtweise etwas skeptisch. Wie soll etwas, das sich dadurch definiert, dass es nicht transformierbar ist, also ein Beta-Element, in etwas anderes, also in ein Alpha-Element, transformiert werden können? Ich glaube eher, dass diese Transformation mit der Fähigkeit einer Person zu tun, etwas unter Umständen Traumatisches zu ertragen. Diese Fähigkeit bzw. Kapazität bestimmt darüber, ob es sich bei den vorliegenden Elementen bzw. Empfindungen um ein Alpha- oder Beta-Element bzw. um eine Alpha- oder Beta-Empfindung handelt. Je gefestigter die Register des Symbolischen, Imaginären und Atmosphärischen sind, desto eher wird eine reale Empfindung einen Alpha-Charakter haben. Die Register des Wissens entscheiden als darüber, ob das Reale erträglich (Alpha) oder unerträglich (Beta) ist.

Gisela Pankow (1987, S. 177ff.) benutzte den Begriff der »strukturierenden Phantasmen«, der meiner Ansicht nach sehr gut zu unserem Thema passt. Es ist ein Phantasma, das den Effekt des Realen, das Phänoreale strukturiert. Ein solches Phantasma ist in erster Linie sprachlicher Natur, aber es kann auch ein künstlerisches Werk sein. Valerine, eine psychosekranke Patientin, modellierte, so berichtet Pankow, am Anfang der Behandlung mit Plastilin einzelne Körperteile, etwa eine Kinderhand oder den Kopf einer Sphinx. Man könnte diese zerstückelten Körperteile als imaginäre Fragmente verstehen, die sich im Orbit des Lochs, wo das Psychotisch-Verworfene wiederkehrte, aufhielten. Die Analytikerin und ihre Patientin sprachen über diese Arbeit, und das Phantasma wurde im Zuge dieses Sprechens und Modellierens zunehmend strukturiert, z.B. in dem Valerine einen Blumenmenschen schuf, der allerdings noch keinen Kopf hatte. Es war ein kopfloser Blumen-Oberkörper auf Männerbeinen. Aber Valerine verspürte keine Angst, sondern kommentierte – auf einer sprachlich-symbolischen Ebene: »Alles, was unten ist, ist die Materie in Erwartung dessen, was er [der Körper; L. G.] sein soll.« Solche strukturierenden Phantasmen sichern den Rand der gefährlichen Leere, bis diese Leere im Laufe der Arbeit selbst transformierbar wird. In beiden Fällen, im Falle der Sicherung des Kraterrandes wie der Transformation des Realen, spielen strukturierende Phantasmen eine wesentliche Rolle.

Noch ein Streiflicht: In der Analyse geht es nicht nur darum, das einbrechende Reale zu bewältigen, indem an der Einbruchstelle eine symbolische Struktur etabliert wird. Selbstverständlich können wir uns auch – gemeinsam mit unseren Patienten – dem Realen nähern, sozusagen an die Felswand des Realen herantreten. Es geht dann um die Bereitschaft, sich infrage stellen zu lassen, sich der Leere oder dem Selbstverlust, ja, sogar der Erfahrung des Todes zu stellen.

1. Im Falle des eruptiven Ereignisses, das den Patienten überfällt, geht es darum, das Ereignisfeld zu strukturieren, bis ein solcher Raum geschaffen ist, in welcher das Reale peu à peu integriert werden kann.
2. Wenn wir die Wand aufsuchen, würden wir das Versagen der Sprache soweit zulassen, wie dieser Prozess erträglich ist.

Die Wörter der Sprache sind insofern Ende und Anfang des Denkens, je nachdem ob das Subjekt sein Denken aufgibt, indem es sich auf das Abenteuer des Realen einlässt, oder sein Denken aktiviert, um das traumatische Ereignisfeld zu strukturieren. Der Analytiker ist dann sowohl Begleiter hin zum Rand der Ereignisstätte, aber er hilft auch, diesen Rand zu befestigen, wenn das Loch plötzlich und in einer erschreckenden Weise aufreißt.

Ich möchte den Aufsatz mit dem Gedicht »Tübingen, Jänner« (1963) von Paul Celan beschließen, er hat es Hölderlin gewidmet (Celan, 2017, S. 133). Interessant ist dabei, was am Ende des Gedichtes, also am Rande des Ereignisses, geschieht:

> »Zur Blindheit über-
> redete Augen.
> Ihre – ›ein
> Rätsel ist Rein-
> entsprungenes‹ –, ihre
> Erinnerung an
> schwimmende Hölderlintürme, möwen-
> umschwirrt.

Besuche ertrunkener Schreiner bei
diesen
tauchenden Worten:

Käme,
käme ein Mensch,
käme ein Mensch zur Welt, heute, mit
dem Lichtbart der
Patriarchen: er dürfte,
spräch er von dieser
Zeit, er
dürfte
nur lallen und lallen,
immer-, immer-
zuzu.

(›Pallaksch, Pallaksch.‹)«

Auch sein Gedicht »Ich kann Dich noch sehn« aus dem Jahr 1970 (Celan, 2017, S. 287) transzendiert das bis dahin Angedeutete in einer wundervollen Weise.

»Ich kann Dich noch sehn: ein Echo,
ertastbar mit Fühl-
wörtern, am Abschieds-
grat.

Dein Gesicht scheut leise,
wenn es auf einmal
lampenhaft hell wird
in mir, an der Stelle,
wo man am schmerzlichsten Nie sagt.

Literatur

Badiou, A. (2016 [1988]). *Das Sein und das Ereignis*. diaphanes.
Bion, W.R. (1992 [1962]). *Lernen durch Erfahrung*. Suhrkamp.
Bion, W.R. (2014 [1973]). *Die Brasilianischen Vorträge*. Brandes & Apsel.

Celan, P. (2017). *Die Gedichte*. Suhrkamp.

Demmerling, C. (2021). Emotions and the conceptual space of human life. In ders. & Schröder, D. (Hrsg.), *Concepts in Thought, Action and Emotion. New Essays* (S. 294–308). Routledge.

Foucault, M. (2001 [1994]). Das Denken des Außen. In D. Defert & F. Ewald (Hrsg.), *Dits et Ecrits. Schriften in vier Bänden* (S. 670–697). Suhrkamp.

Freud, S. (1920g). *Jenseits des Lustprinzips. GW XIII*, S. 13–69.

Hegel, G.W.F. (2016 [1830]). *Enzyklopädie der philosophischen Wissenschaften III. Werke. Band 10* (10. Aufl.). Suhrkamp.

Lacan, J. (2010 [1962–1963]). *Die Angst. Das Seminar. Buch X*. turia + kant.

Lacan, J. (2012 [1974-1975]). *R. S. I. Das Seminar. Buch XXII*. Lacan-Archiv.

Laplanche, J. (2004). Die rätselhaften Botschaften des Anderen und ihre Konsequenzen für den Begriff des Unbewussten im Rahmen der Allgemeinen Verführungstheorie. *Psyche – Z Psychoanal, 58*(9–10), 898–913.

Laplanche, J. (2017 [2007]). *Sexual. Eine im Freud'schen Sinne erweiterte Sexualtheorie*. Psychosozial-Verlag.

Marty, P. (1968). A major process of somatization: The progressive disorganization. *Int J Psychoanal, 49*(2–3), 246–249.

Pankow, G. (1987). Strukturierende Phantasmen in der Psychose. *Jahrbuch der Psychoanalyse, 21*, 177–204.

Schmitz, H. (2014). *Atmosphären*. Karl Alber.

Solms, M. (2021). *The hidden spring. A journey to the source of consciousness*. W.W. Norton & Company

Stora, J.B. (2007). *When the body displaces the mind*. Karnac.

Turnheim, M. (1993). *Freud und der Rest. Aufsätze zur Geschichte der Psychoanalyse*. turia + kant.

Žižek, S. (1996). *Der nie aufgehende Rest. Ein Versuch über Schelling und die damit zusammenhängende Gegenstände*. Passagen.

Der Autor

Lutz Goetzmann, Prof. Dr. med., Studium der Humanmedizin, ist Facharzt für Psychiatrie und Psychotherapie sowie Mitglied der SGPsa und IPV. 2008 wurde er mit dem Thema psychosoziale Aspekte der Organtransplantation an der Universität Zürich habilitiert und ist seit 2014 außerplanmäßiger Professur an der Universität zu Lübeck. Zwischen 2011 und 2020 war er Chefarzt der Klinik für Psychosomatische Medizin und Psychotherapie in Bad Segeberg, seither ist Goetzmann in eigener psychoanalytischer Praxis in Berlin tätig. Er ist Mitbegründer des Instituts für Philosophie, Psychoanalyse und Kulturwissenschaften (IPPK) in Berlin und Mitherausgeber der *Zeitschrift Y – Zeitschrift für Atopisches Denken*. Er veröffentlicht zahlreich, u.a. im Bereich der psychoanalytischen Psychosomatik.

Kontakt: Prof. Dr. med. Lutz Goetzmann, Institut für Philosophie, Psychoanalyse und Kulturwissenschaften (IPPK), Maybachufer 20, 12047 Berlin; E-Mail: goetzmann@ippk.de.

Makrosoziopathie

Lorenz Böllinger

Einleitung

Die aktuelle Weltsituation hat zu den folgenden Überlegungen angeregt. Sie macht wohl die meisten von uns fassungslos: Russlands brutaler Krieg gegen die Ukraine auf der Folie von Klimakatastrophe, Artensterben, Meeresverschmutzung und millionenfacher Migration. Nicht zu vergessen die weltweit anscheinend unaufhaltsame soziale und politische Spaltung und autoritäre Entwicklung. Menschengemachte, selbstdestruktive Zerstörung unserer Lebensgrundlagen: Wie konnte es zu diesem apokalyptisch anmutenden Irrsinn kommen? Warum ist nicht frühzeitig vernunftgeleitet gehandelt worden? Was hat den »Denkraum« beschädigt?

Zu fragen ist deshalb: Können ganze Staaten, Großkollektive aller Art, die Weltgesellschaft, irre sein, also »krank« werden im psychopathologischen Sinne – oder ist das esoterischer Unsinn? Daraus ergibt sich ein Gedankenexperiment, mit Freuds *Massenpsychologie und Ich-Analyse* (1921c) im Hintergrund: Großkollektive könnte man theoretisch als Quasi-Persönlichkeiten konstruieren, die unter Störungen leiden. Und wie wäre dann darauf sinnvoll zu reagieren?

Geeigneter Anknüpfungspunkt ist der von Herbert Jäger (1989), dem für die Psychoanalyse aufgeschlossenen Kriminalwissenschaftler, geprägte Begriff »Makrokriminalität«. Er erweiterte damit den bislang nur auf Individuen bezogenen Horizont von Strafrecht und Kriminologie um den Gedanken, dass die Idee der sozialen Kontrolle durch Strafen auch auf Staaten und andere Großkollektive Anwendung finden müsste. Grundlage waren seine richtungsweisenden Forschungen über die Nazi-Verbrechen (Jäger, 1982 [1967]). Warum sollte der in der Kriminologie gebräuchliche Begriff der Soziopathie nicht gleichfalls erweiterbar sein zur »Makrosoziopathie«?

Nun gehört aber zur strafrechtlichen Logik: Ein wegen psychischer Störung schuldunfähiger Täter darf nicht bestraft werden. Die Gesellschaft hält dafür zweckdienliche Maßnahmen der »Besserung und Sicherung« bereit: Behandlung statt Strafe – so jedenfalls das offizielle Ideal der Strafrechtstheorie. Auch wenn die Rechtswirklichkeit dem Ideal nicht entspricht: Der an sogenannter »Psychopathie« erkrankte, »nicht einsichtsfähige« und »nicht steuerungsfähige« Straftäter dürfte eigentlich nicht bestraft werden, wird aber von der Strafjustiz gleichwohl meist zu einer Freiheitsstrafe verurteilt. Treffender als der vom NS-Gebrauch belastete Begriff »Psychopathie« ist der stärker auf die psychosozialen Ausgangsbedingungen und Folgewirkungen des Leidens abhebende Begriff »Soziopathie«. Dieser vom emigrierten jüdischen Psychiater Karl Birnbaum geprägte Begriff bezeichnet, was heute als »Anti- oder Dissoziale Persönlichkeitsstörung« (ICD-10 F 60.2) diagnostiziert wird. Folgerichtig dürfte dann auch das »soziopathische« Großkollektiv nicht bestraft werden, wie es das Konstrukt »Makrokriminalität« vorsieht. Stattdessen müsste ein zweckdienlicher rechtsstaatlicher Umgang damit gefunden werden.

Auf der Symptomebene ist eine soziopathische, meist fassadäre und instabile Persönlichkeit gekennzeichnet durch extreme Abwehr von Gefühl, Empathie und Bindung, Entwertungstendenzen, wahnhafte Größenfantasien, destruktiven »malignen Narzissmus«, Gewaltdurchbrüche, sexualisierte und terroristische Gewalt bis hin zu Serientötungen. Die Genese ist regelmäßig gekennzeichnet von massiver frühkindlicher und kumulativer Traumatisierung durch gesellschaftliche Missstände. Daraus resultieren Strukturschwächen und Verdrängung von Verlassenheits-, Ohnmachts- und Angstaffekten einerseits, andererseits typische unbewusste Bewältigungsmodi und Abwehrmechanismen: vor allem Verleugnung, Spaltung und Projektive Identifizierung. Oft sind es charismatische, intelligente und geschickte Personen, die durchaus sentimentale familiäre Beziehungen pflegen oder gleichsam algorithmisch Empathie »lernen« können. Solche Störungen können aber auch bei ökonomisch oder politisch sehr erfolgreichen, mächtigen Persönlichkeiten diagnostiziert werden: Empirische Untersuchungen zu »erfolgreichen Psychopathen« zeigen das. Die Symptome sind generell in ihrer psychischen Funktion als Schutz, Stabilisierung und Ersatzbildungen für Verdrängtes zu verstehen.

Unsere Verfassung enthält den menschenrechtlichen Auftrag, die Gesundheit der Bürger zu schützen. Im Gegensatz zur faktischen Justizpraxis des Wegsperrens müsste in Fällen der Soziopathie eigentlich eine sachgerechte, weil inkludierende, kausale und fürsorgliche »Behandlung« einsetzen. Auch wenn eine Behandlung angesichts der Verfestigung der Störung häufig aussichtlos ist, sollte idealerweise versucht werden, mit vorausschauender »Soziotherapie« nicht nur am »gestörten Täter« anzusetzen, sondern zukunftsorientiert auch an den für die Traumatisierung maßgeblichen, schädlichen sozialen Entstehungsbedingungen.

Von Anfang an wird der individuelle pathogene Entwicklungsprozess interaktiv und eskalativ verschärft – und zwar nicht nur durch negative gesellschaftliche Bedingungen und Reaktionen, sondern auch durch die strafjustiziell, medial und politisch gerahmten Zuschreibungen des »Bösen«: Diese Attribuierungen lassen sich sozialpsychologisch als komplementäre, überwiegend aber unbewusste kollektive Formen der Abwehr deuten: strafende Stigmatisierung, also »projektive Identifizierung« des Kriminellen als »böse«, Spaltung in Form der kriminalisierenden Ausgrenzung, Verleugnung der gesellschaftlichen Mitverursachung, oder »vikariierende« Aggressionsabfuhr seitens der »strafenden Gesellschaft« (Böllinger, 2012). Ob ein Soziopath »erfolgreich« agiert, ist dementsprechend von konkordanten gesellschaftlichen Mechanismen wie Identifikation und Bewunderung mitdefiniert und miterzeugt. Umgekehrt könnten konstruktive gesellschaftliche Interventionen die destruktiven Entwicklungsprozesse vermeiden oder mindern.

Solche Interaktions- und Konstruktionsprozesse wären also verstehend zu rekonstruieren. Und daraus wäre dann ein Be- oder Aushandlungskonzept abzuleiten, welches auch an den psychosozialen Bedingungen der konkreten Störung ansetzt. Solche Maßnahmen verzichten auf Freund- und Feindbilder, auf die moralisierende Dichotomie von Gut und Böse. Sie reflektieren die Genese der Störung sowie die mutmaßlichen Folgen der Intervention. Und sie sind zugleich auf den Schutz der Gesellschaft und Rechtsfrieden hin orientiert.

Makrosoziopathie

Nun weiter mit dem Gedankenexperiment: Können auch schwerst destruktiv agierende Kollektive, Regierungen als ganze, Bevölkerungen oder Teile davon, in diesem Sinne »unbewusst gestört«, eben makrosoziopathisch sein – und damit in kriminalwissenschaftlicher Logik schuldlos, nicht strafbar? Es müsste folgerichtig versucht werden, die komplexen Entstehungsbedingungen solch kollektiver Störung zu erkennen, den Interaktionsprozess zu verstehen. Dann könnte mit dem Ziel des Rechtsfriedens durch Bewusstmachung konstruktiv und zukunftsorientiert interveniert ausgehandelt werden. Kontraproduktive Auswirkungen von Strafe könnten vermieden, zugleich könnte eine zukünftige Friedensordnung eher möglich werden.

Nur: Wie könnte man den Begriff »kollektiv unbewusste Störung« zu fassen bekommen? Wie könnte eine »Psychosozioanalyse« vorgehen, welche insbesondere die kollektiv-unbewussten Definitions- und Interaktionsprozesse zu erfassen versucht? Dazu – wieder im Sinne eines Gedankenexperiments – die folgende Skizze.

Unbewusste Prozesse bei Makrosoziopathie

Voraussetzung ist zunächst, dass sich so etwas wie kollektiv-unbewusste Determinanten theoretisch konstruieren lassen. Es liegt nahe, sich dazu auf die Psychoanalyse als Gesellschaftswissenschaft zu beziehen.

Psychoanalytische Auffassungen

Die psychoanalytische Konzeption individueller unbewusster Prozesse ist sicherlich nicht ohne Weiteres auf gesellschaftliche Vorgänge »anzuwenden«. Andererseits sind diese Begriffe meist nur Metaphern, welche theoretische Konstrukte veranschaulichen sollen. Deshalb kann das individualpsychologische Verstehenskonzept der Psychoanalyse durchaus auf Kollektive im oben genannten Sinne übertragen und »angewandt« werden – und zwar in kontextbezogener Modifikation als Methode. Man kann Kollektive als Systeme, als Organismen im weitesten Sinne konstruieren. Wir können mit diesen Metaphern einen »soziopsychischen Apparat« von kollektiven Es-Ich-Überich-Instanzen und ein »gesellschaftliches Selbst« mit entsprechendem Strukturniveau postulieren, mit je bewussten und unbewussten Anteilen.

In der Tat bewegt sich der diesbezüglich allerdings nicht sehr umfangreiche psychoanalytische Diskurs in diesem Rahmen. Dort finden sich zwei mögliche Betrachtungsweisen: Einige folgen der Ansicht, dass Kollektive als solche weder ein Bewusstsein noch ein Unbewusstes haben können (z.B. E. Fromm, 1989 [1962], 2012; Devereux, 1982 [1970]). Mit unterschiedlichen Nuancen sehen sie im kollektiven Bewusstsein und Handeln die Summe und das Zusammenwirken des je dynamisch Unbewussten der Einzelindividuen. Dagegen steht das Gesamtkonstrukt eines genuin gesellschaftlichen Unbewussten.

In Freuds *Totem und Tabu* (1912–1913a) finden wir bereits beide Grundgedanken, allerdings ganz auf den Ödipus-Komplex bezogen: Das allen gemeinsame Unbewusste erscheine im je individuellen Unbewussten. In *Der Mann Moses und die monotheistische Religion* (1939a [1934–1938]) geht er von einer »archaischen Erbschaft« in der Phylogenese aus, welche sich in der Ontogenese wiederhole. In *Massenpsychologie und Ich-Analyse* (1921c) sagt Freud, die Masse sei »fast ausschließlich vom Unbewussten geleitet«. Dabei bezieht er sich – durchaus interdisziplinär – auf den Soziologen Le Bon. Wilhelm Reich (1965 [1942]) hatte ebenfalls einen solchen Ansatz. Weitere finden sich verstreut in der Literatur, etwa mit Blick auf die »68er« des 20. Jahrhunderts mit der Hypothese, eine

Gesellschaft könne – metaphorisch gesprochen – »erkranken«, wie Herbert Marcuse (1968) und eine Reihe von Referenten einer Tagung in Bremen (Leithäuser & Heinz, 1976) darlegen. Ähnlich äußern sich später dann z. B. Busch (2001) und Sandner (2018). Erst Siegfried Zepf und Dietmar Seel (2020) entwickeln – bezugnehmend u. a. auf Karl Marx und Friedrich Engels – das Konzept eines dynamischen gesamtgesellschaftlichen Unbewussten – ich komme darauf zurück.

Sozialwissenschaftler haben diesen Diskurs explizit oder implizit mitgestaltet, schon ganz früh z. B. von New York aus die emigrierte »Frankfurter Schule« mit Horkheimers und Adornos *Dialektik der Aufklärung* (1988 [1944]), *Studies in Prejudice* bzw. *Der Autoritäre Charakter* (Adorno et al., 1968 [1950]), oder Franz Fanon (1985 [1952]) mit seinem transkulturellen Ansatz. Später sind hier vor allem Jürgen Habermas (1975), Helmut Dahmer (1973) und Alfred Lorenzer (1976), und noch später Pierre Bourdieu (2005), Vera King (2022) oder Hartmut Rosa (2005, 2019) dazugekommen. Sie alle haben sich der Psychoanalyse zugewandt, um das soziologisch-empirisch Evidente auch psychoanalytisch zu verstehen: Die Gruppe, das Kollektiv, ist mehr als die Summe der Einzelnen. Sie fragen die Psychoanalyse: Was für Prozesse sind es, welche die Welt unbewusst zusammenhalten – oder auch auseinandertreiben?

Weiter also mit dem Gedankenexperiment: Zu denken wäre zunächst an das Jung'sche Konstrukt des »kollektiven Unbewussten«. Dieses gerinnt jedoch mangels einer Theorie seiner gesellschaftlichen Genese zum statischen Mythos. Vorgeschlagen wird deshalb, den erwähnten Zepf'schen Ansatz erweiternd, das Modell eines auf Kollektive anwendbaren »soziopsychischen Apparates« und dynamischer, soziopsychosozialer Prozesse von Bewusst- und Unbewusstwerden in Großkollektiven zu rekonstruieren – und zwar unter transdisziplinärer Einbeziehung der anderen Sozialwissenschaften.

Transdisziplinäre Theorie des »soziopsychischen Apparates«

Wie ließe sich ein derart postulierter »soziopsychischer Apparat« ausformulieren?

- Empirisch evident erscheint das Konstrukt eines »kollektiven Es«: einerseits unbewusst brodelnde, aggressive Urkräfte, welche sich in kollektiven Gewaltdurchbrüchen, Massakern und Genoziden manifestieren, darin »deklarativ« bewusst werden, andererseits libidinöse Energien, manifest in Prozessen der Gruppenbindung oder auch der »Liebe zur Nation« oder zu »Führern«.

Als basale Kraft des »kollektiven Es«, der alles andere funktional untergeordnet ist, lässt sich der systemische Lebenstrieb postulieren – und zwar als »prozedural Unbewusstes«.

- Ein »kollektives Ich« lässt sich definieren als Konfliktverarbeitungsinstanz, als permanenter »Realitätsprozessor«. Mittels Anpassung und Konfliktabwehr hat es die Überlebensinteressen des Kollektivs zu realisieren und die Triebkräfte zu regulieren. Hier findet – metaphorisch gesprochen – das dynamische Ringen um Bewusstwerdung oder Verdrängung statt.
- Im Rahmen dieses Modells ist weiter die Instanz des kollektiven Überichs als kontinuierliche, durch das kulturspezifische kollektive Ich prozesshaft angepasste Konstruktion zu verstehen – manifest in Moral, in sozialen und rechtlichen Normen.
- Schließlich lässt sich die Herausbildung und Erhaltung eines kohärenten kollektiven Selbst als kontinuierliche, teils unbewusste Funktion des kollektiven Ichs auf je spezifischem Strukturniveau konstruieren: die Gesamtheit von bewusster, Ich-gerechter Selbstwahrnehmung des Kollektivs sowie reflektierter Außensicht, ein »Status der Anerkennung«, eine spezifisch medial strukturierte »Öffentlichkeit«.

Auf allen Ebenen gibt es dynamisch unbewusste, potenziell bewusstmachbare Anteile. So ist metaphorisch zu verstehen, dass Großkollektive, insbesondere Staaten und Nationen, sozusagen »Gefühle« haben können: Schuldgefühle (z. B. Deutschland im Hinblick auf den Holocaust) oder ein Statusempfinden, ein – durchaus narzisstisch kränkbarer – Status der Fremd- und Selbstanerkennung.

Konflikt und Soziopsychodynamik

In und zwischen Kollektiven, Systemen und Subsystemen konfligieren politische, ökonomische, emotionale Interessen und Wertvorstellungen: Konflikte, die vom jeweiligen »Sozio-Ich« zu bewältigen sind. Sie reichen zurück bis in die reale oder fantasierte Entstehung des Kollektivs. Sie manifestieren sich in Abhängigkeit vom gesellschaftlichen Strukturniveau und bestimmten »Konfliktschemata«. Diese sind konzipierbar als gleitender Übergang zwischen »frühen Konflikten« im Sinne eines Entwicklungsschadens, einer Traumatisierung:

- Defizite in der Entwicklung von kollektivem Selbst und Objektbeziehungen sowie Selbstachtung;

- Entwicklungskonflikte, die aus intragesellschaftlichen Trieb- und Interessenkonflikten resultieren;
- intergesellschaftliche, internationale und elementar ethnische und kulturelle Gegensätze.

Wenn ein gegenwärtiger inter-systemischer Konflikt als unlösbar erscheint, kann vermutet werden, dass ihm auch ungelöste, unbewusste intra-systemische Grundkonflikte zugrunde liegen. Die gesellschaftlich und kulturell etablierten Muster und Mechanismen werden im intra- und inter-kollektiven Geschehen permanent auf geeignete »Objekte« übertragen. Die Pfade der »Konfliktlösung« oszillieren dabei zwischen bewusst und unbewusst. Unausweichlich im Sinne der Systemerhaltung, sind es ambivalente Kompromisse. Hier interessieren nun die kollektiv verdrängten, unbewussten Konflikte und deren bewussten, dysfunktionalen Bewältigungsformen.

Der schon erwähnte Soziologe Bourdieu (u. a. 2005) – und Vera King (2022) als seine engagierte Vermittlerin – sprechen von der Notwendigkeit einer »Sozioanalyse des androzentrischen Unbewussten«. Geschichtliche Strukturen und geronnene Konflikte unterliegen ihnen zufolge unbewussten Prozessen der Interiorisierung dieser Ordnung in der Ontogenese. »Der sozialisierte Körper – was man Individuum oder Person nennt) steht nicht in Gegensatz zur Gesellschaft: er ist eine ihrer Existenzformen«, sagt Bourdieu (1993, S. 28). Frantz Fanon (1985 [1952]) hat sich am Beispiel der schwarzen Bevölkerung Afrikas bzw. der Antillen insbesondere mit den unbewussten Aspekten gänzlich verschiedener Kulturen auseinandergesetzt: Er sieht verdrängte kollektive, durch den Kolonialismus geschaffene Traumen, die sich in spezifischen Ersatzbildungen manifestieren. Ähnliches gilt für die kolonialisierten indigenen Völker Nord- und Südamerikas.

Dabei lässt sich übrigens auch ein Bezug zur Luhmann'schen Systemtheorie herstellen, ohne hier genauer darauf eingehen zu können. Diese geht von relativ eigenständigen, sich eigendynamisch perpetuierenden Systemen und Subsystemen aus, die sich intern regulieren und untereinander im Austausch stehen: je nach Perspektive in positiver oder negativer Interaktion. Unausgesprochen im Sinne einer Black Box impliziert die Systemtheorie mit ihrer Annahme einer »Autopoiesis« auch so etwas wie System-Ich-Identität und psychosozial unbewusste Prozesse.

Auf der Ebene der Weltgesellschaft sind es internationale, auch rechts- und politikwissenschaftlich zu analysierende Konflikte, denen gegenüber das Weltrecht, die UNO und andere supranationale Organismen sozusagen »Sozio-Ich-

Funktionen« darstellen. Auf der Ebene von Staaten sind es intrasystemische Konflikte, welche Sozio-Ich-Funktionen wie Verfassung, Rechtsstaat und entsprechende Prozeduren bedingen. Im Überlebensinteresse von Großgruppen, von Nationen, ja der Weltgesellschaft, müssen kollektiv-Ich-gerechte Kompromisse gefunden werden. Diese setzen hochgradige kollektive Ich-Leistungen in Form von Diplomatie voraus. Es müssen zukunftsorientierte, den Gesamtfrieden langfristig sichernde – und ganz aktuell z. B. mit den Herausforderungen der Klimakrise konkordante – Lösungen gefunden werden – und zwar jenseits von kulturspezifischen moralischen Affekten und nationalen Rechtspositionen, die unterschiedlichen Wertauffassungen und das spezifische kollektive Statusempfinden respektierend (Preuß, 2023). Immer jedenfalls geht es um das, was sich als »Sozio-Psychodynamik« konstruieren lässt – zu verstehen als primär kollektiv unbewusste, nur teilweise bewusste Realitäts- und Konfliktverarbeitung.

Zepf und Seel (2020) sehen dies grundlegend bestätigt, und zwar – unter Bezug auf Marx' und Engels' vielfache Verwendung des Begriffs »unbewusst« – anhand des sozialen Grundkonflikts von Kapital und Arbeit: Dynamisch unbewusst, weil mystifiziert, verschleiert und verdrängt, sind die realen, »wahren«, materiell ungerechten und Aggression auslösenden Produktionsverhältnisse – verdrängt mittels des »falschen« Alltagsbewusstseins (Enzensberger), der Ideologie der kapitalistischen Wirtschaftsform als gerechtem Warentausch. Dem entspricht das kollektiv bewusste »Sozio-Selbst«, die Ideologie einer gerechten, freiheitlich-demokratischen Ordnung. Die »Entfremdung« des Menschen von seiner eigenen Tätigkeit und seinen Produkten mittels der Warenform und der Reduktion auf den »Faktor Arbeit« ist über Generationen hinweg gesellschaftlich verdrängt, unbewusst geworden. Andere Systeme – Russland, China usw. – haben jedoch andere Ausprägungen des kollektiv-unbewussten Selbst, der Realitätswahrnehmung und Konfliktabwehr entwickelt.

Traumatisierungen erleiden auch Kollektive: durch Kriege, Revolutionen und Natur- wie Technikkatastrophen. Solche Erfahrungen sowie die Modi ihrer Verarbeitung in den jeweiligen Entwicklungsphasen prägen das spezifische Gegenwartsunbewusste. Durch politisch-ökonomische Übergriffe oder auch nur symbolische Kränkungen des Statusempfindens im internationalen Kontext resultieren – manifest oder kollektiv-unbewusst – Bedrohungsgefühle, Untergangs- und Fragmentierungsängste. Kollektiv unbewusste Phantasien ziehen spezifische Abwehr- und Bewältigungsmechanismen nach sich: bewusste kollektive Selbstvorstellungen, Ideologien und entsprechendes kollektives, gegebenenfalls destruktives Handeln – eben auch das Führen von Kriegen.

»Sozio-Psychodynamik« als Prozess

Bourdieu (2005) hat für das, was sich als »selbst- und systemerhaltende Ich-Funktionen« bezeichnen lässt, den Begriff »Habitus« gefunden. Er geht von einer durch »Sozioanalyse« zu verstehenden »Soziogenese der konstitutiven Dimensionen des Habitus« aus. Verstehbar gemacht werden soll, »wie die gesellschaftliche Ordnung psychologische Prozesse abfängt, kanalisiert und verstärkt oder ihnen entgegenwirkt«, wobei die gesellschaftlichen Konfliktverhältnisse und Spannungen entscheidend mitwirken (Bourdieu, 2000, S. 90). Fanon (1985 [1952]) zeigt, wie dies dann kulturspezifisch zu differenzieren ist: »Es gibt eine Konstellation von Gegebenheiten, eine Reihe von Sätzen, die langsam und heimlich mit Hilfe von Schriften, Zeitungen, Erziehung, Schulbüchern, Plakaten, Kino, Radio ein Individuum durchdringen und das Weltbild der Gemeinschaft prägen, zu der es gehört« (ebd., S. 131).

Rosa (2005), Soziologe und Politikwissenschaftler, überzeugt mit seiner Zeitdiagnose: Die mit der Geschichte der Moderne verknüpfte technische und soziale Beschleunigung gehe einher mit Zeitnot und einem existenziellen Mangel an zwischenmenschlicher und interinstitutioneller Resonanz. Der Zeitgewinn und die Vielzahl der Möglichkeiten des Menschen führten dazu, diese nicht mehr ausschöpfen zu können, nicht mehr »lebensgesättigt« sterben zu können (Rosa, 2016, S. 128). In hier vertretener Lesart führt Rosa damit die Marx'sche Entfremdungstheorie mit dem Bourdieu'schen Konzept der Habitusformation zusammen. Ähnlich analysiert die Politikwissenschaftlerin Paula Kramann die fehlende Responsivität der politischen Strukturen im Hinblick auf Prozesse an der gesellschaftlichen Basis und die Tendenz zum Autoritarismus.

Die Transformation der Triebkräfte des kollektiven Es zu Habitusformation und Entfremdung, also die Verdrängung ins dynamische kollektive Unbewusste, ist ein kontinuierlicher gesellschaftlicher Prozess. Eine maßgebliche Triebkraft dafür ist die universelle Massenpsychologie und Großgruppendynamik. Wesentliche Beiträge haben insbesondere Volkan (2014a, 2014b) und die Ethnopsychoanalyse geleistet (Erdheim, 2013; Parin, Morgenthaler & Parin-Matthèy, 2006; Nadig, 2000; Kakar 1996, 1997; Akhtar, 1999), und zwar mit ihrer Fokussierung auf kollektiv-unbewusste gruppendynamische Prozesse. Stämme, Clans, ethnische, nationale, rassische, religiöse Einheiten, Anhänger politischer Ideologien bilden Großgruppen. Unzählige Menschen, die einander vielleicht sogar nicht persönlich kennen, teilen ein Gefühl der Gleichheit, eine Großgruppenidentität, ein kollektives Selbst. Sie passen sich als Individuen an die kollektive Habitusformation an und festigen dadurch umgekehrt beständig die Systemstabilität, zugleich aber auch Entfremdung und Ideologie.

Je gestörter die Großgruppenentwicklung – z. B. durch Traumatisierungen und deren gesellschaftliche und politische Konsequenzen –, desto stärker die unbewusste Abwehr durch Spaltung und Externalisierung. Die Soziologie spricht hier vom »Othering«, also der Inszenierung und Schaffung von Feinden oder Verbündeten, sowie den entsprechenden politischen bis kriegerischen Handlungen, um den Zusammenhalt zu wahren, als Kohärenz des Systems, des kollektiven Selbst – um den Preis der Verdrängung der wahren Verhältnisse.

Großgruppenidentität benennt – in Erweiterung des Bourdieu'schen Begriffs des Habitus – ein teils bewusstes, teils unbewusstes Ensemble von Sozialstruktur und Kultur, Normen, Mythen. Gesellschaften haben eine Art transgenerational entwickelte »psychologische DNA« (Volkan, 2014b; Fanon, 1985 [1952]). Sie »deponieren« und delegieren sie im Wege »projektiver Identifizierung« als »Aufträge« in Bezug auf die Menschen (Volkan, 2014b, S. 23). Die traumatischen Erlebnisse und insbesondere die eigene Beteiligung und Schuldgefühle werden – je nach Strukturniveau und Kontext – verleugnet, verdrängt, ins Gegenteil gewendet. Aggression wird auf die Feinde verschoben, Verzicht und Trauer werden abgewehrt (A. Mitscherlich & M. Mitscherlich, 1967). Je bedrohlicher die Ohnmachtsempfindung, die unbewusste Angstfantasie zu fragmentieren, desto intensiver die Regression auf solche Mythen und die Verkehrung in ideologisch suggerierte Kontrolle und Übermacht. Grandiositätsfantasien, die narzisstische Überhöhung von »unfehlbaren« Helden und »Führern«, dienen der Beruhigung, der Folgebereitschaft von Massen durch Projektion je eigener Größenfantasien und Abhängigkeitsbedürfnisse. Die ideologische Legitimation des Gewalthandelns – z. B. durch »Opfer-Mythen« – dient der Aufrechterhaltung der Grußgruppenidentität. Die Konfliktschemata Abhängigkeit–Autonomie, Versorgung–Autarkie, Aggression–Schuld und Selbstwert finden sich auch auf kollektiver Ebene – ebenso die Angst vor dem narzisstischen Zusammenbruch (Wirth, 2009).

Fanon beschreibt solche Interaktionsprozesse anschaulich am Beispiel der durch »die Weißen« kollektiv entwerteten aber auch dämonisierten »Neger«, der afrikanischen Kulturen, die Abwehr der Angst vor den medial stilisierten »Wilden« durch grausamste Bemächtigung und Genozid – z. B. Deutschlands an den Hereros 1914 –, und die wiederum darauf beruhende Selbstentwertung und Wut seitens der Indigenen (M. G. Fromm, 2012).

Letztlich kann es zu maximaler kollektiver Regression auf totale Verleugnung und zu eigendynamischer, absolut autosuggestiver Konstruktion von Realität und

Normen kommen, zu einem extrem destruktiven, terroristischen und kollektiv-sadistischen Verhalten im Sinne eines makrosoziopathischen Syndroms. Führerpersönlichkeiten werden auch durch die kollektive projektive Identifizierung seitens der Anhängerschaft mit determiniert. Sie müssen ihrerseits ihr Image der Grandiosität mit aller Macht aufrechterhalten. Dieser z. B. in der Terrorismusforschung (Böllinger, 2020) empirisch belegte Mechanismus macht den aggressiv-rivalisierenden »Systemwettbewerb« um die radikalere Konsequenz verstehbar – und die Angst des Einzelsystems, als schwach entwertet zu werden (Wirth, 2009).

Dem Transfer des immanent sozialen Prozesses in die Verästelungen der Gesellschaft und ihrer Institutionen dient vor allem das narzisstische Statusempfinden, die Selbst- und Fremdanerkennung des Großkollektivs. Kollektiv unbewusst steckt darin eigentlich das Zugehörigkeitsbedürfnis, umgekehrt die existenzielle Angst vor dem Ausgeschlossenwerden aus dem Kreis der Großkollektive. Dazu dienen unterschiedliche Hebel: das Recht, die Staatsgewalt, Massenmedien, soziale Medien, Parteien, Lobbyismus und Vereine aller Art, soziale Bewegungen usw. – je von Profit- und Machtstreben determiniert und mit ihren die Verdrängung fördernden und affektsteigernden Potenzialen.

Der kollektiven Rationalisierung, der Verschleierung der Produktions- und Machtverhältnisse, dient ein kontinuierlich und dynamisch sich wandelndes Konglomerat von Ideologie und Alltagsbewusstsein, die je ideologisch zugerichtete politische Theorie – z. B. des Neoliberalismus – und die Struktur bzw. der Strukturwandel der Öffentlichkeit (Habermas, 1962, S. 202). Die Ideologie erfasst die Politik, die Systeme der Daseinsvorsorge, das Erziehungs- und Bildungssystem, die »Medien- und Kulturindustrie« (Enzensberger, 1962) sowie die Wissenschaften. Alle Subsysteme erscheinen bei uns immer stärker durch Warenform, Konkurrenz, Machtkampf und Optimierungszwang durchfasert. Im Faschismus war das in Extremform die »Gleichschaltung«. Auch die Wissenschaft, die Algorithmen der »Künstlichen Intelligenz«, ja die Psychotherapie sind alle von diesen Grundtendenzen und Machtstrukturen durchsetzt.

Auf der anderen Seite gibt es – zum Glück – kollektive Kräfte der Gegenbewegung, der ideologiekritischen Aufklärung. In vielfältigen Formen wenden sie sich gegen Entfremdung und den dominanten Habitus von Beschleunigung und Wachstum, suchen nach Alternativen, Ekstase oder Transzendenz (Böllinger, 2016). Sie sind ihrerseits den gekennzeichneten unbewussten Widerständen und Risiken eigendynamischer kollektiver Verselbstständigung ausgesetzt, insbesondere der Radikalisierung.

Aufgabe der Sozialwissenschaften ist es, zu rekonstruieren, wie eine vielschichtige Struktur, ein unendlich komplexes Netzwerk und ein dauernder Interaktionsprozess von faktischen Gegebenheiten, Klassen, Autoritäten, Institutionen, Kulturen, zwischenstaatlichen Konflikten und deren Materialisierungen entstanden ist, und wie sich dieses eigendynamisch, »hinter dem Rücken der Handelnden«, eben kollektiv unbewusst perpetuiert. Aktuell manifestiert und kondensiert sich das in der scheinbar unbeherrschbaren, ideologisch kaum noch zu verschleiernden sozialen Ungleichheit. Als großer methodologischer Rahmen für solche komplexe Soziopsychoanalyse bestens geeignet erscheint mir – wie bereits erwähnt – die Akteur-Netzwerk-Theorie des französischen Soziologen Bruno Latour (2010).

Der Ukraine-Krieg als Beispiel

Zur Veranschaulichung dieses Gedankenexperiment dient im Folgenden ein Beispiel: die – sicherlich gewagte – Skizze einer »Sozioanalyse« des Ukraine-Kriegs – exemplarisch vereinfachend, wohlwissend, dass sich die extreme Komplexität des Geschehens aktuell kaum erfassen lässt. Dazu die Leitfrage: Lässt sich der Zustand Russlands als ein Fall von »Makrosoziopathie« soziopsychoanalytisch dekonstruieren? Und welche Folgerungen wären daraus zu ziehen?

Auf der Symptomebene imponieren – natürlich in westlicher Konstruktion – das selbstgerechte, extrem destruktive Kriegshandeln, die totale Ignoranz Russlands hinsichtlich der Menschenrechte, des Kriegsvölkerrechts und der Weltordnung. Russland legitimiert den kriegerischen Angriff auf die Ukraine im Wesentlichen mit zwei »Argumenten«: Bedrohung durch die Nato und die »historisch« legitime Wiederherstellung der großrussischen »Identität«. Es könnte sich damit als ganzer Staat in einem kollektiv-soziopathischen Zustand der Einsichtsunfähigkeit und des Wahns befunden haben.

Der Verstoß gegen Weltordnung und Kriegsvölkerrecht wurde durch die überwältigende Mehrheit von 141 Mitgliedern der UNO objektiv bestätigt. Dies macht zum einen die auch affektiv unterlegte Überzeugung im Westen verständlich, Russland müsse bestraft werden. Es legt aber zum anderen die Analogie zum kriminellen Soziopathen nahe, der Vernunft und Recht total ignoriert. Dem jegliches Recht verneinenden Soziopathen muss zwar zur Sicherung der Gesellschaft die Freiheit entzogen werden: hier natürlich undurchführbar. Zugleich müsste aber Resozialisierung, so etwas wie eine dem Gegenstand angemessene »kausale Behandlung« versucht werden. Voraussetzung dafür wäre eine adäquate Sozioanalyse des Konflikts nach dem hier skizzierten Modell. Es müsste also darum gehen, den komplexen Entwicklungsprozess dieser Störung zu verstehen, zu rekonstruieren. Es müsste versucht werden, so weit wie möglich die tatsächlichen und eben dem Kollektiv unbewussten »weltgesellschaftlichen Prozesse« zu erfassen, welche zu diesem »Stand der Dinge« geführt haben – um darauf adäquat zu reagieren.

Der hier vertretene Versuch kann – wie gesagt – nicht beanspruchen, angemessen aufzuschlüsseln, welches Bedingungsgeflecht zu diesem extrem destruktiven russischen Handeln geführt hat. Ich setze aber voraus, dass es nicht der einsame Plan eines wahnsinnig gewordenen Diktators Putin war. Analog zum intersubjektiven Prozess der individuellen Soziopathie haben wir es – so meine These – mit inner-russischen und internationalen Interaktions- und Verdrängungsprozessen zu tun, auch wenn der zentrale Akteur Putin doch inzwischen als Diktator agiert.

Dazu nur Stichworte und Anregungen für eine interdisziplinäre – historisch, rechts- und sozialwissenschaftliche – »De-Konstruktion«, und zwar mit der psychoanalytisch, großgruppenanalytisch und systemtheoretisch komplettierten Methode der Akteur-Netzwerk-Theorie von Latour (2010) als Rahmen. Dieser höchstkomplexe Ansatz lässt sich hier nicht ausführlich beschreiben. Sie könnte aber ergeben, dass ein komplexes inner-russisches, aber auch weltweites Interaktionsgefüge zur Entfaltung völlig unterschiedlicher Realitätswahrnehmungen, Ich-Funktionen, Strukturniveaus und Selbst-Formationen sowie entsprechenden Öffentlichkeiten und Narrativen geführt hat. Dem kollektiven russischen Ich entspricht der Beschluss der russischen Regierung, diesen Angriffskrieg zu führen. Vordergründig und objektiv betrachtet, geht es um ein imperiales Machtverhalten Russlands. Im Sinne intragesellschaftlicher Interaktionsprozesse gibt es zwar eine Opposition, die aber vollständig unterdrückt ist.

Aber auch den USA als ebenso imperialer Macht und anderen Akteuren – insbesondere der EU – kommen Anteile an diesem Interaktionsprozess zu (Preuß, 2023; Mearsheimer, 2023). Allerdings ist der aktuell entscheidende Unterschied nicht aus dem Blick zu verlieren: Die USA halten sich – dieses Mal anders als im Irak-Krieg – im Gegensatz zu Russland formal an die Weltordnung, auch wenn wir Vieles an den USA für kritikwürdig halten, während Russland bewusst mit extremer Destruktivität nach der Maxime »der Zweck heiligt die Mittel« handelt. Man kann es auch so sehen: In gewisser Weise ist Russland der dissoziale Symptomträger eines im Ansatz weltweiten makrosoziopathischen Geflechts.

Entsprechend der »Diagnose Makrosoziopathie« fokussiere ich hier die beteiligten unbewussten kollektiven Prozesse. Es könnte sich um eine mit Großgruppenprozessen und kollektiven Grandiositätsaffekten verschränkte systemische Verselbstständigung, Autosuggestion und Selbst-Isolierung Russlands handeln, ein von tatsächlicher Macht und Gewalt nach innen vorläufig stabilisiertes Größenselbst. Dieses Größenselbst könnte letztlich einerseits in bewusstem Streben nach und im Kampf um äußere Anerkennung seines Status resultieren, es könnte andererseits auf der Verdrängung kollektiver Ohnmacht- und Minderwertigkeitsaffekte beruhen. Machtgebaren sowie letztlich extreme Aggression in Form des Angriffskrieges wären dann als Ersatzbildung zu verstehen. Bevölkerung und sämtliche Institutionen scheinen mit allen Mitteln von Propaganda und Repression gleichgeschaltet, um die kollektive Verdrängung aufrechtzuerhalten. Dementsprechend funktionieren die klassischen Abwehrmechanismen Spaltung bzw. Feindprojektion, Verleugnung von Realität und projektive Identifizierung. »Der Westen« ist der Außenfeind, die eigene historische Entwicklung wird als bewusster »Auftrag zur Wiederherstellung« grandios überhöht. Spezifische historisch, sozioökonomisch und geopolitisch »aufgeschaukelte« innenpolitische Probleme könnten großflächige Ängste erzeugt haben, welche kompensatorische Allmachtsfantasien erfordern. Desgleichen könnten historische Traumatisierungen durch soziale Krisen, Revolutionen und Kriege, insbesondere den Angriff Deutschlands, mitgespielt haben. Darüber hinaus scheint sich eigendynamisch eine universelle, nicht mehr einholbare sadistische »Kriegslogik« entwickelt zu haben.

Wie wäre nun ein »vernünftiger« Umgang damit zu gestalten? Eine zukünftig denkbare Strafverfolgung wegen »Makrokriminalität« entsprechend der Idee von Herbert Jäger (1989) liefe ins Leere. Die totale Ignoranz Russlands für die Weltordnung und das Weltrecht ist als kollektiver Widerstand gegen Aufklärung und Bewusstwerdung, als Wiederholungszwang, zu verstehen. Er ist immerhin nur vorläufiger Endpunkt einer Entwicklung, in der einmal vom Beitritt Russlands zur NATO die Rede war. Russland gegenüber ist die Weltgemeinschaft in Form der UNO augenscheinlich absolut ohnmächtig: »Strafen« gemäß Kriegsvölkerrecht, ökonomische Sanktionen, Ermittlungen des Internationalen Strafgerichtshofs – nichts wirkt. Das einzige denkbare Mittel – Gewalt – entfällt wegen absehbar fehlender Einigkeit und in Realisierung der nur wenig veränderten weltpolitischen, ökonomischen und atomaren Macht Russlands – und aus Angst vor dem Atomkrieg. Immerhin haben 35 Länder der UNO-Resolution nicht zugestimmt und nur 46 Mitgliedsstaaten tragen die Sanktionen mit, gänzlich andere Kulturen, Interessen und kollektive Selbstformationen.

Es käme – analog zum »vernünftigen« Umgang mit dem soziopathischen Verbrecher – nicht auf Schuldspruch und Strafe an, sondern auf eine adäquate »Behandlung«. Solche müsste sich nicht nur auf eine irgendwie geartete, realistische Einwirkung auf Russland erstrecken, sondern auch auf die vielfältigen Mitbedingungen seitens »des Westens«. Voraussetzung dafür wiederum wären Bewusstmachung, Aufklärung und Selbstreflexion bezüglich der eigenen

»unvernünftigen« oder auch destruktiven Anteile am Interaktionsprozess auch aufseiten »des Westens«. »Behandlung« in diesem Sinne könnte realistischerweise nur in Form von Verhandlungen stattfinden, die – da »der Westen« ja faktisch intensiv am Krieg beteiligt ist – nur durch ein Zusammengehen »des Westens« zu verwirklichen wären. Das erscheint unrealistisch, und die Eskalation erscheint ohnehin zu weit fortgeschritten. Die Widerstände gegen nicht-moralisierendes Verstehen und die »Straflust« bei den westlichen Systemen erscheinen so erheblich, dass Verhandlungen extrem schwer in Gang zu bringen, vielleicht unmöglich sind. Gleichwohl wäre es zu versuchen. Jedenfalls scheint es aus realistischer politikwissenschaftlicher Sicht im Sinne der zukünftigen Friedenssicherung unerlässlich, das Anerkennungsbedürfnis auch dieses »Schurken-Staates« zu respektieren, auf moralisierende Schuldzuweisung und Strafe zu verzichten und im Interesse der zukünftigen Welt-Friedensordnung und auch des Klimaschutzes mittels Diplomatie Kompromisse zu schließen (Preuß, 2023; Verheugen, 2023; Mearsheimer, 2023). Damit könnten auch Prozesse der jeweiligen Selbstreflexion und Schuldverarbeitung ermöglicht werden, auch um Russland eine »Rückkehr in die Zivilisation« zu eröffnen. Erst recht könnte die Weltgemeinschaft daraus lernen, in anderen Zusammenhängen zukünftig die Alarmsignale frühzeitiger wahrzunehmen und präventiv zu agieren.

Abgesehen von diesem sicherlich fragwürdigen Anwendungsbeispiel könnten die Diagnose Makrosoziopathie und die hier gedachte Theorie sicherlich auf nicht wenige Phänomene der aktuellen Weltgeschichte angewandt werden.

Literatur

Adorno, T.W. et al. (1968 [1950]). *Der Autoritäre Charakter. Band 1.* De Munter.

Akhtar, S. (1999). *Immigration and Identity: Turmoil, Treatment, Transformation.* Jason Aronson.

Böllinger, L. (2012). Der psychosoziale Prozess staatlichen Strafens. In E. Hilgendorf & R. Rengier (Hrsg.), *Festschrift für Wolfgang Heinz* (S. 621–630). Nomos.

Böllinger, L. (2016). Das Drogentabu: Soziale Kontrolle von Ekstase. In F. Herzog, J. Wolter, R. Schlothauer & W. Wohlers (Hrsg.), *Rechtsstaatlicher Strafprozess und Bürgerrechte. Gedächtnisschrift für Edda Weßlau* (S. 477–490). Duncker & Humblot.

Böllinger, L. (2020). Terrorismus verstehen. *Psychosozial, 43*(2), 111–129.

Bohleber, W. (2019). Entwicklung der Konzeption des Unbewussten in der Psychoanalyse. In B. Haslinger & B. Janta (Hrsg.), *Der unbewusste Mensch. Zwischen Psychoanalyse und neurobiologischer Evidenz* (S. 73–98). Psychosozial-Verlag.

Bourdieu, P. (1993). *Soziologische Fragen.* Suhrkamp.

Bourdieu, P. (2000). *Meditationen*. Suhrkamp.
Bourdieu, P. (2005). *Die männliche Herrschaft.* Suhrkamp.
Busch, H.-J. (2001). Gibt es ein gesellschaftliches Unbewusstes? *Psyche – Z Psychoanal, 55*(4), 392–421.
Dahmer, H. (1973). *Libido und Gesellschaft.* Suhrkamp.
Devereux, G. (1982 [1970]). *Normal und anormal. Aufsätze zur allgemeinen Ethnopsychiatrie.* Suhrkamp.
Enzensberger, H. M. (1962). *Einzelheiten I. Bewußtseins-Industrie.* Suhrkamp.
Erdheim, M. (2013). Gesellschaftlich Unbewusstes, Macht und Herrschaft. *Psyche – Z Psychoanal, 67*(10), 1023–1050.
Fanon, F. (1985 [1952]). *Schwarze Haut, weiße Masken.* Suhrkamp.
Freud, S. (1912–1913a). *Totem und Tabu. GW IX.*
Freud, S. (1915e). Das Unbewußte. *GW X,* S. 264–303.
Freud, S. (1921c). *Massenpsychologie und Ich-Analyse. GW XIII,* S. 71–161.
Freud, S. (1939a [1934–1938]). *Der Mann Moses und die monotheistische Religion: Drei Abhandlungen. GW XVI,* S. 103–246.
Fromm, E. (1989 [1962]). *Jenseits der Illusionen. Die Bedeutung von Marx und Freud. Erich Fromm-Gesamtausgabe (GA). Band IX.* Deutsche Verlagsanstalt.
Fromm, M. G. (Hrsg.). (2012). *Lost in Transmission: Studies of Trauma Across Generations.* Routledge.
Habermas, J. (1962). *Strukturwandel der Öffentlichkeit.* Luchterhand.
Habermas, J. (1975). *Erkenntnis und Interesse* (3. Aufl.). Suhrkamp.
Habermas, J. (2022). *Ein neuer Strukturwandel der Öffentlichkeit und die deliberative Politik.* Suhrkamp.
Halbwachs, M. (1985). *Das kollektive Gedächtnis.* Suhrkamp.
Horkheimer, M. & Adorno, T. W. (1988 [1944]). *Dialektik der Aufklärung. Philosophische Fragmente.* S. Fischer.
Jäger, H. (1982 [1967]). *Verbrechen unter totalitärer Herrschaft. Studien zur nationalsozialistischen Gewaltkriminalität.* Suhrkamp.
Jäger, H. (1989). *Makrokriminalität. Studien zur Kriminologie kollektiver Gewalt.* Suhrkamp.
Kakar, S. (1996). *The Colors of Violence: Cultural Identities, Religion and Conflict.* University of Chicago Press.
Kakar, S. (1997). *Die Gewalt der Frommen.* C. H. Beck.
King, V. (2022). *Sozioanalyse. Zur Psychoanalyse des Sozialen mit Pierre Bourdieu.* Psychosozial-Verlag.
Latour, B. (2010). *Eine neue Soziologie für eine neue Gesellschaft.* Suhrkamp.
Leithäuser, T. & Heinz, W. (Hrsg.). (1976). *Produktion, Arbeit, Sozialisation.* Suhrkamp.
Lorenzer, A. (1976). *Die Wahrheit der psychoanalytischen Erkenntnis.* Suhrkamp.
Marcuse, H. (1968). Aggressivität in der gegenwärtigen Industriegesellschaft. In ders., A. Rapaport, K. Horn, A. Mitscherlich, D. Senghaas & M. Markovíc, *Aggression und Anpassung in der Industriegesellschaft* (S. 82–96). Suhrkamp.
Mearsheimer, J. (2023, 3. Juli). Die Dunkelheit vor uns. Teil I. *Cicero.* https://www.cicero.de/aussenpolitik/wohin-steuert-der-ukrainekrieg-john-mearsheimer-russland-nato-usa
Mitscherlich, A. & Mitscherlich, M. (1967). *Die Unfähigkeit zu trauern.* Piper.

Nadig, M. (2000). Interkulturalität im Prozess. In H. Lahme-Gronostaj & M. Leuzinger-Bohleber (Hrsg.), *Identität und Differenz. Zur Psychoanalyse des Geschlechterverhältnisses in der Spätmoderne* (S. 87–101). Westdeutscher Verlag.

Parin, P., Morgenthaler, F. & Parin-Matthèy, G. (2006). *Fürchte deinen Nächsten wie dich selbst. Psychoanalyse und Gesellschaft am Modell der Agni in Westafrika.* Psychosozial-Verlag.

Preuß, U. K. (2023). Den Krieg begreifen. Missverständnisse über den Ukraine-Krieg [Unveröffentlichter Vortrag, Wissenschaftszentrum Berlin].

Reich, W. (1965 [1942]). *Die Funktion des Orgasmus. Zur Psychopathologie und zur Soziologie des Geschlechtslebens.* De Munter.

Rosa, H. (2005). *Beschleunigung.* Suhrkamp.

Rosa, H. (2016). *Resonanz. Eine Soziologie der Weltbeziehung.* Suhrkamp.

Sandner, D. (2018). *Die Gesellschaft und das Unbewusste.* Suhrkamp.

Verheugen, G. (2023). Ab wann nahm das Verhängnis seinen Lauf? Zu den Beziehungen zwischen EU, Russland und Ukraine. *vorgänge, 239/240,* S. 7–17.

Volkan, V. D. (2014a). *Psychoanalysis, International Relations and Diplomacy.* Routledge.

Volkan, V. D. (2014b). *Animal Killer. Transmission of War Trauma from One Generation to the Next.* Routledge.

Wirth, H.-J. (2009). *Narzissmus und Macht. Zur Psychoanalyse seelischer Störungen in der Politik.* Psychosozial-Verlag.

Zepf, S. & Seel, D. (2020). Psychoanalyse und das gesellschaftlich Unbewusste. *Eine Entmystifizierung psychoanalytischer Konzepte.* Psychosozial-Verlag.

Der Autor

Lorenz Böllinger, Prof. em. Dr. jur., Dipl.-Psych., ist Professor für Strafrecht und Kriminologie am Fachbereich Rechtswissenschaft der Universität Bremen sowie Psychoanalytiker (DPV, IPA).

Kontakt per Mail: boe@uni-bremen.de

Zwischen Hoffnung und Desillusionierung

Ökozid als inneres Objekt

Wie gehen wir klinisch damit um?

Delaram Habibi-Kohlen

Einführung

Vor 50 Jahren brachte der Club of Rome seinen Bericht zu den Grenzen des Wachstums heraus. Die Gefahren der Treibhausgasemissionen waren darin bereits erwähnt. Beleuchtet wurden vor allem die Aspekte Industrialisierung, Bevölkerungswachstum, Nahrungsmittelsituation, Ausbeutung von Rohstoffen und Lebensraumzerstörung. Es wurden diverse Szenarien mittels Computersimulationen durchgespielt und daraus der Schluss gezogen, dass die absoluten Wachstumsgrenzen in den nächsten 100 Jahren erreicht sein würden. In seiner Rezeption stieß er vor allem bei ÖkonomInnen auf harsche Kritik, jedoch erwiesen sich bei den Neuauflagen 1992 und 2004 wie 2015 die Szenarien als realistisch. Heute befinden wir uns in einer Situation, in der uns die Folgen unserer Lebensweise eingeholt haben: Das Klima verändert sich, der Wandel ist nicht mehr aufzuhalten (im günstigsten Falle können wir die schlimmsten Erhitzungsgrade noch verhindern), und das Artensterben hat zur Folge, dass das biologische Gleichgewicht sich verändert: Täglich sterben 130 bis 150 Arten aus, etwa die Korallen: Sie sind Laichstätte und Nahrungsspender für viele Fischarten, aber auch Wellenbrecher, die einen Extremwetterschutz darstellen – außerdem binden sie CO_2.

Stirbt eine Art aus, zieht dies ein weiteres Artensterben nach sich, weil die einen die Basis für die anderen darstellen. Wir, die Kinder des technologischen Fortschritts, sind oft urban aufgewachsen und »wissen« nichts von der Interdependenz, weil wir gleichsam in einem Kokon leben, in dem wir uns unabhängig wähnen. Dennoch sind wir latent in unserem Lebensgefühl bedroht, was auch mit den Dauerkrisen der letzten Jahre zusammenhängt (Klimakrise, Pandemie, Finanzkrisen, Krieg). Wir leben in einer Zeit, in der wir zwischen einem gefühlten »Weiter-so« verharren mit der Illusion, wir hätten noch Zeit, etwas zu verändern, wenn es denn so weit wäre, dass wir wirklich müssten –, oder wir sind von einem *doomism* geprägt, also dem Gefühl, es sei sowieso schon zu spät, und deshalb könne man auch weiter so machen wie bisher. Letzten Endes kennzeichnet dies ein Paradox, das von der manischen Beschleunigung kündet, innerhalb derer wir erstarrt sind oder – man könnte es auch anders ausdrücken – in der wir immer mehr vom selben tun, in einem Wiederholungszwang, aus dem wir scheinbar nicht ausbrechen können.

Das Schwinden der Gegenwart

Die Psychoanalytikerin Christine Kirchhoff griff auf der Herbsttagung der Deutschen Psychoanalytischen Vereinigung (DPV) 2022 den Film *Der Angriff der Gegenwart auf die übrige Zeit* von Alexander Kluge auf und bezog seinen Gedanken über die gedehnte Gegenwart auf die Pandemie: Wir richteten uns ein in einem Provisorium, die Zeit stand still, wir hatten die Pause-Taste gedrückt. Nachträglich wurde die Zeit vor der Pandemie zur guten Zeit (zwischendurch gab es auch das Gefühl, dass die Zeit in der Pandemie zur guten Zeit mutiert, dann immer mit Bezug zu besserer Luft, weniger Hektik und Verkehr usw.).

Womöglich haben wir keine Ideen mehr zu einer guten Zeit in der Zukunft, weil wir gewahr werden, dass – nach unseren alten Maßstäben – nichts mehr besser wird, sondern schlechter. Wir werden weniger Geld verdienen, jedenfalls die meisten von uns. Es wird mehr Zerfall geben in jeglicher Hinsicht. Die Rechten halten sich die Illusion aufrecht, dass das goldene Zeitalter der Nation (in sich eine Illusion) zurückholbar ist und die Globalisierung nur in ihren positiven Auswirkungen möglich sei zu behalten, vor dem Rest könne man sich abschotten. Die Zukunft ist dann rückwärtsgerichtet und etwas zu Vermeidendes. Wir klammern uns an der Gegenwart fest und kümmern uns nicht mehr um eine Zukunft, die aus der Vergangenheit hätte lernen können. Zugleich leben wir gar nicht mehr in der Gegenwart, sind immer schon in manischer Weise einen Schritt weiter, oder besser gesagt »woanders«, in unseren Illusionen, dass das Leben besser wird, wenn wir dieses Auto haben oder jene Schönheitsoperation, oder das eine Tattoo oder jenes iPhone, oder wenn wir diesen Urlaub in einer Wellness-Oase oder einem Naturparadies verbringen, den Städtetrip unternehmen, oder auch nur diesen gehypten Film gesehen haben, weil wir die gefühlte Gegenwart, die uns Angst macht, nicht ertragen können. Der Soziologe Hartmut Rosa, der bildreich die Beschleunigung in unserer Zeit beschrieben hat, ist letztlich bei der Resonanz als Antidot zur Beschleunigung gelandet. Beschleunigung wurde vom französischen Medientheoretiker Paul Virilio als »rasender Stillstand« bezeichnet, und er prognostizierte der Welt einen komatösen Zustand, wenn die Realität der Präsenz verdrängt werde zugunsten einer virtuellen Welt. Habermas (2022) hat in seinem aktuellen Buch vom »Neuen Strukturwandel der Öffentlichkeit« eine mahnende Stimme erhoben gegen das Schwinden einer bürgerlichen Öffentlichkeit und einer vierten Gewalt im Staat durch eine mediale Zersplitterung, in der jede(r) nur noch in seiner Blase Informationen beziehe und Meinungen verbreite, die als Fakten verkauft würden. Diese Blasen seien zugleich entgrenzend, für jeden zugänglich, jede und jeder könne sich hier als AutorIn verwirklichen; sie seien aber auch einengend, weil nicht in guter Weise gestritten und sich auseinandergesetzt werde und die besseren Argumente zählten, sondern einerseits ein Konsens- und Harmoniezwang, und andererseits eine Lust an der Verwerfung und Lächerlichmachung herrschten. Dann sei nicht mehr klar bestimmbar, was privat, was öffentlich ist. Was ist hier innen und was ist außen?

Individualisierung in der Gesellschaft und Medizinalisierung der Psychoanalyse

Dieser Frage sind wir auch in unseren Behandlungszimmern ausgesetzt. Immer häufiger haben wir es mit PatientInnen zu tun, die von Instagram beeinflusst zu uns kommen und uns die vorherrschende Meinung ihrer Blase als die eigene verkaufen, sei es in Fragen von offener Beziehungsführung und Polyamorie, sei es in Fragen der Selbstoptimierung. Häufig dominieren Ängste um den eigenen Selbstwert und die Idee, man müsse im Wettbewerb in jedem Fall vorne sein. Das manifeste Leiden der PatientInnen scheint sich darum zu drehen, wie sie gesehen werden können, und um ihre große Angst vor Beschämung.

In den meisten Fällen scheint das Weltgeschehen keine Rolle zu spielen für das Innere unserer AnalysandInnen. Es wirkt sowohl für uns wie auch für sie selbstverständlich, dass es sich ausschließlich um rein individuelle Probleme handelt, weshalb sie eine Behandlung suchen. Nur in sehr seltenen Fällen (wie z. B. im Kontext von 9/11 oder der Wahl Trumps) sprechen PatientInnen vereinzelt von der Bedeutung, die das Äußere für sie hat, meist dann aber nur in einer Sitzung.

Die Psychoanalyse wie auch die von ihr abgeleiteten Therapieformen haben zwar immer schon das individuelle Erleben fokussiert, jedoch waren die 1970er und 1980er Jahre im Vergleich zur heutigen Situation noch mehr von einem Interesse an der kulturellen und soziologischen Einbettung der singulären Psyche geprägt. Die Medizinalisierung der Psychoanalyse ist vielfach beklagt worden, scheint jedoch noch lange nicht abgeschlossen, wie wir an der Anlehnung des neuen psychotherapeutischen Weiterbildungsgangs an das Medizinstudium sehen können. Sie kann betrachtet werden als Symptom einer größeren Dynamik, die seit dem Zweiten Weltkrieg zu beobachten ist und mit dem vorherrschenden ökonomischen Modell zu tun hat, in dem wir leben.

Entfremdung

Seit den 1980er Jahren, mit der Reagan- und Thatcher-Ära, hat der Neoliberalismus verstärkt Einzug in die Welt gehalten und brachte die Globalisierung mit sich, deren Vorteile wir heute genießen – sprich: eine größtmögliche Verfügbarmachung der Welt, die paradoxerweise aber eine zunehmende Isolierung des Einzelnen mit sich brachte. Zu dieser Isolierung gehört auch die gewachsene Entfremdung des Menschen seit der Industrialisierung. Der sich selbst entfremdete Mensch ist nicht mehr verbunden mit seinen Mitmenschen. Die Arbeitsteilungsprozesse und die Massenindustrie haben durch die damit verbundene Individualisierung Empathie zunehmend eingeschränkt. Die Menschen wurden zunehmend auf sich selbst zurückgeworfen und als nur für sich selbst verantwortlich entworfen, ohne auf den anderen schauen zu müssen. Eine scheinbare Unabhängigkeit griff um sich, je mehr dem Menschen durch technisierte Prozesse abgenommen wurde. Die Frankfurter Schule beschrieb die Prozesse der Entfremdung als ausufernd und endend in Sinnverlust und totaler Bürokratisierung, in der sich der Mensch den sogenannten »Sachzwängen« unterordnet und sich nicht mehr als verantwortlicher Akteur erlebt (Rosa, 2016, S. 566ff.). Der Soziologe Norbert Elias (1976 [1939]) beschrieb anschaulich das Verhältnis von Innen und Außen. Er sieht den »Prozess der Zivilisation« als gekennzeichnet von zunehmender Triebkontrolle und Scham, was verfeinerte Sitten und – in wechselseitiger Dynamik – ein sowohl differenziertes als auch unterdrücktes Gefühlsleben hervorbringt. Neben den positiven gesellschaftlichen Entwicklungen aber benennt er auch die Gefahr, dass der herausgehobene und vergrößerte Wert des Einzelnen zum Verlust des Gefühls für das Eingebettetsein in die Gesellschaft führt. Die Disziplinierung des Gefühlslebens, aber auch die Abtrennung vom Anderen, führe zu einer immer größeren Rationalisierung der Gefühle. Das Rationale werde schließlich als das eigentliche Wesen des Menschen wahrgenommen. Die Abspaltung des Menschen von der Gesellschaft, die als gegeben und »immer schon so« und nicht als gemacht oder in ihrem geschichtlichen Gewordensein erlebt wird, bewirke ein Gefühl der Passivität und Ohnmacht gegenüber dem Staat sowie die Wahrnehmung einer immer größeren Gegensätzlichkeit von Individuum und Gesellschaft und ihren Institutionen, was zu Egoismus anstatt Solidarität führe (Elias, 2001 [1987]).

Der Soziologe Ulrich Beck spricht von der »organisierten Unverantwortlichkeit« der Gesellschaft, in der dem Einzelnen immer mehr Verantwortungsdruck für seinen eigenen Erfolg aufgelastet wird, ohne eine Verwurzelung wie in vormaligen festen Rahmungen (Beck, 1986, 1997). Beck benannte die Gefahr, dass die Naturzerstörung in einer technisch ökonomischen Dynamik als normal und notwendig gelte, und prägte den Begriff der »Weltrisikogesellschaft«. Er konstatierte »eine tiefgreifende Institutionenkrise der ersten, nationalstaatlichen Industriemoderne selbst«; darüber hinaus sollte man deren Folgen nicht »Umweltprobleme« nennen (Beck, 1997, S. 35f.).

Was Elias über die Zusammengehörigkeit von Individuum und Gesellschaft denkt, kann man ebenso auf die Zusammengehörigkeit von Kultur und Natur beziehen, die gewöhnlich als Antagonisten verstanden werden. Die Natur, die als Unterwerfungsobjekt gedacht wird, gerät zum Ding, das benutzt, verwertet und entäußert wird, ertragsteigernd funktionieren soll. Eine solche Natur soll sich der Effizienz unterwerfen, Kultur denkt sich zunehmend als unabhängig von ihr. Je scheinbar unabhängiger die Kultur, desto mehr wird die Natur zu etwas Externem, mit uns nicht Verbundenem. Daraus entsteht dann aber auch eine Kultur, die nicht mehr um die Grenzen der Natur weiß, weil sie als unerschöpflich phantasiert wird; sie verliert den Bezug zu Geborenwerden und Vergehen und zur Notwendigkeit, innerhalb dieser Zeitspanne Sinn zu generieren. Sie wird seelenlos und überantwortet sich der Zerstreuung.

Dieser Zusammenhang wandert in der Folge in den Einzelnen hinein und verändert die Psyche. Sally Weintrobe (2021) nennt das Resultat eine *culture of uncare*.

Nun kann man sagen, Kultur hat immer schon die Psyche des Einzelnen geprägt – das wäre also nichts Neues. Die grundlegenden Probleme des Menschen blieben aber strukturell die gleichen. Der Mensch fragt sich immer, woher er kommt, wohin er geht und wer er eigentlich ist. Seine Probleme bewegen sich immer zwischen Autonomie und Abhängigkeit und handeln von den Beziehungsschwierigkeiten einschließlich der Beziehung zu sich selbst. Wenn ich mir das selbst sage, merke ich, dass es einen beruhigenden Charakter hat. Es vermittelt eine Festigkeit und eine Ruhe inmitten der rasend schnellen Veränderung der Welt; es erzählt von Gesetzmäßigkeit und Regelhaftigkeit. Dass es mich beruhigt, macht mich dann aber misstrauisch. Ich muss an Hans Jonas (2003) denken, der genau dies hinterfragt hat.

In der Hauptsache geht es ihm dabei um die heutige Reichweite menschlichen Handelns, die den bisherigen Raum sowie auch die bisherige Zeit, für die eine Handlung Relevanz hatte, in unvorstellbarer Weise überschreitet: Mit unserer heutigen Technologie können wir die Menschheit vernichten. Hans Jonas beschreibt eindringlich, dass alte Gewissheiten nicht mehr gelten, z. B. die, dass der menschliche Zustand in den Grundzügen ein für alle Mal feststehe. Dies kann heute, im Zeitalter der Digitalisierung, eindeutig verneint werden – man denke nur an das veränderte Hirnareal mit Blick auf den Daumen, das sich vergrößert hat durch den vermehrten Gebrauch dessen beim Nachrichtenschreiben auf dem Smartphone. Die jüngste Variante dieses Diskurses lässt sich in der medialen Auseinandersetzung um Formen Künstlicher Intelligenz finden. Jonas ging es um die Möglichkeit der Technik, die sich von der früheren Technik, die sich auf den Nahbereich bezog, weitgehend unterscheidet. Die Eingriffe in die Natur durch den Menschen in vortechnologischer Zeit waren überschaubar, und entsprechend war die damalige Ethik anthropozentrisch, d. h. auf das Wohlsein des Menschen bezogen. »Das sittliche Universum besteht aus Zeitgenossen und sein Zukunftshorizont ist beschränkt auf deren voraussichtliche Lebensspanne. Ähnlich verhält es sich mit dem räumlichen Horizont des Ortes […]. Alle Sittlichkeit war auf diesen Nahkreis des Handelns eingestellt« (ebd., S. 23). Auch Arbeitsteilung und Differenziertheit des Wissens waren weniger spezialisiert als heute, sodass die Abhängigkeit von ExpertInnen weniger ausgeprägt war. Hingegen habe die moderne Technik Handlungen von so neuer Größenordnung eingeführt, dass der Rahmen früherer Ethik sie nicht mehr fassen könne. Dies gelte umso mehr, als frühere Ethik nur mit nicht-kumulativem Verhalten rechnete, während die technologische Veränderung der Welt sich heute ständig selbst überhole und es keine vormaligen Erfahrungen mit den neu geschaffenen Bedingungen gebe.

Er fährt fort, dass Wissen zu einer vordringlichen Pflicht wird ebenso wie die Anerkennung des Nicht-Wissens und damit die Selbstbeaufsichtigung unserer übermäßigen Macht. Weil die Technik eine so immense Reichweite habe, dass sie sich selbst permanent überhole und sich immer größeren Raum in der Natur nehme, bestehe die Pflicht, der Natur ein Eigenrecht einzuräumen. Damit geht es Jonas also nicht mehr nur um das Wohl des Menschen, sondern um das Wohl des Planeten. Auf der Basis von Kants kategorischem Imperativ »Handle so, dass du auch wollen kannst, dass deine Maxime allgemeines Gesetz werde« macht er einen Vorschlag zu einer das Private überschreitenden Zukunftsethik: »Handle so, dass die Wirkungen deiner Handlungen verträglich sind mit der Permanenz echten menschlichen Lebens auf der Erde.«

Können wir davon sprechen, dass unsere »übermäßige Macht« von heute uns im Innersten verändert? Ausgehend von der Prämisse, dass Äußeres in Inneres hineinwandert und Inneres sich im Äußeren verwirklicht und es (um)gestaltet, müssen wir uns das fragen – psychoanalytisch gesprochen: Wie sieht unser Objekt im Inneren aus? Wenn ich im Titel von der ökologischen Katastrophe als innerem Objekt spreche, handelt es sich um die unbewusste Ausgestaltung des bewussten oder vorbewussten Wissens, dass wir bis zum Ende des Jahrhunderts die südliche Hemisphäre unbewohnbar gemacht haben könnten. Was bedeutet dieses Wissen und welche Auswirkungen hat es auf uns und auf unsere Psyche? Wie können wir den »rasenden Stillstand« der Einzelnen, die entweder beständig rennen, zugleich total erschöpft sind, adressieren und emotional erreichen, wenn ein solches Erreichen unendlich risikoreich und gefährlich erscheint und um jeden Preis zur Bewahrung der Identität verhindert werden muss? Denn ein solches Wissen ist identitätsbedrohend insofern, als ein Reagieren darauf unseren Alltag verändern würde, entweder weil wir individuell etwas verändern an unserem Wohnen, unserer Fortbewegung, unserer Ernährung, unserem Sein mit anderen, oder weil die Politik andere Voraussetzungen schafft, die mich zu solchen Veränderungen zwingt, oder weil unser Nichtstun Folgen zeitigt, die uns zwingen, auf Vertrautes zu verzichten, z.B. weil es nicht mehr verfügbar ist (Wasser oder bestimmte Lebensmittel). Wenn ich von der ökologischen Katastrophe als innerem Objekt spreche, meine ich damit eine unbewusste Phantasie, in der die Zukunft bedrohlich ist, es kein Mitgefühl mehr gibt, in der man ums Überleben kämpfen muss, in der Gewalt an der Tagesordnung ist, in der es unterschiedliche Klassen von Menschen gibt, in der Natur nicht mehr unmittelbar erfahrbar, weil sie draußen und abgesperrt ist. Das sind Bilder aus dystopischen Filmen, die uns prägen und virulent werden, wenn wir an die Zukunft denken. Andere Phantasien sind die von Allmacht, von der Fähigkeit, mittels KI die beste aller Welten zu kreieren. Es sind auch Bilder der Überwachung, was für die einen bedrohlich und verfolgend wirkt, für die anderen sicherheitsspendend. Es sind aber auch Bilder von immenser Schuld und Depression oder einer Trauer, die unermesslich scheint. Und *last, not least* leben wir in einer postfaktischen Welt, in der alles Mögliche behauptet werden kann und behauptet wird, ohne dass wir als Individuen das überprüfen können – gerade im Zeitalter der sozialen Medien. Wenn wir um uns herum sehen, wie die Bäume sterben, die Tiere aussterben und das Wasser schwindet, der Meeresspiegel steigt, die Welt sowohl brennt als auch überflutet wird, und zugleich merken, dass die notwendigen Prozesse, die schlimmsten Auswirkungen zu verhindern, verlangsamt statt beschleunigt werden, schwindet unser Vertrauen in Regierungen (Hickmann et al., 2021). Es schwindet das Vertrauen darauf, dass alles gut werden kann, weil jemand es gut mit uns meint. Es schwindet das Gefühl der Sicherheit und das Vertrauen in etwas Festes, das morgen auch noch Bestand hat und bleiben wird, z.B. auch mit Blick auf die bange Frage, was passiert, wenn Trump wieder US-Präsident werden sollte (oder in anderer Variante: Was passiert mit den gespaltenen Lagern in den USA, wenn er es nicht wird?) Das ist von größter Tragweite für den Einzelnen. Es muss unbewusst gemacht werden, damit es nicht zu bedrohlich wird, und das bedeutet, dass Menschen den Blick auf die Realität verbiegen müssen. Entsprechend ist es folgerichtig, dass eine ökologische Katastrophe, die wir beschrieben bekommen von der Wissenschaft und die mittlerweile sogar den Weg in die Wettervorhersage gefunden hat, in unserem *gefühlten* Bewusstsein nicht wirklich da ist. Man kann es nämlich nicht aushalten.

Was wir also in unseren Behandlungen wie auch in uns selbst vorfinden, ist eine Verleugnung des Problems, genauer gesagt, ein Unspürbar-gemacht-Haben und ein weitergehendes und ständiges Unspürbarmachen des Wissens, dass ein Teil der Menschheit am Ende unseres Jahrhunderts nicht mehr leben wird (wegen Nahrungsmittelknappheit, Wassermangel, Bürgerkriegen, Kriegen zwischen Staaten um Wasser, wegen der überwiegenden autoritativen oder totalitären Regierungen, weil die Demokratie abgelöst werden wird von den Populisten mit den einfachen Lösungen, wegen der Fluten, Dürren, Waldbrände, den Millionen von MassenmigrantInnen, die in Lagern unterkommen müssen oder im Meer ertrinken oder schlicht erschossen werden von den BewacherInnen an EU-Außengrenzen, die es dann geben wird). Dieses Wissen ist kognitiv verfügbar, es muss aber unwirksam gemacht werden. Dabei helfen die Desinformationskampagnen der fossilen Industrie, die früher den Klimawandel leugneten, und die heute, da dies nicht mehr so leicht möglich ist, die notwendigen Transformationen so weit wie möglich nach hinten schieben wollen. Von außen haben wir also viele Möglichkeiten und bereitgestellte Instrumente der Abwehr, warum wir etwas nicht wahrnehmen müssen. Wir kennen die Argumente, weil wir sie selbst benutzen: »Wieso sollen wir vorangehen, wo doch China weiter Kohlekraftwerke baut?« oder »die Politik soll was machen, wir als Einzelne können doch gar nichts ausrichten«. Dies sind sehr stabile Rationalisierungen (»Rationalisierung« bedeutet hier, dass das Individuum sich selbst und anderen etwas scheinbar rational erklärt, und dies aber ein anderes, unbewusstes Motiv verschleiert. Solch ein anderes Motiv könnte beispielsweise sein: »Ich will meinen Lebensstil nicht verändern müssen«). »Ich kaufe schon Bio, dann werde ich mir die eine Fernreise doch wohl noch leisten dürfen« oder »Ach es regnet, da fahr ich mal mit dem Auto, ich fahr ja sonst oft genug mit dem Fahrrad« sind ebenfalls rationalisierende Verrechnungen. Sehr wirksam ist auch die Isolierung des Gesamtzusammenhangs, indem die ökologische Katastrophe kleingemacht und verschoben wird – z. B. als Sterben der Eisbären (was gefühlt wird als etwas, was mich nichts angeht, da es keinen Einfluss hat auf meinen Alltag) oder als Untergang der Malediven (und nicht als Untergang von Rotterdam oder Hamburg). Von »Klimawandel«, »Klimakrise« oder »Klimakatastrophe« zu reden, ist bereits in sich eine Isolierung, ist doch die ökologische Katastrophe nur ein Symptom, allerdings das drängendste und zerstörerischste einer menschengemachten Omnipotenz und der Verleugnung der Abhängigkeit. Wenn wir von »Klima« sprechen, ist das weiter weg, peripherer, hat weniger mit uns zu tun, als wenn ich von »gesellschaftlichem Kollaps« oder »Ökozid« spreche. Verstecken wir uns hinter der Politik und sagen »Die sollen was machen«, verleugnen wir unsere Verantwortung dafür, unsere Gesellschaft mitzugestalten und politisch zu werden. Es geht nicht in erster Linie darum, unser individuelles Verhalten zu ändern, das nur einen Bruchteil der Veränderung ausmachen kann, solange die Infrastruktur unserer Städte und Dörfer sich nicht ändert in Sachen Verkehr, Bauen, Landwirtschaft, Heizung usw. – es geht darum, aus unserer individualistischen Apathie herauszukommen und mit PolitikerInnen zu sprechen, zu demonstrieren, öffentlich zu werden im Sinne eines Habermas'schen Diskurses. Nehmen wir stattdessen die *ganze* Verantwortung auf uns und wollen andere messianisch überzeugen, nicht mehr Fleisch zu essen, nicht mehr zu fliegen usw., kann das Ausdruck einer Omnipotenz sein, die die Anerkennung von Schmerz und Abhängigkeit abwehrt und die ebenfalls die Verbindung mit anderen, das Öffentliche, den politischen Raum scheut. Man kann alles mit allem abwehren. Die geschilderten Mechanismen halten uns zusammen und sie sind identitätsstabilisierend. Sie versichern uns, dass alles so weitergeht wie vorher. Zugleich sind sie lebensbedrohend, weil sie die Wirklichkeit nicht anerkennen.

Wie sollen wir in unseren Behandlungszimmern damit umgehen, dass Menschen sich ohnmächtig fühlen, apathisch, zugleich aber omnipotent als Prothesengott, narzisstisch und eingeschränkt in der Bindungsfähigkeit, getrieben von einem nur noch dem Ideal verpflichteten Über-Ich, das immer weiter nach Selbstoptimierung schreit – und dass sie sich nicht mehr zu fragen scheinen, wie und in welcher Gesellschaft sie leben möchten, weil das »Wie« des Lebens vorgeschrieben scheint?

Für mich hat das eine Voraussetzung, nämlich die der Reflexion und irgendwie gearteten Durcharbeitung dessen, was ich als »Schock« bezeichnen möchte, der eintritt, wenn wir die Verrücktheit der Welt, in der wir leben, wirklich zu uns durchdringen lassen. Wir leben in Bezug auf die ökologischen Verhältnisse unter denselben Bedingungen wie unsere PatientInnen, und bei den meisten Problemen, die es in Übertragung und Gegenübertragung zu bewältigen gilt, ist dies nicht deckungsgleich der Fall. Denn davon sind wir schon einmal berührt, getroffen, verletzt gewesen und haben das irgendwie durchgefühlt und durchgearbeitet, niemals komplett, aber so, dass wir etwas Distanz gewonnen haben, die durchaus auch verlorengehen, die aber erinnert und wiedererlangt werden kann. Wir können in den meisten Fällen eine im Großen und Ganzen triangulierende Position einnehmen. Dieses Triangulierende ist im Zuge der Thematik der Klimakatastrophe in Gefahr, wenn wir sie denken und fühlen in all ihrer Bedeutungsschwere. Es beginnt bereits, wenn ich diesen Text schreibe: Etwas in mir sagt, ich solle nicht so übertreiben. Ist das eine Abwehr der Depression, die mich ereilt, wenn ich tiefer darüber nachdenke? Ist das Nachdenken über das, was die Erderhitzung bei zwei Grad und über zwei Grad hinaus bedeuten könnte, etwas, was mich paradoxerweise gewissermaßen tödlich beruhigt, indem es suggeriert, ich muss mich jetzt nicht mehr aufraffen, weil es sowieso keinen Sinn hat? Ist es eine Manifestation des Todestriebs, eine apokalyptische Lust im Sinne einer Rache und zugleich Selbstbestrafung für all die, die immer noch so weitermachen wie bisher mit ihrem Überkonsum und dem »Das gönne ich mir jetzt mal«? Wäre das dann geboren aus dem Neid, weil ich mich so zurücknehme, oder wäre das die Verzweiflung über das eigene Nicht-verstanden-Werden? Und ist das Nachdenken über einen möglichen Verzicht eine Askese, geboren aus einer sadomasochistischen Organisation? Letzteres ist eine gewohnte Denkformel, die ihr Herkommen aus dem normal gewordenen Überkonsum nicht mehr reflektiert, sondern eben zur Norm erklärt hat. Es ist beunruhigend, wenn dies infrage gestellt wird.

In jedem Fall denke ich, wenn wir noch nie, und sei es auch nur kurz, den Schock gespürt haben, den es erzeugt, wenn wir denken, dass die Menschheit begrenzt sein könnte, werden wir in Gefahr sein, PatientInnen nicht zu verstehen, wenn sie von diesem Schock erzählen. Diesen Schock spüren wir dann, wenn wir uns bewusst machen, dass dies nicht irgendwann, sondern schon in diesem oder im nächsten Jahrhundert passieren kann. Oder wenn wir die Vorstellung in unser Gefühl lassen, dass es bald keine Bäume mehr geben könnte wegen Borkenkäfern und Dürre und wegen sich stetig wiederholender Waldbrände.

Allerdings erzählen die meisten PatientInnen gar nichts davon – zumindest nicht manifest. Eine Patientin aber erzählte davon:

> Frau A. kommt zu mir mit der Symptomatik einer permanenten Angst, nicht genug zu tun, nicht genug zu arbeiten gegen die Klimakrise. Sie litt unter dem Gefühl einer zunehmenden Isolation, dass sie ausgesondert würde, wenn sie etwas Kritisches anmerkte zu ökologisch schädlichem Verhalten im Freundeskreis. Andererseits hasse sie das, wenn sie sich als »Mitläuferin« erlebe und wieder mal nicht den Mund aufmache, nur um geliebt zu werden oder dazuzugehören.
>
> Die Patientin klagte sich im Verlauf ständig selbst in einer Weise an (»ich tue zu wenig«), dass ich den Eindruck gewann, sie forderte von mir

entweder eine Exkulpation oder ein Miteinschwingen in die Anklage von einer richterlichen Position aus, in der sie mich gern hätte. Sie stellte mich vor eine Reihe von Herausforderungen: Eine davon war, dass ich dagegen ankämpfen musste, zu schnell mit ihr zusammen in eine Art Verzweiflung zu gehen über den Zustand des Planeten, ohne zu überlegen, wofür dies ein Bild sein könnte, was zu tun hatte mit ihren Beziehungen zu ihren primären Objekten, die sie glaubte, beschädigt zu haben oder von denen sie sich im Stich gelassen fühlte. Wir könnten uns dann vereint fühlen in dem Gefühl, die anderen seien die Schuldigen und wir seien entweder im Besitz der Wahrheit oder aber seien die Opfer der anderen – eine sehr stabile Position, die wir heute sehen in den Verschwörungsnarrativen der Corona-Pandemie oder auch in den medialen Kämpfen um die Klimakrise. Die andere Herausforderung war – im Gegenteil – ihr Klagen über das Nichtstun der Regierung, die voranschreitende Verwüstung und Dürre, die Waldbrände und die schiere Unausweichlichkeit von Zerfall und Tod als rein metaphorische Verbildlichung zu nehmen für ihr individuelles Trauma. Dazu bot sich die als kühl, karg und sehr einsam erlebte Atmosphäre ihrer Kindheit und ein Aufwachsen in einer – wie Christopher Bollas das nannte – »normopathischen« Familie an. Die Frage war, inwieweit persönliches Trauma und überindividuelles, externales Trauma sich gegenseitig gestalten und auslegen, und ob ich dafür Worte finden könnte, die beides in Verbindung bringen.

Wenn wir zu schnell sind im Übernehmen einer der geschilderten Positionen, sind wir vielleicht blind für das Zusammenspiel von externer Welt und individueller Psyche. Nach meiner Erfahrung ist es für uns leichter, uns zurückzuziehen auf die Position der ausschließlichen Bearbeitung der individuellen Psyche, ohne die Welterfahrung in uns zu bewegen. Es hat den Vorzug des Vertrauten und es schließt die verstörenden Gefühle der Hilflosigkeit über eine überwältigende Welt, die wir nicht kontrollieren können, und in der wir zeitgleich mit unseren PatientInnen stecken und mit der wir fertig werden müssen, aus.

Nun kann man fragen, ob ein ohnmächtig machendes Objekt, egal ob Mutter oder Welt, ein ohnmächtig machendes Objekt ist, und dabei macht es dann keinen Unterschied, weil die Mutter doch die Welt ist? Eigentlich sind wir doch überzeugt, dass wir es immer mit der *Welt*erfahrung eines Menschen zu tun haben, die sich individuell ausgestaltet. Aber dennoch blenden wir oft geschickt aus, in welcher Weise die Welt sich einschreibt mit ihren »Tools«, sich verändernden Werten und Überzeugungen, durch sich verschiebende Normalitäten.

Wir denken in unserem analytischen Rahmen häufig in dieser vertrauten Weise, nämlich in der psychischen Realität. Wir sind es überdies gewohnt, die psychische der externen Realität entgegenzusetzen. Es geht aber gar nicht darum, die psychische gegen die externe Realität auszuspielen, sondern darum, die Bedingtheiten zwischen psychischen und ökonomischen, politischen, kulturellen Rahmenbedingungen zu untersuchen. Und es geht darum, die Auswirkungen der psychischen Realität vieler Einzelner auf die Gesellschaft zu analysieren, und beides zu beschreiben, und zwar in gegenseitiger Bezugnahme aufeinander, ohne dies in einer zu linearen Kausalität viel zu eng zu führen.

Im Zuge der heutigen Rahmenbedingungen sind wir leicht überfordert, was damit zusammenhängt, dass uns die Informationen und Bilder über die Welt einholen und zu überwältigen drohen. Faktisch grenzen wir das aus, spalten es ab, aber es gelingt nie ganz und holt uns spätestens somatisch ein.

Ich möchte der Frage nachgehen, ob sich etwas verändert, wenn wir ein Stück weit die äußeren Bedingungen in unseren Behandlungszimmern mitdenken. Dabei ließe sich vielleicht von psychoanalytischer Seite einwenden, dass wir das doch sowieso tun. Ich denke aber, dass wir dabei an bestimmten Stellen sozusagen aussteigen, und dass dies in Bezug auf die ökologische Krise eher wahrscheinlich ist als in Bezug auf andere Krisen, weil sie so umfassend und global ist und wir ihr nicht entfliehen können. Ich will die Schwierigkeiten beschreiben, indem ich weitergehend einige Ausschnitte aus der Behandlung mit der schon beschriebenen Patientin, insbesondere meine Gegenübertragung, darstelle.

> Die Patientin stellt dar, inwieweit sie das geschilderte Ausgeschlossensein erlebe, wenn sie über das Klima und das, was man tun könne, rede. Das werde mit der Zeit lästig für die anderen. Ich bin hier identifiziert mit dem Objekt und kann es nachvollziehen, wenn es lästig wird, wenn die Patientin andere überzeugen will. Ich frage mich, ob sie sich mit dem Gefühl, es richtig machen zu wollen, in einem Kokon einrichtet, der sie schützt vor der Angst.
>
> Auf der anderen Seite bemerke ich, dass es mir manchmal genauso wie der Patientin geht, und ich kenne das ungemütliche Gefühl, was mich überkommt, wenn im Freundeskreis von der nächsten Fernreise geschwärmt wird oder von der Planung des nächstmöglichen (emissionsreichen) Genusses und dann des nächsten, um möglichst noch viel mitzunehmen in der noch verbleibenden Lebenszeit, ohne Brechung oder Infragestellung oder Unsicherheit darin. Auch kenne ich das eigene sich aufbauende Gefühl von Fremdheit und Distanzierung. Es ist der Beginn einer Lagerbildung, einer Projektion des Bösen auf den Freund, die Freundin, eine paranoid-schizo-

iden Verfassung *in statu nascendi*. Und es wirkt sich aus als gegenseitiges Mauerhochziehen. Der andere beschuldigt einen des Extremismus oder eines totalitären Ökodiktats (medial konnten wir den Vergleich der »Letzten Generation« mit der RAF versuchen zu verdauen). Indem ich versuche, mich und die Patientin zu verstehen, und zugleich die komplementäre Seite sich auftut und ins Gefühl kommt, ergibt sich in mir ein Hin und Her. Jede Seite verspricht eine Erleichterung: Wenn ich die Patientin als extrem und als »anders« betrachte, ist sie pathologisch und ich bin in der Distanzierungsbewegung »auf der richtigen Seite«. Wenn ich den Freundeskreis wahrnehme als »verschanzt« und »im Tunnel des manischen Konsums«, sind die Patientin und ich »auf der richtigen Seite«.

Ich frage die Patientin nach dem eigenen Gefühl des Andersseins und sie erzählt, es sei immer schon so gewesen, dass sie sich als ausgesondert erlebt habe, und es habe schon in früher Kindheit den Wunsch gegeben, dazuzugehören, und in der Pubertät den Gegenwunsch bzw. den Trotz dagegen.

Auch hier wiederholt sich in meiner inneren Bewegung die Entlastung von vorher: Die Patientin ist also besonders vulnerabel aufgrund der Erfahrung des Ausgeschlossenseins und hat sich mit dem Trotz – und mit den Klimaaktivitäten – eine identitätsstabilisierende Burg gebaut, die sie vor dem Schmerz schützt, in dem Gefühl, dass sie das Richtige tue und die anderen nicht; auf der anderen Seite befeuert das den Schmerz, vor dem dies eigentlich schützen sollte. Eingedenk der Misstrauensbekundung der Patientin, ob ich sie wohl genauso sehe wie ihr richtendes Umfeld und weil sie mich die ganze Zeit genau ansieht, als wolle sie mich scannen, sage ich: »Ich kann mir vorstellen, dass Sie sich fragen, ob ich auch zu den anderen gehöre, die Sie seltsam finden und von denen Sie sich ganz isoliert erleben.« Die Patientin sagt, sie hoffe nicht, und sie glaube es auch nicht. Indirekt bestätigt sie aber eine gewisse Angst und vielleicht auch einen Zweifel: Die Patientin sagt, sie verstehe nicht, wieso sie eigentlich darin so allein dastehe. Auf der Arbeit verstünden sie die Leute, aber da wo sie lebe, habe sie keine gleichgesinnten FreundInnen.

In ihrem Affekt liegt etwas wie ein kämpferisches Aufbegehren, dass sie doch Recht habe, und ich bekomme eine Ahnung davon, dass es vielleicht nicht einfach ist, sie anzunehmen in ihrem Recht-haben-Wollen.

Im Kampf gegen die Zerstörung des menschlichen, tierischen und pflanzlichen Lebensraums bewahrt die Patientin einerseits ihren Wunsch nach dem Echten und Lebendigen. Zugleich ist sie aber identifiziert mit dem rechthaberischen Objekt und kämpft auch dagegen an, weil sie mit ihrer Isolation konfrontiert ist und damit, dass sie ihren Eltern ähnlich ist in diesem Aspekt. Ich erlebe sie als in der Omnipotenz und einem Ich-zerstörenden Perfektionismus gefangen, und denke, dass sie den Hass auf das Objekt, von dem sie sich nicht gesehen fühlt, auf die richtet, die in ihren Augen die Mutter Erde im Stich lassen und diese nicht sehen. Dieses individuelle Trauma des Nicht-gesehen-Werdens und des Alleinseins korrespondiert mit dem Gefühl, dass sie allein ist im Kampf gegen die Lebenszerstörung um sie herum und offenbar obendrein allein ist mit ihren Gefühlen der Trauer und Ohnmacht.

Behandlungsschwierigkeiten

Ich frage mich, wie wir mit Menschen, die sich politisch engagieren oder als AktivistInnen tätig sind, arbeiten können, ohne sie zu pathologisieren, sie aber gleichwohl in ihren Schwierigkeiten sehen können. Ich erlebe hier eine spezielle Behandlungsschwierigkeit, da es sich neben dem individuellen Problem auch um einen kulturellen Kampf dreht, in dem wir alle einen Standpunkt einnehmen, den wir uns im Behandlungszimmer bewusstmachen müssen oder der sich uns einfach aufdrängt, z. B. weil uns etwas wütend macht oder auch depressiv. Normalerweise finden wir hier im analytischen Rahmen eine Sicherheit und halten in der Bifokalität eine Balance. Wir fühlen uns ein und überprüfen unsere Gefühle, analysieren die Gegenübertragung. Das ist nicht mehr ganz so einfach, wenn wir unsicher sind, was uns z. B. in der ökologischen Krise noch alles erwarten wird und ob gesellschaftliche, wirtschaftliche und kulturelle Transformationen etwas nützen werden, und ob sie jetzt notwendig sind in einer radikalen Form oder in allmählicher, langsamer Entwicklung. In einer postfaktischen Gesellschaft, in der wir nie so genau wissen, welchen Fakten wir trauen dürfen oder sollen, ist es noch einmal mehr unsicher. Im kulturellen Kampf kann jede Äußerung in Gefahr geraten, absolut zu wirken und zu polarisieren: absolute Freiheit gegen absolutes Verbot. Aktuell erleben wir das in den erbitterten Kämpfen im Zusammenhang mit einer Cancel-Culture. In beiden Positionen repräsentiert sich ein Widerstand gegen den Schmerz des kollektiven Sterbens – man könnte auch sagen gegen das Spüren der Abhängigkeit. Diese Abwehr gegen den Schmerz nimmt auf der einen Seite die Form der Verleugnung an in all ihren Facetten, und auf der anderen Seite nimmt er die Form an, mit Omnipotenz und Kontrolle, dem was man aufbieten kann, das Sterben aufhalten zu wollen. Wenn es uns aber gelingt, die Freuden des

Konsums und den Anspruch, dass doch alles bleiben soll, wie es war, in uns selbst auszumachen und zugleich die Infragestellung zu wagen, und beide Seiten einander anzunähern, gibt es einen Raum zur Verständigung. Die Kunst besteht darin, trauern zu können, ohne dabei in der Passivität steckenzubleiben.

Literatur

Beck, U. (1986). *Risikogesellschaft. Auf dem Weg in eine andere Moderne.* Suhrkamp.

Beck, U. (1997). *Weltrisikogesellschaft, Weltöffentlichkeit und globale Subpolitik.* Picus.

Elias, N. (1976 [1939]). *Über den Prozess der Zivilisation. Zwei Bände.* Suhrkamp.

Elias, N. (2001 [1987]). *Die Gesellschaft der Individuen.* Suhrkamp.

Habermas, J. (2022). *Neuer Strukturwandel der Öffentlichkeit und die deliberative Politik.* Suhrkamp.

Hickman, C., Marks, E., Pihkala, P., Clayton, S., Lewandowski, R. E., Mayall, E. E., Wray, B., Mellor, C. & van Susteren, L. (2021). Climate anxiety in children and young people and their beliefs about government responses to climate change: a global survey. *Lancet Planet Health, 5*(12), e863–e873. https://doi.org/10.1016/S2542-5196(21)00278-3.

Jonas, H. (2003). *Das Prinzip Verantwortung.* Suhrkamp.

Meadows, D., Randers, J. & Meadows, D. (2015). *Grenzen des Wachstums. Das 30-Jahre-Update. Signal zum Kurswechsel.* S. Hirzel.

Reimer, N. & Staud, T. (2021). *Deutschland 2050. Wie der Klimawandel unser Leben verändern wird.* Kiepenheuer & Witsch.

Rosa, H. (2005). *Beschleunigung. Die Veränderung der Zeitstrukturen in der Moderne.* Suhrkamp.

Rosa, H. (2016). *Resonanz. Eine Soziologie der Weltbeziehung.* Suhrkamp.

Virilio, P. (1997). *Rasender Stillstand.* S. Fischer.

Weintrobe, S. (2021). *Psychological Roots of the Climate Crisis. Neoliberal Exceptionalism and the Culture of Uncare.* Bloomsbury.

Die Autorin

Delaram Habibi-Kohlen ist niedergelassene Psychoanalytikerin (DPV, IPA, DGPT) in Bergisch Gladbach und Lehranalytikerin an der PsAG Köln-Düsseldorf e. V. Seit mehr als zehn Jahren arbeitet sie zur Thematik der Klimakatastrophe aus psychoanalytischer Sicht und ist Mitglied in verschiedenen Gruppen dazu (regional, national, international).

Kontakt per E-Mail: d.habibi-kohlen@netcologne.de

Zukunft als Katastrophe?

Palliativ-Gesellschaft zwischen (Klima-)Angst und Abwehr

Vera Kattermann

Mit »Palliativgesellschaft« hat der Philosoph Byung-Chul Han (2020) einen prägnanten Begriff für die derzeitige emotionale gesellschaftliche Atmosphäre geprägt. Es ist ein Wort, das aufhorchen lässt und Assoziationen freilegt: Liegen wir als Menschheit im übertragenen Sinne auf der Palliativstation? In seinem gleichnamigen Buch beklagt Han die zur Normalität gewordene Phobie vor seelischem und körperlichem Schmerz und stellt fest, wir hätten »keine Sinnbezüge, keine Narrative, keine höheren Instanzen und Zwecke mehr, die den Schmerz überspannen und erträglich machen würden« (ebd., S. 36). Stattdessen würden Schmerz, Ohnmacht, Schwäche und Angst als notwendige Voraussetzung für eine Gesellschaft unter Selbstoptimierungsdruck betäubt. In der Leistungsgesellschaft stehe – so sagt er – die Forderung im Raum, allzeit glücklich und aktiv zu sein – ein perfides Herrschaftsinstrument. Denn so ist sich der

> »Unterworfene [...] nicht einmal seiner Unterworfenheit bewusst. Er wähnt sich in Freiheit. Ohne jeden Fremdzwang beutet er sich freiwillig in dem Glauben aus, dass er sich verwirkliche. [...] *Sei frei* erzeugt einen Zwang, der verheerender ist als *Sei gehorsam* [...]. Unterwerfung vollzieht sich als Selbstoptimierung und Selbstverwirklichung« (ebd., S. 18).

Der Philosoph weist damit auf unsere merkwürdige gesellschaftliche Doppelwirklichkeit hin: Einerseits sind wir so frei, aktiv und – den Selfies zufolge – so glücklich wie noch nie, andererseits sind wir eingezwängt im Druck nach Selbstoptimierung und Resilienz, angetrieben von den Schrittezählern in den Smartphones und der Notwendigkeit ihrer und unserer beständigen Updates, und erschöpft von konkreten und sich zuspitzenden Krisen, die in apokalyptischen Szenarien zu enden drohen. Han geht es also um den Zusammenhang von Lebensglück als Leistungsauftrag und der damit verbundenen Anästhesierung von Schmerz und kritischem politischen Bewusstsein. Was seine Analyse – und das ist merkwürdig – allerdings an keiner Stelle explizit diskutiert, ist die Todesdimension der Palliativvokabel. Geht es ihm eher vorbewusst um die hinter diesen Phänomenen liegende Todesfurcht, müssen wir dann die von ihm beschriebene Schmerzphobie nicht eher als Todesphobie verstehen?

Lassen wir uns etwas eingehender auf seine Metapher ein. Palliativmedizin ist

> »die aktive, ganzheitliche Behandlung von Patienten mit einer progredienten, weit fortgeschrittenen Erkrankung und einer begrenzten Lebenserwartung zu der Zeit, in der die Erkrankung nicht mehr auf kurative Behandlung anspricht und die Beherrschung der Schmerzen, anderer Krankheitsbeschwerden, psychologischer, sozialer und spiritueller Probleme höchste Priorität besitzt«

–, so die Definition der Deutschen Gesellschaft für Palliativmedizin.[1] Übertragen wir diese Definition auf die aktuelle gesellschaftliche Situation, so wird die umfassende Beklemmung wie auch die Dringlichkeit ihrer Abwehr deutlich. Die eigentlichen Ängste und Schmerzen angesichts dessen, dass keine Heilung mehr möglich scheint (weder für uns noch für die Ökosphäre), macht die Beherrschung von Schmerzen zur obersten Priorität – in der Palliativmedizin über die sogenannte »palliative Sedierung«. Darunter

> »versteht man die Verabreichung von Medikamenten, die das Bewusstsein sterbender Patienten dämpfen, um belastende Symptome wie Luftnot, Schmerzen oder Angst in der letzten Lebensphase zu lindern oder auszuschalten. Das Bewusstsein des Patienten soll nur so weit reduziert werden, wie es zur Linderung unerträglichen Leiderlebens notwendig ist« (Ostgathe et al., 2021, S. 16).

Die wirksamste Form einer solchen Anästhesie ist nach Han die Digitalisierung (Han, 2020, S. 46). Sie hüllt uns in einen wärmenden Schutzmantel, der vor der Realität abschirmt: Das lateinische Wort *palliare* heißt »mit einem Mantel umhüllen«, »bemänteln« »verbergen« oder »schützen«, und ist abgeleitet von *pallium*, der »Mantel«. Es ist eine einfache Umschreibung für das, was wir in psychoanalytischen Kontexten »Abwehrformation« nennen. In der zunehmend exzessiven Mediennutzung zeigt sich die permanente Suche nach Unterhaltung und Leichtigkeit als besonders pragmatische Ausprägung dieser Art seelischer Verdrängung und Verleugnung. Der Rückzug ins »Serien-Suchten« bei Netflix &

1 Siehe dazu https://www.dgpalliativmedizin.de/images/stories/Was_ist_Palliativmedizin_Definitionen_Radbruch_Nauck_Sabatowski.pdf

Co., der Rückzug auf ein weiches Sofa, wie auf einen bergenden Mutterschoß oder unter eine wärmende Decke, kann die zu bedrohliche, zu verwirrende und zu überfordernde Wirklichkeit systematisch fernhalten. Medien und Serien (aber auch Social Media) sind zu vielfach geteilten »Orten seelischen Rückzugs« geworden, zu Orten, aus denen unerträgliche Gefühle, seelische Schmerzen und als verfolgend erlebte Objekte eliminiert sind – so zumindest charakterisiert letztere der britische Psychoanalytiker John Steiner (1999). Dies erspart dem überforderten Ich zwar die Anstrengungen von Emotions- und Frustrationsregulation, verhindert jedoch die notwendige und adäquate Auseinandersetzung mit der Realität – in der weiter oben zitierten Formulierung der Palliativmedizin: »Das Bewusstsein des Patienten soll nur so weit reduziert werden, wie es zur Linderung unerträglichen Leiderlebens notwendig ist.«

Sollten wir also versuchen, doch etwas apokalypsetauglicher zu werden? Immerhin ist Schmerz – ähnlich wie Angst – ein eigentlich überlebenswichtiges Signal, das zu Schutz, Vorsorge und vor allem Verhaltensänderung auffordert. »Schmerz ist ein verlässliches Kriterium der Wahrheit«, so Han (2020, S. 43). Er »schärft die Wahrnehmung für den Leib und seine eigentliche Kostbarkeit« (ebd., S. 45). Und wir können ergänzen: Er schärft die Wahrnehmung für unsere Abhängigkeit von einem intakten Kosmos und seiner umfassenden Kostbarkeit.

Was genau aber könnte das dann heißen: »apokalypsetauglich«? Den Mantel wieder zu öffnen, so wie es das Wort der Apokalypse, griechisch für »Enthüllung«, auch nahelegt? In diesem Aufsatz möchte ich versuchen, kollektive Todesängste und -phantasien genauer zu ergründen und ihre bewussten und unbewussten Dimensionen auszuloten. Das ist nicht leicht und erfordert tatsächlich die Fähigkeit zum *thinking unter fire – thinking under apokalyptic fear* könnten wir in diesem Fall präzisieren.

Nachdenken über das Apokalyptische

Apokalypse-Phantasien faszinieren. Literatur, Film und Fernsehen malen sie ebenso genüsslich wie katastrophisch aus. Aber es gilt sich zu vergegenwärtigen, was genau mit dem Terminus der Apokalypse eigentlich gemeint ist: Der komplette Weltuntergang? Von welcher Welt oder aber von welchen Lebenswelten? Geht der Planet Erde unter? Geht eine Kultur unter? Geht *die* Kultur unter?

Robert Folger (2021), einer der beiden Direktoren des Kollegs für Apokalyptische und Postapokalyptische Studien in Heidelberg (CAPAS), versteht das Apokalyptische als zeitlich und örtlich begrenzt. Entscheidendes Kennzeichen einer Apokalypse sei eine Klippe, die überschritten wurde – also eine Art *point of no return*. Folger weist darauf hin, dass die Menschheit schon viele Apokalypsen erlebt habe, wie etwa in Lateinamerika, als im Zuge der Kolonialisierung etwa 90 Prozent der Bevölkerung ausgelöscht worden sei. Als Menschheit seien wir also bereits mit viel apokalyptischem Krisenwissen ausgestattet. In der Vorstellung der Maya-Kultur z. B. sei die Vorstellung vorherrschend, dass der Untergang der Welt sich zyklisch wiederholt: Sie geht unter und eine neue erscheint (ebd.).

Das CAPAS präzisiert das Verständnis des Apokalyptischen: Es sei

> »durch radikale Veränderungen der Lebensbedingungen gekennzeichnet, die grundlegende Reformen nach sich ziehen […]. Der apokalyptische Untergang einer Welt zeigt den wahren Sinn und die Bestimmung dieser Welt. In einer Apokalypse nehmen die destruktiven Kräfte, die wir in der realen Welt beobachten können, eine selbstzerstörerische Form an, die von Beginn an in ihr angelegt ist. Apokalypsen sind also keine von außen über uns hereinbrechenden Katastrophen, die zu einer allgemeinen, sinnlosen Zerstörung führen. Das apokalyptische Ende einer Welt offenbart vielmehr, dass diese von Anfang an dem Untergang geweiht war. Somit hat die Apokalypse als Denkfigur auch eine diagnostische Funktion: Sie ermöglicht eine kritische Sicht auf die Welt, die Natur und den Platz des Menschen in ihr sowie die Herausforderungen, die sich angesichts eines Systemkollapses und möglicher Zukunftsszenarien stellen«.[2]

Unabhängig von der Frage, ob eine neue Welt nach dem Untergang der alten erscheinen mag, macht die der Apokalypse inhärente Qualität selbstzerstörerischer Destruktivität angesichts der Klimakrise besonders hellhörig: Wieso führt die Einsicht nicht in die tatsächlich akut notwendigen politischen und persönlichen Verhaltensänderungen? Welche Form selbstzerstörerischer Qualität ist hier am Werk? Die Pro-Kopf-CO2-Jahresemissionen in Deutschland lagen im Jahr 2023 bei etwa 11,3 Tonnen, klimaverträglich wäre etwa eine Tonne. Im täglichen Umgang mit den verheerenden und langfristigen ökologischen wie sozialen Folgen von Gier und grenzenlosem Wachstum werden Szenarien einer umfassenden Annullierung der Ökosphäre und unserer Existenz zunehmend konkreter, die damit verbundenen Ängste werden vielgestaltiger und akuter, sie finden aber keine ausreichend relevanten Antworten.

Das eigentlich Perfide an den gegenwärtigen Bedrohungen ist, dass sie inzwischen nicht mehr lokal eingrenzbar oder zeitlich umrissen sind. Die Katastrophen entfalten sich in globalen Wechselwirkungen. So haben wir es mit einer neuen

2 https://www.capas.uni-heidelberg.de/de/ueber-uns/unsere-praemissen

Dimension der Zerstörung zu tun, die in einer umfassenden Auslöschung auf *allen* Ebenen des Lebendigen enden kann. Das Apokalyptische nimmt gleichsam biblische Ausmaße an – die gesamte Welt, Menschheit und Ökosphäre, ist bedroht, und diese Bedrohung ist in ihren Verläufen unberechenbar –, auch und gerade wenn wir gar nichts machen. Die *tipping points* der Klimakrise sind nicht akkurat kalkulierbar. Wir wissen nicht *genau*, was kommen wird und welche Folgen das wiederum haben wird. Das Verhältnis von Wissen und Nicht-Wissen, von Planbarkeit und Kontrollverlust, ist trotz der umfangreichen Forschungen verschwommen. Die Dynamiken sind nicht linear antizipierbar: Errechnete Szenarien könnten Phantasien sein, Fiktives wird vielleicht wirklich real. Die wissenschaftlichen Zukunftsszenarien sind ebenso konkret wie diffus. Ein Beispiel dafür ist das Auftauen der Permafrostböden: Es ängstigt auch deswegen, weil niemand von uns weiß, welche klimatischen Kettenreaktionen dadurch hervorgerufen werden. Dies ähnelt den Prinzipien des Unheimlichen, die Freud (1919h) beschreibt – und vermutlich macht gerade dies die Bedrohungsgefühle derzeit so tief und umfassend. Wir können uns nicht gezielt schützen, solange die Konturen der Bedrohung unscharf sind.

Das »katastrophische Imaginäre« (Horn, 2014, S. 29), das Verschwimmen von Realität und Fiktion, von realer und fantastischer Angst ist auch deswegen so unheimlich, weil wir über die Vernunft, also mit dem logischen Denken allein, kein Gefühl der Kontrolle mehr erreichen können. Vielmehr laden sich die Prognosen und Statistiken unbewusst auch mit den uns bekannten, kollektiven *Erzählungen* des Apokalyptischen auf. Das gegenwärtige Faktenwissen und die Datenlagen treffen auf apokalyptische Mythen und Fiktionen, die menschheitsgeschichtlich tradiert die unbewussten Ängste und Vorstellungen in einem Sinnkontext verorten. Steht zur Disposition, wie wir in den sich mehrenden Extremsituationen reagieren werden und auf welche inneren und äußeren Strukturen wir dabei eigentlich zurückgreifen können, so imaginieren wir dies auch in den uns vertrauten apokalyptischen Bildern und Erzählungen. Und hieraus leiten wir Szenarien ab, fragen uns etwa in Bezug auf unser eigenes Leben und das der Gruppen, Institutionen und Kontexte, in denen wir uns bewegen: Wie werden wir miteinander sein und umgehen, wenn der dünne Firnis der Zivilisation aufgeplatzt ist und wegbricht? Welche kollektiven Angst-*Phantasien* werden also durch die aktuellen wissenschaftlichen Szenarien (in all ihrer Unvorhersagbarkeit) wachgerufen?

Tatsächlich sind Phantasien vom Ende in die frühesten uns bekannten Erzählungen und Mythen über das Menschengeschlecht verwoben. Viele heilige Schriften erzählen von Extrem-Desastern, die (wenn überhaupt) nur wenige Ausgesuchte überleben. Das Atrachasis-Epos der Babylonier etwa erzählt vom ältesten überlieferten Flutmythos der Welt, welcher 3.700 Jahre alt ist (Grüter, 2011, S. 18). Hier schicken die Götter, genervt vom Lärm der sich ständig vermehrenden Menschen, zunächst eine Seuche, dann eine Dürre, dann eine Hungersnot – der Lärm aber endet einfach nicht, sodass die Menschenplage mittels Überflutung endgültig beseitigt werden soll. Erst im Tosen der Gewässer dämmert den Göttern, dass sie mit den Menschen ja auch ihre Diener verlieren, und zeigen sich dankbar und erleichtert, als die Flut nach sieben Tagen zurückgeht. Einige Menschen haben sich retten können: auf einer Arche, also so wie bei Noah, den die Bibel dann etwa 800 Jahre später zusammen mit seiner Frau und den Tieren über das biblische Gewässer schippernd überleben lässt. Die Bibel erzählt aber auch von einer neutestamentarischen Endzeit, die bis heute ebenso entsetzt wie fasziniert und die unsere Apokalypse-Vorstellungen wesentlich bestimmt: Die Johannes-Offenbarung entwirft ein komplex-katastrophisches Szenario des Menschheitsendes, und erzählt von Chaos, Teufel und Dämonen. Die letzten Posaunen lösen Naturkatastrophen aus, die den Kosmos zerstören. Vom Himmel mit Sonnen- und Mondfinsternis fallen auch die Sterne herab. Die vier apokalyptischen Reiter künden von Gewalt, Krieg, Hungersnot und Seuchen. Es lässt sich kaum ein umfassenderes Kompendium des Horrors ersinnen.

Jede Kultur und jede Religion kennt ihre eigene Endzeiterzählung: Wir finden sie bei den Azteken, bei amerikanischen Indigenen, in der Edda, also der Sammlung nordischer Mythen, und vielen weiteren (Grüter, 2011). Heute entwerfen uns Science-Fiction-Literatur und Filme Szenarien eines umfassenden Endes der Welt.

Haben sich Menschen und Kulturen also seit Jahrtausenden mit archaischen *Phantasien* einer *umfassenden* Vernichtung *allen* Lebens, welche die *gesamte* Ökosphäre auszulöschen droht, beschäftigt, so sind dies heute nicht mehr nur skurrile Imaginationen, sondern *real mögliche* künftige Wirklichkeit. Der Sicherheitsabstand, der die Phantasie als solche markieren würde, fehlt; Faszination kippt in Angst. Das ist das essenziell Neue, Verwirrende und zutiefst Unheimliche, das die Anästhesie nötiger denn je macht: Wir können nicht mehr klar unterscheiden zwischen einer ausreichend sicheren Realität und einer gruseligen Fiktion, die bedrohlich, aber nicht real ist: »Niemand von uns glaubt, dass es je geschehen kann – jedenfalls nicht uns. Wir sind in diesem Punkt alle verrückt«, schreibt Eva Horn dazu bereits im Jahr 2014 (S. 89). Sie hat als Kulturwissenschaftlerin das faszinierend zu lesende Buch *Zukunft als Katastrophe* geschrieben, das diesen Beitrag wesentlich inspiriert hat. Viele ihrer Gedankenanregungen werde ich im Weiteren aufnehmen und diskutieren.

Eva Horn präzisiert das Unwirkliche der aktuellen Klimakatastrophe als Phänomen der Latenz. Es basiert nicht auf großen, dramatischen Krisenauslösern, sondern auf dem alltäglichen technischen Fortschritt und seinen Folgen (wie etwa die Erfindung von Flugzeugen oder Autos) und scheinbar kleinen Entscheidungen (Monsanto darf weiterhin Glyphosat verkaufen; Kerosin wird weiterhin nicht besteuert usw.). Die schwer greifbare und im banalen Alltäglichen wurzelnde Kriseneskalation ist doppelt gravierend. Zum einen enthält sie eine fatale Art von Futur II: Wir werden gewusst haben, dass wir heute an spezifischen Punkten hätten einschreiten müssen, die wir nicht klar genug erkannt haben (ebd., S. 29f.). Zum anderen basiert die prognostizierte Krise auf einer Kumulation vielfältiger scheinbar nebensächlicher Entscheidungen: privat, wirtschaftlich, politisch. Das Katastrophische ist somit unserem alltäglichen Tun inhärent, reproduziert sich alltäglich auch in scheinbar belanglosen Entscheidungen und ist weder in seinen Ursachen noch in seinen Auswirkungen unmittelbar greifbar. Klimaangst, wie die »Klimakleber« sie äußern, Klima-Trauer und Verlust-Schmerz angesichts des zu beobachtenden Ökozids dürften von dieser Warte aus gesehen ein Zeichen psychischer Gesundheit sein, auch wenn man geteilter Meinung darüber sein kann, wie konstruktiv und wie hilfreich der »Klebe-Protest« tatsächlich war. Umgekehrt gefragt: Wäre es nicht erschreckend, wenn tatsächlich fast alle weiter so tun, als wäre nichts? Man könnte sagen: Die »Klimakleber« versuchen die Palliativgesellschaft wachzurütteln, das Katastrophische im Alltäglichen (vielleicht etwas hilflos) konkret anzuklagen und erfahrbar zu machen.

Zur Latenz der Katastrophen-Fiktionen

Eva Horn charakterisiert das Schwer-Begreifbare der gegenwärtigen Krisen als ihre Latenz, die in Zukunftsszenarien ausgelotet wird: »Genau darin liegt die epistemische Besonderheit von Zukunftsvisionen der Katastrophe: Sie treten mit dem Anspruch auf, etwas freizulegen […], das unterhalb der Oberfläche der Gegenwart noch verborgen ist« (ebd., S.25). Korrespondierend dazu können wir als Analytiker*innen genauer hinsehen und nachfragen: Wie trifft diese äußere Latenz auf die innere Latenz, also auf innerseelische unbewusste Prozesse? Wie eigentlich verbinden sich die äußeren Krisen nicht nur mit den mythologischen Erzählungen der Menschheit, sondern auch mit unserer inneren Welt? Und wie bestimmt diese unseren Blick auf die Zukunftsszenarien?

Winnicott sagt, dass die Angst vor dem Zusammenbruch, also vor dem Katastrophischen, eine entwicklungspsychologisch frühe Angst ist, und vor allem dass es eine ist, »die bereits stattgefunden hat« (1991, S. 1120). Sie war damals aber nicht mentalisierbar und kann somit im Heute nicht als innere Erfahrung »gewusst« oder versprachlicht werden. Sind Endzeitkatastrophen seit Beginn der Menschheit Gegenstand angstgetragener Faszination, so vermutlich auch deswegen, weil sie individuell bereits erlebtes Katastrophisches in Bilder fassen. Endzeit-Fiktionen erscheinen uns auch als Symbolisierungen einer inneren Welt des Katastrophischen; die Wucht abgründiger innerer Zustände findet hier konkret bildhaften Ausdruck. Bilder der Sintflut sind so auch als Symbolisierungen dieses Überflutend-Unaussprechlichen zu verstehen.

Was uns in der Postmoderne jedoch fehlt, ist eine sinnhafte Rahmung dieser frühen katastrophischen Angst. Die bisweilen harte, bisweilen weiche Bettung des Daseins in eine religiöse, göttliche Ordnung, die einst mit klaren gesellschaftlichen Strukturen, mit Sinnkategorien und Handlungsmaximen versorgte, ist überwiegend dem Prinzip der existenziellen Eigenverantwortlichkeit gewichen. Das Katastrophische kann gleichsam nicht mehr qua religiöser Sinnverortung verstanden und *contained* werden (Bion). Jean Pauls 1796 verfasste »Rede des toten Christus vom Weltgebäude herab, daß kein Gott sei« markiert die radikale Verlassenheit der Menschheit ohne Gott als eines leitenden wie auch schützenden Vaters. Beschreibt er dies noch als einen bedrückenden Traum, ist spätestens seit Nietzsches Feststellung, dass Gott tot sei, das Zeitalter »transzendentaler Obdachlosigkeit« (Lukács, 1965) angebrochen. Für unsere Auseinandersetzung mit Krieg, Epidemien, Naturkatastrophen und der Zerstörung der Ökosphäre als Spiegelung oder Abbilder innerer Katastrophen müssen wir heute ohne religiöse Erklärungsmuster, ohne Himmel, ohne Hölle und ohne eine Instanz, in deren Macht es liegt, alles wieder geradezubiegen, auskommen. Der Rekurs auf eine übergeordnete göttliche Absicht kann dabei doch in mehrfacher Hinsicht Halt geben. Ein Gott trägt väterliche Verantwortung für das Wohl und Wehe der Menschheit. Ein religiöses Ordnungsprinzip gibt Erklärung für das Unverständliche als ein Ausdruck übergeordneten Willens. Per Idee von Belohnung und Strafe in Bezug auf menschliches Fehlverhalten erhalten wir Hinweise auf zu ergreifende gottgefällige Maßnahmen: ein Wiedergewinnen von Handlungsmacht vor traumatischer Ohnmacht und Hilflosigkeit. In den fluiden Ordnungs- und Sinnkategorien der Moderne aber ist der Mensch auf das Katastrophische ohne religiöse Abpufferung zurückgeworfen.

Und dies macht Katastrophenfiktionen umso wichtiger für uns: Denn die Bilder und Vorstellungen einer im Untergang befindlichen Welt, wie Literatur, Film und Fernsehen sie für uns entwerfen, liefern konkretes Anschauungsmaterial für die Ängste und damit auch für die Möglichkeiten ihrer Bewältigung. Die

Fiktionen zeigen uns experimentell in gleichsam nackter Existenz aufeinander zurückgeworfen. Sie erschließen uns damit auch mögliche Szenarien, um antizipativ Kontrolle wiederzugewinnen. So kann das unheimlich Drohende aus der Latenz befreit werden und uns einen »Innenblick auf die Katastrophe« (Horn, 2014, S. 32) ermöglichen, den wissenschaftliche Szenarien nicht eröffnen können: Wie wird es sich für mich anfühlen, wenn …?

Das soziale Katastrophische

In diesen mentalisierenden Suchbewegungen zwischen existenzieller Angst, Faszination und Unglauben präzisiert sich eine wesentliche Erkenntnis: Naturkatastrophen und unsere Vorstellungen davon spiegeln zwar mögliches individuell Katastrophisches, sie sind aber immer auch soziale Katastrophen. Die kollektive Auseinandersetzung mit apokalyptischen Szenarien erlaubt auf sozialer Ebene eine Verständigung über dieses innere Katastrophische, aber wir setzen uns auf Basis unserer Phantasien auch mit den gesellschaftlichen Folgen der Katastrophe auseinander. Die individuell-unbewussten Ängste vor Vernichtung erfahren in Gruppen und Gesellschaften zudem häufig eine Dynamisierung des Katastrophischen – so als würde sich das jeweils individuell erlebte Katastrophische in dem der anderen spiegeln, verschärfen und potenzieren. Projektionen auf andere etwa als gierig, verfolgend, zerstörerisch geben unseren sozialen Ängsten fratzenhafte Bilder, die weitere und heißere Ängste schüren – diese Beobachtung dürfte einen Teil des Wahlerfolgs der AfD erklären. Der Gruppenanalytiker Morris Nitsun (1996) hat mit seinem Konzept der Anti-Gruppe aufgezeigt, wie sich jede Gruppe mit gruppalen Phantasien von Chaos, Aggression, Sinnlosigkeit und Zerstörung auseinanderzusetzen hat, wie diese als gruppale Neigung oder Tendenz überhandnehmen und eine Gruppe auch zerstören können. Die Anti-Gruppe ist Trägerin von Phantasien des Zusammenbruchs aufgrund von zerstörerischen Tendenzen in der Gruppe. Würde man die Anti-Gruppe nach ihrer Vision von Zukunft fragen, so würde sie vermutlich eine umfangreiche Neuauflage der Johannes-Apokalypse zusammentragen.

Die Ängste vor der Destruktivität der anderen als Ausdruck der Ängste vor unserer eigenen Destruktivität münden aber in einer noch umfassenderen Angst: Sie entwerfen eine Welt ohne haltende soziale Bindungen. Uns das auszumalen, fasziniert, solange es fiktiv genug scheint: »Ich sterbe und alle anderen sterben auch. Es gibt keine Mutter, keinen Vater, keine Geschwister mehr, es gibt keine Heimat, keine Familie, kein tragendes Netzwerk mehr.« In endzeitlichen Szenarien brechen soziale Institutionen, ihre interne Kultur und Kulturen, zusammen. So akzentuiert sich in der Endzeitphantasie das – zumindest scheinbar – antagonistische Spannungsverhältnis des Einzelnen zum Kollektiv. Solidarische Werte und ethische Moral werden als bedeutsam erfahrbar, wenn die soziale Konkurrenz um knappe Güter oder gar um die Existenz steigt. Die Anti-Gruppe würde in diesem Kontext zwar auf unbewusster Ebene gemeinsame Zerstörungsphantasien entwickeln, auf der praktischen Ebene aber vermutlich in ein erbarmungsloses *Jeder gegen Jeden* zerfallen. Anflüge davon haben wir während der Corona-Pandemie erlebt, als Klopapier gehortet und Desinfektionsmittel aus den Krankenhäusern gestohlen wurden und sich dadurch im Paradox oft erst die Knappheit herstellte, die Gegenstand der Angst war. Die Ängste vor den zutage tretenden aggressiven Impulsen wurden hinter der expliziten Erleichterung über Momente solidarischen Handelns (etwa in der Nachbarschaft) eher mühsam kaschiert, dessen Kostbarkeit auffallend stark betont wurde. Hier präzisiert sich die Ambivalenz des Sozialen, wenn Ressourcen knapp werden: Kollektive Endzeitszenarien werfen ein schneidendes Licht auf die menschheitliche Urspannung zwischen Ich und Wir. In diesem gleißenden Licht eines Scheinwerfers, der unsere Existenz als bedrohter Mensch unter bedrohten Menschen entwirft, dramatisieren sich die Fragen nach der »Belastbarkeit sozialer Bindungen in der Krise, die Frage nach der Stärke oder Schwäche des Einzelnen, nach den ethischen Entscheidungen, die im Ernstfall getroffen werden müssen, nach den Praktiken und den Dingen, die dem Menschen […] noch bleiben« (Horn, 2014, S. 32).

Was also wird von unseren Identitäten, Werten und Bezügen übrigbleiben, wenn die sozialen Ordnungen zerfallen und Chaos ausbricht? Könnten damit verbundene Angstszenarien den weltweiten Erfolg rechtspopulistischer Politiker*innen erklären, deren Parteien auf Tradition, Ordnung und Autorität setzen? »Wer und wie bin ich eigentlich jenseits von Kultur, Gesetz und Etikette«, können wir uns etwa fragen –und »wer und wie sind die anderen, die mir jetzt Halt geben? Wie werden wir überleben, wenn wir alle um unser Überleben fürchten?«

Mangel und existenzielle Bedrohung können mörderische Phantasien wecken, aus Rival*innen ums Überleben werden potenzielle Angreifer*innen, so wie auch wir fürchten, in der Not die triebhaften Impulse gegenüber den Mitmenschen nicht mehr steuern oder aufhalten zu können. Unsere wechselseitige Abhängigkeit voneinander und von einer ausreichend wohlwollenden Umwelt ist in den Angst-Phantasien unmittelbar bedroht. Erlösung scheint die Hoffnung auf die eigene Überlegenheit gegenüber den anderen zu bringen: Im Survival-

Modus bin ich immer etwas schlauer und vorausschauender als die anderen. Gleichermaßen vorbereitet, erhöhe ich scheinbar die Chancen auf mein Überleben. Die Betonung der eigenen Autonomie kann sich in Fantasien misstrauischer Autarkie steigern – »ich brauche niemanden und traue niemandem außer mir selbst«. Narzisstisch-triumphaler Egoismus erscheint hier als das rettende Überlebensprinzip – und vermutlich sind wir alle nicht gefeit vor diesen Phantasien. Glaube ich im Krisenfall nicht mehr an den Sinn und die Tragfähigkeit von sozialen Bindungen, gibt die spontane, vom kapitalistischen Grundprinzip getragene Vorstellung Sicherheit, mich im Kampf ums Überleben gegen die Schwächeren oder Dümmeren durchzusetzen, also den entscheidenden Vorteil im Verteilungskampf herauszuschlagen.

Aktuell zeigt sich dieses antagonistische Spannungsverhältnis bereits in der Frage nach Bereitschaft zu Einschränkung oder Verzicht angesichts der umfassenden Notwendigkeit, das Konsumieren *gemeinsam* zu drosseln. Mich persönlich erstaunt, wie viele Menschen etwa weiterhin auf Fernreisen mit dem Flugzeug bestehen, als wüssten wir nicht um den hiermit verursachten hohen Emissionsausstoß, der unser aller ausreichend angenehmes Überleben – neben vielen anderen Formen der Emissionen auch – gefährdet. Zugunsten des individuell empfundenen Rechts auf Erholung an sonnigen und bestenfalls exotischen Orten wird das Gewahrsein einer kollektiven Gemeinschaft weggefiltert, in der wir in *wechselseitiger Abhängigkeit* darauf angewiesen sind, *gemeinsam* eine massive Zuspitzung der Katastrophe zu verhindern. Sätze wie »Das hab ich mir aber jetzt mal verdient« oder »Sollen doch die anderen oder die Politiker*innen was tun, so lange mach ich gar nichts!« verweisen auf die umfassende, von der Kumulation der Krisen mitbedingte Aggression und Erschöpfung des modernen Subjekts, das sich an möglichst intakten und seelisch wohltuenden Orten regenerieren und von den inneren Konfliktspannungen erholen möchte. Gleichzeitig sind genau jene Orte durch die Verweigerung zu individueller Verhaltensänderung immer akuter bedroht oder sterben (wie etwa die Korallenriffe vor Australien). Im Sommer 2023 zeigte sich dies besonders paradox am Beispiel des Inseltourismus: Während an der einen Ecke der Insel von Rhodos oder Teneriffa die Wälder verheerend brannten, flogen am anderen Ende der Insel unverdrossen die kerosinschleudernden »Touristenbomber« aus und ein. Die Polykrise scheint uns dabei fast magisch und sogartig in eine Haltung des Ausblendens zu ziehen – meist fühlen wir uns zu erschöpft, um das eigene Handeln kritisch zu reflektieren.

Schließt sich das also aus: Überleben und solidarisch Handeln? Ist der Mensch der Wolf des Menschen, wie ein Sprichwort sagt? Oder ist er »im Grunde gut«, wie der niederländische Historiker Bregman (2020) in seinem gleichlautenden Buch behauptet? Die moralische Grundausstattung des Menschen – vernünftig, hilfsbereit, empathisch – jedenfalls zerfällt in den Szenarien des aussterbenden Menschen. Phantasien über die soziale Kohäsion in der Katastrophe wurden schon vor über 200 Jahren ausformuliert. Lord Byrons Gedicht »Darkness« (1816 verfasst) ist eine besonders eindrückliche: In einem dunklen Kosmos treffen sich hier die beiden letzten Überlebenden an einem erlöschenden Feuer, in dem sie *schauernd scharren*:

> »Mit kalten Knochenhänden […]./
> […] Dann hoben sie die Augen – […]
> Es war nun heller und sie sahen sich/
> Ins Antlitz – kreischten auf vor Angst und starben;/
> Sie starben an dem grauenhaften Anblick,
> Unwissend wer der war, auf dessen Stirne/
> Die Hungersnot geschrieben hatte: Teufel […]« (zit. n. Horn, 2014, S. 68).

Byron zeichnet eine entsetzliche Szenerie, in der sich nicht nur die Lebenswelt, sondern auch das Wesen des Menschen in kannibalischem Hass auflöst. Dieser ultimative Zerfall des Sozialen wird von einem Hund pointiert, der als einziges Wesen noch zu liebevoller Verbundenheit fähig ist bei seinem toten Herren wacht und – anders als die marodierenden hungernden Menschen – dessen Körper nicht antastet. »No love was left« schreibt Byron (ebd.). Im Kannibalischen zeigt sich der Mensch ultimativ skrupellos, egoistisch und grausam.

Sind es Ängste wie diese, die wir als Palliativgesellschaft zu betäuben bestrebt sind – und von denen wir uns immer öfter zurückziehen oder erholen müssen? Byrons Gedicht eröffnet in letzter Konsequenz die Frage, ob unser primäres und archaisches Bedürfnis nach Zugehörigkeit eigentlich kannibalistische Urängste überdeckt, welche das frühkindlich Katastrophische ebenso wie die bestialische Qualität der Aggression abbilden.

Was aber wird aus diesem primären Bedürfnis nach Zugehörigkeit und den kannibalistischen Ängsten im Katastrophenfall? Ihr scheinbarer Widerspruch pointiert sich – und kippt dann in ihr Gegenteil. Denn denken wir die Endzeit-Phantasien weiter, so kulminieren sie in der archaischen Ur-Phantasie des »letzten Menschen«. Der allerletzte Mensch hat sich erfolgreich gegen den letzten anderen durchgesetzt. Als Akteur, Opfer und Zeuge einer Katastrophe wirft er den letzten Blick des Menschen auf eine zerstörte Erde und auf eine ausgelöschte Spezies Mensch (ebd., S. 29). Hier wird der narzisstische »Triumph des Überlebens« seines Irrtums gewahr: Das Sichern des nackten Überlebens findet sich wieder in einer sozial entleerten und dadurch umfassend sinnlosen Welt, in der Leben nichts anderes ist als eine Reduktion auf körperliche Prozesse. Überleben ist jetzt nur noch »Warten auf das Ende, das eigentlich schon stattgefunden hat« (ebd., S. 231), der »mühsame Aufschub eines Sterbens« (ebd., S. 234). In der Welt des letzten Menschen sind Kategorien wie Sinn, Kreativität, Bindung und daraus hervorgehend auch Identität hinfällig. Der schneidend einsame und jämmerliche Super-Überlebende zeigt wie unter dem Brennglas die essenziell soziale Natur unseres Daseins.

Auch die Kleinfamilie als Phantasie rettender Geborgenheit vor diesem Unheil bietet keine wirkliche Ausflucht. Zwar kann sie bestenfalls die Vision mitmenschlicher Güte gegen die erschreckenden, im Kannibalismus kulminierenden Visionen einer grausamen Mit-Welt aufrechterhalten. Aber in einem lebensfeindlichen Kosmos ist auch die einzige überlebende Kleinfamilie eines lebenswerten Lebens beraubt und wäre vermutlich von Zerfall bedroht. In einer Zeit, in der Autonomie und Freiheit als höchste Werte gelten, mag es uns irritieren: Wir brauchen einander und wir sind angewiesen auf einen ausreichend intakten Kosmos. Diese primäre Abhängigkeit können wir aber offenbar erst in drohender Vernichtung konkreter erfassen – und es bleibt für uns eine durchgehend ambivalent aufgeladene Vorstellung. »Die Katastrophe testet den Menschen, seine Stärke und Belastbarkeit, die Haltbarkeit seiner Bindungen und die Krisenfestigkeit seiner sozialen Institutionen. Sie zeigt, was ihn jenseits des Cocons einer intakten Zivilisation ›tatsächlich‹ ausmacht«, so Eva Horn (ebd., S. 26).

Damit tritt auch die Frage nach einer Überlebenspolitik in der Apokalypse in den Fokus. Wer wird wem den Zugang zu Nahrung, Wasser und Schutz zu garantieren versuchen und wem nicht? Wer wird entscheiden, wer die knappen Ressourcen in welcher Menge erhält und wer nicht? Und mit welchen Begründungen? Werden die »Blutsbande« der Spezies Mensch tatsächlich halten, wenn es ums nackte Überleben geht? Unter dem Zeichen sich erschöpfender Ressourcen wie Wasser oder Nahrung könnte die Frage der »Überlebenswürdigkeit« eine verstörende Bedeutung erhalten: »Es ist das Leben selbst, das zu schützen die Politik berufen ist, indem *sie es gegen das Risiko seiner Auslöschung immunisiert, das es stets bedroht«* (ebd., S. 196f.) –, aber es ist eine »Arbeit der ständigen Eingriffe ins Leben, eine Arbeit des Segregrierens, Sterbenlassens, Tötens, dem Tod Aussetzens« (ebd.). Wir erleben dies schon lange und zunehmend rigoros an den Außengrenzen der EU mit Blick auf das Agieren von Frontex. In der Corona-Krise drangen diese Fragen angesichts der Überbelegung der Krankenhäuser oder eben der Verteilung von Masken, Desinfektionsmittel oder Klopapier aus der Fiktion in die Realität. Die damit verbundene tiefe Todesangst wurde individuell sehr unterschiedlich verarbeitet und führte zu massiven gesellschaftlichen Spaltungen, die weiterhin zu diskutieren und zu verdauen sind.

Macht und Machtstrukturen erhalten unter den apokalyptischen Zukunftsentwürfen also eine buchstäblich existenzielle Bedeutung. Wir spüren, wie sehr wir uns angesichts der umfassenden Bedrohungen nach einer ausreichend wohlwollenden und schützenden Führung sehnen – oder aber ihr umfassend misstrauen. Fast blindes Vertrauen oder aber umfängliches Misstrauen prägten während der Corona-Krise die öffentliche Wahrnehmung der Macht, die ihrerseits zwischen Fürsorge und Selbstbereicherung oszillierte, zwischen großzügigen Akten der Rettung (wie der Lufthansa oder auch vieler Handwerks- und Gastronomiebetriebe) und verbieterischer Härte (Kita- und Altenheim-Schließungen). Die tiefe Verstörung über diese sozialen Dynamiken ist bis heute spürbar – und zugleich scheint es, als wäre die Corona-Situation nur ein erstes Übungsfeld für noch kommende soziale Herausforderungen. Die Pandemie hat unser menschheitliches Krisenwissen aktualisiert.

Wer darf überleben und wer muss sterben? Diese Fragen weiten sich auf den gesamten Kosmos aus, wenn wir uns nicht als superiore Wesen verstehen, sondern als Teil der Ökosphäre, die durch unser Handeln insgesamt bedroht ist. Könnten wir – als letzte Menschen – ohne sie leben? Eine absurde Vorstellung. Ohne unser Eingebettet-Sein in einen lebendigen Kosmos und seinem pflanzlichen und tierischen Leben gehen wir körperlich und seelisch ein, auch wenn manche Zukunftsphantasien uns in abgeschlossenen künstlichen Räumen entwerfen, scheinbar unabhängig von den Ressourcen der Ökosphäre. Sie spiegeln den nicht enden wollenden technischen Traum von Autonomie und Autarkie, der die Abhängigkeit voneinander und vom Kosmos umfassend zu leugnen versucht. Der Philosoph Andreas Weber spricht vom »Zivilisationstrauma«, in die Autonomie geworfen und dort vergessen worden zu sein. Könnte es sein, dass hinter Arbeitsethos und Leistungswillen, hinter den Forderungen nach Resilienz und Selbstoptimierung, hinter Kontroll- und Technikorientierung letztlich ein animalisches, impuls- und triebgesteuertes Ich hervortritt? Es mag den Überlebenskampf vielleicht gewinnen – und sich dann als verlorener einzelner Mensch in einer lebensfeindlichen Umwelt wiederfinden.

In diesen Szenarien wird aber auch die Todesphobie spürbar, die in der Vokabel der Palliativgesellschaft des Philosophen Han nur implizit anklingt: Das Katastrophische mag denkbar sein, unser Tod und der unserer Liebsten aber nicht. Wird die Betäubung des Schmerzes beklagt, so beklagt Han ja eigentlich letztlich, dass wir alle es ablehnen, die Faktizität unseres Todes, die im Krisen-Wissen schärfer aufleuchtet, emotional an uns heranzulassen. Freud hat das in seinem leise-ironischen Charme trefflich formuliert:

> »Der Satz: alle Menschen müssen sterben, paradiert zwar in den Lehrbüchern der Logik als Vorbild einer allgemeinen Behauptung, aber keinem Menschen leuchtet er ein, und unser Unbewußtes hat jetzt so wenig Raum wie vormals für die Vorstellung der eigenen Sterblichkeit« (1919h, S. 264).

Diese Feststellung Freuds gilt nicht nur für uns als Einzelne, sondern auch für uns als Kollektive: Denn auch als Gruppen weigern wir uns, den Tod der Gruppe für möglich zu halten, als möglich zu akzeptieren. Beide Visionen, der individuelle ebenso wie der gruppale Tod, fallen einer Abwehr anheim, die vermutlich für keinen anderen psychischen Inhalt in einer so radikalen Weise zutrifft. Die Anästhesierungen der Abwehr müssen heute umso effizientere Arbeit leisten, desto möglicher die Todesphantasien in den Szenarien zwischen atomarem Weltkrieg, Überflutungen und Dürren werden. Bäume, die seit Beginn der Menschheit Symbol des Lebens sind, sterben vor unseren Augen, in unseren Vorgärten, in den Straßen, Wäldern und Parks. Vielleicht sollten wir uns nicht wundern, dass die Abwehr weiterhin so bleiern und umfassend besteht?

Zusammenfassung und Diskussion

Der palliativen Narkotisierung entgegenzuwirken, könnte jedoch gerade auch deswegen kostbar sein, weil »Schmerz [...] eine Hebamme des Neuen, eine Geburtshelferin des ganz Anderen« ist, so Byung-Chul Han (2020, S. 52). Die Negativität des Schmerzes sei konstitutiv für das Denken, denn der »Schmerz erschüttert gewohnte Sinnbezüge und zwingt den Geist zu einem radikalen Perspektivenwechsel« (ebd., S. 56). Diese Überlegung spiegelt sich auch in einem Apokalypse-Verständnis, das Robert Folger formuliert (2021). Ähnlich wie Slavoj Žižek (2023) stellt er fest, dass die Apokalypse nicht erst zu kommen droht, sondern bereits jetzt stattfinde. Diese Auffassung erlebe ich als erhellend, da sie die Massivität der gegenwärtigen Abwehrvorgänge unmittelbar plausibel macht.

Die Apokalypse ist jetzt. Folger aber fragt hier weiter nach dem Neuen, das daraus hervorgehen und sich entweder positiv utopisch oder aber negativ dystopisch entwickeln kann. Das Nachdenken über das Apokalyptische wird dann zur Antizipation eines Neubeginns, der aktiv zu gestalten sein wird:

> »Ein System kann kollabieren, aber das muss nicht apokalyptisch sein. Das ist nur der Fall, wenn eine neue Welt beginnt und gleichzeitig ein Moment der Erkenntnis gegeben ist, die sich in der neuen Welt widerspiegelt. Insofern ist die Apokalypse nicht etwas, was einfach so hereinbricht, sie ist, was wir damit machen. Wenn ein System zusammenbricht, kann ich entweder sagen: Na gut, ist halt weg. Oder ich kann sagen: Moment mal, hier ist etwas passiert, wir können nicht mehr einfach weitergehen. Es ist ein Moment zur radikalen Veränderung« (Folger, 2021, S. 1).

Die mit der Apokalypse verbundene Hoffnung auf einen Neuanfang ist dabei ein historisch bekanntes Motiv: »Es gibt eine ganz große Sehnsucht nach Apokalypsen, die dann sozusagen der Auftakt zu einer besseren Welt sind. Das ist die christliche Tradition: Apokalypse ist zwar Vernichtung, doch dann beginnen die Friedenszeit und das ewige Leben« (ebd.).

Eine Ausrichtung auf eine postapokalyptisch zu gestaltende Situation kann aber nur jenseits palliativer Sedierung greifen. Wenn sie nicht als schlichte Beruhigungsstrategie eingesetzt wird, fragt sie nach den Ursachen und Hintergründen der Polykrisen und nach den Möglichkeiten einer Transformation und Neugestaltung. Können wir der Aufforderung zu einer konstruktiven Imagination postapokalyptischer Welten folgen? Was wäre dafür jetzt als erster Schritt notwendig? Vielleicht ist es das Aufwachen am anderen, vielleicht ist es – um mit Albert Schweitzer (1972) zu sprechen – die Ehrfurcht vor dem Leben, unserem ebenso wie dem aller anderen Menschen und Wesen um uns herum, die hier wirksam werden muss? Hans Jonas (1979) benennt es (im Gegenzug zu Ernst Blochs' *Prinzip Hoffnung*) als das *Prinzip Verantwortung*.

Spätestens seit der Entdeckung des Unbewussten wissen wir um die Ambivalenz von Liebe und Hass in allen sozialen Beziehungen – und damit auch in unserer Beziehung zum Kosmos. Unsere tiefe Sehnsucht nach Geborgenheit und Gleichheit, Brüder- und Schwesterlichkeit, nach Kooperation, Zugehörigkeit und Gegenseitigkeit ist nicht alleingültig – unsere Beziehungen sind ebenso stark von Aggression, Rivalität und Destruktivität bestimmt, die bis in Momente des Selbstzerstörerischen reichen. Aber die existenziellen Ambivalenzen sind immer auch mit einem Grad Entscheidungsfreiheit verknüpft, über dessen Ausmaß man sich gerne mit Sigmund Freud streiten würde: nämlich wie wir uns zu unserem Hass, zur Aggression oder auch nur gedankenloser Zerstörung verhalten und was wir aus ihnen oder sogar mit ihnen dennoch (auch als Neues) hervorbringen können.

Die Phantasie des letzten Menschen – herumirrend in einer vernichteten und vernichtenden Umwelt – macht deutlich, dass sich nur in tragenden Bindungen das Katastrophische aushalten und die unerträgliche Angst metabolisieren lässt.

Nur in der Resonanz eines Anderen oder eines Wir kann im Katastrophischen eine Ahnung von Hoffnung zurückkehren, die Ausgangspunkt für das Wiederfinden der Kreativität bildet. Die sozialen Krisen sind ökologische Krisen und umgekehrt. Für die Transformation von der Palliativgesellschaft zur postapokalyptischen Gesellschaft aber benötigen wir lebendige und kreative Gemeinschaften. Das Ernstnehmen dieser Erkenntnis eröffnet eine Vielzahl von politischen wie individuellen Handlungs- und Politikfeldern. Wir brauchen einander – eine banale Einsicht von umfassender seelischer wie auch sozialer und politischer Tragweite.

Literatur

Bregman, R. (2020). *Im Grunde gut. Eine neue Geschichte der Menschheit.* Rowohlt.

Folger, R. (2021). Die Welt wird wieder untergehen. Interview über die Apokalypse mit Lars Fischer. https://www.spektrum.de/news/apokalypse-die-welt-wird-wieder-untergehen/1869820

Freud, S. (1919h). Das Unheimliche. *SA IV,* S. 241, 243–274.

Grüter, T. (2011). *Faszination Apokalypse. Mythen und Theorien vom Untergang der Welt.* S. Fischer Scherz.

Han, B. (2020). *Die Palliativgesellschaft. Schmerz heute.* Matthes & Seitz.

Horn, E. (2014). *Zukunft als Katastrophe.* S. Fischer.

Jonas, H. (1979). *Das Prinzip Verantwortung. Versuch einer Ethik für die technologische Zivilisation.* Suhrkamp.

Lukács, G. (1965). *Theorie des Romans. Ein geschichtsphilosophischer Versuch über die Formen der grossen Epik.* Luchterhand.

Nitsun, M. (1996). *The Anti-Group. Destructive Forces in the group and their creative potential.* Routledge.

Ostgathe, C. et al. (Hrsg.). (2021). Einsatz sedierender Medikamente in der Spezialisierten Palliativversorgung. https://www.dgpalliativmedizin.de/images/210422_Broschuere_SedPall_Gesamt.pdf

Schweitzer, A. (1972). *Kultur und Ethik.* C.H. Beck.

Steiner, J. (1999). *Orte des seelischen Rückzugs. Pathologische Organisationen bei psychotischen, neurotischen und Borderline-Patienten.* Klett-Cotta.

Winnicott, D.W. (1991). Die Angst vor dem Zusammenbruch. *Psyche – Z Psychoanal, 45*(12), 1116–1126.

Žižek, S. (2023, 12. Januar). Haben wir eine Zukunft? *DIE ZEIT, 3,* 47.

Die Autorin

Vera Kattermann, Dr. phil., geb. 1967, ist Psychologische Psychotherapeutin und niedergelassen als Einzel- und Gruppenanalytikerin in Berlin. Sie ist Lehranalytikerin und Supervisorin in der »Arbeitsgemeinschaft für Psychoanalyse und Psychotherapie Berlin« (APB e.V.) sowie

Mitbegründerin der »Neuen Arbeitsgemeinschaft für Zeitgeschichte + SozioAnalysen«. Sie veröffentlicht im Bereich Politische Psychologie und Psychoanalyse, kollektive Vergangenheitsbearbeitung und psychische Auswirkungen totalitärer Systeme.

Kontakt: Dr. Vera Kattermann, Nollendorfstr. 20, 10777 Berlin; E-Mail: info@psychotherapie-praxis-kattermann.de

Wagners *Ring des Nibelungen* zwischen Götterdämmerung und Weltvernichtung

Analytisch-therapeutische Zugangswege zu Wagners Gesamtkunstwerk

Kamyar Nowidi

Von der Aktualität des *Ring des Nibelungen*

Im Folgenden wird es nicht nur um Wagners Oper in musikalischer Hinsicht gehen, sondern vielmehr darum, dieses Werk auf symbolische und kulturelle Weise neu zu erschließen. Der *Ring* ist als die Überforderung an sich selbst Operngeschichte geworden: Das Scheitern in der »Götterdämmerung« ist paradigmatisch zum Mantra des Werkes verschmolzen. Der *Ring* als Überforderung, Überfrachtung und Überanstrengung galt seit Beginn als Hybris und Maßlosigkeit, ein Angriff auf den Denkraum des 19. Jahrhunderts und die neu entstehende Gesellschaft der Industrialisierung. Der *Ring* ist der Versuch Richard Wagners, (sich) die ganze Welt und Menschheitsgeschichte (neu) emotional zu erzählen, sich zu messen an der *Orestie*, an *Hamlet* oder an *Faust*, an Homer, Beethoven und an allem, was Kunst und Geisteswissenschaften Wesentliches hervorgebracht haben. Es gilt also, für die vielfältigen Symbole, Zeichen und Figuren des *Rings* neue analytisch-therapeutische Zugangswege für uns Heutige vor dem Hintergrund von emotionalem Denkraum, Narzissmus, intergenerationalen Traumata und Individuation zu erschließen.

Richard Wagner und sein *Ring des Nibelungen* erschüttern jede Kultur in ihrem innersten Mark. Obschon gewaltig und maßlos in seiner Implikation wie der *Ring* selbst, betrifft diese Aussage eine Wahrheit, die jenseits historischer und nostalgischer Verklärung liegt. Es geht mitnichten um die soziokulturelle Einordnung des grünen Jenseits-Hügels in Bayreuth, wo erstmals die Festspiele zum *Ring des Nibelungen* 1876 eingeläutet wurden (Ross, 2020, S. 17f.). Auch wird es nicht um eine Darstellung der unterschiedlichen Schwerpunktsetzungen von Wagners Mammutprojekt im Laufe der Jahrzehnte und seiner Rezeptionsgeschichte im Europa des 19. und 20. Jahrhunderts gehen oder um die Fallhöhe und Geschicke des Magiers von Bayreuth mitsamt seinem Förderer und Mäzen

König Ludwig II. von Bayern, der ihn gleich eines *Deus ex Machina* finanziell erlöste und ihm Bayreuth als physischen und metaphysischen Ort überhaupt erst ermöglichte (Vernon, 2021, S. 119f.). Wagners *Ring* ist äußerst vielschichtig, multidimensional und im wahrsten Sinne »polyphon«. Er enthält unzählige schillernde und gebrochene Charaktere und scheinbar völlig unübersichtliche Handlungsstränge, die sich von Anbeginn der Zeiten bis in unsere Gegenwart hinein erstrecken. Der *Ring* – und das ist das fortwährende Faszinosum – ist in keiner konkret fassbaren Zeit angesiedelt, was nichts anderes bedeutet, als dass er *in potentialis* in jeder Zeit beheimatet ist. Es ist eine Ur-Zeit, die Wagner mit seiner Oper evoziert (Frank, 2008, S. 19) – eine Vor-Zeit, in der bereits der Keim der totalen Zerstörung, der ökologischen Krisis, der Korruption des Kapitalismus und des politischen Machtmissbrauchs angelegt ist. Wagners *Ring* ist in jeder Epoche aktuell, weil er destruktive intra- und interpsychische Koordinaten von Familien, Dynastien, Individuen und soziopolitischen Systemen aufdeckt, die in jeder Epoche und in jedem Zeitalter virulent sind. Wagners *Ring* ist von jeher ein Angriff auf bestehende Denkräume unterschiedlichster Provenienz gewesen. Er aktualisiert bestehende Krisen mit dem Verweis auf eine mythische Vor-Zeit, in der die Destruktion bereits *in toto* angesiedelt worden ist. Die Götter müssen untergehen. Eine immanente Zielgerichtetheit der Geschichte, wie sie beispielsweise Hegel anvisiert hat, wird *ad absurdum* geführt, und damit wird ein zutiefst christliches Denken, das stets teleologisch geprägt gewesen ist, ausgehöhlt und zurückgewiesen (Russel, 2015 [1912], S. 63f.). Aufgrund der inhärent teleologischen Heilserwartung der europäischen Christenheit entstand der verheerende Nexus von christlicher Missionierung und kapitalistischer Expansionswut. Im Zuge der Geschichte wandelte sich, *mutatis mutandis*, erstere in letztere.

De-sakralisierte Heilserwartungen und der *Ring*

Das neue Heil wurde entweder in einer politischen Revolution (Französische Revolution 1789; Russische Oktoberrevolution 1918/1919) oder in einem bestimmten (Klassen-)Kampf der Wirtschaftssysteme im Sinne Marx' konzipiert. Aktuell scheinen sich neue Heilserwartungen größerer amerikanischer Tech-Unternehmen wieder auf die Kolonisierung des Weltraumes zu konzentrieren, da eine totale Katastrophe (ökologische Krise) kurz bevorsteht. Immer sind es de-sakralisierte Heilsfantasien, die jede Epoche neu prägen (Russel, 2015 [1912], S. 69). Wagner trifft eine radikale Diagnose: Die Götter, die alten innerpsychischen Ordnungssysteme, müssen in Gänze untergehen; nur dann sei eine wirkliche soziopolitische Erneuerung des Menschen – was immer dies heißen mag – möglich. Nicht umsonst hat diese musikalische und inhaltliche Totalität Menschen inspiriert, die nicht von ungefähr verantwortlich waren für politisch katastrophale Auswüchse und totalitäre Regime im 20. Jahrhunderts (Ross, 2020, S. 512). Von Adolf Hitler weiß man, dass er ein glühender Wagnerianer gewesen ist und mehrmals in der Woche Aufführungen von Wagner besuchte. Teilweise gab es im Dritten Reich die Anordnung, dass die Hitlerjugend bereits früh an Wagners Opernzyklus heranzuführen sei (ebd., S. 514). Am anderen Spektrum dieses Pols sind prominente Persönlichkeiten wie Theodor Herzl, den *Spiritus Rector* des politischen Zionismus, zu nennen, der offenkundig angab, dass – ohne mehrmals in der Woche den *Tannhäuser* zu sehen – er unter einer Schreibblockade leide (ebd., S. 29). Von Anfang an tobte ein Meinungsstreit um Wagners Hauptwerk, der bis heute anhält. Wie könnte das auch anders sein bei einem Werk, das so vielfältig gedeutet und vielfach missdeutet wurde, wie Wagners *Ring*. George Bernhard Shaw sah in ihm ein sozialistisches Revolutionsstück, Wapnewski zumindest teilweise einen Ausdruck persönlicher Künstler- und Lebensproblematik, Chamberlain bezeichnete den *Ring* als Inkarnation deutschen Geistes und Adorno als präfaschistische Bedenklichkeit. Von den Zeitgenossen wurde das Werk als Blendwerk, Blödsinn, Chaos, musikalisch-poetisches Katzengold und liederliches Machwerk beschimpft (Wapnewski, 2023, S. 21f.). Bei Ernst von Pidde erscheint der *Ring* als Abfolge orchestral aufgeputzter Straftatbestände. Nach gültigem Strafrecht bekäme das Nibelungen-Personal fünfmal lebenslänglich und 64 Jahre Haft (von Pidde, 2016, S. 30). Wagner inspiriert. Er beflügelt Denkweisen, die kaum kontrastreicher und unterschiedlicher sein können und an diametralen Enden politischer Systeme und Philosophien angesiedelt sind. Wagner selbst arbeitete zeitweise mit dem Anarchisten Bakunin zusammen und war ein vehementer Unterstützer der März-Revolution von 1848/1849 im Deutschen Bund (Ross, 2020, S. 35). Jenseits politischer Systeme und Denkansätze soll es im Folgenden um das gehen, was den Menschen im »Innersten zusammenhält«, nämlich um seine Psyche, ihre Gesetzmäßigkeiten und um eine hermeneutische Auslegung von Wagners *Ring* unter Zuhilfenahme eines analytisch-systemischen Ansatzes. Es geht um die Dekonstruktion des *Rings* im Sinne einer Aufdeckung und Sichtbarmachung von psychischen Realitäten, die unabhängig von Raum und Zeit ubiquitär anzutreffen sind. Zuvor sind allerdings die kulturellen Voraussetzungen zu betrachten, die Wagners Werk überhaupt erst ermöglichen sollten.

Kulturelle Voraussetzungen für Wagners Opus magnum

Voraussetzung für das Interesse des Komponisten an dem Stoff, der wie für die Bühne geschaffen erschien, war die Renaissance des um 1200 verfassten Nibelungenlieds im 18. und 19. Jahrhundert. In der Romantik avancierte es durch die 1807 erschienene Übertragung von Friedrich von der Hagen aus dem Mittelhochdeutschen zum Nationalepos (Heinzle & Waldschmidt, 1991, S. 54). Ohne die wissenschaftliche Aufbereitung des Stoffes durch August Wilhelm Schlegel, der bereits 1802 auf die nordischen Quellen der Lieder-*Edda* hingewiesen hatte, und nicht zuletzt durch die Gebrüder Grimm hätte Wagner die *Ring*-Dichtung allerdings nicht in Angriff nehmen können. Aber auch zeitgeschichtliche Ereignisse spielten eine entscheidende Rolle. Es war die Zeit des Goldrausches in Amerika, und Wagner informierte sich intensiv über das dortige Geschehen. Er befasste sich auch mit dem Gedanken der Auswanderung – ein Umstand, mit dem er gern seine Gönner, wenn sie ihm ihre Zuwendungen versagen wollten, erpresste (ebd., S. 66f.). Wagners Interesse am Gold war so groß, dass er Sympathie für Alberich empfand, und Alberich daher die einzige Figur aus der Götterwelt ist, die die Götterdämmerung überlebt. Richard Wagner war, wie viele Literaten seiner Zeit, an psychischen Zusammenhängen sehr interessiert und hat sich in seinen Werken mit menschlicher Liebe und Machtwillen und deren Zusammenhängen und Motivationen für Beziehungen beschäftigt. Seine Figuren sehnen sich nach Liebe, aber Nähe ist zu gefährlich für sie, sodass Macht- und Erfolgsstreben als Rettung vor der Liebe die Oberhand gewinnen. Die Liebes- und Machtproblematik in seinen Werken hat immer wieder Regisseure inspiriert, seine Opern neu zu interpretieren. Thomas Mann schrieb über Wagner und Ibsen: »Sie waren Männer des Werkes ganz und gar, Macht-, Welt- und Erfolgsmenschen durch und durch, politische Menschen in dieser Bedeutung, nordische Magier, schlimm verschmitzte alte Hexenmeister waren beide, tief bewandert in allen Einflüsterungs- und Faszinationskünsten« (1974, S. 23). Die Wagner'schen Männerfiguren opfern die Frau und die Liebe für Macht und Konvention. Die Intimität mit einer Frau erscheint ihnen zu gefährlich, weil sie ihr männliches Selbstbild bedroht (Kaiser, 1990, S. 44). Bei den Frauen hingegen werden Tendenzen zur Idealisierung, die bis zur Selbstaufgabe und Unterwerfung führen, deutlich (Mann, 1974, S. 26). Der Verzicht auf Liebe und Sexualität bei einigen der Wagner'schen Frauengestalten gehört zum selbstquälerischen Beziehungsmuster der Selbstbestrafung. Grenzenlos scheinen Erniedrigung, Unterwerfung und Bereitschaft zum Leiden, die man auf sich nimmt (Kaiser, 1990, S. 48). Gleichzeitig werden damit aber auch Kontrolle und Druck auf den Partner ausgeübt. Eine Lösung für beide, Mann und Frau, ist bei Wagner nur im Tod gegeben.

Wagners *Ring* als Gesamtkunstwerk

Die Initialzündung für den *Ring des Nibelungen* hat Wagner 1843, als er in Grimms *Deutscher Mythologie* die Geschichten von Wotan, Sigfried und den Walküren liest. Diese basieren auf der Nibelungensage, die später – nicht zuletzt dank Wagner – zum deutschen Nationalepos wird. Neben der mittelalterlichen Sage dient ihm die nordische Mythensammlung *Edda* als Grundlage, allerdings verändert Wagner viele Charaktere und Motive (Wapnewski, 2023, S. 32). 1848 beginnt er mit den Arbeiten an der Dichtung, die er 1853 vollendet. Doch die Musik beschäftigt Wagner bis 1874. Der *Ring des Nibelungen* ist als »Bühnenfestspiel für drei Tage und einen Vorabend konzipiert« und besteht aus vier Teilen: *Das Rheingold*, *Die Walküre*, *Siegfried* und *Götterdämmerung* (ebd., S. 61). Ohne Pause kommt das Gesamtwerk auf eine ungefähre Länge von fast 16 Stunden. Wagner entwirft das Mammutwerk als neue Form einer romantischen Oper, die als Gesamtkunstwerk Text, Musik, Schauspiel, Tanz, Bühnenbild, Kostüm und Effekte verbindet – ein künstlerischer Ansatz, der die Welt der Musik und Oper revolutioniert und bis heute nachhaltige Wirkung zeigt. Die Uraufführung findet vom 13. bis zum 17. August 1876 in dem eigens für Wagners Werke erbauten Bayreuther Festspielhaus statt (Oberhoff, 2012, S. 11).

Synopsis des *Ring*-Zyklus: Ein Versuch

Die Handlung des *Rings* ist äußerst verzweigt und recht unübersichtlich angelegt. Sie geht über mehrere Generationen, mehr als 30 tragende Figuren sind involviert. Eine Synopsis kann an dieser Stelle nur als ein Versuch unternommen werden: Zu Beginn raubt der Nibelung Alberich dem Rhein das Rheingold, das die Macht hat, alles zu beherrschen, und schmiedet daraus einen Ring. Dafür muss er allerdings einen hohen Preis zahlen: Er muss fortan der Liebe entsagen. Der Göttervater Wotan hat unterdessen andere Schwierigkeiten. Er hat sich von den Riesen Fafner und Fasolt eine Götterburg, Walhalla, bauen lassen und ihnen als Bezahlung die Göttin Freya versprochen. Doch Wotan überlegt es sich zwischendurch anders und will die Riesen mit Alberichs Ring entlohnen. Wotan raubt infolge Alberich den Ring, worauf dieser den Ring verflucht. Der Fluch zeigt erste tragische Wirkung: Fafner erschlägt seinen Bruder und zieht mit dem Ring davon. Jahre später kommt Siegfried ins Spiel, der von Alberichs Bruder Mime großgezogen wird. Siegfried weiß nicht, dass er ein integraler Bestandteil von Wotans Plan darstellt, die Welt vom Fluch des Ringes zu erlösen. Er erschlägt Fafner, der sich inzwischen in einen Drachen verwandelt hat, und nimmt den Ring an sich. Siegfried verliebt sich in Brünnhilde und überlässt ihr den Ring als Liebespfand. Hagen, der Sohn Alberichs, flößt Siegfried einen Zaubertrank ein, worauf dieser Brünnhilde vergisst und sich in Gutrune verliebt. Siegfried nimmt Brünnhilde den Ring wieder ab, worauf letztere Hagen aus Rache Siegfrieds verwundbare Stelle verrät. Hagen tötet infolgedessen hinterhältig Siegfried, der in seiner letzten Stunde wieder klarsieht und um seine Liebe zu Brünnhilde weiß. Brünnhilde lässt einen Scheiterhaufen für Siegfried errichten und stürzt sich zu ihrem Geliebten in die Flammen. Darauf tritt der Rhein über seine Ufer und die Rheintöchter holen sich zurück, was ihnen gehört: den Ring (Wapnewski, 2023, S. 66f.)

Richard Wagner und Friedrich Nietzsche: Musikalischer Über-Vater und Philosophen-Sohn

Zu Beginn der Uraufführung von Wagners *Ring* war der junge Basler Professor für klassische Philologie, Friedrich Nietzsche, noch ein glühender Verehrer des Meisters und quasi ein gefühlter Adoptivsohn der Familie Wagner, der u. a. Weihnachtsgeschenke in Luzern für sie organisierte und Pamphlete zur Huldigung des Meisters verteilte. Er war ein gern gesehener Gast dort, und sicher erhoffte sich Wagner Großes von seinem jungen Professor in Bezug auf seine Sache (Decker, 2012, S. 26). Wagners *Ring* wurde in den tumultuösen Jahren zwischen 1848 und 1874 komponiert. Interessanterweise begann Wagner in der Chronologie seiner Komposition mit der *Götterdämmerung*. Am Ende derselben wurde ihm allerdings bewusst, dass der Tod Siegfrieds nur verstehbar über seine Jugendjahre ist. So entstand *Siegfried*, worin das Aufwachsen des jungen Helden Siegfrieds bei seinem Adoptivvater Mime geschildert wird. Doch mit *Siegfried* nicht genug. Es sollte weiter in eine Vorgeschichte gehen, die sich in der Zeit verliert, da an diesem Anfang die Zeit selbst ihren Anfang hat – in Wagners eigenen Worten: »Ich will dem Publikum eine Kulturepoche vor Augen führen, die jeder Erfahrung oder Anknüpfung an eine Erfahrung fern liegt« (Wagner, 1907, S. 187f.).

Der *Ring des Nibelungen* – soviel wird selbst bei einer oberflächlichen Betrachtungsart klar – will die Gesamtheit menschlichen Erlebens darstellen. Die

Oper will das *Totum*, die Ganzheit der Weltentstehung, die Größe und den Fall der nordischen Götter, die letztlich nur exemplarisch für die Geschicke der Menschheit schlechthin stehen. Ähnlich wie Marx in seinem *Kapital* und Freud in seiner *Traumdeutung* will Wagner in seinem monumentalen Bühnenfestspiel Allgemeingültiges dergestalt zur Anschauung bringen, dass sein Publikum einer Katharsis anheimfällt und Bayreuth voller Ergriffenheit verlässt. Nicht vergessen sollte man an dieser Stelle, dass Nietzsche zu dieser Zeit noch voller Begeisterung, Idealisierung und Ergriffenheit für Wagner ist (Decker, 2012, S. 34). Was als ein inneres Schauspiel zwischen grandiosem Über-Vater und hochbegabtem Sohn begann, endete Jahre später in einem hasserfüllten Nietzsche, der in den desillusionierenden Abhandlungen *Der Fall Wagner* (1980a [1888]), *Nietzsche contra Wagner* (1980b [1888]) und die *Götzen-Dämmerung* (1980 [1889]) die abgründige Schattenseite des Magiers von Bayreuth aufzeigte. Als Wagner 1883 starb, schrieb Nietzsche gerade an seinem *Zarathustra*. Es scheint, als habe erst der Tod seines Ziehvaters die letztliche Vollendung *Zarathustras* ermöglicht (Martin, 1995, S. 269).

Friedrich Nietzsche hat in seiner späten Schrift *Der Fall Wagner* die Behauptung aufgestellt, dass »man umso mehr Philosoph wird, je mehr man Musiker wird« (Nietzsche, 1980a [1888], S. 54). Nietzsche selbst ist in seinem Philosophieren maßgeblich durch die Auseinandersetzung mit der Musik und der Person Richard Wagners beeinflusst worden (Martin, 1995, S. 271). Das gilt auch für viele spätere Autoren, bei denen die Wagner-Rezeption allerdings wiederum durch Nietzsche gefiltert wurde und sich so eine Konstellation herausbildete, bei der vor allem Nietzsches von Wagner inspirierte Musikphilosophie im Zentrum der Betrachtung stand. Die Rezeptionslinien, die von Wagner und Nietzsche ausgehen, überschneiden sich an vielen Punkten. Zu den für die Fortschreibung dieser Konstellation wirkungsvollen Literaten zählten Gottfried Benn, Albert Camus, Alfred Döblin, Stefan George, André Gide, Hugo von Hofmannsthal, James Joyce, Franz Kafka, die Brüder Heinrich und Thomas Mann, Robert Musil, Marcel Proust, Rainer Maria Rilke und Robert Walser – um nur einige von ihnen zu nennen (Frenzel, 1966, S. 16).

Nietzsche hat die Musik als »Sprache des Pathos« definiert, die, »mit Beethoven eben erst begonnen«, dafür prädestiniert sei, die Vorgänge »des leidenschaftlichen Wollens im Innern des Menschen zu finden« (Nietzsche, 1980, S. 66). Maßgeblich beeinflusst wurde er dabei auch durch Schopenhauers Musikphilosophie. Bereits in seinem Erstlingswerk *Die Geburt der Tragödie aus dem Geiste der Musik* von 1872 (1980 [1872], S. 43) steht die Musik im Zusammenhang mit der für Nietzsche später zentralen metaphysischen Idee des »Willen[s] zum Leben« (ebd., S. 44), den die griechische Kultur in den Tragödien immer wieder wachgerufen habe. Der Musik kommt dabei eine zentrale Rolle zu, da sie vom Menschen durch die »erschütternde Gewalt des Tones« (ebd., S. 76) Besitz ergreife und ihn in einen »dionysischen« Rausch versetze, in dem er in einen präindividuellen Zustand zu regredieren drohe. Dieser Entgrenzung entgegen wirkten die äußere Form sowie auch die konkrete Handlung des Dramas und die fassbaren Bilder der Bühne – das »apollinische« Element der Tragödie. Der Bruch mit Wagner setzte zunehmend ein, als Nietzsche Wagner ob seines christlichen Erlösungsmotivs im *Parsifal* und generell, ob des Nichts, ob der totalen Auslöschung der Götter mit kitschigem Pathos im *Ring* kritisierte, die Nietzsche zunehmend in Opposition zu Wagner brachte.

Deutscher Idealismus und die Philosophie Richard Wagners: Feuerbach, Schopenhauer und Nietzsche

Der *Ring* gründet nicht nur in einer schwelenden Kritik an der politischen Situation der Jahre 1848/1849, als Wagner noch Kapellmeister in Dresden gewesen ist, sondern wurzelt ebenso in der Philosophie seiner Zeit. Nietzsche zufolge beherbergt der *Ring* ein gewaltiges Denksystem, ohne dass dies allerdings in einer systematischen Form dargelegt wäre (Ette, 2011, S. 28). So schleichend und organisch wie der Zuschauer den ersten Takten des *Rheingoldes* im verdunkelten Theatersaal zu lauschen vermag, so sehr hat man den Eindruck, einem evolutionären Prozess beizuwohnen, ähnlich wie bei kosmologischen Spekulationen eines frühen Immanuel Kant, der darüber sinnierte, ob das Sonnensystem nicht aus einer Masse von Gas und Staub entstanden sei (Donington, 1976, S. 14). Friedrich Engels war ebenso ein begeisterter Anhänger solcher Überzeugungen, wenn er vom Menschen als Organismus sprach, der einem ständigen Wandel unterzogen sei. Die Anarchisten und Revolutionäre von 1848 gründeten viele ihrer Überlegungen auf den deutschen Idealismus der 1780er Jahre (Ette, 2011, S. 32). Der Zerfall von Monarchien, religiösen Gewissheiten und Gesellschaften in Europa war zusehends seit der Französischen Revolution zu beobachten.

Mit Kant erlebte das philosophische Denken im 18. Jahrhundert eine neue Blüte und mit Hegel kam der Weltengeist über den Umweg der Geschichte im 19. Jahrhundert zu sich selbst zurück. Seine Destination: Preußen. Junghegelianer wie Strauß, Feuerbach oder Marx und Engels versuchten entweder in religionsphilosophischer oder sozioökonomischer Hinsicht den Lauf der Geschichte zu beschleunigen (Ross, 2020, S. 47f.). Von Feuerbach war Wagner zeitlebens begeistert, vor allem hinsichtlich des Aspektes einer Philosophie der Zukunft, die von einer radikalen Befreiung des Individuums von überkommenen Glaubensvorstellungen gekennzeichnet sein soll. Bei Wagner kann man von einer regelrechten Fixierung auf die Zukunft sprechen: Er schrieb über das Gesamtkunstwerk der Zukunft, über das Drama der Zukunft, schwelgte über das Theater der Zukunft und prophezeite die Frau der Zukunft. Dies war ein geschickter Schachzug, um seine Kunst zu politisieren (ebd., S. 43). Wagner war sich bewusst, dass an die Leerstelle der christlichen Religion eine neue Kunstmythologie zu setzen sei. Bereits 1795 schrieb Schiller in seinen ästhetischen Briefen davon, dass die Menschheit nur Freiheit über die Erfahrung des Schönen erlangen kann (Frank, 2008, S. 52). Letztlich versuchten Hölderlin, Schlegel und Schelling durch die Erschaffung neuer Mythen das zu verhindern, was Max Weber später die »Entzauberung der Welt« taufen sollte (ebd., S. 34). In den 1840er Jahren trieb Feuerbach Wagners revolutionäre Ideen an (Ross, 2020, S. 64). Feuerbach zufolge war Gott eine Projektion menschlicher Leidenschaften, um mit dem Problem des Lebens und des Todes fertig zu werden. Diese Projektion hat den Menschen mit sich selbst entzweit. Die möglichen höchsten Eigenschaften der Gattung projiziert der Mensch vor dem Hintergrund seiner individuellen Schranken (der Sterblichkeit etwa) in ein von ihm verschiedenes Wesen: Gott.

Der *Ring* als Symbol einer ökologischen Krisis

Im *Ring* wird der Rhein bereits eingeführt als Ort der Exploitation und Ressourcenausbeutung. Der Beginn der *Rheingolds* ist somit keine Idylle, die unbefleckt und paradiesisch rein wäre. Die Rheintöchter machen sich bereits sehr herablassend über den Zwerg Alberich lustig, necken ihn ob seiner tumben Gestalt und seines Aussehens (Donington, 1976, S. 23f.). Als Racheakt schwört Alberich fortan der Liebe ab und nimmt sich das Gold, um daraus einen Ring der Macht zu schmieden. Macht bzw. Kontrolle und Liebe werden hier als binäre Entitäten eingeführt. Das eine ist nicht mit dem anderen zu haben. Bereits im *Rheingold* muss die urzeitliche Macht des Matriarchats der Macht des Patriarchats weichen. Wotan, das Oberhaupt der Lichtalben, stellt die Verkörperung von Macht, Gesetz und Ordnung dar. Seine Macht verdankt er Verträgen. Vom Matriarchat bleiben nur einige wenige Frauen übrig: Fricka, die als Schutzgöttin die Ehe verteidigt, ihre Schwester Freya, die durch ihre goldenen Äpfel den Göttern ewige Jugend schenkt, und die Walküren, die einzigen bewaffneten Frauen in Wagners Werken. Auch sie müssen sich in der nun dominierenden Männergesellschaft deren herrischen Prinzipien unterwerfen und das Gesetz über die Liebe stellen. Liebe und Macht verhindern sich gegenseitig: »Nur wer der Minne Macht versagt, nur wer der Liebe Lust verjagt, nur der erzielt sich den Zauber, zum Reif zu zwingen das Gold«, sagt Alberich an einer Schlüsselstelle der Tetralogie. Alberich akzeptiert diesen Handel und verzichtet auf Liebe. Wotan schreibt seinem Speer alle Verträge ein, die er schließt. »Der Mensch ist nur durch seine Verträge.« Interessanterweise stammt sein Speer vom Weltenbaum Yggdrasil, der sogenannten »Welten-Esche«, der er ein Ast abgeschlagen hat. Dieser Weltenbaum verdorrt infolge. Zuvor hat Wotan sein Augenlicht preisgegeben, um Weisheit zu erlangen. Daher wird er oft mit einer Augenklappe dargestellt. Aufgrund dieser Geschehnisse (der »Gesellschaftsvertrag«, die Zivilisation, bedingt die Zerstörung der Ökologie: Yggdrasil-ökologische Globalkrise), die bereits in einer noch früheren Zeit angesiedelt sind, werden Ereignisse in Gang gesetzt, die niemand mehr im *Ring der Nibelungen* aufhalten kann. Um sein Großprojekt Walhalla zu finanzieren, erlaubt er den Riesen Fasolt und Fafner, dass sie zur Belohnung Freya, die Göttin der Jugend, erhalten, die die Götter durch die Versorgung mit den Äpfeln der Jugend nicht altern lässt. Wotan hofft mittels Loge, seinem Trickster-Halbgott, einen Ausweg in letzter Minute zu erzielen und Alberichs seines Schatzes zu entledigen, um die Riesen zu befrieden. Vor allem Arthur Schopenhauers *Die Welt als Wille und Vorstellung* hat es Wagner angetan. Die Musik erhält in diesem Werk zentrale Bedeutung vor allen anderen Kunstformen. Der Wille meint hier nicht die Intention eines Individuums, sondern ist vergleichbar mit einem inhärenten Lebenstrieb, der niemals Befriedigung zu finden scheint. Musik stellt eine der vielen Verkörperungen oder Manifestationen dieses Willens dar. Der Komponist stelle die innerste Natur der Welt dar. Eine Möglichkeit temporärer Willensverneinung und damit Askese biete nach Schopenhauer ausschließlich die (musikalische) Kunst. Der *Ring* ist proteisch: Manche sehen darin eine Allegorie des Kapitalismus, andere eine Auseinandersetzung mit der Industrialisierung und der Zerstörung der menschlichen Lebenswelt. Auch als religionskritisches Werk wird der *Ring* gedeutet, in dem die Philosophen Schopenhauer, Feuerbach und der Wagner-Freund Nietzsche ihre deutlichen Spuren hinterlassen haben.

Der *Ring* als kathartisches Musik-Epos in Bayreuth

Der *Ring* beginnt zunächst ruhig, mit einer Wirkung, die im Zusammenhang mit der mehrstimmigen Musik einzigartig ist. Über weite Strecken hinweg gibt es nicht nur keine Modulation, sondern noch nicht einmal akkordischen Wandel.

Ein Akkord in Es-Dur baut sich auf. Zuerst erklingt die Tonika in abgründigen Tiefen, dann wird die Quinte hinzugefügt und danach kommt eine Arpeggio-Bewegung mit dem vollständigen Dreiklang ruhig und sanft anschwellend (Donington, 1976, S. 23) – ein fast embryonales Motiv, das erste melodische Motiv. Immer stärker werden wir uns der Modulation bewusst, die fast nicht stattfindet, ein Gefühl der Zeitlosigkeit stellt sich ein. Wagner selbst datiert die Eingebung zur Ouvertüre des *Rheingolds* in einem Hotelzimmer in La Spezia (Ross, 2020, S. 29). In einen ähnlich somnambulen Zustand versetzte Sigmund Freud einige Jahrzehnte später seine Patienten, um an die Geschehnisse der Frühzeit zu gelangen. Interessanterweise lässt Wagner seine phylogenetische Frühzeit mit Es-Dur beginnen, und Freud bezeichnet sie in Rückbesinnung auf Nietzsche ebenfalls mit dem schillernden Begriff des Es (Oberhoff, 2012, S. 18). Wagner breitet vor seinem Publikum in einem abgedunkelten Theatersaal in Bayreuth eine schier unendliche Urweltharmonie aus, die man durchaus als »embryonal« bezeichnen kann. Sein musikalisches Vorbild war hierbei das antike Griechenland. Aischylos und Euripides schrieben eine Reihe von bedeutsamen Tragödien, die jeweils mit einem Satyrspiel endeten. Die *Orestie* beispielsweise war datierbar auf das Jahr 458 v. Chr. Sie beeinflusste Wagner auf entscheidende Weise: zum einen im Sinne eines sich entspinnenden Familiendramas, zum anderen mit dem Prinzip widerstreitender Werte und der binären Unterscheidung zwischen Gut und Böse (Vernon, 2021, S. 76). Wagner imaginierte für den Vorabend und die drei sich anschließenden Tage ein alles umfassendes Ereignis, dass das Leben jedes Einzelnen ergriff. Dieses Ereignis sollte einen Bruch mit der gewöhnlichen Welt der Alberiche darstellen. So wie die Griechen, welche ihre Dramen als heilig empfanden, diese an einem besonderen Ort stattfanden ließen, so sollte Bayreuth zu einer Weihestätte werden, eine Pilgerstätte, wo sich ein Mythos die Welt des schnöden Mammons und des Kapitalismus außer Kraft zu setzten vermag. Für eingefleischte Wagnerianer haben die Festspiele bis heute nichts an ihrer Strahlkraft eingebüßt, für ihrer Kritiker stellen die Festspiele die Parodie von Wagners eigentlicher Intention dar und zeigen stattdessen eine ungebrochene Kontinuitätslinie von Korruption, Machtmissbrauch und Kapitalismus auf.

Der *Ring* als systemisch-analytische Familienaufstellung

Wie bisher dargelegt, gibt es multidimensionale Wege, Wagners *Ring*-Epos zu erschließen: sozio-kulturell, ästhetisch, soziobiografisch, musikhistorisch, als musikalische Gegenübertragung oder eben klinisch-therapeutisch. Im Folgenden geht es um die einzelnen *Dramatis Personae*, die Charaktere des *Rings* einerseits als psychische Funktionen und innere Dispositionen, anderseits als äußere Figuren einer systemisch-analytischen Familienaufstellung. Die Charakterausprägungen der einzelnen Figuren sowie ihre innere neurotische Disposition und die ihnen damit einhergehenden zugewiesenen Rollen im Gesamtverständnis des *Rings* werden eingehender beleuchtet. In den Worten Lew Tolstois heißt es: »Alle glücklichen Familien sind einander ähnlich, jede unglückliche Familie ist unglücklich auf ihre Weise.« Es geht also einerseits um ein hoch destruktiv-dysfunktionales Familiensystem im *Ring des Nibelungen*, und anderseits um intrapsychische Konfliktfelder, die jeder Mensch in seiner eigenen Psyche verspürt. In der Familientherapie bzw. der Systemischen Therapie werden Probleme nicht als Eigenschaften einzelner Personen gesehen. Sie sind Ausdruck der aktuellen Kommunikations- und Beziehungsbedingungen in einem System. Symptome erscheinen nützlich, da sie auf Störungen der Entwicklungsmöglichkeiten hinweisen.

Alberich vom Stamme der Schwarzalben und der finstere Ort des Sadismus

Schmähung, Trauma und Fluch haften der Erschaffung des Rings vom ersten Moment im *Rheingold* an. Psychologisch betrachtet, wird alles zum Ring, sobald es *in toto* von uns Besitz ergreift. Für den unansehnlichen Alberich, der eine der schönen Rheintöchter begehrt, verkehrt sich alles zum Fluch. Traumatisch ist das Gefühl des Ausgelacht- und Verstoßenwerdens. Die Entscheidung für das begehrliche Gold und damit gegen jedwede Form von Liebe ist folgerichtig aus dem Trauma ableitbar. Die Suche nach Schutz ist als Abwehr vor dem Verletztwerden zu betrachten. Was könnte mehr Schutz bieten als unglaubliche Machtfülle, welche der Ring verheißt? Alberich, das verstörte und zutiefst traumatisierte Kind, verzichtet auf die Liebe und ergreift die Macht. *Der Herr der Ringe*, die monomentale Verfilmung der Tolkien'schen Trilogie, entführte ein weltweites Publikum in den 2000er Jahren in eine ähnlich düstere Welt bestehend aus der Kluft von maßlosem Zerstörungswillen, Macht und Kontrollwahn repräsentiert durch die Mächte der Finsternis, und einer kleinen Gruppe von unscheinbaren Hobbits, die sich für Loyalität, Liebe und die Wahrung der Schöpfung einsetzen. Der Ring bei Tolkien übt hierbei eine dergestalt dunkle Kraft auf den Träger desselben aus, dass er sich allein kaum seiner Macht entziehen kann. Das Kind, das sich nach Verständnis sehnt und missbräuchlich behandelt wird, wird selbst wiederum zu einem missbräuchlichen Erwachsenen. Das Schicksal Alberichs ist das Schicksal eines traumatisierten Kindes oder Jugendlichen, der nur noch nach Äußerlichkeiten verlangt, weil es sich von seinem inneren Erleben abgekoppelt hat. Zurückweisung und Exklusion sind häufige schmervolle Erfahrungen in der Pubertät (Bolen, 1992, S. 66). Man wird zuweilen verlacht und gehänselt ob äußerer Attribute, man fühlt sich dunkel, hässlich und entstellt – viel zu hässlich, um mit den schönen Rheintöchtern spielen zu dürfen oder befreundet zu sein. Alberich als Zwerg aus dem unterirdischen Nibelheim war überhaupt nicht in seinem Element, als er sich ins Wasser getraute hin zu den Rheintöchtern. Er wusste sich mit einem Male nicht mehr adäquat zu verhalten. Er war zu bedürftig, zu gierig. Und dafür wurde er mehrfach von ihnen verlacht und gedemütigt (Oberhoff, 2012, S. 20).

Nach Vollendung des Rings wird Alberich zu einem unnachgiebigen Tyrannen in Nibelheim, der alle anderen Zwerge demütigt und zu unentwegter, harter Arbeit zwingt. Er verwischt die Grenzen von Tag und Nacht, von Arbeit und Erholung – alles geriert sich zu Hast, und nicht von ungefähr stammt der Begriff etymologisch von »Hass«. Gewiss sind hier subtile Anspielungen Wagners auf das Zeitalter der Industrialisierung intendiert. Das Zeitalter von »Dampf und Maschinen« (Frank, 2008, S. 33). Wagner und viele Romantiker vor ihm erwehrten sich dieser Industrialisierungsmaschinerie; sie schienen bereits geahnt zu haben, dass es um nichts Geringeres geht als die Würde des Menschen, der im Getriebe des neuen Maschinenzeitalters unterzugehen droht. Der sogenannte »Workaholic« mag zurecht als psychopathologische Figur unserer postmodernen Gesellschaft angesehen werden, ersetzt er doch den äußeren Herrn, der peinigt durch einen inneren Peiniger, der fortan sein Herr geworden ist. Letztlich ist der Workaholic zum Sklaven seiner selbst mutiert. Das ist sicherlich eine subtile Vollendung des Industriezeitalters nach innen. Alberich und Mime, sein Bruder, sind zwei Seiten einer sadomasochistischen Medaille. Ein Alberich konstelliert sich, wenn (sadistische) Macht über andere ausgeübt wird; wird sie nur (masochistisch) erduldet, wird man zu einem Mime. Somit kann Nibelheim durchaus als ein Ort des schwelenden Sado-Masochismus angesehen werden. Karl Abraham (ein Freud-Schüler der ersten Stunde) zufolge, müsse man zwei anale Subphasen, nämlich die eliminatorische des Ausstoßens und die retentive Phase des Zurückhaltens differenzieren (Chasseguet-Smirgel, 1986, S. 62). Beim Kleinkind würden diese sich in eine Phase des Vernichtens und eine des Beherrschens aufgliedern. Die erste Phase sei objektfeindlich, die zweite eher objekterhaltend (ebd., S. 65). Alberich und Mime geraten durch den Ring in eine regelrecht destruktive analsadistische Triebspirale hinein. Alberich zerrt seinen Bruder an den

Ohren bis zur äußersten Quälerei, da dieser ihm nicht zu Willen ist. Das gepeinigte und zurückgewiesene Kind oder der traumatisierte Teenager, dessen Grenzen nie akzeptiert worden sind und der keinen reifen Umgang mit Zurückweisung erlangen konnte, giert fortan nach grenzenloser Macht und sadistischer Kontrolle über andere. Sein erfahrener Schmerz scheint grenzenlos in seinem Erleben, daher auch die Grenzenlosigkeit seiner Quälerei in Bezug auf andere.

Wotan als archetypischer *Paterfamilias*

Wotan stellt den archetypischen Herrscher und *Paterfamilias* par excellence dar. Er steht für Machtfülle, Verführungsgewalt, Willensstärke, aber auch für die subtile Verführbarkeit durch die Macht. Er schlug, wie bereits erläutert, vom Weltenbaum einen Ast ab, um sich hieraus einen Speer zu schnitzen. Auf diesen schrieb er sich fortan die Gesetze, die er erließ, und die Verträge, die er einging. Der Weltenbaum wurde dem Verdorren überlassen, und dieses wiederum sollte eine ökologische Krise unbekannten Ausmaßes hervorbringen. Obschon er sich ein Auge ausstach, um Weisheit zu erlangen, hat Wotan dieses düstere Szenario scheinbar nicht bedacht oder verschloss sein ihm noch übrig gebliebenes Auge vor dieser Wahrheit (Klein, 2001, S. 87). Um sein megalomanes Großprojekt Walhalla errichten zu lassen, ging er einen Pakt mit den Riesen Fafner und Fasolt ein und besiegelte diesen mit dem Unterpfand Freyas als Göttin der Jugend. Wotan steht für all jene Geschäftsleute und Großfunktionäre, die sich hochgelegene Türme errichten lassen, auf denen in goldenen Lettern ihr Name zu sehen ist. Was immer sie sehen, sie sehen sich selbst. Es sind jene Persönlichkeiten, denen der österreichisch-amerikanische Analytiker Heinz Kohut eine narzisstische Persönlichkeitsstörung diagnostiziert hätte – Narzissmus als eine bestimmte Art und Weise, die Welt wahrzunehmen und zu interpretieren. Nur im Größenerleben und in der Bewunderung erleben Menschen mit diesem Störungsbild überhaupt erst eine Emotion. Freya steht für eine diametral entgegengesetzte psychische Qualität des Seins, eine Daseinsform des naturhaften Erlebens und liebevollen Empfangens, für die Qualia eines Kindes. Ohne jene psychischen Qualitäten einer Freya stellen sich in einem Wotan allzu oft Gefühle der Paranoia und des Zynismus ein. Agamemnon zog es nach Troja in den Krieg und für günstige Winde war er bereit, seine eigene Tochter Iphigenie zu opfern. Zeus schloss einen Pakt mit Hades, sodass dieser seine Tochter Persephone in die Tiefen des Hades entführen durfte (Bolen, 1992, S. 38). Die archetypische Ausrichtung eines Wotans ist berechnend und auf Maximierung seiner Machtfülle ausgerichtet. Wotan trifft symbolische Entscheidungen und ist bereit, hierdurch seine innere Verbindung, eine echte emotionale Erlebniswelt und seine Authentizität preiszugeben (Bradshaw, 1988, S. 87).

Loge wiederum ist eine germanische Variante des griechischen Hermes oder des römischen Mercurius, ein Gott der Kaufleute sowie der Diebe. Er steht für Agilität, Wendigkeit und kaufmännische Schläue. Loge repräsentiert einen fast infiniten Möglichkeitsraum (Bolen, 1992, S. 73). Er handelt mit wichtigen Informationen und ist dabei im tiefsten Sinne amoralisch. Er sieht etwaige Abgründe in seinen Gegnern und weiß diese für sich oder seine Sache gewinnbringend zu nutzen und auszuspielen. Ein Wotan braucht als sein Pendant einen Logen, der ihn wiederum aus vertrackten Holzwegen und ungünstigen Vertragswerken wieder herausführt oder Lösungswege unterbreitet, die Wotan in seiner eindimensionalen Verblendung nicht mehr erkennt. Wotane sind verführte Führer, die großen Schaden innerhalb der eigenen Sippe, des Clans oder ihrer Familie anrichten, weil sie einer fatalen Verblendung erlegen sind. Sie opfern Lebendigkeit einer imaginierten Machtfülle (ebd., S. 65). Der Werdegang Joseph Kennedys kann an dieser Stelle nur kurz angerissen werden. Als Sohn irischer Einwanderer fühlte er sich aufgrund seiner Herkunft minderwertig und stets gesellschaftlich unterlegen (Fluck, 2009, S. 70). Durch perfide Machenschaften in den Jahren der amerikanischen Prohibition und dubiosen Seilschaften innerhalb der beginnenden Filmwelt Hollywoods schuf er ein Millionenvermögen. Politisch stieg er bis zum Botschafter Amerikas in England auf. Sein erklärtes Ziel war, dass sein ältester Sohn Präsident der Vereinigten Staaten von Amerika werde (Fluck, 2009, S. 74). Als dieser während des Zweiten Weltkrieges zu Tode kam, war es sein jüngerer Bruder John F. Kennedy, der diese Position im Familiensystem zu übernehmen hatte. Der Rest ist Geschichte vom Aufstieg eines charismatischen Führers und seiner dramatischen Ermordung als 35. Präsident der USA. Sein Vater ebnete ihm durch Allianzen mit der Unterwelt einen Weg in das höchste politische Amt der westlichen Welt. Söhne, die für die hehren Ziele ihrer Väter alles tun, zahlen einen hohen Preis (ebd., S. 83). Joseph Kennedy hatte psychische Dispositionen, die eines Wotan würdig gewesen sind. Für seine ambitionierten Ziele war er bereit, alles andere, auch seine eigenen Söhne, unterzuordnen.

Fricka als Stimme einer ko-abhängigen Ratio

Fricka ist die Ehefrau Wotans. Sie steht für die eherne Stimme der (Ehe-)Vernunft, der Verbundenheit innerhalb des Familiensystems und der Besorgnis. Sie versucht ihm die Wahrheit über seine Situation zu vermitteln – eine Wahrheit, die er zu hören nicht bereit ist. Sie hat dunkle Ahnungen über die Folgen des Paktes, den Wotan mit den Riesen beschlossen hat. Sie verbalisiert, was er verdrängt und verleugnet. Ihre Stimme mahnt wie diejenige einer Cassandra. Sie bangt um die Göttin Freya, fürchtet um die Auswirkungen, die der Verlust Freyas für die Götterwelt bedeutet. Ohne die Äpfel der Jugend werden die Götter ihrer Unsterblichkeit beraubt, und das Geschlecht der Götter wird untergehen. Fricka steht für jenen Aspekt, den Wotan in sich verdrängt hat. Ihre moralischen Werte scheinen ihn zu behindern oder gar zu stören. Sie übernimmt die Platzhalterfunktion seiner Anima, als seinen unterdrückten weiblichen Aspekt, der besorgt ist um (Ver-)Bindung. Sie teilt ihm mit, was er fühlt, weil er diesen Zugang zu sich gänzlich verloren hat. Sie kritisiert sein Großprojekt der Götterburg, er kontert, dass sie ihm dabei doch zustimmte. Hierbei offenbart sich, dass sie glaubte, ihn durch Zustimmung von seinen amourösen Verstrickungen abzubringen. Das Ehepaar Wotan–Fricka hat einen gemeinsamen blinden Fleck (Bolen, 1992, S. 93). Das Los des Götterpaares ist das Schicksal von Ko-Abhängigen in einer destruktiven Gemeinschaft: Sie verneinen einen Teil der Realität, um zu überleben. Unliebsames wird ferngehalten, einerlei ob es sich um Alkoholabhängigkeit, Drogenabusus, Spielsucht oder Kaufsucht handeln mag (Love, 1990, S. 21). Wotan steht für einen Männertypus in einer bestimmten Gesellschaftsschicht, für eine bestimmte Spielart kulturellen Lebens, wo archetypische Strukturdominanten des Wotan-Väterlichen endemisch sind. Man findet sie in Mythen nordischer, griechischer oder anderer Völker. Hierbei gibt es eine innere Achse, die Wotan und Alberich miteinander auf unheimliche Weise verbindet. Alberich weiß um die Folgen und er stimmt ihnen zu: Er verzichtet auf Liebe und Verbundenheit und entscheidet sich für Macht. Wotan glaubt alles haben zu können: Machtfülle, Ruhm, Status und Liebe. Er hoffte, den Preis, den sein Bauvorhaben Walhalla fordert, dank dem Trickreichen Loge nicht zahlen zu müssen (Donington, 1976, S. 97). Die Riesen Fafner und Fasolt sind die letzten ihres Geschlechts. Sie sind hervorragende Baumeister. Der Ring bewirkt, dass Fafner Fasolt tötet wie einst Kain Abel. Fafner isoliert sich hierdurch, verwandelt sich in einen Drachen, um fortan gierig seinen Schatz zu bewahren. Mit dem Brudermord tötet er seine einzige wirkliche Beziehung. Symbolisch betrachtet, können Brüder zwei antagonistische Strebungen innerhalb einer Person darstellen. Wenn derjenige, der an Gerechtigkeit glaubte, von seinem eigenen Bruder getötet wird, der von Gier und Neid angetrieben wird, kann dies auch so gelesen werden, dass die letzteren Motive völlig Besitz von einer Person ergriffen haben (Schaef, 1987, S. 18).

Die unheimlich schönen Rheintöchter

Die Rheintöchter sind äußerst anziehende Wesen: verlockende Meerjungfrauen, halb Mensch, halb Fisch. Sie stellen eine unverstellte Weiblichkeit dar, eine scheinbar reine Instinkthaftigkeit, was ihnen wiederum eine unheimliche Verführungskraft über Männer verleiht. Allerdings können die Rheintöchter auch als innere Anima-Figurationen angesehen werden, welche Männer stets unbewusst und unablässig auf Frauen projizieren (Bradshaw, 1988, S. 54). Wagner selbst kann hier mit zahllosen amourösen Verstrickungen als beredtes Beispiel gelten. Eine Rheintochter ist somit beides zugleich: attraktiv und verlockend und gleichsam kalt und unmenschlich. Es ist jene Frau, die Gefühle der Attraktivität generiert, ohne sich für diese Gefühle je verantwortlich zu fühlen, geschweige denn für den Effekt, den sie verursachen. Sie ziehen Männer in ihren magischen Bann wie einst die bekannte Loreley, die Heinrich Heine so kunstvoll besungen hat. Die Meerjungfrauen vom Rhein allerdings empfinden selten etwas für ihren »Fang«. Er lässt sie erschreckenderweise kalt und unberührt. Sie sind ohne Reue und Mitleid. Sie müssten Empathie und Verständnis haben, nur leider haben sie diese Attribute kaum entwickelt. Ein Mann, der diese inneren Qualia entwickelt hat, erkennt die innere Armut dieser Loreley-Frauen. Ein Mann, der in keiner Verbindung zu seinen eigenen weiblichen Anteilen steht, verfällt diesem Frauentypus oftmals unmittelbar und verwechselt die äußeren Attribute solcher Frauen mit Aspekten seiner inneren Anima. Ein Mann, der seine eigene Anima stets nach Außen projiziert, ist unbeständig in seinen Bestrebungen und oft in einem Zirkel der Promiskuität verhaftet (ebd., S. 69). Er vermag sich sehr schnell zu ver- und entlieben und jagt dabei unentwegt einem inneren Bildnis hinterher. Jung bemerkte einmal, dass die Anima im Mann eine neue Vermittlungsinstanz zwischen Ego und kollektivem Unbewussten herzustellen vermag. Dies könnte ihn in emotionale Tiefen hinabführen und einen ebenso wichtigen Schatz bergen lassen wie das Rheingold. Denn recht verstanden, kann das Rheingold als Metapher für das Selbst aufgefasst werden. Wenn wir seiner gewahr werden, kann dies eine außergewöhnliche Kraftquelle darstellen jenseits unseres Alltagsbewusstseins. Allerdings bleibt die Option, das Rheingold zu instrumentalisieren, immer gegeben. In einem solchen Falle wäre es kein Fingerzeig mehr zum Unbewussten und einer neuen Gefühlsqualität, sondern verkehrte sich zu einer Mittel-Zweck-Relation. Alle Diktatoren können hierbei mit ihren jeweiligen Biografien aufgereiht werden, und in jeder dieser zahllosen Lebensberichte wären Beispiele zu finden, in denen ein archetypisches Glück mit einem instrumentellen Machtverhältnis eingetauscht wurde. In dieser Hinsicht ist Alberich immer auch der Schatten

Wotans. Der Lichtbringer Wotan, der archetypische König hat seinen Schatten delegiert und steht mit elementaren Anteilen seiner Persönlichkeit nicht mehr in authentischem Kontakt. Die Suche nach Macht ist allzu oft die abgekürzte Suche nach Vergeltung von einer erfahrenen Demütigung, die den Alberich-Kindern angetan wurde (Schaef, 1987, S. 39). Wenn wir an Adolf Hitler denken, mag man sich zuweilen fragen, was wohl aus der Weltgeschichte geworden wäre, hätte sich ein Professor seiner erbarmt und ihm einen Platz an der Kunstakademie eröffnet.

Wotan und Fricka: Szenen einer bürgerlichen Ehe im 19. Jahrhundert

In Wagners Werken findet man nur wenige Ehepaare – und die, die man findet, sind nicht glücklich. Im *Ring* raubt Hunding Sieglinde und nimmt sie mit Gewalt zur Frau. Fricka und Wotan leben – wie bereits bekannt – im Dauerstreit. In diesen Eheproblemen liegt bereits der Ursprung für den Untergang der Götter. Fricka ist krankhaft eifersüchtig und hat eine Schwäche für schönen Hausrat und Schmuck. Ihre Moral und Prinzipien sind eisern, aber nicht völlig gegen Verlockungen wie Reichtum und Machtpositionen gefeit. Sie hält weit mehr als Wotan auf Gesetz und Ordnung. Sie hat keine eigenen Kinder. Wagner zufolge erzählt Fricka gleichermaßen die Geschichte einer aristokratischen, konservativen Frau mit bürgerlichen Gewohnheiten – in einer Zeit, die sich in einem eklatanten Umbruch befindet. Die Krise des ständischen Gesellschaftssystems zu Beginn des 19. Jahrhunderts wird auch im Streit um Freya deutlich. Gibt Wotan die Liebesgöttin Freya den Riesen als Lohn für den Bau Walhalls, verliert er alles, denn Freyas goldene Äpfel symbolisieren nicht nur Jugend und ewige Machtfülle, sondern in einem weiteren Sinne die göttliche Legitimation feudaler Machtbefugnisse. Mit der Krise gerät auch Fricka ins Blickfeld. Im Streit mit Wotan wirft sie diesem leichtsinnigen Vertragshandel mit den Riesen vor, bei dem die Frauen ausgeschlossen waren. Sorgt sich Fricka vorerst nur um die Familie, erkennt sie doch die Möglichkeit, die das geraubte Nibelungengold bietet, nämlich ihren untreuen Gatten ins Heim zurückzuholen. Dabei scheint sie alle Moral zu vergessen. Liebe ist durch nichts zu ersetzen und daher auch nicht zu kaufen. Nun spielt Fricka aber mit dem Gedanken, durch das Gold Wotan manipulierend an sich zu binden. Erst als Freya mit dem Gold aufgerechnet wird, die Frau wird Sachwerten angeglichen, begreift Fricka was da mit dem Schatz in ihre Götterfamilie hereinbricht. Noch ist von Frickas Kraft und ihrem Durchsetzungswillen nichts vorhanden. Erst in der *Walküre* wird sie zu Wotans Gegenpart; je mehr dieser sich von der alten Ordnung abzukehren droht, umso heftiger klammert sich Fricka an die Normen einer traditionellen Ordnung, die in Auflösung begriffen ist. Statt Fricka ist nun Brünnhilde, Wotans Tochter, mit Erda zur Vertrauten des Gottes geworden. Die traditionelle Hierarchie in der Götterdynastie hat sich verändert und Fricka reagiert darauf mit Unbehagen. Untreu war Wotan schon immer gewesen. Nun richtet sie ihren Zorn auf das ehebrecherische Wälsungenpaar Siegmund und Sieglinde. Sie fürchtet den Untergang des Göttergeschlechts, wenn diesem Treiben nicht Einhalt geboten wird. In der Auseinandersetzung mit Wotan geht es Fricka nicht mehr um Liebe, Sex und Moral, sondern um den Erhalt der geburtsständischen Ordnung. Ihr Ton ist deutlich härter und erbarmungsloser als im *Rheingold*. Es gehe nicht an, dass sie als Göttin Siegmund, Wotans illegitimen Sohn, auf einmal gehorchen solle. Siegmund muss im Namen der Ehre Frickas als höchster Göttin geopfert werden. Fricka geht als Siegerin hervor, doch zu welchem Preis? Mit der Opferung Siegmunds führt sie auch ihr eigenes Ende herbei.

Brünnhilde und ihre Erlösungstat

Brünnhilde ist eine der neun Töchtern Wotans, die aus seinen außerehelichen amourösen Verstrickungen hervorgegangen sind. Brünnhildes Mutter ist Erda, die noch Teil des vorgeschichtlichen Matriarchats gewesen ist. Sie ist die Urmutter, die alles weiß und daher alterslos erscheint. In der *Edda* steigt Wala, die wissende Frau, aus der Unterwelt herauf, nachdem Odin sie erweckt hat. »Ewiges Weib«, nennt Wotan Erda, und sie selbst bezeichnet sich als »der ewigen Welt Urwala«. Ihre Töchter, die Nornen, nennt sie »Urerschaffene«, und diese Urzeugungskraft verbindet Erda mit der Urgottheit Gaia aus der griechischen Mythologie, mit der Wagner bestens vertraut war (Wapnewski, 2023, S. 34). Um Wissen zu erlangen, folgt er ihr, zwingt sie mit Liebeszauber und zeugt Brünnhilde, das wissende Kind. In Brünnhilde findet Wotan Wissen, Wachbewusstsein und Handlungsbereitschaft vereint und damit die Voraussetzung für die Erlösung der Götter. Wotan glaubt, mit der von ihm geplanten Erlösungstat seiner Kinder Erdas Wissen überwunden zu haben. Entgegen der Allgewalt des männlichen Willens ist es aber Erda, die, allen zum Trotz, das letzte Wort behält. Wagner lässt das Seil der Nornen an den Folgen der Männertaten zerreißen, und die Nornen kehren zur Mutter hinab. Die Entfaltung von Brünnhildes Charakter beginnt mit der Erfahrung der Liebe zu Wotan und den Wälsungen, führt über das Leiden der Wahrhaftigkeit in ihrer Auflehnung gegen Wotans Gebot, Siegmund zu töten, und ihrer Rache an Siegfrieds Verrat bis zur Freiheit durch den Tod. Sie wird diese Tugenden am Ende in die Utopie einer neuen Gesellschaftsordnung einbringen. Durch die Konfrontation mit der Macht der Liebe, die sie bei Sieglinde und Siegmund erlebt, setzt ihre eigentliche Befreiung aus Unselbstständigkeit und Fremdbestimmung ein.

Brünnhilde: Rebellion einer liebenden Tochter

Dem Vater zum Trotz versucht Brünnhilde Siegmund zu retten. Wotan reagiert auf diesen Ungehorsam wie ein eifersüchtiger Mann gegenüber einer betrügerischen Geliebten. Er spricht nur noch in der Vergangenheitsform von ihr, als sei sie bereits gestorben. Vermöge seiner patriarchalischen Strafgewalt enthebt er Brünnhilde ihres Status als Walküre und beraubt sie so ihrer Göttlichkeit. Er entbindet sich seiner Verantwortung und Fürsorge für seine Tochter und liefert sie einem anderen Mann aus. Vermittels dieser drakonischen Strafe betont er sein Recht als Besitzer dieser Frau, sowohl physisch als auch psychisch. Ohne Schutz des Vaters ist sie nunmehr Beute für einen jeden Mann. Brünnhildes Unterwerfung ist keine soziale, sondern eine rein sexuelle. Liebe und Ehe kommen an praktisch keiner Stelle im *Ring* zur Deckung. Die Liebe führt hier keineswegs zu geordneten Verhältnissen, das Gegenteil ist sowohl bei Siegmund und Sieglinde, wie auch bei Brünnhilde und Siegfried, der Fall. Schon ihre Herkunft – Siegmund und Sieglinde entstammen einem Ehebruch, Brünnhilde einer Vergewaltigung und Siegfried einem Inzest – hätte ihnen zuvor jede Daseinsberechtigung auf der Opernbühne verweigert. Er bricht auf zu neuen Taten und Brünnhilde bleibt nur der fluchbeladene Ring, den ihr Siegfried als Liebespfand übergibt. Dieser Ring wird Brünnhilde später die Intrige erkennen lassen, nachdem Siegfried sie ein zweites Mal überwältigt. Erst nachdem sie dafür gesorgt hat, dass Siegfried getötet wird und ihr somit Gerechtigkeit widerfährt und ihre Ehre wiederhergestellt ist, wird sie wieder Wotans Tochter. Brünnhilde hat die Kraft und die Macht das Ende, auf das Wotan resigniert wartet, herbeizuführen. Brünnhilde, die gedemütigte Frau, deren Liebe verraten und die betrogen wurde, befreit sich selbst und mit ihr die Welt und die Menschen, die nun in einer neuen Welt als freie Menschen leben können. Brünnhilde sucht den Tod als höchste Form der Liebe.

Brünnhilde und Wotan: Eine inzestuöse Vater-Tochter-Dyade

Brünnhilde ist ganz die strahlende Tochter des archetypischen Vaters Wotan, sie sonnt sich in seinem Glanz. Sie ist energetisch und bestrebt, mit Wotan in den Kampf zu ziehen. Mit ihrer Hilfe wird Siegmund obsiegen, so zumindest die Worte Wotans. Letztlich ist Brünnhilde ihm emotional näher als Fricka. In der griechischen Antike ist Athena die archetypische Tochter des Zeus und stets bereit, ihrem Vater zu Willen zu sein. Siegmund wird von Wotan als Waise ausgesetzt, um ihm später zu Diensten zu sein, Siegmund selbst weiß nichts davon, geschweige denn, wer sein Vater sei. Er wird später zum großen Außenseiter und Helden. Wotan ist ein narzisstischer Vater (Love, 1990, S. 56). Seine Kinder existieren lediglich als Extension zu ihm. Sie haben kein Eigenleben. Siegmund ist nicht geliebt um seiner selbst willen. Wotan verlässt demzufolge seinen Sohn in dem Moment, sobald dieser seinen Zweck erfüllt. Wotan hat lediglich Mitleid für sich selbst. Für dynastische Väter haben Kinder keinen Eigenwert, sondern nur einen Wert im Sinne des Gesamtgefüges. Ein Kind lernt sich somit zu verleugnen. Die Kinder müssen entscheidende Anteile in sich aufgeben, um mit solchen Vätern in Kontakt zu bleiben. Auch von seiner Tochter Brünnhilde erwartet Wotan nur eines: Ko-Abhängigkeit. Sie soll ihre Einstellung und ihre gesamte Gefühlswelt ausschließlich ihm unterstellen. Jedes Mal, wenn wir uns selbst gegenüber unaufrichtig sind, beginnt der innere Abstieg in die Ko-Abhängigkeit.

Zwischen Wotan und Brünnhilde herrscht eine inzestuöse Beziehungsqualität vor (Schaef, 1987, S. 41). Der Vater ist der strahlende Held ihrer ersten »Liebesbeziehung«. Wotan ist emotional allerdings hochgradig bedürftig und ein narzisstischer Elternteil. Er verhält sich wie ein sexuell betrogener Liebhaber, als Brünnhilde ihm die Treue aufkündigt, weil sie sich weigert, seinen eigenen Sohn Siegmund sterben zu lassen. Wotans Bestrafung Brünnhildes ist daher auch sexuell konnotiert: Ein Fremder wird Brünnhilde bewusstlos vorfinden, sich ihrer ermächtigen, sie der Jungfräulichkeit berauben und ihr Mann werden. Wotans Rache zerstört das vormals innige Band zu seiner Tochter. Wo sind bei alledem eigentlich die Mütter? Mütter und maternale Bindungen scheinen im *Ring* als Darstellung einer dysfunktionalen Familiendynastie wie abwesend zu sein. Fricka ist zwar eine Ehefrau, aber keine Mutter. Die Mutter Siegmunds und Sieglindes ist bereits getötet. Sieglinde hat Gefühle für den ungeborenen Siegfried, stirbt aber im Kindbett. Eine liebende Mutter ist in jedwedem Bezug abwesend. Womöglich ist die fehlende positive Darstellung des Mütterlichen in solchen Mythen bereits ein Beleg für die Übernahme patriarchalischen Denkens und die Verbannung des Sakral-Weiblichen aus westlichen Tradierungslinien? Dabei sind gerade die abwesenden Mütter Schlüssel zum besseren Verständnis einer dysfunktionalen Familienstruktur.

Der »innere« *Ring der Nibelungen* und die Individuation

Wagners *Ring* war als Angriff auf den Denkraum des 19. Jahrhunderts anvisiert worden, und eröffnet uns doch gerade in unserer Postmoderne mythische Möglichkeitsräume, um äußeres Weltgeschehen und individuelles psychisches Erleben neu zu denken. Der *Ring* als eine Familienaufstellung kreist um einen narzisstischen Vater, der seine Kinder ausbeutet und zu seinen perfiden Machtzwecken instrumentalisiert und oftmals psychisch missbraucht. Die intergenerationalen Traumata sind offenkundig – und doch gibt es in all dem Destruktiven den Möglichkeitsraum der Individuation und der persönlichen Heilung. Individuation ist ein Prozess der Reife, der integrativen Verinnerlichung von disparaten Erfahrungswelten und des Authentisch-Werdens. Es ist mit einem Wachstumsprozess vergleichbar, der es zunehmend ermöglicht, das eigene Leben unter unterschiedlichen Betrachtungsmodi zu beleuchten und neue Bedeutungsebenen erkennbar werden zu lassen. Dies setzt allerdings voraus, mit seinen inneren Stimmen, familiären Prägungen und Sozialisierungsprozessen in einen lebendigen Austausch zu kommen. So muss der innere Wotan, die innere Fricka oder Freya Gehör finden, wenn man sich auf die Reise der Individuation macht. Sich zu differenzieren und seine eigene Stimme dabei herauszuarbeiten, stellt die größte Herausforderung dar. Angst muss in ihren Schattierungen und unterschiedlichen Formen erkannt werden, genauso wie subtiles und destruktives Machtstreben auf unterschiedlichen Ebenen. Eine Brünnhilde, die sich gegen das einseitige und destruktive Machtstreben Wotans zur Wehr setzt, kann als Wachstumsschub der weiblichen Seite eines Mannes aufgefasst werden, als wirkmächtiges Symbol seiner Anima. Jede innere Lebensgeschichte und innere Seelenlandschaft beinhalten das gesamte Personal einer *Ring*-Veranstaltung. Die dunklen Alberiche und die strahlenden Rheintöchter müssen hierbei ebenso Erwähnung und Integration finden wie Siegmund, der ewige Außenseiter und Vernachlässigte, und Siegfried als strahlender Held. Mythen helfen uns, unsere inneren Dispositionen und Identifikationen auf unserem Lebensweg besser zu erkennen. Die Frage ist stets, wem wir unser Gehör schenken. Einem listigen Alberich, einem machterfüllten Wotan einem Ränke schmiedenden Loge oder einer liebenden Brünnhilde? Jede innere Lebensgeschichte eines Menschen beinhaltet die Koordinaten einer Wagner-Oper, aber sie muss nicht dergestalt in Feuer und Rauch enden. Wotan bringt Brünnhilde zum Schlafen, was innerpsychisch nur bedeuten kann, dass ihre Gewissensinstanz zum Schweigen gebracht wird. Dies entspricht einem inneren Erleben von Menschen, die sich ausschließlich der Macht verschrieben haben. Ob wir also in seelischer Hinsicht wachsen oder den nordischen Göttern gleich untergehen, hängt stark von den Entscheidungen ab, die wir tagtäglich treffen. Unser aller Leben ist das Resultat auf diese Antwort.

Literatur

Bolen, S. J. (1992). *Ring of Power: A Jungian Feminist Perspective*. Nicolas-Hays.

Bradshaw, J. (1988). *The Family*. Health Communications.

Chasseguet-Smirgel, J. (1986). *Kreativität und Perversion*. Nexus.

Decker, K. (2012). *Nietzsche und Wagner. Geschichte einer Hassliebe*. Propyläen.

Donington, R. (1976). *Richard Wagners »Ring des Nibelungen« und seine Symbole*. Reclam.

Ette, W. (2011). *Kritik der Tragödie. Über dramatische Entschleunigung*. Velbrück Wissenschaft.

Fluck, W. (2009). Der gefallene Held. Der Kennedy-Mythos aus kulturwissenschaftlicher Sicht. In J. A. Fuchs & M. Neumann (Hrsg.), *Mythen Europas. Schlüsselfiguren der Imagination* (S. 68–95). Friedrich Pustet.

Frank, M. (2008). *Mythendämmerung. Richard Wagners im frühromantischen Kontext*. Wilhelm Fink.

Frenzel, I. (1966). *Friedrich Nietzsche. In Selbstzeugnissen und Bilddokumenten*. Rowohlt.

Heinzle, J. & Waldschmidt, A. (1991). *Die Nibelungen. Ein deutscher Wahn, ein deutscher Alptraum*. Suhrkamp.

Kaiser, J. (1990). *Leben mit Wagner*. Albrecht Knaus.

Klein, R. (2001). Der sichtbare und unsichtbare Gott. Versuch über Wotan. In ders. (Hrsg.), *Narben des Gesamtkunstwerks. Wagners »Ring des Nibelungen«* (S. 103–132). Wilhelm Fink.

Love, P. (1990). *The Emotional Incest Syndrome*. Bantam Books.

Mann, T. (1974). *Leiden und Größe Richard Wagners*. In ders., *Gesammelte Werke in 13 Bänden. Band 9* (S. 23). Suhrkamp.

Martin, N. (1995). Nietzsche contra Wagner: »Wie ich von Wagner loskam«. *Nietzscheforschung, 2*, 267–274.

Nietzsche, F. (1980 [1872]). Die Geburt der Tragödie aus dem Geist der Musik (1872). In ders., *Sämtliche Werke. Kritische Studienausgabe in 15 Bänden (KSA). Band 1.* Herausgegeben von G. Colli & M. Montinari. De Gruyter, dtv.

Nietzsche, F. (1980a [1888]). Der Fall Wagner (1888). In ders., *Sämtliche Werke. Kritische Studienausgabe in 15 Bänden (KSA). Band 6.* Herausgegeben von G. Colli & M. Montinari. De Gruyter, dtv.

Nietzsche, F. (1980b [1888]). Nietzsche contra Wagner (1888). In ders., *Sämtliche Werke. Kritische Studienausgabe in 15 Bänden (KSA). Band 6.* Herausgegeben von G. Colli & M. Montinari. De Gruyter, dtv.

Nietzsche, F. (1980 [1889]). Götzen-Dämmerung (1889). In ders., *Sämtliche Werke. Kritische Studienausgabe in 15 Bänden (KSA). Band 6.* Herausgegeben von G. Colli & M. Montinari. De Gruyter, dtv.

Nietzsche, F. (1980). *Nachgelassene Fragmente 1875–1879. Sämtliche Werke. Kritische Studienausgabe in 15 Bänden (KSA).* Band 8. Herausgegeben von G. Colli & M. Montinari. De Gruyter, dtv.

Oberhoff, B. (2012). *Richard Wagner. Eine musikpsychoanalytische Studie.* Psychosozial-Verlag.
Oberhoff, B. (2016). *Richard Wagner Inside: Die Protagonisten auf seiner inneren Bühne.* Books on demand.
von Pidde, E. (2016). *Richard Wagners »Ring des Nibelungen« im Lichte des deutschen Strafrechts.* Ullstein.
Ross, A. (2020). *Wagnerism: Art and Politics in the Shadow of Music.* Farrar, Straus and Giroux.
Russel, B. (2015 [1912]). *The Problems of Philosophy.* Oxford University Press.
Schaef, A. (1987). *When Society becomes an Addict.* HarperCollins.
Sommer, U.A. (2008). Nietzsche contra Wagner. In S.L. Sorgner, H.J. Birx & N. Knoepffler (Hrsg.), *Wagner und Nietzsche. Kultur – Werk – Wirkung. Ein Handbuch* (S. 441–445). Rowohlt.
Vernon, D. (2021). *Disturbing the universe. Wagner's Musikdrama.* Candle Row Press.
Wagner, R. (1907). *Bayreuther Briefe, 1871–1883.* Breitkopf & Härtel.
Wagner, R. (1995). *Richard Wagner: Briefe.* Ausgewählt und herausgegeben von H.-J. Bauer. Reclam.
Wapnewski, P. (2023). *Der Ring des Nibelungen. Richard Wagners Weltendrama.* Piper.

Der Autor

Kamyar Nowidi, Dr. med., M.A., ist Facharzt für Psychiatrie und Psychotherapie, Literaturwissenschaftler (LMU München), Lehranalytiker und Supervisor (DGPT, DGAP). Er ist u.a. in eigener ärztlich-psychotherapeutischer Praxis, als Dozent an verschiedentlichen psychodynamischen Instituten sowie als Referent über Themen der klinischen Psychopathologie, psychiatrischen Krankheitsbilder, Ideengeschichte und Psychoanalyse sowie Philosophie tätig.

Kontakt per E-Mail: info@dr-nowidi-psychotherapie.de

Wenn das Faktenwissen um die anstehenden klimatischen Veränderungen zum Hamster mutiert und der eigene Tod seinen Schrecken verliert[1]

Susen Werner

»Ich weiß, wie schwer es ist, Illusionen zu vermeiden; vielleicht sind auch die Hoffnungen, zu denen ich mich bekannt, illusorischer Natur.«
Sigmund Freud (1927c, S. 376)

»Hope is a discipline.«
Mariame Kaba (2021)

In ihrer Kurzgeschichte »The last generation«, die bereits 1989 im *Esquire* veröffentlicht wurde, gewährt uns Joy Williams (2023) Einblicke in das Leben des neunjährigen Tommy aus Tallahassee, dessen Mutter »vor einiger Zeit bei einem Autounfall ums Leben gekommen« (ebd., S. 175) ist, dessen Vater seitdem in seiner Trauer versinkt und der viel Zeit mit der Ex-Freundin seines Bruders Walter jr. – der 15-jährigen Audrey – verbringt. Tommy »betete« (ebd., S. 180) Audrey an, heißt es an einer Stelle, und so lauscht er hingerissen ihren häufig seltsam anmutenden altklugen Lebensweisheiten. Auch Audrey hat keine Mutter mehr, »sie ist weg« lässt uns Audrey an einer Stelle wissen. Audrey stiehlt gerne und viel, und so schenkt sie Tommy eines Tages ein gestohlenes Buch über Eisberge. Während er es durchblättert, entspinnt sich zwischen den beiden folgender Dialog:

> »›Später kamen Forschungsreisende und entdeckten die Seekuh‹, las sie vor. ›Die Seekühe fraßen Seetang im flachen Wasser der Beringstraße. Sie waren riesengroß und beschränkt, ihre Haut glich der Rinde von uralten Eichen. 1741 entdeckt, waren sie um 1768 bereits ausgestorben.‹
>
> ›Ich weiß nicht, was ausgestorben heißt‹, sagte Tommy.

1 Žižek benutzt häufig das Beispiel eines Witwers und des Hamsters seiner verstorbenen Ehefrau, um die manipulative Funktion des Fetischs zu verdeutlichen.

›Siebzehnhundertachtundsechzig war im achtzehnten Jahrhundert. Dann kam das neunzehnte und zwanzigste Jahrhundert, und jetzt leben wir im einundzwanzigsten. Dem Jahrhundert der Zerstörung. Die Erde gibt es seit vier Komma sechs Milliarden Jahren, und es dauert vielleicht nur noch fünfzig Jahre, um sie auszulöschen.‹

Er dachte eine Weile nach. ›Dann bin ich neunundfünfzig‹, sagte er. ›Und du fünfundsechzig.‹

›Wir wollen nicht dabei sein, wenn die Erde ausgelöscht wird‹, sagte Audrey« (ebd., S. 182f.).

Jonathan Lear (2020, S. 132) bemerkt an einer Stelle seiner philosophischen Betrachtung über das Ende der Existenz der Crow, wie diese sie bis dahin kannten: »Die Unfähigkeit, sich ihre eigene Zerstörung vorzustellen, ist tendenziell der blinde Fleck einer jeden Kultur.«

Auch Camus (1999 [1942], S. 27) schreibt im *Mythos des Sisyphos*:

»Endlich komme ich zum Tod und zu unserem Gefühl ihm gegenüber. [...]. Man kann jedoch nie genug darüber staunen, dass alle so leben, als ob niemand ›wüsste‹. Tatsächlich gibt es vom Tod keinerlei Erfahrung. Erfahren im eigentlichen Sinne ist nur, was erlebt und bewusstgemacht wurde. Hier kann man bestenfalls von der Erfahrung des Todes der anderen sprechen.«

Die genannten Überlegungen decken sich mit der bekannten Aussage Freuds (1915b, S. 341; 1926d [1925], S. 160), dass es dem Menschen nicht möglich ist, sich seinen eigenen Tod vorzustellen. Freud leitet diese Annahme aus der Eigentümlichkeit des Unbewussten ab, keine Gegensätze und keine Negation zu kennen. Diese gravierende Unfähigkeit, gepaart mit dem Wiederholungszwang als Repräsentanz des Todestriebs, ermöglicht es den Menschen, von Zeit zu Zeit als katastrophisch empfundene Zustände zu verantworten. Ob es sich bei dem hier diskutierten Fall tatsächlich, also definitorisch, um eine Katastrophe handelt bzw. um »eine hybride Form des Katastrophischen« (Gramelsberger, 2013, S. 297), möchte ich an dieser Stelle nicht weiterverfolgen – es gibt auch um diesen Begriff unzählige Diskussionen und lesenswerte Beiträge. Mir geht es im Rahmen meiner Überlegungen zunächst um die *Empfindung*, also das *Gefühl*, welches eine bestimmte Entwicklung oder ein Ereignis als katastrophisch klassifiziert, und die sich daran anschließende Frage, welche Optionen ein Individuum hat, während oder nach einem wie diesem – als existenziell erfahrenen – Zustand weiterzuleben?

Reemtsma (2022, S. 550) beschreibt die Verleugnung als eine Art der Bewältigung einer solchen Erfahrung und zielt in seiner Überlegung auf die, die der Katastrophe entgangen sind: »Verleugnung durch diejenigen, die nicht unmittelbar von ihnen [den Katastrophen; S. W.] betroffen sind – als Opfer –, aber als Teil der betroffenen kulturellen Formation auch nicht einfach Zaungäste sind. Verleugnung ist eine Methode des Weitermachens.« Diesem Ansatz folgend, möchte ich mich vorliegend mit der Frage der Verleugnung im Rahmen des anthropogenen Klimawandels auseinandersetzen. Reemtsma weist im Zusammenhang mit der psychoanalytischen Begrifflichkeit noch einmal darauf hin, dass der Begriff der Verleugnung nur dann zum Tragen kommt, wenn der Gegenstand, der verleugnet werden muss, eine spezielle – also relevante – Bedeutung für das Subjekt hat, und wenn diese Relevanz »wenigstens unbewusst« erfasst und als dermaßen elementar bewertet wird, dass eine Integration in das »Lebenskonzept«, ich würde sagen: auch in die innere Welt – was den für uns relevanten unbewussten Anteil der menschlichen Psyche in den Fokus rückt – nicht gelingt.

Eine Erkenntnis, die im Zusammenhang mit den klimatischen Veränderungen schwer zu ignorieren ist, besteht in der Irritation darüber, dass Wissenschaftler:innen der unterschiedlichsten Forschungsbereiche innerhalb der letzten mindestens 50 Jahre eine immense Fülle von Fakten und Konsequenzen, die unserem Leben auf diesem Planeten folgen, zusammen- und öffentlich vorgetragen haben (siehe hierzu etwa Gramelsberger, 2013) und sich daraus trotzdem kein Imperativ zum Handeln abzuleiten scheint. Während ein großer Teil der Bevölkerung des globalen Nordens stattdessen weiterhin den Wunsch hat, mindestens den Status quo zu erhalten (Deutschland hatte den sogenannten »Earth Overshoot Day« 2023 am 4. Mai), huldigen andere ungebrochen dem kapitalistischen Narrativ des »unendlichen Wachstums« und reduzieren z. B. die Option einer Entschleunigung auf eine »neue Ideologie der Modernisierungsverlierer« (Glotz, zit. n. Rosa, 2022 [2013], S. 51). Ein weiterer Teil scheint auf bisher unbekannte technische Möglichkeiten zu hoffen, welche nachgewiesenermaßen jedoch im Science-Fiction-Bereich anzusiedeln sind, da unsere derzeitigen Optionen eben nicht die gewünschte Macht in sich tragen, in der gebotenen Schnelligkeit die bereits durch die permanent fortschreitende Erderwärmung in Gang gesetzten Prozesse zu verlangsamen oder gar aufzuhalten. Im Gegenteil: Der sogenannte »Fortschritt« ist Teil der Dialektik. Um es mit Benjamins Worten zu verdeutlichen: »Der Begriff des Fortschritts ist in der Idee der Katastrophe zu fundieren. Daß es ›so weiter‹ geht, ist die Katastrophe. Sie ist nicht das jeweils Bevorstehende sondern das jeweils Gegebene« (1989, S. 576f.).

Zupančič (2023, S. 30) beschreibt diese Beobachtung in »Die Apokalypse enttäuscht (noch) immer« folgendermaßen:

> »Wir spüren es, wir wissen es – und doch scheinen wir, zumindest bis zu einem gewissen Grad, in einer verrückt heiteren Stimmung gefangen zu sein, die dem Motto ›The show must go on!‹ entspricht. Man könnte für diese Stimmung […] das englische Verb cringe [›fremdschämen‹; S. W.] […] verwenden und sie durch folgenden Kalauer zum Ausdruck bringen: ›Die Welt geht zu Ende – aber hey, das ist doch nicht das Ende der Welt!‹«

Bauman (2000, S. 93) formuliert einen ähnlichen Gedanken, wenn er feststellt:

> »Die Moderne ist eine ihrem ganzen Wesen nach *grenzüberschreitende* Formation. Sie durchbrach eine Vielzahl verbindlicher Grenzen. Unter den Trennlinien, die während der Moderne einbrachen, sich verwischten oder ganz verschwanden, befand sich auch die Grenze zwischen Angst und Lachen. Als wären freudlose, furchterfüllte Alltäglichkeit und strahlender, in Lachen getauchter Karneval in einen Mörser gestopft und völlig zerrieben worden, so dass sich die Bestandteile nicht mehr voneinander trennen lassen – jedenfalls nicht mit hinreichender Gewißheit.«

Fasst man die Befunde von Wissenschaftler:innen zum Thema Klimaveränderungen und dem paradoxerweise gleichzeitigen Versagen respektive Nicht-Handeln staatlicher Akteur:innen und Institutionen sowie der einzelnen Menschen zusammen, könnte man als denkender und fühlender Mensch z. B. in eine depressive Antriebs-, Sinn- und Hoffnungslosigkeit oder auf eine durch Angst getriebene paranoid-schizoide Position regredieren. Man könnte aber auch mit Günther Anders (2018 [1956], S. 29f.) konstatieren:

> »So wie die ideologische Theorie hinter den faktischen Verhältnissen, so bleibt das Vorstellen hinter dem Machen zurück: Machen können wir zwar die Wasserstoffbombe; uns aber die Konsequenzen des Selbstgemachten auszumalen, reichen wir nicht hin. – Und auf gleiche Weise humpelt unser Fühlen unserem Tun nach: Zerbomben können wir zwar Hunderttausende; sie aber beweinen oder bereuen nicht.«

Gramelsberger (2013, S. 294f.) stellt auf das Phänomen einer Normalisierung katastrophischer Ereignisse aufgrund medialer Gewöhnung ab, wenn sie schreibt:

»Diese Routinierung lässt sich auch in der medialen Berichterstattung beobachten. Meldungen über extreme Wetterereignisse, das Schmelzen der Polkappen, das Ozonloch und mehr sind Alltag geworden. Da Massenmedien vom Sensationswert einer Nachricht leben, sind Normalisierung und Gewöhnung keine attraktiven Alternativen. Allerdings geht der Sensationswert mit dem permanenten Bedürfnis nach Steigerung einher. Dies wurde bereits 2005 von dem Meteorologe [sic!] Hans von Storch und dem Wissenschaftsforscher Nico Stehr in dem Spiegel-Artikel *Klima inszeniert Angst* thematisiert: ›Nach apokalyptischen Hitzewellen kann man mit dem klimabedingten Aussterben von Tierarten keine Aufmerksamkeit mehr erregen. Da muss schon das Umkippen des Golfstroms her. So ergibt sich eine Spirale der Übertreibung. Jeder einzelne Schritt mag harmlos erscheinen; in der Summe aber wird das in die Öffentlichkeit transferierte Wissen um Klima, Klimaschwankungen, Klimawandel und Klimawirkung dramatisch verzerrt.‹ Dabei geht es nicht nur um einen Verzerrungseffekt, der der Logik der Medien durchaus entspricht. Es geht um die Nivellierung weiterer Steigerungen durch Normalisierung, die sich hier als Gewöhnungseffekt zeigt. Die Katastrophenmeldungen werden registriert, vermögen aber kaum noch zu schocken oder zu entschiedenen Handlungen zu mobilisieren.«

Der sich hier zeigende Widerspruch scheint jedenfalls im »Ich durch Denkarbeit [nicht; S. W.] zu lösen« (Freud, 1894a, S. 62).

Da wir also eigentlich mit einer nicht mehr zu ignorierenden Menge an Informationen hinsichtlich schwerwiegender und in ihren Auswirkungen katastrophalen Klimaveränderungen konfrontiert sind und die Dramatik der Konsequenzen derselben auf der emotionalen Ebene bei vielen Menschen trotzdem keine darauffolgende adäquate Reaktion zu provozieren scheint, liegt es nahe, dem Vorschlag Reemtsmas zu folgen und den Freud'schen Abwehrmechanismus der Verleugnung auch in diesem Zusammenhang näher zu beleuchten.

Freud beschreibt diesen Vorgang der Ichspaltung u. a. im Rahmen seiner Untersuchung des Fetischismus. Hintergrund ist die Entdeckung der abzuwehrenden Bewusstwerdung der Kastrationsdrohung beim kleinen Jungen, nachdem dieser das Nicht-Vorhandensein eines Penis bei der Mutter realisieren muss. Dieser »Beweis« der schieren Möglichkeit einer Kastration versetzt die kindliche Psyche in nicht zu bewältigende Angst und Schrecken und muss mithin »verschwinden«. Das beobachtete »Wissen« muss negiert werden und kann somit einem Durcharbeiten, welches eine realitätsnähere Integration ermöglichen und die nicht zu tolerierende Angst aus dem phantasmatischen Bereich in einen aushaltbaren, weil unter Umständen in seinen Konsequenzen zu beeinflussenden, transferieren könnte, nicht zugänglich gemacht werden. Da der Junge nach Freud jedoch nicht so weit gehen würde, zu behaupten, er hätte sehr wohl bei der Mutter einen Penis gesehen (was ihm die unproblematische Möglichkeit eröffnen würde, weiterhin unbeschwert und ohne Angst vor Wegnahme seiner Phallizität trotz der Nicht-Einhaltung von Grenzen und Gesetzen durchs Leben zu gehen), bedient er sich nun einer Kompromissbildung, mittels derer es ihm gelingt, seine Libido – anstelle auf den zu besetzenden, aber nicht vorhandenen respektive gesehenen Penis der Mutter zu konzentrieren – auf ein alternatives Objekt zu verschieben, welchem zukünftig die Rolle des Fetischs zukommt, und somit die Bewusstwerdung der Kastrationsdrohung auszuschalten. Der Fetischist (lange Zeit war dieser Begriff ausschließlich für männliche Patienten vorgesehen) bedient sich hierbei einer interessanten Konstruktion – indem er seine Aufmerksamkeit weg von der penislosen Mutter, hin zu einem äußerlichen und mit dem fehlenden Penis scheinbar nicht in Beziehung stehendem Detail verschiebt, negiert er die Tatsache, dass der Fetisch und der Penis *nicht* ein und dasselbe sind. Dieser Aspekt ist für meine Überlegung unmittelbar bedeutsam – ich werde im Verlauf darauf zurückkommen.

Freud geht weiterhin davon aus, dass sich der Fetischist mithilfe der Ichspaltung in die Lage versetzt, beide Realitäten unverändert nebeneinander existieren zu lassen, ohne dass diese sich gegenseitig beeinflussen (Freud, 1940a [1938], S. 134). Dies bildet sich auf der – für uns interessanten – psychischen Ebene folgendermaßen ab: Zum einen gelingt die Leugnung der perzeptiven Entdeckung, dass die Mutter keinen Penis hat, zum anderen wird der offensichtliche Penismangel anerkannt. Es handelt sich hierbei also um ein nur partiell erfolgreiches Geschehen, bei dem die »Ablösung des Ichs von der Realität der Aussenwelt« (ebd.) niemals vollkommen gelingt. Im Gegensatz zur Verdrängung, bei welcher nach Freud das Ich einen Triebanspruch aus dem Es – also aus dem Inneren der Psyche, Freud spricht hier auch vom »inneren Ausland« – in Schach halten muss, ist Voraussetzung für den Vorgang der Verleugnung die Abwehr einer Zumutung, welche aus der Realität, also dem »äußeren Ausland« (Freud, 1933a [1932], S. 62), in die wahrnehmende Psyche dringt und einen inakzeptablen Affekt, z. B. Angst oder Scham, provoziert. Problematisch scheint in diesem Zusammenhang, dass Freud nach wie vor seine Idee einer »Realität« nicht aufgegeben hatte. Daher ziehe ich es vor, die Definition Lacans zu nutzen, welcher die Verleugnung für alle Perversionen, also nicht nur im Fetischismus, der eine abweichende sexuelle Komponente voraussetzt – was immer auch eine normative Sicht auf Sexualität impliziert –, als konstitutiv angesehen hat. Zudem steht bei Freud die Entdeckung des fehlenden Penis bei der Mutter im Vordergrund, während Lacan die grundsätzliche Wahrnehmung des Mangels eines imaginären und symbolischen Phallus beim Anderen in den Fokus rückt.

Das prekäre und somit permanent einbruchsgefährdete Moment findet sich bei beiden Sichtweisen in dem zunächst ruhig gestellten Widerspruch zwischen Ablehnung und Anerkennung der Perzeption, allerdings wird die innerpsychische Spannung kontinuierlich am Leben gehalten aufgrund dieser »zwei gegensätzliche[n] und voneinander unabhängige[n] Einstellungen« (Freud, 1940a [1938], S. 134).

An dieser Stelle wende ich mich wieder der eingangs problematisierten Haltung des Nicht-Handelns im Zuge der klimatischen Veränderungen zu. Zupančič nutzt nun die Beobachtung Freuds zum Wesen des Fetischs, indem sie in ihrem Essay die verstörende Erkenntnis, dass wir doch genug »wissen« und trotzdem nichts verändern, aufgreift und die Situation zunächst mit einer Formulierung Lacans über Albträume, »Wir erwachen, um weiter zu träumen« (Zupančič, 2023, S. 31), vergleicht. Was meint sie bzw. was meint Lacan damit? Die Formulierung bezieht sich auf den Aspekt des Gedankens »Noch mal Glück gehabt, es war ja nur ein Traum«. Während wir in unseren Träumen dem traumatischen Erleben, also dem Realen, so nahekommen, dass es uns ängstigt, wachen wir auf, um uns dieser Realität zu entziehen. Wir sind direkt nach dem Aufwachen vielleicht noch kurz verstört, ein erhöhter Puls zeugt noch von der Angst, die wir gerade durchlitten haben, eventuell verschwenden wir noch einige kurze Gedanken an diesen »merkwürdigen« Traum, aber in dem Wort »merkwürdig« verbirgt sich bereits eine erste Relation, und in den meisten Fällen gelingt es uns kurze Zeit später, den angstmachenden Albtraum abzuschütteln. Was wir dabei vergessen wollen, ist die Tatsache, »daß wir ja im Wachzustand nichts anderes sind als genau das ›Bewußtsein dieser Träume‹« (Žižek, 1991, S. 115).

In einem weiteren Schritt entwickelt Zupančič (2023, S. 32) nun »eine Abwandlung der klassischen Formel der fetischistischen Verleugnung«, welche ja – wie beschrieben – eine »Aufspaltung von Wissen und Glauben« postuliert.

Wie geht Zupančič also jetzt vor? Sie rückt das Element des Wissens in den Vordergrund, und zwar gibt sie ihm eine Bedeutung, welche das zweite Element des Fetischs bzw. der Verleugnung – den Glauben – seiner Notwendigkeit beraubt. Indem sie vorschlägt, dass »das Wissen über eine traumatische Realität auf seltsame Weise verdoppelt wird und beginnt, selbst die Rolle des Objekts zu spielen, das uns vor dieser Realität schützt« (ebd., S. 33), benötigt sie das ursprünglich abgespaltene Element des »Glaubens« nicht mehr. Sie bezieht sich für ihre Überlegung auf Freuds Entdeckung der falschen Erinnerung – der *fausse reconnaissance* (Freud, 1914a, S. 117), mit welcher dieser die Beobachtung beschreibt, dass eine Patientin in der Analyse felsenfest davon überzeugt scheint, der Analytikerin eine bestimmte Erinnerung bereits erzählt zu haben, während diese sich nicht daran erinnern kann.

Freud beschäftigt hierbei die Frage des Widerstands, und er konstatiert, dass es sich bei diesen speziellen Erinnerungen um Behauptungen handelt,

> »wo die Sachlage es ganz unmöglich macht, daß sie recht haben können. Was sie bereits früher einmal erzählt haben wollen, und jetzt als etwas altes, was auch der Arzt wissen müßte, wiedererkennen, sind dann Erinnerungen von höchstem Wert für die Analyse, Bestätigungen, auf welche man lange Zeit gewartet, Lösungen, die einem Teilstück der Arbeit ein Ende machen, […]« (ebd.).

Zupančič (2023, S. 34) wendet sich vorliegend dem zeitlichen Aspekt dieser Bewegung zu, indem sie schlussfolgert, dass durch die »übereilte Erkenntnis« des »das habe ich Ihnen aber schon erzählt« (Freud, 1914a, S. 116), das in diesem Augenblick erinnerte traumatische Ereignis im selben Moment neutralisiert, also seines Affektes beraubt wird.

> »Wir blicken direkt auf die traumatische Sache (es ist genau da, vor unseren Augen, vollumfänglich anerkannt), doch wir betrachten es als von weither kommend, als etwas Fremdes und Gleichgültiges. Die fausse reconnaissance erhält den unvertrauten (fremden, gleichgültigen) Charakter des Erscheinenden also paradoxerweise gerade durch das Gefühl des Wiedererkennens und der Vertrautheit aufrecht. Man könnte auch sagen, dass sie ihn aufrechterhält, indem sie das Ding von seiner möglichen Artikulation als Präsenz in der Realität abschneidet – denn diese Artikulation erscheint bereits beim ersten Mal als seine Erinnerung« (Zupančič, 2023, S. 34).

Bekanntermaßen sind Erinnerungen in der Regel bereits im Affekt abgeschwächt, und um so häufiger eine Erinnerung wiederholt wird, um so mehr verblasst der dazu gehörige Affekt. Denken Sie an das Beispiel des Albtraums. Der entscheidende Unterschied zwischen dem Fetisch des kleinen Jungen, der die – in seiner Vorstellung – kastrierte Mutter zwar wahrgenommen hat, aber mithilfe seiner fetischistischen Konstruktion diese an die Stelle des fehlenden Penis setzen kann, und der Idee von Zupančič, ist in diesem Fall das Wissen respektive die Information über die klimatischen Veränderungen selbst, welche es ermöglicht, die Realität bzw. den dazu gehörigen Affekt auszublenden und eben nicht vor Angst verrückt zu werden. Während der Fetischist bei Freud also einerseits »weiß«, dass die Mutter penislos ist, jedoch auf der gegenteiligen Annahme insistiert (»Ich weiß sehr wohl, aber trotzdem *glaube* ich weiterhin das Gegenteil«), würde Zupančič (2023, S. 36) vorschlagen, dass genau dieses Wissen um die Fakten des entgleisenden Klimas eine Beruhigung dergestalt evoziert, indem sie postuliert: »Ich weiß sehr wohl, *und deshalb* kann ich es weiterhin ignorieren.« Die Funktion des Fetischs als »Zeichen des Triumphes über die Kastrationsdrohung« und als »Schutz gegen sie« (Freud, 1927e, S. 313) bleibt mithin gewährleistet, gleichzeitig scheint mir die unbewusste Abwehrkonstruktion um einiges stabiler als die ursprüngliche Überlegung.

Vorliegend konstruiert sich der Fetisch also aus dem bereits angeeigneten Wissen, welchem aufgrund einer narzisstischen Besetzung – auch in einer Gesellschaft, in der dem Wissen per se eine extraordinäre Position zugewiesen wird (auch Freud hoffte sehr auf die Kraft der Aufklärung) – die Eigenschaft eines unbedingt zu begehrenden und in Besitz zu bringenden Statusobjekts zukommt. Dies konnten wir z. B. zuletzt im Rahmen der pandemischen Entwicklung und der ihr folgenden Bekämpfung, bei der sich sogenannte »*Wissen*schaftler:innen« – die ja tatsächlich Wissen ge- und erschaffen haben – kurzzeitig in einer unerwarteten Bedeutungsrenaissance wiederfanden, exemplarisch verfolgen. Bauman (2000, S. 102) sieht es dementsprechend als das Versprechen der Aufklärung an, dass es nichts gebe, »was die allein auf sich gestellte Spezies nicht erreichen könne, wenn man ihr nur genügend Zeit zur Akkumulation des notwendigen Wissens lasse […]«. Die narzisstische Besetzung des sich teilweise schwer erarbeiteten Wissens – häufig besteht dieses, wenn es um Fakten zum Klimawandel geht, nämlich eben nicht nur aus dem Überlieferten der für jeden und jede leicht zugänglichen und mit populärwissenschaftlichen »Erkenntnissen« gefütterten Tageszeitungen und Internetblogs – schützt mithin vor Insuffizienzgefühlen, ich würde auch sagen vor Kleinheits- und Abhängigkeitserleben. Damit Wissen als solchem die Funktion eines Fetischs zukommen kann, muss dieses zumindest fantasierten Exklusivitätsansprüchen genügen und speist sich daher in seinem narzisstischen Modus häufig u. a. aus Fachbüchern und Beiträgen von Expert:innen – in dem Fall Wissenden.

Welche Funktion könnte demnach dem Faktenwissen über die Folgen der Klimaveränderung in seiner objektalen Bedeutung als Fetisch zukommen? Wurmser (2002, S. 2) geht davon aus, dass dem Errichten eines Fetischs »die Verleugnung einer traumatischen Wahrnehmung und die Fixierung auf ein beruhigendes Detail in der Außenwelt« zugrunde liegt, und nennt eine »traumatogene Angst« den Ausgangspunkt dieser psychischen Anstrengung. Zupančič (2023, S. 34) spricht von der »traumatischen Situation des Realen«. Wissen als solches hätte dann in der deskribierten Situation die Aufgabe, der perzeptiven »Erkenntnis« unserer existenziellen Verwundbarkeit die traumatische Qualität zu nehmen. Das

Wissen, dass sich auch unsere Lebensumstände in den nächsten Jahren erheblich verschlechtern, und wir z. B. Wetterphänomenen ausgesetzt sein werden, die noch nicht vorstellbare Kosten beim Einzelnen und der Gesellschaft verursachen werden (und damit meine ich nicht, dass diese Kosten nicht bereits jetzt zu beziffern sind – die Kosten im Rahmen der Flut im Ahrtal können diesbezüglich erste Eindrücke liefern –, was ich verdeutlichen möchte, ist, dass wir diese Auseinandersetzung scheuen), dass sich das Gesundheitssystem aufgrund steigender Temperaturen und länger anhaltender Hitzewellen mit weiteren Herausforderungen konfrontiert sehen wird usw. usf. ficht uns emotional nicht mehr ausreichend an.

An dieser Stelle rede ich übrigens noch nicht über Klimaflüchtlinge, sogenannte »Wasserkriege« sowie Menschen, die bereits jetzt jegliche Existenzgrundlage verlieren. Diese Menschen, vornehmlich im globalen Süden, sind für uns ja viel zu weit weg, als dass wir tatsächlich ein entscheidendes Gefühl von Angst beim Beobachten mit Sicherheitsabstand über diverse Medienformate gegenüber deren Schicksal entwickeln könnten. Wir sind vielleicht kurz erschrocken oder betroffen und verfügen auch über Empathie, welche im Übrigen – wenn sie nicht populärwissenschaftlich formuliert wird – gerade im Zusammenhang mit dem sogenannten »Fremden« ihre Grenzen hat (siehe z. B. Breyer, 2013; Breithaupt, 2017), aber dann sind wir doch froh, dass es den Anderen betrifft und dieser zum Glück weit weg ist – ich erinnere erneut an den Albtraum –, sodass wir uns wieder unserem Alltag und unseren damit vergleichsweise häufig kleineren und daher überschaubareren Nöten zuwenden können. Susan Sontag (2003, S. 115) beschreibt dies in ihrem Essay *Das Leiden anderer betrachten*, in dem sie sich mit Kriegsfotografie beschäftigt, mit den Worten:

> »Was soll man mit diesem Wissen anfangen, das Fotos von fernem Leiden vermitteln? Menschen sind oft nicht imstande, die Leiden derer, die ihnen nahestehen, zu verkraften. [...] Allen voyeuristischen Lockungen zum Trotz [...]: Dies widerfährt nicht mir, nicht ich bin krank, nicht ich sterbe, nicht mich trifft dieser Krieg – ist es anscheinend normal, daß sich Menschen gegen das, was andere durchmachen, verschließen – selbst dann, wenn sie sich mit diesen anderen leicht identifizieren könnten.«

Als Psychoanalytiker:innen sind uns diverse Mechanismen geläufig, die diese Phänomene erklärbar machen. Aber: Die klimatischen Veränderungen kommen ja näher, die Menschen, welche aufgrund von extremen Wetterereignissen und verändertem Klima erkranken, ihr Heim verlieren oder auch sterben, sind mittlerweile weiß und gehören auch unseren direkten Nachbarländern oder der Bundesrepublik an. Wenn Sontag (ebd., S. 84f.) in dem erwähnten Essay über die Kriege und Toten weit weg schreibt:

> »Von all diesen Bildern geht eine doppelte Botschaft aus. Sie zeigen ein Leiden, das empörend und ungerecht ist und gegen das etwas unternommen werden sollte. Und sie bekräftigen, daß solche Dinge in dieser Weltgegend eben geschehen. Die Allgegenwart dieser Fotos und dieser Schrecken nährt wie von selbst die Überzeugung, solche Tragödien seien in den rückständigen – das heißt, armen – Teilen der Welt eben unvermeidlich«,

dann können wir uns darauf nicht mehr ausruhen.

Der Schrecken kommt also nicht nur qua Medien in unsere Wohnzimmer, sondern Menschen in bestimmten Regionen werden bereits auch hierzulande mit den Folgen klimatischer Umbrüche konfrontiert. Die Psyche ist mithin gezwungen, zunehmend größere Anstrengungen zu unternehmen, sich der Angst vor eigenen psychischen und physischen Verletzungen zu erwehren. Persönlichkeiten mit depressiven Strukturen können nun die ihnen eigene Abwehr mobilisieren und sich z. B. mittels altruistischer Phänomene stabilisieren; anderen gelingt die Sublimierung, und möglicherweise können diese ihre Triebkräfte einem gesellschaftlich relevanten Veränderungsprozess zuführen.

Problematisch scheint mir in dem hier beschriebenen Zusammenhang vor allem die narzisstische Abwehrformation. Narzisstische Ängste perpetuieren die Abwehr jeglicher Anerkenntnis von Abhängigkeit. Das Objekt darf nur partiell wahrgenommen werden, wird entwertet oder idealisiert. Die projektive Identifizierung wird genutzt, um Getrenntheit nicht spüren zu müssen, und jegliche Übertragungsbeziehungen entwickeln sich über lange Strecken – so auch häufig in der Analyse – destruktiv, da sie »voller omnipotenter, entwertender und pseudoselbstständiger Phantasien« (Purcell, 2007, S. 94) in Erscheinung treten. Die narzisstische Abwehr muss die Abhängigkeit von der sie umgebenden Welt – sei dies nun menschlicher oder klimatischer »Natur« – mit all ihr zur Verfügung stehenden Mitteln negieren. Der Fetisch im Sinne Freuds ermöglicht also die Aufrechterhaltung von der Phantasie der eigenen als auch der dem mütterlichen Objekt zugeschriebenen Omnipotenz und bewahrt vor der (An-)Erkenntnis der Realität, welche aus der Kastrationsdrohung und der Bewusstwerdung von Differenz, Trennung und Mangel – vorliegend vor allem beim idealisierten Objekt – besteht. Der Fetisch ermöglicht dem Subjekt die fantasierte Unabhängigkeit vom Liebesobjekt. Der eigene Narzissmus wird weniger bedroht, wenn auch das Liebesobjekt ideal bleiben kann und die reale Abhängigkeit von einem eben nicht omnipotenten und auch kastrierten, weil in seiner Macht beschnittenen oder gar eigenen Bedürfnissen folgenden Objekt, nicht auch auf der emotionalen Ebene anerkannt werden muss. Zupančič (2023, S. 35f.) benötigt diese Konstruktion nicht: »In einer Art Entfaltung in sich selbst nimmt das Wissen den strukturellen Platz des Fetischs ein, der uns dabei hilft, die traumatische Realität zu leugnen.« Wir wissen von den Konsequenzen der Erderwärmung – und gerade deshalb sind wir beruhigt.

Freud schreibt im »Abriß der Psychoanalyse« (1940a [1938], S. 132f.), »dass uns die klinische Erfahrung lehrt, der Anlass für den Ausbruch einer Psychose sei entweder, dass die Realität unerträglich schmerzhaft geworden ist, oder dass die Triebe eine ausserordentliche Verstärkung gewonnen haben […]«. Es könnte also sein, dass sich hinter der tatsächlichen Einsicht, dass wir möglicherweise bereits verloren sind, oder wie Žižek (2023) es formuliert: »Wir befinden uns schon in ihr [der Apokalypse; S. W.]. Wie wir auf die Apokalypse warten, ist schon ein Teilgeschehen der Apokalypse, weil sie uns erstarren lässt« [ebd.]), die bereits genannte archaische Angst verbirgt, die in ihrer Bewusstwerdung mit allen der Psyche zur Verfügung stehenden Mitteln abgewehrt werden muss.

Das Wissen als Fetisch bewahrt uns daher möglicherweise vor einer Regression, die sich im Rahmen einer Psychose oder einer schweren Depression zeigen könnte, würde die Anerkenntnis, dass sich unsere Bemühungen auf der weltpolitischen Bühne nicht widerspiegeln – im Gegenteil, die weiter stattfindende Vergeudung von Ressourcen sowie die Kontamination unseres Lebensraumes scheinen nicht beunruhigend genug, um ein Handeln bei den Institutionen bzw. Menschen, die über ausreichend Macht verfügen, um Dinge tatsächlich zu ändern, in Gang setzen zu können –, auch auf der emotionalen Ebene resonieren.

Hier zeigt sich das scheinbar widersprüchliche Nebeneinander-Existieren der beiden Einstellungen: Wir wissen genug, um vor Angst zu erstarren, aber indem wir weiteres Wissen anhäufen und dieses Wissen permanent mit unserer Umwelt teilen, beruhigen wir uns auf paradoxe Weise. Das »überstürzte« Wissen (Zupančič, 2023, S. 34) bleibt unverdaut, wird auf emotionaler Ebene nicht »verstanden«, also integriert, und bleibt mithin ein nur partieller Objektbestandteil, der gerade genug erregt, um immer mehr Wissen anhäufen zu wollen und somit die Erregung am Laufen zu halten, aber die Abspaltung des Affekts lässt uns weiterhin gut schlafen, bewahrt uns vor der Dekompensation. Die Bion'sche Idee der *Attacks on Linking* (1990, S. 121) findet hierin ihre Entsprechung, wenn er erklärt:

> »Ich verwende den Begriff ›Verbindung‹ [*link*; S. W.], weil ich die Beziehung des Patienten zu einer Funktion, und nicht zu dem Objekt, das einer Funktion dient,

> erörtern möchte; mir geht es nicht allein um die Brust oder den Penis oder das verbale Denken, sondern um ihre Funktion, die Verbindung zwischen zwei Objekten herzustellen.«

Gerade diese Verbindung zwischen der Emotion und dem Wissen wird durch die Abwehrformation unterbunden, was eine Resonanz, die im Weiteren zu einem Handeln führen könnte, verhindert.

Das Problem an dieser Art der Ichspaltung ist nun aber, dass wir einerseits die erwartbar unbändigen Ängste einhegen können, wir aber andererseits nicht mehr von diesen Ängsten gewarnt werden. Denn genau das ist ja die Aufgabe der Angst: Sie soll uns vor Gefahren warnen und uns im Zweifel zu einer die Gefahr abwendenden Handlung animieren.

Kierkegaard (2021 [1992], S. 181) veranschaulicht diese Relevanz mithilfe des Grimm'schen Märchens »Von einem, der auszog, das Fürchten zu lernen« und stellt fest:

> »Indessen will ich sagen, daß dies ein Abenteuer ist, das jeder Mensch zu bestehen hat – er muß das Fürchten lernen, um nicht ins Verderben zu geraten, entweder weil er niemals in Angst gewesen ist oder weil er in Angst versinkt; wer sich richtig zu fürchten gelernt hat, der hat deshalb das Höchste gelernt.«

Das gleiche gilt für die Scham: Auch das Erleben von Scham steuert in der Regel einen adäquaten Habitus. Wird diese Scham, wie häufig in der Perversion, mittels Abwehr ausgeschaltet, verunmöglicht dies eine angemessene Reaktion auf sich verändernde äußere und innere Umstände. Und genau hier liegt das korrumpierende Moment in der Beziehung zu einem fetischisierten Objekt, vor welchem Böhme (2000) warnt, wenn er davon ausgeht, dass das Subjekt am Fetisch eine »nicht-kausale« Aufladung an Bedeutungen und somit Macht vornimmt, welche diesem den Status einer scheinbar objektiven Entität verleiht, sodass es im Umkehrschluss für das Subjekt nicht mehr erkennbar ist, dass diese Art der Objektbeziehung von ihm selbst konstruiert und mittels seiner Überdeterminierung missbräuchlich angewandt wird. Indem »die Wichtigkeit einer spezifischen Perzeption« (Wurmser, 2002, S. 14) ausgehebelt wird, kann in der dargestellten Problematik das Wissen seine Macht auf der emotionalen Ebene eben nicht entfalten. Es bleibt kalt und verhindert eine mögliche Anpassung an die Gegebenheiten. Die der Verleugnung eigene Dialektik besteht aber darin, dass »wir das Furchtbare nicht aushalten«, während durch genau diese Verleugnung »die Gefahr besteht, daß das Furchtbare geschieht« (Becker & Nedelmann, zit. n. Auchter, 1987, S. 651). Wenn die Konsequenz also darin bestünde, dass wir unser Verhalten verändern müssen – dies könnte im Rahmen der hier problematisierten Klimaveränderungen z. B. die Anerkenntnis inkludieren, dass wir zukünftig weniger konsumieren und dafür mehr verzichten müssten –, wäre das natürlich eine schmerzhafte Erkenntnis, da sie eine konkrete Begrenzung erfordert. Gleichzeitig spiegelt das Beispiel den genuinen Prozess unserer täglichen Arbeit wider – wir hoffen, dass Patient:innen herausfordernde Erkenntnisse mithilfe des Durcharbeitens zunehmend integrieren und somit tolerieren können und ihre Angst oder die Unlust, Veränderungen vorzunehmen, mit unserer Hilfe, überwinden können. Im Gegensatz zu unserem Bundeskanzler (»Mir geht es nicht um Verzicht, *sondern um neues Wachstum* durch technologische Innovationen, damit alle ein besseres Leben führen können«[2]) wissen wir in der Regel von notwendiger Begrenzung und der dafür unverzichtbaren Trauerarbeit.

Brüggen (2016, S. 36) betont hinsichtlich der Option eines psychischen Entwicklungsprozesses nach Verdrängungsaufhebung die Notwendigkeit der zu leistenden Trauerarbeit, wie Freud sie in »Trauer und Melancholie« (1916–1917g [1915]) beschrieben hat, und insistiert in diesem Zusammenhang auf das »Fühlen« als Veränderung ermöglichendes Agens, wobei er darauf hinweist, dass diese »Art des Lernens viel mühsamer und schmerzlicher ist« als das »Lernen durch Einsicht«. Auch bei der Verleugnung geht es um eine notwendig gewordene emotionale Bewusstwerdung von eigenem Mangel, Sterblichkeit, bereits erfolgten und in der Zukunft noch erfolgenden Verlusten und dem Durcharbeiten der eigenen Schuld sowie der damit einhergehenden Scham und Trauer. Die Postmoderne scheint allerdings u. a. durch einen Mangel an Depressionstoleranz und einem stärkeren Unvermögen, Hilflosigkeit auszuhalten, gekennzeichnet. Es gibt – zumindest in unseren Breitengraden – einen Imperativ, glücklich zu sein, in affirmativ geprägten Psychotherapien und Coachings lautet eine der Kernfragen, was dem Einzelnen »gut tun« könnte, und der Fokus einer möglichen Veränderung liegt häufig eben nicht mehr darauf, wie es gelingen kann, »hysterisches Elend in gemeines Unglück zu verwandeln« (Freud), sondern das narzisstische Bedürfnis verlangt nach einem kränkungsfreien Raum, in dem eine falsch verstandene Subjektivierung eine adäquate Ambivalenztoleranz – eine von Freuds Kernideen – scheinbar abgelöst hat. Zudem funktioniert die Konsumgesellschaft nicht ohne die Schaffung einer permanenten Bedürftigkeit, die bei Befriedung auch Zufriedenheit verspricht, bevor sie den nächsten Wunsch generiert, der dann bei Erfüllung aber wirklich glücklich macht.

2 Siehe dazu https://www.bundeskanzler.de/bk-de/aktuelles/interview-bundeskanzler-wams-2223876

Für die analytische Beziehung, wie auch für die Beziehung zu anderen Primärobjekten in der Übertragungsfunktion, bedeutet die Anerkenntnis der Kastrationsdrohung die Anerkenntnis des Mangels beim Anderen, dies gilt auch und um so mehr für die Analytikerin und ihre Patientin. Eine anfänglich idealisierte Übertragung ist ja häufig Voraussetzung, dass der Einstieg in die Analyse mit einer narzisstischen Patientin gelingen kann. Die fantasierte Omnipotenz wird im Verlauf massiv erschüttert, und dann muss sich zeigen, ob das analytische Paar eine Grundlage geschaffen hat, auf der die Enttäuschung über die Kastration der jeweils Anderen überlebt werden kann. Benutzt die Patientin ihr Wissen als Fetisch, so dient die Idealisierung des Objekts auch der Entwertung der Analytikerin und somit ihrer Beherrschung in einer perversen Übertragungsbeziehung.

Die traumatisch wirkende Anerkenntnis des Mangels bzw. der Kastration der Primärpersonen kann ausbleiben und die Angst vor der körperlichen sowie psychischen und damit unmittelbar narzisstischen Verwundung ist gebannt. Vermieden wird die Aufgabe einer unrealistischen Erwartungshaltung, und im Unbewussten kann die Idee, dass sowohl das Objekt als auch das Subjekt omnipotent sind, angstfrei weiterleben, was eine autonome Verantwortungsübernahme überflüssig werden lässt und einen Wachstumsprozess im Subjekt verhindert. Da einiges dafür zu sprechen scheint, dass in der Perversion der Prägenitalität der Vorrang vor der Genitalität eingeräumt wird, sind Begrenzung und das damit verbundene väterliche Gesetz nicht ohne Widerstand zu haben (Bogyi, 2010, S. 225).

Hier schließt sich möglicherweise ein Kreis. Wenn Freud davon ausgeht, dass die Kastrationsangst die einzige Entsprechung der Todesangst im Unbewussten ist, dann wäre die Verleugnung der Kastrationsdrohung nichts anderes als die Verleugnung der eigenen Sterblichkeit und Verletzlichkeit. Der Besitz des Phallus geht mithin einher mit der narzisstischen Idee der Unsterblichkeit, und erst die Anerkenntnis des Mangels und des Verlusts setzt die subjektive Auseinandersetzung mit Verwundbarkeit, Krankheit und dem eigenen Sterben in Gang, sodass ein Durcharbeiten dieses *fact of life* eine Option eröffnet, sich mit der möglichen Vernichtung der Menschheit, wie wir sie kennen, auseinanderzusetzen. Daran anschließend hätten wir vielleicht auch wieder ausreichend Mut, uns einer Angst zu stellen, die Freud als »Signalangst« tituliert hätte, die Art Angst, die uns nicht erstarren, sondern tätig werden lässt (Auchter, 1987, S. 661).

Bauman sieht in unserer Epoche übrigens ein Interregnum im Sinne Gramscis – eine Periode, in der alle alten Arten, etwas zu tun, nicht mehr funktionieren und die neuen noch nicht erfunden sind (Bauman, 2017, S. 109), eine Übergangszeit, in der »das Alte stirbt und das Neue nicht zur Welt kommen kann: in diesem Interregnum kommt es zu den unterschiedlichsten Krankheitserscheinungen«. Lear beschreibt dies exemplarisch für den Untergang des Subjekts Crow. 1930 formuliert Freud die nach wie vor aktuelle Überlegung: »Die Schicksalsfrage der Menschenart scheint mir zu sein, ob und in welchem Maße es ihrer Kulturentwicklung gelingen wird, der Störung des Zusammenlebens durch den menschlichen Aggressions- und Selbstvernichtungstrieb Herr zu werden.« Er konstatiert weiter, dass es der Menschheit nun – aufgrund ihrer Entwicklung – möglich ist, »einander bis auf den letzten Mann auszurotten«. Freud setzt seine Hoffnung auf den Eros, »der sich im Kampf mit seinem ebenso unsterblichen Gegner« durchsetzen möge und schließt mit den Worten: »Aber wer kann den Erfolg und Ausgang voraussehen?« (1930a [1929], S. 506)

Und »Die Letzte Generation«? Audrey erzählt Tommy im weiteren Verlauf von einem Fernsehturm, den sie ihm gern einmal zeigen würde:

> »›Der ist viel höher als der Wald und nicht weit von hier. Er heißt Toll Timbers und steht mitten auf den Routen der Zugvögel. Tausende Vögel fliegen jedes Jahr dagegen, alle möglichen Arten. Wir könnten da hin und uns die Vögel ansehen.‹
>
> Tommy war verblüfft. ›Sind die Vögel tot?‹
>
> ›Ja‹, sagte sie. ›In einem Zeitraum von elf Jahren wurden um den Turm dreißigtausend Vögel von einhundertsiebzig Arten gefunden.‹« (Williams, 2023, S. 192).

In der Erzählung kommt Audrey mehrmals auf das seltsame Gebaren der Menschen zurück, anhand der getöteten Tiere feststellen zu können, dass diese Spezies noch nicht ausgestorben ist.

> »Früher hat hier im Frühling ein winzig kleiner Singvogel gelebt, aber der wurde seit Jahren nicht mehr gesehen. Man hat ihn auch vor keinem Sendemast gefunden. Früher hat man ihn oft da entdeckt, deshalb wusste man, dass er nicht ausgestorben ist« (ebd., S. 193).

Gegen Ende der Geschichte taucht der Vater von Tommy – Walter – aus seiner Trauer um die verstorbene Frau auf und realisiert, dass sein jüngster Sohn viel zu viel Zeit mit einem in seinen Augen für ihn viel zu alten Mädchen verbringt. Walter sorgt dafür, dass Audrey von nun an nicht mehr bei Tommy auftaucht. Wie ihm das gelungen ist, erfährt die Leserin nicht. Er möchte wieder mehr Zeit mit seinem Sohn verbringen – mit ihm gemeinsam um die verstorbene Frau und Mutter trauern – und muss entdecken, dass ihn dieser abgrundtief zu hassen scheint. Nach einem Streit beim Abendessen bleibt jeder in seiner Einsamkeit allein.

»In der Nacht hörte Tommy, wie sein Vater umherlief, sich an Möbeln stieß, aufstöhnte. Ein Glas fiel herunter. Er hörte es eine gefühlte Ewigkeit zerbrechen. Die Luft im Haus schien drückend, säuerlich. Er schob sein Fenster hoch und spürte die Luft warm über seine Haut streichen. Unten am Fluss schwappte das Wasser klatschend ans schlammige Ufer. Es war beinahe die Jahreszeit, in der er mit Audrey zu dem Turm gehen konnte, wo die ganzen Vögel lagen. Er spürte es in der Luft. Audrey würde bald bei ihm sein, ganz gleich, wo sie war oder wohin man sie geschickt hatte, und sie würden zum Turm gehen und den kleinen Singvogel finden. Dann würden sie wissen, dass er noch existierte, weil sie ihn dort tot fanden. Er und Audrey, sie würden ihn finden. Sie waren die letzte Generation, diejenigen, die alles zum letzten Mal sehen würden. Was man als letzte Generation so macht« (ebd., S. 198f.).

Literatur

Anders, G. (2018 [1956]). *Die Antiquiertheit des Menschen. Band 1: Über die Seele im Zeitalter der zweiten industriellen Revolution.* C.H. Beck.

Auchter, T. (1987). »Sich weigern, Gott zu sein«. Zur Psychoanalyse der Friedlosigkeit. *Psyche – Z Psychoanal, 41*(7), 641–673.

Bauman, Z. (2000). *Die Krise der Politik. Fluch und Chance einer neuen Öffentlichkeit.* Hamburger Edition.

Bauman, Z. (2017). *Das Vertraute unvertraut machen. Ein Gespräch mit Peter Haffner.* Hoffmann & Campe.

Benjamin, W. (1989). *Gesammelte Schriften. Band I.* Herausgegeben von Rolf Tiedemann & Hermann Schweppenhäuser (3. Aufl.). Suhrkamp.

Bion, W.R. (1990). Angriffe auf Verbindungen. In E. Bott Spillius (Hrsg.), *Melanie Klein Heute. Entwicklungen in Theorie und Praxis. Band 1: Beiträge zur Theorie* (S. 110–129). Klett-Cotta.

Bogyi, I. (2010). Perversion als Angstabwehr. Der Pakt mit dem Teufel und die Angst vor der grauenvollen Enthüllung. In C. Diercks & S. Schlüter (Hrsg.), *Angst. Sigmund-Freud-Vorlesungen 2009* (S. 221–230). mandelbaum.

Böhme, H. (2000). Fetischismus im 19. Jahrhundert. Wissenschaftshistorische Analysen zur Karriere eines Konzepts. In J. Barckhoff, G. Carr & R. Paulin (Hrsg.), *Das schwierige 19. Jahrhundert* (S. 445–467). De Gruyter.

Breithaupt, F. (2017). *Die dunklen Seiten der Empathie*. Suhrkamp.

Breyer, T. (Hrsg.). (2013). *Grenzen der Empathie. Philosophische, psychologische und anthropologische Perspektiven*. Wilhelm Fink.

Brüggen, W. (2016). Die Freud'sche Psychoanalyse des Mythos. In C. Braun, W. Brüggen & A. Gehrlach (Hrsg.), *Dialektik des Mythos. Mythen und Mythoskritik in der Freud'schen Psychoanalyse* (S. 27–82). Brandes & Apsel.

Camus, A. (1999 [1942]). *Der Mythos des Sisyphos.* Rowohlt.
Freud, S. (1894a). Die Abwehr-Neuropsychosen. Versuch einer psychologischen Theorie der akquirierten Hysterie, vieler Phobien und Zwangsvorstellungen und gewisser halluzinatorischer Psychosen. *GW I,* S. 59–74.
Freud, S. (1915b). Zeitgemäßes über Krieg und Tod. *GW X,* S. 323–355.
Freud, S. (1916–1917g [1915]). Trauer und Melancholie. *GW X,* S. 427–446.
Freud, S. (1914a). Über fausse reconnaissance (»déjà-raconté«) während der psychoanalytischen Arbeit. *GW X,* S. 116–123.
Freud, S. (1926d [1925]). *Hemmung, Symptom und Angst. GW XIV,* S. 113–205.
Freud, S. (1927c). *Die Zukunft einer Illusion. GW XIV,* S. 325–380.
Freud, S. (1927e). Fetischismus. *GW XIV,* S. 311–317.
Freud, S. (1930a [1929]). *Das Unbehagen in der Kultur. GW XIV,* S. 419–506.
Freud, S. (1933a [1932]). *Neue Folge der Vorlesungen zur Einführung in die Psychoanalyse. GW XV.*
Freud, S. (1940a [1938]). *Abriß der Psychoanalyse. GW XVII,* S. 63–138.
Gramelsberger, G. (2013). Die Normalisierung des Katastrophischen am Beispiel des Klimawandels. In L. Hempel, M. Bartels & T. Markwart (Hrsg.), *Aufbruch ins Unversicherbare. Zum Katastrophendiskurs der Gegenwart* (S. 277–306). transcript.
Hempel, L., Bartels, M. & Markwart, T. (Hrsg.). (2013). *Aufbruch ins Unversicherbare. Zum Katastrophendiskurs der Gegenwart.* transcript.
Kaba, M. (2012). Hope is a Discipline: Mariame Kaba on dismantling the carceral state. https://theintercept.com/2021/03/17/intercepted-mariame-kaba-abolitionist-organizing/
Kierkegaard, S. (2021 [1992]). *Der Begriff Angst.* Reclam.
Lear, J. (2020). *Radikale Hoffnung. Ethik im Angesicht kultureller Zerstörung.* Suhrkamp.
Morgenthaler, F. (1974). Die Stellung der Perversionen in Metapsychologie und Technik. *Psyche – Z Psychoanal, 28*(12), 1077–1098.
Pontalis, J.-B. (1972). *Objekte des Fetischismus.* Suhrkamp.
Purcell, S. (2007). Die Erregung des Psychoanalytikers in der Analyse von Perversionen. *Internationale Psychoanalyse, 2,* 93–120.
Reemtsma, J. P. (2022). Angst genügt heute, um sich das Gefühl zu verschaffen, up to date zu sein. *Psyche – Z Psychoanal, 76*(7), 545–565.
Rosa, H. (2022 [2013]). *Beschleunigung und Entfremdung.* Suhrkamp.
Sontag, S. (2003). *Das Leiden anderer betrachten.* Carl Hanser.
Steiner, G. (2013 [2008]). *Warum Denken traurig macht.* Suhrkamp.
Williams, J. (2023). *Stories.* dtv.
Wurmser, L. (2002). »Ein bedeutendes Stück fehlt«. Ein Beitrag zur Psychoanalyse der Charakterperversion. *Jahrbuch der Psychoanal, 44,* 11–47.
Žižek, S. (1991). *Liebe Dein Symptom wie Dich selbst! Jacques Lacans Psychoanalyse und die Medien.* Merve.
Žižek, S. (2023): »Wir sind bereits mitten in der Apokalypse«. *FR.* https://www.fr.de/kultur/gesellschaft/slavoj-zizek-wir-sind-bereits-mitten-in-der-apokalypse-92346380.html
Zupančič, A. (2023). Die Apokalypse enttäuscht (noch) immer. In A. G. Düttmann & M. Quent (Hrsg.), *Die Apokalypse enttäuscht. Atomtod Klimakatastrophe Kommunismus* (S. 27–53). diaphanes.

Die Autorin

Susen Werner ist Juristin und Psychoanalytikerin. Sie ist in eigener Praxis in Potsdam sowie als Dozentin, Supervisorin und Lehranalytikerin an verschiedenen Instituten tätig.

Kontakt per Mail: pa-praxis-werner@posteo.de

Im Rauch der Vergangenheit und Feuer der Gegenwart

Überlegungen zur Aufrechterhaltung freiheitlichen Zusammenlebens

Ulrich Bahrke

Das Tagungsthema hat mich angeregt, darüber nachzudenken, was in der allgemeinen Aufgeregtheit der Gegenwart und den damit verbundenen Entgleisungen des Denkens in einem grundlegenderen Sinne hilfreich sein könnte, einen »klaren Kopf« zu behalten, statt immer nur wieder das Versagen »der leisen Stimme der Vernunft« zu konstatieren. Eingebettet sind diese Überlegungen in die Assoziationen zum Tagungsort Weimar, wo ich vor Jahrzehnten geistige Orientierung suchte – am *genius loci*, in der Shakespeare-Gesellschaft, im Thüringischen von Schiller, Goethe, Bach, Herder und Liszt. Hier erhielt 1919 die deutsche Demokratie ihre erste Verfassung; hier fand ich tiefe Freude in den kleinen Parks, den Schönheiten von Oßmannstedt oder Großkochberg. Und hier wurde bereits 1930 von den örtlichen Nazis das Bauhaus vertrieben, gab es Buchenwald, gibt es aktuell deutschlandweit mit Sorge beachtete politische Entwicklungen. Und natürlich gibt es wiederum diejenigen, die solche Entwicklungen damals und heute zu verhindern suchen. Gleich nebenan, in Jena, war ein Zentrum der DDR-Bürgerrechtsbewegung; überall in Osteuropa, wo über Jahrzehnte die Unterdrückung durch den russischen Imperialismus erlebt wurde, gibt es eine Tradition des Einstehens für Freiheit und Menschenrechte, die nicht zum Abschluss gekommen ist und 2022 den Friedensnobelpreis bekam: das Zentrum für bürgerliche Freiheiten (Ukraine), der Rechtsanwalt Ales Bjaljazki (Belarus) und Memorial (Russland, dort seit Ende 2021 verboten). Hiervon sind mein Leben und deshalb mein Blick bestimmt, denn gerade bin ich so alt geworden, dass ich genauso viel Lebenszeit in gesellschaftlicher Freiheit verbrachte wie in der Diktatur. Zudem hat mich mein Lebensweg in die Schweiz geführt und dort noch einmal andere Erfahrungen mit der freiheitlich-offenen, demokratisch strukturierten Gesellschaft machen lassen.

Ein Großteil, der sich zu Spaltungen steigernden gesellschaftlichen Spannungen wird vonseiten der Soziologie so erklärt, dass sich ein Teil der Gesellschaft – von den rasanten Transformationsprozessen überfordert – konservativen Modellen zuwendet.[1] Auf solche von Bauman (2005), Rosa (2013), Ehrenberg (2015), Nachtwey (2016) und anderen gemachte Ausführungen kann ich hier nur hinweisen. Ebenso wenig kann ich eingehen auf die durch einen prononcierten Konstruktivismus – Debatten über »kulturelle Aneignung«, Wokeness usw. – angeheizten Spannungen, wodurch es jeweils einer Seite der Bevölkerung bis zur Fassungslosigkeit gegenüber einer anderen die Sprache verschlägt. Stattdessen möchte ich zwei Schlaglichter auf die Aspekte richten, die in meinen Augen gesellschaftliche Konfliktspannung zu Spaltungen hin verstärken.

Rauch der Vergangenheit aus der Glut alten Hasses

Als in Ostdeutschland Aufgewachsener haben mich die sozialpsychologischen Prozesse dort immer begleitet und beschäftigt (Bahrke & Drees, 2005; Bahrke, 2010a, 2020); ich war Teil der beglückenden Freiheitserfahrung 1989 in Halle und Leipzig, der Aufbruchsfreuden z.B. bei der Gründung psychoanalytischer Institute und ihrer Aufnahme in die DGPT. Insbesondere über Patienten erlebte ich die Ernüchterungs- und Kränkungserfahrungen in den 1990ern, die reaktive Ostalgie-Welle in den 2000ern und die anti-westdeutschen Ressentiments, die zunächst die PDS bzw. DIE LINKE für sich auszunutzen verstand und von denen gerade die AfD profitiert. Letztere bedient den Affekt gegen »die da oben«, »die ja nicht mehr mitkriegen, wie es uns wirklich geht«; und da die »herrschenden« Parteien aufschreien, ist wenigstens diese Genugtuung gelungen. So verbindet die AfD in ostdeutschen Bundesländern erfolgreich antiwestdeutsche Ressentiments mit einer Verachtung unseres demokratischen Systems und bedient die Ängste vor weiteren, politisch ja wirklich nicht einfach zu handhabenden Konflikten aus den notwendigen Transformationsprozessen mit dem Versprechen: Mit uns könnte die Welt wieder so werden, wie sie früher nie, aber angeblich immer gewesen war. Sie wird die Klimakrise weiter verharmlosen und sowohl von der Transformationsangst als auch von den Folgen der Erderwärmung – ob Wasserknappheit, Überflutungen, Migration – profitieren. Aus dieser Dynamik folgt tendenziell, dass auch deren menschenfeindliche Inhalte in große Teile der Gesellschaft vordringen oder doch zumindest in Kauf genom-

1 Daneben und teilweise damit verbunden sind gesellschaftliche Spannungen aufgrund der enormen Vermögens- und Einkommensunterschiede, die kumulativ mikrotraumatisch wirken können und in Frankreich beispielweise in der Bewegung der *Gilets jaunes* Ausdruck fanden.

men werden – was andere wiederum mit Entsetzen und Ekel sich abwenden lässt.

Was in dieser Dynamik aus meiner Sicht häufig zu wenig Berücksichtigung findet, ist der nachtragende Groll auf »die da oben« durch Erfahrungen der Demütigung und Ohnmacht einerseits und des Mangels an Entfaltungsmöglichkeiten und der Einengung andererseits aus der Zeit der DDR-Diktatur. Dieser »Rauch der Vergangenheit« aus den glimmenden Affektkernen alten Hasses wird angesichts gegenwärtiger Feuerherde häufig unterschätzt; dabei sind es diese Glutherde, die die Heftigkeit gegenwärtiger Konflikte erklärbarer machen. Deren Aufladung durch die Zumutungen der Freiheit (Bahrke, 2010b) in den 1990ern soll dabei nicht ignoriert werden. Diese Zeit ist gelegentlich als Migration ohne Ortsveränderung charakterisiert worden, in der viele vertraute Kompetenzen kaum mehr gebraucht, und nun erforderliche erworben werden mussten – letztendlich konnte weniger als ein Drittel der berufstätigen Bevölkerung im gleichen Beruf verbleiben.

Hingewiesen werden soll im Folgenden auf eine transgenerationell tiefere Ebene und die erlebten oder transgenerationell weitergegebenen Affekte aus der Zeit der DDR-Diktatur markiert werden.[2] Von diesen ist die nachholende Aggression aus einem gekränkten Selbstwert heraus vermutlich am wirkmächtigsten – psychoanalytisch müsste man von einer »nachholenden Abwehr« von Ohnmacht und Hilflosigkeitsgefühlen sprechen. Vorausschicken möchte ich indes drei diese Aggression verstärkende Einflüsse:

1. *Versorgungsneid:* Die materielle Situation in der DDR war eingeebnet: ein Facharbeiter bekam das gleiche Geld wie ein Arzt. In den 1990ern stagnierten manche materiell, andere nicht. Die alte DDR-Versorgungssicherheit auf Grundniveau (Arbeit und Wohnung) war dagegen verloren. War es den Westdeutschen »da drüben« schon Jahrzehnte besser gegangen, setzte sich das Erleben des materiellen Zu-kurz-gekommen-Seins ihnen gegenüber nun im vereinigten Land fort. Zunächst noch kompensiert, brach sich der Neid Bahn gegenüber den ab 2015 gekommenen Geflüchteten. Die halb unbewusste Fantasie könnte so formuliert werden: »Diese von ›Mutti‹ (Merkel)

2 Anderenorts habe ich dazu persönlich Erlebtes angeführt (Bahrke, 2020), worauf ich hier nur verweisen kann. Ebenso ist dort berücksichtigt, dass aufgrund der innerdeutschen Wanderungsbewegungen die heute in Ostdeutschland Lebenden nicht identisch sind mit dem, was ich den »ostdeutschen Teil« nenne, und dass dieser der DDR-Diktatur entstammende Teil je nach familiärem Umfeld und vor allem nach Alter verschieden ausgeprägt ist, jedoch gleichwohl transgenerational nachwirkt.

adoptierten Pflegekinder kommen einfach daher und nehmen ›uns‹ alles weg. Unsere Eltern und wir hatten es schwer, mussten auch Krieg, Flucht und Vertreibung durchstehen, mussten nach 1990 wieder neu Fuß fassen, um einigermaßen mitzukommen –, und ›die‹, die kommen und kriegen alles umsonst.« Solche Fantasien fanden beispielsweise Ausdruck in dem Spruch »Integriert doch erst mal uns« als empfundene Opferkonkurrenz um einen Versorgungsanspruch.

2. *Verlassenheitsschmerz:* Demografisch schrumpfte die Einwohnerzahl in den ostdeutschen Bundesländern in den letzten drei Jahrzehnten um bis zu 24 Prozent. »Die Jugend ist weg«, hört man resignativ in kleineren Orten. Tatsächlich ist das Durchschnittsalter von 37 auf 50 Jahre gestiegen. Wiedererlebt wird das Verlassenwerden vor dem Mauerbau und die Ausreisewelle Ende der 1980er: nicht nur materiell abgehängt, sondern mitmenschlich zurückgelassen zu werden – ein neben der von vielen erlebten Langzeitarbeitslosigkeit oder beruflichem Abstieg weiterer Angriff auf die Selbstachtung. Ähnliches gilt für ganz Osteuropa, wo die mit dem EU-Beitritt verbundene Personenfreizügigkeit überall dazu führte, dass etwa ein Viertel der Bevölkerung gen Westen auswanderte. Lettland verlor 27, Litauen 22 Prozent der Bevölkerung; der Trend in Rumänien und Bulgarien setzt sich in ähnlicher Größenordnung fort. Krastev und Holmes (2019) vertreten die plausible These, dass sich die zuwanderungsfeindliche Haltung in osteuropäischen Regionen, in denen es tatsächlich gar keine Immigranten gibt, aus demografischen Ängsten aufgrund der katastrophalen Entvölkerung erklärt: Schmerz, Trauer und Wut über die Abwanderung würden in eine Abneigung gegen die Zuwanderung Fremder verkehrt, gleichsam in einen Protest dagegen, dass die Zuwanderung von Fremden die verlorenen jungen Verwandten und Freunde nicht ersetzen kann und zudem die vertrauten Lebensgewohnheiten angreift.
3. *Trauma-Abwehr:* Die Xenophobie in Ostdeutschland hat daneben weitere Gründe: mangelnde Erfahrungen eines Zusammenlebens mit Migranten in der DDR und ein weiterwirkender Rassismus aus der Kolonial- und NS-Zeit. Auch eine Trauma-Abwehr dürfte mitschwingen: Geflüchtete sind oft Traumatisierte. Die Begegnung mit ihnen kann schmerzhaft an eigene Traumata erinnern. Schlepper gab es auch von Ost nach West, auf der Flucht Ertrunkene in der Ostsee. Nun kommen Geflohene, während »wir« damals hinter der Mauer nicht haben fliehen können und Schlauchboote über die Ostsee keine Option waren.
4. *Nachholende Aggression sowie Ressentiment aus verhindertem Leben und gekränktem Selbstwert:* Wütende Demonstranten und hasserfüllte Pöbeleien

> mit Verlust der Impulskontrolle in ostdeutschen Städten, wie sie die Presse immer wieder dokumentiert, erklären sich nur zum Teil aus den oben genannten Punkten und dem narzisstischen Entwertungserleben in den 1990ern. Sie entstammen auch aufgestauten und nicht-integrierten Aggressionen aus der Zeit der Diktatur – als die Wut nach innen schrie, Angst verdrängt wurde, Einschüchterung und Demütigungen beschämten. Sie entspringen in Form nachtragender Verschiebung dem Hass auf die früheren SED-Bonzen. Was neben der damals erlebten alltäglichen strukturellen Gewalt mit Einschüchterung, Anpassungsdruck und politischer Ohnmacht unterschätzt wird, ist das verhinderte kreative Potenzial, insbesondere in der Adoleszenz, eine eigene Persönlichkeitsform ausprobierend entwickeln zu können. Hinzu kann eine reaktive Wut kommen aus unbewusstem Selbsthass und Scham über Mitläufertum oder Mittäterschaft bis in die Revolutionszeit hinein.

Ich erinnere, dass wir bei den Demonstrationen 1989 in Halle wechselweise riefen »Wir sind das Volk« und – zu den aus den Fenstern Lehnenden – »Schließt euch an«.[3] Auch das Beschimpfen von Journalisten als »Lügenpresse« bekommt vor dem DDR-Hintergrund einen nachtragenden Sinn: Lügenpresse war das Gewohnte.

Diese aus Gefühlen von Unterlegenheit, Zurückgesetzsein, Neid und Scham entstammende Ressentiments werden von Populisten manipulativ funktionalisiert: »Ihr im Osten – fühlt euch als völkische Bürgerbewegung auserwählt. Ihr seid nicht die stehengebliebenen Wendeverlierer, sondern die patriotische Elite.«[4] Mittlerweile ist diese narzisstische Aufwertung bei Vielen zur Überzeugung geworden oder gar zu einem rechten Weltbild verschmolzen – was andere inzwischen diskursmüde macht, erschöpft-ohnmächtig, resignierend sich in den politischen Rückzug begeben lässt. Diese Resignation wird maßgeblich unterstützt durch eine häufig erlebte kommunikative »Mauer« aus einem diktaturgeprägten und in der Gegenwart manipulativ neu erzeugten Misstrauen gegen »die da oben«, was gewissermaßen gegenüber Fakten immunisiert. Das in der Diktatur »gelernte« funktionale Misstrauen gegenüber den Herrschenden dient

3 Die Montagsdemonstranten waren in der *Leipziger Volkszeitung* als »Rowdys« beschimpft worden – und sie skandierten am folgenden Montag: »Wir sind keine *Rowdys*, wir sind das *Volk*.« Dies schrieb sich fort zu: »*Wir* sind das Volk« (und später zu: »Wir sind *ein* Volk«).

4 Siehe dazu z. B. Herta Müller am 13. November 2023: https://www.youtube.com/watch?v=bpAdxAWY2Qk&ab_channel=UBSCenter

inländischen und ausländischen Feinden der Demokratie als Einfallstor, demokratisch gewählte Vertreter von Machtinstitutionen und den freien Journalismus zu desavouieren. Mehr noch: Manipulativ wird den von der Diktatur Geprägten eine besondere »Sensibilität« in Bezug auf »Machenschaften« von »denen da oben« zugeschrieben, bei simultaner Unterschlagung des kategorialen Unterschieds zwischen einer diktatorischen Herrschaft und demokratisch gewählten und von der freien Presse kontrollierten, abwählbaren Mächtigen.

Dieses Beispiel beginnt in einem brandenburgischen Dorf:

> »Grillen ist jetzt nur noch einmal im Monat erlaubt.«
>
> »Ja, das habe ich auch schon gehört.«
>
> »Es wird uns alles weggenommen.«
>
> »Und die Grünen hecken noch viel mehr aus.«
>
> »Ja, aber nicht nur die. Ich sage nur Bill Gates.«
>
> »Deep State.«
>
> »Die Russen wehren sich. Die haben jetzt Greenpeace und den WWF verboten, Agenten des Westens, die den Russen eine fremde Lebensform aufnötigen wollen.«
>
> »Ja, die führen einen Überlebenskampf für ihre Kultur.«
>
> »Wie wir damals. Da war zu viel Übermacht: Wall-Street, Fleet-Street, Kreml. Dann waren sie da, diese unkultivierten Cowboys, uns, dem Volk der Dichter und Denker, Demokratie zu lehren.«
>
> »Ja, wir haben es nicht geschafft, unseren Volkskörper zu reinigen.«

Entgleitendes Denken, bis hin zum Massenwahn, einer transgenrational gesamtdeutschen Ebene entstammend. Ein Waffen-SS-Mann aus einer arte-Dokumentation bekennt: »Wir waren überzeugt davon, einen gerechten Kampf zu führen, eine Herrenrasse zu sein – und wir waren die besten dieser Herrenrasse.« Diese Besten sollten im Dom von Quedlinburg ihre »Weihe« erhalten, am Grab des ersten deutschen Königs, nur fehlte der Leichnam von König Heinrich. Himmler ließ Gebeine von Stiftsdamen ausgraben und als Heinrichs fehlende Königsknochen 1937 bestatten.

Ich habe einen Patienten, dessen Vater am Ende des Krieges als 15-jähriger Flak-Soldat feindliche Flugzeuge vom Himmel holen sollte. Seine naziidentifizierte Mutter war so stolz auf ihn – und »hat ihm nie verziehen, dass er zurückkehrte, statt den Heldentod zu sterben«. So verrückt waren die Leute hier, unsere Vorfahren. Und was nach dem »Endsieg« mit der Ukraine passiert wäre, steht im »Generalplan Ost« – ein Verbrechen, dem wir Deutschen uns nie in

Scham gestellt haben, weil es nur geplant und nicht ausgeführt werden konnte. Der Osten Deutschlands bekam zudem mit den Ausläufern des bolschewistischen Wahnes zu tun: Alles hat sich einer Idee unterzuordnen, damit die Zukunft für alle gut ist – nichts an Einspruch gilt, denn dies ist der richtige Weg, insofern haben die gegenwärtig Lebenden keinen Wert. Es geht um die, die einmal das Glück auf Erden ernten werden, nur um dieses Ziel darf es gehen. Erbarmungslos, abgespalten von jeder Empathie.

Feuer der Gegenwart: Digitale Angriffe auf die Orientierung

Ein weiterer, Konfliktspannungen hin zu Spaltung verstärkender Aspekt ist der Angriff auf unsere Orientierung und damit unser Sicherheitsbedürfnis. Sandler (1960) konzeptualisierte das Sicherheitsprinzip als grundlegend und legte dar, wie es von der Integrationsfähigkeit unserer Wahrnehmungen bestimmt wird. Den inneren und äußeren Wahrnehmungen Bedeutung zu verleihen, gibt uns orientierende Sicherheit. Einfluss auf unsere Orientierung zu bekommen, auf unsere uns Sicherheit gebenden Zuordnungen, wird vonseiten der Politik auf unterschiedlichste Weise versucht.

Ein Blick zurück und in andere Weltgegenden: Diktaturen legen die öffentliche Meinung fest. Dafür gibt es möglicherweise ein »Propagandaministerium«; und es gibt eine Zensurbehörde mit der Aufgabe, Informationen zu unterdrücken, die dem Herrschaftssystem widersprechen. Als die radioaktive Wolke aus Tschernobyl 1986 hier in Weimar herniederging, wurde nicht vor dem Salatessen gewarnt, sondern die Geigerzähler in den Betrieben beschlagnahmt. In der Diktatur herrschen Tabu und Lüge. Auch dies gibt eine Grundorientierung: Die Machthaber lügen und wissen, dass die Unterworfenen wissen, dass sie lügen – und die Unterworfenen lügen und wissen, dass die Machthaber wissen, dass sie lügen. In der Regel stimmt das Gegenteil: Fuhr man in den 1980ern durch die Sowjetunion, sah man an den Bahnhöfen die Parole: »Es lebe die Freundschaft der Völker der Sowjetunion.« Also wusste man: Genau diese Freundschaft gibt es nicht. Heute sieht man klarer, dass es die nicht geben kann nach Jahrhunderten russischer Fremdherrschaft.

Wenn Propaganda erfolgreich ist, können Diktaturen die Gesellschaft für ihre Zwecke mobilisieren. Und sie können Geschichtsmythen generieren, die ihre Herrschaft festigen soll. Ein erfolgreiches Beispiel, das sich hartnäckig ins Weltgedächtnis eingegraben hat, ist der Mythos von der sogenannten »Oktoberrevolution«, die es samt des erfundenen Sturms auf den Winterpalast nie gegeben hat (Bahrke, 2018): Nach dem gewonnenen Bürgerkrieg wurde die handstreichartige Machtübernahme durch den bolschewistischen Putsch zur Legende vom »Sturm auf den Winterpalast« und diese 1920 von Nikolai Evreinov im größten Massenspektakel der Theatergeschichte mit 10.000 Laienschauspielern vor 100.000 Zuschauern in Szene gesetzt (Arns, Chubarov & Sasse, 2017). Das bekannte Bild, das dabei entstand, fand als vermeintliches Zeitzeugnis weltweit Eingang in zahllose Geschichts- und Schulbücher, wurde in der DDR auch Motiv einer Briefmarke und für Meissner Porzellan-Teller. Interessant ist, dass man beim Retuschieren z. B. zur Entfernung des Regieturms und der Zuschauer »vergaß«, einen über dem Eingang des Winterpalastes angebrachten Sowjetstern zu entfernen, der insofern die Lüge des Fotos offenlegt.

In unserer Gesellschaft haben wir es nicht mit Zensur und Unterversorgung an Informationen zu tun, sondern mit der Gefahr einer Verwirrung stiftenden Überversorgung sowie einer Vermischung zwischen Meinungen und Fakten. Als die Pressesprecherin eines amerikanischen Präsidenten begann, von »alternativen Fakten« zu reden, wirkte dies zunächst lächerlich, führte aber bald zu einer tiefer gespaltenen, aufgeheizten Gesellschaft, in der die Bedeutung von Tatsachen hinter deren Skandalisierung inklusive der Erzeugung einer Empörungs-(Un)kultur zurücktrat.

Eine perfidere Methode des Angriffs auf unsere Orientierung ist die Überschwemmung mit widersprüchlichen Informationen mit dem Ziel der Überforderung von Sicherheit gebender Einordnung. Der politische Berater des oben erwähnten amerikanischen Präsidenten, Steve Bannon, nannte das 2018 *flood the zone with shit*.

Unser Sicherheitsgefühl ist daran gebunden, unsere Wahrnehmung zu strukturieren und ihr Bedeutung geben zu können (Sandler, 1960). Das Versagen dieser integrativen Ich-Leistung wird heute in einer Form angestrebt, die vor dem digitalen Zeitalter nicht möglich war. Es geht darum, so viel Verwirrung zu stiften, dass eine klare persönliche Positionierung und erst recht ein gesellschaftlicher Konsens nicht mehr möglich werden können. Ziel dieser Strategie ist eine Nivellierung von Fakten in Richtung einer Beliebigkeit von Meinungen mit der Erzeugung von Unsicherheit, die letztlich die Bereitschaft erhöhen soll, Sicherheit bietenden autoritären Angeboten zu verfallen. Sobald man resigniert hat, ohnehin nicht »durchzublicken« und deshalb »niemandem trauen kann«, erhöht sich die Bereitschaft, unterkomplexen Lösungen zuzustimmen, wie sie autoritäre Populisten anbieten.

Diese Methode übernehmen autoritäre Regime: Am 6. März 2023 tauchte in russischen sozialen Medien ein Video auf, das die Hinrichtung eines ukrainischen

Kriegsgefangenen zeigt. Seine letzten Worte waren: »Ruhm für die Ukraine«. Es handelte sich um Oleksandr Matsiyevsky, Scharfschütze des 163. Bataillons. Seine Hinrichtung verstößt gegen die Genfer Konvention, es besteht der Verdacht auf ein Kriegsverbrechen. Russische Propagandisten behaupteten zunächst, das Video sei inszeniert, das zeige sein »theatralischer Charakter«; das Verhalten des ukrainischen Soldaten sei »merkwürdig«, da er keine Angst zeige. Diese Behauptung wurde bald nach ihrer Veröffentlichung gelöscht und stattdessen vertreten, die Hinrichtung sei echt, aber der betreffende Gefangene sei ein Russe in einer ukrainischen Uniform gewesen. Vom Kreml unterstützte Militärkorrespondenten schlossen sich an und machten »denjenigen« auch ausfindig. Es tauchten drei Namen auf, und es wurde schließlich nur noch darüber diskutiert, welcher dieser drei Russen der Erschossene gewesen sei.[5]

Dies ist ein typischer, häufig beobachteter Zyklus von russischer Informationsmanipulation aus einer defensiven Position heraus: Leugnen, Ablenken, Verwirrung stiften, gleichzeitige Verbreitung mehrerer Versionen, um den Informationsraum zu überschwemmen, und die Verbreitung des Narrativs, dass »sowieso alle lügen«. Markante Beispiele sind der Euromaidan 2013/2014, der Absturz der MH17 2014 und die verschiedensten Kriegsereignisse bzw. mutmaßlichen Verbrechen.

Aber das russische Regime versucht auch in offensiver Weise, seine Narrative zu propagieren. Das geschieht sowohl grob wie auch plump, z.B. mit der medizinisch unsinnigen Behauptung, die Ukrainer würden den gefallenen russischen Soldaten Organe entnehmen und nach Westeuropa verkaufen, als auch auf subtilere Weise auf Medienkanälen, die unter sehr viele zutreffende Nachrichten einschließlich der Kritik am eigenen Regime wenige gezielte Falschinformationen mischen.

Darüber hinaus haben wir es inzwischen mit systematischen Desinformationskampagnen zu tun mit dem Ziel, die offenen Gesellschaften in ihrem Wahlverhalten zu beeinflussen (etwa in aktuelleren US-Wahlkämpfen oder konkret bei der Brexit-Abstimmung 2016) oder sie in Empörung zu versetzen, um das Vertrauen in ihre demokratischen Institutionen zu untergraben. Dabei werden Imitationstechniken benutzt, gefälschte Logos[6] von internationalen und vertrauenswürdigen Organisationen und Personen missbraucht. Beispielsweise tauchte

5 Siehe dazu https://euvsdisinfo.eu/de/hinrichtung-eines-kriegsgefangenen-im-fadenkreuz-der-kreml-desinformation/

6 Sogenannte »Deepfakes«, realistisch wirkende Medieninhalte (Foto, Audio, Video usw.), die durch Techniken Künstlicher Intelligenz hergestellt werden.

während der Diskussion um drohende Energieknappheit im Herbst 2022 in der Schweiz ein digitales Poster mit einem offiziellen Logo des Bundesamtes auf, das die Bevölkerung dazu aufruft, »Heizsünder« zu melden. Auf dem Poster ist eine Frau zu sehen, darunter die Worte: »Heizt der Nachbar die Wohnung über 19 Grad auf? Bitte informieren Sie uns.« Zu sehen ist auch eine Telefonnummer und das Versprechen von 200 Franken Belohnung.[7] Diese Kampagne verfing nicht, es gab einige verwunderte telefonische Nachfragen und eine kurze Richtigstellung. Der Aufruf zur Denunziation an eine Schweizer Behörde ist einfach zu »unschweizerisch«.

Der Europäische Auswärtige Dienst (EAD) der EU unterhält eine TaskForce, die nach Kreml-naher Desinformation sucht, deren Narrative entlarvt und veröffentlicht.[8]

Aufklärung gegen entgleitendes Denken

Solche Aufklärung ist wichtig. Sie läuft den Angriffen hinterher, es geht nicht anders, ebenso wie z. B. die EU-Gesetzgebung zur Regulierung der digitalen Welt. Wir Psychoanalytiker sind Teil der Aufklärung und können beitragen zu einem klareren Denken (z. B. Kobylinska-Dehe, 2022); wir wissen um Abwehrprozesse, Spaltungen, Projektionen, die Wirksamkeit archaischer Phantasien (Bohleber, 2002) und um die Möglichkeit entgleitenden Denkens durch das Nicht-Aushalten von Affekten. Unterkomplexes Denken mildert Verunsicherungsängste; Verschwörungsnarrative oder wirksamer noch Wahnsysteme, die alles erklären und nichts offenhalten, stabilisieren. Wie strukturlose, ins Leere fallende psychiatrische Patienten, schaffen sich auch bestimmte gesellschaftliche Gruppen haltende Denkgeländer in Form von Wahngebilden. Im Gegensatz dazu ist die Wissenschaft ein Denksystem, das nie abschließend alles erklären kann und will – und dies auszuhalten uns abverlangt. Wissenschaft ist die dem endlichen menschlichen Geist entsprechende Denk- und Praxisweise (Whitebook, 2018, S. 400), »die auf der Anerkennung der angeborenen Tendenz des Menschentieres, seine Realität omnipotent, durch magisches Denken, zu verleugnen, beruht *und diese Tendenz systematisch bekämpft*«. Bion (1967) hat sich mit dem Schmerz des Nicht-Wissens – diesen auszuhalten oder zu vermeiden – in Wissenschaft,

7 Siehe dazu https://www.stopfake.org/de/fake-die-schweiz-fordert-sie-auf-ihre-nachbarn-zu-denunzieren-wenn-ihr-haus-warmer-als-19-grad-ist/

8 Siehe dazu https://euvsdisinfo.eu/de/

Psychoanalyse und in unserer Existenzialität intensiv auseinandergesetzt – ich komme darauf zurück.

»Wir müssen die Ängste ernstnehmen«, sagen Politiker. Das kann zutreffen, und die das sagen, haben ihre Gründe. Psychoanalytiker können aufklären, Gefühle richtig zu markieren, Wut und Hass ernstzunehmen bei denen, die »die da oben« zerstören wollen. Wo der analytische Raum fehlt, ist es allerdings kaum möglich, die oft dahinterliegende depressive Abwehr anzusprechen, Hilflosigkeit, Kleinheitsgefühle, Scham sowie Projektionen und Spaltungen verstehbar und transformierbar zu machen. Wenn die Gesprächssituation für sozialpsychoanalytische Einsichten nicht gegeben ist, sind wir als Bürger gefragt. Als Bürger mit einer psychoanalytischen Professionalisierung kennen wir zudem ein Reservoir an hilfreichen Aspekten, beispielsweise die Wichtigkeit des Rahmens und die Betonung des Prozesses. In einer freien Gesellschaft entsprechen dem Schutz des Rahmens die Einhaltung von Gesetzen, und ggf. bedarf es dafür der Wehrhaftigkeit der Gesellschaft. Analoges gilt für den Blick auf und das Vertrauen in die demokratischen Institutionen und die Kontinuität gebende Entschleunigung im Ablauf politischer Entscheidungsprozesse. Für deren Schutz bedarf es des wachen, verantwortungsbereiten Bürgers, einer Bürgergesellschaft, damit nicht innerhalb der freiheitlichen Gesellschaft Freiheit garantierende Institutionen entmachtet werden, wie beispielsweise in Ungarn und Polen[9] zu beobachten.

Die nach-ödipale Gesellschaft: Beobachtungen aus der Schweiz

Die Schweiz hat eine schwache Zentralregierung. Und eine selbstbewusste Bürgerschaft. Gibt das Schweizer Stimmvolk seine Stimme ab, berichten die internationalen Medien über das Ergebnis zum Klimagesetz, vielleicht auch zur nachträglichen Zustimmung zu den COVID-19-Gesetzen des Bundesrates. Wichtiger für unser Thema sind aber die zahlreichen Abstimmungen auf kantonaler und Gemeinde-Ebene: Ob Geld für ein Stadion bewilligt wird, ob die Altersversorgung der Gemeinde in eine Aktiengesellschaft überführt werden soll, ob mehr Velowege oder Parkplätze entstehen sollen. Die Teilhabe an der Macht geschieht zunächst einmal lokal vor Ort, einschließlich der Selbstfestlegung der Höhe der Gemeindesteuer: Wieviel wollen wir unserer Gemeinde geben, damit sie was für uns finanziert?

---

9 In Polen darf nach der Wahl am 15. Oktober 2023 auf eine Korrektur gehofft werden.

Das wirkt genauso gesellschaftlicher Spaltung entgegen wie die Akzeptanz demokratischer Mehrheitsentscheidungen. Demokratische Entscheidungen zu treffen, sollte ein Volk nicht mit der Abstimmung über hochkomplexe Themen wie einen Brexit beginnen, sondern in Nachbarschaft und im Verein, wo das gesellschaftliche Zusammenleben beginnt und eingeübt werden kann.

Im März war ich bei der jährlichen Generalversammlung meines Ruderclubs. Der Präsident (die Leiter von Vereinen sind in der Schweiz Präsidenten) beginnt, indem er sich erhebt und auf Hochdeutsch fragt: »Gibt es jemanden, der kein Schweizerdeutsch versteht?« Nach einer Pause – es wäre mutig, aber möglich, um Hochdeutsch zu bitten – sagt er: »… danke, dann können wir die Versammlung in Mundart durchführen.« Diese Form von Respekt und Einbeziehung ist beeindruckend typisch in der Schweiz – ebenso wie der Respekt der Beamten gegenüber den Bürgern. »Jeder Beamte ist ein Angestellter«, hat mein Vater gesagt: Der Beamte ist von mir angestellt, wird von meiner Steuer bezahlt, d. h. er ist nicht Repräsentant einer »Obrigkeit«.

Insofern sich Gesellschaften auf die Freiheit einlassen, also den ödipalen König-Vater töten und Geschwisterlichkeit praktizieren, ändert sich der Rahmen: Statt der ordnenden Eltern-Macht braucht es das Vertrauen in die in Gewaltenteilung involvierten Institutionen. Gesellschaften, die diesen Wandel einleiten – zu beobachten etwa in Osteuropa – brauchen lange Zeit, um dieses diametral andere Staatsverständnis der liberalen Demokratie zu verinnerlichen:

1. dass nicht der Staat »da oben« steht, sondern man selbst, der Bürger, dass der Staat mit seinen Institutionen dem Bürger dient und nicht umgekehrt;
2. dass in der liberalen Demokratie nicht »zu viel« festgelegt wird, sondern »zu wenig«: dass sie mit Ergebnisoffenheit gesellschaftlicher Prozesse einhergeht und einem gewissen Grad von Aushalten-Müssen von Unter-Bestimmtheit;
3. dass diese gesellschaftliche Funktionsweise andere Spielregeln erfordert, nämlich Selbstorientierung, Öffentlichkeit, Diskurskultur – und die Akzeptanz, dass die eigene Meinung und die eigenen Interessen vertreten werden können und müssen, sich deshalb aber noch lange nicht durchsetzen.

Das heißt auch, dass die demokratische Gesellschaft nicht weiter angeschaut werden darf wie der alte »Vater Staat«, der zu liefern hat mit Grundversorgung als Entschädigung für Unterdrückung. Sondern umgekehrt gilt, wie formuliert in Artikel 6 der Bundesverfassung der Schweiz, ein Nehmen und Geben: »Jede Person nimmt Verantwortung für sich selber wahr und trägt nach ihren Kräften zur Bewältigung der Aufgaben in Staat und Gesellschaft bei.«

Gegen eine solche Haltung wird in uns und in der Gesellschaft immer wieder rebelliert werden. Der Grundkonflikt zwischen Sicherheit und Versorgung versus Freiheit ist in uns und in Gesellschaften immer neu auszuhandeln. Insbesondere in Transformationsgesellschaften wie in Osteuropa, wo Freiheit ohne eine noch nicht existente couragierte Bürgergesellschaft die Ungeheuer von Gier, Korruption und mafiöser Netzwerke gebiert, entsteht leicht die Tendenz, dass diese anomischen Zustände von Unsicherheit in Abwehr depressiver Hilflosigkeit einen Umschwung in den regressiven Wunsch nach autoritärer Führung bewirken. Hier in Weimar sei an den Arzt Friedrich Schiller erinnert, der seinem Entsetzen angesichts der Gräuel der Französischen Revolution – »die losgebundene Gesellschaft, anstatt aufwärts in das organische Leben zu eilen, fällt in das Elementarreich zurück« (Schiller, 2004 [V], S. 580)« –seine Medizin der ästhetischen Erziehung und des Spielens als erforderlichen Entwicklungsschritt verordnete.

Bürgergesellschaft, Respekt, Achtung der Institutionen und Mitverantwortung – wichtig zur Aufrechterhaltung der freien Gesellschaft ist ein weiteres Kennzeichen: keine unentschlossene Duldung von Gesetzesverstößen. Die staatlichen Institutionen müssen als wehrhaft und kraftvoll erlebt werden, die Gesetze für alle durchzusetzen. Die Demokratie als nach-ödipale Gesellschaftsform ist immer regressionsgefährdet: Zu wenig erlebter Schutz durch demokratisch legitimierte öffentliche Regulierung lässt die regressive Verführung wachsen, den Versprechen auf Führung und Schutz durch sich elterlich gebende Autokraten zu folgen – oder gar selbst in Abwehr gefühlter Ohnmacht hierarchisch strukturierten aggressiven Verbänden und Parteien beizutreten.

Mit der Gesellschaft ist es wie mit dem Klima: Wir sind Teil davon, beeinflussen beide mit unseren täglichen Entscheidungen, sind in unserer Grundbefindlichkeit abhängig von deren Zuständen und sollten – wie immer in Beziehungen – achtsam mit dem umgehen und es pflegen, wovon wir abhängig sind. Damit komme ich zum letzten Punkt: Die reife Gesellschaft braucht den reifen Einzelnen.

Die reife Person mit einem breiten Spektrum an Ich-Realitätsstufen

Das psychoanalytische Verständnis von Reife hat oft mit Bezug auf Freud »die Akzeptanz der Realität« mit dem »Realismus des desillusionierten Erwachsenen« gleichgesetzt (Loewald, 1975, S. 368; Übersetzung U. B.), mit Betonung von Rationalität und Wissenschaft, wobei Freud zugleich eingestand, dass der »Gott« Logos »nicht sehr allmächtig« sei (Schur, 1982). Diese Annahme, »dass die wissenschaftliche Annäherung an die Welt und das Selbst« »die höchste und reifste Evolutionsstufe des Menschen« (Loewald, 1960, S. 228; Übersetzung U. B.) darstellt, ist mit Recht infrage gestellt worden. Insbesondere die Arbeit mit nichtklassischen Patienten habe »die Gültigkeit« der Forderung »nach Einheit, Symbiose, Verschmelzung oder Identifikation gezeigt – welchen Namen auch immer man diesem Gefühl und dieser Sehnsucht nach Ungetrenntheit und Undifferenziertheit geben möchte« (Loewald, 1978, S. 399; Übersetzung U. B.). Auch Whitebook (2018) hat kürzlich betont, dass ideale Reife nicht ein Weg unidirektional zu immer mehr Rationalität sei, sondern mit einem Prozess hin zu einer Überarbeitung und Integration archaischen Materials der kindlichen Erfahrung zu tun habe. Reife wird demnach nicht verstanden als ein Prozess, bei dem die früheren »unreifen« Entwicklungsstadien aufgegeben und durch »reifere« ersetzt werden, sondern – wie der dafür berühmte Stadtspaziergang durch Rom – als einer hin zu einem Ich »bei dem die früheren und tieferen Ebenen der Ich-Realitäts-Integration als dynamische Quellen höherer Organisation lebendig bleiben« (Loewald, 1951, S. 20; Übersetzung U. B.). Dabei gehe es nicht nur um das Überleben früherer Stufen der Ich-Wirklichkeits-Integration, sondern um die veränderlichen Beziehungen zwischen ihnen, denn

> »die Menschen wechseln von Tag zu Tag, in verschiedenen Perioden des Lebens, in verschiedenen Stimmungen und Situationen, beträchtlich von einer solchen Ebene zu anderen Ebenen […]. Tatsächlich scheint es so zu sein, dass je lebendiger die Menschen sind […], desto breiter ist ihr Spektrum an Ich-Realitätsstufen« (ebd.; Übersetzung U. B.).

Was hat das mit unserem Thema zu tun? Wenn das »verrückte Denken« aus »unverdauten« Affekten kommt, ist das Zuordnen und Transformieren von Affekten mit der Tendenz zu einem angstmildernden Still-Werden ein entscheidender Aspekt dieses Spektrums. Wichtig sind diesbezüglich zunächst unsere uns tragenden, nahen, tröstenden, Beistand gebenden Beziehungen mit ihrer tiefen Verbindung zu den frühen spiegelnden Objekten. Solche Verbindungen können möglicherweise weitere Räume öffnen. Bei mir vermute ich beispielsweise, dass die immense Wirkung, in der Oper zu sitzen und dabei in tiefen, haltgebenden Schichten anzukommen – obwohl ja in den Libretti musikalisch emotionalisiert alle zentralen menschlichen Konflikte verdichtet durchgearbeitet werden –, mit meinem kindlichen Vernehmen der Arien vom Plattenspieler meines Vaters zu tun hat, und er in diesen Stunden sein Ankommen bei sich erlebte: ein Berührt-Werden und ein Gestillt-Sein zugleich.

Reife als »Breite des Spektrums an Ich-Realitätsstufen« – neben Selbst-Aufklärung und vernunftnutzender Reflexion möchte ich diesen Aspekt von Reife hervorheben, sich selbst darüber klar zu sein bzw. immer wieder werden zu können, was einen selbst »stillt«, das unruhig-affektive Feuer mildert, Halt gibt, wirklich trägt; d. h. auch, für diesen Prozess offen zu sein und zu bleiben, dem nachzuspüren, wo die Orte und Momente des je eigenen Stillwerdens aufzufinden sein könnten. Denn Rationalität und Aufklärung genügen dafür nicht, ähnlich der Einsicht ohne affektive Beteiligung im psychoanalytischen Prozess.

Dieser Gedanken soll in Bezug auf unser Thema mit einem Winnicott-Zitat weiter vertieft werden: »Vielleicht ist die Tatsache, dass der Säugling das Bedürfnis hat, die Mutterbrust selbst zu erschaffen, die wichtigste Information, mit der der Psychologe [...] zur psychischen Gesundheit der Mitglieder einer Gesellschaft beitragen kann« (1998, S. 155). Nach Winnicott haben die Entdeckungen über die frühen Stillerfahrungen wichtige Auswirkungen auf die Gesellschaft, weil die sich entwickelnde Beziehung zur Realität durch wiederholte Stillsituationen in Gang kommt. Dem Säugling solle »viel Zeit gelassen werden«, um die Mutter »mit Mund und Händen und vielleicht auch dem Geruchssinn« zu ertasten, bis er die Brustwarze selbst entdeckt. Wird ihm diese sozusagen in den Mund gesteckt, erlebt er die Realität als etwas fremd Auftreffendes *(impingement)*, dem er sich unterwerfen muss (Winnicott, 1964 [1957], S. 60; Übersetzung U. B.).

Ein weiterer Versuch der Annäherung an den Reife-Begriff: Freud bewertete das Bilderverbot des jüdischen Monotheismus als Fortschritt: »Denn es bedeutet eine Zurücksetzung der sinnlichen Wahrnehmung gegen eine abstrakt zu nennende Vorstellung, einen Triumph der Geistigkeit über die Sinnlichkeit« (Whitebook, 2018, S. 441). Das ist fatal. In einer Interventionsgruppe wurde darüber diskutiert, wie es zu verstehen sei, dass ein Patient den Wunsch geäußert hatte, aus Zeitgründen auf die vierte Stunde zu verzichten, da er Gesangsunterricht nehmen wolle. Es wurde über Abbruchtendenz, den Übertragungswiderstand und Vieles mehr gesprochen. Bis jemand sagte: »Gesangsunterricht? Das *ist* doch die 4. Stunde!« Ja, Gesangsunterricht ist ein Weg, in Musik gestaltete Gefühle kennen und ausdrücken lernen zu können. So wie andere Patienten irgendwann in ihrem Prozess zu anderem finden und davon sprechen: vom Töpfern, Malen, Tanzen, Kalligrafie und Musikmachen. Unsere Sinne sind die Brücken zum Lebendigsein. Das Bedürfnis, die Mutterbrust selbst zu schaffen »mit Mund und Händen und vielleicht auch dem Geruchssinn« zu ertasten, bis der Säugling die Brustwarze selbst entdeckt, ist das Modell jeder guten Kontaktaufnahme mit der

Welt. Sie gelingt, indem sich die »primäre Kreativität« in ein »kreatives Leben« verwandelt, das auch das integriert, was Abram (2018, S. 211; Übersetzung U. B.) »Magie, die keine Psychose ist« nennt. Im Unterschied zur Wahrnehmung im Sinne der Realitätsprüfung, bei der die Welt etwas ist, derer man sich bedienen kann oder Anpassung erfordert, geht es um »kreative Apperzeption« (Winnicott, 2022): Schauen und Gesehenwerden, die Welt als kreativer Raum, der nicht nur zum »Raum des Träumens und Spielens« werden kann, sondern in dem auch die Erfahrungen von Fantasie und Verspieltheit durchdrungen werden (Abram, 2018, S. 7; Übersetzung U. B.). Die Verbindung zu Schiller (Schiller, 2004 [V] S. 570ff.), der auf die Krisen seiner Epoche mit der ästhetischen Anthropologie der Freiheit antwortete, liegt nahe.

Dieser Weltzugang muss in vielen Teilen der Welt als überflüssiger Luxus gelten und wird in Erziehungsdiktaturen unterdrückt. In Osteuropa wurde den Menschen die Brust gewissermaßen in den Mund gesteckt, nicht konkret jedem Säugling, aber dem Heranwachsenden und Adoleszenten – nur in abgelegenen Spiel-Räumen konnte nach der sie stillenden Brust gesucht werden. Zudem gab es gute Gründe des Selbstschutzes, seinen Sinnen auch Scheuklappen zu verordnen. Als in den 1980ern ein Kölner Freund einen seiner Freunde zu Besuch nach Halle (Saale) mitbrachte und wir durch die grauen Mauern der verfallenden Stadt gingen, sprach dieser drei Stunden kein Wort. Dann sagte er: »So schlimm hab' ich es mir nicht vorgestellt.«

Unsere Zugangswege sinnlich-intuitiven Wahrnehmens sind unterschiedlich. Für die einen ist es das Schauen, für andere sind es Düfte, für manche gar das Synästhetische. Mein sinnlicher Hauptzugang ist der akustische, sind Naturlaute und Musik, ist die Stille, »aus der alles kommt und in die alles geht« und die ihre Kraft entfalten kann in der Wüste, einer Nacht in den Bergen oder nach dem letzten Ton eines Konzertes. Erwartungsoffen für »Durchlässigkeit« (Bion, 1970) kann mir dabei ein Weiteres geschehen, in Kirchen- und Konzerträumen, insbesondere im Bayreuther Festspielhaus. Wagner hat das Proszenium verdoppelt, das Orchester darunter verschwinden lassen, und er hat – seinerzeit ein Novum – das Licht löschen lassen, auch das für das Orchester ist unsichtbar im tiefen Graben – eine Einladung, ganz Teil zu werden des Geschehens und sich bestenfalls hineinziehen zu lassen in seine Musik der Ich-Entgrenzung. Die Breite des Spektrums an Ich-Realitätsstufen kennt auch ein Jenseits davon. Es geht um erschütternde und gleichwohl beglückende Erfahrungen; beglückend wohl deshalb, weil uns hier eine intensive Erfahrungsdimension jenseits unseres Raum-Zeit-Kausalitätsbewusstseins erreicht, eine Art Verankerung in einem unhinterfragbaren Fundamentalbereich, vor der die Sprache kapitulieren muss.

Bion (1965) nannte es den »intuitiven Kontakt mit O«.[10] Er umschrieb damit einen unerkennbaren Bereich, zu dem durch die Sinne hindurch gleichwohl mittels »intuitiver Wahrnehmung« ein Kontakt möglich ist.

Gegenüber den absichernden Verschwörungs- oder Wahnsystemen sprengen solche Erfahrungen das rationale Denken auf gegenteilige Weise: Sie halten in der Entgrenzung von Raum und Zeit eine Form wachen »paranoiden« Seins in der Schwebe, ein Bedeutungserleben, das einen transzendenten Halt spüren lässt, der der Angstfreiheit nahekommt. Dies kann mir passieren an einem Bach oder am Meer, wenn ich im Gras liegend den Vögeln lausche, unter einer hohen Pappel stehend deren Blätter im Wind vernehme, wenn nach der Zugabe eines Solisten eine tiefe Stille nachschwingt. Aber all dort passiert es mir meistens auch nicht. Es passiert, wenn »etwas« dazu kommt, wenn, wie im *Parsifal*, »zum Raum ... die Zeit« wird; wenn unsere Chor-Dirigentin an einem Schlusston feilt, die Register stimmen, sich verbinden und *der* Ton aufsteigt; *es* nach oben geht, den Raum füllt und uns – es sonst nichts mehr gibt. Und dadurch einen Halt im Unsagbaren.

So etwas kennen wir auch aus manchen Analysestunden. Wenn die oft zitierte Rêverie passiert, gefördert durch die Bion'sche Einstellung, uns abzublenden von Wissen und Wollen, etwas auftaucht wie aus einer anderen Dimension, dem Reservoir eines geteilten Unbewussten, was nicht herstell- und nicht festhaltbar gleichwohl eine tiefe Gewissheit von Gehaltensein in einer Wahrheit »offenbart«. Hierdurch können wir uns und unseren Patienten etwas ermöglichen, was Bion als *negative capability* bezeichnete, als Fähigkeit, das Ungewisse, das Nicht-Verstehen zu ertragen, als Aushalten des nicht end*gültig* Bestimmbaren. Das ist schwer und wertvoll: statt kurzschlüssiger Festlegungen »die Dinge in uns« angstfrei in der Schwebe zu halten. Zu denken und zu sagen: Für heute ist die Zeit um, für heute kommen wir nicht weiter, Vieles muss und darf offenbleiben, *es* wird in uns arbeiten, und wir werden uns wieder treffen – diese analytische Grundfigur ist eine vielfach anwendbare Kostbarkeit, sie gilt auch für diesen Beitrag.[11]

---

10 Mein Dank gilt Johann-Peter Haas für seine Hinweise und unseren Austausch zu diesem Kapitel Bion'schen Denkens.

11 Der Diskussion dieses Vortrages verdanke ich den Hinweis von Charles Mendes de Leon, dass der letzte Teil auch als eine Antwort auf das Bockenförde-Diktum verstanden werden kann und insofern – neben den über das Politische hinausgehenden Gedanken zur Reife der Person – einen Bogen zum ersten Teil des Vortrages schlägt. Das Diktum besagt, dass der freiheilich-säkulare Staat von Voraussetzungen lebt, die er selbst nicht garantieren kann. Tatsächlich vertrete ich die These, dass eine reife Persönlichkeit in sich soviel »in der Schwebe halten« kann, dass sie nicht extremen, Realitäten verleugnenden und Komplexitäten einebnenden politischen Angeboten anhängen wird.

Literatur

Abram, J. (2018). *The Language of Winnicott: A Dictionary of Winnicott's Use of Words* (2. Aufl.). Routledge.

Arns, I., Chubarov, I. & Sasse, S. (Hrsg.). (2017). *Nikolaj Evreinov: »Sturm auf den Winterpalast«.* diaphanes.

Bahrke, U. (2010a). Teilung, Vereinigung und weitere Zumutungen – Reflexionen eines Ostdeutschen im Westen. In ders. (Hrsg.), *»Denk ich an Deutschland …« Sozialpsychologische Reflexionen* (S. 109–125). Brandes & Apsel.

Bahrke, U. (2010b). Teilung, Vereinigung und weitere Zumutungen (1). Reflexionen eines Ostdeutschen im Westen. *Trauma & Gewalt, 4,* 326–336.

Bahrke, U. (2018). Utopie und Destruktivität – 100 Jahre russische »Oktoberrevolution«. In ders., R. Haubl & T. Plänkers (Hrsg.), *Utopisches Denken – Destruktivität – Demokratiefähigkeit. 100 Jahre »Russische Oktoberrevolution«* (S. 7–16). Psychosozial-Verlag.

Bahrke, U. (2020). Ostdeutsche Prägungen in der Gegenwart. *Psychologie & Gesellschaftskritik, 44*(3–4), 155–183.

Bahrke, U. & Drees L. (2005). Analytische Psychotherapeuten in Ostdeutschland vor und nach 1989. In T. Plänkers, U. Bahrke, M. Baltzer, L. Drees, G. Hiebsch, M. Schmidt & D. Tautz, *Seele und totalitärer Staat. Zur psychischen Erbschaft der DDR* (S. 165–173). Psychosozial-Verlag.

Bauman, Z. (2005). *Moderne und Ambivalenz. Das Ende der Eindeutigkeit.* Hamburger Edition.

Bion, W. R. (1965). *Transformations.* Maresfield Reprints.

Bion, W. R. (1967). *Second Thoughts.* Maresfield Reprints.

Bion, W. R. (1970). *Attention and Interpretation.* Maresfield Reprints.

Bohleber, W. (2002). Kollektive Phantasmen, Destruktivität und Terrorismus. *Psyche – Z Psychoanal, 56*(8), 699–720.

Ehrenberg, A. (2015). *Das erschöpfte Selbst. Depression und Gesellschaft in der Gegenwart.* Campus.

Kobylinska-Dehe, E. (2022). Ist die Welt aus den Fugen geraten? Psychoanalyse für eine überforderte Gesellschaft. In G. Schäfer, R. Martin & I. Moeslein-Teising (Hrsg.), *Zeitdiagnosen!?* (S. 29–44). Psychosozial-Verlag.

Krastev, I. & Holmes, S. (2019). *Das Licht, das erlosch.* Ullstein.

Loewald, H. W. (1951). Ego and Reality. In *The Essential Loewald: Collected Papers and Monographs* (S. 3–20). University Publishing Group.

Loewald, H. W. (1960). On the Therapeutic Action of Psychoanalysis. In *The Essential Loewald: Collected Papers and Monographs* (S. 221–256). University Publishing Group.

Loewald, H. W. (1975). Psychoanalysis as Art and the Fantasy Character of the Psychoanalytic Situation. In *The Essential Loewald: Collected Papers and Monographs* (S. 352–371). University Publishing Group.

Loewald, H. W. (1978). *Psychoanalysis and the History of the Individual.* Yale University Press.

Nachtwey, O. (2016). *Die Abstiegsgesellschaft. Über das Aufbegehren in der regressiven Moderne.* Suhrkamp.

Rosa, H. (2013). *Beschleunigung und Entfremdung. Entwurf einer kritischen Theorie spätmoderner Zeitlichkeit.* Suhrkamp.

Sandler, J. (1960). The Background of Safety. *International Journal of Psychoanalysis, 41,* 352–356.

Schiller, F. (2004). *Sämtliche Werke in 5 Bänden.* Hanser.

Schur, M. (1982). *Sigmund Freud – Leben und Sterben.* Suhrkamp.

Whitebook, J. (2018). *Freud. Sein Leben und Denken.* Klett-Cotta.

Winnicott, D. W. (1964 [1957]). Further Thoughts on Babies as Persons. In ders., *The Child, The Family and the Outside World.* Tavistock Publications.

Winnicott, D. W. (1998). *Die menschliche Natur.* Klett Cotta.

Winnicott, D. W. (2022). Die Spiegelfunktion von Mutter und Familie in der kindlichen Entwicklung. In ders., *Vom Spiel zur Kreativität* (S. 128–135). Klett-Cotta.

Der Autor

Ulrich Bahrke, Dr. med. habil., ist Psychoanalytiker (DPV, IPA) Lehranalytiker (DGPT) und Facharzt für Psychosomatische Medizin und Psychotherapie und Facharzt für Psychiatrie und Psychotherapie (FMH) in eigener Praxis in Zürich. Zwischen 1991 und 2007 war er Oberarzt an der Klinik für Psychotherapie und Psychosomatik der Martin-Luther-Universität Halle-Wittenberg, zwischen 2007 und 2021 Mitarbeiter am Sigmund-Freud-Institut Frankfurt, von 2010 bis 2015 als Leiter der Institutsambulanz und Klinischer Leiter der LAC-Depressionsstudie sowie als Leiter der OPD-Arbeitsgruppe. Von 2012 bis 2022 war er Vorstandsmitglied der Deutschen Gesellschaft für Psychoanalyse und Musik. 2009 wurde er am Fachbereich Erziehungswissenschaft/Humanwissenschaften der Universität Kassel habilitiert und hatte bis 2021 eine Vertretungsprofessur bzw. Privatdozentur am dortigen Institut für Psychoanalyse inne.

Kontakt per E-Mail: ulrich.bahrke@googlemail.com

DGPT-Jahresbände im Psychosozial-Verlag

Ulrich Streeck (Hrsg.). *Das Fremde in der Psychoanalyse. Erkundungen über das »Andere« in Seele, Körper und Kultur*. 1993 (Neuaufl. 2000).

Ulrich Streeck & Karin Bell (Hrsg.). *Die Psychoanalyse schwerer psychischer Erkrankungen. Konzepte, Behandlungsmodelle, Erfahrungen*.1994 (Neuaufl. 2002).

Karin Bell & Kurt Höhfeld (Hrsg.). *Psychoanalyse im Wandel*. 1995 (2. Aufl. 1998).

Karin Bell & Kurt Höhfeld (Hrsg.). *Aggression und seelische Krankheit*. 1996 (2. Aufl. 2000).

Kurt Höhfeld & Anne-Marie Schlösser (Hrsg.). *Psychoanalyse der Liebe*. 1997 (2. Aufl. 2000).

Anne-Marie Schlösser & Kurt Höhfeld (Hrsg.). *Trauma und Konflikt*. 1998 (2. Aufl. 2000).

Anne-Marie Schlösser & Kurt Höhfeld (Hrsg.). *Trennungen*. 1999.

Anne-Marie Schlösser & Kurt Höhfeld (Hrsg.). *Psychoanalyse als Beruf*. 2000.

Anne-Marie Schlösser & Alf Gerlach (Hrsg.). *Kreativität und Scheitern*. 2001.

Anne-Marie Schlösser & Alf Gerlach (Hrsg.). *Gewalt und Zivilisation. Erklärungsversuche und Deutungen*. 2002.

Alf Gerlach, Anne-Marie Schlösser & Anne Springer (Hrsg.). *Psychoanalyse mit und ohne Couch. Haltung und Methode*. 2003.

Alf Gerlach, Anne-Marie Schlösser & Anne Springer (Hrsg.). *Psychoanalyse des Glaubens*. 2004.

Anne Springer, Alf Gerlach & Anne-Marie Schlösser (Hrsg.). *Macht und Ohnmacht*. 2005.

Anne Springer, Alf Gerlach & Anne-Marie Schlösser (Hrsg.). *Störungen der Persönlichkeit*. 2006.

Anne Springer, Karsten Münch & Dietrich Munz (Hrsg.). *Psychoanalyse heute?!* 2007.

Anne Springer, Karsten Münch & Dietrich Munz (Hrsg.). *Sexualitäten*. 2008.

Karsten Münch, Dietrich Munz & Anne Springer (Hrsg.). *Die Fähigkeit, allein zu sein. Zwischen psychoanalytischem Ideal und gesellschaftlicher Realität*. 2009 (2. Aufl. 2011).

Karsten Münch, Dietrich Munz & Anne Springer (Hrsg.). *Die Psychoanalyse im Pluralismus der Wissenschaften*. 2010.

Anne Springer, Bernhard Janta & Karsten Münch (Hrsg.). *Angst*. 2011.

Anne Springer, Bernhard Janta & Karsten Münch (Hrsg.). *Nutzt Psychoanalyse?!* 2012.

Bernhard Janta, Beate Unruh & Susanne Walz-Pawlita (Hrsg.). *Der Traum*. 2013.

Bernhard Janta, Susanne Walz-Pawlita & Beate Unruh (Hrsg.). *unzeitgemäßes*. 2014.

Susanne Walz-Pawlita, Beate Unruh & Bernhard Janta (Hrsg.). *Identitäten*. 2015.

Susanne Walz-Pawlita, Beate Unruh & Bernhard Janta (Hrsg.). *Körper-Sprachen*. 2016.

Beate Unruh, Ingrid Moeslein-Teising & Susanne Walz-Pawlita (Hrsg.). *Grenzen*. 2017.

Beate Unruh, Ingrid Moeslein-Teising & Susanne Walz-Pawlita (Hrsg.). *Rebellion gegen die Endlichkeit*. 2018.

Ingrid Moeslein-Teising, Georg Schäfer & Rupert Martin (Hrsg.). *Geschlechter-Spannungen*. 2019.

Ingrid Moeslein-Teising, Georg Schäfer & Rupert Martin (Hrsg.). *Generativität*. 2020.

Georg Schäfer, Rupert Martin & Ingrid Moeslein-Teising (Hrsg.). *Zeitdiagnosen!?*. 2022.

Rupert Martin, Birgit Jänchen-van der Hoofd, Georg Schäfer (Hrsg.). *Entwicklung und Veränderung*. 2023.